国家社科基金
GUOJIA SHEKE JIJIN HOUQI ZIZHU XIANGMU
后期资助项目

系统论范式下公司资本规制体系修正及其制度实现研究

Research on the Revision of Corporate Capital Regulation System and Its System Realization Under the Paradigm of System Theory

赵树文 著

ZHEJIANG UNIVERSITY PRESS
浙江大学出版社
·杭州·

图书在版编目(CIP)数据

系统论范式下公司资本规制体系修正及其制度实现研
究 / 赵树文著. —杭州：浙江大学出版社，2023.2
ISBN 978-7-308-21560-2

Ⅰ.①系… Ⅱ.①赵… Ⅲ.①公司法－研究 Ⅳ.
①D912.290.4

中国国家版本馆 CIP 数据核字(2023)第 026996 号

系统论范式下公司资本规制体系修正及其制度实现研究

XITONGLUN FANSHI XIA GONGSI ZIBEN GUIZHI TIXI XIUZHENG JI QI ZHIDU SHIXIAN YANJIU

赵树文 著

策划编辑	吴伟伟
责任编辑	丁沛岚 陈 翽
责任校对	宁 檬
责任印制	范洪法
封面设计	周 灵
出版发行	浙江大学出版社
	（杭州市天目山路 148 号 邮政编码 310007）
	（网址：http://www.zjupress.com）
排 版	浙江时代出版服务有限公司
印 刷	杭州杭新印务有限公司
开 本	710mm×1000mm 1/16
印 张	34
字 数	609 千
版 印 次	2023 年 2 月第 1 版 2023 年 2 月第 1 次印刷
书 号	ISBN 978-7-308-21560-2
定 价	128.00 元

国家社科基金后期资助项目
出版说明

  后期资助项目是国家社科基金设立的一类重要项目，旨在鼓励广大社科研究者潜心治学，支持基础研究多出优秀成果。它是经过严格评审，从接近完成的科研成果中遴选立项的。为扩大后期资助项目的影响，更好地推动学术发展，促进成果转化，全国哲学社会科学工作办公室按照"统一设计、统一标识、统一版式、形成系列"的总体要求，组织出版国家社科基金后期资助项目成果。

全国哲学社会科学工作办公室

自　序

公司资本制度始终是公司法建构的核心。有人认为公司资本制度与公司治理制度共同构成了公司法的主干,这更多的是基于制度形式层面的理解,深入分析可以发现,公司治理依然是围绕着公司资本制度展开的,目的是防止公司资本运行中的机会主义行为和资本弱化行为,以更好地保护公司、中小股东与债权人的合法权益。所以,对公司资本制度的研究始终是公司法的核心议题。

非常幸运,本人早在 2011 年就于中国政法大学跟随导师徐晓松教授开始对公司资本制度的学习与思考。徐老师在其著作《公司资本监管与中国公司治理》中提出的系统论方法论对我影响很大,我在写作博士论文《公司资本规制制度研究》时也对此进行了学习与借鉴,当时,徐老师指出我对系统论原理的分析不够深入,研究深度不够。

博士毕业后,我非常幸运来到河北大学法学院任教,继续学习与关注公司资本制度,并对此进行了更加深入的思考。其间,我查阅了更多的系统论原理相关文献,发现系统论实质上是一种范式,是一种重要的法学研究范式,是一种高度系统化的方法论,是一种带有哲学思维的方法论体系。如果将系统论上升到范式的高度,无疑是对基于方法论视角的公司资本制度研究的一个有力推进,能够避免公司资本制度研究的碎片化现象。

因为,公司运行是一个由设立阶段、经营阶段以及破产阶段组成的系统运行过程,公司设立阶段的资本形成规制、经营阶段的资本流转规制以及破产阶段的资本退出规制是相互联系、相辅相成的,美国《标准公司法》之所以自 1969 年开始放弃了法定资本制,进而转向授权资本制,是因为其公司设立阶段资本行政管制放松后,在公司经营阶段的资本流转规制以及破产阶段的资本退出规制都借助发达的公司法人人格否认制度、欺诈转让撤销制度、实质合并制度以及公平居次制度等得到了强化,并且其案例法将董事信义义务发挥到了极致,对公司濒临破产时董事对债权人的信义义务做了有力规制,进而很好地填补了公司法与破产法对债权人保护的制度缝隙。所以,美国的公司资本制度具有较好的效率性和安全性,实现了效率与安全的良好平衡,值得我们借鉴。

本书核心观点认为,应以系统论范式为指导,将系统论原理与范式理论紧密融合,以此对公司资本制度进行解构,并对其发展提出制度完善建议。具体而言,强调我国公司资本制度改革应当奉行系统论方法,将公司设立阶段公司资本形成规制、经营阶段资本流转规制以及破产阶段资本退出规制作为一个系统加以推进,充分考量不同阶段之间的相互联系、相互制约,特别注重各个阶段司法规制手段的丰富。在具体制度上,应当以信息披露制度的完善为基础,同时拓补公司法人人格否认制度,构建股东出资加速到期制度和专门性欺诈转让撤销制度,完善董事信义义务制度,引入清偿能力测试制度,构建实质合并及公平居次制度,等等,从而更好地丰富我国公司法的资本规制体系,更好的保护公司、中小股东与债权人的合法权益。

期待本书关于公司资本规制改革的建议能为我国公司法的完善略尽绵薄之力!

赵树文

2022 年 6 月 16 日于保定

目　录

导　论

公司资本制度是公司法的核心制度,是推进公司治理的重要路径,是世界各国公司法改革的中心。纵观我国公司法的改革进程,公司资本制度的效率性推进始终占据着主导地位。1993 年,《中华人民共和国公司法》(以下简称《公司法》)正式颁布,以资本信用理念为指导,以最低注册资本要求为核心,确立了近乎苛刻的法定资本制,其后分别于 2005 年、2013 年以及 2018 年做出了重大修正,修正的核心在于以资产信用理念为指导,放松公司资本行政管制,强化公司自治。2005 年《公司法》开始放松对公司资本的严格行政管制,不仅降低了最低注册资本限额、确立了股东出资分期缴付制,而且提高了现物出资比例,意在降低股东出资成本、提高公司制度运行效率。同时,2005 年《公司法》引入了公司法人人格否认制度,意在应对资本形成阶段行政管制放松后对债权人利益保护的冲击。该制度的引入成为 2005 年《公司法》改革的一大亮点,对债权人利益保护也发挥了重要作用,但是限于该制度立法架构的原则性以及我国司法裁判体制的制约,其作用难言理想。2013 年《公司法》则进行了近乎"颠覆性"的资本规制改革,直接确立了认缴资本制,不仅原则性地取消了最低注册资本限额要求、出资期限限制、现金出资比例规制,而且废除了强制验资程序,以期借助公司自治理念,进一步降低股东出资成本、提升股东出资效率,并促进投资兴业,以期最终带动整个国家经济的创新发展。但是,2013 年《公司法》改革备受质疑,众多学者认为当前我国并不具备实施认缴资本制的配套条件,容易诱发公司资本欺诈行为。而且 2013 年《公司法》制度改革对经济发展的推动作用依然有限,自 2015 年 6 月开始,我国股市出现"断崖式"下跌,国内经济发展相对放缓,同时国际贸易保护主义抬头,特别是美国特朗普政府顽固地推行美国优先政策,不断挑起贸易争端。因此,为了满足公司融资需要、提振证券市场、应对国际贸易竞争,2018 年《公司法》进一步放松了上市公司股份回购管制,不仅扩展了股份回购的法定情形、简化了股份回购的决策程序、延长了回购股份的持有时间,而且废除了股份回购资金的来源限制,这一系列改革措施无疑大大推进了公司经营阶段资本行政管制的放松。

毋庸置疑,上述公司资本规制改革进程对降低股东投资成本、提高资本运行效率以及推动社会经济的创新与发展具有重要意义,然而正如美国著名法学家埃德加·博登海默(Edgar Bodenheimer)所言,"大多数法律改革都具有非整体性或不完全的性质,而这恰恰解释了下述事实,稳定与变化在法律生活中趋于相互联结和相互渗透"①。我国公司资本制度的改革显然并未脱离这种特性,改革的整体性推进不足:在放松公司设立阶段资本形成规制的同时,并未协同性地推进公司经营阶段资本流转规制以及公司破产阶段资本退出规制;在弱化公司资本行政管制的同时,并未协同性地推进行政管制的替代机制——司法规制;在推进公司法中资本规制改革的同时,并未协同性地推进破产法等相关法律的资本规制改革。因此,公司资本规制改革的整体性或者系统性明显缺失。虽然 2005 年《公司法》在推进降低公司最低注册资本数额、确立股东出资分期缴付制等制度改革的同时,引入了公司法人人格否认制度,旨在保持公司资本规制改革效率性与安全性的平衡,以期在降低股东出资成本、提升股东出资效率的同时,强化对债权人的事后司法救济,但是公司法人人格否认制度的规定过于原则性,操作性亟待提升,公司债权人利益保护问题依然严峻。尽管 2006 年通过了《中华人民共和国企业破产法》(以下简称《破产法》),后又分别在 2011 年与 2013 年发布了相关司法解释②,推进了对破产阶段的资本退出规制,但是破产欺诈行为依然猖獗并且不断演化,这对《破产法》形成了严峻挑战,并且给公司债权人利益带来了巨大威胁。2013 年《公司法》在确立认缴资本制的同时,并未对公司经营阶段的资本流转规制以及破产阶段的资本退出规制做出十分有力的对应性改革。虽然 2014 年国务院颁布了《企业信息公示暂行条例》,以强化公司信息披露、确保债权人知情权的实现为中心,来配合认缴资本制的实施,以期应对认缴资本制改革对债权人利益保护的冲击,但是仅仅通过该条例难以平衡认缴资本制改革对债权人利益保护产生的弱化效应。尽管在 2019 年最高人民法院又发布了关于

---

① [美]E.博登海默:《法理学:法哲学与法理方法》,邓正来译,中国政法大学出版社 2004 年版,第 340 页。
② 《最高人民法院关于适用〈中华人民共和国企业破产法〉若干问题的规定(一)》于 2011 年 9 月通过;《最高人民法院关于适用〈中华人民共和国企业破产法〉若干问题的规定(二)》于 2013 年 9 月通过。

《破产法》实施的相关司法解释文件①,进一步完善了相关破产程序,但是公司破产阶段的资本退出规制依然滞后于破产欺诈行为的不断演化。简言之,2013年认缴资本制改革使得公司债权人利益面临更加严重的冲击。2018年《公司法》修正则进一步放松了对上市公司股份回购的限制,然而相关配套性实施制度并未协同跟进,这无疑又进一步加剧了债权人利益保护的困境。

因此,推进公司资本规制研究,提升公司资本规制的安全性,以期完善债权人权益保护制度设计,进而实现公司资本规制效率性与安全性的平衡,已然成为当前我国公司法学界面临的一个紧迫性课题。

然而,要科学地推进公司资本规制研究,离不开科学的研究方法。德国学者卡尔·拉伦茨(Karl Larenz)认为:"每种学问都运用一定的方法,或遵循特定的方式来答复自己提出的问题。"②法学研究同样应当重视方法论,缺少科学的方法,必然会制约法学研究的发展,并阻碍法学研究人员对法律内在发展规律的深入认识,从而严重制约法学研究的效率,最终不仅影响法学研究自身,甚至会影响一个国家立法改革与发展的进程。因为立法的变革需要学术研究的支持,科学的立法需要学术研究成果的预先探索,良好的学术研究成果能够为立法机构提供严密的理论支撑与良好的制度建议,而且学术研究本身也是一个对立法精神及其制度规范进行宣传与争鸣的过程,能够更好地推进社会大众对相关法律的认可与接受,进而提升法律的实施效率。所以法学研究应当重视方法论问题,把方法论上升到法学研究应有的高度。法学研究方法多种多样,包括比较研究方法、实证分析方法、历史研究方法、文献研究方法、法律解释方法以及法律经济学分析方法等,不同的研究方法既有共识,又各具特色,甚至"呈现出一种纷乱的景象"③。法学研究方法的丰富对推进法学研究无疑具有极其重要的意义,可以从不同路径推进法学研究人员对立法以及法律制度改革的认识,进而推进立法以及法律制度改革的科学进行。但是不同的研究方法对各个具体部门法学的研究价值各不相同,因为"每种学科的方法论都是这个学科对本身进行的情况、思考方式、所利用认识手段之反省"④。不同的部

---

① 《最高人民法院关于适用〈中华人民共和国企业破产法〉若干问题的规定(三)》于2019年3月通过。
② [德]卡尔·拉伦茨:《法学方法论》,陈爱娥译,商务印书馆2003年版,引言。
③ [德]卡尔·拉伦茨:《法学方法论》,陈爱娥译,商务印书馆2003年版,第21页。
④ [德]卡尔·拉伦茨:《法学方法论》,陈爱娥译,商务印书馆2003年版,第119页。

门法学有其自身内在的特殊规律,需要与其发展规律更加契合的学术研究方法,甚至在同一部门法的不同发展阶段,不同研究方法的重要性都明显有别,即使是同一部法律,在其发展的不同阶段可能都有着不同的价值追求。因此针对不同部门法或同一部门法不同发展阶段选择不同的研究方法可能更有利于具体制度构建的实现。

公司法学的研究方法也十分丰富,前述各类法学研究方法均适用于公司法学的研究,其中比较研究方法在当前占据着突出地位,"中国的公司立法是一个借鉴和学习的过程,比较法研究是主要方法"①。这主要根源于以下两方面原因:第一,我国公司法产生与发展存在后发性。我国公司法立法较晚,直到 1993 年才正式颁布,1994 年才开始正式实施,因此我国的公司法立法主要是一个借鉴与学习的过程。而国外的公司法本身已经历较长时间的发展,其制度架构与理论体系比较成熟,借助比较研究方法,能够较快地推进我国公司法的制度建设。第二,公司治理具有较强的趋同性。这种趋同性不仅体现为公司治理功能的趋同,也表现为公司治理结构的趋同,而制度趋同则是功能趋同与结构趋同的重要支撑。因为公司是市场经济条件下最重要的微观主体,公司法制度架构在市场经济比较发达的欧美国家已经相对成熟,而我国市场经济的发展也在不断深入,公司在这一经济发展进程中所扮演的角色也越发重要。因此公司治理的趋同性有着深厚的现实经济根源,而且伴随着市场经济的不断发展与完善,这种趋同性也表现得更加明显。所以在公司法学研究中,比较研究方法占据着主导地位。

但是我国公司法学研究方法存在着明显的体系性问题,因为当前的"比较研究更多的是一种平面化的法条比较,缺乏对理论的梳理"②。作为公司发展制度架构核心组成的公司资本规制,其研究方法也应当不断推进,不断更新,特别是在当前公司法改革与发展的特殊历史阶段,更加需要新的研究方法。正如荷兰学者扬·斯密茨(Jan Smits)所言,"对于法学而言,我们具有充分的理由去重新发现法学"③,因为"在现代法律系统里,法律学说往往面临着法律的迅速变化、立法的膨胀,以及法律制度或法律分

---

① 邓峰:《资本约束制度的进化和机制设计——以中美公司法的比较为核心》,《中国法学》2009年第1期,第99页。
② 邓峰:《资本约束制度的进化和机制设计——以中美公司法的比较为核心》,《中国法学》2009年第1期,第99页。
③ [荷]扬·斯密茨:《法学的观念与方法》,魏磊杰、吴雅婷译,法律出版社2017年版,第7页。

支的支离破碎的变化影响"①。所以,探索全新的研究方法对公司法学研究的推进显得尤为必要。

就公司法学研究而言,尤其是对公司资本规制研究方法的探索与创新而言,应当高度重视范式理论的研究意义,范式理论已经成为当前法学研究中的一个重要的方法论指导理论。美国学者托马斯·库恩(Thomas Kuhn)于1962年在《科学革命的结构》一书中开创性地提出了范式理论,这一理论对后世的科学研究产生了难以估量的影响。范式是一种关于科学方法论的整合机制,是最高层级的方法论,在当前法学研究中得到了广泛的运用,将范式理论应用于公司资本规制研究也具有重要价值。虽然托马斯·库恩并未明确界定范式的概念,而是从方法论、模型、科学共同体、价值观等多个维度对其进行了阐释,但明确了范式对学术研究的指导价值。他指出:"规则导源于范式,但即使没有规则,范式仍能指导研究。"②"取得了一个范式,取得了范式所容许的那类更深奥的研究,是任何一个科学领域在发展中达到成熟的标志。"③张文显教授则对库恩的范式理论从方法论的视角给予了深刻的解读:"库恩的范式理论是现代科学中整体性观点和整体性方法在哲学上的反映。"④也就是说,范式不是一种简单的研究方法,而是一种整体性思想与整体性研究方法,它不仅关注方法自身,而且关注方法得以实施的理论基石、现实背景等系统性因素,是一个更加严密的方法论体系,"范式的更替意味着基石范畴、理论体系、理论背景、研究方法的全方位更新或跨越时空的创新"⑤。所以,范式能够克服一般研究方法以及方法论体系性架构不足的问题,能够更加系统性地推进公司资本规制研究,这正是当前我国公司资本规制研究亟待解决的问题。

究竟如何选择具体的研究范式以推进公司资本规制研究的进程,这是当下公司法学研究面临的一项紧迫任务。就公司法学研究而言,法经济学范式以及比较研究范式都得到了极大的应用,这一点在公司资本规制领域的研究当中也有着鲜明的体现。然而,就当前的资本规制研究而言,其范

---

① Mark van Hoecke , Mark Warrington, Legal Cultures, Legal Paradigms and Legal Doctrine: Towards a new model for Comparative law, 47International and Comparative Law Quarterly, 528(1998).

② [美]托马斯·库恩:《科学革命的结构》,金吾伦、胡新和译,北京大学出版社2003年版,第35页。

③ [美]托马斯·库恩:《科学革命的结构》,金吾伦、胡新和译,北京大学出版社2003年版,第9页。

④ 张文显:《当代中国法哲学研究范式的转换》,《中国法学》2001年第1期,第63页。

⑤ 张文显:《当代中国法哲学研究范式的转换》,《中国法学》2001年第1期,第63页。

式可以进行更加具体的划分,可以直接围绕公司资本的信用基础进行划分。就此而言,可划分为资本信用范式与资产信用范式,前者强调以公司注册资本为核心,以行政管制为主体路径,构建严格的资本规制制度;后者则强调应以资产信用为中心,放松行政管制,以公司资产流转为中心,构建较为灵活的公司资本规制制度。但是,公司资本的运行是一个由设立阶段资本形成规制、经营阶段资本流转规制以及破产阶段资本退出规制组成的系统,公司资本规制立法改革应当考量制度架构的系统性,无论是资本信用研究范式还是资产信用研究范式,都未能有效解决不同阶段资本规制制度构建的协同性问题。因此,有必要引入系统论范式。

系统论范式的功能源自系统论原理及其方法论,对系统性推进公司资本规制研究具有重要的价值。美国学者冯·贝塔朗菲(von Bertalanffy)于1945 年发表了《关于普通系统论》一文,对其开创的系统论思想进行了初步阐述,后于 1973 年《一般系统论:基础发展和应用》一书中详细阐述了他的系统论思想。① 他认为"系统可以定义为相互作用着的若干要素的复合体"②。尽管冯·贝塔朗菲在《一般系统论:基础发展和应用》第二章"一般系统论的含义"的论述中,并未明确提出系统论的概念,但强调了该理论"以系统的一般理论为中心"③,是"一种重要的方法论"④,各个事物的"基本因素必须始终作为整个系统相互依存的组分来加以考虑和估价"⑤。国内学者主要从方法论的视角对其进行界定,例如有学者指出:"简单地说(系统论)也就是一门系统地研究和处理有关对象的整体联系的一般科学方法。"⑥系统论的核心在于强调只有运用系统性思维和系统性方式去认识事物,运用系统的整体性原理、层次性原理、协同性原理以及开放性原理去研究事物,才能得出科学的结论。

系统论方法对法学研究同样具有重要意义,李昌麒教授很早就指出系

---

① 参见常绍舜:《从经典系统论到现代系统论》,《系统科学学报》2011 年第 3 期,第 1 页。
② 〔美〕冯·贝塔朗菲《一般系统论:基础、发展和应用》,林康义、魏宏森译,清华大学出版社1987 年版,第 51 页。
③ 〔美〕冯·贝塔朗菲《一般系统论:基础、发展和应用》,林康义、魏宏森译,清华大学出版社1987 年版,第 51 页。
④ 〔美〕冯·贝塔朗菲《一般系统论:基础、发展和应用》,林康义、魏宏森译,清华大学出版社1987 年版,第 51 页。
⑤ 〔美〕冯·贝塔朗菲《一般系统论:基础、发展和应用》,林康义、魏宏森译,清华大学出版社1987 年版,第 51 页。
⑥ 彭大均、凌云:《系统方法论和唯物辩证法》,《上海大学学报(社科版)》1995 年第 5 期,第 79页。

统论具有广泛的应用能力,运用系统论研究法学问题具有重要意义。① 这种意义就在于它推进了法学研究的整体性与体系性,能够将某一具体法律制度放在整个法律制度系统中加以分析,而不是孤立地进行分析,有助于从不同具体制度的相互作用、相互影响中探寻相关制度的发展路径,从而防止法学研究的碎片化。正因如此,将系统论应用于法学研究已经成为当前法学研究中的一个重要现象,"系统论一进入我国法学界视野即获得了极大的关注度,引发了诸多学者的研究兴趣"②,"法律不是各种法规的机械堆积,它同任何复杂的事物一样,是一个体系或系统,是一个有自己的特定要素、特定结构因而也有特定功能的系统或体系"③。

系统论与范式之间存在着天然的联系,它们都具有方法与方法论的意义,体现着具体研究方法与相关研究理论的集合,都强调研究方法的整体性与系统性建构,都注重研究方法与研究理论的有机融合,在研究理论的指引下适用研究方法,在研究方法的适用中阐释研究理论,从而使得研究结论更具说服力、更具完备性。对于系统论与范式之间的这种紧密关联,一般系统论的开拓者冯·贝塔朗菲教授早就做出了明确的说明:"按照库恩(1962)的说法,科学革命可以由新概念图示或范式的出现来确定。"④"这些标准是库恩通过研究物理学与化学中'经典'的革命得出的,但它们也极好地表述了有机体论的和系统的概念所引起的变化,而且既阐明了它们的价值,也阐明了它们的局限。"⑤我们可以进一步对系统论与范式之间的紧密关系做出更加具体的解释:系统论是一种以系统原理为根基的具体的科学研究理论,范式则是对那些能够达到范式应有高度的研究理论的特别称谓,不是任何理论都可以上升到范式的高度,"理论要作为范式被接受,就必须优于它的竞争对手"⑥,这便意味着一旦一个理论被认可为范式,该理论必然实现了对传统研究理论的超越,意味着系统论原理及其方法论在推进学术研究中具有突破性价值,其不仅表明了系统原理的具体意义,而且突出地表现着系统论原理的重要价值及其被科学共同体的广泛接

① 参见李昌麒、周亚伯:《怎样运用系统论研究法学问题》,《现代法学》1984 年第 1 期,第 18-19 页。
② 王明敏:《系统论视域中的基本权利研究述评——以中国法学研究方法论变迁为视角》,《人权研究》2018 年第 1 期,第 333 页。
③ 李昌麒、周亚伯:《怎样运用系统论研究法学问题》,《现代法学》1984 年第 1 期,第 19 页。
④ [美]冯·贝塔朗菲《一般系统论:基础、发展和应用》,林康义、魏宏森译,清华大学出版社 1987 年版,第 16 页。
⑤ [美]冯·贝塔朗菲《一般系统论:基础、发展和应用》,林康义、魏宏森译,清华大学出版社 1987 年版,第 16 页。
⑥ [美]托马斯·库恩:《科学革命的结构》,金吾伦、胡新和译,北京大学出版社 2003 年版,第 14 页。

受程度。系统论范式作为一种全新的系统性研究方法,对推进法学研究无疑具有重要意义。当前系统论原理在法学研究成果中得到了越来越广泛的应用,也出现了一些直接以系统论范式为命题的研究成果,这都充分证明了系统论范式对科学研究的价值与意义。

作为一种成熟的研究理论,系统论范式与公司资本规制研究之间存在着紧密的契合性。根据公司资本的运行规律,可以发现公司资本规制主体上可以看成一个由设立阶段资本形成规制、经营阶段资本流转规制以及破产阶段资本退出规制组成的运行系统,并且各个阶段之间的法律规制不是个别、孤立的,而是相互联系、相辅相成的,因为"只要改变要素之一,甚至是一点点,就会引起该系统中其他相关要素的反应"①。公司设立阶段资本形成规制在于保障股东出资的真实性、及时性与客观性,而一旦公司设立完毕进入经营阶段,公司股东出资就变成公司资产,成为公司对外商事交易的直接信用保障。公司经营阶段资本流转规制就是防止公司资产的不正当转移,以免出现资本弱化现象,给公司、债权人以及中小股东带来非商业性损害,其核心是保护公司债权人利益。如果公司经营不善、资不抵债或者失去清偿能力,就会被迫退出市场,进入破产②阶段,公司资产将会演变为公司破产财产进而对债权人进行集体性清偿,而破产法所规制的破产欺诈行为更多地发生在经营阶段,只不过是在破产阶段被撤销,所以经营阶段资本流转规制与破产阶段资本退出规制之间连接更加紧密。上述三个不同阶段的资本规制都是为了更好地保护公司、债权人以及中小股东的利益,当然核心是保护公司债权人利益,每个阶段的立法改革都会对其他阶段的资本制度架构产生重要影响,一个阶段资本规制的弱化往往以其他阶段资本规制的强化为替代性条件,从而从总体上保持公司资本规制系统的平衡,其典型表现就是公司设立阶段资本形成规制中行政管制的弱化,必然伴随着公司经营阶段资本流转规制以及破产阶段资本退出规制的强化,而且是通过司法救济手段加以强化的。

因此,系统性研究方法无疑更具全面性、针对性,而且恰好契合了埃德加·博登海默教授所指出的有关立法改革的"非整体性或不完全性"问题。运用系统论范式对公司资本规制改革进行研究,将公司资本规制看成一个

---

① Erik Vand, System Theory: Another Perspective on Leadership Communication, 78FBI Law Enforcement Bulletin, 15(2009).

② 这里的破产是指破产清算程序,具体解释请见本书第四章第三节第一部分"阶段性范式:资本形成规制、资本流转规制与资本退出规制"中关于资本退出边界的分析。

由公司设立阶段资本形成规制、经营阶段资本流转规制以及破产阶段资本退出规制组成的系统,同时根据系统论的层级性原理,在每个阶段性系统内又可以进一步将公司资本规制划分为行政管制与司法规制、事前规制与事后规制、公司法规制以及公司法外法律规制等多元化次级系统,由此更科学、更全面地把握公司资本规制运行的内在规律,从而更好地对我国公司资本规制改革进程中债权人保护制度的缺失进行针对性分析。以上述分析为基础,以系统论范式为指导,通过对域外公司资本规制立法发展的比较性研究,能够对域外资本规制的立法经验进行全面、系统的解读,进而为修正我国公司资本规制体系及其制度架构提供有益的借鉴。

　　基于以上分析,确定了本书的主旨,即以系统论范式为指引,对我国公司资本规制立法改革进行研究,发掘公司设立阶段资本形成规制、经营阶段资本流转规制以及破产阶段资本退出规制之间的相互联系、相互作用,进而推进公司债权人保护制度的系统性改革,以期解决当前我国公司资本规制不同阶段立法协同性存在不足的问题,从而更好地推进公司法制度架构的完善,更好地保护公司债权人的利益,更好地优化公司治理路径。

第一章　范式理论解析

　　"范式"这一概念源自希腊文"paradeiknunai",为"共同显示"之意,后又演化为拉丁文"paradeigma",具有"范式"或"范例"之意。范式作为一种理论最早是由美国著名学者托马斯·库恩教授提出的,其1962年出版的《科学革命的结构》一书对范式理论做了比较系统性的论证,并在学界引起了巨大的反响,成为"科学哲学"的一个重要指导思想。尽管托马斯·库恩是以物理学、化学等自然科学为主导路径对范式理论做出解析的,但是许多社会科学原理也适用其中,范式理论也蕴含着丰富的社会科学基因。因此无论是自然科学研究还是社会科学研究都十分注重范式理论的哲学思想与方法论意义,"库恩的'范式'概念和理论不仅在自然科学家中间引起热烈的讨论和认同,而且也受到社会科学家的高度重视和广泛采纳"[1]。伴随着范式理论的巨大影响与广泛应用,其所具有的学术研究价值也被不断发掘与肯定,为学术发展提供了一个崭新的研究路径,拓宽了学术研究的视阈,"库恩的范式理论作为一种全新的科学发展观,确实可以为学科的历史研究建立一种新视角"[2]。对法学研究而言,范式理论同样具有显著意义,其不仅能够为法学研究提供抽象的理论指引,而且能与具体的法律制度紧密相关,为具体法律制度的建构与改革提供清晰的方向。[3] 公司资本规制的研究同样需要范式理论的指导,这有助于拓展公司资本规制的研究视野与研究方法,进而更好地发现公司资本规制运行的内在规律,以提出更加完善的立法设计。本书以范式理论为根本指导思想,尤其注重系统

---

① 张文显、于宁:《当代中国法哲学研究范式的转换——从阶级斗争范式到权利本位范式》,《中国法学》2001年第1期,第63页。

② 阎愚:《冲突法理论的范式研究》,人民出版社2018年版,第27-28页。

③ 参见刘金瑞:《数据安全范式革新及其立法展开》,《环球法律评论》2021年第1期,第5-21页;熊秋红:《比较法视野下的认罪认罚从宽制度——兼论刑事诉讼"第四范式"》,《比较法研究》2019年第5期,第80-101页。这种范式理论与法律制度的紧密相关性,可从库恩对范式与规则的逻辑关系的分析中加以探寻。库恩认为,范式优先于规则,规则是从范式中导出的,所以规则与范式必然紧密相连,具体到法学研究当中,制度与范式自然也是紧密相连的。具体参见[日]野家启一:《库恩范式》,毕小辉译,河北教育出版社2002年版,第136页。

论范式的哲学思想与方法,强化系统论范式对公司资本规制研究的指导价值,而系统论范式是在范式基本理论指引下的一种公司资本规制具体研究范式,强调了系统论的哲学理念及其方法论,并且把系统论原理的功能提升到了范式的高度,而根据托马斯·库恩的观点,并不是每种理论都能达到范式的高度,所以系统论范式是对系统论理论体系研究价值的高度肯定。鉴于此,对范式理论的深入解析是分析系统论范式的逻辑前提,也是本研究的方法论起点。

第一节 范式的意涵及其特征解析

范式理论研究的基础是明晰范式这一概念的内在意涵,正如有学者指出的,"无论从哪个角度研究或运用库恩范式理论,首先涉及的都是考察范式概念,剖析范式的真正意涵"[1]。然而范式的意涵如何确定,学界对此尚未形成一个统一的权威性答案,即便是范式理论的创立者托马斯·库恩也未对此进行明确的界定。因此,对范式意涵的解析是本研究的逻辑基础。同时,为了更好地理解范式这一概念,在对范式意涵进行分析的基础上,还应对范式的特征进行解析,这有助于对范式这一概念形成更加全面、清晰的认识。

一、范式的意涵

范式的意涵反映着范式的根本特性,是对范式具体内容的高度抽象。要揭示范式的意涵应当首先对托马斯·库恩关于范式意涵的研究进行分析。因为托马斯·库恩是范式理论的创立者,尽管许多研究者都是根据自己的理解和研究需要来使用"范式"一词,但往往是以托马斯·库恩关于范式意涵的研究内容为基础的。所以,在对托马斯·库恩关于范式意涵分析的基础上,结合当前学界对范式意涵理解的多元化学说,进而对范式的意涵进行深入的理论分析,是确定范式意涵的一个有效路径。

(一)托马斯·库恩对范式意涵表达的学理分析

托马斯·库恩是范式理论的创立者,因此对范式意涵的分析不应脱离其对范式这一学术术语意涵的界定,这对我们科学理解范式的意涵具有重

---

[1] 丁华东:《档案学理论范式研究》,中国出版集团 2014 年版,第 25 页。

要的参考价值与启示意义。但是"追溯库恩对范式的定义,可以发现他在运用此概念时没有赋予它固定的意涵"①,尽管其力图在《科学革命的结构》修订版中对此做出清晰的解释,以回应先前学界的质疑和批评,但是就具体内容来看,其对范式的理解与解读依然呈现多元化与分散化,无法找到关于范式的明确定义。②

具体而言,托马斯·库恩在《科学革命的结构》一书中赋予了范式多种含义,根据英国学者玛格丽特·玛斯特曼(Margaret Masterman)的统计,托马斯·库恩给予了范式21种含义,而托马斯·库恩自己曾说实际有22种具体含义。根据本书的梳理,托马斯·库恩在《科学革命的结构》一书中对范式的表达主要包括以下几种含义:①将范式作为一种信念;②将范式作为一种世界观;③将范式作为科学共同体的研究成果;④将范式作为一种研究方法;⑤将范式作为一种实例;⑥将范式作为一种共有范例;⑦将范式作为一种承诺;⑧将范式作为一种标准;⑨将范式作为一种规则;⑩将范式作为一种理论;⑪将范式作为一种方法论;⑫将范式作为一种揭示事物本质的事实;⑬将范式作为一种研究模型;等等。可以看出托马斯·库恩对范式的表达是多元化的,他并未赋予范式一个明确、具体而清晰的意涵,而是在不同的语境下使用了内容不同甚至层级差别很大的表达模式,也正因如此,"其多义性和暧昧不清,引来了诸多批评,以至于库恩曾一度放弃'范式'这一概念"③。

不可否认,托马斯·库恩对范式意涵的多元化界定对我们准确理解范式的意涵带来了一定的困扰,但是其关于范式意涵的多元化表达也为我们界定范式意涵提供了充分的参考,并且也能为我们对范式意涵的理解提供非常积极的启示。例如,通过托马斯·库恩对范式意涵的多元化界定,我们可以看出,范式的基本构成是一个由多重要素组成的多元复合的有机系

① 刘义兵、段俊霞:《教学研究范式论》,人民教育出版社2011年版,第7页。
② 托马斯·库恩在《科学革命的结构》一书中对范式的意涵做出了多种解读与分析。例如,在该书第二章"通向常规科学之路"与第三章"常规科学的本质"当中侧重运用范例来解释范式;第五章"范式的优越性"当中,将范式规则、模型联系在一起加以解释;在第十四章"后记——1969"中,则将范式界定为两种意义:一是指特定共同体成员所共有的信念、价值、技术等等构成的整体,二是则指整体的一个元素,把它们当作模型与范例。国内也有学者对此给出了明确的分析:"在库恩的早期研究中,虽然范式是贯穿《科学革命的结构》、支撑科学革命理论的一个关键词,但却并未在书中得到集中而清晰的释义。"参见杨怀中、邱海英:《库恩范式理论的三大功能及其人文意义》,《湖北社会科学》2008年第6期,第101页。
③ 丁华东:《档案学理论范式研究》,中国出版集团2014年版,第7页。

统。① 因此,对范式的理解不应是单一化的,而是应当看到上述不同意涵表达所呈现的鲜明的层次性与融合性,例如信念与世界观的融合,方法与实例、范例、标准、规则、模型的融合,理论与方法论的融合,等等。所以对托马斯·库恩范式意涵的理解不能拘泥于各种具体的形式,而是要看到库恩在不同层次上对范式意涵的表达,而且应当注重不同层级表达之间存在的内在关联,只有这样才能清晰地把握库恩对范式意涵界定的要义,否则难以科学把握范式意涵的实质,也就难以科学地用范式理论指引我们的学术研究。

关于托马斯·库恩对范式含义的层次划分,不同的学者有不同的理解,通过对这些具体成果的比较分析,有助于我们进一步探寻范式的意涵。有学者认为范式包含三个层级,但是不同学者对此也有不同观点:一种观点认为范式包括形而上学范式、社会学范式以及人工范式,形而上学范式强调的是思维方式,社会学范式强调的是科学共同体的科学成就,人工范式强调的是仪器、设备等;② 另一种观点则认为范式的三个层级包括标示独立学科的范式、标示同一学科不同发展阶段的范式,以及标示同一学科不同流派的范式。③ 有学者认为范式包含四个层级,不同学者也对此持有不同的观点:一种观点认为范式包括符号概括、信念承诺、价值、范例;④ 另一种观点则认为范式包括科学研究的本质、科学研究的主题、科学研究的理论与工具,以及科学研究人员的培养。⑤ 有学者认为范式包含五个层级:理解系统、理论框架、理论背景、方法与方法论以及学术成果。⑥ 有学者认为范式包含六个层级:信念、世界观和价值取向;行为规范、理论选择、概念体系;代表性的研究成果;学科形象和学科定位;专业人才培养;技术共同体(科学共同体)。⑦ 由此可见,不同学者对库恩范式内容的构成进行了多元化的层级性梳理,由于科学研究领域的不同以及自身理解方式的差

---

① 蒋楼:《"科学范式"理论内涵的哲学启示》,《哲学基础理论研究》2016 年第 7 期,第 150 页。

② M. Masterman, The Nature of Paradigm. In Imre Lakatos, Alan Musgrave(E)ds, Criticism and the Growith of Knowledge. New York:Cambridge University Press, 1970, p59-89.

③ See G. Riter, Sociology:A Multiple Paradigm Science. Boston:Allyn and Bacon, 1975, p85. 另见丁华东:《档案学理论范式研究》,中国出版集团 2014 年版,第 8 页。

④ 蒋楼:《"科学范式"理论内涵的哲学启示》,《哲学基础理论研究》2016 年第 7 期,第 151 页。

⑤ 李小波:《范式理论的价值及其对社会科学学科的指引——兼论公安学学科范式研究的必要性》,《公安学研究》2018 年第 2 期,第 91 页。

⑥ 张文显、于宁:《当代中国法哲学研究范式的转换——从阶级斗争范式到权利本位范式》,《中国法学》2001 年第 1 期,第 63-64 页。

⑦ 丁华东:《档案学理论范式研究》,中国出版集团 2014 年版,第 30 页。

异,不同学者对库恩范式的层级划分不同,即使是相同的层级划分,具体表达模式也不尽相同。

综上分析,托马斯·库恩对范式意涵的界定是多元化的,是非常丰富的,学界对其归纳与总结也是多种多样的。但是对上述成果进行整体分析,可以发现,范式是一个由不同层级的多元素构成的整体,是一个自身各个构成要素密切联系的整体,因此对范式的分析不应局限于单一构成要素。这应成为我们对范式意涵进行界定必须把握的逻辑前提,以此为基础,我们还需要对当前学界关于范式意涵界定的多元化成果进行分析,这有助于进一步把握范式意涵的核心意义,从而做出更加科学的界定。

(二)当前学界对范式意涵界定的不同路径

尽管托马斯·库恩对范式意涵的界定并不清晰,但并未影响后继学者借助范式这一概念从事学术研究的热情,很多学者都在使用范式这一术语,力图以此给予自身研究成果更好的阐释,并且"经常根据自己的理解和研究的需要,对范式加以新的解读"①。根据本书对相关研究文献的梳理,学界对范式意涵的界定,大致可以划分为以下几种。②

1.科学共同体说

许多学者以科学共同体为中心对范式意涵进行界定,强调范式是科学共同体某一科学研究领域所共同秉承的研究理念与行为方式,其代表学者为罗伯特·金·默顿(Robert King Merton)。③ 科学共同体说强调某一研究领域工作者的集团性质,以研究主体即科研人员为核心,这一集团有共同的兴趣、共同的课题,信奉共同的研究思想与理念,遵循共同的行为规范,共同推进某一学科或研究领域的进步。我国也有许多学者从科学共同体的视角对范式进行界定,如有学者认为"范式是研究者群体基本认同的一定范围内事物所共有的东西"④,有学者则认为"范式的本质性规定,实际上就是一个从事科学研究的科学共同体所普遍坚持的特定研究传统"⑤。

---

① 刘义兵、段俊霞:《教学研究范式论》,人民教育出版社 2011 年版,第 5 页。
② 这几种划分是课题组查阅文献后做出的分类结果,并不能够包含学界所有的相关研究成果。
③ 例如,托马斯·库恩指出:"一个范式就是一个科学共同体成员所共有的东西,而反过来,一个科学共同体由共有一个范式的人组成。"参见〔美〕托马斯·库恩:《科学革命的结构》,金吾伦、胡新和译,北京大学出版社 2012 年版,第 147 页。
④ 任翔、田生湖:《范式、研究范式与方法论——教育技术学学科的视角》,《现代教育技术》2012年第 1 期,第 10 页。
⑤ 蒋楼:《"科学范式"理论内涵的哲学启示》,《哲学基础理论研究》2016 年第 7 期,第 148 页。

2.学科规范说

有学者侧重从学科的视角对范式的意涵进行分析,认为范式就是学科的基本规范,如研究课题、研究方法、理论观点等的共识单位,范式是围绕学科发展而确立的规则。[①] 学科规范说侧重强调范式的客体即科研对象是各种不同的学科,认为范式是围绕学科而形成的研究方法、理论观点等等,同时这些研究方法、理论观点又具有很强的共识性。不可否认,学科规范说鲜明地指出了范式与学科之间的内在关联,学科发展必须有范式理论的指导,离开范式理论的指导,学科的发展必然会受到影响,每个特定的学科都有其特定的研究范式,范式甚至决定着一个特定学科的边界。但是该学说具有明显的局限性,因为每个学科都有自己独立的研究范式,并不代表范式就是一种学科规范,许多范式具有跨学科的应用价值,如比较研究范式可以应用于教育学、心理学以及法学等各个学科。

3.方法说

该学说认为范式的核心是一种针对特定对象的研究方法,如"范式是指提问的方法,回答问题的方法,以及对对象、问题的研究方式"[②],"研究方法通常是指为了达到研究目的而采用的程序、工具、途径、手段和技术等"[③]。该学说侧重从微观研究方法的视角对范式意涵加以阐释,突出的是范式的工具性价值或者作为范例的导向性价值。方法说在本质上无限接近于托马斯·库恩将范式作为范例予以解释的意涵,处于认识论逻辑层次的最低平台,直接作用于研究对象,强调了范式的实践指导意义。

4.方法论说

该学说认为范式提供的是一种基于对世界根本看法的方法论体系而不是某种具体的研究方法。[④] 方法论不同于研究方法,是研究方法的理论体系性说明,重点在于说明具体方法的理论基础,剖析具体方法的特点、性质、功能及其局限,并探究方法产生与发展的规律。因此,方法论说强调范式是一种系统性的研究方法体系,不仅包含着创新的研究方法,而且蕴含

---

① 例如,伯勒尔和摩根认为:"范式就是学科的基本规范,如研究课题、研究方法、理论观点等的共识单位。"参见霍秉坤、黄显华:《课程范式:意涵、应用和争议》,香港中文大学出版社 2004 年版,第 10 页。

② 参见[日]藤田英典:《二战后日本教育环境的辩护和教育社会学的发展——教育社会学的研究范式和研究的新动态》,《华东师范大学学报》(教育科学版)2000 年第 1 期,第 57 页。

③ 任翔、田生湖:《范式、研究范式与方法论——教育技术学学科的视角》,《现代教育技术》2012 年第 1 期,第 12 页。

④ 杨素萍:《比较教育的范式研究》,西南大学 2009 年博士学位论文,第 37 页。

着崭新的研究理论,研究理论是对研究方法的诠释,研究方法是研究理论的分析对象,它们融合在一起,构成一个方法论体系,是理论与方法的统一。正如有学者所指出的,"作为一种科学共同体的特定传统,范式必然是思想范式与研究范式的统一,是理论范式与方法范式的统一"①。

5.世界观说

该学说认为范式是包括规律、理论、标准、方法等在内的一整套信念,是某一学科领域的世界观,它决定着某一时期科学家观察世界、研究世界的方式。② 世界观是人们对世界的根本看法与观点,隶属于哲学研究的基本范畴,是规定学者行为性质和方向的一种要素,影响着学者的活动方式。③ 所以范式的世界观说是从终极哲学思维层面对范式意涵进行的界定,强调了范式的根本思维指导功能,正如托马斯·库恩所言,范式的改变意味着世界观的改变,意味着科学共同体对研究领域的整体理性思维框架的改变,这种改变不是局部的修正,而是根本的变革,是一种革命性转换,意味着对研究对象的全新理解。④

上述不同学说反映了不同学者对范式意涵分析视角和侧重点理解的差异,但是这种差异无法否认范式与学术研究、学科理论、学科建设、研究思维、研究模式以及研究方法之间存在着密切的联系,因关注点和语境的不同,可以用不同的称谓。⑤ 甚至不同的学者在具体使用方法、方法论以及世界观等不同概念时,其自身的用意也各不相同。有学者可能用最宏观的方式来界定"方法"一词的含义,也就是他所理解的"方法"是一种最为复杂的方法,包含理论解析以及世界观在内,是一种最广义的界定,而不仅指具体的研究方法。例如美国学者尤瓦娜·林肯(Yvonna S. Lincoln)和伊冈·古巴(Egon G. Guba)在对范式进行研究时指出:"范式是一种世界观、一种普遍观念、一种分解真实世界复杂性的方法。"⑥所以,关于范式的不同解读并不是截然对立的,而是存在着显著的交集与紧密的关联。但是上述范式的界定仍需进一步推进,这种推进应当重点把握范式的方法论特

---

① 蒋楼:《"科学范式"理论内涵的哲学启示》,《哲学基础理论研究》2016年第7期,第148页。

② N. L. Gage. *Handbook of Research on Teaching*, 1963, p95.

③ [苏]M. A. 帕尔纽克:《世界观和科学》,载[苏]H. T. 弗罗洛夫:《辩证世界观和现代自然科学方法论》,孙慕天等译,黑龙江人民出版社1990年版,第230页。

④ [美]托马斯·库恩:《科学革命的结构》,金吾伦、胡新和译,北京大学出版社2012年版,第94-95页。

⑤ 丁华东:《档案学理论范式研究》,中国出版集团2014年版,第9页。

⑥ [美]尤瓦娜·林肯、伊冈·古巴:《自然主义研究——21世纪社会科学研究范式》,杨晓波、林捷译,科学技术文献出版社2004年版,第2页。

点,同时又应将其与普通方法论区别开来。

(三)本书对范式意涵的界定

本书认为,范式意涵的界定必须准确把握以下三个基本维度:科学共同体、方法论及整合机制。科学共同体是范式意涵界定的基础范畴,方法论是范式意涵界定的中心范畴,整合机制则是范式意涵界定的性质归属范畴。

1. 科学共同体:范式意涵界定的基础范畴

科学共同体这一概念并非由托马斯·库恩首创,而是由英国哲学家迈克尔·波兰尼(Michael Polanyi)率先提出,指由具有共同信仰、共同价值以及共同规范的科研人员所组成的团体。① 但是托马斯·库恩在《科学革命的结构》一书中将其与范式意涵的分析紧密联系在一起,并且这一分析贯穿于该书的整个分析过程之中,以意指范式的意涵,甚至在该书第十四章"后记——1969"中专门分析了范式与科学共同体的关系。

托马斯·库恩在《科学革命的结构》一书"后记——1969"中首先对范式意涵表述多元化产生的误解进行了解释,指出范式应当从以下两个方面来理解:"'范式'一词有两种意义不同的使用方式。一方面,它代表着一个特定共同体的成员所共有的信念、价值、技术等等构成的整体。另一方面,它指谓着那个整体的一种元素,即具体的谜题解答;把它们当作模型和范例,可以取代明确的规则以作为常规科学中其他谜题解答的基础。"② 后来,托马斯·库恩在 1974 年发表文章《再论范式》对范式意涵的争议进行了回应,此文收录在《必要的张力》一书之中,再次强调了关于范式意涵的上述观点。③ 同时托马斯·库恩又指出:"一个范式就是一个科学共同体成员所共有的东西,而反过来,一个科学共同体由共有一个范式的人组成。"④ 从上述内容分析来看,尽管在《科学革命的结构》一书中托马斯·库恩对范式的意涵有着多种不同的表达,导致容易使人们对范式意涵的理解模糊且混乱,但是其力图围绕着科学共同体这一概念对范式做出界定,科学共同体是其对范式界定的基础性范畴。

---

① see Michael Polanyi. Science, Faith and Society, University of Chicago of Press, 1964, p50.

② [美]托马斯·库恩:《科学革命的结构》,金吾伦、胡新和译,北京大学出版社 2012 年版,第 175 页。

③ 参见[美]托马斯·库恩:《必要的张力》,范岱年、纪数立等译,北京大学出版社 2004 年版,第 282-288 页。

④ [美]托马斯·库恩:《科学革命的结构》,金吾伦、胡新和译,北京大学出版社 2012 年版,第 175 页。

根据托马斯·库恩的分析,科学共同体就是一个具有共同信念、共同研究方法以及取得共识性研究成果的专家集体,这一意涵与迈克尔·波兰尼的界定基本吻合。而托马斯·库恩则是重点分析了科学共同体与范式之间的紧密关系,范式地位的确立是以科学共同体对其价值的认可为前提的,范式的发展也需要科学共同体的努力推进;反过来,范式也能凝聚科学共同体,为科学共同体的研究提供价值观、认识论与方法论的指引。

由此可见,范式意涵的界定与科学共同体不可分割,只有与科学共同体连接在一起,范式才具有意义,也就是说范式不仅仅是一种普通的方法论,更是一种由科学共同体给予认可的方法论,是某一科学共同体的研究指南,是某一科学共同体所共有的信念、传统、价值观、基本理论观念和研究方法。

2.方法论:范式意涵界定的中心范畴

范式具有强烈的方法论属性,对于这一点,日本学者野家启一教授给予了充分的说明。他在对库恩范式进行专门研究时指出:"范式这个用语以自己独特的意义内容,引起了科学史在方法论上的革命。"[1]范式的核心应当指向研究方法,是一种方法论,无论是科学共同体说、学科规范说、思想体系说还是研究形式说,其具体内容中都包含了方法论的内容,尽管不同理论并不是单一地使用"研究方法"这一术语,而是包含了"研究程序""研究技术""研究模式"等多种表达形式,但最终都是为了给某一学术问题的研究提供更好的方法,方法是各种不同范式界定的最终归结点。范式的方法论属性体现着范式的实际研究价值。正如英国哲学家路德维希·维特根斯坦(Ludwig Wittgenstein)教授在谈到范式概念时所指出的,与其说一个概念的意义在于它的抽象属性,倒不如说在于它作为事例的具体应用。与此相同,作为范式的某种科学理论,它的意义就在于科学共同体对它的具体使用形式。[2]

虽然库恩未对范式进行明确界定,但是在其《科学革命的结构》一书第五章关于"范式的优先性"的说明中,其将范式与规则紧密相连,以图对范式进行更好的解析。这也凸显了范式的方法论意义,因为规则最终指向解决问题的方法。同时,库恩在该书第十四章"后记——1969"中明确指出,模型与范例是与科学共同体相对应的另一种范式表达形式,主要是作为一

---

① ［日］野家启一:《库恩范式》,毕小辉译,河北教育出版社 2002 年版,第 110 页。

② 参见鲁本录、石国进:《论范式的规范功能》,《湖北社会科学》2012 年第 9 期,第 87 页。

种方法而发挥作用。① 我国学者崔秋锁等对此也有着鲜明的认识,即"范例本身具有更多的方式和方法意义"②。在《科学革命的结构》第九章"科学革命的本质与必然性"中,库恩明确论述了范式与方法之间的关系,即"范式是一个成熟的科学共同体在某段时间内所认可的研究方法、问题领域和解题标准的源头活水"③。接着又明确说明:"在学习范式时,科学家也学到了理论、方法和标准,它们通常是彼此缠结、难分难解的。"④不难看出,库恩认为范式与方法论之间存在着紧密的关系,甚至难以区分。张文显教授在对库恩范式内容进行总结时也明确指出,库恩范式意涵的一个重要表现即"范式是一种方法论和一套新颖的基本方法"⑤。

我国学者也大多从方法论的视角对范式展开研究。例如张文显教授在对库恩范式进行翔实分析之后,以方法论为归结点对范式的意涵进行了界定:"在一定意义上说,范式的实质是科学活动中的整合与升华,范式的转变实质就是提出一套全新的发现问题和解决问题的方法。"⑥因此,范式具有突出的方法论特性,范式的终极目的就是为科学研究提供一种崭新的方法论,这是我们研究范式概念所必须把握的一个重要支点,脱离了方法论范畴,对范式的理解将偏离其本质轨道。

3.整合机制:范式意涵界定的性质归属范畴

对范式意涵的界定需要明晰它的性质归属,也就是范式究竟是什么,是方法? 方法论? 还是其他? 如果是其他,则究竟该如何定性? 这是制约范式意涵界定的关键落脚点。其核心问题在于是否应落脚在方法论范畴上,是否与方法论范畴有着根本的区别。本书认为,范式意涵界定的落脚点不仅不是方法论,还要超越方法论维度,是一种蕴含多重维度要素的综合整合机制。正如学者蒋楼所言,"范式概念本身并不仅仅是一种方法论

① 参见［美］托马斯·库恩:《科学革命的结构》,金吾伦、胡新和译,北京大学出版社 2012 年版,第 136-143 页。
② 崔秋锁、蒋楼:《科学理解范式的创新与转换》,《学术研究》2012 年第 3 期,第 151 页。
③ ［美］托马斯·库恩:《科学革命的结构》,金吾伦、胡新和译,北京大学出版社 2012 年版,第 86 页。
④ ［美］托马斯·库恩:《科学革命的结构》,金吾伦、胡新和译,北京大学出版社 2012 年版,第 93 页。
⑤ 张文显:《当代中国法哲学研究范式的转换——从阶级斗争范式到权利本位范式》,《中国法学》2001 年第 1 期,第 64 页。
⑥ 张文显:《当代中国法哲学研究范式的转换——从阶级斗争范式到权利本位范式》,《中国法学》2001 年第 1 期,第 64 页。

维度的东西,而是蕴含了多重维度的丰富意涵"①。范式既是研究范式又是思想范式,既是理论范式又是方法范式,单一的维度难以科学概括范式的意涵。

基于此,本书认为,范式就是为科学共同体所共有,以特定理论为基础,为解决某一领域科学问题而构建的具有一定变革性、引领性、多元性与共识性的科学研究方法整合机制,包括世界观、认识论、方法论、价值观、道德观、理论背景和理论框架等等。这种研究方法整合机制具有显著的变革性、引领性、多元性与共识性,变革性表明一个新的范式的本质在于发展与创新,代表着对旧有范式的突破;引领性表明范式具有突出的示范性特征,在特定阶段能够引领某一学科或某一领域的发展;多元性表明范式的非单一性,同一问题的研究范式可以从不同路径进行不同的划分;共识性表明范式对不同研究者产生相同的影响,使不同学者"对问题的领悟、研究情境的把握以及研究方法的运用、研究结果的处理等都具有共同的倾向性"②。

二、范式的特征

范式的特征从不同方面揭示着范式的本质,对范式特征的解析也有助于增进对范式意涵的理解。具体而言,范式的特征主要体现在范式的变革性、引领性、多元性、共识性、维度性、多域性、层次性之上,不同特征之间也存在着一定的交叉。

(一)范式的变革性

范式的变革性是指一个新范式是对旧范式的变革,这种变革不仅仅体现为具体的研究理论、研究方法与研究标准的改变,而且包括世界观的改变③,库恩将其称为科学革命,并指出"在革命之后,科学家将面对一个不同的世界"④。所以,范式的变革性是一种创造性的改变,正是这种改变推动着科学向前发展。但是需要特别说明的是,这种变革性并不代表着新范式与旧范式之间具有彻底的"不可通约性",尽管"不可通约性是库恩思想

---

① 蒋楼:《"科学范式"理论内涵的哲学启示》,《哲学基础理论研究》2016年第2期,第150页。
② N. L. Gage. Handbook of Research on Teaching, 1963, p94.
③ 参见[美]托马斯·库恩:《科学革命的结构》,金吾伦、胡新和译,北京大学出版社2012年版,第94页。
④ [美]托马斯·库恩:《科学革命的结构》,金吾伦、胡新和译,北京大学出版社2012年版,第93页。

的核心概念"①,但是库恩的范式理论争议最大的也是不可通约性②,在库恩看来,不可通约性意味着不同范式之间的彻底不可衔接性,许多学者对此给予了批评,认为不可通约性不是绝对的,绝对的不可通约观点彻底否认了不同范式之间的关联性,夸大了不同范式之间的非连续性。例如,达德利·夏皮尔(Dudley Shapere)认为,我们不应把科学中的每个伟大成就都看作新事物对旧事物的(库恩意义上的)"彻底的革命",相反,它们都可以被描述为合理的连续发展过程。③ 本书认为,范式具有变革性,正是变革性表明着范式的发展与创新,但是这种变革性并非绝对的不可通约性,新旧范式之间可以存在交叉点,可以存在一定的连续性,范式的转换"并不意味着两种范式之间存在着完全不可沟通的断裂且缺乏思想理论的连续性进展"④。

(二)范式的引领性

范式具有鲜明的学术引领性。因为一个新的范式意味着新的理论、新的方法、新的标准,一个新的范式能够为科学共同体提供新的研究根据、实践标准和价值方向⑤,而且科学共同体成员会因此"采用新工具,注意新领域"⑥,对科学研究中面临的重大疑难问题进行突破性研究。因此,一个新的范式可以引领科学的发展,这种引领不仅体现于对具体研究理论、研究方法、研究标准等相关领域的引领,还包括精神引领,因为范式是科学共同体的共同信念,会强化科学共同体的思想信仰。⑦ 正是在新范式的引领下,科学共同体成员将科学研究推向一个新的常规阶段,并在这个新的常规阶段展开更深入的精细化研究,进而不断推动科学的发展。

---

① 潘天群:《库恩,理性主义者还是非理性主义者?》,《华南师范大学学报(社会科学版)》1997年第2期,第21页。

② 王增福:《库恩范式理论的嬗变分析》,《重庆科技学院学报(社会科学版)》2007年第4期,第20页。

③ 参见潘天群:《库恩,理性主义者还是非理性主义者?》,《华南师范大学学报(社会科学版)》1997年第2期,第17-18页。

④ 阎愚:《冲突法理论的范式研究》,人民出版社2018年版,第53页。

⑤ 参见曾令华、尹馨宇:《"范式"的意义——库恩〈科学革命的结构〉文本研究》,《武汉理工大学学报(社会科学版)》2019年第6期,第72页。

⑥ [美]托马斯·库恩:《科学革命的结构》,金吾伦、胡新和译,北京大学出版社2012年版,第93页。

⑦ 参见曾令华、尹馨宇:《"范式"的意义——库恩〈科学革命的结构〉文本研究》,《武汉理工大学学报(社会科学版)》2019年第6期,第73页。

(三)范式的多元性

范式尽管是一个抽象性的概念,但是具体范式却是多元性的,而不是单一性的,"在科学研究尤其是社会科学研究中,范式不是单一的、唯一的,有多少流派(学术群体)就会有多少种研究范式"①。而"范式多元性的本质问题在于事先确定了各个框架。也就是说,唯有各个框架的边界是事先定好的"②。简单地说,范式的多元性也就是范式的非垄断性,对于任何一门学科而言,其研究范式都可能是多元性的,这种多元性既具有时代性又具有历史性。一方面,同一研究时期会存在多元范式。不同范式侧重从不同路径对研究对象展开研究,这有利于更加全面地推进对研究对象的理性认识,因为单一范式的关注点是具体的,因此单一范式也必然带有一定的不完备性,这一点托马斯·库恩已经做出了清晰的说明:"理论作为一种范式被接受,它必须优于它的竞争对手,而且事实上也绝不可能解释它所面临的所有事实。"③多元化的范式研究可以相互砥砺,从而在科学共同体的不断交流与争鸣中发现新范式,这也是托马斯·库恩所说的范式的转换或者是常规科学的革命。另一方面,不同研究时期会存在多元范式。在不同的历史时期,伴随着社会环境、知识理念以及研究方法的变化,科研人员对同一事物的认识必然会发生质或量的改变,从而形成不同的研究理念、研究思想、研究模式以及研究方法,也正是这种阶段性发展,实现了范式的飞跃,从而推进科学研究的进一步发展。因此,范式的多元性是范式本身所必然呈现的特征。

(四)范式的共识性

范式具有强烈的共识性,这种共识性体现于特定科学共同体的存在。范式与特定的科学共同体密不可分,正如库恩所指出的,"一个范式就是一个科学共同体的成员所共有的东西,而反过来,一个科学共同体由共有一个范式的人组成"④,"科学共同体以相同的基本原理为出发点,具有相同

---

① 张文显:《当代中国法哲学研究范式的转换——从阶级斗争范式到权利本位范式》,《中国法学》2001 年第 1 期,第 64 页。

② [日]河本英夫:《第三代系统论:自生系统论》,郭连友译,中央编译出版社 2016 年版,第 156 页。

③ [美]托马斯·库恩:《科学革命的结构》,金吾伦、胡新和译,北京大学出版社 2012 年版,导读,第 11 页。

④ [美]托马斯·库恩:《科学革命的结构》,金吾伦、胡新和译,北京大学出版社 2012 年版,第 47 页。

的信念和价值,遵守相同的科学实践规则和标准"①。所以,范式的共识性就其实质而言就是特定科学共同体对范式的共识性,就具体内容而言,这种共识性不仅包括科学研究的理论、方法、标准、内容等具体方面,而且也包括研究思想与世界观等抽象内容。共同体成员越多,表明范式的共识性越广泛,同时,一个具有创新性的崭新范式往往会吸引许多潜在的科研工作者加入,甚至吸引那些先前支持旧范式的人员加入,其共识性的主体范围也会不断拓展。显然,正是特定科学共同体的存在表彰着范式的共识性,而范式的共识性也推动着科学共同体不断发展。

(五)范式的维度性

"范式在运用于不同领域时,是有维度性的。"②范式最为显著的特征是其具有维度性,这种维度性是指其内容构成的多级别性、多要素性,单一级别的构成要素很难解释范式的特征,并且各种不同维度的构成要素往往密切联系,难以分割。正如托马斯·库恩所言,"在学习范式时,科学家同时学到了理论、方法与标准,它们通常是彼此缠结、难分难解的"③。关于范式的维度性,不同学者各自有着不同的理解。范式理论的开拓者托马斯·库恩在《科学革命的结构》一书中对范式有着多种不同维度的表达:世界观、方法论、信念、理论、模型、范例、承诺、规则、标准案例、科学成就、模拟方式、科学共同体以及学科基质等等。张文显教授则在托马斯·库恩范式意涵分析的基础上,从五个不同维度对此进行了总结:全新的理解系统、理论框架、理论背景、方法论和基本方法以及学术传统与学术品格,并且每个维度的内容还可以进一步划分为许多具体构成要素。④ 孙启贵教授则从三个基本维度对此进行了分析:观念范式、规则范式以及操作范式,这些维度的内容也可以继续划分。⑤ 范式的维度性表明了范式与普通方法或者理论的差别,其不同维度之间可以清晰地划分成不同的层级,并且不同层级之间并不是孤立存在的,而是相互联系的,它们相互交织在一起,构成一个紧密的逻辑系统。

① 李蓉:《库恩"科学共同体"的文化社会维度》,《理论观察》2011 年第 2 期,第 33 页。
② 刘义兵、段俊霞:《教学研究范式论》,人民教育出版社 2010 年版,第 17 页。
③ [美]托马斯·库恩:《科学革命的结构》,金吾伦、胡新和译,北京大学出版社 2012 年版,第 93 页。
④ 参见张文显:《当代中国法哲学研究范式的转换——从阶级斗争范式到权利本位范式》,《中国法学》2001 年第 1 期,第 63-64 页。
⑤ 孙启贵:《库恩"范式"的文化含义》,《合肥工业大学学报》(社会科学版)2000 年第 1 期,第 36 页。

(六)范式的多域性

范式的多域性是指范式具体适用领域的广泛性。尽管托马斯·库恩是物理学家,其《科学革命的结构》也主要从物理学视角对范式做出分析,但范式的适用性已经远远超出了物理学的范畴,而是关涉整个科学领域。国内学者对此特性也有着鲜明的认识,例如张文显教授侧重从理论领域与实践领域两个角度做出分析,即"范式理论既被用于理论研究领域,也被用于实践领域"①;而更多的学者则认为"范式理论已扩展至哲学、社会学、历史学等诸多领域,不同学科的学者在不同程度上运用范式理论来重新审视自身学科的发展"②。范式的多域性是范式的一个显著特征,当前在任何一个学科都可以发现非常丰富的以范式理论为指导的研究成果,不仅是哲学、社会学、历史学,还包括教育学、经济学以及法学等社会学科,都对范式理论的学术研究意义给予了充分的肯定,相关的研究成果也非常丰硕。

(七)范式的层次性

科学自身具有层次性,因此用来研究科学的范式必然也具有层次性,不同的层次性表明着范式研究对象的不同边界,无论是自然科学还是社会科学,研究范式的层次性都非常突出。例如,托马斯·库恩在将范式作为科学共同体进行分析时,以自然科学为例对其进行了非常明确的论述:"当然这种意义上的共同体在许多层次上都有。在含义最广的层次上,是所有自然科学家的共同体。在稍低层次上主要是科学专业团体,有物理学家、化学家、天文学家、动物学家等共同体。"③也就是说,因为研究对象不同,范式必然具有层次性,就自然科学整体而言,有着适合自己的研究范式,就自然科学的分支而言,无论是物理学、化学、天文学以及动物学,都有着自身的微观范式。张文显教授则明确指出,范式的多层次性就是指"范式广泛运用于宏观领域、中观领域、微观领域"④。例如在法学研究领域,存在着整体性、普遍性的法学研究范式,比如权利本位范式,各个具体部门法也都有着自己独立的研究范式,如经济法有其独立的学科研究范式,包括调

---

① 张文显:《当代中国法哲学研究范式的转换——从阶级斗争范式到权利本位范式》,《中国法学》2001年第1期,第63页。
② 阎愚:《冲突法理论的范式研究》,人民出版社2018年版,第18-19页。
③ [美]托马斯·库恩:《科学革命的结构》,金吾伦、胡新和译,北京大学出版社2012年版,第149页。
④ 张文显:《当代中国法哲学研究范式的转换——从阶级斗争范式到权利本位范式》,《中国法学》2001年第1期,第63页。

整对象范式、权力—市场范式以及经济—法律范式等等。① 作为刑法核心的犯罪学也有其独立的研究范式，包括四维范式、对象范式、范畴范式以及学派范式等等。②

第二节　范式的本质

本质是对事物根本性质的揭示，反映着事物运行的内在规律。正如黑格尔所言："要想认识事物，仅仅从一个质反复转变到另一个质，那是不行的，反之事物中有其永久的东西，这就是事物的本质。"③"把握了事物的本质，就不仅可以根据本质来解释现象，而且可以根据本质来控制和改变现象，从而达到改造世界的目的。"④对范式而言，要深刻领会范式的学术研究价值，就必须明晰范式的本质所在，正是其本质属性凸显其独特的学术研究价值。只有明晰了范式的本质，才能更好地将范式与方法以及方法论等近似概念区分开来。并且，认识了范式的本质，就能够更好地利用范式，更好地发挥范式的学术研究功能，进而更好地推进学术研究的发展。

一、范式本质的哲学意义

本质是一个重要的哲学命题，要分析范式的本质，首先应当剖析本质意义的哲学逻辑，探寻范式本质的哲学意义，这是深入认识范式本质的理论基石。

(一)本质彰显着范式的独特存在

"事物的本质是事物自身的各种内在联系的统一，是事物的内在规定性。"⑤这种内在规定性表明一个事物与其他事物的根本区别，是自身独特品质的根本表现，从辩证法的视角来看，本质就是其内部矛盾运动的集中体现。正如英国著名古典哲学家约翰·洛克(John Locke)所言，"本质可以看作是任何事物的存在，因为它使一物得以成为该物"⑥。随后约翰·

① 参见将悟真：《中国经济法研究范式》，《法学家》2007 年第 5 期，第 78-83 页。
② 参见王良顺：《关于犯罪学的研究范式的思考》，《广西大学学报（哲学社会科学版）》，2016 年第 5 期，第 48-53 页。
③ ［德］黑格尔：《小逻辑》，贺麟译，商务印书馆 1980 年版，第 242 页。
④ 罗长海、肖春燕：《辩证唯物主义基本原理》，北京工业大学出版社 2003 年版，第 102 页。
⑤ 罗长海、肖春燕：《辩证唯物主义基本原理》，北京工业大学出版社 2003 年版，第 97 页。
⑥ ［英］约翰·洛克：《论人类的认识》，胡景钊译，上海人民出版社 2017 版，第 56 页。

洛克对事物本质的这种特性做出了更加清晰、具体的说明:"每一个种类,或种的尺度和界限,我们以之形成着特殊的种类,区别于别的种类,我们称之为它的本质。"①所以,不同事物之间的根本区别在于本质的不同,外在现象或者特征的区别只是表象,是本质区别的外在表征,仅仅把握事物之间的外在区别难以明晰事物独特存在的根源。对范式的理解也是一样,范式为何是一个独特存在? 既然有了方法概念、方法论概念,为何还要有独立的范式概念? 范式为何能够独立于方法概念与方法论概念? 解答这些问题前,必须对范式的本质形成深入而准确的把握。因此,必须对范式的本质进行必要的分析,唯有如此才能准确地把握范式的根本意涵,明晰范式与其相近概念的区别,从而为论证范式的独特学术研究功能奠定基础。

(二)本质反映着范式的内在主要矛盾

根据约翰·洛克的观点,任何事物都有其本质属性,并且本质是任何事物的根本性质,是该事物作为一个特殊种类所存在的"尺度和界限",是一事物区别于其他事物的根本标志。相较于约翰·洛克从哲学视角阐述本质意义,唯物辩证法学则从矛盾论的视角对本质做了清晰的解释:"每一事物都具有自己的本质规定,这是由事物本身所包含的特殊矛盾构成的。"②也就是说,辩证唯物主义认为,事物的本质源自该事物的内部矛盾,内部矛盾是事物发展的内因,外部条件则是外因,外因通过内因发挥作用,因此内部矛盾直接决定着事物发展的规律,当然这并不否认外因可以加速或者延缓内因作用的发挥。因此,本质反映着事物自身运行的内在规律,把握事物的本质是认识事物发展规律的前提,但是本质并不等同于规律,"本质比规律含义更广,它往往由一系列规律来体现"③。因此,对范式本质的认识有助于深化对范式内在主要矛盾的认识,从而明晰推进范式发展的逻辑动因,更好地了解范式转换的必然性。

(三)本质反映着对范式的深入理性认知

本质反映着事物内部的主要矛盾,是事物内部深层联系的体现,是透过外在现象之后的深入理性认知。从知识划分的视角来看,可以分为直接知识与间接知识,前者反映的是对事物的表层即外在特征的认识,后者反

---

① [英]约翰·洛克:《论人类的认识》,胡景钊译,上海人民出版社 2017 版,第 56 页。
② 廖盖隆等:《马克思主义百科要览》(上卷),人民日报出版社,1993 年版,第 258 页。
③ 廖盖隆等:《马克思主义百科要览》(上卷),人民日报出版社,1993 年版,第 258 页。

映的则是对事物本质的认识。① 根据黑格尔的观点,对事物外在特征的直接认识属于知性的低层即内在本质的认识,而对事物本质的认识则属于理性认知,知性认知不同于理性认知,因为知性认知以有限的具体事物为认知条件,而理性认知则是以无限的事物为认知条件,并且知性认知甚至可能是对事物假象的认识,是对事物本质的错误认识。② 因此,本质也就意味着对知识的间接把握,是对事物认识高度抽象的产物,是对事物的一种理性认知。掌握了范式的本质,就能够透过范式的外部特征,例如范式的方法特性、范式的模式特性等一系列外在表现,深入理性地把握范式的根本意义,从而对范式的价值形成更加科学的认识。

二、范式本质界定的哲学路径

范式的本质究竟如何进行界定,学界尚未形成统一、权威的观点,不同学者对其理解并不一致,即使是范式理论的开拓者托马斯·库恩,也未对其本质进行明确的表达,而且范式的维度如此宽泛,对范式的本质进行界定无疑是一个难题。然而要准确分析范式就必须对范式的本质进行澄清,这是一个不容回避的问题,而这一问题研究的重点则在于确定一个合理的分析路径,就具体分析路径的选择而言,应当回归哲学研究路径,因为范式的本质分析归根结底仍是对哲学中本质问题的阐释,所以对范式本质的分析不应脱离最基本的哲学研究路径。而在哲学研究中,"现象和本质是揭示客观事物的外部表现和内部联系的辩证关系的一对范畴"③。现象与本质互相联系、互相影响,对现象的分析不应脱离本质问题,对本质的分析也不应脱离现象问题。因此,对范式本质界定的哲学路径就在于把握现象与本质的对立统一关系,重点在于本质与现象的联系,进而通过现象把握本质。

(一)本质不同于现象

本质不同于现象,两者之间有对立的一面,对本质的把握必须明晰这种区别,以避免迷失于丰富的现象当中,失去对本质的理性把握。具体而言,它们之间的区别主要体现在以下两个方面。

---

① 参见彭燕韩:《辩证法比较研究》,中国社会科学出版社 2016 年版,第 47 页。
② 参见[德]黑格尔:《小逻辑》,贺麟译,商务印书馆 1980 年版,第 126 页。
③ 罗长海、肖春燕:《辩证唯物主义基本原理》,北京工业大学出版社 2003 年版,第 97 页。

1. 现象的个别性、具体性与本质的一般性、抽象性

任何现象都是事物外在的个别性体现,是一种具体体现,这种外在体现能够凭借我们的感官直接认识,不需要进行深入综合分析与思维加工。但本质是对事物的一般性、抽象性认识,其针对的不是个别事物,也不是个别事物的具体某个方面,而是针对同类事物的普遍性认知,是一种经过深入综合分析与思维加工之后的共性认知。

2. 现象的丰富性、多变性与本质的单一性、稳定性

事物的外在现象多种多样,且极易发生变化,而本质则具有相对稳定性,"事物的本质在事物的根本矛盾解决之前是不变的"[①]。例如,水可以从液态变成气态,也可以变成固态的冰,但是其本质也就是组成水的元素及其分子结构并未发生改变。

因此,要正确认识范式本质就必须将本质与现象区分开来,不能以现象掩盖本质,更不能够以现象替代本质。

(二)本质与现象紧密相关

本质与现象之间存在着紧密的关联,两者间的区别并不能否定它们之间的密切联系,因为没有无现象的本质,也没有无本质的现象。两者的关系主要体现在以下两个方面。

1. 本质决定现象

"本质决定现象,是现象存在的依据。"[②]事物的本质发生改变,其外在现象也必然发生改变,因为本质的改变意味着内在矛盾的改变,因此事物自身的运动规律与运动范式都会发生改变,这必然会反映在其外部现象上。例如,酸与碱发生中和反应,元素的组合结构发生改变,生成盐和水,随之溶液的气味也发生改变。

2. 现象反映本质

现象反映本质,透过现象认识本质是最基本的哲学原理之一。任何事物首先展现的都是现象,研究人员通过对大量现象的研究分析,进而发现事物的本质,也就是说现象尽管由本质决定,但是现象反映着本质,是探究本质的逻辑基础,离开了对现象的总结、分析与归纳,就无法准确地把握事物的本质。

---

① 罗长海、肖春燕:《辩证唯物主义基本原理》,北京工业大学出版社 2003 年版,第 99 页。
② 罗长海、肖春燕:《辩证唯物主义基本原理》,北京工业大学出版社 2003 年版,第 100 页。

(三)由现象到本质:范式本质界定的哲学路径

尽管现象与本质存在着鲜明的区别,但是它们之间也存在着紧密的关联,本质决定现象,而现象反映着本质,通过对现象的分析能够把握事物的本质。所以,虽然学界并未对范式的本质进行明确的界定,但我们可以通过对范式外在现象的分析,去把握范式的内在本质属性。特别是学界关于范式特殊性的理解可以为我们理解范式的本质提供有力的支撑,这些特殊性理解可能涉及多个方面的评判,如范式的内容、范式的性质以及范式的功能等等。因为从哲学的角度看,这些外在表现都是范式的现象,"尽管本质决定现象,但是现象也反映本质,并且只有在实践中极为丰富地掌握事物的大量现象,进行科学的分析研究,得到理性认识,才能把握事物的本质"[①]。因此,我们可以通过对范式外在现象的理性分析,去提炼、把握范式的内在本质。

三、范式本质的界定

根据"现象与本质"的基本哲学原理,对范式本质的揭示需要对范式的各种现象进行深入观察与分析,这些外在的现象主要包括范式的内容、性质(外在特性)以及功能。这些外在现象从不同的视角反映着范式的本质,正如有学者在评价范式功能时所指出的那样,"对于科学的发展来说,由范式产生的规范功能,如同解放思想一样,都是重要的,它也体现着范式的本质"[②]。因此,我们从范式的内容、性质(外在特性)以及功能三个方面展开研究,以揭示范式的本质。

(一)对范式内容的考察

就范式的内容而言,不同学者有着不同的表达模式。有学者对此做了非常系统的分析:范式就是某一科学共同体在某一专业或学科中所具有的共同信念,这种信念规定了他们共同的基本观点、基本理论和基本方法,为他们提供了共同的理论模式和解决问题的框架,并使之成为该共同体的一种传统,为该学科的发展规定了共同的方向。[③] 有学者指出,作为一种科学共同体的特定传统,范式必然是思想范式与研究范式的统一,是理论范

---

① 廖盖隆等:《马克思主义百科要览》(上卷),人民日报出版社1993年版,第258页。

② 江涛:《科学共同体"范式"概念的文化价值蕴涵》,《自然辩证法研究》1997年第9期,第25页。

③ 参见刘放桐等:《现代西方哲学》,人民出版社1990年版,第813页。

式与方法范式的统一。① 有学者则认为，如果从哲学角度看，范式就是一个特定领域科学工作者所共同拥有的信念、世界观和方法论。② 有学者则认为，范式是一个系统，包括观念范式、规则范式与操作范式，观念范式强调科学共同体的基本信念，规则范式强调科学共同体研究的理论、方法与规律，操作范式则强调科学共同体的已有研究成果、工具仪器等。③

从上述分析可以看出，范式的内容构成具有广阔的包容性，范式不仅仅是一种研究方法，而且包含了科学共同体的基本信念以及研究中形成的基本理论、定律与规律等等，包含了共同的问题解决框架，并且能够成为科学共同体的一种传统，为未来的发展奠定基础。从这一点来看，范式具有很强的整合性，这种整合性的最终目的是推进科学研究，方法或者解决问题的框架应当是其核心。就范式的构成而言，方法是其核心，但是这种方法绝不是唯一的，而是与思想、理论的统一，是思想与方法的有机结合。

（二）对范式性质的考察

性质是事物特性的外在表现，就范式的性质而言，学界有着多种不同的观点。有学者认为："范式是一种世界观，是最高层次的方法论。"④ 有学者认为："范式作为一种价值规范系统，是主体把握客体的一种理性整体框架。"⑤ 有学者认为："范式是'介于科学共同体和外部自然之间的有一定层次、结构和功能的独立系统的思想。'"⑥ 有学者认为："范式是存在于某一科学领域内关于研究对象的基本意向。它可以用来界定什么应该被研究，什么问题应该被提出，如何对问题进行质疑，以及在解释我们获得的答案时该遵循什么样的规则。"⑦ 有学者认为：范式是"某一学科或研究领域的第一原理、一个典型的理论"⑧。

通过以上分析可以看出，学者对范式性质的界定呈现多元化，有学者

① 参见蒋楼：《"科学范式"理论内涵的哲学启示》，《哲学基础理论研究》2016 年第 7 期，第 148 页。

② 参见鲁本录、石国进：《论范式的规范功能》，《湖北社会科学》2012 年第 9 期，第 87 页。

③ 参见孙启贵：《库恩"范式"的文化含义》，《合肥工业大学学报（社会科学版）》2000 年第 3 期，第 29 页。

④ 杨素萍：《比较教育的范式研究》，西南大学 2009 年博士学位论文，第 45 页。

⑤ 江涛：《科学共同体"范式"概念的文化价值蕴涵》，《自然辩证法研究》1997 年第 9 期，第 26 页。

⑥ 孙启贵：《库恩"范式"的文化涵义》，《合肥工业大学学报（社会科学版）》2000 年第 1 期，第 29 页。

⑦ G. Riter，Sociology：A Multiple Paradigm Science，Boston：Allyn and Bacon，1975. p7.

⑧ 张正江：《教育学范式论》，《教育理论与实践》2011 年第 4 期，第 8 页。

从世界观这一最高层次的方法论视角对其进行定性,是一种抽象的、宏观的界定模式;有学者则从系统性思想的视角对其进行定性,强调的是其思维方式价值,也是一种抽象的、宏观的界定;有学者则从研究对象的视角对其进行分析,强调了范式对研究问题的具体方法以及研究规则的规范,这是一种具体的、微观的界定方式;有学者从学科"第一原理"的视角对其进行定性,是直接从方法论的视角进行分析。可见,关于范式性质界定的多元化模式也充分说明了范式自身的复杂性,范式不仅是一种解题方法,是研究的基本意向,包括提出问题、质疑问题以及解释问题的具体规则,而且是一种方法论,具有方法论的属性,同时对范式的理解也不能停留于方法论的层面,范式也是一种有关科学研究的系统思想,是一种世界观。

(三)对范式功能的考察

范式的功能是范式价值的体现,对于范式的功能,不同学者从不同路径对其做出了说明。有学者明确指出范式的功能可以划分为以下三方面:范式的世界观功能、范式的价值功能以及范式的方法论功能,并且这三个方面是有机组合的,是层层递进的,是相互交织的。[1] 有学者则指出范式的功能主要体现在以下三个方面:范式的放大功能即范式推进科学更加迅速有效地发展;范式的保持功能即科学共同体对范式研究框架的维持;范式的自我扩张功能即对潜在空白研究领域的适用。[2] 有学者则强调了范式的规范功能,包括:范式的划界功能,即确定学科的研究领域;范式的思想功能,即对科学共同体的思想指引与精神主导;范式的实践性功能,即范式存在的意义在于解决各种各样的难题,新范式的出现是为了解决旧范式无法解决的问题。[3] 学界对范式功能的分析具有清晰的多元性与层次性,这种功能不仅存在于宏观层面的世界观思维,也存在于微观层面的具体方法;不仅存在于对现有科学共同体研究框架的维持,也体现在对潜在空白研究领域的拓展;不仅体现在思想的指导之中,也体现下对具体问题的指导之中。

(四)对范式本质的界定

通过上述对学界关于范式外在特征分析的梳理,可以发现尽管是对范

---

① 参见杨怀中、邱海英:《库恩范式理论的三大功能及其人文意义》,《湖北社会科学》2008 年第 6 期,第 101-104 页。

② 参见孙启贵:《库恩"范式"的文化含义》,《合肥工业大学学报(社会科学版)》2000 年第 3 期,第 30 页。

③ 参见鲁本录、石国进:《论范式的规范功能》,《湖北社会科学》2012 年第 9 期,第 87-89 页。

式内容、性质以及功能等不同特征的研究结论,但都共同指向了世界观或者思想体系以及方法或者方法论,并且都强调三者或者两者之间的有机融合,也就是说范式不仅仅是一种方法论,更是一种方法论体系;不仅仅是一般的方法论体系,更是以一定世界观或者特定思想为指引的方法论体系。世界观、理论与方法论之间存在着有机的耦合性,从而能够为科学共同体的研究提供清晰的模型或者方法,"它能够将存在于某一学科中的不同范例、理论、方法和工具加以归纳、定义并相互联系起来"①。

因此,归根结底,就本质而言,范式是一种为科学共同体所共有的学术研究整合机制,确切地说是一种以方法论为中心的科学研究整合机制,"可以在一定意义上说,范式的实质是科学活动的整合与升华"②,而这种整合与升华是以方法论为中心的,"无论如何,库恩首先是一位优秀的科学史家,他的范式论当然是作为科学史撰述的方法论而提出来的"③。因为,世界观或者基本思想或者基本理论等等,最终都是为研究方法提供逻辑论证的,所以可以将范式的本质概括为:为科学共同体所共有的以特定方法论为核心的科学研究整合机制。

第三节　范式的学术功能

尽管库恩在提出范式概念之后饱受质疑与批评,甚至自己也未能清晰地揭示出范式的意涵,但是范式这一术语还是在学界得到了广泛的应用,不仅在自然科学领域,在社会科学领域也得到了前所未有的重视,正如美国学者 Peter Ziegler 教授所指出的,"毫无疑问,许多学者都认为每个领域都必须拥有自己的研究范式以便进行研讨"④。德国学者 Tornebohm 教授则指出:"范式作为一种'主导因素',指导和控制着学术研究领域的形成,并影响着一些特殊研究方案的计划和实施。"⑤

范式之所以在学术研究中产生如此广泛的影响,在于它推动了学术研

---

① G. Riter, Sociology: A Multiple Paradigm Science, Boston: Allyn and Bacon, 1975, p7.

② 张文显、于宁:《当代中国法哲学研究范式的转换——从阶级斗争范式到权利本位范式》,《中国法学》2001 年第 1 期,第 63 页。

③ [日]野家启一:《库恩范式》,毕小辉译,河北教育出版社 2002 年版,第 62 页。

④ Peter Ziegler, A General Theory of Law as a Paradigm for Legal Research, 51 Modern Law Review, 574 (1988).

⑤ Peter Ziegler, A General Theory of Law as a Paradigm for Legal Research, 51 Modern Law Review, 571 (1988).

究的发展,这种推动得益于范式的学术功能,具体表现为以下五种。

一、学术规范功能

"科学研究和学术评判遵循着一定的学术规范"①,范式则具有突出的学术规范功能,这种规范功能主要体现在范式形成以后的常规科学研究阶段。学术规范是范式在推进学术研究当中的重要功能,也是范式其他学术功能得以发挥的重要基础,"范式的规范性表现为科研工作者在范式的限定和指引下,找到值得研究和解决的问题,展开解谜活动,充实和完善相关的科学理论"②。

(一)学术规范功能的根源

范式的学术规范功能源自范式的共识性,"范式是研究者群体基本认同的一定范围内事物所共有的东西——它突出地体现在科学共同体对事物共同的认识观、科学共同体所从事'专业'的知识体系和范例以及科学共同体开展研究活动时所遵从的各种规范等"③。作为科学共同体的研究指南,范式的共识性决定了范式的规范性,正是因为达成了共识,所以科学共同体成员在从事相关研究时都遵从着共同的理念与原则,实践中都遵照着共同的方法与标准,如果脱离了范式的共识性,科学共同体将不复存在,范式的规范功能将无从谈起。

(二)学术规范功能的体现

范式为科学共同体的研究提供了规范的标准,无论是将范式作为一种科学共同体的公认研究成果,还是将范式作为一种共有的范例,都强调其对标准的规范性功能,"以共同范式为基础进行研究的人,都承诺以同样的规则和标准从事科学研究"④。研究标准的规范性能够减少科学共同体研究当中的分歧与争议,更加统一直接地面对研究中的各种具体问题,提升研究的效率。在托马斯·库恩的范式意涵表达中,这种标准性的规范占据着重要地位,其对范式含义的最初界定就强调了标准的规范性,强调范式

① 张文显、于宁:《当代中国法哲学研究范式的转换——从阶级斗争范式到权利本位范式》,《中国法学》2001 年第 1 期,第 64 页。
② 鲁本录、石国进:《论范式的规范功能》,《湖北社会科学》2012 年第 9 期,第 88 页。
③ 任翔、田生湖:《范式、研究范式与方法论——教育技术学学科的视角》,《现代教育技术》2012 年第 1 期,第 10 页。
④ [美]托马斯·库恩:《科学革命的结构》,金吾伦、胡新和译,北京大学出版社 2012 年版,第 12 页。

作为科学共同体成就的解题意义。当范式发生改变时,研究问题的标准也会随之发生重大改变。

具体而言,这种学术规范功能主要体现在以下三个方面:第一,研究思想的规范。一个范式就代表着一种世界观的确立,反映着特定科学共同体的思想内容,当范式确立后,科学共同体对研究对象的思想认识是高度趋同的,"范式所体现的共同体的价值观(信仰),是推动科学前进的思想框架"①。第二,研究领域的规范。范式对科学研究具有定向聚焦作用②,它使得科学研究的领域更加具体、明晰,也正是这种定向聚焦作用使得科学共同体能够集中有限的时间与资源投入到特定问题的研究当中,从而使常规科学阶段的研究更加深入、更加精细,并取得更好的研究成果,更好地推动科学的发展。第三,研究模式的规范。研究模式的规范以研究方法为中心,强调的是以特定方法对研究对象进行研究的过程规范性,对此,托马斯·库恩从多个方面做了论证,例如其在对"通往常规科学之路"的论证中强调"以共同范式为基础进行研究的人,都承诺同样的规则和标准从事科学研究"③;在对"常规科学本质"的论证中,明确强调"一个范式就是一个公认的模型或模式"④。无论是"同样的规则和标准"还是"公认的模型或模式",都是强调研究模式的规范性,同样规则与标准都是研究模式的重要内容与表现,公认的模型也是研究模式的一个具体体现。

(三)学术规范功能的地位

学术规范功能是范式的首要功能,是范式在常规科学研究阶段所发挥的主要作用,而常规科学阶段则是科学发展的主体阶段,一个常规科学阶段一旦经过累积产生科学革命则随即进入另外一个常规科学阶段。"可以说,科学的历史几乎全被常规科学时期占有。范式转换是只在'异常'的短暂时期中才发生的罕见事情。"⑤因此,可以断定学术规范功能是范式的首要功能,正是常规科学阶段学术规范功能的发挥解决了该范式所面临的问题,也正是学术规范功能的局限使得科学研究中出现了反常现象,进而导致科学革命的危机,最终生成新的范式,形成范式转换,出现科学革命。

---

① 江涛:《科学共同体"范式"概念的文化价值蕴涵》,《自然辩证法研究》1997 第 9 期,第 26 页。
② 江涛:《科学共同体"范式"概念的文化价值蕴涵》,《自然辩证法研究》1997 第 9 期,第 25 页。
③ [美]托马斯·库恩:《科学革命的结构》,金吾伦、胡新和译,北京大学出版社 2012 年版,第9 页。
④ [美]托马斯·库恩:《科学革命的结构》,金吾伦、胡新和译,北京大学出版社 2012 年版,第19 页。
⑤ [日]野家启一:《库恩范式》,毕小辉译,河北教育出版社 2002 年版,第 135 页。

二、学术指引功能

范式的学术指引功能在新范式中有着更加鲜明的体现，因为新的范式意味着对常规科学研究的革命，意味着研究基础、研究背景、研究视野、具体方法的改变与发展，能够指引科学共同体成员朝着新范式所确定的方向进行研究。

(一)研究方向的指引

"范式不只是科学研究的结果，而且是获得新知识的指导思想，是一种潜在的知识框架。它能给研究者精神定向、调节方向。"[1]范式不仅为科学共同体的研究工作提供了规范的理论与方法，而且留下了统一的待解问题，科学共同体需要对这些待解问题进行更加深入的分析与研究，这些研究是该范式在提出或被接受之时尚未明晰的内容，同时对这些问题的解决将会使既有范式的功能得到进一步论证。因此，研究范式的确定也就使科学共同体有了更加明确的目标，有了更加清晰的研究方向。也正是由于范式限定了这种更加清晰的研究方向，使得科学共同体成员将精力集中于相对狭小的限定领域内，进行更加集中、更加深入的研究，从而更有效率地发现新的研究成果。正如托马斯·库恩所言，"科学家由一个新范式指引，去采用新工具，注意新领域。甚至更为重要的是，在革命过程中科学家用熟悉的工具去注意以前注意过的地方时，他们会看到新的不同的东西"[2]。

(二)研究方法的指引

范式不仅可以为科学共同体成员提供研究方向上的路径指引，而且能够为具体研究活动的进行提供方法的指引，因为范式就是共有的范例，是解决科研问题的共有模板，是理论与方法的融合。无论是常规研究中既有范式所包含的方法，还是范式转换中新范式所包含的方法，都会对科学共同体成员的研究提供具体方法的指引，从而使共同体成员能够在更具体的规则下展开研究，正是研究方法的指引使得范式"提供了确定的解题方式，把抽象的思想工具转化为现实的研究活动"[3]。所以对范式的研究，要尤其注重对范式方法的研究，范式的方法论价值最终体现于具体研究方法的

---

[1]　丁华东：《档案学理论范式研究》，中国出版集团 2014 年版，第 5 页。

[2]　[美]托马斯·库恩：《科学革命的结构》，金吾伦、胡新和译，北京大学出版社 2012 年版，第 94 页。

[3]　鲁本录、石国进：《论范式的规范功能》，《湖北社会科学》2012 年第 9 期，第 88 页。

运用之中,研究方法的指引是范式指引功能的落脚点,因为研究对象的指引终归需要研究方法来具体面对。

三、学术凝聚功能

范式具有突出的学术凝聚功能,这种学术凝聚功能对推进该范式指引下的科学研究具有重要意义,不仅能够促使整个科学共同体更加团结一致,而且能够对范式外的潜在共同体成员形成强大的吸引效应,从而有助于消解整个科学研究领域中不同"门派"间的分歧,促进科学研究的统一。

(一)对范式内科学共同体成员的聚合功能

范式的学术凝聚功能首先体现在对其共同体成员的聚合上。范式会在科学共同体内部形成统一的世界观、方法论,统一的世界观会给科学共同体成员带来共同的信仰,从精神上将科学共同体成员凝聚在一起,统一的方法论则会减少具体研究方法上的分歧,在具体的研究环节实现统一。作为科学共同体的成员,在接受某一范式后,"都是从相同的模型中学到这一学科领域的基础的,他尔后的实践都很少会在基本理论上发生争议"①,从而使得相关科学研究中人力资源分配得到最具效率的组合与配置,避免了人力资源的浪费。

(二)对范式外潜在科学共同体成员的吸引功能

一个科学的研究范式,不仅会在已经接受该范式的科学共同体内部形成强大的凝聚力,而且会对科学共同体外部成员形成强大的吸引效应,吸引原本不属于自身范式内甚至与自身范式完全相反的范式内的科学家的加入,因为范式往往反映着对科学研究领域的本质性认识,不同范式则意味着不同的反映路径。一个科学家可能在不同时期甚至在同一时期接受不同的范式甚至是观念完全相反的范式,这与科学家自身的理论结构以及知识经验有关,且其自身的理论结构与经验知识并不是固定不变的,而是伴随着社会经济的发展以及自身知识系统的更新不断变换的。这就可能使其在不同阶段接受不同的范式,也可能使其在同一时间抛弃原有的旧范式而接受新范式。这样,具有重要影响力的范式就有可能将其他范式下的共同体成员吸引到自身范式内,壮大自身科学共同体队伍,从而增进整个科学研究领域的凝聚力和统一性。

---

① [美]托马斯·库恩:《科学革命的结构》,金吾伦、胡新和译,北京大学出版社 2012 年版,第 11-12 页。

四、学术激励功能

范式具有重要的学术激励功能,一个新学术研究范式的发现或者创立往往意味着相关科研人员对相关科研领域的巨大贡献与取得的突出成果,会给他们带来巨大的成就感与自豪感,不仅能够对当前研究者产生巨大的鼓舞与激励效应,对那些潜在的科学共同体成员也会产生巨大刺激效应,促使其接受并认可该范式的研究价值,加入该范式主导下的科学共同体,并进行创造性的科学研究。

(一)信念激励

"科学家之所以能够成为科学家,即在于持有一种具有特定心理价值意义的信念。"[1]范式的形成与发展能够对科学共同体成员的信念产生重要的激励作用,推进科学共同体成员科学心理价值的形成与发展。"通过范式的构建,使我们明了主体的内在精神世界和外在社会因素对科学研究的影响及其结果,从而更有力地激发科学共同体的主体意识与知识自觉,增强共同体的理论承诺和科学信念。"[2]范式的信念激励是一种无形激励,是一种主观能动激励,这种激励主要体现在范式对科学共同体成员心理效应的影响之上。一个科学的范式及其指导下产生的权威性研究成果能够为科学研究提供具体模型与路径,这不仅能够激发科学共同体成员的研究自信与研究冲动,形成一种强烈的自我肯定与自我激励,从而在信念层面产生重要的激励效果,而且能够形成一种良好的学术研究示范效应,进一步在信念层面赢得潜在科学共同体成员的认可,吸引他们尽快加入该范式主导下的科学共同体当中,并激励他们在该范式指导下进行研究。

(二)行动激励

范式的激励功能不仅体现在对科学共同体成员的信念激励之上,而且能够将这些信念激励转化成行动激励。因为范式的公认成就,包括范式自身所确立的世界观、理论模式及其研究框架与方法,也包括范式在学界的被认可度及其社会影响力,在这些公认成就下,科学共同体成员会更加坚信在此范式下从事科学研究的正确性以及未来获得成果的必然性,从而更加积极主动地投入科学研究中去,以获取崭新的研究成果去印证或者完善

---

[1] 孙启贵:《库恩"范式"的文化涵义》,《合肥工业大学学报（社会科学版）》2003年第1期,第30页。

[2] 丁华东:《档案学理论范式研究》,中国出版集团2014年版,第5页。

范式的理论架构,并因此而增强其在科学共同体内的学术地位,在科学共同体内部获得更强的认同感。同时行动激励也是信念激励的结果,如果只有信念上的激励而无法落实到具体的研究行动当中,这种激励的客观效应就十分有限,因为科学的发展需要具体的研究成果加以支撑,之所以赋予成熟科学以学科的地位,"其目的是加速知识的专业化增长,凝练高端学术成果"①。所以,单纯依靠信念是无法完成这一任务的,必须依赖科学共同体的具体学术研究活动,只有通过充分的、反复的大量研究才能够完成这一任务。因此,范式的行动激励功能意义巨大,它能够刺激科学共同体成员积极地投入实践研究中去,以获取更多更新的研究成果。

五、学术创新功能

托马斯·库恩强调范式转换带来的科学革命功能,意在用"革命"一词突出范式转换的学术创新功能。学术创新是范式的重要功能,学术的发展需要不断的创新,创新是学术研究的生命力所在,只有通过创新性的研究才能够脱离旧有的研究思维与模式的束缚,发现更科学的事物内在运行规律。研究范式的转换则是推进学术创新的主要力量,范式的学术创新功能主要体现在理论创新、方法创新以及成果创新三个方面。

(一)研究理论的创新

科学研究的进行不能凭借单一的、绝对的因素去加以论证,必须与相关理论结合,才能取得更好的效果,特别是新理论的出现与适用,往往为科学研究带来巨大的创新动力。范式转换的重要内容就是理论基础的改变,"一种理论的新视野和思考的新维度是库恩的范式概念的真正价值所在,也是库恩的范式理论在科学哲学史上所做出的主要贡献"②。也就是说,一个新的研究范式的出现意味着研究背景、研究理论的变化,将从一个崭新的视角对研究对象进行剖析,进而实现科学革命,因为"科学革命化的实质是新范式代替旧范式的过程,或者说是科学共同体重新概念化的过程,科学理论的变革通过范式的替换最终实现"③。

(二)研究方法的创新

一种研究范式即意味着与其相适用的特定研究方法,新的研究范式就

---

① 龙宝新:《论学科的存在与建设》,《高等教育研究》2018年第5期,第57页。
② 蒋楼:《"科学范式"理论内涵的哲学启示》,《哲学基础理论研究》2016年第7期,第148页。
③ 张文显、于宁:《当代中国法哲学研究范式的转换——从阶级斗争范式到权利本位范式》,《中国法学》2001年第1期,第64页。

意味着新的研究方法,研究理论的创新也为研究方法的创新做了铺垫。范式是一个理论体系,是方法论的整合机制,是对相关领域研究方法的哲学解释。其中方法依然是范式的重心,因为理论最终要用来指导实践,否则理论也就失去其应用价值,而理论只有通过方法才能发挥具体的实践指导价值。所以,方法是范式理论研究的落脚点。一个范式即意味着一种独特的研究方法,范式的转换必然带来研究方法的转换,"范式的转变实质就是提出一套全新的发现问题和解决问题的方法"①。因此,范式创新功能的重要表现就是研究方法的创新。

(三)研究成果的创新

无论是研究理论的创新还是研究方法的创新,其价值最终都体现在具体研究成果的创新上。当然这里研究成果的含义不同于托马斯·库恩在对范式意涵进行界定时所表达的研究成果,托马斯·库恩曾将范式称为科学共同体共有的研究成果,这种对研究成果的界定是广义的,包括科学共同体的信念、研究方法、标准、研究框架以及具体实例等等,是一个从宏观思想到微观方法的系统构成。但是从范式的创新功能来讲,这里所说研究成果是狭义的,是在一个范式所确定的研究理论以及研究方法的指导下,科学共同体成员在从事常规科学研究时的新发现,这种新的发现并未脱离该范式的理论边界,而是在该范式现有共同研究成果指引下的新的具体成果,这些具体成果是科学共同体成员对研究对象的新的认知,是一种横向认知的拓展或者纵向认知的推进,但依然在该范式所确定的研究边界范围内,同时能够给予现有范式理论更充分、更深入的论证。托马斯·库恩将这种范式指引下具体研究成果的创新称为"新事物""新信息""开拓新疆域""展示新秩序""新应用"以及"解谜"等等,正如托马斯·库恩所言:"研究常规科学传统,我们还能发现许多其他的规则,这些规则提供了科学家自得范式之承诺的更多信息。"②

第四节　范式的学科意义

"学科是由专门的知识,以及保护专门知识发展和独立的制度规范、组

---

① 张文显、于宁:《当代中国法哲学研究范式的转换——从阶级斗争范式到权利本位范式》,《中国法学》2001 年第 1 期,第 63 页。

② 〔美〕托马斯·库恩:《科学革命的结构》,金吾伦、胡新和译,北京大学出版社 2012 年版,第 33 页。

织机构共同组成的一个完整体系。"①学科是科学发展的结果,科学发展的规律决定着学科的发展,同时学科的发展又能够促进科学的发展,对科学的发展起着能动的反作用。但是"学科是科学研究发展成熟的产物"②,只有当科学研究的成果达到一定的程度,学科才会得以建立,所以并不是所有不同领域的科学研究最终都能上升到学科的高度,学科的建立就是对一个领域的科研知识进行建制的过程,而"知识建制本质上就是学科范式"③。美国学者彼得·齐格勒(Peter Ziegler)教授对范式的学科意义给予了高度肯定:"一个学科所拥有的范式非常重要,因为它能使该学科的研究人员创造一个特殊的知识群体,并且基于他们对该学科知识的实质贡献而归属于这个群体,而不是归属于其他学科。"④所以,范式具有极其重要的学科意义,无论是对学科独立地位的构建、学科常规建设的进行还是学科的创新发展,都具有十分重要的意义。

一、范式是学科独立地位的重要标志

范式的建构对学科的形成与发展具有重要的意义,"一个学科建立的标志是拥有自身独特的范式"⑤。范式是关于科学发展的一种系统化理论,所以要明晰范式对于学科建设的价值,就必须首先澄清科学与学科的关系。

科学是人们在实践中总结出的一系列反映现实世界各种现象的本质和规律的知识体系,反映了人类认识世界的理性程度,也是人类据以改造世界的重要工具。⑥ 科学不仅是人类认识世界的具体结果,也是人类认识世界的动态过程,是对自然、社会以及思维等知识体系的一种动态反映,是一个不断发展的过程。学科则是人类在认识世界的过程中,针对认识对象

---

① 孙运梁:《"权力——学科"规训下刑事法学科的产生、嬗变及其整合》,《刑事法评论》2007 第 1 期,第 5 页。

② 蔡曙山:《科学与学科的关系及我国的学科制度建设》,《中国社会科学》2002 年第 3 期,第 79 页。

③ 李小波:《范式理论的价值及其对社会科学学科的指引》,《公安学研究》2018 年第 2 期,第 89 页。

④ Peter Ziegler, A General Theory of Law as a Paradigm for Legal Research, 51Modern Law Review, 584 (1988).

⑤ 李小波:《范式理论的价值及其对社会科学学科的指引》,《公安学研究》2018 年第 2 期,第 97 页。

⑥ 李小波:《范式理论的价值及其对社会科学学科的指引》,《公安学研究》2018 年第 2 期,第 97 页。

有意识地划分、构建的知识组合。① 学科的建设与发展是以知识体系为载体的,是科学研究专业化的体现,是人类对科学知识体系认识不断成熟的产物,是人类对知识体系的一种主观能动性加工与建构。这种建构首先需要系统化知识体系作为载体,离开了成熟的知识体系,就不会有学科的建构,当然学科的构建也会促进科学的发展。简言之,科学决定学科,学科反作用于科学。所以,科学是学科的基础,离开科学自身的知识体系,学科就难以存在,同时学科的发展也表明着科学的发展,学科发展越成熟,对科学发展的推动作用越显著。

但是并非所有的科学知识体系最终都能形成学科,"只有那些通过不断发展而获得了自身独特范式的知识单元最终能够形成学科"②。因为由科学走向学科表明着某一领域科学研究的成熟化与建制化,不仅需要科学共同体成员为该科学领域的研究构建起严密的知识体系,而且也需要获得官方的认可,也就是必须同时满足学科建设所需要的内在知识建制与外在社会建制两种条件。相对而言,内在知识建制是科学走向学科的首要基础性条件,而外在社会建制则是次要辅助性条件。内在知识建制要求该学科涉及的科学领域必须形成较为完备的知识体系,而这种完备的知识体系不可能一蹴而就,需要一个逐步发展的进程,在这一进程中,某一领域的科学研究可能门派林立,互不认同,难以形成较为统一的知识体系,这时缺少了学科所应具备的统一知识体系,独立的学科难以形成。这时科学研究的知识体系存在较多纷争与异议,尚未围绕科学知识体系的研究形成一个强有力的科学共同体,也就是缺少学科认同,这是制约一个学科产生、发展与独立的前提性条件。③

范式的形成解决了学科构建所需要的学科认同问题,因为一个科学能够得到同行认可的重要标志就是由学科经典文本所创造出的新的理论建构在学科研究群体内产生了巨大的社会反响,获得了广泛的肯定,引起了其他学者的共鸣与追随,甚至是忠诚与崇拜。④ 而范式则是这种新的理论构建的突出体现,因为范式的形成意味着该科学领域形成了较为完整的知识体系,包括研究对象、基本理论、核心概念、主体制度架构等一系列因素

① 参见陈东辉:《学科发展的几个基本特征》,《学位与研究生教育》1997 第 6 期,第 38 页。
② 李小波:《范式理论的价值及其对社会科学学科的指引》,《公安学研究》2018 年第 2 期,第 97 页。
③ 参见王建华:《学科承认的方式及其价值》,《中国高教研究》2012 年第 2 期,第 12 页。
④ 参见王建华:《学科承认的方式及其价值》,《中国高教研究》2012 年第 2 期,第 12-13 页。

在内,并且这种知识体系得到了科学共同体的广泛认可,科学研究共同体与其对应的学科共同体是基本一致的,因此范式的形成标志着学科建设内在知识建制的完成。

虽然范式只是科学研究的必要条件而非充分条件,缺少范式的支撑,科学研究依然可以在摸索中进行,只不过这时的科学研究往往是零散的、碎片的,对科学研究经验的总结、对科学运行规律的表达也是浅显的、破碎的,是非系统性的,无论是感性的认识与理解还是理性的认识与理解都需要进一步推向深入。当范式出现之后,也就意味着某一研究理论获得了同行的高度认可与追随,这一过程却是该科学领域走向以学科为标志的系统性研究的必经历程,因为科学的发展就是一个事实、理论和方法不断累积的过程,正是在这一过程中,科学人员发现并总结出了科学的内在发展规律,从而为该科学的分散性研究走向以学科为标志的系统性研究奠定基础。

所以,范式是科学研究走向学科研究的重要标志与条件,也正因如此,托马斯·库恩明确指出:"取得了一个范式,取得了范式所容许的那类更深刻的研究,是任何一个科学领域在发展中达到成熟的标志。"①范式的形成是学科独立地位确立的重要评判依据,因为范式就是在科学人员不断对该学科领域的知识进行摸索、研究与分析的过程中总结而出的理论体系,范式的确立不仅意味着科学研究理论、基本概念、基本方法以及知识体系等学科建制内在因素的系统性具备,也意味着该科学研究成果得到了科学共同体的广泛认可与支持,标示着科学共同体对所属学科专业知识研究的深度与广度,意味着该学科在整个自然知识或社会知识体系内的传播与影响,从而强化了其独立学科的存在价值与意义。正如有学者指出:"范式是一组承诺,是共同体所共有的理念、原理、理论、方法、标准、程序、规范等。学科内在知识建制的形成,关键在于对上述一些基本问题达成自身的共识。"②

二、范式是学科常规建设的重要工具

学科的常规建设具有极其重要的意义,因为"科学史几乎全被常规科

---

① [美]托马斯·库恩:《科学革命的结构》,金吾伦、胡新和译,北京大学出版社 2012 年版,第 9 页。

② 李小波:《范式理论的价值及其对社会科学学科的指引》,《公安学研究》2018 年第 2 期,第 99 页。

学时期占有"①,常规建设能够促进学科内在建制的不断发展与完善,同时也能对现有范式进行充实与论证。"学科包含了内在的知识建制和外在的社会建制,只有当学科内在知识建制获得承认后才会有外在的社会建制。"②内在的知识建制不仅是学科得以建立的根本条件,也是学科建设中面临的主要矛盾,是推进学科发展的重要路径。学科的内在知识建制主要包括学科的性质定位、基本理论、概念范畴、知识结构体系、基本研究方法以及面临的主要任务等相关问题,而范式则是推进学科内在建制持续发展的基本路径,"常规科学是在范式所设定的界限内,朝着把事实精密化、理论精细化的方向发展的"③。范式的确立并不意味着学科体系建设的退出,即使是已经获得广泛认同的学科范式,也是如此,尽管它已经确立了基本的研究模式、框架、标准以及方法,甚至理论体系已经比较完备,但是其依然会留下一些待解的谜题,需要持续地深入研究,这有助于推进对学科知识体系的更加完备的认识,从而有助于更加有效地改进现有学科知识体系设置。特别是在学科建立之初,促进学科建立的一些范式在开始时往往是不完备的,采取有可能成功的预示,也就是说既有范式的确立具有一定的偶然性,其完备性较差,需要进一步加以论证,以强化该范式的权威性,而"常规科学就在于实现这种预示,其方法是扩展那些范式所展示出来的特别有启发的事实,增进这些事实与范式之间的吻合程度,并且力图使范式自身更加清晰"④。范式对于推进学科常规建设的作用主要体现在以下三个方面。

(一)范式搭建了学科常规建设的基本框架与平台

学科的建设不应是盲目进行的,需要一个基本的框架与平台,从而使得学科建设有的放矢,而且这个框架与平台越精细,学科建设就越完善。"学科范式作为一个学科知识建制应有的模型,是学科建设的蓝本或纲领性文件。"⑤范式所确立的信念、理论、方法、标准、模型以及范例等构成要素都是与学科内在知识建制所面临的问题一一对应的,一个成熟的学科范

---

① [日]野家启一:《库恩范式》,毕小辉译,河北教育出版社 2002 年版,第 135 页。
② 李小波:《范式理论的价值及其对社会科学学科的指引》,《公安学研究》2018 年第 2 期,第 99 页。
③ [日]野家启一:《库恩范式》,毕小辉译,河北教育出版社 2002 年版,第 135 页。
④ 参见[美]托马斯·库恩:《科学革命的结构》,金吾伦、胡新和译,北京大学出版社 2012 年版,第 19-20 页。
⑤ 李小波:《范式理论的价值及其对社会科学学科的指引》,《公安学研究》2018 年第 2 期,第 99 页。

式应具备基本的学科信念、理论、方法、标准、模型以及范例,科学共同体成员正是在这些范式构成要素的指引下,对学科进行常规研究,常规科学研究的主要目的也是对上述各种具体构成要素的回应。

(二)范式有助于维持学科常规建设的稳定性

学科的发展与建设不是一个简短的过程,需要长时间稳定、持续的积累,如果学科建设缺乏稳定性,其内在知识建构总是处于不断的变化当中,就难以形成一个规范、权威的知识体系架构,必定会阻碍学科的建设。范式所确立的信念、理论、方法以及标准等系统性要素,能够维持科学共同体的稳定,可以更好地减少不同学派之间的分歧与内耗,并在实践中用统一的方法、模型、标准指导着科学共同体对学科建设的研究,规定着科学共同体的研究方向,从而推进着常规科学得以持续不断地发展。

(三)范式能够推进学科常规建设的深入发展

常规建设是学科建设的重心,其实质是科学的常规发展,隶属于常规科学研究,而"常规科学研究乃在于澄清范式所已提供的那些现象与理论"①。由于范式所限定的常规科学研究范围相对狭小与封闭,使得学科共同体成员能够将有限的精力运用到更具针对性的目标之上,从而可以使常规建设得到更精细、更深入的研究,更好地推进学科内在建制的完善,推动学科的发展。

三、范式是学科创新发展的重要路径

知识是学科的载体,是学科内部建构的核心,而学科建设的目的是推进知识的进化与传播,使科学更好地服务实践,为人类谋福祉。因此,任何一个学科都不可能满足于现有知识体系储备而停滞不前,也不应当满足于在既有知识体系内仅仅做出量的积累,而是应当推进学科建设不断地向前创新发展,正所谓"知识进化是学科建设的使命"②。

这里所说的"学科创新发展"是与托马斯·库恩所提出的"科学革命"是相对应的。库恩认为范式转换是科学革命的重要路径,这里革命的本意即是创新发展之意,只不过这里的创新发展不是一种在量的积累上的发展,而是一种质的发展,质的发展则是一种飞跃,是事物属性发生了改变。

---

① [美]托马斯·库恩:《科学革命的结构》,金吾伦、胡新和译,北京大学出版社 2012 年版,第 25 页。
② 龙宝新:《论学科的存在与建设》,《高等教育研究》2018 年第 5 期,第 57 页。

范式转换原理对于学科的发展而言也一样适用,任何一个学科都有其独特的研究范式,这种研究范式在确立后,该学科的研究与建设进入了常规阶段,但是任何一个学科的范式都不是静态不变的,而是伴随着科学知识体系的改变而改变或者根据学科建设发展的需要而改变,"学科范式的这一特点有助于推动学科建设的发展和进步"①,即范式的转换也是学科创新发展的重要路径,正如有学者所言,"学科的发展与学科范式的转换密切相关"②。

也有学者将学科范式的转换称为学科范式的转型③,其实质是指学科摆脱原有范式的跨越式发展,是新范式对旧范式的取代,是范式不断发展与进步的表现。借用托马斯·库恩的"科学革命"这一术语,可以将学科范式的转换称为"学科革命",这一过程绝不仅仅是依靠旧范式的科研成果不断的累积而形成,而是"在一个新的基础上重建该领域的过程"④。具体而言,当在既有范式指导下的常规学科研究遭遇了反常现象,并且既有范式难以对其研究进行有效的指导,新的研究范式就开始出现,而新的研究范式则是世界观与方法论的改变,而非仅仅是具体规则的改变。在新的范式的指引下,特定学科下的科学研究将会更加深入,科学共同体通过范式变换得以解决问题的数量和精确度达到最高限度。⑤

范式对推进学科发展的重要作用在一些新型学科中体现得更为明显,因为一个新型学科的发展空间较大,受范式影响也更大,范式的转换对其发展的影响力也就越大。就范式转换与法学学科建设而言,专门的研究成果并不多见,本书以财税法学科为例,对此进行说明。相对于民法、刑法、行政法以及经济法学科而言,财税法学科是一个发展中的新型学科,如何将财税法学与经济法学区分开来,是影响财税法学作为独立学科构建的重要因素,而财税法学独立研究范式的建构无疑对此有着重要意义。从财税法学科发展的实践情形看,范式的转换确实对财税法学科的发展与建设起

---

① 张萍:《学科范式转型背景下高等教育学学科建设问题研究》,《中国成人教育》2016 年第 14 期,第 4 页。

② 陈时见、袁利平:《比较教育学的范式与学科生长点》,《比较教育研究》2007 年第 3 期,第 17 页。

③ 参见张萍:《学科范式转型背景下高等教育学学科建设问题研究》,《中国成人教育》2016 年第 14 期,第 4-6 页。

④ [美]托马斯·库恩:《科学革命的结构》,金吾伦、胡新和译,北京大学出版社 2012 年版,第 86 页。

⑤ [美]托马斯·库恩:《科学革命的结构》,金吾伦、胡新和译,北京大学出版社 2012 年版,第 168 页。

到了极其重要的推进作用,因为对财税法学的研究最初是在经济法学研究范式下进行的,将财税法学看成了经济法学科的分支,后来形成的领域法学研究范式则推进了对财税法学科独立地位的进一步认识,奠定了其作为独立核心学科的范式基础。

关于财税法学科的上述发展历程,财税法学者刘剑文教授在《学科突起与方法转型:中国财税法学变迁四十年》一文中给予了充分的说明,尽管刘剑文教授在文章标题中使用的是"方法转型"的表达方式,但是在文章内容中亦大量使用了"范式"的表达方式,因此可以做出一个推论:刘剑文教授主要是从方法论的视角来看待范式的。就具体内容而言,刘剑文教授在文章中指出,1978—2018 年,中国财税法的发展已有 40 年,历经了起步阶段、发展阶段、转型阶段以及创新阶段,在历经这四个阶段的发展之后,教育部在 2018 年将财税法作为本科核心课程设置,从而正式确立了财税法的独立学科地位。① 在这一进程中,财税法学科经历了从无到有,从一般学科到核心学科的发展历程。1978 年已有对财税法学的研究,但此时尚未形成独立的学科,并且财税法这一概念也未能正式提出,"'财税法'这个概念第一次出现是在 1993 年司法部组织全国成人高等教育法学统编教材《财税法教程》(法律出版社),将财政法与税法独立成篇的同时又整合成一体,并以'财税法教程'命名,'财税法'一词由此进入公众视野"②。这说明财税法学科的正式确立应当是自 1993 年开始,但是直到 2018 年教育部才确立了其核心地位,这也印证着财税法学科的漫长发展道路,而在这一漫长发展道路之中,财税发学科研究范式的转换无疑起到了重要作用。具体而言,财税法学研究由一般的经济法学研究范式转向领域法学研究范式,是促成财税法学科独立核心地位被官方认可的重要因素。刘剑文教授指出,财税法学之所以能够确立法学独立核心学科地位,一个核心要素就是因为财税法学确立了自身独立的法学研究范式——"领域法学研究范式",这一范式不同于既往的经济法学研究范式,"是以问题为导向,以特定经济社会领域全部与法律有关的现象为研究对象,融经济学、政治学和社会学等多种研究范式于一体的整合性、交叉性、开放性、应用性和协同性的新型法学理论体系、学科体系和话语体系;它是新兴、交叉领域'诸法合一'的

---

① 参见刘剑文:《学科突起与方法转型:中国财税法学变迁四十年》,《清华法学》2018 年第 4 期,第 180-191 页。

② 刘剑文:《学科突起与方法转型:中国财税法学变迁四十年》,《清华法学》2018 年第 4 期,第 186 页。

有机结合,与传统部门法学同构而又互补"①。正是"领域法学研究范式"的提出,使得财税法学在研究基点、研究领域、研究理论、研究方法以及研究视角等相关方面与经济法学等临近学科区分开来,奠定了财税法学法学独立核心学科的方法论基础。

从刘剑文教授的文章中可以看出,财税法学研究范式的转换对财税法学科的建设起到了重要的推进功能,把财税法学科由法学一般学科推进到法学独立核心学科,这是财税法学科的重大发展。由此也能具体说明学科范式的转换对推进学科建设的巨大意义。

---

① 参见刘剑文:《论领域法学:一种立足新兴交叉领域的法学研究范式》,《政法论丛》2016年第5期,第3-16页。

第二章　系统论范式:法学研究的重要进路

　　任何一门学科的研究都需要范式的指导,"某一学科领域通常意义上的'范式'其实指的就是'学科范式',它以某个主导概念为核心,排斥对立的概念或者使之从属于自己"①。作为社会科学的一门重要学科,法学的研究同样离不开范式的指导,也需要以特殊主导概念为核心的相关范式加以指引,如比较研究范式、经济法学研究范式等等,这些研究范式都对法学学科的发展起到了非常重要的推进作用。美籍奥地利学者冯·贝塔朗菲开创的一般系统论对各个领域的科学研究产生了广泛而深远的影响,"系统论涉及自然、社会、思维中带有普遍性的系统联系的问题,它具有广泛的认识和方法论意义"②。许多学科都将该理论运用于自身的研究当中,有学者对系统研究方法的学术价值给予了高度肯定:"系统方法不仅成为解决疑难问题的有力武器,而且系统研究已经成为衡量一门科学成熟程度的标志。"③在学界不仅出现了以系统论为基本指导原理的丰富成果,也出现了许多直接以系统论范式为主题的相关研究。显而易见,系统论已经达到了范式的理论高度,成为一种全新的研究范式。伴随着系统论在社会科学研究中的广泛运用,法学界也越来越重视系统论的指导价值,系统研究也成为当前法学研究中的一个重要方法,相关研究成果层出不穷,甚至有学者明确指出,"今天,'系统论法学'这个难以从语义上清晰理解的称谓,已是具有相当识别性的法学学术标签"④。显然,系统论已经成为一种重要

---

① 任翔、田生湖:《范式、研究范式与方法论——教育技术学学科的视角》,《现代教育技术》2012年第1期,第10页。
② 武东升:《系统论丰富和发展了辩证联系的特征》,《山西煤炭管理干部学院学报》2004年第3期,第92页。
③ 张文、孙仕柱《从系统论看犯罪客体》,《中外法学》1996年第1期,第17页。
④ 陆宇峰:《系统论宪法学》,《华东政法大学学报》2019年第3期,第5页。

的法学研究范式①，以系统论为主导概念而构建的系统论范式，在法学研究中也发挥着越来越重要的作用，已经成为一种重要的法学研究进路。

第一节　系统论的界定

对系统论意涵的阐释是科学理解系统论理论体系的前提，也是理解系统论范式的逻辑基础。正如有学者所言："在一门具体的学科中，其科学概念的形成，特别是该学科基本概念的形成与理论的形成过程是不可分割的。一门科学的基本概念的形成有赖于科学理论体系的建立，而这些概念的形成以及相应基本规律的确立，是该科学理论得以形成的前提。"②因此，要深入理解系统论这一现代性理论成果，就必须对系统论的意涵有一个准确的把握。

一、系统：系统论意涵界定的逻辑基础

（一）系统含义的多元学说解析

系统论是以系统为基本研究对象的科学理论，系统是该理论的逻辑基础，要深刻地剖析系统论就必须明晰什么是系统，如何对系统的概念做出科学的理解。作为系统论的开拓者，冯·贝塔朗菲将系统这一概念称之为系统论的本体论，是一种"野生的自然"③。那么究竟应当如何对系统这一概念进行界定呢？"由于人们的观点、目的和侧重点不同，因而对系统就有许多不同的定义"④，具体来说，主要有以下观点。

1.复合体说

一般系统论开拓者冯·贝塔朗菲开创了"复合体说"，他从构成要素的相互作用视角对系统做出界定，指出"系统可以定义为相互作用着的若干

---

① 参见刘大洪、岳振宇：《论经济法的发展理念——基于系统论的研究范式》，《法学论坛》2005年第1期，第53-58页；高维俭：《刑事学科系统论》，《法学研究》2006年第1期，第14-31页；张尚谦：《"系统论"范式下的司法政策功能定位及其运用》，《法学杂志》2011年第2期，第108-110页；姚辉：《民法学方法论研究》，中国人民大学出版社2020年版。根据国家社科基金结项要求，此处省去本课题主持人的相关研究成果。

② 彭漪涟：《概念论——辩证逻辑的概念理论》，学林出版社1991年版，第156页。

③ ［美］冯·贝塔朗菲：《一般系统论》，林康义、魏宏森等译，清华大学出版社1987年版，自序第5页。

④ 钱兆华：《拉波波特一般系统论介绍》，《哲学动态》1993年第1期，第41页。

诸要素的复合体"①。冯·贝塔朗菲进一步强调,就一般的复合体而言,可以分别从构成要素的数量、种类以及相互关系三个维度加以区分,前两种属于要素的累加,是要素在孤立状态中的性质展现,在复合体内外均有相同呈现,而后一种则是要素的复合,各个要素相互依存。这一学说得到了许多学者的附和,其特点是非常明了地指出了系统的本质特性即要素之间相互关联,进而在此基础上形成复合体。

2. 集合体说

我国著名法学家李昌麒教授以"集合体"的表达模式对系统的概念做出了界定:"所谓系统是指由两个以上的互相区别和作用的单元要素构成的集合体。"②这种表达与冯·贝塔朗菲的复合体说非常接近,但也存在着明显的区别,因为集合体说不仅强调了系统构成要素的相互作用,而且也非常明确地强调了系统中各个构成要素的相互区别,表明了系统构成要素的多元性。这种界定方式在突出系统"集合性"的同时,也突出了系统构成要素的独立性,有助于我们对系统进行层级性分析,以更加深刻地认识系统自身的内在架构。

3. 整体说

英国学者迈克尔·C. 杰克逊教授(Michael C. Jackson)以"复杂整体性"为中心对系统进行了解释。他认为:"一个系统就是一个复杂的整体,它的功能取决于它的组成部分以及这些组成部分之间的联系。"③整体说更加直接地说明了系统的核心特征即整体性,从整体与局部的相对性范畴对系统做出解释,强调了解系统就必须从整体上认识系统,把系统作为一个有机整体。同时,杰克逊在分析系统概念时也指出,系统的功能源自其构成要素以及要素之间的相互作用,所以这种界定以整体为中心,通过整体功能进而分析系统构成要素以及它们之间的关联关系,将系统的整体性置于不可替代的位置。

4. 要素与功能说

钱学森教授围绕"要素"与"功能"两大核心要素对系统概念做了解读。他认为:"所谓系统,是由相互制约的各个部分组成的具有一定功能的整

---

① [美]冯·贝塔朗菲《一般系统论:基础、发展和应用》,林康义、魏宏森译,清华大学出版社 1987 年版,第 5 页。

② 李昌麒、周亚伯:《怎样运用系统论研究法学问题法》,《现代法学》1984 年第 1 期,第 18 页。

③ [英]迈克尔·C. 杰克逊:《系统思考:适于管理者的创造性整体论》,高飞、李萌译,中国人民大学出版 2005 年版,第 4 页。

体。"①他强调系统是由各个要素的相互制约而形成的特定功能的整体。陈禹教授也持有相同观点，认为系统就是"由一些元素（子系统、部件）通过相互作用、相互关联、相互制约，组成的具有一定功能的整体"②。要素与功能说突出了系统作为一个整体所特有的功能，也有学者将其称为系统所具有的不同于构成要素的"新质"③，突出显示了系统构成要素组合的价值。

5. 要素、结构与功能说

徐秀中教授围绕着"要素""结构""功能"三大构成要素对系统进行了界定。他指出："系统是由相互联系、相互作用的要素（或部分）组成的具有一定结构和功能的有机整体。"④该学说强调了系统是由不同要素构成的，具有不同结构进而展现出特定功能的整体，这种表达方式更加具体地揭示了系统自身体系的有机构成，突出了结构在系统概念界定中的重要意义，对深入认识系统具有重要的价值，因为正是要素之间通过相互联系、相互作用形成特定结构，才形成了系统的整体性功能，使得系统具有不同于局部要素通过单纯累加而形成的功能，也就是说正是特殊的结构直接决定了作为整体的系统不同于局部的简单相加之和。

6. 要素与方法结合说

日本学者三浦武雄教授从系统要素以及系统的方法特性相结合的视角对系统进行了界定。他指出："所谓系统不仅是构成要素的汇集，而且必须有一种指导性的观点。因此，要实现一个系统，必须在详细了解每个要素的同时，还要了解能把全体综合起来的观点及其实现的方法和技术。"⑤要素与方法结合说不仅强调了作为构成系统的多元要素及其集合，而且强调要了解把系统构成要素综合起来的观点与具体方法，鲜明地指出了系统的方法论价值，对系统意涵的界定更加深入。

上述国内外不同学者对系统的界定模式并不完全一致：尽管冯·贝塔朗菲的复合体说与李昌麒教授的集合体说十分接近，但是强调系统构成要素的状态各不相同，冯·贝塔朗菲强调的是相互作用，而李昌麒教授则强

① 钱学森：《工程控制论》，科学出版社 1983 年版，序言。
② 陈禹、钟佳桂：《系统科学与方法概论》，中国人民大学出版社 2006 年版，第 64 页。
③ 参见寿建新：《矛盾论和系统论》，《陕西师范大学学报（哲学社会科学版）》1992 年第 2 期，第 12 页。
④ 参见维基百科"系统"词条，http://zh.Wikipedia.org/wiki.
⑤ [日]三浦武雄、滨港尊：《现代系统工程工程学概论》，郑春瑞译，中国社会科学出版社 1983 年版，前言第 1 页。

调系统构成要素之间的相互区别与相互作用。迈克尔·C.杰克逊教授以负责整体性为中心对系统进行概念性界定,直接援引了系统论中整体与局部的对应性概念,整体说的界定方式与复合体说及集合体说的路径正好相反,前者是从整体概念到系统构成要素的路径,而后两者则是从要素及其相互作用到复合体或集合体的路径。钱学森教授则从系统要素所产生的功能视角进行界定,突出了系统整体的特殊功能。徐秀中教授强调了要素的相互关系、特定结构及其功能。日本学者三浦武雄教授既指明了系统要素的集合特性,强调了对要素进行综合理解的重要性,同时又强调要注重综合理解的方法与技术。

但是,各种界定形式的区别并未掩盖各个学者对系统本质理解的趋同性,不同学者的界定当中都强调了系统构成要素的相互联系与相互影响,都强调了系统的整体性及其功能,尽管表达术语不同,表达重点各异。例如,尽管有学者将系统称为复合体,还有学者称为集合体,有学者称为整体,但是其本质都是整体的意思;尽管有学者侧重系统构成要素及其相互联系,未直接谈及系统结构与功能,但是这种系统要素的相互作用必然会形成系统的特定组织结构,进而形成系统的整体功能。

因此,本书认为,系统的概念可以界定为:由相互联系、相互作用的不同要素按照特定的层次结构而组成的一个具有特定功能的有机整体。系统是要素的集合,是由要素组成的整体,但是这种整体不是要素的简单相加与罗列,而是由要素通过相互之间的联系与作用而组成的一个具有耦合性的有机动态整体。

当然需要特别说明,在法学研究中,许多学者也经常使用"体系"一词替代"系统",在本书中体系与系统的实质意义是相同的,它们的核心都是强调整体性。例如,根据黄茂荣教授的观点,所谓体系就是指一个依原则所构成的知识整体[1];也有学者明确指出,体系与系统都是源自希腊语,对应的英文也为同一个词(system),其核心意涵均指向整体,即意为由若干相互联系和相互作用的要素组成的具有一定结构和功能的有机整体,因此体系与系统是可以相互替代的。[2]

(二)系统的特点

系统的特点是系统本质的外在表现,对系统特点的把握是准确理解系

---

[1] 参见黄茂荣:《法学方法与现代民法》,中国政法大学出版社 2001 年版,第 427 页。

[2] 参见谢立中:《探究"三大体系"概念的本质意涵》,《中国社会科学报》2020 年 12 月 24 日;李显东、杜晓光:《经济法概念与经济法规范体系》,《法学杂志》1998 年第 5 期,第 27-28 页。

统丰富意涵的必要路径，系统特点主要体现在整体性、普遍性、层次性、结构性、功能性以及演化性等几个方面，对这些相关特点的深入分析也是理解系统论原理的重要逻辑基础。

1. 系统的整体性

系统具有整体性，对系统的分析与考察必须注重系统的整体性，这是系统的首要特点，无论是说系统是一个要素集合体，还是强调系统是一个复合体，其实质都是强调系统的整体性。整体是相对于局部而言的，系统的整体性是相对于作为系统局部的各个构成要素而言的，但是系统的整体性并不是各个局部要素的简单相加形成的，而是通过各个要素有机组合而成的，是各个独立要素相互联系、相互制约、相辅相成而形成的复杂性整体。"若干部分按照某种方式整合成为一个系统，就会产生出整体具有而部分或部分总和所没有的东西，如整体的形态、整体的特性、整体的行为、整体的状态、整体的功能、整体的机遇、整体的解决问题的途径等。"[①]

2. 系统的普遍性

系统具有普遍性，是事物的一种存在方式，这实质是一种世界观的认识问题，也就是说任何事物都可以看成一个系统，一个由其自身构成要素有机组合而成的系统，对任何事物都可以运用系统观点进行分析，无论是自然事物还是社会科学，都有其系统性。作为一般系统论最新发展成果的现代系统论更是充分说明了这一点，[②]正如有学者认为，"系统乃是整个物质世界和世界上一切事物所普遍具有的一种根本属性和存在方式"[③]。

3. 系统的层次性

系统自身具有鲜明的层次性，层次是元素整合成为整体过程中涌现的等级[④]，系统的层次性是深入认识系统的一个重要概念范畴，因为系统是要素的集合，每个要素都构成一个独立系统即子系统，每个子系统的构成要素也可视为由多个要素构成的独立系统即子系统的子系统，并且可以无限循环下去，正如李昌麒教授所指出的，"系统往往是一个多极的和多层次的复杂结构。一个大系统可以分为若干子系统，子系统又可以分为许多

① 许国志：《系统科学》，上海科技教育出版社2000年版，第20页。
② 我国著名系统论学者中国政法大学常绍舜教授对一般系统论与现代系统论做了划分，认为一般系统论也称为经典系统论，是指冯·贝塔朗菲提出的系统论，而现代系统论则是近年才提出来的一个概念，它是对经典系统论新发展成果的综合。
③ 参见钟月明：《系统论对世界物质性原理的丰富和深化》，《社会科学》1986年第1期，第60页。
④ 许国志：《系统科学》，上海科技教育出版社2000年版，第22页。

孙子系统,孙子系统还可以再分"①。系统的层次性在一些复杂系统中有着更加清晰的显示,因为复杂系统中存在着更加鲜明的高级系统与低级系统,高级系统包含并控制低级系统,低级系统从属并支撑高级系统,而且复杂系统不可能由最低级系统组合并直接展现整体系统特性,中间需要经过多层级系统的不断积累与整合。

4. 系统的结构性

系统具有明显的结构性,任何系统都是拥有特殊结构的组织体。"结构是指系统内部各个组成要素之间相对稳定的联系方式、组织秩序及其时空关系的内在表现形式。"②系统结构决定系统的功能,不同的结构会导致系统功能的差异。结构性与层次性之间存在着紧密的交叉,层次分析是结构分析的重要体现,例如层次分析中对子系统的划分,这同时也是结构分析的重要内容,结构分析的核心就在于划分子系统,阐明不同子系统之间的关联性。③ 但两者亦有明显区别,层次性更加注重对系统组织构成的纵向分析,而结构性更加注重对组织系统构成的横向分析;层次性更加注重对不同层级构成要素独立性的分析,结构性更加注重同一层级不同要素之间的相互联系与相互制约。简言之,"层次表明了要素在结构排列上的等级性;结构是系统内诸要素相互联系与相互作用的形式"④。

5. 系统的功能性

功能是刻画系统行为,特别是系统与环境关系的重要概念。⑤ 任何一个系统都具有自身特殊的功能,这是其价值的本质体现。系统通过其自身功能对外部事物产生影响,促进或阻碍着外部事物的发展。具体而言,"功能是指系统与外部环境相互联系和相互作用中表现出来的性质、能力和功效"⑥。简言之,系统的功能主要体现在系统对外部环境的影响之上,可能是影响外部环境中的某一或某些具体事物,也可能是对整个外部环境的影响。系统的整体功能源自不同子系统功能有机组合的协同效应,这种功能不同于各个子系统功能简单相加之和,而是在各个子系统相互联系、相互作用从而形成特定结构的基础上所展现出来的总体功能。

---

① 李昌麒、周亚伯:《怎样用系统论研究法学问题》,《现代法学》1984 年第 2 期,第 18 页。
② 魏宏森、曾国屏:《试论系统的整体性原理》,《清华大学学报(哲学社会科学版)》1994 年第 3 期,第 294 页。
③ 参见许国志:《系统科学》,上海科技教育出版社 2000 年版,第 19 页。
④ 彤明:《普通系统论的方法》,《中国纪检监察报》2005 年 11 月 14 日第 3 版。
⑤ 许国志:《系统科学》,上海科技教育出版社 2000 年版,第 26 页。
⑥ 魏宏森、曾国屏:《系统论的基本规律》,《自然辩证法研究》1995 年第 4 期,第 22 页。

6.系统的演化性

"系统的结构、状态、特性、行为、功能等随着时间的推移而发生变化，称为系统的演化。"①演化是系统的基本特性，任何系统都不会处于一成不变的静止状态，而是不断地发展演化，这种发展演化的动力可能来自外部环境的刺激，也可能来自系统内部构成要素之间的合作、对抗、竞争与矛盾。系统自身不断地与外部环境之间进行物质、能量与信息的交换，这种交换会促进系统的发展与演化，使系统与外部环境之间更加协调；同时系统内部各个构成要素之间也在不断地进行合作与竞争，系统要素之间组合方式与次序的改变，也会导致系统功能的改变，影响系统的发展演化。

二、系统论的定义

系统论是基于系统观点而构建的理论学说，被誉为 20 世纪科技四大理论成果之一，在学界产生了巨大的影响。关于系统论的定义，目前学界尚未形成权威、统一的说法，许多以系统论命名的研究成果甚至没有对系统论做出界定，而是直接使用了系统原理进行分析。因此，科学地界定系统论的意涵是必要的，有助于消除我们对系统论认识的歧义，更加准确地把握其本质。

(一)系统论定义的方法选择

1.独立科学说

科学是人们认识世界的一种知识体系，科学的外延具有无限性，构成世界的任何一个具体领域都可以成为科学的研究对象。独立科学说将系统论看作一门有自己独特研究对象的科学分支，如李红春教授认为，"系统论是一门分析系统的结构和功能，研究系统、要素、环境三者相互关系和规律的科学"②。独立科学说的重点在于说明系统论的研究对象不同于其他科学，是以系统为研究对象，研究的是系统的构成要素、结构、功能及其规律，是科学研究中的一个崭新领域，并且这个领域横跨自然科学与社会科学，因为系统是任何事物的存在方式，无论是自然科学还是社会科学都适用于系统论原理及其方法论。

2.独立学科说

独立学科说侧重从学科的视角对系统论做出界定，强调了系统论的学

---

① 许国志：《系统科学》，上海科技教育出版社 2000 年版，第 29 页。

② 李红春：《系统论与知识组织》，《现代情报》第 6 期，第 20 页。

科属性。如姜秀乐教授认为:"系统论是以系统为研究对象解释适用于一般系统或子系统的模式、原则和规律,并进行数学描述而构成的学科。"①学科与科学是两个极为相近的概念,两者既紧密联系又相互区别,科学是学科构建的基础,学科是科学发展成熟的建制化产物,这种建制通过两条路径实现:一是科学体系自身的知识建制,这需要科学的长期发展,需要科学共同体的长期研究才能实现;二是对科学的社会建制,这是一种社会接受与社会认可以及社会化建设,例如将环境法学作为一种高校学科加以设置等等。因此,没有科学的发展与进步就没有所谓的学科,"并非科学中所有的研究领域都能形成学科,只有那些通过不断发展而获得了自身独特范式的知识单元最终能够形成学科"②。退一步讲,即使科学发展促进了其知识体系的完善,并形成了完备的内部知识建制,也不一定就必然形成学科,因为"学科是科学领域内成熟的知识建制与外在社会建制的统一体"③,还需要社会建制的支撑,只有同时满足这两个条件,科学才能最终转化成学科。

3.方法说

方法说强调系统论的方法价值,将系统论视为一种具体的研究方法。例如,有学者认为系统论就是"一种根据客观事物所具有的系统特征,从事物的整体出发,着眼于整体与部分、整体与结构、结构与功能、系统与环境等的相互联系和相互作用,求得优化的整体目标的现代科学方法以及政策分析方法"④。方法说充分揭示了系统论的方法价值,对系统论进行分析与研究必须重视系统方法,如果脱离了具体的方法分析,系统论研究的科学价值将难以实现,因为系统论最终是用来指导实践的,而方法是与实践直接相连的,所以方法说具有很强的实践指导意义。

4.方法论说

方法论不同于方法,因此方法论说也不同于方法说。方法说侧重具体的方法,将系统论视为一种解决问题的具体手段、工具;而方法论说则侧重对系统论进行理论分析,将系统论视为一种方法理论体系加以分析,在说

---

① 姜秀乐:《系统科学词典》,陕西人民教育出版社1991年版,第4页。
② 李小波:《范式理论的价值及其对社会科学学科的指引——兼论公安学学科范式研究的必要性》,《公安学研究》2018年第2期,第97页。
③ 李小波:《范式理论的价值及其对社会科学学科的指引——兼论公安学学科范式研究的必要性》,《公安学研究》2018年第2期,第98页。
④ 孙玉红:《系统论视角下的侵权法功能概念及其价值探究》,《山东社会科学》2011年第11期,第91页。

明具体方法的同时,更加注重对方法的理论背景、逻辑关系及其发展规律的解释与论证。例如,商德文教授认为:"系统论是近代自然科学研究的产物,是人类从宏观和微观上认识、改造和控制世界的一种新思维、新观点和新方法论。"①李学庆教授认为:"系统论是关于研究一切综合系统或子系统的一般模式、原则和规律的理论体系。"②

5.认识论说

有学者从认识论视角进行界定,认为系统论就是运用系统理论与方法研究人类认识活动的理论。例如,柯坚教授认为:"系统论(System Thinking) 是以系统的整体观、统一观和协调观为核心的科学认识理论和理性思维方法。"③也有学者直接将贝塔朗菲的系统论称为系统认识论④,以突出系统论的认识论意义。认识论强调对事物构成及其发展规律的具体认知,目的在于解释事物的本质。将系统论作为一种认识论,就是强调在认识中运用系统思维方式的重要性,要运用系统思维把握事物的系统属性,对事物的认识应当用系统观点,将其作为一个整体。

6.世界观说

"一般系统论是一种现代的新思维和新世界观。"⑤贝塔朗菲晚年也强调系统论这个新范式的产生,将会导致思维方式和世界观的重新定向。世界观是人们对世界本源的一种看法,是思维方式的终极层面体现,世界观属于本体论,而本体论决定着认识论,因此世界观是哲学认识论的基础。⑥所以,将系统论看成一种世界观,也就是从终极哲学层面对系统论进行定性,强调了系统论的终极哲学思维价值,而不仅仅是将其作为一种单纯的科学、学科、方法、方法论以及认识论。

显而易见,上述不同学者对系统论的界定路径并不相同,各自有着不同的侧重点与分析方向,但是都可以为我们理解系统论的意涵提供有益的帮助。独立科学说表明了系统论的独特研究领域;独立学科说则表明了系统论的发展与成熟,具有学科意义。方法说强调了系统论的方法功能;方

---

① 商德文:《用系统论、控制论的方法研究经济学》,《北京大学学报(哲学社会科学版)》1990 年第 6 期,第 43 页。
② 王兴成:《系统论与系统方法》,《内蒙古科技》1982 年第 4 期,第 41 页。
③ 熊继宁:《系统法学导论》,知识产权出版社 2006 年版,第 11 页。
④ 黄少华:《评贝塔朗菲的系统认识论》,《兰州大学学报(社会科学版)》1995 年第 2 期,第 66 页。
⑤ 商德文:《用系统论、控制论的方法研究经济学》,《北京大学学报(哲学社会科学版)》1990 年第 6 期,第 43 页。
⑥ 李长域:《系统哲学试析》,《系统辩证学学报》1994 年第 1 期,第 12 页。

法论说则表明了系统论是一种完整的理论体系架构。认识论强调系统论对科学认识研究对象的意义,世界观说则为我们指明了系统论的终极哲学价值。上述不同界定也在学界引起了一些困惑,例如有学者在对系统论概念进行研究时指出:"这里的'系统论'是指理论还是指科学处理系统问题的方法?这些问题,作者都未加说明。"[1]

但是上述不同解读路径之间的区别并不是绝对的,而是相对的,这种相对性并不能否认不同解读方式之间的内在关联,也就是说不同解读方式形式上的差别,不能否认它们之间内容上的紧密关联性。例如,学科与科学之间存在紧密关联,没有科学就没有学科,而学科则是表征着科学发展的成熟形态,因此无论是将系统论作为一种科学还是学科,其实质都是以科学为基础,说明系统论知识的发展状态;方法说与方法论说都强调了方法的重要性,方法论终究还是以方法为核心,因此无论是将系统论作为方法还是作为方法论,都注重对系统方法及其价值的研究;无论是认识论说还是世界观说,都是从哲学层面的深度解读,而认识论与世界观本身就存在着深度的理论交叉,两者都强调了对事物系统性存在的根本观点。但是,上述系统论的各种界定是不同学者根据自身理解进行的具有较强主观倾向性的表达,仍需加以推进。

(二)系统论意涵的界定

如何对系统论进行界定?上述界定哪种更科学、更具指导意义?本书倾向于方法论说,认为系统论是一种方法论知识体系,其主要目的在于强调系统分析方法的运用,并为系统分析方法的运用提供了完善的理论解释。无论是认识论说还是世界观说,在功能上都统一于方法论之上。就认识论而言,其"研究的是认识规律,也就是认识的方法"[2]。就世界观而言,其实质为本体论,"研究的是关于世界存在、属性和运动规律的科学,因为它正确地反映了事物的本来面目,所以就指导我们的行动,变为正确的方法"[3]。因此,对系统论的界定,核心在于把握方法与方法论两个独立范畴,并明晰它们之间的内在关联与区别,进而在此基础上以方法论为中心对系统论进行界定。

---

[1]　张景环:《系统论辨析》,《学术交流》1988 年第 1 期,第 110 页。

[2]　李华民:《对本体论、认识论、逻辑学和方法论的统一问题的理解》,《河北师范大学学报》1986年第 3 期,第 70 页。

[3]　李华民:《对本体论、认识论、逻辑学和方法论的统一问题的理解》,《河北师范大学学报》1986年第 3 期,第 70 页。

1.方法范畴

"每种学问都运用一定的方法,或遵循特定的方式来答复自己提出的问题。"①因此,方法是学术研究中不可回避的问题,无论是自然科学还是社会科学,方法对于研究的推进而言都具有十分重要的意义。具体而言,方法是指具体操作的手段、程序和途径。② 因此,在一般意义上,方法是一个具体的、微观的概念,着重于实践问题的具体解决,简单地说,方法就是解决问题的工具。系统论作为一种方法论体系,其核心在于论证系统方法的合理性及其必要性,系统方法是系统论分析的基本范畴之一,也正因如此,有学者则将系统论界定在科学方法之上,如"系统论在它出现后短短几十年里,被广泛地应用于各种不同的学科,从而成为横跨自然科学和社会科学的重要的现代科学方法"③。但是系统论绝不仅指分析系统方法,如整体研究方法、层次研究、协同研究方法、动态研究方法等等,还说明了上述方法产生的逻辑根源,例如整体研究方法运用是因为系统自身的整体性,这个整体不同于局部的简单相加之和,而是由不同层次的要素逐级累积而成的整体,具有局部简单相加所不具备的新质;层次研究方法则是源自系统内在组织结构的层级属性,系统的层级性决定了对系统进行研究必须逐级进行,只有对每个层级及其构成要素形成了准确的把握,才能从微观上找到推进系统发展的方法;协同研究方法则源自系统自身要素的相互联系、相互支撑,系统各构成要素并非孤立存在,相互联系、相互支撑是它们的存在方式,只有系统构成要素实现了协同性的发展,才能更好地推进系统整体功能的发展;开放性则源自系统构成要素之间的内部竞争以及系统与外部环境之间的信息、能量交换,通过开放性分析能够把握系统及其构成要素的及时变化,从而适时地推进其发展与完善。

2.方法论范畴

方法论不同于方法,"把某一领域分散的各种具体方法组织起来并给予理论上的说明,就是方法论"④。显然,方法论不同于方法,而是将具体的方法视为研究对象,是对方法的理论阐释与说明,重点在于解释方法得以形成的逻辑根源,是一种抽象的、宏观的理论。简而言之,"方法论是对方法的理论说明与逻辑抽象,是具体的、个别的方法的体系化与理论化,

① [德]卡尔·拉伦茨:《法学方法论》,商务印书馆 2003 年版,第 19 页。
② 参见孙显元:《方法论的系统论和层次论》,《学术界》2001 年第 3 期,第 272 页。
③ 徐经泽、胡宗煊、李小方:《社会学和系统论》,《文史哲》1985 年第 2 期,第 80 页。
④ 张文显:《法理学》,高等教育出版社 2011 年版,第 8 页。

因此相对于方法而言,方法论具有理论性、系统性和统一性等特征"①。因此,将系统论定位于方法论,不仅说明了系统方法的重要性,而且为系统方法的运用提供了一个理论化的体系说明,从而使得各种系统方法的运用背后有着强大逻辑基础,使得这种方法更具说服力、合理性和效率性。

3. 方法与方法论的紧密关联

以上分析充分说明方法与方法论是两个不同层面的概念,但并没有构否认方法与方法论之间存在着不可分割的紧密联系。方法是方法论的研究对象,方法论是方法的理论归依,离开了方法论的理论体系支撑,方法的说服力就受到影响,就必然会影响到方法的实际运用效果;方法是方法论的中心,方法论的理论体系终归还是为方法的功能、作用及其逻辑性与科学性做论证,为了使方法获得更加广泛的认可,促进方法在实践中的具体应用,离开了方法,方法论就去了存在的根基。张文显教授解释法学方法论时做出了十分深刻的说明:"法学方法论的内容可以分为两个基本层次或方面。第一层次是法学方法论的原则,它构成了法学方法体系的理论基础,并对各种方法的适用发挥着整体性的导向功能。第二个层次是各种法学方法,它构成法学方法体系的主干部分,在研究各种法律问题时发挥着广泛的作用。"②

所以,系统论的概念界定,不应脱离方法,也不能脱离方法论,方法是其主干范畴构成,方法论则是其落脚点。鉴于此,本书认为,系统论就是以系统思想为指导,以系统方法应用为中心,将研究对象始终放置于系统运行的动态过程中进行分析与研究的一种科学方法论。

第二节　系统论基本原理及其方法论意义

系统论的主题就是阐述和推导一般地适用于系统的各种原理。③"系统论揭示了物质世界的系统性、整体性和层次性,丰富和深化了辩证唯物主义物质观。"④尽管哲学界关于系统论原理的阐释各不相同,但是在各种

---

① 陈德敏、杜辉:《环境法学研究范式变革的基础与导向》,《南京师大学报(社会科学版)》2009年第3期,第30页。
② 张文显:《法理学》,高等教育出版社2011年版,第8页。
③ 参见[美]冯·贝塔朗菲:《一般系统论》,林康义、魏宏森等译,清华大学出版社1987年版,第30页。
④ 钟月明:《系统论对世界物质性原理的丰富和深化》,《社会科学》1986年第1期,第61页。

阐述当中,系统的整体性原理、层次性原理、协同性原理以及开放性原理无疑占据核心地位,特别是对法律科学的研究而言,上述四个原理更是起着主导性指引作用,因为"系统整体的性质和功能,不仅取决于其内部的各个要素,而且还取决于这些要素的结构。有结构存在就有层次的存在,层次表明结构内部有等级的差别。(同时)系统与环境是密切联系的,它处于不停地运动、变化、发展之中"①。以上述原理为基础而构建的系统方法论对当前学术研究起着极其重要的指引作用,特别是对许多新兴问题、疑难问题的解决有着突破性作用。有学者明确指出:"不论自然科学、社会科学,还是新兴的交叉科学,都竞相把系统的理论和方法'移植'到本学科的研究中。这种'移植',解决了具体学科中许多长期悬而未决的理论和实践问题。"②关于系统论的基本原理及其方法论意义,本书主要从以下几个方面展开解析③。

一、整体性原理及其方法论意义

(一)整体性原理的解析

整体性概念早在古希腊时期就已经出现,著名哲学家亚里士多德明确指出整体大于它的部分之和,这一论断被视为对整体性原理的一个经典表达,整体性已经成为系统论科学的首要原理。"整体性原理指的是,各个要素一旦组成系统整体,就具有孤立要素所不具有的性质和功能,整体的性质和功能不等于各个要素的性质和功能的相加。"④具体而言,整体性原理

---

① 寿建新:《矛盾论和系统论》,《陕西师范大学学报(哲学社会科学版)》1992年第2期,第12页。
② 张文、孙仕柱《从系统论看犯罪客体》,《中外法学》1996年第1期,第17页。
③ 关于系统论的基本原理,学界尚未有统一的答案,作为一般系统论的开创者,冯·贝塔朗菲教授在《一般系统论》中并未对此进行明确的阐释,但重点分析了系统的整体性原理。而国内学者对系统论原理则有着多种不同的理解,例如,有学者认为,系统论基本原理包括整体性原理、层次性原理、开放性原理、目的性原理、突变性原理、稳定性原理、自组织原理与相似性原理(参见魏宏森、曾国屏:《系统论:系统科学哲学》,世界图书出版公司2009年版,第205-289页);有学者则认为系统论的基本原理包括组成性原理、关联性原理、整体性原理、层次性原理、对环境的相对独立性原理(参见王浣尘:《系统的基本特征》,《系统工程理论与实践》1986年第2期,第74-75页);还有学者认为系统论的基本原理包括系统的整体性原理、要素的相干性原理、结构的层次性原理、结构功能的专一性原理以及系统演化的"目的性"原理[参见赵红州、蒋国华:《论系统的基本特征》(上),《科学学与科学技术》1986年第9期,第2-4页;赵红州、蒋国华:《论系统的基本特征》(下),《科学学与科学技术》1986年第10期,第15-18页];有学者则在系统方法分析中重点强调了整体性、协同性与开放性三个方面(参见王建芳:《坚持系统观念》,《中国邮政报》,2021年1月5日)。
④ 魏宏森:《广义系统论的基本原理》,《系统辩证学学报》1993年第1期,第53页。

主要体现在以下三个方面。

1.要素构成的整体性

整体是由局部构成的整体,任何一个整体都不是一个直接的独立存在,而是由不同构成要素组合而成的,这是从量的视角对整体性的体现。例如,法律系统具有整体性,就其构成而言,民法、刑法、行政法以及经济法等相关部门共同构成了一个完整的法律体系,想到法律体系自然会想到各个部门法的构成情形,这就是系统要素组合性,是一种量的体现,具有直接感官性。

2.性质表现的整体性

整体性的第二个表现是事物整体性性质的独特性,当各个独特的系统构成要素组成整体之后,系统整体的特性就发生了改变,体现出单个构成要素所不具备的新的性质。例如,氢原子和氧原子组合成水分子,氢原子失去了可燃烧性,氧原子也失去了助燃性。就法律体系而言,这种特性也有着鲜明的表现,不同的部门法各具特性,从不同方面维护着社会经济的发展,呈现出鲜明的具体性,而整个法律体系则是从整体的路径维护着社会经济的发展,呈现出鲜明的宏观性。

3.功能发挥的整体性

系统具有自身独特的功能,这种功能是以其构成要素的有机结合为基础的,但是这种功能又并非其构成要素所具有,也并非其各个构成要素功能简单相加之和,而是一种崭新的功能。例如,单个部门法的功能局限于其特定的适用领域,民法只适用于物权、债权等民事关系领域,经济法只适用于市场规制与宏观调控等国家直接干预领域,但是整个法律体系则适用于整个社会领域,这种由不同部门法功能形成的叠加组合效应是任何单个部门法所不具备的,也是各部门法简单相加所无法实现的。

(二)整体性原理的方法论意义

整体性原理意味着我们对任何事物的分析都必须基于整体性的观点,而不能局限于事物的局部构成部分,因为任何事物的各个构成部分都是一个有机联系的整体,抛开整体思维去分析局部内容就难以把握局部构成要素的真正意义与功能,而且这种整体性分析也不是将构成事物的各个部分的简单相加,而是应当看到各个构成部分之间的有机融合与联系,在各构成部分的相互作用、相辅相成中把握事物的整体性,或者说,"这里的'整体'是指事物的全部要素及其联系,是指完整的事物。……整体方法是系统辩证论特有的辩证方法不是孤立的、细节的、片面的或原始的整体方法,用中国人的俗话说就是'庖丁解牛'；或者'清楚的整体'的方法，或者如贝塔朗菲本人所说的是整体'透视'的方法"①。

二、层次性原理及其方法论意义

(一)层次性原理的解析

层次性是系统构成的鲜明特征，层次性是对系统整体性的纵向等级解剖，是对系统结构的纵向深入分析，只有充分了解系统构成的层次性，才能更好地推动系统不断发展。层次性原理，是指组成系统的诸要素的种种差异包括结合方式上的差异，使得系统组织在地位、结构与功能上表现出等级性。②

具体而言，层次性原理主要体现在以下两个方面。

1. 系统包含若干层级的子系统

也就是说任何一个事物在理论上都可以划分成若干层级的系统，简单地说就是可以划分为高层次系统与低层次系统，高层次系统是低层次系统的集合，低层次系统可以看成是高层次系统的构成要素；低层次系统也有其自身构成要素，相对于其自身构成要素而言，也是一个高层次系统。系统的功能是在不同层级的有机融合中而展开的，"一般来说，低层次隶属和支撑高层次，高层次包含或支配低层次"③。

2. 高层次系统与低层次系统相互影响、相互制约

系统的层次性需要辩证地理解，高层次系统和低层次系统之间并不是绝对分化的。一方面，高层次系统必然制约低层次系统，低层性系统的功能奠基并服务于高层次系统功能的需要，高层次系统会因为外在环境的变化而发生适用性改变，这种改变是一种功能性改变，而系统要从整体上做出改变，首先必须由其构成要素即次级系统做出改变，这样逐层进行变化，最后才能累积形成整个事物系统功能的变化。另一方面，低层次系统也保持着各自的独立性，实现其特定的具体功能，正是在各个低层次系统自身特殊功能的有机融合状态下，实现着系统的整体性功能。

(二)层次性原理的方法论意义

层次性原理表明任何一个事物都不可能从直接从元素性质过渡到整

---

① 乌杰：《系统辩证论》，人民出版社 1991 年版，第 306 页。
② 参见魏宏森、曾国屏：《系统论：系统科学哲学》，中国出版集团 2009 年版，第 217 页。
③ 许国志：《系统科学》，上海科技教育出版社 2000 年版，第 22 页。

体性质,而是不同层级的元素构成不同的次级系统,同一层次的各个次级系统结合在一起,作为一个有机整体,进而凸显出上级系统的性质表现。"层次是系统由元素整合为整体过程中的涌现等级,不同性质的涌现形成不同的层次,不同层次表现不同质的涌现性。"①因此,当我们对任何事物进行分析与研究的时候,必须在整体性观念的指导下,注重对事物的层次性解析,逐层逐级地把握事物的内在构成,以便对该事物的不同层次构成进行充分的了解,只有这样才能更加深刻地深入事物的内在构成结构,明晰事物外在整体性质的逻辑根源。脱离了层次性的分析,整体性分析也将失去应有的意义。同样,只有在层次性原理的指导下对事物的构成进行层次性改革,才能优化该事物的整体功能。

三、协同性原理及其方法论意义

(一)协同性原理的解析

协同性原理是系统论的重要原理,甚至有学者认为:"系统科学所揭示的根本规律就是系统整体协同运动的规律。"②协同性原理的核心在于强调:系统各个构成要素之间应当通过协调合作以求系统整体的同一,共同致力于系统整体功能的实现,要素之间的协同是系统由无序进化到有序的自组织能力。③ 尽管整体性原理也在一定程度上体现了协同性的要求,但是两者并不相同,因为整体性的原理强调的是整体不同于部分的新质或功能,其范畴相对更加宽泛,不仅包括构成要素之间的协同性效应,也包括构成要素之间的非协同性效应。④ 因此,不能用整体性原理替代协同性原理。例如,王建芳教授在对系统方法的分析中就明确地强调了系统的整体性、协同性与开放性,将协同性作为一个独立于整体性的基本原理来加以阐述。⑤ 同时,也有许多学者虽然没有直接提出协同性原理的说法,但使用了与其极其相似的提法,如"相干性"⑥、"关联性"⑦等表达,具体内容与

---

① 许国志:《系统科学》,上海科技教育出版社2000年版,第22页。

② 孙凯飞:《"序"在系统论中的含义——兼谈系统整体协同运动规律与辩证法原有规律的关系》,《哲学研究》1994年第4期,第38页。

③ 参见徐经泽、胡宗煊、李小方:《社会学和系统论》,《文史哲》1985年第2期,第82页。

④ 参见魏宏森、曾国屏:《系统论:系统科学哲学》,中国出版集团2009年版,第210页;张华夏:《论整体与部分的关系——兼评"整体大于部分和"等错误表述》,《社会科学战线》1984年第4期,第177页。

⑤ 参见王建芳:《坚持系统观念》,《中国邮政报》2021年1月5日。

⑥ 参见王浣尘:《系统的基本特征》,《系统工程理论与实践》1986年第2期,第74-75页。

⑦ 参见赵红州、蒋国华:《论系统的基本特征》(上),《科学学与科学技术》1986年第9期,第2-4页。

协同性极为相近。更为重要的是,"系统论旨趣是追求系统的最优化"①,协同性原理显然极其重要,因为只有通过系统构成要素的协同性才能实现系统功能的最优化,所以,协同性原理作为一个独立原理是不可忽视的。

(二)协同性原理的方法论意义

协同性原理要求我们在对事物做系统性分析时,要辩证地看待系统构成要素之间的关系,它们相互区别又相互联系,相互竞争又相互协同,正是在系统构成要素的协同下形成系统特定的层次结构,进而展现出系统的整体功能。脱离了对系统构成要素的协同性分析,就难以把握系统层次结构的有序性,无法深入了解系统的发展演化,因为"系统演化的动力在于系统内部要素间的协同作用,协同作用是系统演化的机制"②。同时,系统内部构成要素之间的协同性并不是一成不变的,而是在要素的强弱转换之间不断地进行改变,这种协同性在不同的时间阶段可能以不同要素为主导,以更好地实现系统整体的价值目标。因此,要更好地推进一个事物的发展,更好地实现系统在特定环境下的整体目标,就必须优化系统构成要素的协同性组合。

四、开放性原理及其方法论意义

(一)开放性原理的解析

"开放性原理指的是,任何系统只有把自己保持在不断地与外界进行物质、能量、信息交换的状态下,才能具有保持自身动态稳定性的能力。"③开放性表明任何系统都不是静止不变的,而是一个不断自我发展、自我演化的过程。系统自身的开放性是其不断发展、演化的必要条件,只有具备充分的开放性,才能实现与外界环境的相互联系与相互作用;也只有具有充分的开放性,才能够与外界环境进行及时的信息交换并做出反馈,从而保持系统的活力。

具体而言,系统的开放性主要体现在以下两个方面:第一,系统整体对系统环境的开放性。系统总是与外在环境进行相互联系、相互作用,用唯物辩证主义的观点来看,就是事物内因与外因的互动。系统自身构成是其

---

① 陈依元:《"整体大于部分和"是系统整体性原理的科学表述》,《社会科学》1990年第2期,第22页。

② 徐经泽、胡宗煊、李小方:《社会学和系统论》,《文史哲》1985年第2期,第83页。

③ 魏宏森:《广义系统论的基本原理》,《系统辩证学学报》1993年第1期,第53页。

内部发展的根本动因,但系统的外部环境是促成系统发展的条件。如果没有系统自身构成要素的改变与完善,就没有系统整体的发展;如果没有外在条件的改变与激励,也必然会影响系统自身要素发展的进程。第二,低级系统对高级系统的开放性。"实际上,由于系统层次的相对性,那么从系统的层次性角度来看,这种向环境的开放即意味着系统的低层次向高一层次的开放。"①只有低层次系统向高层次系统的开放,才能接受高层次系统的信息反馈,根据高层次系统的功能发展要求,做出适用性的改变,支撑高层次系统的发展。

(二)开放性性原理的方法论意义

开放性原理告诉我们如果要实现某一事物功能的稳定与发展就必须充分考量其与外界环境(包括低层次系统与高层次系统)之间的相互关联,外界环境的变化必然要求系统自身做出针对性的变革,只有这样才能够使该事物的整体系统功能得到优化进而不断发展与完善。单纯地局限于系统自身构成要素的分析与研究,无法突破系统自身的边界,看不到系统自身构成要素与外在环境之间的互动关系,就难以与时俱进地推进系统的发展与进步。因为系统的演化与发展不仅源自其内部构成要素的合作、对抗与矛盾,而且来自系统边界之外的环境因素,环境因素的改变会导致系统内部构成要素及其层次组合的改变,进而导致系统整体结构、性质与功能的改变。所以,对事物的分析应当坚持开放性原理,要充分考量环境对系统发展的各种影响,在环境的不断改变中,推进系统的开放性发展,保持或推进系统的内在功能。

五、不同原理间相互关系的说明

(一)整体性原理的基础地位

需要特别说明的是,在上述四个系统论基本原理当中,整体性原理居于首要地位,正如有学者指出的,整体性原理已成为系统科学方法论的根本性原则与首要原则。② 因为"一般系统论是关于'整体'的一般科学"③,"整体性是系统的最为鲜明、最为基本的特征之一,系统之所以成为系统,

---

① 魏宏森、曾国屏:《系统论:系统科学哲学》,中国出版集团 2009 年版,第 233 页。

② 参见张道民:《论整体性原理》,《科学技术与辩证法》1994 年第 1 期,第 35 页。

③ [美]冯·贝塔朗菲:《一般系统论:基础、发展和应用》,林康义、魏宏森译,清华大学出版社 1987 年版,第 34 页。

首先就必须具有整体性"①。层次性原理、协同性原理及开放性原理都是服务于整体性原理的,整体性原理是层次性原理、协同性原理及开放性原理的基本平台,无论是层次性原理、协同性原理还是开放性原理的具体运用,最终都是为了更好地实现整体性原理的价值目标,整体性原理是层次性原理、协同性原理及开放性原理运行的目的与归依。系统论原理的方法论意义也是以整体性原理方法论意义为中心的,在某种程度上,"系统方法是最佳的研究和处理有关对象的整体联系的一般科学方法论"②,"从整体与部分、整体与环境、整体与层次结构、整休与系统运动的辩证关系中去观控对象的一种方法"③。

(二)层次性、协同性与开放性原理的辅助地位

尽管整体性原理在系统论基本原理中占据主导地位,对系统层次性原理、协同性原理及开放性原理的分析都是在整体性原理的基础上而展开的,但是必须看到层次性原理、协同性原理及开放性原理是对整体性原理深入说明的必要工具与路径,是整体性原理得以实现的重要支撑。如果没有层次性原理对系统整体的微观层级解构,对事物整体性的认识就只能停留于表面,难以看到整体构成形式下的内在复杂有机结构布局,难以理解系统各个构成要素之间相互联系、相互制约的关系,难以从系统内部的层级改进中推进事物的整体发展;如果没有协同性原理,就不能更加深刻地认识到系统构成要素之间相互配合、相互支撑的关系,对系统构成要素之间辩证关系的理解就缺乏准确的把握;如果没有开放性原理对系统整体演化的科学揭示,只是停留于整体构成的研究,对事物系统的研究就可能限于系统内部构成要素及其层次结构,使得对事物系统的研究存在封闭性,忽视了系统的开放性,忽视了外部环境对系统构成要素及其功能改进的影响,就难以在环境的变迁中推进事物系统构成要素及其功能的发展与完善。

综上分析,整体性原理是系统论的首要基本原理,对层次性原理、协同性原理及开放性原理的分析起着统帅作用,对后三者的分析必须置于整体性的框架之内才有意义;同时,层次性原理、协同性原理及开放性原理对整体性原理的分析也起着重要的推进作用,离开了层次性原理、协同性原理

① 魏宏森:《广义系统论的基本原理》,《系统辩证学学报》1993年第1期,第57页。
② 王兴成:《系统论与系统方法》,《内蒙古科技》1982年第8期,第41页。
③ 陈依元:《系统论方法群及其结构探要》,《青海社会科学》1990年第1期,第57页。

及开放性原理的支撑,就难以对系统整体性做出客观、深入的认识。简言之,整体性原理强调的是整体范畴,层次性原理、协同性原理及开放性强调的则是局部范畴,如果片面地强调整体的决定性作用以及整体的特殊性质,"抹杀部分对整体的作用只承认整体的决定作用,就会使整体成为无源之水、无本之木,陷入'荒谬的整体哲学'"[①]。

第三节　系统论与范式的契合性

系统论与范式之间具有天然的契合性,这种契合性充分表明了系统论已经不再是一种单纯的普通理论,而是已经达到了范式的高度,这种契合性体现在理论位阶、内容构成以及终极本质等相关方面,正是这种广泛的契合性,奠定了系统论成为一种研究范式的内在逻辑根基。美国学者丹尼斯·舍伍德(Dennis Sherwood)在其著作《系统思考》中强调:"系统思考不只是一种分析问题、解决问题、制定政策的方法,也是一种深入认识客观世界、应对复杂性挑战的技能,还包含深层次的思维范式转换。"[②]

一、理论位阶的契合

范式自身就是一种特殊的理论,"库恩的范式概念虽然有多方面的含义,但是一个范式本质上就是一个基础性的理论"[③]。托马斯·库恩也指出,"在学习范式时,科学家同时学到了理论、方法和标准"[④],因此范式自身必然包含着理论的特性,范式是以自身特殊理论指导为基础的。同时范式不仅自身包含着理论,而且自身就是一种科学理论,"任何一种理论范式作为理解系统,都是一个具有独立性的理论体系"[⑤]。托马斯·库恩在《科学革命的结构》一书中多次将范式与理论等同对待。例如,在第七章"危机与科学理论的突现"中明确指出:"科学史表明,尤其在新范式的早期发展阶段,发明出这样一种替代的理论也不是很困难的。"[⑥];在第九章"科学革

---

① 魏宏森、王伟:《广义系统论的基本原理》,《系统辩证学学报》1993年第1期,第56页。

② [美]丹尼斯·舍伍德:《系统思考》,邱昭良、刘昕译,机械工业出版社2012年版,导读第1页。

③ 张正江:《教育学范式论》,《教育理论与实践》2011年第4期,第8页。

④ [美]托马斯·库恩:《科学革命的结构》,金吾伦、胡新和译,北京大学出版社2012年版,第12页。

⑤ 张文显:《当代中国法哲学研究范式的转换》,《中国法学》2001年第1期,第70页。

⑥ [美]托马斯·库恩:《科学革命的结构》,金吾伦、胡新和译,北京大学出版社2012年版,第65页。

命的本质与必然性"中直接将新理论等同于新范式，强调只有公认的反常现象才会导致新理论即新范式的产生。[①]　托马斯·库恩曾经说过："一个科学理论，一旦达到范式的地位，要宣布它无效，就必须有另一个合适的候选者取代它的地位才行。"[②]托马斯·库恩的上述论断首先表明了范式自身的理论性，范式是一种科学理论，同时又表明了范式理论的高位阶性，并不是任何一种科学的理论都可以称为范式，那些被称为范式的理论则是那些在理论与实践当中对某一学科的发展具有高度影响的理论，唯有如此才能达到范式的高度。

系统论作为一种科学的方法论，是一种高位阶理论，属于系统哲学的范畴，能够产生思想和世界观的重新定向。[③]　冯·贝塔朗菲教授在《一般系统论：基础、发展和应用》第一章"导论"中明确指出："不管怎样，我们被迫在一切知识领域中运用'整体'或'系统'概念来处理复杂性问题。这就意味着科学思维基本方向的转变。"[④]因此，系统论不是一种一般的理论，而是跨越了学科领域、技术领域以及哲学领域的高级理论，是一种以整体性研究为中心的理论，强调的整体构成要素之间的互相联系、互相作用，是针对整体的开放性研究。

因此，系统论与范式之间存在着理论位阶的契合性，都是一种高级理论，是一种能够产生思维方式转变的科学理论。

二、内容构成的契合

无论是范式还是系统论，其自身内容构成都具有多层次性，并且两者的多层次性可以划分为宏观、中观与微观三个方面，分别对应着哲学层面、理论层面以及具体的方法论层面，更重要的是不仅是层次级别的趋同，每个层次的功能定位也都具有很强的趋同性。

冯·贝塔朗菲在谈到对系统论的定义时曾说："随着系统思维和系统

---

① ［美］托马斯·库恩：《科学革命的结构》，金吾伦、胡新和译，北京大学出版社 2012 年版，第 83 页。

② ［美］托马斯·库恩：《科学革命的结构》，金吾伦、胡新和译，北京大学出版社 2012 年版，第 66 页。

③ 参见［美］冯·贝塔朗菲：《一般系统论：基础、发展和应用》，林康义、魏宏森等译，清华大学出版社 1987 年版，序言第 4 页。

④ ［美］冯·贝塔朗菲：《一般系统论：基础、发展和应用》，林康义、魏宏森等译，清华大学出版社 1987 年版，第 2 页。

学说的日益扩展,一般系统论的定义重新受到检查。"①并指出,他所说的"一般系统论"是广义的,而且这种广义系统论的界定非常重要,"这关系到一个新范式的采用"②。也就是说,贝塔朗菲在界定系统论意涵时是以范式的标准为条件的。接着,他将一般系统论的研究内容明确划分为三个层面:第一,系统哲学。这一层内容是由于"引进'系统'这个范式而产生的思想和世界观的重新定向"③。从冯·贝塔朗菲在《一般系统论:基础、发展和应用》中对一般系统论所包含范围的介绍可以看出,系统论自身也是一个由多层级内容构成的系统,每个层级的内容都有着不同的结构与功能,尽管主旨意义不同,但是三者之间在内容上是不可分割的,系统论已然成为一种新的研究范式。第二,系统科学。即各门科学中有关系统的学说与理论,这些理论用以指引具体的方法。第三,系统技术。这里的系统技术强调的是对具体问题的解决,是针对具体的方法而言的。

就范式而言,尽管托马斯·库恩在《科学革命的结构》一书中并未对范式的意涵进行清晰明确的表达,有着多种不同的含义,甚至有些混乱,但是从整体上依然可以将其意涵划分为宏观、中观与微观三个层级:第一,就宏观意义而言,范式意味着世界观,该书第十章中,托马斯·库恩专门以"革命是世界观的改变"为标题来对范式进行论证,强调一种范式向另一种范式的过渡即是常规科学的革命,而这种革命会导致科学共同体成员世界观的改变。第二,就中观意义而言,范式意味着新的理论,托马斯·库恩在该书第七章直接使用"危机与科学理论的突现"这一标题来表达新的理论会导致新的范式产生,并在该章对"牛顿的光和颜色新理论"的分析中直接使用了"范式理论"的表达模式,而在该书第九章"科学革命的本质与必然性"中则是将理论的发展与范式的更替紧密联系在一起,正是新理论对旧理论的突破导致了新范式的产生。第三,就微观意义而言,范式意味着具体方法,托马斯·库恩在书中多次用模型、范例、标准、规则以及模式等词语来表达范式的含义,这些表达突出了范式的具体方法论意义,突出了范式的技术性特征,是范式微观意义的直接表达。

通过上述分析,可以发现范式与系统论之间在内容构成的具体范围以

---

① [美]冯·贝塔朗菲:《一般系统论:基础、发展和应用》,林康义、魏宏森等译,清华大学出版社1987年版,序言第2页。

② [美]冯·贝塔朗菲:《一般系统论:基础、发展和应用》,林康义、魏宏森等译,清华大学出版社1987年版,序言第3页。

③ 参见[美]冯·贝塔朗菲:《一般系统论:基础、发展和应用》,林康义、魏宏森等译,清华大学出版社1987年版,序言第4-5页。

及具体内容的内在结构上都有着高度的契合性,都是"从宏观、中观和微观三个层次上提供了一般的理论研究模型和解决问题的框架"①。

三、终极本质的契合

系统论与范式在终极本质上具有内在的契合性。就终极本质而言,无论是系统论还是范式都是一种整体性方法论,范式本质是一种系统化的方法论,系统论自身则是一种方法的集合,是系统论原理下各种方法的有机融合,包括整体研究方法、层次研究方法、解构功能研究方法、动态平衡研究方法、目的最优研究方法等等。在这里,需要特别说明的是方法不同于方法论,"方法是指具体操作的手段、程序和途径。……至于方法论,顾名思义,它是关于方法的理论,它是一门科学,是一门学问。所以,方法论是关于从事工作、研究、想问题、做事情等各种活动的手段、程序和途径的学说"②。

系统论的核心就是系统思维与系统方法的运用,系统思维是服务于系统方法的,系统方法是整个系统论的落脚点。许国志教授指出:"凡是用系统观点来认识和处理问题的方法,亦即把对象当作系统来认识和处理的方法,不管是理论的或经验的,定性的或定量的,数学的或非数学的,精确的或近似的,都叫做系统方法。"③英国系统管理学学者迈克尔・C.杰克逊也认为系统论的核心就是一种研究方法,并且系统思维与系统思想本身就是方法的体现,对此他明确指出:"当系统实践者用有条理的方式将各种系统思想和技巧集成在一起,并试图利用它们来改善一个问题情形时,我们称它们在使用一种'系统方法论'——另一个我们开始熟悉的技术术语。"④也就是说,从终极本质来看,系统论也可以称为一种方法,但它是方法的方法,是方法的集合,同时包含着方法的逻辑理论基础。

而"范式是另外一个与方法密切相关的概念或范畴"⑤。方法也是范式理论体系当中的一个重要构成部分,并且是核心部分,是范式整个理论体系的落脚点。一个新的研究范式不仅能提供一种科学信念、理论指引,

---

① 冯玉军:《法经济学范式研究及其理论阐释》,《法制与社会发展》2004 年第 1 期,第 32 页。

② 孙显元:《方法论的系统论和层次论》,《学术界》2001 年第 3 期,第 273 页。

③ 许国志:《系统科学》,上海科技出版社 2000 年版,第 31 页。

④ [英]迈克尔・C.杰克逊:《系统思考——适于管理者的创造性整体理论》,高飞、李萌译,中国人民大学出版社 2005 年版,第 16 页。

⑤ 陈德敏、杜辉:《环境法学研究范式变革的基础与导向》,《南京师大学报(社会科学版)》2009 年第 3 期,第 30 页。

更重要的是还能提供一种新的整体性研究方法,科学信念与理论的指引最终也是为了使科学共同体形成更加科学的研究方法。对于这一点,托马斯·库恩在《科学革命的结构》一书第二章"通往常规科学之路"中关于范式意涵的揭示中有着清晰的阐述:"我选择这个术语(范式),意欲提出某些实践科学的公认范例——它们包括定律、理论、应用和仪器在一起——为特定的连贯的科学研究提供模型。"[1]显然,在这里托马斯·库恩把范式作为"公认范例"加以对待,而"公认范例"就是一种解决问题的方法,同时他也指出范式包括"定律、理论、应用和仪器",而这些事物最终都是为科学研究提供一个"模型",也就是提供一个方法,因此在托马斯·库恩的范式理论构建体系中,方法论的核心及其终极意义是毋庸置疑的。尽管范式包含科学共同体的信念,可以视作价值观的体现,范式的改变则意味着价值观的改变,但是价值观是抽象的,最终还是为了指导具体解决问题的方法。所以,作为一种研究方法的整合机制,其实质也是一种方法论,一种上升到范式地位的方法论,一种能够被绝大多数科学共同体成员所接受的方法论。

第四节　系统论范式的界定分析

"系统方法不仅成为解决疑难问题的有力武器,而且系统研究已经成为衡量一门科学成熟程度的标志。"[2]系统论已经达到了范式的高度,为了更加深刻地理解系统论范式的研究意义,有必要首先对系统论范式进行界定,这是科学理解系统论范式的逻辑基础。当前学界鲜见关于系统论范式界定的直接研究成果,但以系统论范式为主题的研究成果相对丰富,我们可以透过这些相关研究成果,再结合前文有关范式的基本理论分析进行较为科学的界定。

一、冯·贝塔朗菲对系统论范式的阐释

最早将系统论与范式联系在一起的是一般系统论研究的开拓者冯·贝塔朗菲先生,从一般系统论产生开始,冯·贝塔朗菲就将系统论等同于一种研究范式了,其虽未直接提出"系统论范式"这一概念,更未对其进行

---

[1] ［美］托马斯·库恩:《科学革命的结构》,金吾伦、胡新和译,北京大学出版社 2012 年版,第 8 页。

[2] 张文、孙仕柱:《从系统论看犯罪客体》,《中外法学》1996 年第 1 期,第 17 页。

清晰的界定,但是其已经明确地把系统论与范式连接在了一起,甚至直接把系统论等同于一种研究范式,而在其晚年则不断地强调系统论的范式思维属性。透过冯·贝塔朗菲对系统论范式地位的阐释,有助于我们探索系统论范式的意涵。

关于系统论范式的地位,冯·贝塔朗菲在《一般系统论:基础、发展和应用》有清晰的表达:第一,其在介绍一般系统论的含义时指出,系统论含义的范围关系到一个新范式的采用,在介绍一般系统论的第三个领域即"系统哲学"时又明确提到"由于引进系统这个新的科学范式而产生思想和世界观的重新定向"①,随后又进一步指出,"'系统'概念构成了一个库恩所说的新'范式'"②。第二,冯·贝塔郎菲在该书第一章"导论"中对系统论的发展趋势进行分析,重点结合了库恩的范式理论,而且是非常明确地将库恩的范式理论引入系统论原理的分析当中,直接借助"范式""科学革命""常规科学"等库恩在《科学革命的结构》中关于范式理论的表达术语进行分析,并对库恩范式的一些基本理论进行评析,如一种新范式早期大多很粗糙,对个别问题的解答也不够完善,并且新的范式包含着新的问题等等。③

可见冯·贝塔朗菲在研究一般系统论时就已经将其作为一种范式加以分析了,而且是重点从系统论的哲学意义上分析其范式意涵。④ 晚年的冯·贝塔朗菲更加强调系统论的范式功能。有学者指出:"因创立一般系统论而饮誉世界的贝塔朗菲,在其晚年强调,系统概念已经取代了经典科学的分析性、机械性和单向因果关系范式而成为科学思维的一个新范式。"⑤

二、系统论范式的意涵

(一)当前系统论范式意涵表达方式的反思

系统论范式在当前的学术研究中已经被广泛应用,但是关于系统论范

---

① [美]冯·贝塔朗菲:《一般系统论:基础、发展和应用》,林康义、魏宏森等译,清华大学出版社1987年版,序言第4页。

② [美]冯·贝塔朗菲:《一般系统论:基础、发展和应用》,林康义、魏宏森等译,清华大学出版社1987年版,序言第4页。

③ [美]冯·贝塔朗菲:《一般系统论:基础、发展和应用》,林康义、魏宏森等译,清华大学出版社1987年版,第14页。

④ 参见[美]冯·贝塔朗菲:《一般系统论:基础、发展和应用》,林康义、魏宏森等译,清华大学出版社1987年版,序言第4-6页。

⑤ 黄少华:《评贝塔朗菲的系统认识论》,《兰州大学学报(社会科学版)》1995年第2期,第65页。

式界定的成果极其鲜见,绝大多数学者都是直接使用这一概念,将系统论等当作一种研究范式,例如,曲飞帆与杜骏飞教授在《复杂系统论:中国网络舆论研究的范式转向》中并未解释系统论与系统论范式,而是直接以系统论与范式替代,强调系统论就是一种研究范式。① 陈玉英教授在《系统论——地理科学思维新范式》中指出,要使现代科学思维由机械论的范式转变到系统论的范式。② 杜胜利教授在《哲学基本问题的范式转换》一文中明确指出,人们对人的理解范式已经由还原论的范式转换为系统论的范式。③ 陈银珠博士在《我国犯罪构成解释范式的功能论转向》一文中强调,应将系统论作为一种解释范式来研究犯罪构成要件。④ 刘大洪、岳振宇在《论经济法的发展理念——基于系统论的研究范式》中虽然直接使用了"系统论研究范式"的表达方式,但只是将系统论的整体性原理进行了分析与应用,并未涉及系统论其他原理的分析。⑤ 谢俊博士在《人学理论的突破与超越:从实践论范式到系统论范式》一文中同样将系统论等同于系统论范式,强调钱学森系统论思想的范式研究功能,但是并未对系统论范式的意涵做出任何界定。⑥ 张尚谦教授在《"系统论"范式下的司法政策功能定位及其运用》虽然明确提出了系统论范式概念,但只是将系统论的整体性原理应用于司法政策功能分析,并未对及其意涵做出界定。⑦

经过上述分析不难发现,许多学者直接将系统论等同于一种研究范式,强调系统方法对学术研究的重要性,并未对系统论范式这一概念的含义进行直接的表达,而是借助系统论进行直接的替代性表述。虽然本章前文已经就系统论与范式之间的契合性进行了说明,分析了系统论与范式之间的紧密关联,但这是否说明可以直接以系统论替代系统论范式的表达

---

① 参见曲飞帆、杜骏飞:《复杂系统论:中国网络舆论研究的范式转向》,《南京社会科学》2017年第11期,第107-114页。
② 参见陈玉英:《系统论——地理科学思维新范式》,《云南师范大学学报》1997年第3期,第63-66页。
③ 参见杜胜利:《哲学基本问题的范式转换》,《延边大学学报(社会科学版)》2008年第2期,第24-29页。
④ 参见陈银珠:《我国犯罪构成解释范式的功能论转向》,《刑法论丛》2013年第3卷,第172-190页。
⑤ 参见刘大洪、岳振宇:《论经济法的发展理念——基于系统论的研究范式》,《法学论坛》2005年第1期,第53-58页。
⑥ 参见谢俊:《人学理论的突破与超越:从实践论范式到系统论范式》,《西南大学学报(社会科学版)》2014年第5期,第24-29页。
⑦ 参见张尚谦:《"系统论"范式下的司法政策功能定位及其运用》,《法学杂志》2011年第2期,第108-110页。

呢？系统论与系统论范式是两个可以相互替代的同一概念吗？答案显然是否定的，如果系统论可以替代系统论范式，那就没有必要强调系统论的范式功能了。因为系统论是有关系统的方法论，但是方法论不等于范式，尽管两者存在紧密关联，但也存在本质区别，"方法论是关于方法的理论，而研究范式是研究规范的结构性组合，二者的切入点不同，是对认识事物本质的两种方式或者思路的抽象概括"①。所以，应当对系统论范式的概念进行清晰的界定。

（二）系统论范式意涵的界定

1. 对科学共同体的把握

科学共同体是托马斯·库恩范式理论的核心概念，离开了科学共同体的分析，就无所谓范式，因为"科学共同体是范式的承载者、拓展者、改进者和新范式的选择者"②。范式是科学共同体的研究产物，也是科学共同体形成的重要标志。系统论是一种理论，理论具有普遍的适用性，任何人都可以用系统论去分析事物，但是系统论范式强调的是其已经成为一种范式，达到了范式的高度，之所以达到了范式的高度，一个重要原因就是得到了科学共同体的认可，成为科学共同体共同研究的理论体系指引，所以范式的界定不可脱离科学共同体的因素。同时，并不是所有的科研人员都认可系统论作为一种研究范式，特别是在某一具体的学科内部，承认系统论的价值，未必就承认系统论的范式地位，特别是一些支持其他范式的科学共同体成员，可能对系统论范式加以坚决的否定。所以，对系统论范式进行界定，不能离开科学共同体这一概念。

2. 对逻辑层次的把握

对系统论范式的界定，不应当停留于系统方法及方法论的层面之中，尽管方法与方法论是系统论范式中的重要构成要素，但是方法只是系统论范式中的终极论证目标，是系统论范式作用于研究对象的具体方式，是工具或者模型或者范例，是体现于具体研究过程之中的有形表现。但是范式不仅强调方法，还强调世界观，强调思维方式，所以对系统论范式的界定还要重点分析系统论思维方式以及系统论世界观的哲学原理，将系统论的哲学意涵与方法相结合，因为"范式是凝聚某一科学共同体的一系列共同要

① 任翔、田生湖：《范式、研究范式与方法论——教育技术学学科的视角》，《现代教育技术》2012年第1期，第12页。
② 阎愚：《冲突法理论的范式选择》，人民出版社2018年版，第37页。

素,首先表现为潜藏在科学共同体背后的一组信念"①。唯有对系统论进行这种哲学层面的深度把握,才能更好地对其进行准确的界定。

3.对研究成果的评判

"在具体内容上,研究范式包括研究信念、研究方法和研究对象,也在一定程度上包括对研究结论的价值判断。"②因为范式就是科学共同体所共有的东西,包括其学术研究成果,激发着科学共同体成员的科学研究行为。所以,对系统论范式的界定不应当停留于系统方法的层面,也不应当停留于方法与理论的层面,还要涉及对系统论原理指导下的具体研究成果的评判,这是范式本质的内在要求。

基于上述分析,本书认为系统论范式可以界定为:由特定科学共同体所认可,以系统论为思想指引,借助系统论基本原理,按照事物本身所具有的系统性,把研究对象始终放在系统的运行过程中加以动态考察、分析与评判的一种科学研究整合机制。

三、系统论范式的特点

(一)系统论范式的突出整合性

"范式是一个系统的整合"③,具体而言,范式就是对一个科学研究所涉及的各种理论选择、概念运用、路径方法以及价值观念等各个综合要素的系统性整合,或者说"范式是个意涵极为丰富的整体性概念"④。整合性是范式的突出特点,也正是这一特性,有力地彰显着其学术研究指导意义,而这一特点在系统论范式中无疑有着更加突出的表现,因为系统论本身就是一个由多元要素、多层级要素构成的系统性整体,其强调"要理解一个事物,不仅要知道它的要素而且还要知道要素之间的相互关系"⑤。显然,系统论自身就包含着整合性特点,整体性原理与协同性原理都是系统具有整合性的重要说明与体现。因此,系统论与范式的结合,使得范式的这种整

---

① 任翔、田生湖:《范式、研究范式与方法论——教育技术学学科的视角》,《现代教育技术》2012年第1期,第11页。

② 任翔、田生湖:《范式、研究范式与方法论——教育技术学学科的视角》,《现代教育技术》2012年第1期,第12页。

③ 霍秉坤、黄显华:《课程范式:意涵、应用和争议》,香港中文大学出版社2004年版,第5页。另见刘义兵、段俊霞:《教学研究范式论:内涵与变革》,人民教育出版社2011年版,第12页。

④ 丁华东:《档案学理论范式研究》,中国出版集团2014年版,第8页。

⑤ [美]冯·贝塔朗菲:《一般系统论:基础、发展和应用》,林康义、魏宏森等译,清华大学出版社1987年版,序言第3页。

合性变得更加突出。

(二)系统论范式的普遍适用性

任何一个理论范式都有它的适用边界,不同的理论范式,其适用边界也各不相同,这也是不同理论范式之间的重要区别之一。系统论范式也有自身的适用边界,但是该范式的适用边界不是具体化、特定化的,而是具有显著的普遍适用性[①],这是其重要特征之一,也就是说它的适用边界具有无限性。"系统是一切事物的存在方式"[②],任何一个学科都可以运用系统论范式加以研究,正如美国学者杰拉尔德·温伯格所指出的,"一般系统方法可以用于气象学、政治学、生物学、精神病学、生态学、工程学以及你能说出名字的任何学科"[③]。因为任何一个事物都是一个系统,并且可以细化为多层级不同子系统,无论是自然科学还是社会科学,系统论范式都具有广泛的适用性。正所谓"系统是一切事物的存在方式之一,因而都可以用系统观点来考察,用系统方法来描述"[④]。

(三)系统论范式的纵横统一性

系统论范式的产生使得"对事物单向、静态的研究转向纵向与横向、同时性与历时性相结合的研究"[⑤]。系统论范式具有纵横统一性,这种纵横统一性与系统的整体性密切相关,整体是纵横统一的整体,也只有在对系统的各个要素进行纵横统一的深入把握中才能科学地理解系统的整体性,这种特性主要表现在两个方面:第一,系统论注重对事物的整体性横向研究,这本身就是一种横向思维模式,因为整体包含了事物构成的所有要素;第二,系统论同时也注重对事物的纵向研究,这突出地体现在系统论的层级性原理上,强调对事物结构进行不同层级的研究,这是一种纵向思维模式。同时,对横向要素构成与纵向层级构成不是独立地去研究,而是在纵横统一中对系统的发展进行有机的统一把握。

(四)系统论范式的内外关联性

系统论范式不仅强调其自身构成要素的相互联系与相互作用,同时也强调系统自身与外界环境的相互关联与相互作用,对其内部构成要素动态

---

① 参见陈依元:《系统论方法群及其结构探要》,《青海社会科学》1990年第1期,第61页。
② 许国志:《系统科学》,上海科技教育出版社2000年版,第17页。
③ [美]杰拉尔德·温伯格:《系统化思维导论》,王海鹏译,人民邮电出版社2018年版,第38页。
④ 许国志:《系统科学》,上海科技教育出版社2000年版,第17页。
⑤ 陈依元:《系统论方法群及其结构探要》,《青海社会科学》1990年第1期,第57页。

关系的分析是以外部环境变化为参照的,同时任何系统的内部行为也都会对外在环境产生一定的影响。"一个系统,特别是生命、社会、思维系统,只有对环境开放,同环境相互作用,同外部交换物质、能量、信息,才能生存与发展。"①因此,系统论范式的分析模式尤其注重对分析对象与其环境之间内外关联性的分析,通过对内外关联性的互动分析,探寻问题的解决路径。

第五节　系统论范式的法学研究指导意义

系统论范式作为一种以系统方法论为核心的特殊研究整合机制,其法学研究指导意义在于其系统化思维以及系统性研究方法的运用,正如熊继宁教授所指出的,"系统科学不仅为我们进行法学研究和有关法的实践方面的活动提供了系统思维的现代思维方式,而且为法学研究提供了具体的现代科学研究方法"②。系统论范式的运用有助于对法律制度进行全面、深入的揭示,从而更加完备地揭示其运行规律与问题所在,为其进一步的发展奠定必要的基础。具体而言,系统论范式不仅强调应当充分重视系统思维方式在法学研究中的运用,而且强调应当充分重视基于系统原理而产生的整体性研究、协同性研究、层级性研究以及开放性研究等具体方法,进而科学地推进相关法律制度的修正与完善。

一、法学研究应当注重对系统化思维的科学运用

"系统论的产生和发展标志着人类的科学思维由主要以实物为中心逐渐过渡到以系统为中心,是科学思维的一个划时代突破。"③法学研究需要科学的思维方式,而系统论思维范式无疑是一种思维范式的革命,对法学研究的发展具有重要的推进作用。

(一)法学研究应当重视思维方式的运用

同其他科学一样,法学研究的进行需要科学共同体成员的努力推动,特别需要科学共同体成员的科学思维方式,如果没有科学的思维方式,就难以推进法学研究的深入发展,甚至会阻碍法学研究的进程,因为"思维方

---

① 许国志:《系统科学》,上海科技教育出版社 2000 年版,第 25 页。
② 熊继宁:《系统法学导论》,知识产权出版社 2006 年版,第 28 页。
③ 徐庚保、曾莲芝:《系统论是仿真又一个基础理论》,《计算机仿真》2016 年第 12 期,第 2 页。

式的差异和不同,会导致行为方式的差异与不同"①。归根结底是因为思维方式与科学共同体的价值观、研究方法以及知识体系紧密相连,价值观是推进科学发展的重要思想指引,而研究方法则是推进科学发展的具体手段、方式或工具,知识体系则是科学研究的具体对象,知识体系的完善标示着科学研究成果的展现。第一,价值观与思维方式紧密相连。"如果说价值观念是'想什么',那么思维方式便是'如何想',此二者浑然一体、相即不离。"②法学共同体成员对价值观的理解与展开无法脱离思维方式,离开了思维方式,世界观就可能走向偏颇。第二,研究方法也无法脱离思维方式,"思维方式的概念实际上就表现了特殊的研究方法"③,"思维方式的改变,实质就是科学方法的改变"④。因此,科学的思维方式也就意味着科学的研究方法,思维范式出了问题,研究方法也会出问题。第三,思维方式与作为研究对象的知识体系紧密相关。思维方式不可能独立于作为研究对象的知识体系,只有与知识体系紧密融合,思维方式对知识体系研究的指导价值才能发挥。"就思维方式的内容而言,完全地、毫无疑义地与知识体系的内部结构性质即表达知识的主要理论形式的内部范畴结构特征的揭示联系在一起。"⑤

(二)系统化思维对于法学研究的重要性

思维方式对法学研究而言非常重要,而且法学思维方式应当被不断推进,"人们必须跳出原来的范式,必须进行思维方式的变革。否则,法学将永远在原地踏步"⑥。而系统思维无疑是对法学发展的一个有力推进,因为"它是从一个全新的角度,对法和法律现象的重新理解"⑦。这种全新的角度就是系统思考,而"系统思考不只是一种分析问题、解决问题、制定政策的方法,也是一种深入认识客观世界、应对复杂性挑战的技能,还包含深

---

① 邢盘洲:《系统思维视阈下社会矛盾化解与社会有效治理》,《系统科学学报》2019 年第 3 期,第 82 页。
② 李煌明:《核心价值观的体用结构与思维方式——基于中国哲学本体论的思考》,《广西师范大学学报(哲学社会科学版)》2017 年第 6 期,第 13 页。
③ [苏]IO. B. 萨奇柯夫:《思维方式与研究方法》,载[苏]H. T. 弗罗洛夫:《辩证世界观和现代自然科学方法论》,孙慕天等译,黑龙江人民出版社 1990 年版,第 206 页。
④ [苏]IO. B. 萨奇柯夫:《思维方式与研究方法》,载[苏]H. T. 弗罗洛夫:《辩证世界观和现代自然科学方法论》,孙慕天等译,黑龙江人民出版社 1990 年版,第 206 页。
⑤ [苏]IO. B. 萨奇柯夫:《思维方式与研究方法》,载[苏]H. T. 弗罗洛夫:《辩证世界观和现代自然科学方法论》,孙慕天等译,黑龙江人民出版社 1990 年版,第 200 页。
⑥ 熊继宁:《系统法学导论》,知识产权出版社 2006 年版,第 20 页。
⑦ 熊继宁:《系统法学导论》,知识产权出版社 2006 年版,第 28 页。

层次的思维范式转换"①。这里的思维范式的转换当然是指走向系统化思维的转换,法学研究应当注重对系统化思维的运用,这是系统论范式对法学研究的精神指引。只有拥有了系统化思维,才能运用系统研究方法,系统化思维是系统研究方法得以运用的前提。法学研究以法律制度的建立、适用以及发展为中心,法律制度不是由割裂的独立要素构成的,而"是一个有自己的特定要素、特定结构因而也有其特定功能的系统或体系"②。显然,系统化思维是与法律制度自身的"系统或体系"特性相吻合的,换言之,法律制度的"系统或体系"特性也必然要求对法学研究采取系统化思维。

系统化思维为法学研究人员进行法学研究提供了更为科学的思考路径:对相关法律问题的研究,不仅关注其当前法律制度架构,还要探求其历史发展状况以及未来可能的发展方向;不仅要关注国内立法发展,还要考察域外立法发展,进行比较分析,探求共性发展规律;不仅要对某一部门立法进行深入的专门研究,还应当充分考量不同立法特别是相近立法之间的联系与区别,注重综合研究;不仅要深入研究法律制度架构的自身体系,还要注重研究法律制度面临外在环境的变化,注重法律规范与外在环境之间的互相作用;不仅研究法律规范及其制度体系,还要研究执法、司法等具体法律实施机制;不仅关注法律制度的预设效果,还要关注法律制度的实践效果。这些思考路径有助于为法学问题的研究提供一个更加科学、更加完备的视角,避免对法律问题的碎片化研究,从而有助于探寻更加完善的法律问题解决路径。

二、法学研究应当注重对研究对象的整体性分析

法学研究必须注重整体性研究,这是法学研究系统化思维的基本要求,"科学是内在的整体,它被分解为单独的部门不是取决于事物的本质,而是取决于人类认识能力的局限性"③。系统论范式强调系统论原理及其方法论的运用,整体性分析方法则是在系统论范式的方法论体系中占据着中心地位,"系统整体方法是除系统工程方法以外的所有系统论方法中的首要方法、核心方法。所有系统论方法都必须围绕着系统整体性原则这个

---

① [美]丹尼斯·舍伍德:《系统思考》,邱昭良、刘昕译,机械工业出版社 2012 年版,导读第 1 页。

② 严存生:《运用系统论于我国法制建设》,《西北政法学院学报》1985 年第 1 期,第 10 页。

③ [德]M. 普朗克:《世界物质图景的统一性》,转引自黎鸣:《试论唯物辩证法的拟化形式》,《中国社会科学》1981 年第 3 期,第 6 页。

中心,人们应用这些方法,也时刻不能忘记了系统整体这个前提"①。

(一)横向整体性:法律体系架构的整体性

法学研究应当注重法律系统的横向构成整体性,这是基于法调整对象的广泛性而言的。法的调整对象是不同部门法划分的主要依据,社会秩序的稳定与发展需要法律对所有的社会关系进行规制,民事关系、刑事关系、行政管理关系、劳动与社会保障关系、环境保护关系、诉讼程序与权利关系以及经济干预关系等等。因此法学的研究对象具有整体性,法学研究必须注重横向的整体性,每个法律关系都必须得到充分的发展,社会秩序与社会正义才能实现。正是基于对所有横向法律关系的调整,产生了一个平衡的法律系统,在这个法律系统中,不同的部门法从不同的路径维护着社会经济发展的秩序,共同促进社会发展与进步。民法确立了基本的商事交易规则以及人身关系规范,但是民法的这种普遍性、一般性规范难以应对市场经济深入发展所需要的技术性规则,如票据规则、证券发行规则以及公司治理规则等等,因此公司法、证券法以及票据法等商事法律的出现与发展则是必然的。但是在商事法律的发展过程中,商事主体的唯利性、盲目性以及决策的滞后性给社会整体经济发展造成了严重伤害,因此经济法应运而生,承担起克服市场失灵与国家干预失灵的重任。同时,对于严重违法行为则必须依靠刑法来加以规制,这样才能对严重的犯罪行为给予充分的预防与适当的制裁。如果忽视了任何一个部门法的发展,法律系统就不完整,社会的发展就不平衡,社会经济发展的整体秩序就会受到冲击,社会整体效益也会降低。

(二)纵向整体性:法治体系运行的整体性

法学研究应当关注法治体系的纵向整体性,正是在此意义上有学者指出:"从法治体系整体性发展视角进行的法治体系建设实践思考,是符合中国国情和法治建设规律的有益探索。"②因为法律是一个不断运行的动态系统,从法治运行的纵向环节看,立法、执法、司法、法治监督与守法共同构成一个有机系统,它们之间并不是截然独立的,而是一个有机整体。关注法治体系运行的同时必须关注立法、执法、司法、法治监督与守法等各个环节,而法治建设的基本任务是要实现科学立法、规范执法、公正司法、有效监督与全民守法,科学立法这是法治建设的根基,规范执法与公正司法是

① 陈依元:《系统论方法群及其结构探要》,《青海社会科学》1990年第1期,第61页。
② 关翠玲:《社会主义法治体系整体性建设实践思考》,《文化创新比较研究》第27期,第16页。

法治建设的核心,有效监督是法治建设的保障,全面守法是法治建设的根本目标。因此,不能只是关注法治体系中的某个方面,而是应当关注整个法治体系建设否则会影响法治系统的建设。例如,在完善立法的同时,也应当完善执法与司法,以使立法的规范得到更好的实现,如果执法与司法的发展无法跟上立法发展的节奏,再好的法律制度也难以得到有效的执行。同时,为了提高执法与司法的效率性与公正性,更有必要强化执法与司法的监督水平,为此不仅需要强化人大监督、行政机构与司法机构的内部监督,而且应当进一步拓展监督渠道,例如有学者指出,"民主监督、社会监督、舆论监督是法治监督体系的重要组成部分"①。

(三)微观整体性:法律规范建构的整体性

法学研究不仅要关注法律系统、法治系统的整体性,也要关注法律规范的整体性,因为每个法律规范自身都有其特殊的逻辑体系,都是一个独立系统,是一个整体。另外,不仅部门法意义上的法律规范具有整体性,作为部门法的某一具体规范自身也具有整体性。例如,作为部门法意义上的经济法可以看成一个由所有经济法规范组成的系统,而根据学界的主流观点,其可以划分为市场规制法与宏观调控法两个子系统,对经济法规范的建构应当注重从市场规制法与宏观调控法两个视角进行,注重经济法规范建构的整体性,因为"整个经济法律规范之间所形成的这种特有的法律体系结构,表明它们是作为一个整体来调整经济生活领域内的各种社会关系的,这也正体现了经济法律系统运行机制的特定功能"②。而就某一经济法具体制度建构而言也应当关注其整体性,例如对消费者权利的规范,不仅应当关注消费者有哪些权利,还应当关注侵犯消费者权利的法律责任、举证配置以及诉讼方式等一系列规则,这种整体性是实现制度正义的关键③,如果没有科学的举证责任配置与诉讼方式,侵犯消费者权益的法律责任就难以追究。法律规范的这种整体性学界通常使用"体系"或者"体系化"一词来加以解释,例如有学者指出:"法律规范必须体系化才能维护法的秩序价值和正义价值。"④根据黄茂荣教授的观点——所谓体系就是指

① 黄文艺:《从法律体系到法治体系:中国法治建设战略的转型》,《新长征》2015年第1期,第9页。

② 李显东、杜晓光:《经济法概念与经济法规范体系》,《法学杂志》1998年第5期,第27页。

③ 梁迎修:《方法论视野中的法律体系与体系思维》,《政法论坛》2008年第1期,第61页。

④ 参见梁迎修:《方法论视野中的法律体系与体系思维》,《政法论坛》2008年第1期,第62页。

一个依原则所构成的知识整体①,可见体系与系统核心都强调整体性,甚至有学者认为体系与系统都源自希腊语,对应的英文也为同一个词(system),其核心意涵均指向整体,即由若干相互联系和相互作用的要素组成的具有一定结构和功能的有机整体,二者是可以相互替代的。②

三、法学研究应当注重对研究对象的层级性分析

"系统的结构是分层次的,尤其是对复杂系统的研究,必须依据系统的层次观进行层次划分,才能使复杂问题变得条理化,以建立起对复杂问题有层次的理解和认识。"③如果说"专业化、细致化发展是法学研究的必然趋势"④,那法学研究就必须重视对研究对象的层级性分析,无论是对法律制度的分析还是对法学理论的研究,层级性分析都不可或缺,它是法学研究由宏观走向微观的必由之路,也是法学研究从现象走向本质的基本方法,因为"系统物质世界总是以层次转换的形式运动或是发展"⑤着。

以对法律制度的研究为例,不同的层级揭示着法律制度体系的纵向序列构成,而且正是不同层级法律制度功能的累加使得宏观法律制度体系呈现出各种具体功能。通过层级性探究对法律制度进行纵向深入解析,有助于揭示不同层面法律制度的构成状态及其运行状况,进而更加深入地掌握整个法律制度的内在规律。不同层级的法律制度,其性质、功能、地位与使命也不相同,甚至同一层级的不同法律制度,其性质、功能、地位与使命也存在着具体差别。以作为部门法的经济法律为例,其根本目标在于维护社会整体经济发展秩序,保护社会整体经济利益的实现。但对作为一个系统的经济法进行层级分析,它又可以划分为市场规制法与宏观调控法两个次级法律系统。相对于部门法意义的经济法而言,市场规制法与宏观调控法的功能与地位明显限缩,并且这两个次级系统制度架构也各具特色,前者强调对微观经济发展秩序的维护,侧重通过对消费者权益保护以及微观市场竞争秩序的公平塑造实现整体经济发展的目标;后者则侧重借助国家对财政、税收以及金融的调控措施,从宏观上影响经济发展,为宏观经济运行提供有利的支撑,而不直接干涉具体的市场运行。市场规制法又可以进一

① 参见黄茂荣:《法学方法与现代民法》,中国政法大学出版社 2001 年版,第 427 页。
② 参见谢立中:《探究"三大体系"概念的本质意涵》,《中国社会科学报》2020 年 12 月 24 日;李显东、杜晓光:《经济法概念与经济法规范体系》,《法学杂志》1998 年第 5 期,第 27-28 页。
③ 常绍舜:《系统科学方法概论》,中国政法大学出版社 2007 年版,第 76 页。
④ 王利明:《"饭碗法学"应当休矣》,《法学家茶座》2003 年第 4 期,第 28 页。
⑤ 乌杰:《系统哲学》,人民出版社 2008 年版,第 84 页。

步划分为消费者权益保护法、产品质量法、反不正当竞争法、反垄断法等子系统,这些不同子系统法律所承担的市场规制功能及其地位又进一步限缩。宏观调控法自身也可以进一步划分为税法、财政法、计划法、金融法以及价格法等子系统,这些不同子系统法律承担的宏观调控功能及其地位也进一步限缩。但是,正是通过这种层级性分析,使我们对经济法的构成体系有了更加细致、微观的认识,是一个从宏观(部门法意义上的经济法)到中观(市场规制法与宏观调控法)再到微观(各个具体法,如消费者权益保护法)的认识过程,这种认识本身就是一个对经济法深入探究的过程,也正是通过这种层级性分析让我们明白如何更好地在微观制度层面推进具体经济法律制度的建构与发展,进而逐步推进整个经济法部门的发展与成熟。

四、法学研究应当注重对研究对象的协同性分析

法学研究对象是一个构成要素极为广泛的法治系统,不仅包括各种具体部门法学,也包括立法、执法以及司法等不同法治环节,还包括法律制度改革以及法学研究方法等各种因素,脱离对研究对象的协同性分析,法学研究目标的实现将会产生更高的成本,法学研究的效率将会大大降低。尽管整体性也在一定程度上包含着协同性,但是其外延更加广泛,无法更好地突出协同性的意义,因此有必要对协同性的价值进行专门的分析。也有学者在其研究成果中明确将协同性作为一个与整体性相并列的基本原理,对此本书前文已经做出了分析。法学研究的协同性应当着重从以下几个方面展开。

(一)注重法律体系的协同性

法律体系"是指由一国现行的全部法律规范按照不同的法律部门分类组合而形成的一个体系化的有机联系的统一整体"①。法律体系自身就是一个严密的系统,因此对法律体系的研究必须注重协同性,必须注重不同法律部门之间的协同效应,"法律体系的理想化要求是门类齐全、结构严谨、内在协调"②。宪法、民商法、经济法、行政法、环境保护法、社会保障法以及刑法等各个部门法组合在一起构成一个完整的法律体系,分别从不同路径促进着社会经济政治的稳定与发展,任何一个部门法的缺失,都会导

---

① 张文显:《法理学》,高等教育出版社 2011 年版,第 78 页。
② 张文显:《法理学》,高等教育出版社 2011 年版,第 78 页。

致法律体系的不完整。首先,民商法与经济法等部门法必须服从宪法,不能违背宪法,与宪法保持高度的一致,因为宪法是根本大法,是法律体系的灵魂,如果违反了宪法,部门法的合法性就不复存在。其次,宪法外的各个部门法要各司其职、相互促进,民商法、经济法、环境保护法以及刑法等部门法之间在各自不同范围内承担着不同的法律治理任务,同时各个部门法之间也要相互促进。例如,经济法的顺利实施需要刑法的协同性规制,对经济犯罪行为,经济法自身难以有效规制,必须借助刑法的处罚制度才能对经济犯罪行为给予严格规制,才能保证经济法的顺利实施。对于环境法的实施也是如此,缺失了严格的刑事责任约束,环境违法行为必然会日益猖獗。

(二)注重法治体系的协同性

法学研究也应当关注法治系统的纵向整体性。在此意义上,有学者指出:"从法治体系整体性发展视角进行的法治体系建设实践思考,是符合中国国情和法治建设规律的有益探索。"①法治体系是指法制运转机制和运转环节的全系统,包括立法、执法、司法、守法以及法治监督等相关环节。②法治体系不同于法律体系,法律体系是一个静态的法律构成系统,而法治体系则是一个动态的法律运行系统,法律体系是法治体系的一个构成部分。就法治体系自身构成而言,不同的法治环节发挥着不同的法治功能:立法环节是确立法律制度,执法环节是行政执法机构对法律制度的贯彻与实施,司法环节是对法律制度实施中的争议进行裁判;守法强调所有法律主体对法律制度的遵守;法治监督是强调对上述各个环节运转情况的监督。尽管不同环节各自使命不同,但相关环节并不是截然独立的,而是相互联系、相互制约的。立法的技术水平及其内容的完善程度必然影响着执法、司法的效率,如经济法的实施问题。应飞虎教授指出:"一些经济法的实施效果不佳,其重要原因在于制定制度时缺乏从实施的角度进行考量,主要表现为没有从制度实施的角度,对政府能力、政府公益性程度以及制度实施的技术支持状况等因素进行充分的考虑,这种制度在实施中会产生诸多问题。"③近年来不断发展的经济公益诉讼就是一个有力的证明,为了维护社会公共利益,必须对某些损害社会公共利益的行为提起公益诉讼。

---

①　关翠玲:《社会主义法治体系整体性建设实践思考》,《文化创新比较研究》第 27 期,第 16 页。

②　参见张文显:《法理学》,高等教育出版社 2011 年版,第 79 页。

③　应飞虎:《中国经济法实施若干问题》,《现代法学》2013 年第 5 期,第 63 页。

公益诉讼的实施依赖于相关立法的制度支撑,例如公共环境污染事件、产品缺陷侵权事件等都需要特别诉讼制度的支撑,否则在实践中将难以发挥作用。正是在此背景下,最高人民法院在 2016 年相继发布《最高人民法院关于审理环境民事公益诉讼案件适用法律若干问题的解释》与《最高人民法院关于审理消费民事公益诉讼案件适用法律若干问题的解释》两个立法文件,之后关于经济公益诉讼的法学研究以及司法实践都获得了蓬勃的发展。同时,"立法、执法、司法和法律监督等状况,都与守法有着密切的联系"①,例如立法机关制定一部自身优良的法律,容易获得守法者对法律制度的认可,促进其自觉守法;国家行政机关公平、高效执法也会带动与促进社会公众的守法行为;国家司法机关的公平、高效的裁判行为也能促使社会公众获得较强的法律正义感或者感受到法律的威慑性,促进其守法行为;法律监督机关通过对掌握立法、执法以及司法权的公职人员进行监督,威慑其渎职行为,促进其守法行为。所以,法学研究必须注重整个法治体系的协同性,唯有如此,才能提升整个法治进程的效率。

(三)注重法律制度交叉内容规制的协同性

"增强制度建设协同化水平,是推进国家治理体系和治理能力现代化的有效路径。"②法律制度的建构与发展尤其要注重协同性,协同性强调不同法律制度之间针对交叉内容的规制要协同一致。对法律制度的分析不应局限于法律制度体系的局部,而应当进行系统性的理解与推进。例如,针对商业贿赂行为,作为经济法的《反不正当竞争法》必然会加以规制,同时我国《刑法》也规定了商业贿赂罪,前者侧重从经营者与消费者权益保护视角进行处罚,直接规定了民事责任及行政责任;后者则侧重对从事商业贿赂行为人的刑事处罚,强化从事该行为的人身威慑。又如,对消费者权益的保护,不仅涉及《民法典》《消费者权益保护法》《产品质量法》《食品安全法》,而且涉《价格法》《反垄断法》以及《电子商务法》等一系列法律,各个法律之间也要讲究协同性。《消费者权益保护法》与《产品质量法》强调经营者的义务,所以两者对经营者义务的规定不能出现冲突与矛盾;《价格法》与《反垄断法》都涉及对违法价格行为特别是价格垄断行为的规制,对此,两者也必须一致,不能出现冲突与矛盾;《消费者权益保护法》与《电子商务法》都涉及对消费者网购权益的保护,对此,两者也必须协同化。

---

① 张文显:《法理学》,高等教育出版社 2011 年版,第 203 页。
② 张贤明:《制度建设协同化:国家治理现代化的有效路径》,《行政论坛》2020 年第 5 期,第 5 页。

（四）注重法律制度改革推进的协同性

法律制度的改革是社会经济发展的必然要求，然而改革不是单一法律的自我修正行为，一部法律的改革还会牵涉其他法律制度的架构甚至存废，因此，改革必须考量相关法律制度之间的互动性，从而实现法律制度改革的协同性，否则改革预期效果将难以实现。这种法律制度改革的协同性在我国立法改革进程中有着十分鲜明的体现。例如，我国 2013 年对《公司法》进行了改革，原则性地确立了认缴资本制，认缴资本制的确立使得虚报注册资本罪、虚假出资罪以及抽逃出资罪的刑事规制的逻辑基础发生了改变，①2014 年 4 月 24 日，全国人大迅即对《刑法》中关于资本犯罪的两个条款做了法定解释，即《刑法》第一百五十八条、第一百五十九条的规定，只适用于依法实行注册资本实缴登记制的公司。② 同时，为了应对认缴资本制改革对债权人权益保护的冲击，国务院在 2014 年 8 月颁布了《企业信息公示暂行条例》，以强化企业的信息公示规制，推进债权人对交易相对人的信息知情权建设，从而更好地降低债权人在认缴资本制下的交易风险。立法改革的协同性推进在民商法领域则有着更加突出的需求，因为民商法系统内部各个立法之间关联性强，彼此影响更加显著，例如《公司法》与《证券法》《破产法》改革之间的协同性推进就是当前我国立法改革过程中面临的一个重要内容，对此，刘俊海教授在其著作中做了详细的说明，并指出《公司法》的修订还应关注其与《刑法》《行政法》《社会法》《经济法》之间的协同性。③

五、法学研究应当注重对研究对象的开放性分析

法学研究必须注重对研究对象的开放性把握，这是系统论开放性原理的必然要求。世界上没有一成不变的事物，法学自身以及作为法学研究对象的特定社会关系更是如此。社会在不断发展，各种社会关系也在不断改

---

① 不同的学者对此持有异议，就笔者而言，也认为不该直接废除这三种罪行，而是应当加以修正。

② 《刑法》第一百五十八条规定："申请公司登记使用虚假证明文件或者采取其他欺诈手段虚报注册资本，欺骗公司登记主管部门，取得公司登记，虚报注册资本数额巨大、后果严重或者有其他严重情节的，处三年以下有期徒刑或者拘役，并处或者单处虚报注册资本金额百分之一以上百分之五以下罚金。第一百五十九条规定："公司发起人、股东违反公司法的规定未交付货币、实物或者未转移财产权，虚假出资，或者在公司成立后又抽逃其出资，数额巨大、后果严重或者有其他严重情节的，处五年以下有期徒刑或者拘役，并处或者单处虚假出资金额或者抽逃出资金额百分之二以上百分之十以下罚金。"

③ 参见刘俊海：《新〈公司法〉的设计理念与框架建议》，《法学杂志》2021 年第 2 期，第 8-11 页。

变,因此法学研究不应是静止不变的,不应是一个封闭的系统,而应当与时俱进,在社会发展的动态过程中不断发展。

(一)开放性把握的根源

"法律必须是稳定的,但不可一成不变。"①法学研究必须注重开放性把握,这是法治系统自身不断发展的内在规律性要求,其主体根源在于作为法学研究对象的法治系统的外在环境的变化。基于系统论原理,"系统的结构、状态、属性、行为等或多或少都与环境有关,这叫作系统对环境的依赖性"②。作为法学研究对象的立法、执法以及司法,都有其外在环境,当其外在环境发生变化,其具体制度架构必然应当做出必要的修正,这样才能够更好地发挥其法律制度价值。当外在环境发生改变时,相关法律制度必须做出改变,因为法律制度归根结底乃是社会经济发展的客观要求,当社会经济发展条件发生改变时,法律制度必须做出调整。例如,伴随着社会经济的发展,信用卡恶意透支的刑事处罚标准发生了改变,最高人民法院于 2018 年发布司法解释③,将刑事处罚标准由 2009 年的 1 万元犯罪起点,提高至 5 万元。随着经济的发展,2009 年 1 万元的购买力远远超过 2018 年 1 万元的购买力,也就是恶意透支 1 万元的危害大大降低,其刑事追责标准自然也应上升。同时,这种动态把握不仅源自社会经济发展带来的立法改变,在执法与司法环节也需要进行动态把握,"如果某一法规赖以为条件的社会情势、习俗和一般态度自该法规通过之时起已发生了显著的、实质性的和明确的变化,那么法院就应当达到一个不同的结果"④。反垄断法的实施充分证明了这一点。从结构主义到行为主义,从本身违法原则到合理原则,都充分证明着司法实施的开放性态度。

(二)开放性把握的路径

1. 必须注重立法理念的开放性

任何法律制度都有其内在理念,并且这种理念是"法律制度及运用之

---

① Pound, Interpretations of Legal History,Cambridge:Mass.,1923,p1.

② 许国志:《系统科学》,上海科技教育出版社 2000 年版,第 24 页。

③ 2018 年 11 月 28 日,《最高人民法院、最高人民检察院关于修改〈关于办理妨害信用卡管理刑事案件具体应用法律若干问题的解释〉的决定》发布,将恶意透支信用卡犯罪的标准数额提高了 5 倍,自 2018 年 12 月 1 日起施行。

④ [美]博登海默:《法理学——法律哲学与法律方法》,邓正来译,中国政法大学出版 2004 年版,第 559 页。

最高原理"①,法的理念属于一种主观意识范畴,但是它并不是恒久不变的,因为"它具有稳定性、滞后性,也可能比法更具超前性"②,当它落后于时代发展需要,就必须及时修正,只有这样才能更好地指导立法及其适用,发挥其应有功能。当法律制度的外在环境发生改变,包括社会经济的发展、学术研究的进步以及民意评判的改变等,法律理念也会发生改变,这也体现着法律理念的历史性特点。例如,1993 年《公司法》以资本信用为理念,确立了严格法定资本制,突出债权人的安全保护,压抑着资本的效益理念,这主要是因为当时改革开放实施不久,公司作为一种新生事物,公司立法制度特别是债权人保护制度并不健全,商事信用机制非常脆弱,因此必须强化债权人保护。2005 年《公司法》则适当降低了公司注册资本最低限额要求,并允许实施分期缴付制,这主要是为了推进公司资本制度的效率实现,立法律理念已经发生改变,资本信用走向资产信用。2013 年《公司法》认缴资本制的确立则是彻底贯彻公司股东出资自治理念的制度展现,将出资的决策权交给股东自己加以判断,进而降低股东出资成本,提高股东出资效率。2018 年《公司法》对上市公司股份回购制度的进一步拓展则是资产信用理念的进一步推进,旨在通过回购制度的实施,促进上市公司乃至整个证券市场的良好发展。

2.必须注重立法制度构建的开放性

立法制度必须具有开放性,这是立法律理念改变的必然要求。因为"法律的现实性与可行性是立法律理念现代化的应然追求"③,法律理念是立法及其适用的最高原理,所以为了更好地促进法律理念的实现或者适用法律理念的修正,法律制度必须不断地加以调试。归根结底,法律理念的追求终究是依靠具体的法律制度构建及其实施得以实现的。同时,法律制度的开放性归其根本乃是社会经济发展的现实需要,正如马克思与恩格斯所指出的,"法的关系正像国家的形式一样,既不能从它们本身来理解,也不能从所谓人类精神的一般发展来理解,相反,它们根源于物质的生活关系"④。所以,当社会经济发展状态发生改变,社会的物质生活关系随之改变,法律制度必然也要发生改变,法律理念与法律制度是社会经济发展对

---

① 史尚宽:《法律之理念与经验主义法学之综合》,载刁荣华:《中西法律思想论集》,台北汉林出版社 1984 年版,第 264 页。

② 史际春、李青山:《论经济法的理念》,《华东政法学院学报》2003 年第 2 期,第 43 页。

③ 李双元等:《法律理念及其现代化取向》,《湖南省政法干部管理学院学报》1999 年第 1 期,第 8 页。

④ 中共中央马恩列斯著作编译局:《马克思恩格斯全集》,人民出版 1962 年版,第 8 页。

法律改变要求的不同层面体现。例如,为了更好地保护社会公共利益,传统的私人诉讼模式难以有效应对环境生态损坏以及消费者权益保护等社会性问题,无论是生态环境利益还是消费者利益,都必须强化公益诉讼实施机制,所以当前对公益诉讼的研究,要重点关注公益诉讼的提起主体、权利配置、举证规则以及责任承担等具体制度的设置,只有如此才能使公益诉讼具有较强的可操作性,才能促进公益诉讼的顺利实施,才能更好地实现保护社会公益的立法宗旨。

第六节　系统论范式在法学研究中的广泛运用

作为一种现代法学研究方法①,系统论范式不仅在我国法学研究中被广泛应用,而且也是法学研究中非常重要的法哲学方法。但是在不同的历史时期,学界对其研究所用的术语表达形式及其指导的法律制度领域有所不同,在 21 世纪之前,学界主要使用"系统论方法"的表达形式,主要用于指导宏观法律研究;进入 21 世纪后,学界更多地将系统论应用于部门法学研究,应用领域更加微观、具体,并形成了许多直接以"系统论范式"为主题的研究成果。

一、21 世纪前的运用情形:以指导宏观法学研究为中心

早在 20 世纪 70 年代末期,钱学森同志就把法学列入其系统工程,"钱学森的设想激起了法学界一批早期的探索者直接将系统科学的方法引入法制建设和法学研究,而一批早期的系统科学研究者则推动了这一引进"②。随后,对系统论在法学研究中的应用迎来了繁荣时期,一系列相关研究工作与学术活动相继开展。

---

① 系统论范式从终极目的来说依然是一种研究方法,是一种更加高级、更加系统、更加权威的研究方法。对于这一点,无论是法学界还是系统学界都有着鲜明的共识。例如,在法学界,著名法理学专家张文显教授明确指出:"在一定意义上说范式的实质是科学活动中的整合与升华,范式的转变实质就是提出一套全新的发现问题和解决问题的方法。"(参见张文显:《当代中国法哲学研究范式的转换——从阶级斗争范式到权利本位范式》,《中国法学》2001 年第 1 期,第 64 页)在系统学界,著名系统学专家许国志教授明确指出:"凡是用系统观点来认识和处理问题的方法,亦即把对象当作系统来认识和处理的方法,不管是理论的或经验的,定性的或定量的,数学的或非数学的,精确的或近似的,都叫做系统方法。"(参见许国志:《系统科学》,上海科技出版社 2000 年版,第 31 页)

② 熊继宁:《系统法学在中国——纪念全国首届法制系统科学讨论会召开 15 周年》,《政法论坛》2000 年第 6 期,第 21 页。

1984 年，李昌麒教授在《现代法学》发表文章《怎样用系统论研究法学问题》，强调法律是一个多元化系统，应当应用系统论相关原理对其进行分析。① 1985 年，首次召开全国性的法制系统科学研讨会，相关科研成果更是层出不穷。熊继宁教授于《社会科学》发表文章《法学理论的危机与方法的变革》，首次提出将系统论作为学术范型来加以研究，虽然未直接使用"范式"这一术语，但是其意义已是相当接近。② 2015 年，熊继宁教授在《政法论坛》发表文章《新的探索——系统法学派的崛起》，将系统论原理的运用进一步推向深入。在该文第二部分即"新的探索"中，明确将范式与方法在一般意义上联系在一起，几乎是将范式与方法相互替代，指出"法学显然不能简单地利用哲学方法所得出的结论，而是要在其指导下，运用具体的方法手段，来加以探索研究，得出有关本学科的具体结论。在传统范式中产生的问题，不能完全靠传统范式自身去解决。解决多因素、动态复杂系统的问题，需要在方法上有所创新。人们必须跳出原来的范式，必须进行思维方式的变革"③。此分析不仅说明了范式与方法之间的紧密关系，而且意在引出下一个问题即系统论，强调系统论是一种新的分析方法，并列举了法学研究当中以系统论为原理的相关成果，随后得出结论"系统法学派正在崛起"④。在该文第三部分即"方法论的变革"中，明确将系统论作为一个新的方法学派，并指出其特有的工作范式："系统法学派主要是一个方法学派。他们在辩证唯物主义指导下，将新技术革命的第一批理论成果——系统论、控制论、信息论等现代科学方法，引进了法学研究的领域。他们将用一种和传统方法不同的方式，在法学领地上开拓。"⑤继而指出："遵循着这个学派的工作范式的人们在进行研究时，表现出或将会表现出以下鲜明伪特点……"⑥倪正茂于 1986 年在《上海社会科学院学术季刊》发表文章《现代化与法学现代化简论》一文，明确强调应当应用系统论推进法学研究方法的现代化。⑦ 徐学鹿教授于 1993 年在《法学杂志》发表文章《应加快商事立法》，强调应当将系统论运用于商事立法当中，明确指出：

① 参见李昌麒、周亚伯：《怎样用系统论研究法学问题》，《现代法学》1984 年第 2 期，第 18-21 页。
② 熊继宁：《法学理论的危机与方法的变革》，《社会科学》1986 年第 12 期，第 3 页。
③ 熊继宁等：《新的探索——系统法学派的崛起》，《政法论坛》2015 年第 3 期，第 64 页。
④ 熊继宁等：《新的探索——系统法学派的崛起》，《政法论坛》2015 年第 3 期，第 65 页。
⑤ 熊继宁等：《新的探索——系统法学派的崛起》，《政法论坛》2015 年第 3 期，第 65 页。
⑥ 熊继宁等：《新的探索——系统法学派的崛起》，《政法论坛》2015 年第 3 期，第 64 页。
⑦ 参见倪正茂：《现代化与法学现代化简论》，《上海社会科学院学术季刊》1986 年第 2 期，第 105-112 页。

"在发展市场经济上,发达国家有一整套的立法经验,其中最值得借鉴的经验,是运用系统论的方法,来规范市场主体和市场行为。即在这个系统中除了宪法外,先有骨干法,进而与骨干法相配套,颁布各种适应不同时期和地区的市场经济法律和法规,使市场经济运行层次分明、井然有序。"①此外,还有一些其他学者也在法学研究中使用了系统论方法,如庄玉瑞教授于 1998 年在《现代法学》发表文章《论现代宏观调控法律的基本特征与结构——兼论宏观调控法的基本功能》,文中用系统论对宏观调控法进行了分析。②

在 21 世纪前,对系统论范式的应用呈现两个明显特点:第一,强调系统论作为一种方法论对推进法律研究的重要性,注重通过系统论的应用推进法学研究方法的改革,系统论范式这一表达术语尚未出现,但实质意义的系统论范式已经应用于法学研究;第二,系统论主要应用于宏观法律系统研究,对微观部门法研究涉及相对较少,直到 20 世纪 90 年代才有相关成果强调应将系统论应用于个别部门法律研究。

二、21 世纪后的运用情形:以指导部门法学研究为中心

进入 21 世纪后,法学界对系统论范式的研究更加深入,这一时期的研究呈现两个不同于此前的特点:第一,对系统论原理的应用范围更加广泛,其研究重点不再是宏观的系统法制或者系统法学,开始走向具体的部门法学,这种应用方向的改变标志着系统论范式在法学研究应用中的深入发展;第二,出现了许多直接以"系统论范式"为表达形式的学术研究成果,学界对系统论的应用已经上升到了范式的高度,这进一步表明法学界对系统论及其原理与功能的重视。

(一)以系统论原理为指导的法学研究成果更加丰富

熊继宁教授于 2000 年在《政法论坛》发表文章《系统法学在中国——纪念全国首届法制系统科学讨论会召开 15 周年》,指出"运用系统法学的'结构目标'和'效果目标'对其反馈检验,发现虽然成果累累,但是'目标差'巨大"③。高维俭教授于 2006 年在《法学研究》发表文章《刑事学科系

---

① 参见徐学鹿:《应加快商事立法》,《法学杂志》1993 年第 3 期,第 8-9 页。
② 参见庄瑞玉:《论现代宏观调控法律的基本特征与结构——兼论宏观调控法的基本功能》,《现代法学》1998 年第 6 期,第 56-57 页。
③ 参见熊继宁:《系统法学在中国——纪念全国首届法制系统科学讨论会召开 15 周年》,《政法论坛》2000 年第 6 期,第 21-33 页。

统论》，指出"有必要自觉地运用系统论的哲学方法来整合刑事学科的研究，即构建刑事学科系统论"①。孔德周教授于 2009 年在《甘肃政法学院学报》发表文章《对经济法学方法论问题的反思》，指出"缺乏辩证系统思维是经济法学理论研究中最突出的问题"②，"只有运用系统思想，才能更好地认识经济法这一新生事物，形成最接近客观规律的认识体系"③。孙玉红教授于 2011 年在《法学论坛》发表文章《系统论视角下的侵权法功能概念及其价值探究》，指出"用系统方法分析侵权法功能概念的意涵，有利于对侵权法功能样态的挖掘、对功能产生原因和运行原理的阐释、对功能与功能实现的区分及侵权法功能实现影响因素的分析，有利于彰显侵权法功能概念的价值"④。此外，也有许多其他成果强调了系统论研究方法在法学研究中的重要性，例如刘大洪教授于 2004 年在《甘肃政法学院学报》发表文章《论环境法的终极价值——基于系统论的研究视角》，明确将系统论方法应用于环境法的研究之中。⑤

(二)以"系统论范式"为主题的法学研究成果相继出现

伴随着系统论原理在法学研究中的深入推进，出现了以"系统论范式"为主题的直接法学研究成果。刘大洪教授于 2005 年在《法学论坛》发表文章《论经济法的发展理念——基于系统论的研究范式》，明确将系统论作为一种研究范式应用到经济法学研究当中，以系统论范式对经济法的发展理念重新进行定位，并构建了具体的实现方式。⑥ 陈德敏教授于 2009 年在《南京师大学报(社会科学版)》发表文章《环境法学研究范式变革的基础与导向》，将系统论作为一种范式融入环境法学研究当中，明确指出应当"将社会工程的系统论哲学恰当地应用于环境法学研究范式的变革中"⑦。张尚谦教授于 2011 年在《法学杂志》发表文章《"系统论"范式下的司法政策功能定位及其运用》，明确采用了"系统论范式"的表达方式，并指出"有必

① 参见高维俭：《刑事学科系统论》，《法学研究》2006 年第 1 期，第 14-31 页。
② 孔德周：《对经济法学方法论问题的反思》，《甘肃政法学院学报》2009 年第 1 期，第 56 页。
③ 孔德周：《对经济法学方法论问题的反思》，《甘肃政法学院学报》2009 年第 1 期，第 56 页。
④ 孙玉红：《系统论视角下的侵权法功能概念及其价值探究》，《法学论坛》2011 年第 11 期，第 91 页。
⑤ 参见刘大洪：《论环境法的终极价值——基于系统论的研究视角》，《甘肃政法学院学报》2004 年第 5 期，第 1-6 页。
⑥ 参见刘大洪：《论经济法的发展理念——基于系统论的研究范式》，《法学论坛》2005 年第 1 期，第 53-58 页。
⑦ 陈德敏：《环境法学研究范式变革的基础与导向》，《南京师大学报(社会科学版)》2009 年第 3 期，第 29-37 页。

要借助'系统论'的研究范式,通过系统的整体性视角,将司法政策的功能定位诉诸社会背景、权力结构、管理体制等司法环境因素,以便更加科学、准确地调校特定经济社会发展阶段的司法政策功能"①。薛亮教授于2018年在《兰州学刊》发表文章《PPP背景下完善城市供水安全的立法构想——以系统论范式为视角》,强调应借助系统论范式,围绕整体性、层次性以及开放性原理的运用,构建系统性PPP背景下的城市供水安全立法。②

(三)极少数公司法学研究成果开始提及"系统论范式"的观点

进入21世纪后,系统论范式在公司法学的研究中得到初步应用,一些学者已经在其研究成果中运用系统论原理,比如傅穹教授早在2004年就已经指出:"广义地讲,公司资本制度是围绕股东的股权投资而关于公司资本运作的一系列概念网、规则群与制度链的配套体系。"③蒋大兴教授于2015年在《中国法学》发表文章《质疑法定资本制改革》,认为"法定资本也是一种复杂的规范系统,它不仅属于公司法的调控范畴,在会计法、破产法中也都有法定资本的规制痕迹。法定资本的改革必须是一种系统化的改革,而且任何公司资本制度都有其合约、经济与文化基础"④。香港中文大学法学院黄辉教授也于2015年在《中国法学》发表文章《公司资本规制改革的正当性:基于债权人保护功能的法经济学分析》,文章有两处提到了要构建债权人保护新范式,并且指出中国已经建立了较好的公司资本制度之外的债权人保护机制,尽管只有寥寥数语,且未提及系统论,但其观点已经初步折射出系统论原理。⑤ 还有其他一些学者的研究成果间接地涉及了系统论范式,例如叶林教授从资本规制制度构成范畴对资本规制进行了研究,指出"公司资本制度不能不顾及债权人利益保护,却无法独立承担债权人利益保护的重任,更无法替代合同法以及民事普通法的功能"⑥。

较早将系统论原理直接应用于公司资本规制研究的是我国著名公司法学学者、中国政法大学徐晓松教授。徐晓松教授早在2003年就于其博

---

① 张尚谦:《"系统论"范式下的司法政策功能定位及其运用》,《法学杂志》2011年第2期,第108-110页。

② 参见薛亮:《PPP背景下完善城市供水安全的立法构想——以系统论范式为视角》,《兰州学刊》2018年第10期,第126-138页。

③ 傅穹:《重思公司资本制原理》,法律出版社2004年版,第2页。

④ 蒋大兴:《质疑法定资本制之改革》,《中国法学》2015年第6期,第137-156页。

⑤ 参见黄辉:《公司资本规制改革的正当性:基于债权人保护功能的法经济学分析》,《中国法学》2015年第6期,第159-178页。

⑥ 叶林:《公司法研究》,中国人民大学出版社2008年版,第240页。

士学士论文《论公司资本监管——中国公司治理与公司法改革》中对系统论原理的指导意义做了初步分析,后于 2006 年出版《公司资本监管与中国公司治理》一书,系统论原理是书中的一个重要研究方法。徐晓松教授在该书中充分肯定了系统论原理的运用对完善中国公司资本规制立法的重要价值,明确指出:"将公司资本制度看作一个由不同的部分构成的、处在公司法体系中的完整系统,并在此基础上展开研究,不仅有助于在普遍意义上深化对公司资本规制改革的认识,而且将为结合中国实际、解决中国公司资本规制改革的方向奠定基础。"①同时,他还对系统论与公司资本规制的结合做了初步的具体分析,指出以公司运行阶段为基础可将公司资本制度划分为设立阶段资本形成制度以及经营阶段资本流转制度,并明确指出公司设立阶段的资本规制与经营阶段的资本规制之间存在着替代性关系,公司设立阶段资本形成规制的弱化将由公司经营阶段资本流转规制的强化所替代,以期从总体上保持公司资本规制的强度,进而保护公司债权人利益。显然,徐晓松教授早在 2006 年就已经洞察到了系统论范式对推进公司资本规制研究的重要意义,并将资本规制划分为形成阶段与流转阶段两个子系统,进而围绕这两个子系统的相互影响与相互作用对公司资本制度的建构进行了初步分析,这对当前公司资本规制改革研究的推进仍具重要指导意义。②

显而易见,系统论原理对公司资本规制研究具有重要的方法论意义,并且已经引起了学界的高度重视,因为公司资本的运行实际上是一个由形成到流转再到退出的一个系统性过程,与之相对应,公司资本规制则是由公司设立阶段资本形成规制、经营阶段资本流转规制以及破产阶段资本退出规制所组成的动态系统,系统论原理作为一种方法论与公司资本自身的运行规律是高度吻合的。为此,本书认为,为了更好地揭示公司资本运行的内在规律,更好地推进公司资本规制的系统化建构,更好地服务于当前我国认缴资本制改革的继续推进,有必要将系统论原理上升到研究范式的高度,进而对公司资本规制展开更深层次的理论分析与研究,以期更好地揭示公司资本规制的内在逻辑,更好地推进我国公司资本规制体系及其具体制度的发展与完善。

---

① 参见徐晓松:《公司资本监管与中国公司治理》,知识产权出版社 2006 年版,第 129 页。
② 根据国家社科基金结项要求,此处省去本课题主持人的相关研究成果。

第三章　公司资本规制研究引入
系统论范式的必要性

公司资本规制研究是公司法学研究的中心课题，因为公司资本规制在公司法体系架构中居于核心地位，正如赵旭东教授所指出的，"资本制度在公司法中起着主导性的作用，公司法中的许多其他制度和规则都与资本制度有着内在的密切联系，一些法律规则实质上是资本制度的具体体现和要求"①。从法经济学视角观察，公司就是资本筹集制度的法律化。根据美国著名法经济学家理查德·A. 波斯纳的观点，"公司主要是解决出现在筹措巨额资本过程中的一些问题的方法"②，所以，围绕着公司运行而设立的法律制度必然以资本的形成、流转与退出为规制中心，也就是说公司资本规制必然居于公司法体系架构的核心地位。公司资本规制在公司法体系架构中的这一突出地位，有助于形成并保护公司独立财产，有助于创设并维护护公司独立法人人格，有助于保护公司债权人、中小股东以及其他利益相关者权益。公司资本规制改革是一个不断持续的进程，想要完善公司资本规制就必须推进研究方法体系的变革，传统的"资本信用"与"资产信用"研究范式功能不可磨灭，但是仍需推进，系统论范式则能够较好地将"资本信用"与"资产信用"相融合，从而借助系统论原理将公司资本规制研究推向深入。因为高效的公司资本规制应当是一个以公司不同运行阶段的协同性规制为核心的制度系统，涉及包括公司法以及合同法等在内的多元化法律制度构成。正如德国美因兹大学 Peter O. Mülbert 教授在研究公司债权人保护制度时所指出的，"整合不同债权人保护原则的目的在于建立一个有效的债权人保护系统。一个债权人保护系统由一系列具有良好适用性的法律制度与法律机制所构成，每一个法律制度或机制又都包含着次级法律规则，以确保债权人保护所必须的要求，但是每一个次级法律

---

① 赵旭东：《公司资本规制改革研究》，法律出版社 2004 年版，第 1 页。

② ［美］理查德·A. 波斯纳：《法律的经济分析》（下卷），蒋兆康译，中国大百科全书出版社 1997 年版，第 514 页。

规则不能给予债权人全面的保护。然而直到现在,这样的制度系统仍然难以寻找"①。

第一节　公司资本规制基础理论问题的解析

公司资本规制之所以具有重要地位并发挥着重要的功能,核心根源在于公司资本规制自身的根本特性,而要揭示其根本特性,就必须对其基础理论风问题进行深入而准确的把握,包括对公司资本、规制、公司资本规制概念的界定以及对公司资本规制在公司法中的地位与功能的分析。因为概念反映着事物的根本性质,是对事物内在根本矛盾的抽象反映。所以,对公司资本规制进行研究的中心任务就是对公司资本规制的概念进行界定。正如张文显教授所言,"科学研究,尤其是理论研究,在某种意义上就是提出、分析、论证和积累概念的过程"②。所以,对公司资本规制概念的解析是公司资本规制基础理论研究的重点与核心。下文将在对公司资本、规制两者概念进行分析的基础上,对公司资本规制的概念进行界定,进而结合公司法的具体制度架构来分析公司资本规制在公司法中的主导地位及功能。

一、公司资本的概念分析

"公司资本是公司资本制度的起点"③,因此,要对公司资本规制进行研究,必须首先界定公司法意义上公司资本的意涵。但是,"公司资本这一概念并没有一个标准的意义与统一的概念"④,要准确地理解与清晰地界定公司资本的确是一个难题。为此,有必要基于经济学、会计学等不同学科领域对公司资本界定的比较分析,对公司法意义上的公司资本界定进行专门的分析。

(一)资本的多学科概念界定

尽管资本是公司资本规制研究的起点,但资本是一个多元学科概念,

① Peter O. Mülbert, A synthetic view of different concepts of creditor protection or: A high-level framework for corporate creditor protection, 60law Working Paper, 5(2006).

② 张文显:《法哲学范畴研究》(修订版),中国政法大学出版社 2001 年版,绪论第 1 页。

③ 邹海林、陈洁:《公司资本制度的现代化》,社会科学文献出版社 2014 年版,第 53 页。

④ Kathleen van der Linde, The Regulation of Conflict Situations Relating to Share Capital, 21South African Mercantile Law Journal, 34 (2009).

不仅存在于法学当中,也存在于经济学以及会计学等其他学科当中,不同
学科视野下其意涵并不一致。例如,现代经济学中的资本是指一种生产要
素,强调它的增值性,不仅包括货币,还包括专利、商标、商誉以及技术水平
与研发能力等各种综合要素,体现的是一个企业所具有的综合实力。[①] 会
计学中的资本则具有多种含义,有时指企业所有资金来源的总和,包括股
东出资、经营收益、接受捐赠以及借债等等;有时指企业的净资产,属于企
业出资人的全部资产,而不包括企业负债;有时则指企业的原始出资即企
业设立时的初始投入。[②] 法学意义上的资本则是指公司法意义上的资本,
而学界一般将其认定为股本或者注册资本,是由股东出资构成的财产。例
如石少侠教授认为,资本是"公司法中一个具有特定意义的范畴,是指公司
设立时由公司章程所规定的由股东出资构成的公司财产总额"[③]。

由此可见,不同学科视野下,资本概念意涵不尽相同,不同研究领域的
学者各自沿着自身的学科逻辑对资本概念进行解读,经济学侧重从生产要
素的视角对其加以解读,会计学侧重从公司资金来源以及净资产等方面对
其进行各种解释,公司法学侧重从股本即股东出资的角度加以解读。本书
重点研究的是公司法意义上的资本规制,因此本书重点在于如何科学把握
公司法意义上的资本意涵,对此仍需深入分析。

(二)公司法意义上资本概念的界定:从狭义资本走向广义资本[④]

如何对公司法意义上的资本进行界定直接关系到本书的研究结构以
及具体制度的建构,对公司法意义上的资本进行界定的核心在于准确把握
资本的具体边界,从而为公司资本规制制度的建构提供有力的支撑。简而
言之,就是公司资本规制立法所规制的"资本",其范围如何。本书赞成清
华大学施天涛教授的观点,即公司资本有狭义和广义之分[⑤],对公司资本

---

① 参见施天涛:《公司法论》,法律出版社 2006 年版,第 160 页。
② 参见刘燕:《会计法》,北京大学出版社 2001 年版,第 301-302 页。
③ 石少侠:《公司法教程》,中国政法大学出版社 1999 年版,第 85 页。
④ 明确提出狭义资本与广义资本分类观点的是清华大学法学院施天涛教授,具体参见施天涛:
《公司法论》,法律出版社 2006 年版,第 160 页。此外,周友苏教授在其《新公司法论》中也从
公司设立与经营这两个视角强调了公司股本与公司资产的变化。本书认为两位学者的观点
其实质是一致的,狭义资本主要对应公司注册资本,广义资本则对应公司资产,具体参见周友
苏:《新公司法论》,法律出版社 2006 年版,第 174 页。此外,约翰内斯堡大学 Kathleen van der
Linde 教授也提出了相似的观点,详见 Kathleen van der Linde, The Regulation of Conflict
Situations Relating to Share Capital, 21South African Mercantile Law Journal, 34 (2009).
⑤ 参见施天涛:《公司法论》,法律出版社 2006 年版,第 160 页。

的规制过程一般就是从狭义资本规制走向广义资本规制的过程。① 关于狭义公司资本与广义公司资本的分析,中外学者都有相关介绍。这种表达的价值在于实现公司资本规制研究中对"资本"称谓的统一,因为狭义资本核心意指注册资本,而广义资本则核心意指公司资产,广义资本是以狭义资本为基础的运行结果与显现,为了研究中表达的规范性与统一性,将公司资本区分为狭义资本与广义资本,实质是一个研究技术的取舍。

1.狭义的公司资本界定:股权资本

施天涛教授认为:"狭义的公司资本仅指股权资本而言。这种意义上的公司资本,又称为公司股本,是公司成立时由公司章程所确定的由股东出资所构成的公司财产总和。"②约翰内斯堡大学 Kathleen van der Linde 教授同样认为公司资本可以分为狭义公司资本与广义公司资本,并且也将狭义公司资本称为"公司股本(company's share capital)",并指出:"一般来讲,公司股本反映着已经被支付或者应被支付的公司所发行股份的对价。"③狭义上的公司资本界定将公司资本等同于"公司股本"或者"注册资本",这种界定也是公司法学界的通说。例如,邹海林教授与陈洁教授认为:"公司资本,又称为股本或者注册资本,即经公司登记机关登记公示、由股东认缴并记载于公司章程的资本总额。"④周友苏教授同样指出:"通说认为,公司资本又称为'股本',是指由公司章程确定并载明的、全体股东的出资总额,既包括货币出资,又包括非货币出资。"⑤狭义资本界定的核心在于强调公司资本是在公司设立时由公司章程载明、由公司登记机构登记公示的股东出资额。这种界定非常准确地把握了公司资本形成的初始状态,更加侧重公司设立时的公司资本确定数额,不仅包括实缴资本还包括认缴资本。对公司设立时公司资本数额的规制是公司法资本规制的重要任务,因为公司设立时的注册资本是股东承诺的出资总额,是公司信用的初始标志,如果初始资本数额大,则公司初始信用相对较高,如果公司初始资本数额小,则公司初始信用相对较低,这会影响债权人的商事判断,对公

---

① 当然,在极端情形下可以只是对狭义资本规制的过程,例如公司开始经营之后便一直亏损,没有利润,也不借债,也没有接受捐赠,此时公司资本一直是狭义上的资本及其延续。

② 施天涛:《公司法论》,法律出版社 2006 年版,第 160 页。

③ Kathleen van der Linde, The Regulation of Conflict Situations Relating to Share Capital, 21South African Mercantile Law Journal, 34 (2009).

④ 邹海林、陈洁:《公司资本制度的现代化》,社会科学文献出版社 2014 年版,第 33 页。

⑤ 参见周友苏:《新公司法论》,法律出版社 2006 年版,第 174 页;范健、蒋大兴:《公司法论》(上卷),南京大学出版社 1997 年版,第 331 页。

司债权人保护具有重要意义。即使在认缴资本制下,公司初始资本依然具有重要意义,尽管公司法原则性地取消了法定最低注册资本(除法律、行政法规另有规定外),但是这并不代表实践当中公司的注册资本一定极其微小,必然有公司依然确定较高的注册资本数额,构建较强的初始资本信用,所以此时的资本规制依然具有重要价值。

当然要对狭义上的公司资本进行更加精细的理解,需要对其进行多元化的分析,因为在不同的资本制度模式下股本或者注册资本的运行状态并不一样。在严格的法定资本制下,可在公司设立时一次性全部实缴,也可分期缴纳;在授权资本制下,在初始缴纳之后,还存在授权资本的再次发行等等。所以,要全面地理解注册资本,需要系统性地把握以下相关资本概念。一是注册资本,具体指"公司登记成立时由章程所确定的,并由登记机关核准的财产总额"[①]。普通意义上的公司资本就是指公司注册资本,甚至有学者指出,"在法律上,公司资本应当与公司的注册资本同义"[②]。二是授权资本,具体指公司根据章程授权可以分期筹集的全部资本,发行时间比较灵活,可以由董事会依据公司章程授权,根据公司经营状况随时发行。三是发行资本,具体指公司已经实际向股东发行并由股东实际认购的资本,在法定资本制下其往往等同于公司注册资本,在授权资本制下则只是公司注册资本的一部分。四是实缴资本,具体指公司股东已经向公司实际缴纳的资本,实缴资本主要用来区分那些已经被股东认购,但未实际缴付的待缴资本。五是待缴资本,具体指股东已经认购但是尚未向公司实际缴纳的资本,但是股东有义务在认购协议约定的时间内进行实际缴付,否则就会构成违约,在一些特殊情形下,债权人有权要求股东对其待缴出资承担加速到期的缴付义务。上述资本概念系统化构成中,注册资本是最基本的概念,其他资本概念都是以注册资本为基础而产生的,是对注册资本构成及其缴付的一种动态反映。因此,注册资本是对公司资本制度进行分析的逻辑根基,特别是在法定资本制下,注册资本与发行资本没有实质区别。在具体的研究中,也有许多学者直接将公司资本等同于注册资本。[③]

以注册资本为中心的狭义资本界定具有十分重要的意义,它不仅是广义资本得以形成的基础,也是对广义资本运行进行规制的一个重要标准。"股本在公司的会计账目中被视为股东对公司的一种负债,股东没有权利

---

① 周友苏:《新公司法论》,法律出版社 2006 年版,第 175 页。
② 邹海林、陈洁:《公司资本制度的现代化》,社会科学文献出版社 2014 年版,第 34 页。
③ 参见邹海林、陈洁:《公司资本制度的现代化》,社会科学文献出版社 2014 年版,第 34 页。

要求返还其作为公司资本的出资。"①股本一旦被缴付,便不能被撤回,除非是在特殊情形下要求公司进行回购,也正因如此,其构成了公司的独立财产,是公司展开经营的物质基础。对债权人而言,其意义更加显著,"其经常被视为一种为了保护债权人而设立的'保护垫'、'缓冲带'、'安全边界'或者'担保基金',甚至是作为'有限责任的对价'"②。即使进入经营阶段,由股本形成的公司注册资本依然是判断公司能否进行股利分配的重要财务标准,如果进行股利分配后公司资产低于注册资本,股利分配将被禁止,因此狭义资本依然是对广义资本运行进行规制的一个重要标准,进而实现对债权人利益的保护。

2.广义的公司资本界定:公司资产

一旦公司进入经营阶段,公司股东的原始出资即注册资本的实际数额必然会发生变化,不可能一直不变,可能会由于经营失败而不断亏损,这时公司资本减少;也可能会由于经营成功而不断盈利,这时公司资本增加。当然导致公司资本增加的因素还有很多,例如接受捐赠等等,这种增加后的资本便是广义资本。施天涛教授指出:"广义的公司资本包括股权资本、债权资本以及公司自生资本。其中股权资本是基于股权融资所形成的资本,债权资本是基于债权融资所形成的资本,而自生资本则是指公司成立后基于初始投入产生的经营所得而积累的资本。"③约翰内斯堡大学Kathleen van der Linde 教授同样指出:"从广义上讲,公司资本是指它所有的资金,包括股东已经投入的出资还有公司经营中积累的利润。"④

广义的公司资本实际就是指公司的资产,正如周友苏教授所指出的,将公司资本界定为公司股本是着眼于公司成立之时的情形,考虑到公司存续期间其资本可能出现量上的增加或减少,因此,公司资本实际上是指公司的财产总额。⑤ 一旦公司进入经营阶段,公司注册资本开始用于商事活动,不可能长期处于静止状态,必然会发生数量上的改变,而且也可能会进行借贷即债务融资,比如发行债券或向银行贷款,还有可能接受捐赠实现

① Kathleen van der Linde, The Regulation of Conflict Situations Relating to Share Capital, 21South African Mercantile Law Journal, 35(2009).

② Kathleen van der Linde, The Regulation of Conflict Situations Relating to Share Capital, 21South African Mercantile Law Journal, 37 (2009).

③ 施天涛:《公司法论》,法律出版社 2006 年版,第 160 页。

④ Kathleen van der Linde, The Regulation of Conflict Situations Relating to Share Capital, 21South African Mercantile Law Journal , 34(2009).

⑤ 参见周友苏:《新公司法论》,法律出版社 2006 年版,第 174 页。

公司资本的增加。无论是公司注册资本经营后获得的利润、通过借贷形式获取的资金，还是通过接受捐赠形式获得的资金，其往往与公司注册资本紧密交织在一起，在公司实际经营过程当中难以清晰地划分哪些是借贷资金、哪些是注册资本。也正因如此，刘燕教授认为，资本与资产往往是资合公司的一体两面，两者是共生关系，而非替代关系。[①] 作为一种共生关系，两者紧密交织在一起，从公司设立阶段到公司经营阶段，资本规制变演变成资产规制，资产是资本在公司经营阶段的变形。当公司进入退出阶段，如果是公司解散清算，公司资产即演变成公司清算资产；如果是公司破产清算，公司资产则演变成破产财产。公司资本是一个动态性概念，这种动态性绝不仅仅限于公司设立阶段的股东出资、经营阶段的借债与利润，还应当包括公司退出阶段的破产财产等等。只有这样才能彻底说明公司资本的动态性，也就是说公司资本在其形成阶段、流转阶段以及退出阶段各自有着不同的表现形式。所以，公司资本规制中的资本具有动态性，也只有从动态性的视角来把握资本的构成，才能更好地发现其内在运行规律，才能更好地建立公司资本规制体系及其具体制度。

公司资本规制不仅是对公司设立阶段的资本形成行为进行规制，也对公司经营阶段的资产流转行为以及公司破产阶段的资本退出行为进行规制。"资本—资产—破产财产（清算财产）"则是公司资本在其不同运行阶段的主体表现形态，很难分割开来。因为经营阶段的资产是以资本为基础发展起来的，除了资本外，还包括公司盈利、借款甚至接受的捐赠等等，当然也可能会产生经营性亏损，使得资产数额小于资本。例如，控制股东利用关联交易抽逃出资的行为，主要发生在公司经营阶段，因此这不仅损害了公司注册资本，也损害了公司资产。同样，公司的破产财产则是公司资本在历经公司经营阶段之后，由于经营失败而出现资不抵债或无法清偿公司到期债务的情形后所剩余的财产。

3. 从狭义公司资本到广义公司资本

公司资本是一个以股本即注册资本为起点的动态运行过程，是一个由狭义公司资本到广义公司资本运行的过程，广义资本在总额上不一定必然比狭义资本数额大，而是标示着狭义资本的发展与改变，可能大于狭义资本也可能小于狭义资本，甚至在公司运行的不同阶段都有着反复性的表

---

① 参见刘燕：《重构"禁止抽逃出资"规则的公司法理基础》，《中国法学》2015 年第 4 期，第182 页。

现。英国著名公司法学者 Paul L. Davies 教授从公司资本运行的视角对此进行了解释："'资本'就公司净资产的意义而言,它总是波动的,因为它可能产生利润、用于再投资或者遭受损失。"[①]总之,广义的公司资本已经超出了单纯注册资本构成的范围,其强调的是公司设立阶段的注册资本、公司经营阶段的公司资产以及破产阶段的破产财产等不同形态。简而言之,广义的公司资本是一个动态的概念构成,这是对公司资本概念的一种广义理解,也是本书研究的重要理论构建依据。

二、规制的概念分析

要对公司资本规制进行界定,必须对规制的意涵进行分析,因为公司资本规制就是围绕资本运行而进行的规制,其中"公司资本"是限定语,"规制"是中心语,所以要科学地对公司资本规制意涵进行界定,就必须准确把握规制的意涵。

"规制"一词在比较权威的汉语言工具书中都有着明确的解释,这些解释能够呈现出"规制"一词在汉语语境下的意涵。例如,根据《新华字典》的解释,规制意为"规则、制度或规范制约"。根据《现代汉语词典》的解释,规制则意为"规则、制度"。根据《辞海》的解释,规制意涵更加丰富,有三种不同的解释,第一种意涵是规格制式之意,第二种意涵是规模形式之意,第三种意涵则强调在以市场经济为基础的经济体制下,以矫正、改善市场机制内在的问题(广义的"市场失灵")为目的,政府干预和干涉经济主体(特别是对企业)活动的行为。可见就汉语言工具书而言,重在将规制界定为一种规范或者规则与制度,其中《辞海》的解释更加宽泛,明确将其意涵扩展至市场经济条件下对市场失灵进行干预的行为,与许多学者在学术研究中对规制意涵的表达较为相近。

"规制"的英文则源自"regulantion"一词[②],《布莱克法律词典》将其解释为"通过规则或限制进行控制的行为或过程"[③],《牛津英语词典》则将其解释为"规制的行为或者事实"[④],"这里规制含有控制、管理和指挥之

[①]　Paul L. Davies, Gower's principles of modern company law, Sweet & Maxwell, 1997, p245.

[②]　尽管也有学者将其翻译为"管制"或"监管",但是译为"规制"比"管制"或"监管"更符合英文原意。参见张守文:《经济法学》,高等教育出版社 2018 年版,第 14 页;谢地:《政府规制经济学》,高等教育出版社 2003 年版,第 1 页。

[③]　Black's Law Dictionary 1311 (9th ed. 2009).

[④]　The Oxford English Dictionary 524 (2d ed. 1989).

意。"①但是实践当中,不同学者对这一术语又有着多种不同的意义表达,"人们对'规制（regulation）'的理解缺乏共识"②。总体而言,对"regulation"一词的理解可以概括为三种主要模式:规则、行为、规则与行为的融合。有的学者从规则的视角对其加以理解,如英国学者牛津大学法学院教授休·柯林斯（Hugh Collins）将规制界定为"一切旨在治理其对象的行为的规则系统"③。有的学者从行为的视角对其进行界定,如英国曼彻斯特大学法学院教授安东尼·奥格斯（Anthony L. Ogus）指出:"有的时候,它（规制）被用来指任何形式的行为控制,无论其本源如何。"④有的学者则从规则与行为相融合的视角对其做出解释,认为规制"就是行政机构制定并执行的直接干预市场机制或间接改变企业和消费者供需决策的一般规则和特殊行为"⑤。

显然,不同学者对"regulation"一词的解释各不相同,这与他们的研究内容、研究目标有关。澳大利亚莫纳什大学艾伦·费尔斯（Allan Fels）教授对此给予了说明:"规制这个词经常在不同的含义上使用"⑥,"它的定义伴随着研究目的的不同而变化"⑦。不同学者的研究背景并不相同,研究路径也可能存在差别,对规制的界定往往基于各自的研究需要。正如伦敦经济学院 Julia Black 教授所言:"无论是从集中的形式来理解还是从分散的形式上来理解,规制都不是一个规范性概念。"⑧

可见,对"规制"一词具体含义的理解离不开研究者具体的研究目的,因为"它的定义伴随着研究目的的不同而变化"⑨。本书重在研究国家对公司运行过程中资本形成、资本流转以及资本退出行为的控制,所以倾向

---

① The Oxford English Dictionary 524 (2d ed. 1989).

② ［英］克里斯特尔·库普、马丁·洛奇:《何谓规制? 跨学科的概念分析》,李芹译,载沈岿:《行政法论丛》,法律出版社 2020 年版,第 131 页。

③ ［英］休·柯林斯:《规制合同》,郭小莉译,中国人民大学出版社 2014 年版,第 7 页。

④ ［英］安东尼·奥格斯:《规制:法律形式与经济学理论》,骆梅英译,中国人民大学出版社 2008 年版,第 1 页。

⑤ ［美］丹尼尔·F. 史普博:《管制与市场》,余晖等译,上海三联书店、上海人民出版社 1999 年版,第 45 页。

⑥ Allan Fels, The Political Economy of Regulation, 5University of New South Wales Law Journal , 31 (1982).

⑦ Allan Fels, The Political Economy of Regulation, 5University of New South Wales Law Journal , 31 (1982).

⑧ Julia Black, Critical Reflections on Regulation, 27Australian Journal of Legal Philosophy, 2 (2002).

⑨ Allan Fels, The Political Economy of Regulation, 5University of New South Wales Law Journal , 31 (1982).

于从国家对经济运行的管理与控制这一视角去理解规制的意涵,管理与控制的目的是防止市场失灵即公司资本弱化机会主义行为的产生。正如中国政法大学徐晓松教授所言,"regulation 可以理解为政府按照一定的规则对市场进行干预或控制的一种手段"①,"其实质都是对政府与市场关系的概括"②。艾伦·费尔斯教授则有着更加鲜明的表达,他认为:"规制是对现实或潜在的市场失败的一种应对,目的是形成更好的市场绩效,是对非规制状态下市场绩效的一种改善。"③英国学者克里斯特尔·库普(Christel Koop)与马丁·洛奇(Martin Lodge)教授的研究成果则能够为本书观点提供进一步支撑,他们在对规制含义进行跨学科研究后,从本源意涵视角对规制进行了分析,得出结论:"规制'原型(prototype)'的特点是具备定义的所有特征:有意且直接的干预,涉及约束性标准的制定、监督和制裁,规制主体为公共部门,受规制对象是私营部门的经济活动。"④此外,克里斯特尔·库普与马丁·洛奇教授还指出,尽管对规制一词含义的理解呈现多元化,"然而,有些定义受到了多学科的青睐"⑤。例如美国学者P. Selznick教授对规制意涵的解释就是如此,其解释得到了较为广泛的认同。他认为,规制这一术语的中心意义在于表明公共机构针对社会共同体认为重要的活动所施加的持续且集中的控制。⑥

具体而言,本书所强调的规制是在公司法语境下的规制,是一种法律规制,那么这种法律规制的实现路径又有何体现呢? 对此,不同学者从不同的视角对其进行了分析。

艾伦·费尔斯教授从政策与法律的视角对其加以解析,他认为:"在极端情形下,规制一词意味着政府所采取的任何影响经济的法律与政策。"⑦根据艾伦·费尔斯教授的观点,规制的路径是多元化的,不仅包括法律也

---

① 徐晓松:《公司资本监管与中国公司治理》,知识产权出版社 2006 年版,第 5 页。
② 徐晓松:《公司资本监管与中国公司治理》,知识产权出版社 2006 年版,第 5 页。
③ Allan Fels, The Political Economy of Regulation, 5University of New South Wales Law Journal , 33 (1982).
④ Christel Koop, Martin Lodge, What is regulation? An interdisciplinary concept analysis, 1Regulation & Governance, 105(2017).
⑤ Christel Koop, Martin Lodge, What is regulation? An interdisciplinary concept analysis, 1Regulation & Governance, 95(2017).
⑥ P. Selznick, Focusing Organizational Research on Regulation in R. Noll(e) d. , Regulatory Policy and the Social Science, University of California Press, 1985, p363.
⑦ Allan Fels, The Political Economy of Regulation, 5University of New South Wales Law Journal , 31 (1982).

包括政策,而且任何影响经济的法律与政策都可以包含在规制的意涵之内,显而易见,他所理解的法律规制既包含公法的规制也包含私法的规制。

英国学者安东尼·奥格斯教授则在明晰规制一词多元化意涵的同时,侧重从公法的视角对规制做出法学解释。他将规制定位于支撑社群体系的法律,并与支撑市场体系的法律相对比,强调市场体系主要依靠私法规范,规制的意义不强,作用并不突出,而社群体系则受制于国家的强力控制并以惩罚为后盾,主要依靠公法来进行,在规制中"国家及其代理机构运用的主要工具是公法,(其)实施已不能通过私主体间的私合同来实现"①。由此可见,安东尼·奥格斯教授对法学意义上的规制侧重指公法,强调的是国家在规制中的主体特征及其指导机制,私法意义上的规制则并不突出。

英国学者休·柯林斯教授侧重从私法的视角对规制进行剖析,他认为私法是国家规制的一个重要手段,不可忽视私法的规制功能。他在《规制合同》一书中对私法规制的功能做出了详细的解释:"无论私法在其自身的内在话语中如何看待自己,它也可以从另外一个视角加以考察,被看作国家试图规制市场的一个机制。"②他以合同法为例对此进行了详细分析:合同法本身就是对合同的一种技术性规制,尽管合同法只能由原告提起诉讼,由一般法院进行审判,完全不同于依靠专业机构和强制性专业手段的现代商业规制(例如经济法、行政法),但是差别只是规制方法的不同,并不阻碍对规制本质的判断。③ 美国学者 Cohen 教授认为:"契约的法律实施是对私人事务的规制,它包含了国家力量的运用。"④Jean Braucher 教授则明确指出:"社会控制不可避免地体现在契约实施的过程之中"⑤,同时认为"契约法的规制功能主要体现在三个主要领域"⑥,这些领域分别是:第一,立法者明确对合意的有效性以及合意的限制做出相关规定,以保障真正的契约自由;第二,立法者在解释契约的形成以及契约义务时会遵循社

---

① [英]安东尼·奥格斯:《规制:法律形式与经济学理论》,骆梅英译,中国人民大学出版社 2008 年版,第 2 页。

② [英]休·柯林斯:《规制合同》,郭小莉译,中国人民大学出版社 2014 年版,第 60 页。

③ 参见[英]休·柯林斯:《规制合同》,郭小莉译,中国人民大学出版社 2014 年版,第 65-67 页。

④ Cohen, The Basis of Contract in Law And the Social Order, 46 Harvard Law Review, 78-79 (1933).

⑤ Jean Braucher, Contract Versus Contractarianism: The Regulatory Role Of Contract Law, 47 Washington and Lee Law Review, 700(1990).

⑥ Jean Braucher, Contract Versus Contractarianism: The Regulatory Role Of Contract Law, 47 Washington and Lee Law Review, 701(1990).

会期望的标准；第三，立法者通过法律规定了当事人的许多契约义务，以更好地实现契约公平。①

本书认为，上述不同学者由于研究目的的不同而选择不同的研究路径对规制加以解释，就法学意义上的规制而言，其实现方式是多元化的，这些不同的解释并不是截然对立的②，而是从不同方面对规制法学意涵进行的多维度解释。无论是主要依靠私人市场手段的私法规制还是主要依靠国家强制力的公法规制，都是规制的具体形式，其实质都是国家干预经济运行的具体方式。

因此，法学意义上的规制可以界定为：国家以各种法律制度为依托，对经济运行所进行的干预与控制，其目的在于克服市场失灵、维护市场秩序以及提升市场效率。这种界定与《辞海》中对规制意涵的解释是一致的，只不过是强调了规制的路径是借助法律制度，《辞海》中并未对规制的路径做出解释。

三、公司资本规制概念的界定

前文对公司资本以及规制的概念分析意在为公司资本规制的界定奠定基础，公司资本规制是本书研究的核心概念，有必要在前文对公司资本以及规制意义分析的基础上，对其进行明确的界定，以期为后文公司资本规制法律制度的分析明晰方向。具体而言，本书对公司资本规制界定的主体进路是以"公司资本"与"规制"的含义为基础，进一步分析公司法定资本视阈下"规制"的意涵，最终界定公司资本规制的意涵，核心内容在于强调公司资本规制是一种公法与私法相融合的技术性规则（rule）控制，而不应过于强调公法性质的行政管制。

（一）公司资本规制的意涵

1.公司资本规制意涵的界定

究竟应如何对公司资本规制的意涵进行界定？公司法学界并未有一个明确的答案，并且直接使用"公司资本规制"这一术语表达的研究成果也

---

① See Jean Braucher, Contract Versus Contractarianism: The Regulatory Role Of Contract Law, 47Washington and Lee Law Review,701(1990).

② 例如，安东尼·奥格斯在强调规制需要通过公法来实现的同时，也承认规制并不总是指令性的、公益的和集中化的，在某些领域可以通过自我规制机构而不是公共机构来实现。参见〔英〕安东尼·奥格斯：《规制：法律形式与经济学理论》，骆梅英译，中国人民大学出版社 2008年版，第 3 页。

并不多见。即使有学者在其研究成果中直接使用了"公司资本规制"或者"资本规制"的术语表述,但并未对其做出概念上的界定。例如北京大学邓峰教授在其文章《资本约束制度的进化和机制设计——以中美公司法的比较为核心》多次提及"资本规制"这一术语,但并未明确对其进行界定。[1]另有学者虽未直接使用"公司资本规制"的术语表述,而是使用了与之较为近似的表达。例如,中国政法大学徐晓松教授使用的是"公司资本监管"[2],北京大学刘燕教授则使用了"公司法资本管制"[3],两位学者也并未对其所用概念进行直接的界定。清华大学朱慈蕴教授使用了"公司资本监控制度"的表达方式,并对"公司资本监控制度"做出界定:"公司资本监督机制的总称"[4]。

本书认为,无论是从表达形式还是从字面含义来理解,公司资本规制与公司资本监管、公司资本监控以及公司资本管制都有着很大程度的相似性与交叉性,甚至许多学者在具体分析或应用上述各种术语时并未对其加以区分,而是相互替代使用。通过对徐晓松教授关于"公司资本监管"相关研究成果的分析、对刘燕教授关于"公司资本管制"相关研究成果的分析[5],以及朱慈蕴教授对"公司资本监控"相关研究成果的分析[6],可以发现,尽管三位学者使用的说法不同,但是都强调以法律规则为基础,对公司资本运行进行必要的行政管制与司法规制,研究目的都是重在实现对债权人的保护。所以,上述相关研究成果,都为本书对公司资本规制意涵的界定提供了重要的指导与参考。

但本书认为,在汉语语境下,就公司资本运行的控制而言,公司资本规制这种表达形式可能更加合适,北京大学张守文教授在对"规制"一词的含义进行解读时也持有相似观点,认为"规制"比"管制"或"监管"更符合

---

[1] 参见邓峰:《资本约束制度的进化和机制设计——以中美公司法的比较为核心》,《中国法学》2009年第1期,第99-109页。

[2] 参见徐晓松:《公司资本监管与中国公司治理》,知识产权出版社2006年版。该书在多处使用了"公司资本监管"

[3] 刘燕:《对赌协议与公司法资本管制:美国实践及其启示》,《环球法律评论》2016年第3期,第137页。

[4] 朱慈蕴、刘宏光:《完全认缴资本制下公司资本监控制度的"转型"与"升级"》,载王保树:《中国商法年刊》,法律出版社2014年版,第75页。

[5] 参见刘燕:《对赌协议与公司法资本管制:美国实践及其启示》,《环球法律评论》2016年第3期,139-156页。

[6] 参见朱慈蕴、刘宏光:《完全认缴资本制下公司资本监控制度的"转型"与"升级"》,载王保树:《中国商法年刊》,法律出版社2014年版,第73-79页。

regulation 的原本意义①，因为"规制"强调的是规则与程序，相对"规制"而言，"管制""监管"与"监控"更加侧重监督与管理之意。例如，根据《新华字典》的解释，"管制"意为"强制管理"②，突出的是强制性，"监控"意为"监督控制或监测控制"③，侧重监督性，而"规制"意为"规则、制度或规范制约"④，相对较为中性，并未强调监督性与管理性。根据《现代汉语词典》的解释，"规制"意为"规则、制度"，依然是较为中性的概念，而"监管"意为"监视管理或者监督管理"，侧重监督性。⑤ 根据《辞海》的解释，"监管"意味着监督管理，"管制"则纯粹作为一种刑法措施加以解释，而"规制"则是强调其作为规格制式、规模形式之意，同时强调"规制"是在以市场经济为基础的经济中，国家对市场失灵的干预。⑥ 显然，从上述权威工具书来看，在汉语语境下，不同于"管制""监管"与"监控"，"规制"强调的是一种制度规范或行为标准，而"管制""监管"与"监控"则带有很强的权力主导性。此外，就诸多相关学术研究文献来看，很多学者也十分注意上述用语的区分。例如，沈伯平教授指出，"监管"不同于"规制"，是"在规制获得通过后进行的监督与管理"⑦。同时，沈伯平教授对规制与管制的区别进行了系统性分析，他指出，无论是规制依据、规制结果、规制程序还是规制结果，规制与管制都存在着明显的不同。⑧ 王俊豪教授则侧重从行政权力实施的视角对管制做出界定："具有法律地位的相对独立的政府管制者（机构）依据一定的法规对被管制者（主要是企业）所采取的一系列行政管理和监督。"⑨ 就本书而言，采用的是公司资本规制的表达方式，这一表达方式重在突出通过明确的法律规则对公司资本的运行进行技术性控制，在公司资本制度研究中使用用"规制"一词可能更接近于"regulation"的本意。

就公司资本规制的具体意涵而言，本书认为应当以前文对"公司资本"与"规制"的分析为基础，将两者意涵耦合在一起，进行分析。行文至此，已经可以直接对公司资本规制进行界定了，但是英国学者安东尼·奥格斯指

---

① 参见张守文：《经济法学》，高等教育出版社 2018 年版，第 14 页。
② 商务印书馆辞书研究中心：《新华字典》，商务印书馆 2019 年版，第 355 页。
③ 商务印书馆辞书研究中心：《新华字典》，商务印书馆 2019 年版，第 479 页。
④ 商务印书馆辞书研究中心：《新华字典》，商务印书馆 2019 年版，第 362 页。
⑤ 参见中国社会科学院语言研究所词典编辑室：《现代汉语词典》，商务印书馆 2016 年版，第 491、587 页。
⑥ 参见辞海编辑委员会：《辞海》，上海辞书出版社 2009 年版，第 1061、768、785 页。
⑦ 沈伯平：《管制、规制与监管：一个文献综述》，《改革》2005 年第 5 期，第 118 页。
⑧ 参见沈伯平：《管制、规制与监管：一个文献综述》，《改革》2005 年第 5 期，第 118 页。
⑨ 王俊豪：《政府管制经济学导论》，商务印书馆 2001 年版，第 1 页。

出,对规制的理解必须限定在特定的范围内,而了解规制的最佳路径是通过联系不同的经济组织以及维持这些组织的法律形式进行分析。① 所以,尽管前文已经对"公司资本"与"规制"进行了分析,但是仍然存在一个关键问题需要进一步解释与明晰,即可否进一步证明在公司法学特别是公司资本制度研究中,对"规制"一词的解释与本书前文对"规制"法学意涵的分析是一致的,如果保持一致,无疑就能够为本书对公司资本规制意涵的界定提供更加有力的支持。为此,笔者检索了相关外文文献,发现英国伦敦大学法学院 Mkwananzi 教授在其针对专门从公司法定资本视角对"regulation"的具体意涵做了直接解释,并且他的这种解释与本书前文对"规制"意涵的一般分析是吻合的。他指出:"在本文中,'regulantion'这个词的含义是通过规则(rule)或者限制(restriction)对某些事物管理(governing)或者控制(controlling),以使其变得更好。"②Mkwananzi 教授在这里首先使用了规则(rule)一词,并将其与限制(restriction)并列,这里的规则(rule)既包括行政管制规则,也包括司法救济规则,并未直接强调"regulation"在法定资本中的行政管制意义,而是使用的管理(governing)和控制(controlling)这两个相对中性的表达术语。更重要的是,从具体分析内容来看,Mkwananzi 教授不仅强调了英国 2006 年公司法对股份回购的直接限制(这体现的是行政管制模式),而且也侧重分析了法院对股份回购的司法裁决规则。③ 所以,可以看出,根据 Mkwananzi 教授的分析,公司资本制度研究语境下的规制意涵与本书前文对规制一般法学意涵的分析是吻合的,均是强调"管理(governing)或者控制(controlling)",是一个相对中性的概念表达,而不是单纯地强调行政管制。因此,从 Mkwananzi 教授的研究成果来看,将公司资本规制理解为一种中性的规则控制更为准确,而不应突出行政管制,忽视司法规制。

综上,本书以前文对"公司资本"与"规制"意涵的分析为基础,将公司资本规制界定为:以公司资本制度为基础,对公司资本形成、资本流转以及

① 参见[英]安东尼·奥格斯:《规制:法律形式与经济学理论》,骆梅英译,中国人民大学出版社 2008 年版,第 1 页。

② Edwin Mkwananzi, "Ever Decreasing Circles: Prohibition or Regulation of Share Buy-Backs under the Companies Act 2006—A Legal Capital Perspective", 22European Business Law Review,399(2011).

③ see Edwin Mkwananzi, "Ever Decreasing Circles: Prohibition or Regulation of Share Buy-Backs under the Companies Act 2006 - A Legal Capital Perspective", 22European Business Law Review, 399-418(2011).

资本退出过程中的各种资本弱化行为进行的系统性控制,这种控制不仅可以通过具有公法性质的事前强制性规则来实现,也可以通过私人主张权利,行使请求权,借助事后的司法裁判规则来实现。

对上述概念的界定也可以结合公司法制度的类别性质做进一步分析,因为公司资本规制以公司法制度为基础,对公司法制度的多元性质分析必然有助于进一步理解上述公司资本规制的界定。对此,美国加利福尼亚大学法学院 Melvin Aron Eisenberg 教授等学者对公司法制度进行的类型化分析为我们提供了有力的参考。他们将公司法制度划分为三种类型:授权性规则(enabling rules),只要公司参与人以凭借特定方式对其加以采用,该规则就会生效;补充性或默示性规则(suppletory or default rules),如果公司参与人没有通过特定方式采用其他规则,该规则就对公司的特定事项产生效力;强制性规则(mandatory rules),该规则以不能被公司参与人改变的方式对公司某些事项进行规制。① 从上述类型化分析可以看出,公司法规范包括资本规范,是多种性质的,不仅包括不可改变的强制性规范,也包括公司参与人可以自己决定是否适用的规范,甚至公司参与人可以自主决定适用其他规范。因此,公司资本规制所依赖的法律规范是多元化的,并非只是强制性的不可改变的行政指令,以私法为根本特色的契约制度也是可以采取的,并且发挥着重要作用,而契约则依赖于司法救济。

当然,就终极本质而言,公司资本规制体现的依然是政府对市场运行的干预,是政府借助公司法及其相关规范对公司运行过程中出现的各种"失灵行为"(如损害债权人权益的行为)进行的干预,其终极本质是与《辞海》中对"规制"一词意涵的解释是吻合的。这种干预既可能通过事前强制性的行政管制加以实现,也可能通过事后灵活性的司法规制加以实现,其目的在于防止公司控制者借助公司控制权与股东有限责任制度损害其他利益相关者的权益,更确切、更具体地说,是防止公司资本弱化行为的发生。对此,英国诺丁汉大学法学院 John Armour 教授在论证公司资本与债权人保护制度之间的关系时进行了明确的说明,他指出,在一个完备的市场中,公司债权人不需要法律保护,股东也无法以牺牲债权人利益为代价实施公司资本弱化行为,但是"一个完备的资本市场在现实世界中当然是不存在的,作为一种思维模式,它是一种检验现实市场中公司信用供给失

---

① Melvin Aron Eisenberg, Ralph K. Winter, Fred S. McChesney, The Structure of Corporation Law, 89 Columbia Law Review, 1461 (1989).

灵的工具,这种失灵导致公司财产由债权人向股东转移,这继而证明需要保护债权人利益的法律规则"①。从 Armour 教授的论证中可发现,公司与债权人都是市场主体,如果市场是完备的,就不会存在市场失灵,就没有必要通过公司资本制度对债权人进行保护,但是完备的市场根本是不存在的,即市场存在失灵现象,也就是股东会以牺牲债权人利益为代价获取利益,所以,必须强化对债权人的法律保护。可见,从终极本质看,公司资本规制是政府应对市场失灵的一种体现,具体主要通过行政规制与司法规制来实现。

2.公司资本规制意涵理解的重点

要对公司资本规制进行准确的理解,需要先明晰公司资本制度以及资本弱化两个关键概念。

(1)公司资本规制的基础:公司资本制度的科学界定

公司资本规制以公司资本制度为基础,正如公司法学者傅穹教授所指出的,"公司资本制度概念范畴体系的建构当否,直接制约着公司资本规则设计的优劣、公司资本制度链条配置的成功与否、公司资本制度模式的选择。可以说,构建公司资本(制度)范畴体系的成功与否,是衡量公司资本制度成熟与否的核心标尺"②。因此要探寻公司资本规制的含义,首先必须对公司资本制度有一个准确的理解。对此,学界主要有两种研究进路:第一,直接对公司资本制度进行概念性界定;第二,不对公司资本制度直接进行界定,而是围绕具体的法定资本制、授权资本制、许可资本制以及折中授权资本制的类型化分析进行研究。

有学者选择直接对公司资本制度进行界定。如邹海林、陈洁教授指出,"公司资本制度是围绕公司资本展开的法律制度体系"③。傅穹教授则认为,公司资本制度应当分为狭义的公司资本制度与广义的公司资本制度,前者是指公司资本形成、维持、退出方面的制度;后者则是指围绕公司股东股权投资的,关于公司资本运作的一系列概念网、规则群与制度链的配套体系。④

更多学者则选择通过法定资本制、授权资本制、许可资本制以及折中

① John Armour, Share Capital and Creditor Protection: Efficient Rules for a Modern Company Law, 63 The Modern Law Review, 357(2000).

② 傅穹:《重思公司资本制原理》,法律出版社 2004 年版,第 37 页。

③ 邹海林、陈洁:《公司资本制度的现代化》,社会科学文献出版社 2014 年版,第 1-17 页,第 53-80 页。

④ 参见傅穹:《重思公司资本制原理》,法律出版社 2004 年版,第 2 页。

授权资本制的类型化分析来进行研究,并且这种研究模式在我国公司法学研究的早期阶段具有一定的代表性。这种研究进路虽然并未直接界定公司资本制度,但在对法定资本制、授权资本制、许可资本制以及折中授权资本制分别进行界定时已隐含了对公司资本制度的界定:法定资本制是在公司设立时要在公司章程中明确载明注册资本数额,而且必须全部认足的资本制度;授权资本制就是在公司设立时要在公司章程中明确载明注册资本数额,但只需认购一部分即可,其余部分授权公司董事会根据公司经营情况随时募集的资本制度;许可资本制是在公司设立时必须一次性募足公司章程规定的注册资本,但公司董事会可以在公司成立后的法定期限内按照一定条件发行新股的资本制度;折中授权资本制是在公司设立时必须按照法定比例募足公司章程规定的注册资本数额,其余资本授权公司董事会根据公司经营情况随时募集的资本制度。这种类型化分析对公司资本制度研究具有重要意义,特别是对于公司资本形成制度的具有鲜明的指导价值,但是上述类型化研究关注的重点的都是公司设立阶段的资本形成制度,对资本制度缺乏意涵的明确分析,对公司资本制度外延范围的认定也具有明显的局限性。

本书认为,对公司资本制度界定应当以系统论原理为指导,强调公司资本制度构成的系统性,无论是邹海林教授强调的体系性,还是傅穹教授强调的概念网、规则群与制度链,都充分说明了这一点。而且,即使是对法定资本制、授权资本制、许可资本制以及折中授权资本制的具体分析,也不应当局限于公司设立阶段的资本形成制度,而是应当将其看成一个体系或者系统。正如蒋大兴教授所言:"实际上,法定资本是一个十分复杂的规范系统,它甚至并非公司法的专利,公司法、会计法及破产法都可能规范法定资本。"[1]意大利学者 Massimo Miola 在对法定资本学说进行评判时也持有相似观点。他明确指出:"法定资本学说必须与其他各种各样的债权人保护技术相结合,考量到它们之间整合在一起的优点、可能性与效应。"[2]可见,系统性观点是科学认识法定资本制度的一个重要路径。

需要特别说明的是,公司资本制度不仅涉及公司注册资本的规制制度,还包括公司的资产或财产流转制度,公司资本是公司设立阶段所筹集的资产或财产,也就是说公司资本是公司资产或财产的起点,但公司通过

---

① 蒋大兴:《质疑法定资本制之改革》,《中国法学》2015 年第 6 期,第 146 页。

② Massimo Miola, Legal Capital and Limited Liability Companies: The European Perspective, 2European Company and Financial Law Review, 420(2005).

盈利或者借贷等路径,会充实公司资产或财产,同样也可能因为商事经营行为而使得公司资本遭受亏损。公司资本制度实质是事关公司资产或财产流动的制度,注册资本只是公司资产的初始形态。

因此,本书认为公司资本制度应当界定为:以公司股东出资为基础,围绕公司资产形成、流转和退出而建构的系统性规则集合。显然,这里的公司资本制度是广义的公司资本制度,不局限于公司法的具体规范,还包括其他对公司资本形成、流转和退出加以规范的制度,包括合同法、证券法、破产法等等。这一点在域外公司资本规制体系当中也有着充分的体现,例如美国学者 Barrye Adler 与 Marcel Kahan 认为,在美国主要不是通过公司法来保护债权人利益,而是通过合同法来保护债权人利益,"合同是债权人控制公司债务权益冲突的主要手段"[1]。

(2)公司资本规制的目标:预防资本弱化

"资本弱化"原本是税法中的专用术语,其意涵具体是指"企业的资本结构中债务资本大于权益资本的资本结构安排现象,又称为资本隐藏、股份隐藏与收益抽取"[2]。税法中的资本弱化规制在于防止企业引入更多的债务资本,以降低企业的市场风险,进而保持良好的财务结构以及正常的生产经营。北京大学法学院邓峰教授把这一概念引入公司法,并与公司资本制度联系在一起。邓峰教授指出:"有限责任确定了股东义务是向公司出资,以获得公司发行的股份或者股票,除了这种交换关系可能出现虚假、不公平之外,还可能由于持续关系交易中的其他交易行为,导致利益的转移。在一些法律制度比如税法中,单从公司利益减少的角度来表达,称之为公司的资本弱化。"[3]可见,邓峰实际是将公司股东虚假出资或者公司资产的非正常转移或者流失成为公司的资本弱化。

本书赞成邓峰教授关于资本弱化的意涵的公司法解释,尽管这一概念源自税法,但是在公司法中引入这一概念与其在税法中的意涵十分吻合。第一,两者都是用来说明公司的财务结构,都是说明公司资本的减少或者债务的增加,都会导致公司净资产的减少以及债务偿还能力的下降。无论是税法中所说的债权性资本的增加[4]以及因此而增加的利息支出,还是公

---

① Barrye. Adler, Marcel Kahan, Technology of Creditor Protection, 61University of Pennsylvania Law Review, 1774(2003).

② 马海涛、龙军:《资本弱化:理论、现状及其政策选择——基于中国的数据分析》,《财贸经济》2007年第7期,第39页。

③ 邓峰:《普通公司法》,中国人民大学出版社2009年版,第196页。

④ 参见《中华人民共和国企业所得税法》第四十六条规定。

司法中的非对价出资行为①，其实质都是变相导致公司资本的实际减少，造成资本能力变弱。第二，无论是税法中的资本弱化还是公司法中的资本弱化，都与公司控制直接相关。正是因为公司股东、董事等管理层不当行使公司控制权，通过虚假出资或者转移公司资产，致使公司资本弱化，危及债权人与中小股东利益；也正是因为企业与管理方控制关系的存在，包括资金控制、经营控制、购销控制以及其他利益控制等等，才导致税法上的资本弱化。所以，无论是资本弱化的结果，还是资本弱化的根源，公司法上的资本弱化与税法上的资本弱化都极具趋同性。

同时，笔者在研究过程中发现，在域外学者对公司资本规制的研究成果中，在强调对债权人的资本规制保护措施时，往往与股东机会主义行为联系在一起，许多学者使用了一个词语"undercapitalising"，具体是说股东往往借助"undercapitalising"以损害债权人利益为代价获取利益。② 所以，本书认为这里的"undercapitalising"不应单纯地解释为"资本不足"，资本不足更多地是一个结果性的描述，侧重资本的静态性特征，应当做动态性解释，这样就与邓峰教授所言的公司法中"资本弱化"意义非常相近了。

具体而言，公司法意义上的资本弱化可以界定为：借助公司控制权，通过对股东出资行为以及公司资产转移的非正常操作，导致公司资本不足或者公司资产不当减少的行为。公司资本弱化会严重危及公司、中小股东以及债权人利益，会严重破坏市场交易秩序，影响交易安全，其中以对债权人权益的损害最为严重。

(二)公司资本规制的特点

1.显著的历史性

公司资本规制具有显著的历史性，在同一国家的不同历史阶段，资本规制的方式并不相同，差异显著，如美国学者 Richard A. Booth 指出，"理解美国公司资本规制最好的方法就是从历史发展的视角对其进行研究"③。德国美因茨大学法学院 Peter O. Mülbert 教授在对欧洲公司资本制度进行评论时指出："欧盟各个成员国的债权人保护制度是一个逐步进

---

① 参见邓峰：《普通公司法》，中国人民大学出版社 2009 年版，第 327 页。

② See John Armour, Share Capital and Creditor Protection: Efficient Rules for a Modern Company Law, 63Modern Law Review, 357(2000).

③ See John Armour, Share Capital and Creditor Protection: Efficient Rules for a Modern Company Law, 63Modern Law Review, 357(2000); Richard A. Booth, Capital Requirments in United States Corporate Law, University of Maryland School of Law Legal Studies Research Paper, 2005, p18.

化的结果,而不是一个综合性的体制设计。"①同样,邓峰教授也指出:"对公司资本的规制,是一个历史的进化过程,也是一个不断地趋向于放松的过程。"②当前,从历史发展的视角对公司资本规制的发展规律进行探索显然已成为学界推进公司法研究的一个重要路径。总体而言,世界各国的公司资本规制立法总体上都表现出一种显著的历史性:由严格的事前行政管制走向灵活的事后司法规制。在欧盟,尽管依然对公众公司施行以行政管制为显著特征的法定资本制,但该制度备受质疑。有学者明确指出,"法定资本制度在公众公司中是否有用甚至是否必要的争论在对当前欧盟公司法的评议中得到了充分反映"③,同时,以信义义务为代表的事后司法规制则成为欧盟公司法改革的方向。

公司资本规制最初往往强化行政管制手段,但是伴随着立法技术以及司法裁决水平等的提升,事前行政管制的主导地位往往让位于事后司法规制。严格的事前行政管制以法定最低注册资本制度为代表,公司的设立必须满足明确的最低资本数额标准,以保障公司具备必要的信用基础,在这种严格的最低注册资本规制中,资本标准的制定者即立法者在资本规制中发挥着更加突出的作用,因为立法者直接确定了十分明确的资本缴付数额标准,司法机构则承担着辅助性的保障功能,主要是根据债权人请求要求那些违反出资义务的股东或者相关董事承担补充清偿责任,以保护债权人利益。但是以法定最低注册资本制度为中心的法定资本制度对债权人的保护功能不断受到质疑,其根本原因在于法定最低注册资本制度不能为债权人提供一个恒久不变的净资产保护,正如诺丁汉大学法学院 John Armour 教授所言,"最低资本制度到现在为止并未能创造一种真实的净资产维护机制,尽管资本维持条款能够限制对股东进行财产分配,但是这并不能确保公司资本不会通过商业交易损失而导致减少"④。因此,以最低注册资本制度为代表的事前行政管制开始逐步让位于事后的司法规制。事后司法规制则以公司人格否认制度、信义义务制度以及公平居次制度等

① Peter O. Mülbert, A Synthetic View of Different Concepts of Creditor Protection or: A High-Level Framework for Corporate Creditor Protection, law Working Paper N. 60, 2006, p4, http://ssrn.com/abstract=883625.

② 邓峰:《资本约束制度的进化和机制设计——以中美公司法的比较为核心》,《中国法学》2009年第 1 期,第 99-100 页。

③ Massimo Miola, Legal Capital and Limited Liability Companies: The European Perspective, 2 European Company and Financial Law Review, 414(2005).

④ John Armour, Share Capital and Creditor Protection: Efficient Rules for a Modem Company Law, 63 The Modern Law Review, 371(2005).

为代表,强调设立一种公司股东以及董事等公司控制者的行为标准,而这种标准具有较强的抽象性,不像最低资本数额那样具体,是否违反该法律标准最终要由法院通过繁杂的司法程序做具体判断,例如,公司法人人格否认制度的适用要根据具体情形判断股东是否滥用控制权、是否由于滥用控制导致不能清偿债权人债务等等;而信义义务则要结合公司董事做出决策时对公司决策相关信息的了解程度、交易与自身的利益关系以及交易是否为公司最佳利益而行事的主观目的等加以认定。所以,相对而言,司法机构在这种资本规制过程中发挥着更加重要的作用,因为立法者确定的义务标准具有很强的抽象性,需要司法机构根据具体的情形进行针对性的判断,是司法程序对商事判断行为的检阅与矫正。无论是在英国、美国等公司法历史非常悠久的国家,还是在我国、南非等公司法历史相对较短的国家,都呈现出了相同的公司资本规制发展历史规律。

2.运行的系统性

公司资本规制的运行具有突出的系统性,这种系统性可以根据不同的标准做多种划分①,但是最基本的系统性应当是指公司资本规制运行过程的系统性。就运行过程来看,公司资本规制可以看成是一个由设立阶段、经营阶段以及破产阶段②构成的系统,这三个阶段构成公司的整个生命周期。公司资本的运行必然存在于这三个阶段,相应地,公司资本规制必然存在三个阶段,也就是说公司资本规制是一个由设立阶段资本规制、经营阶段资本规制以及破产阶段资本规制构成的整体,是一个系统。因此,公司资本规制具有鲜明的系统性,但是,这种系统性并不只是一种静态的构成,并不是说公司资本规制只是简单地分散于设立阶段、经营阶段以及破产阶段,而是在这三个阶相互联系、相互制约,构成一个有机的动态系统。设立阶段资本规制的弱化改革应当与经营阶段资本规制以及破产阶段资本规制的强化改革协同进行,具体而言,公司设立阶段资本行政管制的弱化应当伴随着公司经营阶段以及破产阶段资本司法规制的强化,从而形成公司资本规制改革的替代性机制,以促进公司资本规制整个系统目标的实现。③ 简而言之,不同阶段资本规制改革具有鲜明的协同性与互动性,从而使得公司资本规制运行系统呈现出鲜明的动态性。例如,2005 年我国

---

① 资本规制系统的多种划分将在后文详细分析,例如根据规制方式可以看成由行政管制与司法规制构成的规制系统。

② 本书中所讲的破产阶段主要是指破产清算阶段。

③ 参见徐晓松:《公司资本监管与中国公司治理》,知识产权出版社 2006 年版,第 126 页。

《公司法》资本规制改革,在放松公司设立阶段注册资本要求(降低法定最低注册资本数额、允许分期缴纳)的同时,引入了公司法人人格否认制度以推进公司经营阶段的资本规制的强化[①],从而维系整个公司资本规制系统对债权人保护的强度。

传统的公司"资本三原则"即公司资本确定、资本维持与资本不变原则,就清晰地说明了公司资本运行的系统性,只不过重点关注的是公司设立阶段的资本规制以及公司经营阶段的资本规制。资本确定原则强调公司设立时在公司章程中载明公司资本总额并缴足或认足[②],"资本维持则要求公司运营中名义注册资本对应充足的实有财产"[③],资本不变原则要求未经法定程序公司注册资本不得改变。显然,公司设立阶段与经营阶段的资本规制是资本三原则关注的中心。意大利那不勒斯菲里德里克第二大学 Massimo Miola 教授对此给予了清晰的说明。他首先指出:"法定资本是一个在资产负债表中登记为负债的总数额,这一数额与公司股东的初始出资(包括认缴出资)相对应,进一步说,在公司整个存续过程中,法定资本是一种为公司开展商事活动而投入的净资产。"[④]"因此,法定资本限制着公司董事会向股东进行资产分配的自主权。"[⑤]从 Massimo Miola 教授的上述分析可以看出,法定资本限制贯彻于公司整个存续过程,因而法定资本制度必然是一个由始至终的系统,同时他又强调了"股东初始出资""资本分配限制",也就是从设立阶段与经营阶段两个方面对法定资本制进行了说明。

从公司设立阶段与经营阶段对资本规制展开研究是对公司资本规制进行系统性研究的重要体现,但本书所讲的系统性,主要是指由公司设立阶段资本规制、经营阶段资本流转规制以及破产阶段资本退出规制所组成的系统。因为公司的经营阶段与破产阶段紧密联系,往往是由于经营阶段的资本弱化行为导致公司进入破产程序,在公司破产程序中要对公司经营阶段的资本弱化行为进行充分的调查,以确保最大限度地恢复公司的责任

---

① 当然公司法人人格否认制度也适用于公司设立阶段资本严重不足的情形,但是无论是从公司法的规定来看,还是从具体实施来看,主要还是适用于公司经营阶段的资本弱化行为规制。

② 参见冯果:《论公司资本三原则理论的时代局限》,《中国法学》2001年第3期,第18页。

③ 赵万一:《资本三原则的功能更新与价值定位》,《法学评论》2017年第1期,第84页。

④ Massimo Miola, Legal Capital and Limited Liability Companies: The European Perspective, 2 European Company and Financial Law Review, 418(2005).

⑤ Massimo Miola, Legal Capital and Limited Liability Companies: The European Perspective, 2 European Company and Financial Law Review, 418(2005).

财产,保护债权人权益。当前对处于经营阶段以及破产阶段的过渡节点即公司濒临失去清偿能力的阶段进行缜密的法律规制已经成为债权人保护制度的一个重要设计,如"美国联邦法院建立了一种'恶化失去清偿能力条款(a doctrine of deepening insolvency)',或者作为一种诉讼原因或者作为一种赔偿理论。该规则要求如果被告(a defendant)故意通过增加对公司债权人的负债和风险以延缓一个已经失去清偿能力的公司的生命,并造成公司财产情况进一步恶化,被告应当对债权人承担赔偿责任"①。德国破产法的改革借鉴了美国的"恶化失去清偿能力条款",对拖延正式破产程序的行为给予严格规制,该法第15条规定,公司的业务执行人(在没有公司领导人的情况下则是公司股东)负有一个及时的即公司在失去清偿能力和资不抵债后最迟三周内启动破产申请的强制性义务,否则可能因此而承担民事甚至刑事责任。② 德国维尔茨堡大学克里斯托夫·太贺曼教授则在对2008年德国《有限责任公司法》改革法案进行分析时明确指出:"本次公司法改革的第二个方面就在于将债权人保护规则向破产法整体移转。"③正是在上述背景下,英国学者Michael Schillig教授提出一种观点:美国与德国法律在对债权人保护趋同中的一个重要表现就是由公司治理走向破产治理。④ 这表明公司经营阶段与破产退出阶段紧密连接,要实现对债权人的有效保护,必须充分考量公司经营阶段与破产退出阶段的紧密衔接,注重公司破产退出阶段的资本制度架构。

所以,关于公司资本规制的系统性,应当着重从公司设立阶段、经营阶段以及破产阶段三个方面来加以分析,设立阶段与经营阶段是非常重要的两个阶段,但也不能忽视破产阶段,而且应当特别重视破产阶段对公司债权人的保护。

3.方式的二元性

公司资本规制的方式具有二元性,行政管制与司法规制是公司资本规

---

① Michael Schillig, The Transition from Corporate Governance to Bankruptcy Governance - Convergence of German and US Law, 7European Company and Financial Law Review, 117 (2010).

② 参见[德]格茨·怀克、克里斯蒂娜·温德比西勒:《德国公司法》,殷盛译,法律出版社2010年版,第375-378页。

③ [德]克里斯托夫·太贺曼:《有限责任公司的现代化——德国公司法文本竞争的嬗变》,《社会科学战线》2012年第7期,第224页。

④ See Michael Schillig, The Transition from Corporate Governance to Bankruptcy Governance-Convergence of German and US Law, 7European Company and Financial Law Review, 116-157(2010).

制最基本的两种方式。因为就公司治理而言,法律规制主要有两种思路,即以行政权力行使为中心的行政管制,以及以当事人诉讼权利为中心的司法规制。① 行政管制重在通过行政权力的直接干预对公司资本运行进行限制,其多在公司设立之初发挥重要作用,具有突出的强制性(mandatory)色彩,公司以及股东等相关主体必须对其加以严格的执行,例如法定最低注册资本制度就是最鲜明的体现。司法规制则是通过借助当事人诉讼权利的行使而由司法机构对公司资本运行进行的干预,例如公司法人人格否认制度、董事信义义务制度以及公平居次制度等等,司法规制具有突出的能动性(enabling)色彩,例如债权人有权决定提起公司法人人格否认之诉,司法机构在裁决中发挥着重要作用。

公司资本规制体系由行政管制与司法规制共同构成,但这种共同构成并不表明两者的意义与功能同等重要,在资本规制的发展进程中,两者是相互影响、相互作用的动态组合机制。就发展方向而言,公司资本规制未来的建构更加强调司法规制,司法规制是公司资本规制现代化的重要体现。相对而言,司法规制在英美国家更加发达,"美国法院的司法裁决已经成为规制公司行为的重要法律制度,例如'经营判断规则'以及公司董事与高级管理人员的忠实义务与勤勉义务"②。这不仅是因为英美国家盛行判例法,也是因为其公司法历经多年的实践发展,立法律理念与立法技术也在不断更新。就我国而言,公司资本规制中的行政管制正在逐步弱化,司法规制在逐步强化,2013 年《公司法》废除了法定最低注册资本制度,2018年《公司法》进一步放松了上市公司股份回购制度,这都是行政管制放松的具体体现,但是当前司法规制的强化无法有效应对行政管制弱化对债权人保护带来的影响,司法规制有待于进一步加强,这也是我国《公司法》中资本制度未来改革的重要方向。

4. 发展的趋同性

美国耶鲁大学法学院 Henry Hansmann 教授与哈佛大学法学院 Reinier Kraakman 教授是公司治理趋同论的坚定主张者,他们认为,"尽管不同国家在公司治理体系当中存在着许多不同,但是深层次的倾向是公司

---

① 参见袁锦秀:《公司治理结构的法律规制——基于政府规制理念的考察》,《法学》2003 年第 2期,第 89 页。

② Jeswald W. Salacuse, Corporate Governance, Culture and Convergence: Corporations American Style or with a European Touch, 9Law and Business Review of the Americas, 39 (2003).

治理的趋同,并且这种现象在 19 世纪就已经开始了"①。尽管当前公司治理是否趋同依然存在着较大争议,但是趋同现象是客观存在的。这一点在公司资本规制当中也有着鲜明的表现,也就是说公司资本规制也存在着趋同现象。因为"公司治理的一个关键因素就是如何更好地保护股东、债权人和劳动者的利益"②。而公司资本规制以债权人保护为主旨,所以,公司资本规制的趋同在理论上是合乎公司治理趋同内在逻辑的。③

在实践当中,公司资本规制也确实表现出了显著的趋同性,但是这种趋同性并不代表各个国家公司资本规制的具体制度构建完全一致,而是指公司资本规制的主旨方向与主旨制度设计存在趋同,这种趋同不仅是功能性趋同,也存在着结构性趋同。例如,就资本制度建构而言,世界各国的改革方向是放松对注册资本的行政管制,包括取消或者降低法定最低注册资本数额、放松出资形式等等,其目的是提高公司股东出资效率,降低公司制度运行成本,但是伴随着法定资本制度的式微,对公司债权人的事后保护也被逐渐强化,例如公司法人人格否认制度、信义义务制度以及公平居次制度都得到逐步确立与发展。法定资本制的发展趋势表明了对债权人保护的同时也要提高效率,公司资本规制不应当影响公司制度运行的效率,对效率的追求是公司资本规制的重要功能。本书认为这里的效率可以从两个方面来理解:第一,公司运行效率以及股东出资效率的提高,因为由严格的法定资本制走向认缴资本制或者授权资本制,是在强化股东出资自治、降低股东出资门槛,必然提高公司制度运行效率以及股东出资效率;第二,对债权人保护效率的提高,因为注册资本是一个静态的指标,无法反映公司的真实资产状况,因此其对债权人保护的效率可能并不理想,所以弱化对法定资本的行政管制,可以使得债权人更加注重其他保护措施的运用,因而可能有助于提高债权人保护效率。同时,为了保持公司资本规制系统的强度,公司法定资本制度弱化后,一般都会强化公司法人人格否认制度以及信义义务制度,更加重视事后救济,这就使得公司资本规制的整体制度架构具有高度的趋同性。因此,由公司资本规制体系由最初的严格

① Henry Hansmann, Reinier Kraakman, The End of History for Corporate Law, 89The Georgetown Law Journal, 439(2001).

② Mathias M. Siems, Convergence in Corporate Governance: A Leximetric Approach, 35Journal of Corporation Law, 730 (2010).

③ 之所以这么说,是因为严格来讲,尽管公司资本与公司治理密切联系,但是公司治理是公司资本规制的上位概念,公司资本规制是公司治理的一个构成部分,公司治理的内涵要比公司资本规制的内涵广泛得多。

法定资本制度为中心走向以公司法人人格否认制度与信义义务制度为中心,不仅表明公司资本规制功能的趋同性发展,也表明公司资本规制结构的趋同性发展。当然除了法定资本规制改革外,公司资本规制的趋同在其他方面也有着鲜明的表现,例如,许多国家都更加注重破产法在公司资本退出阶段对公司债权人的保护,这一点在前文第二个特征即系统性中已有论及,这里不再重复分析。

四、公司资本规制在公司法中的主导地位

公司资本规制在公司法体系架构当中居于主导地位,赵旭东教授对此给予了高度肯定:"资本,是公司法中最基本的概念之一,资本制度在公司法中起着主导性的作用,公司法中的许多其他制度和规则都与资本制度有着内在的密切联系,一些法律规则实质上是资本制度的具体体现和要求,中国公司法正是以资本信用为基础构建了自己的体系。"[1]同样,南非约翰内斯堡大学法学院 Kathleen van der Linde 教授也给出了相似评论:"公司资本积累的监管规则与公司资本的相关决策规则构成了实体公司法的主导内容。"[2]公司资本规制与公司治理共同构成公司法的两大制度支撑体系,并且两者紧密交错、难以分割,其实质是一体两面。一般认为公司治理的主要路径是对公司权力的精细化配置,治理基点则是"投资者主权与股东利益至上"[3]。但是,仔细推敲可以发现,公司法围绕"投资者主权"与"股东利益至上"所做出的制度架构核心是为了限制大股东以及受制于大股东的公司董事等管理层的控制权,防止其通过控制权的不正当使用,进行利益输送,进而防止其损害公司、中小股东以及债权人等相关主体的利益。所以,从公司治理的路径及其重心来看,公司治理的核心依然是对公司资本运用的控制。因此,公司资本规制在公司法的体系架构中居于核心地位。

(一)公司资本规制是公司法体系架构的主导性制度

公司资本规制在公司法体系架构中具有重要地位,主导着整个公司法的体系架构,其他制度最终都是服从或者服务于公司资本规制的。正如美国福特汉姆大学法学院 Robert A. Kessler 教授所言:"公司资本制度是任

[1] 赵旭东:《公司资本规制改革研究》,法律出版社 2004 年版,第 1 页。

[2] Kathleen van der Linde, The Regulation of Conflict Situations Relating to Share Capital, 21South African Mercantile Law Journal, 34(2009).

[3] 徐晓松:《论资本监管与公司治理》,《中国政法大学学报》2003 年第 4 期,第 86 页。

何一部公司法的核心,具体而言则是指公司如何取得它的财产以及在取得财产后如何运用它的财产,或者用传统的公司法语言来讲就是公司股份发行问题、股利分配问题以及公司股份回购问题等等。"[1]傅穹教授则对公司资本制度的作用给予了更高的评价:"总之,公司资本制度的安排,直接决定着一国公司法是否现代化,决定着一国的经济是否具有国际竞争力。"[2]公司资本规制的这一重要地位在中外公司法体系架构当中都有着鲜明的体现。根据法经济学观点,公司就是实现大规模筹资的工具,因此公司法必然要服务于公司的筹资功能,因此公司法的核心必然是公司资本规制制度。

公司资本规制在公司法体系架构中的重要地位不仅体现于上述学者的权威性学术论断上,在世界各国公司法的具体制度架构当中也有着极其鲜明的体现。就我国公司法而言,资本规制不仅在公司法体系架构中居于核心地位,而且公司法制度修正主要都是围绕着公司资本规制而展开,正如赵旭东教授所言:"资本制度是中国公司法的基本制度之一,中国公司法改革的主要内容之一就是资本制度的改革。"[3]以我国 2013 年《公司法》体系为例,该法共分十三章,其中第一章"总则"重点强调了公司法的宗旨、公司的独立法人财产权、股东的权利、公司营业执照及其记载信息、公司担保规制、关联交易规制、公司法人人格否认的规制等等,无不是以公司资本规制为核心。第三章"有限责任公司的股权转让"、第五章"股份有限责任公司的股份发行"、第七章"公司债券"、第八章"公司财务、会计"、第九章"公司合并、分立、增资、减资"、第十章"公司解散和清算"等无不直接以公司资本规制为制度架构中心。第二章"有限责任公司的设立和组织架构"与第四章"股份有限公司的设立和组织机构"都是从公司设立条件以及公司的组织权力配置两个方面进行规范,无论是有限责任公司还是股份有限责任公司的设立条件,其重点都是公司股东出资问题,而公司组织权力的配置则是以股东大会(股东会)、董事会(执行董事)与监事会(监事)之间的权力制约与平衡为目的而设计,这种设计的核心是公司资本的经营使用问题,因此可以说,公司法的组织权力架构最终依然是以资本规制为中心的。第

---

[1]　Robert A. Kessler, The New York Business Corporation Law, 36St. John's Law Review, 5 (2013).

[2]　傅穹:《重思公司资本制原理》,法律出版社 2004 年版,第 3 页。

[3]　赵旭东:《中国公司资本制度的改革与未来》,载赵旭东:《国际视野下公司法改革——中国与世界:公司法改革国际峰会论文集》,中国政法大学出版社 2007 年版,第 278 页。

十二章"法律责任"的核心则是对股东、董事等管理者出资以及其他资本处置违法行为的规制。所以,可以非常明确地说,公司资本规制是公司法体系架构的中心,而公司治理制度则是在相当程度上服务于公司资本规制,并体现着公司资本规制的内在要求,正如赵旭东教授所言:"公司法中的许多其他制度和规则都与资本制度有着内在的密切联系,一些法律规则实质上是资本制度的具体体现和要求。"①

不仅是我国公司法,域外公司法体系架构中公司资本规制也起着支撑性作用,这一点在 2006 年英国《公司法》中有着鲜明的体现。2006 年英国《公司法》分为 47 个部分,其中 1—9 部分是关于公司设立的一般事项,主要是程序性规范,但是其中第 4 部分关于公司能力事项的规定中已经有对董事等关联交易的限制了(体现在该法第 40 条与第 41 条当中),其中第 6 部分则是关于交易披露的规制,包括违法信息披露的民事责任与刑事责任,也是对资本运行的规制。10—31 部分则主要围绕资本运行而进行规制(第 12 部分与第 13 部分是关于董事秘书以及股东会议程序的规定),其中第 10 部分规定了董事的义务及其后果,这是对公司资本保护的重要制度架构;第 11 部分规定了派生诉讼的相关内容,防止公司资本被侵蚀;第 14 部分对公司捐赠问题进行了规制;第 15 部分是对公司财务账目和报告的规定;第 16 部分是对审计的规定;第 17 部分是对公司股本的直接规定;第 18 部分是对有限责任公司股份回购的规定;第 19 部分是对公司发行债券的规定;第 20 部分涉及对公司法定最低注册资本的规定;第 21 部分是对证券转让的规定;第 22 部分是对公司股份利益信息的相关规定;第 23 部分是对股利分配的规定;第 24 部分是对公司资本信息登记的规定;第 25 部分是对公司抵押的规定;第 26 部分是对公司重组的规定;第 27 部分则是对公司合并与分立的规定;第 28 部分是对公司收购的规定;第 29 部分是对公司欺诈性交易的规定;第 30 部分涉及对已经注销公司财产的规定;第 31 部分涉及对公司清算事项的规定。② 由此可以看出,对于 2006 年英国《公司法》而言,直接或者间接的公司资本规制条款是其主体架构。对此,美国《公司法》、日本《公司法》也都有着鲜明的体现。

简言之,公司本身就是解决筹资问题的工具,所以对资本的规制必然成为公司法体系架构的中心。对此,我们可以从美国学者 James J. Jr.

---

① 赵旭东:《公司资本规制改革研究》,法律出版社 2004 年版,第 1 页。

② 参见葛伟军:《英国 2006 年公司法》,法律出版社 2017 年版,第 34 页。

Hanks 教授对法定资本规则重要性的评论中获得更加深入的理解。他明确指出：“自公司成立以来，控制股东出资进而形成公司资本以及控制公司资本向股东进行分配的‘法定资本’规则，已经成为在公司、股东、董事会、债权人以及其他利益相关者之间进行权力和经济利益分配的中心角色。”①公司法是一部权力（利）、义务规范，是围绕着公司、股东、董事会、债权人以及其他利益相关者而进行的权力（利）、义务规范设置，目的在于平衡各个主体之间的利益关系，而法定资本规则则是对权力（利）、义务进行配置的中心角色，因此必然成为公司法的中心，成为公司法体系架构的支撑性制度。

（二）公司资本规制与公司治理的关系

与公司资本制度密切联系的一个概念就是公司治理。“据说‘公司治理’这一术语最早出现于 20 世纪中后期的美国，它现在是一个区别于公司管理与公司组织的议题。”②但是公司治理作为一项公共政策议题开始在美国进行讨论的时间则更为提前，早在 1932 年美国法学教授阿道夫·A.伯利与经济学家加德纳·C.米恩斯在其合著的《现代公司与私有财产》中就将美国商业公司的治理与所有权问题视为最重要的研究。”③自阿道夫·A.伯利与加德纳·C.米恩斯在 1932 年以公司所有权与公司控制权为中心研究公司治理已经过去近 90 年了，公司治理也早已成为公司法学研究的重要议题，而且其与公司资本规制密切相关，两者相辅相成，共同构成了公司法制度架构的主体。那么，究竟什么是公司治理，公司治理究竟该如何界定呢？公司资本规制与公司治理的关系如何定位呢？这些问题都是研究公司资本规制不可回避的议题。

就概念界定而言，对公司治理的理解有多种不同观点，美国纽约大学法学院 Mariana Pargendler 教授指出：“尽管公司治理一词被广泛使用，却没有一个规范的定义。”④澳大利亚邦德大学法学院 John H. Farrar 教授

---

① Robert A. Kessler, The New York Business Corporation Law, 36 St. John's Law Review, 5 (1961).

② Jeswald W. Salacuse, Corporate Governance, Culture and Convergence: Corporations American Style or with European Touch?, 9Law and Business Review of the Americas, 36 (2003).

③ James J. Jr. Hanks, The New Legal Capital Regime in South Africa, 2010 Acta Juridica, 131 (2010).

④ Mariana Pargendler, The Corporate Governance Obsession, 42 Journal of Corporation Law, 359(2016).

则认为,公司治理主要是指公司权力、公司责任以及公司被管理的标准以及由谁进行管理等相关问题。① 美国乔治敦大学法学院 Allison Dabbs Garrett 教授则指出,公司治理被普遍接受的定义源自《卡德博利报告》,该报告认为公司治理就是公司被主导和控制的机制。② 同时,Allison Dabbs Garrett 教授又指出,这一概念也在不断发展,例如有学者认为公司治理就是为了实现公司的有效运作,特别是实现公司的长期价值,而在公司董事会、管理层以及投资者之间建立的一种利益制衡机制。③ 美国塞顿·霍尔大学法学院 Stephen J. Lubben 教授则认为,公司治理是一种实施公司权力的机制,以确保这种权力被用于实现公司目标,但是即使以获取利润为目标,公司治理也应包含使各个参与者获利的要求,包括交易债权人,因为交易债权人是公司发展的间接受益人。④ 美国康涅狄格大学法学院 Robert C. Bird 教授则结合美国的董事会中心主义治理模式对公司治理做出了分析:在美国,董事会是公司治理的中心,董事会通过销售债务(发行债券)和发行股票筹集资本,董事会服务于公司的风险承受者。⑤ 显而易见,尽管上述学者对公司治理的具体界定模式各不相同,但是其核心意涵则是趋同的,都是将公司治理看成一种主导公司或者实现公司有效运作的机制,"其本质是改善公司股东以及其他利益相关者之间的关系。它不仅包括法律,而且包括商业实践与商业文化"⑥。其他利益相关者的范畴则是广泛的,包括债权人、董事以及其他公司雇员等等在内,而股东之间、股东与债权人之间、董事与股东之间、董事与债权人之间以及以其他利益相关者之间最基本、最重要的关系就是围绕公司资本运行而形成的利益平衡关系,所以公司资本规制必然构成公司治理的重要内容,也是实现公司治理的重要路径。

---

① see John H. Farrar, Corporate Governance, 10Bond Law Review, 41 (1998).
② See Allison Dabbs Garrett, Themes and Variations: The Convergence of Corporate Governance Practices in Major World Markets, 32 Denver Journal of International Law and Policy, 147(2004).
③ See Allison Dabbs Garrett, Themes and Variations: The Convergence of Corporate Governance Practices in Major World Markets, 32Denver Journal of International Law and Policy, 147(2004).
④ See Stephen J. Lubben, Separation and Dependence: Explaining Modern Corporate Governance, 43Seton Hall Law Review, 894(2013).
⑤ See Robert C. Bird; Stephen Kim Park, Organic Corporate Governance, 59Boston College Law Review, 30-31(2018).
⑥ The Rt Hon Lady Justice Arden Dbe, UK Corporate Governance after Enron, 3Journal Corporate Law Studies, 269(2003).

就公司治理与公司资本规制的具体关系而言,本书认为,公司治理的核心功能在于为公司资本规制提供服务,提供一种机制性保障,以提高公司运行效率,实现公司资本增殖,保护股东、债权人等利益相关者的合法权益,而公司资本规制则是公司治理的中心内容。许多域外学者的相关研究成果都对此给予了有力的说明,例如澳大利亚格里菲斯大学法学院 Michael J. Whincop 教授所言:"公司治理就是对公司财产剩余控制权的配置以及对剩余控制权行使人的控制。"①同样,美国康涅狄格大学法学院 Robert C. Bird 教授也有着类似的评析,他强调公司治理以公司资本运行为方向:"一个公众公司主要通过所有权与经营权的分立实现公司治理,在这种框架下公司吸引资本并在董事的授权下向公司股东派发利润。"②这一点在英国上诉法官 Arden Dbe 对公司治理功能的评析中也有着清晰的体现:"良好的公司治理有助于降低公司资本运行的成本。"③"良好的公司治理也能够鼓励投资者投资进而使公司能够更加容易、更加便宜的获得融资。"④而美国华盛顿大学法学院 Curtis J. Milhaupt 教授对公司财产权重要性的分析同样暗示着公司资本规制在公治理中的重要地位,他指出,财产权是讨论整个公司治理的起点⑤,同时又进一步强调,"就对稀缺资源控制权的配置与实施机制而言,财产权是经济组织与经济决策的中心要素"⑥。从 Curtis J. Milhaupt 教授的观点可以看出,公司治理机制的实施必然以公司资本规制为中心,因为财产权是公司治理的起点与公司治理的中心要素,而公司资本则是公司各个利益相关者财产权的载体。对于公司治理与公司资本规制之间的关系,我国学者赵旭东教授从公司法制度之间相互关联的视角给予了解释:"资本制度在公司法中起着主导性的作用,公司法中的许多其他制度和规则都与资本制度有着内在的密切联系,一些法律规则实质上是资本制度的具体体现和要求。"⑦从赵旭东教授的上述分

---

① Michael J. Whincop, Form, Function and Fiction: A Taxonomy of Corporate Law and the Evolution of Efficient Rules, 24 University of New South Wales Law Journal, 97(2001).

② Robert C. Bird & Stephen Kim Park, Organic Corporate Governance, 59 Boston College Law Review, 22(2018).

③ Arden Dbe, UK Corporate Governance after Enron, 3Journal Corporate Law Studies, 270 (2003).

④ Arden Dbe, UK Corporate Governance after Enron, 3Journal Corporate Law Studies, 270 (2003).

⑤ See Curtis J. Milhaupt, Property Rights in Firms, 84Virginia Law Review, 1145(1998).

⑥ Curtis J. Milhaupt, Property Rights in Firms, 84Virginia Law Review, 1151(1998).

⑦ 赵旭东:《公司资本规制改革研究》,法律出版社 2004 年版,第 1 页。

析中也不难看出,公司治理制度与公司资本制度必然存在着紧密的联系,而且是公司资本制度居于主导地位,所以,公司治理实质是公司资本制度的具体要求,其应当服务于公司资本规制。

对于公司资本规制与公司治理的紧密关系,可以结合公司法的具体架构加以分析,显然,这种关系在公司法对董事会以及董事等相关权利、义务的规范中有着充分的体现。公司董事会是实现公司治理的重要机构设置,"公司董事会的组成与结构(例如非执行董事的角色以及审计委员会)、董事对公司股东的责任等相关议题都是公司治理的相关主题"①。而这些主题都与公司资本的支配有着紧密关联,这一点在各国公司法体系当中都有着鲜明的体现。我国《公司法》中的相关规定可以对此做出明晰地说明。第一,《公司法》关于公司组织机构的职权是以公司资本的掌控为中心的。《公司法》第二章"有限责任公司的设立和组织机构"、第四章"股份有限责任公司的设立和组织机构"则是以公司资本制度以及公司治理机制为中心,但是很明显对公司治理机制的设定即以公司股东大会、董事会(执行董事)、监事会(监事)为核心的治理机制依然是以对公司资本的处置和经营行为为核心的,其中第三十六条关于股东会(股东大会)职权的规定、四十六条关于董事会职权的规定、第四十九条关于经理职权的规定以及第五十三条关于监事会职权的规定,其核心内容均指向了公司资本的经营与处置。第二,《公司法》关于董事等高级管理人员信义义务的规定是以公司资本的处置为中心的。第六章"公司董事、监事、高级管理人员的资格和义务"中对董事等高级管理人员的信义义务进行了规定,而这些规定都与公司的资产处置存在紧密联系,例如第一百四十八条关于忠实义务的规定就是一个典型体现。

因此,可以明确地说,公司法关于公司治理的规定其最终还是为了更好地服务于公司资本规制,更好地保护公司股东、债权人以及其他利益相关者合法权益。正如德国学者 Andreas Hacker 教授所言,公司治理与公司资本规制一样都具有保护股东、债权人等利益相关者的功能,"考虑到契约的不完备性,公司中的利益相关者不能通过契约实现充分的自我保护,而这种漏洞能够通过法律规则与公司治理得以弥补"②。同样,Amylee Travis 教授也指出了公司治理对推进公司资本规制的功能:"现代观点认

---

① Dr Saleem Sheikh, A Guide to the Companies Act 2006, Routledge-Cavendish, 2008, p169.

② Andreas Hacker, The Future of European Creditor Protection and Capital Maintenance from a German Perspective, 13German Law Journal, 637(2012).

为,公司组织工作的目的就是限制公司权力的行使,以保护清白股东的收益以及容易受骗的债权人的财产。"①所以,公司治理必然要服务于公司资本规制,因为只有通过公司资本规制才能克服公司控制者进行资本弱化行为,进而保护清白股东的收益以及债权人的财产。

当然不可否认,优化公司资本规制也是促进公司治理的一个重要路径,因为对公司资本规制的完善需要对公司治理机制进行有效的改革,特别是针对控制股东、董事等公司控制者进行有效的约束。中国政法大学徐晓松教授甚至指出:"在公司法意义上,公司资本监管及其改革和完善是解决中国公司治理问题的一个重要制度安排。"②所以说,公司资本制度与公司治理制度紧密结合,共同维系着公司的健康运行与发展,两者不可分离,有机地融合在公司立法之中。正如傅穹教授所指出的:"欠缺完善的公司治理机制的公司立法,难以营造效率化且富有竞争力的公司资本制度;缺乏富有竞争力的公司资本制度的公司立法,何以成为具备完善公司治理机制的立法?"③

五、公司资本规制的主要功能

公司资本规制具有重要的功能,这种功能通过公司资本制度的实施而实现,"人们通常理解的公司资本制度的功能,是在调节围绕公司资本而形成的各种法律关系时,在效率和安全方面所发挥的作用"④。但是,安全与效率是就功能的终极性质而言的,并且其最终是通过对不同利益主体的保护来体现的,而就利益主体而言,公司资本规制的功能具有多元性,正如北京大学法学院刘燕教授所指出的"就资合公司而言,公司资本对于保障企业经营、塑造股东以及公司的行为模式、保护债权人利益都有重大意义。这也成为法律管制公司资本的正当性基础"⑤。具体而言,公司资本规制功能主要体现在以下几个方面。

(一)创设公司独立人格

公司具有独立的法人资格,这是公司不同于合伙以及个人独资企业等

---

① Amylee Travis, Amylee Travis, The Requirement of Minimum Paid-In Capital, 1Texas Law and Legislation, 264(1947).

② 徐晓松:《论公司资本监管——公司治理与公司法改革》,中国政法大学2003年博士论文,第1页。

③ 傅穹:《重思公司资本制原理》,法律出版社2004年版,第2页。

④ 邹海林、陈洁:《公司资本制度的现代化》,社会科学文献出版社2014年版,第34页。

⑤ 刘燕:《公司法资本规制改革的逻辑与路径》,《法学研究》2014年第5期,第35页。

商事主体的本质特征,也正是这一特性有效阻隔了股东对债权人的直接责任承担,实现了股东的有限责任,进而激发了股东的投资意愿,使公司的筹资功能得以实现。美国 William P. Hackney 教授与 Tracey G. Benson 教授指出:"正是公司作为独立实体的特性使其与股东人格相分立,这通常就是股东承担有限责任的原因。"①公司独立法人资格如此重要,其具体的确立则需要相关构成要素作为支撑,而这些构成要素包括哪些内容,不同学者观点不一。江平先生认为,独立的财产与独立的责任是公司法人独立人格要素的基本支撑。② 王建文教授认为,独立的财产与独立的意思表示构成了公司的独立法人资格要素。③ 刘静与张振亮教授则认为,独立财产、独立责任以及股东有限责任是公司独立法人资格的构成要素。④ 李庆教授则认为,独立财产、团体意思以及独立责任是公司独立法人资格的构成要素。⑤ 综上,尽管不同学者对公司独立法人资格构成要素的具体内容存在认识上的分歧,但是都同意独立的财产是其必然构成要件,也就是说独立法人资格必然意味着独立的财产,因为没有独立的财产就不能承担独立的责任,不能承担独立的责任也就意味着难以构建独立的法律人格。这也说明,公司作为独立法人,其法律人格与自然人显著不同,自然人是否具有法律人格与其财产没有直接关系,只要具备正常民事行为能力,就具备独立的法律人格。因此,公司资本规制的一个重要功能就是形成公司作为独立的商事主体所必需的财产基础。

(二)保护公司独立资产

保护公司独立财产是公司资本规制功能的另一个重要体现,公司资本创设公司人格的功能主要是从公司设立角度而言的,重点强调的是对公司注册资本的规制,但是对此意义也不能无限制地夸大。⑥ 因为,公司资本规制不仅仅是为了设立公司而存在,更重要的是为了运营公司,资本规制还涉及资本流转阶段及资本退出阶段,并且公司的设立阶段与退出阶段相

---

① William P Hackney, Tracey G Benson, Shareholder liability for inadequate capital, 43University of Pittsburgh Law Review, 838(1982).

② 参见江平:《法人制度论》,中国政法大学出版社 1996 年版,第 32 页。

③ 参见王建文:《论公司法律人格之本质要素》,《南京工业大学学报(社会科学版)》2003 年第 2 期,第 18 页。

④ 参见刘静、张振亮:《论公司法人人格否认制度》,《社科纵横》1997 年第 2 期,第 38 页。

⑤ 参见李庆:《论公司的法律人格》,《现代法学》1998 年第 6 期,第 61-62 页。

⑥ 参见王建文:《论公司法律人格之本质要素》,《南京工业大学学报(社会科学版)》2003 年第 2 期,第 21 页。

对而言,存续时间较短,而经营阶段的资本流转则是常规存续阶段,时间较长,只有通过公司经营阶段的运行才能实现公司的盈利,才能实现股东初始投资的目标。因此,不能过分强调资本规制的创设公司独立人格意义,即使在公司经营阶段资不抵债,只要尚未进入破产程序,公司依然具有独立法人资格。公司经营阶段资本规制的目的就是防止公司财产遭受不当的侵蚀即资本弱化,对公司独立财产的保护是公司法的重要宗旨,这不仅仅体现在我国《公司法》第一条关于公司宗旨的规定当中,而且《公司法》第五条第二款特别强调公司的合法权益应当受法律保护,不受侵犯。"资本之于企业有如血液之于身体,人体缺乏血液,生命不能存在,企业没有资本,其生产经营活动将无法启动或者运营。"①所以,公司进入经营阶段之后,资本就转化成资产,其功能已经由启动公司经营转变成常规的资本运营,对公司资产的保护,也是保护中小股东以及债权人利益的前提。

(三)保护中小股东利益

对中小股东利益的保护是当代公司资本规制的一个重要使命,因为大股东不仅掌控着公司最终决策权,而且主宰着董事会,能够对公司的经营事项进行直接或者间接的干预,进而利用其控制权进行缔约后机会主义行为,特别是通过关联交易,向控制股东进行利益输送,进而直接侵害公司利益,并最终损害中小股东利益,因为"股东合意设立公司,但是由于控制股东是大额资本份额持有者或者能够行使多数表决权,从而在公司中获得了支配地位,而小股东则处于弱势地位"②,所以"就法律合理性而言,公司作为一种民主组织,必须在贯彻大股东规则的前提下有效的保护好公司小股东利益,不允许公司内部出现大股东欺诈、压制和排挤小股东现象,否则公司小股东的利益就会遭受严重侵害"③。也正是这个原因,美国公司法专家亨利·汉斯曼(Henry Hansmann)和莱纳·克拉克曼(Reinier Kraakman)将控制股东与中小股东之间的利益冲突界定为公司运行中的三大代理问题之一。④ 所以,控制股东对中小股东承担信义义务已经成为当代公司法的一个重要制度架构,其目的就是保护中小股东利益,其他制

---

① 施天涛:《公司法论》,法律出版社 2005 年版,第 196 页。
② 郭富青:《论控制股东控制权的性质及其合理配置》,《南京大学学报(哲学·人文科学·社会科学)》2012 年第 2 期,第 62 页。
③ 张民安:《公司法上的利益平衡》,北京大学出版社 2003 年版,第 1 页。
④ 参见亨利·汉斯曼等:《公司法剖析:比较与功能的视角》,刘俊海、徐海燕译,北京大学出版社 2007 年版,第 21-25 页。

度,如累积投票制、股份回购制度等都包含有对中小股东利益保护的目标。

(四)保护公司债权人利益

"就本质而言,股东有限责任必须与公司债权人保护相平衡。"[1]而公司资本规制则是保护债权人利益的核心路径,这里的债权人既包括契约债权人即主动债权人(自愿债权人),也包括侵权债权人即被动债权人(非自愿债权人),只有对公司资本进行有效的规制,才能够保障公司拥有偿还其债务的物质基础,才能够保护债权人的利益。特别是作为主动债权人(自愿债权人)的契约债权人,他们是公司的交易相对人,只有对交易相对人进行的有力保护,才能保障公司的经营与效率,才能实现公司设立的初衷。也正是在这个意义上,朱慈蕴教授指出:"保护公司债权人的合法利益永远是公司法律制度的'主旋律'之一,放弃或动摇对债权人保护的目标,即是在撼动公司大厦之基础。"[2]尽管伴随着社会经济的发展以及立法技术的不断进步,公司资本规制的方式也在不断发生变化,但是对债权人利益的保护立场并未发生改变,改变的只是对债权人利益的保护方式。瑞士学者杰拉德·赫蒂格(Gerard Hertig)与日本学者神田秀树(Kanda Hideki)甚至认为,债权人是唯一获得各国公司法保护地非股东利益相关者,其原因一方面在于公司的债权人包括银行、债券持有人、员工以及供应商等,对公司债权人的保护也是对公司利益的保护;另一方面在于公司债权人面临着由公司形式所派生出来的独特风险。[3]而公司法对债权人保护的重要路径就是资本规制制度,通过有效的资本规制制度架构,防止公司控制者进行机会主义行为,保护债权人权益,意大利那不勒斯菲里德里克第二大学Massimo Miola教授在对法定资本制度进行研究时对此做了清晰的说明:"法定资本制度与债权人保护紧密地联系在一起,在有限责任公司中则体现得更为明显。"[4]

(五)保护公司其他利益相关者利益

根据利益相关者理论,无论是公司自身、股东还是债权人,其实质都是

---

[1] Massimo Miola, Legal Capital and Limited Liability Companies: The European Perspective, 2European Company and Financial Law Review, 419(2005).

[2] 朱慈蕴:《公司资本理念与债权人利益保护》,《中国政法大学学报》2005年第3期,第132页。

[3] 参见亨利·汉斯曼等:《公司法剖析:比较与功能的视角》,刘俊海、徐海燕译,北京大学出版社2007年版,第71页。

[4] Massimo Miola, Legal Capital and Limited Liability Companies: The European Perspective, 2European Company and Financial Law Review, 418(2005).

公司的利益相关者,然而除了上述主要的利益相关者之外,还有公司的雇员、社区、顾客、政府、工会甚至媒体与竞争对手等等。① 其中雇员与顾客对公司的经营而言也十分重要,离开他们,公司也难以生存,而社区、政府、工会以及媒体并不与公司发生直接的交易行为,它们对公司主要是形成一些间接性的影响,属于"二级利益相关者"②或者"次要社会利益相关者"③。但是,即使地位较弱,公司法依然保护其相关利益,许多国家或者地区的公司立法都强调了对利益相关者的法律保护。例如,英国 2006 年《公司法》第 172 条明确规定了董事促进公司成功的义务,要求董事在做出公司决策时,必须以其善意的方式行事,并且必须要最大限度地促进公司的成功,包括促进公司、供应商、消费者和其他商业关系人需要的满足,维护公司与社会环境的和谐。④ 美国对利益相关者权益的立法保护则更加丰富,主要体现在各州的公司立法当中,例如康涅狄格州《公司法》33-313(e)条规定,公司董事在做出公司决策时必须考量长远利益与近期利益,必须考量股东长期利益与近期利益,必须考量员工、顾客、债权人、供应商以及社区利益。⑤我国 2005 年《公司法》修正时虽然未直接规定利益相关者概念,却通过其第五条的具体规定引入了公司社会责任条款,其实质是间接地引入了公司利益相关者保护规定,虽然我国公司法后又历经 2013 年以及 2018 年两次修订,但是这一条款并未发生改变。其实早在 2002 年由中国证监会牵头制定的《上市公司治理准则》第八十一条已经明确提出了关于尊重利益相关者权益保护的要求,利益相关者包括银行、债权人、雇员、消费者、供应商以及社区等等,而 2018 年修订后的《上市公司治理准则》第四条则明确强调上市公司治理应尊重利益相关者基本权益,并在第八章就利益相关者进行了比较详细的规定,包括利益相关者的具体范围、权益救济方式等等。对公司、股东以及债权人之外的利益相关者的保护方式依然是强化公司资本规制,因为公司资本是对上述利益相关者进行保护的基石,因为如果不能保护公司资本,这些利益相关者也就无法索赔,对其权益的保护最终也

---

① 参见[英]大卫·威勒、[芬]玛丽亚·西兰琶:《利益相关者公司》,张丽华译,经济管理出版社 2002 年版,第 179 页。

② 刘黎明、张颂梅:《"利益相关者"公司治理模式探析》,《西南政法大学学报》2005 年第 2 期,第 97 页。

③ [英]大卫·威勒、[芬]玛丽亚·西兰琶:《利益相关者公司》,张丽华译,经济管理出版社 2002 年版,第 179 页。

④ 参见葛伟军:《英国 2006 年公司法》,法律出版社 2017 年版,133-145 页。

⑤ 参见官欣荣:《我国〈公司法〉引入利益相关者条款的思考——"强制＋授权"的分类规范治理模式》,《政治与法律》2010 年第 7 期,第 74 页。

就难以实现。

六、本书对公司资本规制研究进路的必要限定——以公司债权人保护为中心

总体而言,公司资本规制的功能具有多元性,即保护公司、股东、债权人以及其他利益相关者权益。所以,以功能为主线,对公司资本规制的研究可以沿着以公司、中小股东、债权人以及其他利益相关者的保护等不同进路展开,不同研究进路侧重保护的利益主体不同,制度架构存在较大区别。就本书而言,对公司资本规制研究的进路限定于对债权人的保护,以对债权人保护为中心而展开,强调通过对公司资本规制进行系统性修正进而完善对债权人保护的具体制度建构。

如何看待公司资本规制对债权人利益保护的重要性是一个颇具争议的公司法问题[①],不同学者有着不同的见解。有学者主张公司资本制度的首要功能在于保护公司债权人利益,是股东有限责任的对价。例如,刘燕教授指出:"通常认为,公司资本制度的目的在于保护债权人利益。"[②]同样,香港城市大学法学院 John Kong Shan Ho 教授也认为:"法定资本制度主要是用来在解决利益冲突中支持债权人的。"[③]但是也有学者持有不同见解,认为债权人利益保护不是资本制度的首要功能。例如,朱慈蕴教授认为:"公司的资本制度之架构应当以提高公司效率为主旨,对公司债权人的保护不是公司资本制度的主要职责。"[④]甚至有学者认为,对债权人利益的保护不仅不是公司资本制度的首要功能,甚至不是其固有功能,而只是其附属功能。例如,叶林教授认为:"保护债权人利益充其量只是公司资本制度的附属功能,而非公司资本制度首要或固有功能。"[⑤]邹海林教授也持有相同观点:"以公司资本为基础的债权人保护措施,在公司法上并非公司资本制度的基本功能,纯粹是因为保护公司债权人利益的需要而由立法者

---

① 参见邹海林、陈洁:《公司资本制度的现代化》,社会科学文献出版社 2014 年版,第 33 页。

② 刘燕:《公司法资本规制改革的逻辑与路径》,《法学研究》2014 年第 5 期,第 35 页。

③ John Kong Shan Ho, Revisiting the Legal Capital Regime in Modern Company Law, 12Journal of Comparative Law, 1 (2017). 另见 J. Payne, Legal Capital in the UK Following the Companies Act 2006, University of Oxford Faculty of Law Legal Studies Research Paper Series (May 2008), at p. 2 (Working Paper No 13/2008).

④ 朱慈蕴:《公司资本理念与债权人利益保护》,《政法论坛(中国政法大学学报)》2005 年第 3 期,第 132 页。

⑤ 叶林:《公司法研究》,中国人民大学出版社 2008 年版,第 240 页。

附加在公司资本制度上的附属功能。"①

　　上述不同学者从不同路径对公司资本制度功能进行了不同的界定,其核心分歧在于公司资本规制对债权人保护的地位如何界定,公司债权人利益保护是否为公司资本规制的重要功能,甚至是否为公司资本规制的固有功能。对这一问题的界定不仅关系到对公司资本规制功能的深入认识,而且直接关系到本书写作体系的逻辑推进。

　　本书认为,虽然公司资本规制功能确实具有多元化特性,但是其核心功能在于保护债权人利益,对债权人利益的保护是公司资本规制的固有功能。正如美国著名公司学家贝勒斯·曼宁教授(Bayless Manning)教授所言:"以'法律资本'概念为核心的法律原则主要是应保护公司债权人的这一要求而得以发展的,而围绕着'法律资本'这一概念所建立的法律制度的根本目的,就是试图达到股东与债权人利益冲突的平衡与协调。"②同样,意大利博洛尼亚大学 Luca Enriquest 教授与美国康奈尔大学 Jonathan R. Macey 教授在对欧洲法定资本规则进行评价时也得到了类似见解:"欧洲法定资本规则的基本目的在于保护公司债权人,并且法定资本被视为股东获取有限责任这一权利所必须支付的对价。"③

　　将债权人保护作为公司资本规制的核心功能,是与资本制度产生的内在根源存在直接关联的。资本制度产生的重要内在根源就是要平衡公司作为独立法人情形下的股东有限责任制度,必须防止股东及其代理人利用有限责任制度实施机会主义行为,损害债权人利益。例如,北京大学法学院刘燕教授指出,当 19 世纪中期的准则主义公司法普遍承认股东的有限责任后,对债权人利益的保护成为资本制度发展的主要推动力。④ 赖源河教授在对"资本三原则"进行评析时,也表明了相同的观点:"其(资本三原则)首要目标在于平衡有限责任制度对股东有利但对债权人难免保护不周的缺憾,以实现股东与公司债权人之间的利益平衡。"⑤同样,许多的域外专家学者也都强调了公司资本制度是对股东有限责任制度进行平衡的产物。例如,美国著名法经济学家理查德·A.波斯纳(Richard A. Posner)教授对此进行了更加直接的说明:"公司债权人的地位一直被认为是极端重

①　邹海林、陈洁:《公司资本制度的现代化》,社会科学文献出版社 2014 年版,第 50 页。

②　Bayless Manning, James J. Hanks, Legal Capital, the Foundation Pression 1990, p12.

③　Luca Enriques, Jonathan R. Macey ,Creditors Versus Capital Formation:The Case against the European Legal Capital Rules, 86 Cornell Law Review, 1173 (2001).

④　参见刘燕:《公司法资本规制改革的逻辑与路径》,《法学研究》2014 年第 5 期,第 35 页。

⑤　赖源河:《实用商事法精义》,台湾五南图书出版有限公司 1983 年版,第 118 页。

要的。……因为有限责任意味着公司债权人不得对股东私人财产提出诉讼请求。公司法因此规定了详细的规则以便对公司债权人提供法律保护。"①英国诺丁汉大学约翰·阿莫（John Armour）教授也坚持类似的观点，侧重强调了资本制度对抑制有限责任制度下股东的逆向选择与道德风险问题的重要作用。他指出："从法经济学的角度看，公司资本制度的主要功能在于降低公司股东与外部债权人之间的'融资代理成本'，缓解二者之间的信息不对称，避免逆向选择和道德风险问题。"②美国学者亨利·汉斯曼与莱纳·克拉克曼教授则从公司独立法律人格所具备特性的视角对公司资本规制的债权人保护功能进行了分析，强调通过公司资本规制实现债权人保护是公司作为独立法人资格实体的内在属性，他们指出，一个像自然人一样的具有独立法律人格的实体，必须具有两种特性，"第一是通过选定的管理者去执行公司契约的良好能力，第二就是能有效满足公司债权人要求的公司资产池。"③显而易见，亨利·汉斯曼与莱纳·克拉克曼将"公司资产对公司债权人要求的满足"视为公司独立法人资格的一个基本特性，只有满足这一条件，公司才能是一个像自然人一样的具有独立法律人格的实体。同时，亨利·汉斯曼与莱纳·克拉克曼又借助担保理论对其观点进行了进一步分析："我们将公司资产池称为担保财产"④，并强调"公司管理者能够用这些担保财产来履行对公司债权人的义务"⑤。由此不难看出，亨利·汉斯曼与莱纳·克拉克曼高度重视公司资本对债权人保护的价值，将债权人利益的保护看成公司资本规制的核心目的。总之，"对公司股本进行规制的基本理由就是保护公司债权人以免使其遭受股东滥用有限责任制度的侵害"⑥。

直接以债权人保护为路径对公司资本规制进行研究在当前的学术研

---

① ［美］理查德·A. 波斯纳：《法律的经济分析》（下），蒋兆康译，中国大百科全书出版 1997 年版，第 520 页。

② John Armour, Share Capital and Creditor Protection：Efficient Rules for a Modern Company Law，63 The Modern Law Review 355（2000）.

③ Henry Hansmann, Reinier Kraakman, The Essential Role of Organizational Law, 3 Yale Law Journal 392-393（2000）.

④ Henry Hansmann, Reinier Kraakman, The Essential Role of Organizational Law,3 Yale Law Journal 392（2000）.

⑤ Henry Hansmann, Reinier Kraakman, The Essential Role of Organizational Law，3 Yale Law Journal 392（2000）.

⑥ John Armour, Share Capital and Creditor Protection：Efficient Rules for a Modern Company Law，63 The Modern Law Review 355（2000）.

究成果中也有着鲜明的体现。例如，邓峰教授在其文章《资本约束制度的进化和机制设计——以中美公司法的比较为核心》中明确提出了"资本规制"的概念，并以其为主线对中美资本制度进行了比较分析，其分析的方向就是资本规制对债权人的保护，强调的是资本规制的债权人保护功能。[①]随后邓峰教授在其专著《普通公司法》中明确指出："对公司资本进行规制，其目的主要是对债权人加以保护。"[②]刘燕教授在其文章《对赌协议与公司法资本管制：美国实践及其启示》中虽然没有直接采用"资本规制"这一概念，而是采用"公司资本管制"这一近似概念，但是其具体分析也是以公司资本维持原则与债权人保护为中心而展开的。[③]张先中博士在其文章《私募股权投资中估值调整机制研究——以我国《公司法》资本规制为视角》中直接使用了"资本规制"的表达形式，其具体内容也是以公司资本维持与债权人保护为中心而展开的。[④]

所以，简而言之，本书中的公司资本规制研究是以公司债权人保护为中心而展开的。

第二节　公司资本规制传统研究范式的缺失

"在学科的发展过程中，主要的范式也会发生变化，也有复数的范式并存的情况。"[⑤]公司资本规制的研究范式也是一个不断发展的进程，其最初研究范式的基点在于公司的信用，信用是公司从事商事交易的基础，然而"公司的信用基础究竟在于公司的资本还是公司的资产，却是公司法上极为核心的问题，在某种程度上整个公司制度的设计和构造都是由此展开的。"[⑥]长期以来，我国学界对公司资本规制的研究也是以公司信用为基础展开的，具体来说是围绕"资本信用"与"资产信用"两种理论展开的，尽管尚未有学者将此两种理论明确称为研究范式，但是从方法论意义的视角来

---

① 参见邓峰：《资本约束制度的进化和机制设计——以中美公司法的比较为核心》，《中国法学》2009 年第 1 期，第 99-109 页。

② 邓峰：《普通公司法》，中国人民大学出版社 2009 年版，第 306 页。

③ 参见刘燕：《对赌协议与公司法资本管制：美国实践及其启示》，《环球法律评论》2016 年第 3 期，第 137-156 页。

④ 参见张先中：《私募股权投资中估值调整机制研究——以我国《公司法》资本规制为视角》，《法学论坛》2013 年第 5 期，第 133-140 页。

⑤ ［日］藤田英典：《二战后日本教育环境的辩护和教育社会学的发展——教育社会学的研究范式和研究的新动态》，《华东师范大学学报》（教育科学版）2000 年第 1 期，第 58 页。

⑥ 赵旭东：《从资本信用到资产信用》，《法学研究》2003 年第 5 期，第 109 页。

看,它们都可以看成公司资本制度研究中的经典范式,因为这两种理论不仅涉及公司资本制度的具体架构,而且事关公司资本制度的理论、理念与价值选择。正如中国政法大学赵旭东教授所指出的:"从资本信用到资产信用的转变不是现行公司制度的局部修正和补充,而是整个公司立法、司法和理论的战略性调整。"①同样,中国社科院法学研究所陈甦教授也对"资本信用"与"资产信用"两种理论的方法论价值进行了高度的肯定,同时明确提出了"资本信用学说"与"资产信用学说"的概念,而范式本身就具有学说的意涵,从陈甦教授的具体研究内容来看,"资本信用学说"与"资产信用学说"不仅决定着公司的信用基础,而且也影响着公司资本的制度架构,对推进公司法学研究具有重要理论指导意义。所以,从陈甦教授的分析来看,"资本信用"与"资产信用"两种理论可以看成公司资本制度研究的两种范式。② 此外,李昌麒教授对"范式"的意义也做出了解析,认为:"对于特定范式一般可以理解为一种理论框架,一种具有抽象意义的系统思考的思考方式和思维框架。"③"资本信用"与"资产信用"两种理论当然可以看成关于公司资本制度的两种思考方式与思维框架,这一点无疑是肯定的,因此,从李昌麒教授关于范式的意涵界定来看,将"资本信用"与"资产信用"两种理论看成两种研究方式也是合乎逻辑的。鉴于以上分析,本书认为,"资本信用理论"与"资产信用理论"可以看成学界对公司资本规制研究的两种范式。

一、资本信用范式:公司资本规制研究的早期范式

资本信用理念是早期公司资本规制立法构建的重要指导思想,无论是在我国 1993 年《公司法》的制度架构当中,还是在美国、英国以及日本等国家的早期公司法制度架构当中,都有着鲜明的体现,英国甚至至今依然保留着公众公司的法定最低注册资本制度。对于资本信用范式,我们需要结合公司法发展的特殊历史背景加以分析,明晰其历史意义,即使在当前,资本信用范式依然具有积极意义,资本信用的理论意义与实践价值都不应被全盘否认。

---

① 赵旭东:《从资本信用到资产信用》,《法学研究》2003 年第 5 期,第 123 页。
② 参见陈甦:《资本信用与资产信用的学说分析及规范分野》,《环球法律评论》2015 年第 1 期,第 42 页。
③ 李昌麒:《经济法学》,法律出版社 2008 年版,第 3 页。

（一）资本信用范式的界定

资本信用范式就是以资本信用理论为指导，对公司资本规制的理念、宗旨、制度构成及其发展进行分析与研究的方法与模式。资本信用理论可以看成学界对我国公司资本规制早期研究的一种重要范式。中国社科院法学研究所陈甦教授明确提出了"资本信用学说"这一学术术语，并指出："肯定注册资本制度对形成和维持公司信用起主导作用的观点，可被概括为资本信用学说。"①资本信用范式的核心特点在于强调注册资本对债权人保护的信用担保功能，强调以注册资本的形成与维持为中心来构建公司资本制度，以保护公司债权人利益，并且尤其注重对公司设立阶段资本形成制度的行政管制研究，传统的"法定资本三原则（资本确定、资本维持、资本不变）"学说无疑是资本信用范式的一个有力体现，其中资本确定原则的目的在于"强调资产保守鉴价，杜绝资本虚增灌水，确保股东出资的到位"②，资本维持原则的目的在于"防止公司资本遭到股东或管理者的无谓侵蚀"③，资本不变原则的目的在于强调注册资本"非依法定程序，不得任意变更"④。在这一范式的指引下，对公司设立阶段资本形成制度的比较研究也成了我国公司法学界早期对资本规制研究的一个重要进路。尽管尚无学者对资本信用做出专门化的研究，但是许多研究成果都明确提出了资本信用概念，并对其进行了较为充分的分析。特别是在《公司法》颁布前后的一段时间之内，资本信用成为我国公司法学界的主导理论，并且这一思路被立法机关采纳，我国 1993 年《公司法》确立的严格法定资本制便是对资本信用理念的充分展现，而立法机关采纳该理论的一个重要根源就是受到了学界的影响。对此，陈甦教授明确指出："立法机关对公司注册资本的理论认识与制度选择，既是公司法学界长期理论阐释影响的结果，也进一步被公司法学界肯定并予以发扬光大。"⑤赵旭东教授在对我国公司资本规制改革的论述中也曾明确指出："虽然并无旗帜鲜明的昭示，但从立法到司法及至整个公司法的学理，中国公司法都表现出鲜明的、贯穿始终并

---

① 陈甦：《资本信用与资产信用的学说分析及规范分野》，《环球法律评论》2015 年第 1 期，第 42 页。
② 冯果：《论公司资本三原则理论的时代局限》，《中国法学》2001 年第 3 期，第 18 页。
③ 冯果：《论公司资本三原则理论的时代局限》，《中国法学》2001 年第 3 期，第 19 页。
④ 冯果：《论公司资本三原则理论的时代局限》，《中国法学》2001 年第 3 期，第 19 页。
⑤ 陈甦：《资本信用与资产信用的学说分析及规范分野》，《环球法律评论》2015 年第 1 期，第 42 页。

协调一致的资本信用的理念和法律制度体系。"①

(二)资本信用范式的制度体现

资本信用范式下的制度构成在公司设立阶段以及经营阶段都有着明确的体现,尤其是在公司设立阶段的资本形成规制中体现得更为突出。在这一范式的指引下,许多学者也将研究重心放在了公司设立阶段的资本形成规制上②,这一点在学界对公司资本规制的早期研究中体现得更为充分,核心在于强化最低注册资本数额要求以及出资形式限制等相关制度,强调注册资本的真实与可靠,强调注册资本对债权人的担保功能。就具体制度体现而言,我国 1993 年《公司法》确立的严格法定资本制无疑是典型代表,过高的最低注册资本限额、一次性实缴制、严格的现物出资制度、现金出资比例限制以及强制性验资制度都是为了确保公司注册资本的客观、真实与充足,其中最低注册资本数额要求无疑是资本信用范式下的核心制度体现③,被称为"利用有限责任特权进入市场的入场券"④。当前,欧洲公司法当中的许多制度架构也都体现着资本信用范式的要求。例如,欧盟至今依然保留着对股份有限责任公司 25000 欧元最低注册资本的法定要求⑤,并且依然对非现金出资形式保留着比较严格的限制,如禁止以劳务方式进行出资。⑥ 英国 2006 年《公司法》则依然保留着对公众公司至少 50000 英镑的最低注册资本要求,同时对出资形式做出严格限制即不得以工作或服务的承诺作为出资的规定。⑦ 公司资本信用范式的制度架构在公司经营阶段也有着明确体现。例如,我国 1993 年《公司法》对公司担保行为的严格限制、对公司投资行为的严格限制以及对公司股份回购行为的

---

① 赵旭东:《从资本信用到资产信用》,《法学研究》2003 年第 5 期,第 110 页。

② 并不是说资本信用理论不涉及公司其他运行阶段的制度设计,例如典型的"资本三原则":资本确定、资本维持与资本不变原则,其中资本维持主要就是讲的是公司经营阶段的资本维持,但是中国学界早期关于公司资本制度的研究重点确实是放在了设立阶段的资本形成制度之上,对设立阶段的资本维持制度研究相对较弱。

③ 1993 年《公司法》规定股份有限责任公司最低注册资本为 1000 万元,上市公司最低注册资本为 5000 万元,有限责任公司最低注册资本根据不同类型分别为 50 万元、30 万元以及 10 万元。

④ Massimo Miola, Legal Capital and Limited Liability Companies: The European Perspective, 2European Company and Financial Law Review, 421(2005).

⑤ Jonathan Rickford, Report of the Interdisciplinary Group on Capital Maintenance, 15European Business Law Review, 930(2004).

⑥ Massimo Miola, Legal Capital and Limited Liability Companies: The European Perspective, 2European Company and Financial Law Review, 426(2005).

⑦ 参见葛伟军:《英国 2006 年公司法》,法律出版社 2017 年版,第 470 页、第 599 页。

严格限制等等，都是为了践行法定资本制度中的"资本维持"原则，防止公司资本的削弱，更好地维持公司资本的信用担保能力。

(三)资本信用范式的主要学理成果梳理

资本信用范式下学术研究成果主要出现在 2005 年《公司法》修正之前，在该范式的主导下，学界研究的一个主要表现形式就是以公司设立阶段资本形成制度为核心内容，充分强调公司注册资本的担保功能，甚至将公司资本形成制度等同于公司资本制度，并类型化为法定资本制、授权资本制以及折中资本制（包括许可资本制与折中授权资本制）。即使是资产信用理论的极力倡导者赵旭东教授，在其早期成果中也充分肯定了注册资本的信用担保功能："在影响公司责任能力的许多因素中，没有比公司资本更为显要的了……公司资本的多少便成为判断该公司信用高低的基本外在标志。"[①]石少侠教授于 1993 年在《吉林大学社会科学学报》发表文章《公司资本制度研究》，明确强调："经过长期的实践，迄今为止，西方国家公司法已经确认了相对独立的三种公司资本制度，即法定资本制、授权资本制和折中资本制。"[②]石少侠教授不仅明确把公司资本制度等同于公司设立阶段资本形成制度，而且结合公司股东出资形式以及最低注册资本制度等对其进行了分析，完全以公司设立阶段资本形成制度为核心。雷兴虎教授早期的研究成果与石少侠教授的观点相近似，其 2004 年在《甘肃政法学院学报》发表文章《认可资本制：中国公司资本制度的最佳选择》，强调"长期以来，西方各国公司法关于公司资本的规定虽然有所不同，但归纳起来，主要有法定资本制、授权资本制和认可资本制三种不同模式的资本制度"[③]。然后围绕着法定资本制、授权资本制以及认可资本制对公司设立阶段资本制度架构的优缺点进行了详细的比较分析，最后得出应当采用认可资本制的结论。卢炯星教授于 1995 年在《法学评论》发表文章《中国大陆与台湾地区公司资本制度比较研究》，完全是从公司设立阶段特别是以公司最低注册资本额为中心进行比较的，而未涉及公司经营阶段、破产阶段的事后司法救济。[④] 郭富青教授于 2004 年在《法商研究》发表文章《公

---

① 赵旭东：《论公司的财产责任形式》，载《民法硕士论文集》群众出版社 1988 年版，第 108 页。
② 石少侠：《公司资本制度研究》，《吉林大学社会科学学报》1993 年第 3 期，第 22-28 页。
③ 雷兴虎：《认可资本制：中国公司资本制度的最佳选择》，《甘肃政法学院学报》2004 年第 2 期，第 1-9 页。
④ 参见卢炯星：《中国大陆与台湾地区公司资本制度比较研究》，《法学评论》1995 年第 3 期，第 62-66 页。

司资本制度:涉及理念与功能的变革——我国公司资本制度立法观念的转变与路径选择》,其以最低注册资本限额为核心对法定资本制的功能进行了否定性评析,进而强调应当将折中资本制作为中国公司法的改革路径,论文的分析也是以公司资本形成制度为中心的,强调资本形成过程中资本制度的效率及其担保功能的实际状况,并未关注公司经营阶段与退出阶段的资本规制。① 上述文章是资本信用范式下的代表性学术成果,当然,在当时的特殊时代背景下,这些成果仍然具有非常积极的理论与实践意义。

(四)对资本信用范式的意义评析

当前资本信用范式已经式微,资产信用范式占据着学术主导地位,但是对资本信用范式应当做出客观而理性的评析,虽然资本信用范式有着不可克服的缺点,然而其学术与实践意义不应被彻底否定。这一点学界也有着共识。例如,周友苏教授在对以资本信用为主导的法定资本制进行评论时就明确指出:"诚然,法定资本制确有一定的缺陷。但任何法律制度都不可能是完美的,我们不能简单地因法定资本制度存在缺陷而否定其价值。"②因此,资本信用范式仍具有重要的价值,其学术与实践意义应当得到必要肯定。具体理由在于以下几个方面。

1.注册资本反映着公司的初始信用能力

注册资本的数额、出资形式及其缴付方式等确实能够反映公司的信用能力。因为公司的注册资本特别是法定最低注册资本数额,反映着公司最初始的信用能力,是公司资产的最原始形态,是公司资产变换的基础,初始注册资本数额越大,就越表明公司的初始信用能力越强,公司的初始偿债能力也就越强,这一点是绝对的、客观的,"公司资本额越大,其履约能力和承担财产责任的能力就越强,其信用就越强"③。同理,公司资本的缴付时间也能反映出公司初始的信用能力,因为一次性实缴标志着公司资本的实际到位,标志着初始公司资产的实际到位,而分期缴付则给股东预留了机会主义行为的时间,他们可能会利用各种手段逃避出资,并且缴付时间越长,不确定性因素就越多,股东实施机会主义行为的概率可能就越大。对现物出资的限制也是如此,现物出资的标底难以准确地进行评估,而且可能会伴随着市场环境的变化而随时出现价值缩水的情况,因此对现物出资

---

① 郭富青:《公司资本制度:设计理念与功能的变革——我国公司资本制度立法观念的转变与路径选择》,《法商研究》2004 年第 2 期,第 7-10 页。

② 周友苏:《新公司法论》,法律出版社 2006 年版,第 182 页。

③ 江平:《现代企业的核心是资本企业》,《中国法学》1997 年第 6 期,第 29 页。

的严格限制有利于公司资本即初始资产的客观缴付。显然,上述分析都非常客观地表明了资本信用下公司资本制度架构的积极意义。

2.资本信用具有其独特的效率价值

就公司债权人保护而言,资本信用在一定程度上体现着鲜明的效率观念。因为公司资本一次性到位的实际缴付,给债权人提供了非常明确、具体的信用判断基础,并且这些资本是客观的,不存在时间上的间隔。正如陈甦教授所指出的:"资本信用判断具有简约性,只是通过注册资本制度的少数几个要素,来对公司资本信用状况进行判断。……一般而言,资产信用判断成本要高于资本信用判断成本。"[1]例如,资本信用范式下的资本制度设计,法定最低资本数额要求直接表明了公司的信用担保能力边界,较高的现金出资比例限制、严格的现物出资模式限制以及强制验资程序的进行,都是对公司股东缴付出资的严格约束,有助于保障其出资的真实、客观,从而有助于保障公司注册资本要求的充分实现。这无疑有助于降低债权人对涉及公司资本信用信息的收集与研判成本,有助于提高债权人的商事交易效率。

3.资本信用有其形成的特殊历史背景

资本信用反映了我国 1993 年《公司法》颁布时特殊历史时期的特殊政治、经济、法律以及社会文化环境。因为任何法律都是特殊历史时期的产物,必然受当时特定的政治、经济、社会以及法学研究等相关因素的制约。正如徐晓松教授所言:"我国《公司法》对公司资本制度的特殊规定,主要缘于国内目前特定的经济及法律环境,以及现实中存在的公司制度滥用现象。"[2]当时我国市场经济模式刚刚确立,尚处于创建期与初步发展阶段,计划经济依然占据着主导地位,政府的行政管制依然在公司立法上有着鲜明的体现,这是制度建设中的路径依赖。同时,社会信用机制缺失,资本评估机制并不发达,难以通过社会性机制对股东出资进行有效的约束。就经济发展而言,1993 年《公司法》的确立主要是为国有企业改革提供保障,"从这个角度讲,公司制度是我国企业改革、建立市场经济体制的重要工具。公司制的实施能否成功,事关经济改革的成败"[3]。所以,必然要求严格的资本信用进而保障债权人的安全,并借此维护社会经济秩序的稳定。

---

[1] 陈甦:《资本信用与资产信用的学说分析及规范分野》,《环球法律评论》2015 年第 1 期,第 42 页。

[2] 徐晓松:《论我国公司资本制度的缺陷与完善》,《中国法学》2000 年第 3 期,第 98 页。

[3] 徐晓松:《论我国公司资本制度的缺陷与完善》,《中国法学》2000 年第 3 期,第 98 页。

4.受制于法治建设以及公司法学研究滞后的影响

第一,总体法治建设的滞后。公司法的实施需要完善的配套机制以保障其效果,这就不仅要求公司法自身的制度架构具有完备性,也需要相关配套制度的协同性发展,其实质是对总体法治建设提出了更高的要求。例如,对破产制度的要求、对诉讼制度的要求、对社会信用制度的要求、对信息披露制度的要求以及对司法机构商事裁判能力的要求等等。在1993年《公司法》颁布之时,破产法与合同法等相关配套性法律制度十分滞后,直到1999年我国才颁布了《合同法》,2006年《破产法》颁布前则一直以1986年《破产法(试行)》为破产主导制度,因此在1993年《公司法》产生前后的一段时间内,学界难以从其与合同法、破产法等相关法律的协同性视角加以深入研究。同时,这一时期法官职业队伍建设也不成熟,尤其缺乏具有良好商事裁判职业能力的法官,我国在2002年才开始实施规范统一的司法职业资格考试,并以此作为法官任职必须具备的条件,所以高素质的法官职业队伍在当时也十分欠缺。不难想象,这种总体法治建设的相对滞后必然对公司法制度建设造成影响,而这种影响必然会在一定程度上阻碍着对公司资本规制学术研究路径的探寻,因为不仅学术研究可以指引立法的发展,立法的发展也会推动学术研究。资本信用范式正是在这种法治环境下产生与发展的。

第二,公司法学研究的滞后。公司法学研究的滞后也是资本信用范式形成的一个重要原因,在1993年《公司法》颁布前,学界对公司法学的研究方法与研究内容都比较滞后,在研究方法上主要是对公司设立阶段资本形成制度进行比较研究,对公司资本制度的体系化认识和研究严重不足;在研究内容上主要是以公司注册资本制度为中心,侧重公司资本形成中的行政管制研究,而对公司人格否认制度、欺诈性转让制度、实质合并制度、公平居次制度以及董事信义义务制度等现代公司法资本规制内容的研究相对滞后。这种公司法学研究的滞后是资本信用范式形成的直接因素,资本信用范式本身也反映着公司法学研究的滞后状态。

(五)资本信用范式存在的缺失

尽管资本信用范式有其内在科学性,也有其产生的特殊时代背景,但是这并不能否认这一范式所存在的缺失,其缺失不仅制约着公司法学理论研究的深入推进,而且也影响着公司资本规制制度架构的实践发展。这种缺失主要体现在以下几个方面。

1.过度关注公司注册资本对债权人的担保功能

"债权人在资本信用的幻觉下,关注注册资本额的多寡,股东出资是否到位,认为,只要公司注册资本大,出资真实,债权的实现就有保障,从而忽视了对公司资产以及其他信用要素的调查,甚至放弃了担保等其他债权保障手段,来维护自身利益。"①而且公司注册资本是一个静态数据,不能反映公司经营过程中的动态变化,即使不考虑公司股东、董事等控制者机会主义行为的影响,也存在着因正常的商业交易而遭受损失的风险,"因为当公司从事商业交易行为时,其资本并不是静止的而是波动的,有时可能获利,有时则遭受损失"②。因此,要求注册资本在公司经营过程中保持不变是不可能的,也是不符合经济运行规律的,所以不应过度关注公司注册资本对债权人的担保功能。

2.忽视了公司资本的经营功能

资本信用范式刻意强调股东出资的真实可靠,强调股东出资的确定性、可转移性。但是,股东出资担负着两个功能:一是公司的经营功能,出资是公司进行商事经营的重要条件;二是公司债务的偿还与担保功能,公司股东的出资是公司履行债务的物质基础。"但在资本信用之下,出资的经营功能被弱化,偿债功能被强化,甚至以偿债功能作为出资方式取舍的唯一标准,一些经营功能很强而偿债功能不足的出资形式被排除在法定的出资形式之外,公司迫切需要的经营手段无法施展,投资者富有价值的投资资源不能开发,经营者的重大利益无法实现。"③

3.阻碍着对公司资本规制的系统性认识

在公司资本信用范式下,学界将公司资本规制研究的重心放在了公司设立阶段的资本形成规制上,过分强调公司注册资本对债权人的担保功能,忽视了对公司经营阶段资本流转规制以及破产阶段资本退出规制的重视与研究,忽视了公司资本规制在公司设立阶段、经营阶段以及破产阶段之间的相互联系、相互影响。其结果是公司资本制度研究相对于其自身系统而言,呈现出了碎片化现象,阻碍着对公司资本规制的系统性认识,不利于对公司资本规制内在发展规律进行理性的把握。

---

① 王艳华:《反思公司债权人保护制度》,法律出版社 2006 年版,第 17 页。
② Edwin Mkwananzi, Ever Decreasing Circles: Prohibition or Regulation of Share Buy-Backs under the Companies Act 2006—A Legal Capital Perspective, 22European Business Law Review, 400(2011).
③ 赵旭东:《从资本信用到资产信用》,《法学研究》2003 年第 5 期,第 115 页。

4.阻碍着融资与资本运行的效率

在资本信用范式下,公司设立阶段的资本制度围绕着法定最低注册资本数额、实际缴付、出资形式限制以及强制验资等相关内容展开。一方面,这会导致公司设立条件过高,例如我国 1993 年《公司法》对注册资本最低数额的要求就是如此①,这不利于公司的高效设立,而且可能会使部分资金难以借助公司这种企业模式进入市场,阻碍公司融资与资本运行的效率。另一方面,即使许多公司能够满足过高最低注册资本数额的要求,但是在其设立时可能并不需要太多资金,因为公司刚开始进行经营,可能业务规模并不大,因此,过高的最低注册资本容易造成公司资金的闲置,进而降低了资本的运行效率。就经营阶段而言,资本信用范式下的制度设计对公司投资、担保以及回购制度都做了严格的限制,无疑也对公司资本的运行效率造成严重损害。

5.忽视了对公司借入资金的规制

借入资金是公司开展商事经营活动的一个重要资金来源,有的公司甚至在经营活动开展之初就进行举债。Kathleen Kinney 教授明确指出:"公司的初始资本结构通常包括资本出资与债务,通常股东提供的资金构成资本出资,而外部融资者提供的资本为债务。"②即使一个公司在初始经营活动中不会举债融资,但是在其经营过程中也会因扩大再生产等各种目的加大对资金的需求,而借贷等债务融资模式则是实现资金迅速增加的一个有效方式。然而公司的债务融资需要偿还并支付利息,如果公司不能营利或者出现亏损,则可能需要由公司自有资本加以偿还,会降低公司的自有资本数额。所以,对公司资金的规制不应停留在公司自有资本的层面上,而是应当同时强化对公司借入资金的规制,防止公司股东以及董事等控制者利用机会主义行为对借入资金进行侵害,进而间接侵蚀公司自有资本。但是,资本信用的关注点在于公司注册资本,这是由股东出资构成的自有资本,容易导致对借贷资金规制的弱化与疏忽。

二、资产信用范式:公司资本规制研究的发展性范式

"自《公司法》开始制定及颁行以来,即使其间对注册资本制度几经修

---

① 例如,1993 年《公司法》第二十三条规定,有限责任公司最低注册资本为 10 万元人民币;第七十八条规定,股份有限公司注册资本的最低限额为 1000 万人民币。

② Kathleen Kinney, Equitable Subordination of Shareholder Debt to Trade Creditors: A Reexamination, 61Boston University Law Review, 433(1981).

订,但对资本信用的质疑始终与公司法研究和实践相伴。"①随之而来的是公司资产信用学说的兴起,并且这一研究范式在学界产生了十分重要而广泛的影响,对我国《公司法》的发展也起到了非常重要的推进作用。其中以赵旭东教授为代表,将资产信用范式的研究与应用推向了高潮,资本信用范式日渐式微。

(一)资产信用范式的界定

资产信用范式是以资产信用理论为指导,对公司资本规制的理念、宗旨、制度构成及其发展进行分析与研究的方法与模式。较早明确提出资产信用概念的是江平教授,其于 1997 年在《中国法学》发表文章《现代企业的核心是资本企业》,并明确指出公司资本信用包含三个方面:注册资本的信用、公司全部资产的信用、公司破产的信用。② 武汉大学法学院冯果教授于 2001 年在《中国法学》发表文章《论公司资本三原则理论的时代局限》,在对资本担保功能的分析中指出了资本担保功能的局限,进而将担保的基础指向公司资产,并明确指出"公司真正能担保债权人债权的绝非此种抽象的资本,而是公司的实际财产,或者更准确地说,是公司可以变现的那部分净资产"③。而在学界引起广泛关注的则是赵旭东教授于 2003 年在《法学研究》发表的文章《从资本信用到资产信用》,他在此文章中非常详细地批判了资本信用理念,明确阐述并倡导了资产信用理论,指出了公司资产对债务的担保功能,并对资产信用进行了结构性分析,同时以资产信用为指引,提出了公司资本规制的发展方向及其制度框架建构。自此,资产信用理论在公司资本规制制度的研究中开始发挥主导性作用(当然,也有部分学者依然强调资本信用更为适合当前中国商业信用缺失的现实情况),公司资产信用的范式效应开始形成。但是,赵旭东教授并未对资产信用的意涵做出明确的概念性界定,只是强调"其实,决定公司信用的并不只是公司的资本,相反,公司资产对公司的信用起着更重要的作用,与其说公司的信用以公司的资本为基础,不如说是以公司的资产为基础"④。本书认为,资产信用的实质就是以公司处于特定状态的资产作为其与债权人交易的信用基础。这里的资产更加突出净资产的意义,尽管在资不抵债状态下的

① 陈甦:《资本信用与资产信用的学说分析及规范分野》,《环球法律评论》2015 年第 1 期,第 43 页。
② 江平:《现代企业的核心是资本企业》,《中国法学》1997 年第 6 期,第 29 页。
③ 冯果:《论公司资本三原则理论的时代局限》,《中国法学》2001 年第 3 期,第 21 页。
④ 赵旭东:《从资本信用到资产信用》,《法学研究》2003 年第 5 期,第 118 页。

资产也可以及时用来偿还债务,但是"从总体资产对总体债务的根本意义上说,资产信用就是净资产信用,就是公司总资产减除公司总负债后的余额的范围和幅度"①。当然这里的资产或者净资产都需要准确界定,不是任何资产都可以成为公司信用的基础,能够作为公司信用基础的资产必须具有可变现性与可转让性,只有具有可变现性与可转让性的资产才能够作为清偿债权人债务的基础,才具有信用意义上的效用性。与资本信用相比较,资产信用具有对人性、一次性、判断集成性以及相对高成本性:对人性强调资产只对特定交易相对人显示,因为资产总是处于动态变化之中;一次性是强调资产信息的不可重复利用性(当然这不是绝对的);判断集成性强调公司资产的判断必须针对复杂综合的系统性因素进行,而不像资本信用下单纯通过注册资本加以判断即可;高成本性强调资产信用判断往往会涉及第三方评估等复杂程序,进而花费额外的成本。②

(二)资产信用范式的制度体现

资产信用范式下,公司资本制度的理念发生了明显的改变,这种制度改变不仅体现于公司资本形成制度,也体现于公司资本维持制度以及针对公司资本违法行为的救济制度等。就资本形成制度而言,首当其冲的就是针对法定最低注册资本制度的改革,因为单纯的法定最低注册资本只是作为公司资产的原始起点,无法反映公司持续经营过程中的及时清偿能力,而且过高的法定最低注册资本还阻碍着股东利用公司制度的效率,因此必然会针对其做出改革。就我国《公司法》资本规制而言,历经 2005 年与 2013 年的两次重要修正,其首先从严格的法定资本制走向缓和的法定资本制,然后从缓和的法定资本制走向了认缴资本制;从过高的、苛刻的法定最低注册资本制度走向降低的、分期的法定最低资本制度,再到原则性地废除了法定最低资本制度。针对出资形式的改革也是认缴资本制下资产信用范式的重要体现。赵旭东教授指出:"以资产信用取代了资本信用,法律对股东出资形式的硬性限制也就可以放宽直至彻底解除了。"③股权作为出资形式已经被 2011 年《公司法司法解释(三)》所明确确认④,虽然

---

① 赵旭东:《从资本信用到资产信用》,《法学研究》2003 年第 5 期,第 119 页。
② 参见陈甦:《资本信用与资产信用的学说分析及规范分野》,《环球法律评论》2015 年第 1 期,第 47-48 页。
③ 赵旭东:《从资本信用到资产信用》,《法学研究》2003 年第 5 期,第 121 页。
④ 详见 2011 年《公司法司法解释(三)》即《关于适用〈中华人民共和国公司法〉若干问题的规定(三)》第十一条。2013 年《公司法》确立认缴资本制后,2014 年最高人民法院又对该司法解释进行了修正,但对股权出资的规定没有发生改变。

人力资本以及债权等尚未得到统一确认，但是在部分地区，人力资本出资已经得到了确认，例如上海、温州、珠海以及济南等相关地区已经出台了认缴资本制下人力出资管理办法，这必然具有一定的引领作用。① 对公司流转阶段资本规制的改革更是如此，2005 年《公司法》不仅放松了公司担保制度、公司股份回购制度，而且取消了转投资的限制（向承担无限责任的实体投资除外）。同时，针对公司股东违法行为的救济也是不断发展，由行政管制走向了司法规制，例如 2005 年《公司法》引入公司法人人格否认制度，强化了对公司债权人保护的司法救济；2011 年《公司法司法解释（三）》则进一步强化了公司债权人对公司设立阶段股东出资义务以及董事等高级管理人员信义义务履行的司法救济。2018 年《公司法》对上市公司股份回购制度进行了修正，不仅扩展了上市股份回购的具体情形，延长了回购股份的持有时间，简化了回购决策程序限制，而且还放松了回购资金来源的限制。② 当然，为了更好地保障股份回购的公平性，2018 年公司法改革也推进了股份回购中的信息披露义务的强化。"股份回购受到资本规制的约束"③，对股份回购的严格限制被认为是法定资本制的一个重要体现，而对股份回购制度的放松化改革，对股份回购限制的核心条件是"应当在回购股份后具备债务履行能力和持续经营能力"④，显然这会更好地体现公司资产信用理念。

（三）资产信用范式的主要学术成果梳理

资本信用在公司法早期研究中确实占据着主导性地位，但是对资本信用的质疑也由来已久。例如，冯果教授于 2001 年在《中国法学》发表文章《论公司资本三原则理论的时代局限》，指出"随着知识经济时代的到来和融资技术的更新，资本的理性投资功能增强，担保功能锐减，资本三原则理论的历史局限也日渐显现，其在债权人保障机制体系中的核心保障功能地位已发生动摇"⑤。仔细研究可以看出，冯果教授以对法定资本三原则的

① 例如 2020 年中国（山东）自贸试验区济南片区管委会制定出台了《人力资本价值出资管理办法（试行）》，规定在中国（山东）自由贸易试验区济南片区登记注册的有限责任公司，其股东可以以人力资本价值作出出资，出资额最高可占公司注册资本总额的 70%。

② 2005 年《公司法》要求"将股份奖励给本公司职工的股份回购必须资金来源于税后利润"，2018 年《公司法》取消了这一限制。

③ 潘林：《股份回购中资本规制的展开——基于董事会中心主义的考察》，《法商研究》2020 年第 4 期，第 114 页。

④ 张保华：《债权人保护：股份回购资金来源限制的法律漏洞及其填补》，《证券市场导报》2020 年第 5 期，第 69 页。

⑤ 冯果：《论公司资本三原则理论的时代局限》，《中国法学》2001 年第 2 期，第 18 页。

批判为中心对资本信用模式提出了质疑,并且指出:"债权人除关心资本水准外,恐怕更关心公司的实际财产如何、经营绩效良否、发展前景怎样;而公司所关注者则在于公司财务结构、现金流量的控制等。"①实质上,冯果教授强调了公司经营阶段资产信用的重要性,因为公司财务结构、现金流量等代表的是公司的实际资产状态。陈甦认为商法学者赵旭东是"资产信用说"最有力的倡导者和集成者,其有多篇著述系统阐释了资产信用说'的理论根据、制度体现和应用价值。② 赵旭东教授在 2003 年于《法学研究》发表文章《从资本信用到资产信用》,详细地分析了资本信用的弊端以及资产信用的意义,自此公司资产信用范式开始成为学界研究的核心理论,并指导着我国公司立法。2005 年四川大学法学院叶敏教授发表论文《论公司信用基础多元化》,强调公司资本信用与资产信用之间并不存在着截然的区别与对立,指出了两者本质的趋同性,近几年的区别在于"资本信用强调通过资本维持原则的传递使债权人更方便快捷地了解公司信用状况,但在传递过程中恰恰有了股东和验资机构'暗箱操作'的空间;资产信用则为了避免传递过程中信息的扭曲与失真,绕开公司资本这一表现形式,直接将关注点放到公司资产上,然而资产的流动性与公示的滞后性矛盾仍未能得到很好的解决"③。陈甦教授于 2015 年在《环球法律评论》发表文章《资本信用与资产信用的学说分析及规范分野》,对资本信用理论与资产信用理论进行了翔实的比较分析。此文与其他关于"资本信用与资产信用"的文章有着显著的不同,不仅揭示了两者关注重点的差别,更重要的是指出了两者的内在联系,即"公司资本信用是公司资产信用的组织要素基础和机制内在结构,公司若无资本信用,遑论资产信用"④。本书对此深表赞同,尽管单纯的资本信用范式过度强调了公司设立阶段资本形成制度特别是法定最低注册资本制度的功能,但是设立阶段的注册资本永远都是公司资产的初始状态与发展基础,可以说没有资本便没有资产。

上述文章是学界对资产信用范式的有力推进,也是资产信用范式的突出代表性成果,其中赵旭东教授的文章《从资本信用到资产信用》是学界对资产信用范式研究的核心代表性成果。

---

① 方嘉麟:《论资本三原则理论体系之内在矛盾》,台湾《政大法学评论》第 59 期,第 168 页。
② 陈甦:《资本信用与资产信用的学说分析及规范分野》,《环球法律评论》2015 年第 1 期,第 44 页。
③ 叶敏:《论公司信用基础多元化》,《广西政法管理干部学院学报》2005 年第 1 期,第 98 页。
④ 陈甦:《资本信用与资产信用的学说分析及规范分野》,《环球法律评论》2015 年第 1 期,第 54 页。

三、资产信用范式与资本信用范式之间联系

资产信用范式与资本信用范式之间并不是截然对立的，因为资本是公司资产的逻辑起点，是初始的公司资产形态，也是实现公司资产增值的重要物质基础，"股本不仅能够作为公司已经获取的资金进而实现对债权人利益的保护，而且公司能够通过对股本的运用进而获取其他资产"①。所以，资产信用范式与资本信用范式之间也存在内在关联，两者并非截然对立。

（一）资本信用乃资产信用的起点

资本是原始资产，是公司资产的最初始形态，并伴随着公司的实际经营状态而成为公司资产的一部分。从这一意义上说，资本信用便是资产信用的原始状态。公司注册资本数额特别是初始缴付资本数额越大，公司资产原始信用就越高，公司注册资本数额特别是初始缴付资本数额越小，则表明公司资产原始信用越低。正如有学者指出："有限责任公司和股份有限公司的财产是公司从事经营活动的物质基础，是对公司债权人的担保，而公司注册资本则是确保其财产的基础。"②

（二）资本信用的维持是保障资产信用的重要路径

注册资本是公司资产的原始组成部分，特别是对于那些很少进行借贷，主要靠公司自有资本进行经营的公司而言，公司的注册资本往往是其资产的主体构成部分，所以对公司注册资本的维护也就是在维护公司资产；对于那些既靠自有资本又靠借贷资本进行经营的公司而言，对于注册资本的维护同样也是维护其资产的重要路径，不仅仅因为注册资本本身也是构成公司资产的重要组成部分，公司无盈余不得进行分配的基本原则要求公司必须以净资产减去公司法定公积金（前一年度有亏损的还得先弥补亏损）之后才能进行分配，所以借贷资金必须减除后才有可能进行分配。所以说，可以通过对注册资本的维持实现资产信用的相对稳定性。

（三）资本信用与资产信用都具有显著的时间性

无论是资本信用还是资产信用都具有显著的时间性，就公司法而言，由于资本主要是指公司注册资本，所以，公司资本信用主要是指公司注册

---

① Kathleen van der Linde，The Regulation of Conflict Situations Relating to Share Capital，21South African Mercantile Law Journal，37(2009).
② 王保树、崔勤之：《中国公司法》，中国工人出版社 1995 年版，第 299 页。

资本信用,就此而言,注册资本信用具有鲜明的时间性,因为公司注册资本只是反映了公司设立时的资本状态,在公司经营过程中可能会盈利也可能会亏损,资本数额会随之呈现出动态的变化,而不会恒久不变。因此学界认为,资本信用主要是指公司设立时的信用状态。当公司进入经营阶段之后,公司的信用基础由资本变为资产,公司拥有的实际资产对债权人更具担保意义,而公司资本只是其中一个具体构成部分,因为"公司可以通过除了股本之外的其他形式,例如贷款、债务或者积累的收益展开经营"①。但公司资产也不是确定不变的,也会伴随着公司的经营状况不断发生变化,某一时点所确定的公司资产数额都不是静态的,都会伴随着公司的经营状况、举债状况以及面临的诉讼状况等相关事项而发生改变。如果公司经营效果良好,则会盈利,公司资产将会不断增加;如果公司经营不善,则会亏损,公司资产也会缩减;如果公司面临诉讼,败诉则会面临民事赔偿,将会使公司资产遭受损失。因此,对于公司而言,无论是资本信用还是资产信用,都具有显著的时间性,其具体的债权保障能力都处于不断的变化当中。

四、资产信用范式对资本信用范式的突破

自从赵旭东教授于 2003 年明确提出资产信用理论至今,该理论在公司法学界产生了巨大的反响,对公司法学研究产生了重要的推进作用,对我国公司法的制度改革也产生了重要的影响。资产信用范式对传统资本信用范式有着明显的突破,其意义主要体现在以下几个方面。

(一)修正了学界对公司资本担保功能的认识

资产信用范式修正了学界关于公司注册资本担保功能的传统认识,其对资本信用的核心批判点就是在于否定公司注册资本的担保功能。而这一认识对于保护公司债权人利益具有重要价值,因为即使奉行严格的资本确定、资本维持与资本不变原则,也不可能阻止公司由于经营原因而导致的资本损失,公司资本的不变是相对的,而变化则是绝对的,所以单纯依靠公司注册资本衡量公司担保功能的观点是片面的。一旦公司进入了经营阶段,对公司债权人而言,最重要的就是公司是否具有到期清偿能力,也就是公司资产的数量是否能够清偿到期债务,资产是公司债务履行的重要担保,而不是公司资本,公司资产的来源则可能是多种路径,包括股东出资、

---

① Kathleen van der Linde, The Regulation of Conflict Situations Relating to Share Capital, 21South African Mercantile Law Journal,36(2009).

贷款、借债以及经营收益等等。所以,在资产信用范式下,对公司资产的规制不仅包括由股东出资构成的股权资本,还包括由公司贷款以及借债等形成的债务资金。

(二)强化了学界对公司经营阶段资本流转规制的重视

资产信用范式更加强调了对公司经营阶段资本流转的控制,有助于学界将公司资本规制的研究重点从公司设立阶段的资本形成制度转移到公司经营阶段的资本流转制度。赵旭东教授在《从资本信用到资产信用》一文中,围绕着法定最低注册资本制度以及股东出资形式制度对我国1993年《公司法》公司设立阶段资本形成制度进行了强烈的批判,建议将对公司资本制度的关注点转移到经营阶段,指出资本规制的核心在于"公司资产流向的合理与监控"[①]。这种资本规制研究重点由设立阶段资本形成制度向公司经营阶段资本流转规制的转向,对于推进我国当前公司法资本规制的完善具有重要的意义,因为损害公司债权人利益的资本弱化行为主要发生在公司经营阶段,许多破产欺诈行为也往往是在公司正式破产程序启动前的经营阶段发生的。

(三)推进了公司资本规制制度架构的研究

资产信用范式理论的第三个突破就在于有助于推进对公司资本规制制度架构的研究,如果以法定最低注册资本制度为代表的公司设立阶段资本形成制度,难以对债权人进行有效保护,而是应当将重点放置于公司经营阶段的资产流转规制上,那么公司资本规制的方式也应当随之改进。正如赵旭东教授所指出的,从资本信用到资产信用的转变,其突出的法律意义在于对现行公司法制度的变革。[②]因为行政管制在以法定最低注册资本为核心的公司设立阶段资本形成规制中占据着主导地位,而资产信用要求将重点放置于公司资产的流转之上,因此可以适当弱化对最低注册资本、出资形式以及强制验资等公司设立过程中的行政管制措施,同时适度推进公司法人人格否认制度等事后司法规制制度建构,此外,还要推进公司财务会计与信息披露等制度,以强化对公司资本流转的监督与控制。

五、资产信用范式的缺失

资产信用范式对推进我国公司资本规制的学术研究以及立法发展都

---

① 赵旭东:《从资本信用到资产信用》,《法学研究》2003年第5期,第122页。
② 参见赵旭东:《从资本信用到资产信用》,《法学研究》2003年第5期,第120页。

产生了重要的价值,直到现在该范式依然具有重要的指导意义。但是,这并不能否认其缺失性,具体而言,其缺失主要体现在以下几个方面。

(一)对公司资本规制改革推进的整体性关注不足

根据系统论原理,"一切事物都表现为系统的形式"①,系统论是一个有机整体,公司资本规制也是如此,因此对公司资本规制改革的推进必须注重整体性。但是资产信用范式对公司资本规制的整体性关注不足,因为该范式强调的是对公司资产流转的规制,也就是说其关注的核心在于公司经营阶段,对公司设立阶段资本形成规制关注不够,同时也忽视了对破产阶段资本退出规制的关注。然而公司资本规制是一个系统化的整体,对公司资本规制改革的推进应当贯穿于公司的系统运行过程当中,也就是要注重对设立阶段资本形成规制、经营阶段资本流转规制以及破产阶段资本退出规制的整体性推进,单一地集中于其中某个阶段的改革措施难以起到保护公司债权人利益的效果,所以如果只是将改革定位于公司经营阶段的资本流转规制,改革的目标难以实现。一方面,股东可以通过公司设立阶段的资本欺诈行为损害债权人利益,比如对实物出资高估作价、虚报注册资本、虚报实缴资本等等,特别是当前认缴资本制的实施取消了强制验资程序,上述资本欺诈行为可能会更加猖獗。另一方面,即使在公司经营阶段的债权人保护制度具有相当程度的完备性,但是公司控制股东以及公司董事等控制者也可能在破产阶段利用破产程序逃避债务,例如积极筹划恶意破产行为,或者在破产程序中隐瞒财产、放弃债权以及进行偏颇性清偿等等,依然会损害债权人利益。所以,对公司资本规制改革的推进必须关注公司资本规制系统的整体构成,而不能局限于公司经营阶段。

(二)对公司资本规制改革推进的层次性关注不足

公司资本规制作为一个系统,其结构组织具有多层次性,也就是说,公司资本规制可以划分成多个次级系统,其次级系统又可以进一步划分成自身的次级系统,而公司资本规制的整体功能就是在这种各个层级的系统功能逐级累积的基础上形成的,所以,对公司资本规制改革的推进必须关注其层次性。但是,资产信用范式对公司资本规制的层次性关注不足,在资产信用范式下,对公司资本规制改革的推进缺乏鲜明的层次性分析。例如,公司资本规制作为一个系统可以划分成公司设立阶段资本形成规制、

① 徐经泽、胡宗煊、李小方:《社会学和系统论》,《文史哲》1985年第4期,第80页。

经营阶段资本流转规制与破产阶段资本退出规制三个子系统,而公司经营阶段的资本流转规制自身又可以进一步划分为公司法规制与公司法外制度规制(比如合同法)两个子系统,所以,对公司经营阶段资本流转的规制应当注重从公司法以及公司法外制度两个领域进行。例如,在美国,《统一欺诈转让法》[1]就对公司债权人保护发挥着重要功能。此外,资产信用范式核心内容之一在于强调放松设立阶段资本行政管制[2],强调降低甚至放弃最低注册资本制度,放宽出资形式,允许股份折价发行以及放松股份回购,等等,然而公司设立阶段资本形成规制本身也是一个系统,放松公司设立阶段的资本行政管制,并不代表彻底放松设立阶段的公司资本规制,因为通过公司设立阶段而筹集的资本是公司资产的初始构成,标志着公司的初始商事信用担保能力,与债权人对交易相对人的选择以及债权人的利益保护也存在着紧密关系。所以,公司设立阶段行政管制的放松需要司法规制的强化作为替代性支撑。也就是说,公司设立阶段资本规制作为公司资本规制的子系统,其自身也可以划分成行政管制与司法规制两个子系统,因此,对行政管制的放松应当以司法规制的强化作为替代性措施。以股东出资规制为例,美国 1984 年《标准公司法》取消了对股东出资形式的限制,但却强化了公司董事会对股东出资对价的判断义务,董事会必须根据经营判断规则来判断股东出资对价的充分性,而经营判断规则是一种典型的事后司法规制措施。日本 2005 年《公司法》放弃了最低注册资本要求,但是明确设置了"设立时董事制度"负责对公司设立时股东与发起人的出资行为进行调查,如果由于"设立时董事"的过错给包括债权人在内的第三人造成损害,债权人等第三人可以对"设立时董事"追责。因此,就公司设立阶段资本形成规制改革而言,不应当仅仅弱化甚至废除严格的行政管制,还应当以司法规制的强化作为替代性措施。

(三)对公司资本规制改革推进的协同性关注不足

资产信用范式核心在于淡化公司注册资本的信用担保功能,而强调公司资产保护对债权人利益保护的重要性,因此,其制度改革关注点在于强化公司经营阶段资本流转规制,并放松设立阶段的资本行政管制。但是,

---

[1] 该法在 1918 年正式确立,当时称为《统一欺诈交易法》(The Uniform Fraudulent Conveyance Action),1984 年进行修订改为《统一欺诈转让法》(The Uniform Fraudulent Transfers Act), 2014 年再次修订改为《统一撤销转让法》(The Uniform Voidable Transactions Act),本书在这里沿用了《统一欺诈转让法》的名称。

[2] 参见赵旭东:《从资本信用到资产信用》,《法学研究》2003 年第 5 期,第 120 页。

其未能阐明公司设立阶段资本形成规制与公司经营阶段资本流转规制之间的相互联系与相互作用,没有揭示两个不同阶段改革之间的关系及其对整体公司资本规制改革的影响,更未涉及与公司破产阶段资本退出改革的协同性,这是该范式最大的缺失。因为公司设立阶段资本形成规制、经营阶段资本流转规制以及破产阶段资本退出规制是一个有机体系,是一个系统,三个阶段相互联系、相互作用、相互协同,共同决定着公司资本规制的功效,对任何一个阶段改革的推进都应当同时考量其他阶段的协同性改革,这种协同性不同于整体性,其更加强调不同阶段甚至不同制度建构之间的关联性、统一性甚至是融合性。例如,公司设立阶段股东的出资、经营阶段股东的增资都可以通过关联交易进行转移,股东进而再通过破产程序逃避债务,因此公司设立阶段资本规制的放松势必要与经营阶段以及破产阶段资本规制的强化协同进行,否则债权人利益难以保护,公司制度大厦之基础将不再稳固。同时,也只有充分考量这种不同阶段之间公司资本规制改革的协同性,才能够更好地发挥公司资本规制系统的整体功能,因为"部分之间如果具有协同作用,那么就其具有协同作用所决定的性质而言,部分之和就会大于整体"[1]。

(四)对公司资本规制改革推进的综合性关注不足

资产信用范式对资本规制研究的重心局限于公司经营阶段,将公司资本规制制度设计的重心限制于公司法自身。尽管赵旭东教授在《从资本信用到资产信用》"中国公司制度重构"这一部分也指出了会计制度以及债权人撤销权制度对于保护债权人利益的重要作用,但是其核心依然是强调公司法自身的制度构建,而且将财务会计制度也当作公司法自身的财务会计制度,也就是说整个制度构建都是围绕公司法而展开的,"从资本信用到资产信用的转变不是现行公司制度的局部修正和补充,而是整个公司立法、司法和理论的战略性调整"[2],未能跨出公司法范畴而推进资本规制体系改革。但是公司资本规制从来不只是公司法自身的任务,必须充分考量其他相关法规特别是合同法、破产法以及专门性欺诈转让规制立法对资本规制功能的重要影响。针对公司资本规制制度构成的这种综合性,意大利学者 Massimo Miola 在对法定资本制度进行评判时也表达了相似的观点:"法定资本制度必须与其他各种各样的债权人保护技术相结合,考量到它

---

[1] 魏宏森、曾国屏:《系统论:系统科学哲学》,中国出版集团 2000 年版,第 210 页。

[2] 赵旭东:《从资本信用到资产信用》,《法学研究》2003 年第 5 期,第 123 页。

们之间整合在一起的优点、可能性与效应。"①接着,他又指出,在不同法律体系下债权人的保护模式并不一样,欧洲公司资本制度以债权人保护为中心,而美国公司法则是以债务人为中心导向,倾向于支持股东利益,强调股东融资的灵活性,对公司债权人的保护主要是依靠公司法之外的其他制度。② 确实如此,在美国,除《公司法》外,《合同法》《统一欺诈转让法》以及《破产法》等相关制度都对公司债权人发挥着极其重要的保护功能,甚至有学者认为:"在美国,契约是债权人控制公司债务与股权冲突的主要方法。"③当然,在欧洲,无论是德国还是英国,在强化公司法对债权人保护的同时,也都注重破产法对债权人的保护。因此,公司资本规制的推进应当强化其综合性,不应局限于公司法制度自身的改革,而应当推进公司法及其他相关制度的系统性改革。

第三节　系统论范式对推进公司资本规制研究的方法论意义

"在科学历程中,学术思想的革命总是同概念、范畴的革命相连的。与变革理论体系的革命一样,概念、范畴的革命是极其重要的。概念的革命标志着学术思想的革命或新的学术思想的出现。"④系统论的主题就是阐述和推导一般地适用于系统的各种原理。⑤ 系统论方式为资本规制提供了一种崭新的研究方法,其根源在于系统论原理的指导意义,所以系统论范式的资本规制方法论意义是以系统论原理为基础的。在一系列系统论原理当中,系统的整体性、协同性、层次性与开放性原理居于核心地位,对于推进法学研究也起着更加重要的作用,因为"法律规范系统的系统研究涉及一系列需要解决的难题,其中包括:系统整体的界定、系统分层、系统边界的划分和重构、系统与组分(包括子系统和元素)、系统组分与外部法

① Massimo Miola, Legal Capital and Limited Liability Companies: The European Perspective, 2European Company and Financial Law Review, 420(2005).

② see Massimo Miola, Legal Capital and Limited Liability Companies: The European Perspective, 2European Company and Financial Law Review, 420(2005).

③ Barry E. Adler, Marcel Kahan, Technology of Creditor Protection, 161University of Pennsylvania Law Review, 1773(2013).

④ 张文显:《当代中国法哲学研究范式的转换——从阶级斗争范式到权利本位范式》,《中国法学》2001 年第 1 期,第 71 页。

⑤ 参见[美]冯·贝塔朗菲:《一般系统论》,林康义、魏宏森等译,清华大学出版社 1987 年版,第30 页。

律环境(涉及与宪法和其他法律部门以及与国际法等之间的关系),以及系统生成和演化等问题"①。所以,本书重点从整体性原理、层次性原理、协同性原理与开放性原理四个方面阐述系统论范式对推进公司资本规制研究的方法论意义。

一、整体性原理:公司资本规制改革必须注重整体性推进

整体性原理的核心在于强调"各个要素一旦组成系统整体,就具有孤立要素所不具有的性质和功能,整体的性质和功能不等于各个要素性质和功能相加"②。通常所说的"整体大于部分之和"就是对整体性原理的一个重要表述③,但是这里的"'大于'无非是'优于','胜于'的意思,它实际上是一个综合尺度,对此应有一个辩证的理解"④。显然,整体性原理在于突出系统的结构效应与组织效应,而这种结构效应与组织效应取决于系统构成要素的性质、功能及其相互作用状态。整体性原理对公司资本规制改革最具指引意义:公司资本规制改革必须注重整体性,注重从整体制度改革的视角来推进公司资本规制改革,注重从整体视角来审视与评判公司资本规制改革的效果,因为公司资本规制本身是一个由若干要素组成的系统整体,系统整体的功能优于其构成要素的功能,尽管每个要素都对公司资本规制这一系统的整体功能产生重要影响,但是这种影响是在各个要素的相互作用、相互影响中实现的,单一要素则难以有效实现公司资本规制改革的目标。例如,以公司的运行阶段为标准,可以将公司资本规制划分为公司设立阶段资本形成规制、经营就阶段资本流转规制以及破产阶段资本退出规制,也就是说公司资本规制作为一个系统整体包含着公司设立阶段资本形成规制、经营就阶段资本流转规制以及破产阶段资本退出规制三个构成要素。所以,对公司资本规制改革的推进必须注重对设立阶段资本形成规制、经营阶段资本流转规制以及破产阶段资本退出规制的整体性推进,而不是孤立地对上述三个阶段的公司资本制度进行改革。例如,如果公司资本规制改革停留于公司设立阶段与经营阶段,而破产阶段的资本规制改革严重滞后,依然无法充分保护债权人利益,因为债权人可以通过恶意破

① 熊继宁:《系统法学导论》,知识产权出版社 2006 年版,第 105 页。
② 魏宏森、王伟:《广义系统论的基本原理》,《系统辩证学学报》1993 年第 1 期,第 53 页。
③ 参见[美]冯·贝塔朗菲:《普通系统论的历史和现状》,《国外社会科学》1978 年第 2 期,第 67 页。
④ 参见许国志:《系统科学》,上海科技教育出版社 2000 年版,第 20 页。

产的方式逃避债务,损害债权人利益。

二、层次性原理:公司资本规制改革必须注重层级性推进

层次性原理在系统论中占据重要地位,因为"系统论也不孤立地考察系统的整体性,而是在其与部分、层次、结构、功能、环境的相互关系中来考察其整体性的"①。该原理强调系统是一个多层次结构组织,其各个具体构成要素自身也是一个独立系统,是整体资本规制的子系统,双方是高层系统与低层系统关系,高层系统包含低层系统,低层系统构成高层系统。"系统的不同层次往往发挥着不同系统的功能"②,并且"系统结构和功能的层次性实际上是与系统的发展相联系的"③。该原理表明资本规制系统是由若干低层级系统构成的高层系统,其低层系统的组织结构对其功能具有重要的影响,与资本规制的发展紧密相关,公司资本规制作为一个高级系统,其功能终究还是来自其低级系统功能的整合,如果对低级系统功能缺乏应有的认识,会导致对公司资本规制功能认识的层级性缺失,无法找到应对公司资本规制问题的针对性方法。所以必须明晰各个子系统的功能定位与立法取舍,进而优化子系统组织构造,最终使其更好地服务于整体资本规制系统功能的发挥。

三、协同性原理:公司资本规制改革必须注重协同性推进

协同性原理强调系统的构成要素不仅仅是一个由局部简单相加而构成的一般整体,而是一个具有特殊新质的整体,之所以具有特殊的新质,是因为构成系统的各个要素之间存在着紧密的协同性,这种协同性使得系统构成要素爆发出了单个要素简单相加所不具备的功能,也就是系统的整体性功能。④ 因此,公司资本规制改革必须注重协同性原理的应用,要注重制度架构的协同性。这种协同性既体现在宏观制度架构之中,也体现在微观制度设计之中。就宏观制度架构而言,设立阶段资本形成规制、经营阶段资本流转规制以及破产阶段资本退出规制之间的改革要注重协同性,设立阶段资本形成规制强度的弱化必须辅以经营阶段资本流转规制以及破产阶段资本退出规制的强化;资本行政管制的弱化必须辅以资本司法规制

① 常绍舜:《从经典系统论到现代系统论》,《系统科学学报》2011 年第 3 期,第 1 页。
② 魏宏森、曾国屏:《系统论——系统科学哲学》,中国出版集团 2009 年版,第 208 页。
③ 魏宏森、曾国屏:《系统论——系统科学哲学》,中国出版集团 2009 年版,第 208 页。
④ 参见魏宏森、曾国屏:《系统论——系统科学哲学》,中国出版集团 2009 年版,第 210 页。

的强化;事前规制的弱化必须辅以事后规制的强化;《公司法》规制的改革必须与《合同法》以及《破产法》等相关法律制度的改革相融合。就微观制度设计而言,必须注重不同具体制度之间的协同性,只有这样才能够使得各个具体制度发挥出应有的效能。例如,公司信息披露制度以及董事信义义务制度之间必须注重协同性,如果公司信息披露制度不完善,涉及公司经营环节的财产流转信息公示不完备,就难以判断董事对其信义义务的履行是否遵循了经营判断规则。就公司信息披露制度的构建而言,也必须注重自身规范的协同性,例如,仅仅构建强制性信息披露制度是不够的,还应当建立第三方信息披露制度,强化信息披露的社会性监管,同时仅仅建立事后信息披露制度也是不科学的,还应当建立预测性信息披露制度,也就是说公司信息披露制度也是一个协同性的体系架构。同时,就对公司资本欺诈转让行为的规制而言,《公司法》对公司经营阶段的资本欺诈转让行为的规制也应当与《破产法》对公司破产阶段的资本欺诈转让行为的规制相协同,否则将会在《公司法》与《破产法》之间出现对欺诈规制的"缝隙",甚至可能会导致对欺诈规制的矛盾与分歧,严重影响对欺诈规制的效果。

四、开放性原理:公司资本规制改革必须注重持续性推进

开放性原理强调了系统构成的开放性发展,因为"系统具有不断地与外界环境进行物质、能量、信息交换的性质和功能,系统向环境开放是系统得以向上发展的前提,也是系统得以稳定存在的条件"①。系统与外界之间、系统与子系统之间以及各个子系统之间都在进行物质、能量与信息的交换。该原理表明,必须对资本规制进行持续性改革,因为资本规制改革受其外部环境制约,伴随着经济环境、社会信用环境以及法律制度环境的变化,资本规制立法必须与时俱进,及时做出必要修正。例如,伴随着市场经济的深入发展,市场主体的日趋成熟以及社会信用制度的不断完善,公司资本规制改革依然需要推进,授权资本制是公司资本制度效率性改革的理想模式,因此公司资本制度未来仍需进一步完善,以提升股东出资效率,灵活地满足公司发展对资金的及时性需求。

在上述四个原理中,整体性原理引领公司资本规制制度的发展,因为整体性原理是协同性原理、层次性原理与开放性原理的基本平台,正是整

---

① 魏宏森、曾国屏:《系统论——系统科学哲学》,中国出版集团 2009 年版,第 208 页。

体性原理体现着系统的根本特性①,"系统论的基本思想是整体优化,整体
效应是系统论的最基本原理"②。协同性原理、层次性原理与开放性原理
则是在整体性原理的指引下,在其各自功能范围之内具体地推进着公司资
本规制制度的发展。因此,对公司资本规制的研究,首先,必须注重整体性
研究,注重公司资本规制制度的整体性构成,这是把握公司资本规制完善
的宏观路径,也只有如此才能摆脱公司资本规制立法改革的碎片化现象,
推进公司资本规制改革的系统性。其次,协同性、层次性与开放性则充分
揭示了公司资本规制整体系统的内在构成与动态发展,公司资本规制的整
体性分析不是简单地分析起各个构成部分,也不是对各个构成部分的独立
分析,而是采用相互联系的观点分析,注重各种规制制度相互作用、相互支
撑,注重不同层级制度的具体建构,从微观层面不断完善制度架构,进而逐
级累积,优化公司资本规制系统的整体功能。最后,还应注重公司资本规
制制度与外在环境之间的动态关联,公司资本规制制度必须对外界环境的
变化做出及时而有力的反应,顺应社会整体经济发展的变化,只有这样,公
司资本规制的整体才能成为生机勃勃的整体,才能满足社会经济发展的现
实需要。

第四节　资本规制系统论范式对资本信用范式、
资产信用范式的继承与突破

"范式的转换既是对传统的继承,也是对传统的超越,继而成为新传
统。"③新的范式并不是对旧有范式的彻底性否定,不是纯粹的替代性关
系,而是在对旧有范式合理成分充分继承的基础上的超越,两者之间存在
着交集,这种交集是旧有范式中的合理成分,体现着新范式对旧范式中合
理成分的认可与继承,同时新的范式又在其他方面对旧有范式实现了超
越,正是这种超越使得新范式更具现实指引意义,从而实现"科学革命"与
范式转换。

一、资本规制系统论范式对资本信用范式、资产信用范式的继承

资本规制系统论范式不同于资本信用范式,也不同于资产信用范式,

① 参见魏宏森、王伟:《广义系统论的基本原理》,《系统辩证学学报》1993 年第 1 期,第 53 页。
② 陆洪生:《运用系统论于犯罪的综合治理》,《中国法学》1989 年第 6 期,第 117 页。
③ 杨素萍:《比较教育的范式研究》,西南大学 2009 年博士学位论文,第 45 页。

但是它们之间并不是截然分立的,并不是体现着绝对的"不可通约性"①,它们之间也存在着紧密的关联。尽管托马斯·库恩提出了范式之间"不可通约"的观点,但是"库恩的'不可通约说'夸大了不同范式之间的非连续性"②,不同范式之间可以存在内容与理念的交叉,对不同范式之间的连续性应当进行客观的审视。这一点在系统论范式上也有着鲜明的体现,无论是资本信用范式还是资产信用范式都在资本规制系统论范式中有着鲜明的体现,也就是说资本规制系统论范式体现着对资本信用范式与资产信用范式的继承。

(一)资本规制系统论范式对资本信用范式的继承:重视公司注册资本的担保功能

资本规制系统论范式对资本信用范式的继承主要体现于对公司注册资本担保功能的重视。资本信用范式的核心在于对公司注册资本担保功能的认可,尽管这种担保功能并不是永恒的、绝对的,而是伴随着公司的经营状态不断发生改变,甚至这种改变使得公司注册资本成为一个静态的数字,根本无法准确反映公司在特定经营时期的具体担保能力,无法为债权人提供稳定的担保能力预期,但是这并不能彻底否定公司注册资本的担保功能,因为注册资本是公司的初始资产,代表着公司的初始信用担保能力,显然初始资本数额越大,公司初始信用担保能力越强,债权人的交易风险也相对越小。所以,注册资本的数额表征着公司的初始信用能力,依然是债权人与其进行商事交易的重要判断基础,很难想象一个债权人将与一个注册资本不足百元的公司展开巨额商事交易。

对注册资本的担保功能,域外学者有着更加明确的解析,例如 Cilliers 教授指出:"为了对公司行为以及它的利益相关者产生重要影响,公司股本应当足够高以期获得某些良好的效果。它应当确保公司股东对公司资产以及公司持续的成功抱有足够的兴趣;它应当确保公司债权人不会由于公司违约而遭受侵害;它应保护社会不会因为公司人格的滥用以及由于公司经营失败而遭受损害。"③同时,Delport 教授则认为:"公司股本能够使公

---

① [美]托马斯·库恩:《科学革命的结构》,金吾伦、胡新和译,北京大学出版社 2012 年版,第 6 页。

② 阎愚:《冲突法理论的范式研究》,人民出版社 2018 年版,第 28 页。

③ Hendrik Stephanus Cilliers A Critical Enquiry into the Origin, Development and Meaning of theConcept 'Limited Liability' in Company Law (unpublished LLD thesis, University of South Africa). 转引自 Kathleen van der Linde, The Regulation of Conflict Situations Relating to Share Capital, 21South African Mercantile Law Journal, 35(2009).

司获益,因为它能够增加公司的信用并因此降低公司筹资的成本。"①英国学者 Jonathan Rickford 甚至认为,如果注册资本由于公司商业行为而遭受损失,债权人可以相信公司在经营过程中在向股东进行资产分配之前会对注册资本所确定的数额进行填补。②显然,这一观点不仅说明了公司资本维持的义务,而且突出地表明了注册资本数额对资本维持的意义,即当公司的注册资本遭受损失时,公司应当首先将经营收益用于填补认缴资本所确定的数额,然后才能向股东进行资产分配,显然,这是资本信用价值在公司经营阶段的体现。

当然,我国公司法学界对此也有着清醒的认识。尽管 2013 年《公司法》认缴资本制改革从立法的层面确立了资产信用的绝对主导地位,但是学界对其改革的质疑同样非常有力,并且对资本信用及其功能的必要性依然予以充分的认可。例如,甘培忠教授指出:"依据对我国诚信环境的认识和判断,我们应该选择长期坚守法定资本制的核心价值。"③陈甦教授则进一步指出:"资本信用规制仍具有公司法上的现实效用。"④"注册资本制度绝非公司法上的制度阑尾,而是一个对维持公司信用起实质作用的具有现实活力的制度器官。"⑤蒋大兴教授明确表示对认缴资本制改革的质疑:"大量的实证数据表明,我国取消最低注册资本、改实缴制为合约缴纳制等改革措施欠缺合约逻辑和经济逻辑,也不符合我国的文化偏好。"⑥

资本规制系统论范式尊重公司注册资本的信用担保能力,承认注册资本数额及其缴付情形对公司债权人利益保护的重要性。因为资本规制系统论范式强调从公司设立阶段、经营阶段以及破产阶段三个方面强化对资本运行的规制,而设立阶段在于强化公司资本形成规制,是为了保障公司设立时资本筹集的及时、真实、足额、有效,从而奠定公司良好的信用基础。

---

① Petrus Albertus Delport Die Verkryging van Kapitaal in die Suid-Afrikaanse Maatskappyeregmet SpesifiekeVerwysingna die Aanbod van Aandeleaan die Publiek (unpublished LLD thesis, University of Pretoria). 转引自 Kathleen van der Linde, The Regulation of Conflict Situations Relating to Share Capital, 21South African Mercantile Law Journal, 35(2009).

② see Jonathan Rickford, Report of the Interdisciplinary Group on Capital Maintenance, 15European Business Law Review, 928(2004).

③ 甘培忠:《论长期坚守我国法定资本制的核心价值》,《法律适用》2014 年第 6 期,第 90 页。

④ 陈甦:《资本信用与资产信用的学说分析及规范分野》,《环球法律评论》2015 年第 1 期,第 44 页。

⑤ 陈甦:《资本信用与资产信用的学说分析及规范分野》,《环球法律评论》2015 年第 1 期,第 44 页。

⑥ 蒋大兴:《质疑法定资本制之改革》,《中国法学》2015 年第 6 期,第 136 页。

更进一步说,注册资本是公司设立阶段资本形成规制的中心,对公司设立阶段资本形成规制的重视,就是对公司注册资本规制的重视。需要特别说明的是,资本规制系统论范式不仅强调公司设立阶段资本规制的重要性,而且强调应当从公司设立阶段资本形成规制、公司经营阶段资本流转规制以及公司破产阶段资本退出规制的系统互动中拓寻改革的出路,强调上述不同阶段资本规制改革的替代性影响,强调上述不同阶段资本规制改革具体方式的变化,以期改革后实现资本制度效率性价值的同时,并未降低公司资本规制的强度,依然能够给予公司债权人有力的保护。所以,资本规制系统论范式本身依然包含着资本信用范式的相关理念及其价值选择,只是实现方式与路径不同而已。例如,在公司设立阶段取消强制验资等行政管制手段的情形下,资本规制系统论范式主张应当强化董事对出资的商事判断义务及其责任规制,使得对设立阶段出资的判断由事前的行政管制走向事后的司法规制。

(二)资本规制系统论范式对资产信用范式的继承:强化公司经营阶段的资本流转规制①

资本规制系统论范式对资产信用范式的继承主要体现于对公司经营阶段资本流转规制的重视,对经营阶段资本流转规制的强化是二者的核心共性。资产信用范式是相对于资本信用范式而言的,其核心理念在于强调公司资产彰显着公司的信用担保能力,公司的实际担保能力由公司资产决定。公司资产不同于公司注册资本,因为后者只是一个静态数字,当公司开展商事经营之后,公司的初始资本状态必然发生改变,或者由于盈利而增加,或者由于亏损与控制者机会主义行为而减少,而且公司在经营中还可能进行借债或者接受捐赠等等,因此在公司的实际经营中资产数额可能大于注册资本,也可能小于注册资本,而且债权人真正关心的是其公司的资产状态即公司资产能否及时清偿其到期债务。② 为此,必须强化公司经营阶段的资本流转规制,而公司经营阶段的资本则是指广义上的资本即公司资产③,所以,对公司经营阶段的资本流转规制必须保证公司资产信息

---

① 这里资本流转规制中的资本是前文公司资本界定中的广义资本即公司资产,因为在进入公司经营阶段之后,公司资本融入公司资产,本书中的公司资本意涵是多元化的,既包括狭义资本又包括广义资本,具体分析见前文关于公司资本的界定。分析依据参见周友苏:《新公司法论》,法律出版社 2006 年版,第 174 页;施天涛:《公司法论》,法律出版社 2006 年版,第 160 页。

② 参见邹海林、陈洁:《公司资本制度的现代化》,社会科学出版社 2014 年版,第 45 页。

③ 参见周友苏:《新公司法论》,法律出版社 2006 年版,第 174 页;施天涛:《公司法论》,法律出版社 2006 年版,第 160 页。

的真实性与完整性,包括资产结构信息、资产流动信息以及资产状态信息,同时还要防止公司资产的非正常性转移与流失,也就是防止公司控制者机会主义行为对公司资产的恶意侵害。显然,公司经营阶段是公司的运行阶段也是公司的主要存续阶段,这一阶段公司的实际资产数额会由于公司经营业绩的变化而呈现增长或下降,债权人也主要是在这一阶段同公司进行商事交易,公司的信用担保在这一阶段更为重要。

资本规制系统论范式尤其注重对公司经营阶段的资本流转规制,尽管系统论范式强调从公司设立阶段、经营阶段以及破产阶段系统化地推进资本规制的发展,但是公司经营阶段资本的流转规制是公司资本规制体系的中心。因为债权人主要是在公司经营阶段与公司展开商事交易的,债权人更加关注公司对其到期债务的清偿能力,也就是公司的实际资产状况,只要公司资产能够偿还债权人债务,债权人利益就能够得到保护,债权人的交易风险就可以得到控制。同时,弱化公司资本的机会主义行为也多形成于公司经营阶段,公司控制者正是在公司经营阶段通过关联交易等形式进行资产转移,逃避债务,损害债权人利益,所以从对公司资本弱化机会主义行为的规制而言,对经营阶段的资本流转规制也是公司资本规制体系的中心。虽然资本规制系统论范式强调公司资本规制改革的重心是由公司设立阶段资本形成规制走向经营阶段资本流转规制与破产阶段资本退出规制,但是相对于破产阶段资本退出规制而言,经营阶段的资本流转规制对债权人可能更具意义,因为许多破产欺诈行为虽然结果出现于破产阶段,但是其具体行为多实施于公司经营阶段,而且一旦进入破产阶段,债权人的损失往往难以避免。因此,强化对公司经营阶段的资本流转规制是系统论范式下公司资本规制立法体系构建的核心,这一点鲜明地体现着对公司资产信用理念与价值的继承。

二、资本规制系统论范式对资本信用范式、资产信用范式的突破

"科学革命由新概念图示或'范式'的出现来界定。它们突出了先前没有看到或没有理解的,甚至在'常规的'科学中被压制的方面。"[①]资本规制系统论范式的重要意义就在于其实现了对资本信用范式与资产信用范式的理论突破,使那些在资本信用范式与资产信用范式中被忽视的资本规制

---

① ［美］冯·贝塔朗菲:《一般系统论:基础、发展和应用》,林康义、魏宏森译,清华大学出版社1987年版,第16页。

运行规律得以充分展现,进而全面、系统地揭示出公司资本规制的内在发展逻辑,这对我们更加理性地推进公司资本规制立法改革进程具有重要的意义。这种突破主要体现在以下几个方面。

(一)公司资本规制研究的整体性突破

资本规制系统论范式强调对公司资本规制的整体性研究,这种整体性跨越公司的整个运行过程,强调公司资本规制是一个由设立阶段资本形成规制、经营阶段资本流转规制以及破产阶段资本退出规制组成的整体[1],对公司资本规制立法的研究必须是一种整体性研究,无论是公司设立阶段资本形成规制、经营阶段资本流转规制还是破产阶段资本退出规制都是研究中不可或缺的内容,缺少对任何一个阶段的研究都是不完整的,显然这种整体性研究是对资本信用范式以及资产信用范式的重要突破。因为资本信用范式以公司注册资本制度为中心,侧重对公司设立阶段的资本形成规制进行研究,同时也关注公司经营阶段的资本流转规制,例如资本维持原则就是体现着对公司经营阶段资本流转规制的要求。但是,资本信用范式并未对公司破产阶段的资本规制进行关注,因此其整体性研究的边界存在局限。同样,资产信用范式以对公司经营阶段的资本流转规制为中心,因为公司设立阶段筹集的资本是公司的初始资产,所以资产信用范式也涉及公司设立阶段的资本形成规制,即使是在资产信用范式下,也依然会关注公司设立阶段的资本形成规制。不过资产信用范式也未涉及公司破产阶段的资本规制,依然体现着整体性研究的不足。根据系统论范式,破产阶段是公司资本规制研究必不可少的组成部分,公司破产阶段的资本退出规制对债权人保护而言具有极其重要的现实意义。因为破产欺诈行为对公司债权人利益形成了严峻的挑战,在公司破产程序启动前公司内部人通过各种方式攫取公司资产的破产欺诈案例屡见不鲜[2],并且破产欺诈的数量往往伴随着破产案件数量的增加而增加[3],更重要的是,"非常不幸,破

---

① 当然,根据不同的标准还可以对公司资本规制的系统构成做出多种划分,例如公司资本规制系统可以划分成行政管制与司法规制两个子系统,也可以划分成事前规制与事后规制两个子系统,但是公司设立阶段资本形成规制、经营阶段资本流转规制与破产阶段资本退出规制是最为基础的划分方式。

② see William T. Vukowich, Civil Remedies in Bankruptcy for Corporate Fraud, 6American Bankruptcy Institute Law Review,439(1998).

③ see Mark J. Biros, Bankruptcy Related Fraud: Detecting It and Defending against Allegations of It,1991Complex Crimes Journal,12 (1991).

产欺诈是人性的一个组成部分"①。因此,强化对破产阶段的资本规制显然意义重大,不应忽视对破产阶段资本规制的研究。所以,整体性应成为对公司资本规制进行研究的首要理念,应当将公司设立阶段资本形成规制、经营阶段资本流转规制以及破产阶段资本退出规制作为一个整体来研究,否则改革可能会断章取义,难见实效,资本规制系统论范式则有效地实现了这种整体性研究,拓展了资本信用范式、资产信用范式的研究边界。

(二)公司资本规制研究的多层性突破

根据资本规制系统论范式,公司资本规制被视为一个系统,并且这个系统可以划分成不同的子系统,其子系统也可以进一步划分成不同的次级子系统,进而形成一个由多层级的不同系统构成的整体。因此,资本规制系统论范式注重对公司资本规制的多层级系统性研究,强调公司资本规制系统是由若干低层级子系统逐级按顺序构建而成,其功能实现也是建立在各级子系统的逐级累积之上,正是这些不同层级子系统的相互影响、相互作用最终决定着整个公司资本规制系统的功能。所以,对公司资本规制改革的研究不能忽视单一子系统内部改革的科学化,在推进整体资本规制改革进程中,必须对其各层级子系统进行系统化改造,从而推进公司资本规制多层级系统的良性、协调发展,从而更好地助力于资本规制改革的宏观性、整体性推进,因为法律制度是由"多层类型化规范堆叠产生的体系"②。具体而言,公司资本规制的推进首先应当重视公司设立阶段资本形成规制、经营阶段资本流转规制以及破产阶段资本退出规制之间的协同性推进,而公司设立阶段资本形成规制、经营阶段资本流转规制以及破产阶段资本退出规制自身也是一个独立的系统,上述三个阶段自身作为一个独立的系统还可以进一步划分成各个次级制度系统,改革的推进需要对其上述三个子系统的内部制度构成进行进一步的细化分析,这种层级性分析有助于对各个阶段的资本规制制度构成进行非常具体的填补与修正,从而逐级推进公司资本规制架构的完善,最终推进整个公司资本规制体系的发展。

(三)公司资本规制研究的协同性突破

公司资本规制是一个由设立阶段资本形成规制、经营阶段资本流转规制以及破产阶段资本退出规制组成的系统性整体,但是不同阶段的资本规

---

① John D. Honsberger, Bankruptcy Fraud, 16Chitty's Law Journal, 185-186(1968).

② 蒋舸:《〈反不正当竞争法〉网络条款的反思与解释:以类型化原理为中心》,《中外法学》2019年第 1 期,第 188 页。

制之间并不是完全独立、互不相关的,而是相互联系、相互制约、相辅相成与相互融通的,对公司资本规制体系的研究不是分别对上述三个不同阶段进行各自独立的研究,也不应局限于某两个阶段的互动研究之中,而是应当将三个不同阶段有机地联系在一起,实现制度协同,铸造制度合力。显然,资本规制系统论范式实现了对公司资本规制研究的协同性突破。第一,系统论范式强调公司设立阶段、经营阶段以及破产阶段改革方向的协同性研究,也就是强调从公司资本形成规制到公司资本流转规制再到公司资本退出规制的协同性研究。上述任何一个阶段的资本规制改革都不应单独进行,而是应当考量其与其他阶段之间的互动性。例如,如果要弱化公司设立阶段的资本形成规制,就应当强化公司经营阶段的资本流转规制与破产阶段的资本退出规制,以便从整体上保持公司资本规制的强度。如果说资本信用范式与资产信用范式也涉及对公司资本退出规制研究的协同性,该协同性只是局限于公司设立阶段与公司经营阶段之间的协同,并未涉及与公司破产阶段资本规制研究的协同性,显然协同性的扩展也是资本规制系统论范式对资本信用范式与资产信用范式的重要突破。第二,资本规制系统论范式强调不同阶段具体制度设计的协同性。例如,认缴资本制下强调公司设立阶段的股东出资期限自治,但是公司可能在股东出资缴付期限到来之前无法清偿到期债务,进而危及债权人权益,因此有必要在公司经营阶段建构股东出资加速到期制度,以更好地保护债权人利益。此外,公司资本欺诈行为既可能发生于公司经营阶段,也可能发生于公司破产阶段,但是对两个阶段欺诈行为的规制要实现协同化,比如关于欺诈的意涵、欺诈的认定条件以及救济措施等等,以避免制度上的分歧与矛盾。再者,在对公司债权人的保护上,要填补各个阶段之间尤其是公司经营阶段与公司破产阶段之间的制度缝隙,不该出现制度真空地带,否则将会恶化对公司债权人利益的侵害。例如,公司在经营阶段已经失去清偿能力,处于实质的破产意义上的破产状态,但是公司却迟迟不进入破产程序,而放任这种状态的延续,可能会继续恶化公司财务状况,给债权人利益带来更多损害,此时究竟该如何保护债权人利益,这就需要衔接公司法与破产法的制度建构。对此,澳大利亚《破产法》规定了董事不得拖延提起破产的义务:当公司出现显著的失去清偿能力情形即流动性不足或者过多负债的情形,董事应当最迟在上述情形出现后 60 天内提起破产程序,否则将对公司与债权人承担赔偿责任。① 显然澳大利亚《破产法》对董事不得拖延破产申请的义务规定有助于尽快结束公司经营阶段的不正常状态,更好地保障债权人利益。

(四)公司资本规制研究的范畴性突破

资本规制系统论研究范式有助于拓展对公司资本规制改革范畴的突破,这种突破会扩展其构成边界,"法定资本的改革不是独立或单一的改革,若仅在公司法领域展开法定资本的改革,则可能降低债权人的保护水平。"②有效的公司资本规制制度体系不可局限于单一的公司法这一部门法体系之内,必须围绕两个主要方向进行拓展:一是向合同法拓展,"对资产信用的规制应当属于合同法范畴的事项,进而承认这一法律机制在经济现实中的积极效用,我们的法律思维就实际上已经超越了部门法的限制"③。公司资本规制向合同法拓展的核心在于完善债权人撤销权,以恢复公司被欺诈转移的财产,当然对于债权人撤销权的具体改革方式可以借鉴国外立法的相关规定,并非一定局限在合同法框架内,可以通过专门性立法或者通过最高人民法院发布司法解释的方式进行拓展,例如美国《统一欺诈转让法》即是如此。二是向破产法拓展,因为借助破产逃避债务是公司机会主义行为的重要路径,特别是关联公司之间通过内部关联交易,转移资产逃避债务给债权人利益造成重大损害,其核心在于构建专门性破产欺诈转让制度、公平居次制度以及实质合并制度等等。

---

① see Georg Wabl, To File, or Not to File: That Is the Question. Directors' Duties in the Company Crisis, 40Business Law Review, 56(2019).
② 蒋大兴:《质疑法定资本制之改革》,《中国法学》2015 年第 6 期,第 145 页。
③ 陈甦:《资本信用与资产信用的学说分析及规范分野》,《环球法律评论》2015 年第 1 期,第 51 页。

第四章　系统论范式下公司资本规制体系的类型化解构

　　类型化是一种重要的研究方法,马克斯·韦伯(Max Weber)在《社会科学方法论》中率先将其作为一种研究方法引入社会学研究,强调了"理想类型"的建构对社会关系研究的重要方法论意义。① 格雷(Gray)则较早地强调了类型化思维对法学研究的重要价值,指出:"分析法学的任务就是分类,包括定义,谁能够对法律进行完美的分类,谁就能获得关于法律的完美的知识。"②类型化分析在当前学术研究中产生了广泛而深远的影响,作为一种思维方式,其不仅确立了一种分析问题的方法,而且它介于抽象的概念与具体的事务之间,能够给予实践研究更具体的指引,因为"从抽象的概念到具体应用,其中间必须有一个最佳的衡量方法,能够使抽象概念成为一种可变动的事物,又能得以指导具体的实践活动。这种方法就是类型化方法"③。该方法对法学研究推进同样具有重要的理论与实践意义。英国法学家哈特(Hart)认为"对具体事物的分类是法律决策的核心(问题)"④。因此,类型化方法已经成为当前法学研究的一种重要方法,要借助系统论范式对公司资本规制进行研究,类型化分析依然重要,通过对系统论范式的类型构建,有助于推进公司资本规制的宏观体系完善与微观制度拓补。

第一节　类型化思维及其法学方法论意义

　　类型化思维已经成为当前法学研究中的一种重要方法,通过类型化思

---

① ［德］马克斯·韦伯:《社会科学方法论》,韩水法、莫茜译,中央编译出版社 2005 年版,第 39 页。
② John Chipman Gray, The Nature and Sources of the Law, The Columbia University Press, 1931, p31.
③ 李求轶:《公司诉讼类型化探析》,法律出版社 2010 年版,第 48 页。
④ H. L. A. Hart, Positivism and the Separation of Law and Morals, 71 Harvard Law Review, 593-629(1958).

维对法律制度进行分析,并提出针对性的完善建议,是当前学术研究的一个重要进路。但要结合具体的研究法域进行科学的类型化分析,须对类型化思维的基础理论问题有着深刻的认识,否则会影响类型化思维模式的运用,"如果制度设计者未仔细思考类型化的基础理论,很容易在类型化的道路上误入歧途——或者在'量'上过犹不及,或者在'质'上选错变量,甚至出现'量'和'质'的双重误判"①。所以,我们在运用类型化思维对公司资本规制进行研究时,应首先明细类型化思维的基础理论问题。

一、类型化思维的界定

类型是对类型化思维进行界定的逻辑基础,研究类型化思维应首先掌握类型的意涵:究竟什么是类型? 根据一般理解,类型含有同类或典型的意思,而不同学者对其界定亦不尽相同。刘士国教授认为:"类型,是指具有相同特征的事物。"②张斌峰教授与陈西茜博士则认为:"'类型'是指单个具有相同或类似属性的个体(或元素)的集合。"③学者吴从周则从现象学意义上对其进行了解释:"它是多次重复出现的而且具有大致相同的外部特征。"④而《新华字典》则将类型解释为:具有共同特征的事物所形成的种类。对于上述关于类型意涵的不同界定,本书认为不同学者理解的基础与侧重的角度并不相同,但是实质都没有脱离对事物共性的表达,而且这种共性是以对事物的外部特征分析为基础的。因此,本书更倾向于《新华字典》对类型概念的界定。

在明晰类型意涵的基础上,可以更好地理解类型化的含义,"类型化就是以事物的根本特征为标准对研究对象的类属进行划分"⑤。例如,公司法中对公司类型的划分,以是否发行股份为特征,可以将公司分为股份有限责任公司和有限责任公司;以发行股份是否在证券交易所进行公开交易为特征,可以分为一般性的股份有限责任公司和上市公司。类型化本身就是一种思维方式,简单地说,类型化思维就是以类型为基础进行的思维,具体而言可以将类型化思维界定为:以事物的类别为基础,按照事物类别的

---

① 蒋舸:《〈反不正当竞争法〉网络条款的反思与解释:以类型化原理为中心》,《中外法学》2019年第1期,第193页。
② 刘士国:《类型化与民法解释》,《法学研究》2007年第5期,第11页。
③ 张斌峰、陈西茜:《试论类型化思维及其法律适用价值》,《政法论丛》2017年第3期,第118页。
④ 参见吴从周:"译序",载[德]亚图·考夫曼:《类推与"事物本质"——兼论类型理论》,吴从周译,台湾学林文化事业有限公司1999年版,第13页。
⑤ 张旭东:《民事诉讼程序类型化研究》,厦门大学出版社2012年版,第36页。

特定逻辑进行分析、思考、判断、推理以及理论体系建构的思维活动。①

类型化思维的核心在于构建一种科学的认知模式,这种认知模式是利用对事物具体共性特征的把握,并通过无数次的实践检验建构而成的,从而达到降低决策成本、提升认知效率、优化制度构建的目的。这种认知模式的特点主要是相对于概念性认知模式而言的,所以,结合对概念性认知模式的比较分析,能够更加科学认识和把握类型化思维模式的特点。

二、类型化思维的内在逻辑动因:基于对概念性思维的批判

"类型化是以事物的根本特征为标准对研究对象的类属进行划分。"②类型化分析首先涉及的必然是其逻辑动因问题,即作为一种独特的思维方式,类型化分析究竟为何产生,类型化分析的特点或者价值是什么。这不仅需要对类型化思维自身的特性进行深入的挖掘,而且需要在比较分析中加以说明,特别是通过与类型化分析直接相对的概念性分析的比较,突出类型化分析方式产生的逻辑动因。

(一)概念性思维的特性局限:以单向性思维为中心

类型化思维主要是对应概念性思维而言的,"类型化思维是为了解决抽象概念思维的局限而发展出来的一种思维方法"③。概念是对事物本质的反映,是一种对所有同类事物本质的抽象概括,反映着事物内在的根本特征,而且概念具有简洁性,难以全面具体地反映事物的外在特征。概念性思维的主要局限就在于单向性思维,这种单向性思维主要是指概念性思维的抽象性。学者从不同的方面概括了概念性思维的特性,例如有学者认为概念性思维具有定义性、涵摄性、确定性与封闭性,④但是上述特性归根结底还是因为概念性思维的抽象性,因为概念性思维远离了具体的事物,是一种对事物共性的抽象表达,也正是因为其抽象性,也就具有了涵摄性、确定性与封闭性。

(二)类型化思维的特性延展:以双向性思维为中心

类型化思维是对应概念性思维而产生的,这种思维活动具有鲜明的双

---

① 参见张斌峰、陈西茜:《试论类型化思维及其法律适用价值》,《政法论丛》2017 年第 3 期,第 119 页。

② 张旭东:《民事诉讼程序类型化研究》,厦门大学出版社 2012 年版,第 36 页。

③ 〔德〕卡尔·拉伦茨:《法学方法论》陈爱娥译,商务印书馆 2005 年版,第 338 页。

④ 参见张斌峰、陈西茜:《试论类型化思维及其法律适用价值》,《政法论丛》2017 年第 3 期,第 120-121 页。

向性,是介于抽象概念与具体事物之间的思维方式,既具有一定程度的抽象性,又具有鲜明的具体性,同时这种思维方式既脱离了概念的宏观抽象性束缚,又摆脱了具体事物的微观个别性限制,打破了抽象性与个别性的二元对立模式,是抽象性与个别性的过渡,是普遍性与特殊性的中间桥梁。相对于抽象宏观的概念分析与具体微观的个别分析,类型化分析体现出了典型的双向性:一方面,相对于概念性分析而言,它具有具体性,因为不同的类型是沿着事物所具有的各自共同要素做出的归纳与总结,各个不同要素既是划分不同类型的基础,也是理解抽象概念的具体路径,简单地说,类型是对概念的一种演绎,更确切地说,是一种中度演绎,是借助具体事物之间的某种共性而对抽象的概念分析进行的具体表达。另一方面,相对于个别性而言,类型又具有鲜明的抽象性、概况性与统帅性,每个具体类型都包含着无数的个体,类型是在对无数个体某一共性特征总结的基础上而形成的表达方式,"是对生活要素和具体个案的提炼与归纳,体现为一种抽象化概括思维"①。正是这种双向性思维模式彰显着类型化思维独特的存在价值。

尽管有学者对类型化思维的特征进行了多元化的表达,但其中心特征还是在于其双向性的思维,正是因为其双向性的思维方式才产生了其他的相关思维特性。有学者认为,类型化思维具有层级性、开放性、意义性、直观性以及整体性等特点。② 有学者认为,类型化思维具有描述性、相似性、模糊性以及开放性等特点。③ 有学者则认为,类型化思维具有开放性、中度抽象化、双向性、归类依据价值性和判断标准模糊性等特点。④ 不同学者对类型化思维特点的归纳不尽相同,但是也存在着明显的交叉,这些特点的根基还是在于其思维方式的双向性。例如,开放性与层级性是意义相近的表达,开放性首先意味着层级性,这两个特征都重在说明类型边界的不确定性,而类型的边界之所以具有不确定性,是因为它既指向抽象性,又指向具体性,既不过分抽象,又不过分具体,从而使得类型结构的划分具有一定的弹性,从而使得层级性、开放性等相关特性具备了发展的空间。

---

① 张旭东:《民事诉讼程序类型化研究》,厦门大学出版社 2012 年版,第 37 页。
② 参见童航:《类型化思维在法学上的价值及其应用——以形成权为例》,载葛洪义:《法律方法与法律思维》第 8 辑,法律出版社 2012 年版,第 152 页。
③ 参见张斌峰、陈西茜:《试论类型化思维及其法律适用价值》,《政法论丛》2017 年第 3 期,第 120-121 页。
④ 参见杜宇:《再论刑法上之"类型化"思维——一种基于"方法论"的扩展性思考》,《法制与社会发展》2005 年第 6 期,第 107-108 页。

总之,类型化分析以其思维方式的双向性为中心,能够较好地弥补概念性分析的微观性不足,也能够弥补个别性分析的抽象性不足,实现抽象概念性分析与具体微观性分析的有机衔接,从而填补对事物进行分析的中观维度空白,进一步深化对客观研究对象的认识,这就是类型划分产生的内在逻辑动因。

三、类型化分析的内容构成

类型化具有整体性特点,是对事物构成的一种有机划分,不是对事物构成要素的一种简单堆积,而是为了更好的对事物进行深入的认识。因此,要运用类型化分析,应先对类型化分析方法的自身内容构成有清晰的把握,也只有这样才能加科学地运用类型化分析方法。"类型化的基本内容有三个方面:一是类型化的对象及其内在结构;二是类型化的标准;三是类型化的结果,即类型本身及其相互关系。"[1]

(一)类型化的对象及其内在结构

类型化的对象就是类型化分析指向的客体,这种客体的构成要素具有多元性,并且有着复杂的内在结构,要运用类型化研究方法进行分析,就必须深入认识类型化的对象及其内在结构。"类型从某种意义上讲,就是一个系统、一个模型。"[2]因此,类型是由其构成要素有机结合而成的,类型与其具体构成要素之间是整体与部分的关系。一方面,类型作为一个整体能够展现出部分所不具备的新质,要对一个类型做出完整的说明,就必须对所有的构成要素进行整体性分析,要看到各个构成要素之间的有机联系,抽象出其共性,以此为标准形成整体印象,才能形成对认识对象的类型化建构;另一方面,作为类型组成部分的构成要素,如果脱离了具体的类型,就不再是类型的构成要素,而是一个独立的构成事物,其各种特性均未显现出来,就难以对其进行比较精确的认识,也就是说,"要素必须在类型中方能显示其价值和意义"[3],因为类型根据各个构成要素某一特质表现的强弱不同、深浅不一而进行有针对性的构建,在分析当中忽略了其他特性的影响,而针对选定特性进行深入分析,是一种精细化分析,更容易把握分

---

① 张旭东:《民事诉讼程序类型化研究》,厦门大学出版社 2012 年版,第 37 页。
② 杜宇:《再论刑法上之"类型化"思维——一种基于"方法论"的扩展性思考》,《法制与社会发展(双月刊)》2005 年第 6 期,第 112 页。
③ 杜宇:《再论刑法上之"类型化"思维——一种基于"方法论"的扩展性思考》,《法制与社会发展(双月刊)》2005 年第 6 期,第 112 页。

析对象的具体问题。

(二)类型化的标准

类型化就是根据特定标准对具体的事物进行归类分析的过程,标准的选定对类型化的具体确定具有极其重要的影响,标准不同类别归属可能迥异。例如,以债形成的根源为标准,可以将债分成侵权之债、契约之债、不当得利之债以及无因管理之债;但是根据是否有担保为标准,债则被分为担保之债和无担保之债。

对类型化标准的选定一般从以下两种路径进行:第一,同一类型事物自身某种特性的一致性或者接近性,使得它们具有客观归属的统一性,这是类型化标准的内在原因;第二,"同一类型在理论评价上趋于一致,在相同的条件它们应受到同等待遇"①,这是类型化标准选择的评价性标准,是外在原因。只有同时符合这两个条件,才可以作为类型划分的理想标准。

需要说明的是,不同标准之间并不是截然对立的,也有可能存在着紧密的交叉,某一个具体类型可能归入两个以上的标准化划分当中。还是以债的类型化加以说明,以债形成的根源为标准,可以将债分成侵权之债、契约之债、不当得利之债以及无因管理之债;以是否有担保为标准,可以将债分为担保之债和无担保之债;以责任主体承担债的方式,可以将债划分成连带之债与按份之债。而连带之债与担保之债或者无担保之债都可以归入契约之债。也就是说,"某一个体类型可以同时进入两个及以上标准的视野,这是正常的类型思维现象,因为标准的确定本身就存在一个交叉的空间"②。

(三)类型化的结果

"类型化的结果是形成内在要素强弱不同、深浅不一的各种类型组成的类型体系。"③这种类型体系具有十分复杂的结构组织,对此,我们需要从纵向与横向两个方面加以说明。就纵向结构而言,上位类型可以划分成不同的下位类型,甚至下位类型还可以继续划分,例如就债权人而言,债权人是一个上位类型,其可以分成侵权债权人与契约债权人两个下位类型,而契约债权人又可以进一步划分为有担保债权人与无担保债权人两种类

---

① 张旭东:《民事诉讼程序类型化研究》,厦门大学出版社 2012 年版,第 38 页。
② 童航:《类型化思维在法学上的价值及其应用——以形成权为例》,《法律方法与法律思维》2012 年第 8 期,第 155 页。
③ 张旭东:《民事诉讼程序类型化研究》,厦门大学出版社 2012 年版,第 38 页。

型。就横向结构而言,任何一个上位类型的各个下位类型组成一个横向系列,正是基于不同下位类型的某一共同特质,将其总结成一个统一的上位类型,"但是基于其要素上的不同特点,我们又不得不将两个(也许更多)类型并列处理"①。例如,就公司资本规制而言,根据公司运行的阶段可以划分为公司设立阶段资本形成规制、经营阶段资本流转规制以及破产阶段资本退出规制,这从横向上构成一个公司资本规制系列,这三个阶段资本规制的模式存在交叉又各不相同,但是都是从公司运行的具体阶段上来加以划分的,阶段性是三者的共性,也正是这三个阶段组成了整个公司资本规制体系。

四、类型化分析的法学研究意义

类型化分析是一种历史悠久的法学分析方法,具有重要的法学方法论功能,无论是民法、商法、经济法,还是刑法与行政法,都非常重视对类型化研究方法的运用。"'类型'作为一种研究方法自上个世纪前半叶从大陆法系流行开来,旨在便于对研究对象的分析和把握,进而对该对象进行建构性分析,以探知其在法律上的意义"②。具体而言,类型化分析具有以下法学研究功能。

(一)有助于丰富法学研究的方法

类型化分析是一种方法论,属于法学理论范畴,再进一步说,属于法哲学范畴。毫无疑问,类型化分析丰富了法学研究的方法构成。其核心在于突破了法律概念的抽象性思维模式,建构了一种介于抽象法律概念与具体法律事实之间的中观地带,既能够通过对法律概念的演绎,进而对其进行具体分析,也能够通过对法律事实的归纳,进而对其进行抽象分析。当然,这并不是否认抽象法律概念的意义,抽象的法律概念是对具体法律现象的概括与总结,反映着法律现象的共性本质,对法律现象的研究具有重要的统领功能,这一点不能否认。但是,单纯概念性的分析又具有十分明显的局限,容易陷入空洞化,因此需要将概念进行演绎,进而结合具体法律现象对其进行深入分析。同时,单纯的具体法律现象分析可能会陷入纷繁复杂的事实情景之中,难以把握其整体特性和运行规律,因而需要适度的抽象性分析。类型化分析就是对概念性与具体性法律分析局限的应对措施,可

---

① 张旭东:《民事诉讼程序类型化研究》,厦门大学出版社 2012 年版,第 39 页。

② 张旭东:《民事诉讼程序类型化研究》,厦门大学出版社 2012 年版,第 36 页。

以使法学分析更具中观性,也就是说,法律概念与生活事实可以通过类型建立联系,类型是二者的中间点。①

(二)有助于拓展法律解释的路径

法律解释是法学研究中的一个重要命题,其不仅具有漏洞填补的功能,而且具有多层次、多维度的论证功能,有助于对法律制度进行系统化审视,进而更加科学地明晰法律制度的精神主旨、内在逻辑及其功能意义,从而为法律制度的发展与适用提供更加有力的理论支撑。而类型化思维无疑是推进法律解释的一个重要路径,"类推等同于解释"②,因为类型化源自对客观实在的认知,是对客观实在衡量与比较后的总结性成果,反过来,它也能引导人们认识实在知识,解释实在。③ "在类型思维观下,映入法律家眼帘的是鲜活生动、条理分明的类型现象,在法律解释的操作上也比抽象的概念更强。"④通过具体的类型化分析,使得法律解释变得更加具体、更加微观,也更具操作性与说服力。例如,对公司注册资本制度的担保功能解释,单纯说注册资本制度为公司债权人承担债务履行的担保功能,可能会受到许多质疑,因为注册资本是一个静态数字,不能反映公司经营过程中的实际状态,而且公司债权人也有许多其他保护方式,比如通过合同加以保护。但是,如果将公司债权人进行类型化分析,将公司债权人划分为自愿债权人与非自愿债权人,就能够更加科学客观地看待注册资本制度的担保功能,因为自愿债权人可以事先通过合同条款控制其交易风险,例如通过签订所有权保留买卖合同,进而防止交易相对方的违约风险,而非自愿债权人事前无法通过合同条款来控制债务人的债务偿还风险,以注册资本为基础形成的公司资产则是非自愿债权人获得清偿的主要保障,所以,注册资本的高低对非自愿债权人而言显然更具意义。这种对债权人的类型化分析,显然有助于更加科学地解释公司注册资本制度的价值。

(三)有助于推进法律规范的建构研究

法律规范是法学研究的重点内容,推进法律规范的建构也是法学研究的重要任务。法律规范的构建具有显著的类型化特性,正如吴从周教授所

---

① 参见张斌峰、陈西茜:《试论类型化思维及其法律适用价值》,《政法论丛》2017 年第 3 期,第 123 页。

② 张旭东:《民事诉讼程序类型化研究》,厦门大学出版社 2012 年版,第 40 页。

③ 参见刘士国:《类型化与民法解释》,《法学研究》2007 年第 5 期,第 12 页。

④ 张旭东:《民事诉讼程序类型化研究》,厦门大学出版社 2012 年版,第 40-41 页。

言:"法律概念之适用范围应根据作为制定法基础之类型加以确定。"①例如,民法可以划分为物权法与债权法两个类型,物权法则是以所有权、用益物权以及担保物权为中心而进行的规范,债权法又可以划分侵权之债、合同之债、不当得力之债与无因管理之债;公司法规范体系的类型化特征同样十分明显,其核心是围绕着有限责任公司与股份有限责任公司而进行的规定。因此,类型化分析方法必然有助于推进法律规范体系的建构研究。因为经过类型化分析,可以对作为法律规范之基础的法律规制对象产生更加清晰的认识,对其类别的划分也就更加明细化与具体化,从而使相关法律规范制度的建构更具针对性与微观性,类型化分析越发达,对法律规范规制对象的类型分析也越精细,与之相对应,相关学者所提出的法律规范制度建构必然也越完善。

(四)有助于实现"学界回应司法实践"的学术使命

学界的一个重要使命就是回应司法实践的诉求,为司法实践的发展提供理论支撑、逻辑指引与制度模型是法学研究的重要使命。因为司法实践当中会遇到各种各样的复杂案件,这些案件可能具有非典型性,甚至超出了既有法律规范的预设框架,对司法裁决的推进形成挑战,此时学界对相关案件的理论分析、逻辑论证与制度建议就十分重要,可以为司法机构进行案件裁决提供有益的参考。而类型化分析无疑有助于学界完成这一学术使命,因为司法审判的进程首先在于确定案件的性质,也就是案件的类别归属,然后才能针对性地适用法律加以裁决,对此,类型化分析具有重要的指导意义。"法官可以借助类型化思维的方法,对所面临的对象进行分门别类,那么就能够在繁杂琐碎的案件中更好地厘清案件事实及走向。"②显然,类型化思维下的法学研究成果越丰富,对司法机构解决司法裁决困难的参考性就越充分,司法机构就越容易确定相关个案的裁判路径及其规范选择,并进行充分的司法论证。因此,类型化思维对法学研究回应司法实践的学术诉求具有重要的价值,有助于实现"学界回应司法实践"的学术使命。

---

① 吴从周:《论法学上之"类型"思维》,载《法理学论丛——纪念杨日然教授学术论文集》,月旦出版社股份有限公司 1997 年版,第 339 页。
② 张斌峰、陈西茜:《试论类型化思维及其法律适用价值》,《政法论丛》2017 年第 3 期,第 125 页。

第二节 类型化分析对公司资本规制研究的意义

类型化分析具有重要的方法论意义,在系统论范式下对公司资本规制进行研究,依然需要借助类型化分析的方法支撑,有必要对公司资本规制研究强类型化分析,因为依据不同的标准系统可以做出不同的划分,公司资本规制作为一个系统也是如此。通过类型化分析可以克服公司资本规制概念性理解的抽象性,明晰公司资本规制的具体组织结构,从不同路径对公司资本规制制度组织结构进行更加全面的认识,这对于提升公司资本规制改革的针对性具有重要的作用。

一、类型化分析有助于克服对公司资本规制理解的抽象性

公司资本规制是一个抽象性的概念,尽管可以借助资本、规制以及公司资本制度等相关要素对其进行比较深入的分析,但是其依然是一个抽象性的概念,是对所有资本规制行为的一种总体概括。这种概念性分析方式有助于统领对公司资本规制制度的研究,深化对公司资本规制行为的理解,但是其抽象性的局限是无法摆脱的。借助类型化分析,可以将这种抽象的、静态的概念性界定转化成一种相对具体的、动态的分析方式,从而有助于对公司资本规制立法进行更加微观、翔实的分析。例如,以资本规制方式为例,可以将公司资本规制划分为行政管制与司法规制,从而将其具体化为两个鲜明的类别,这样就能够对行政管制与司法规制的各自构成进行深入分析,并能够比较行政管制与司法规制的各自优缺点,从而有针对性地推进对公司资本规制制度架构的选择。

二、类型化分析有助于科学探寻公司资本规制的内在本质

事物的本质揭示了事物的根本性质,也只有对事物的本质有着充分的科学认识,才能够更好地促进其发展与完善。类型化分析则有助于探寻公司资本规制的内在本质,因为类型化的推理与事物的本质密切联系在一起,正如德国学者亚图·考夫曼(Arthur Kaufman,又译为阿图尔·考夫曼)在《类推与事物本质——兼论类型理论》中所指出的:"'事物本质'是指向类型的。从'事物本质'产生的思维是类型式思维。因此,当代法律哲学上最具现实重要意义的难题之一——'事物本质'将汇入当代法律理论最

具现实重要意义的难题之一——'类型'之中。"①因此,本质与类型化思维之间存在着天然的联系,对事物的类型化思考与研究必然有助于认识事物的本质。对公司资本规制而言也是如此,究竟应当如何看待公司资本的本质是关系到公司资本规制立法发展的重要基础性问题,对公司资本规制的研究则有助于揭示这一问题,因为对公司资本规制的类型化思考是对资本规制的一种中性思考,介于抽象的概念与具体的事物之间。相对于抽象的概念,它凸显具体性,能够从不同路径揭示资本规制的一些外在特征,而本质则是隐藏于外在特征之后,外在特征能够揭示事物的本质。将公司资本规制划分为公司设立阶段资本形成规制、公司经营阶段资本流转规制和公司破产阶段资本退出规制,体现着国家对公司运行的一种干预,是从不同阶段对公司资本运行的干预;同理,将公司资本规制划分为行政管制和司法规制,也体现着国家对公司运行的一种干预,是运用不同性质的手段对公司资本运行的干预。因此,通过对公司资本规制的类型化分析,确实有助于具体理解公司资本规制的本质,即国家对公司资本运行的一种干预。

三、类型化分析有助于深入认识公司资本规制的体系结构

结构分析是系统论中的重要方法,因为结构决定功能,也只有对事物的结构有更加深入、细致的认识,才能更好地把握事物所具有的功能。公司资本规制是一个制度系统,所以,要充分认识公司资本规制就必须深入、具体地了解公司资本规制的组织结构,对公司资本规制进行多元、具体的结构性分析。"结构分析的重要内容是划分子系统,分析各个子系统的结构(元素及其关联方式和关联力),阐明不同子系统之间的关联方式。一般来说,同一系统可以按照不同标准划分子系统,以便从不同侧面了解系统结构。"②公司资本规制的类型化研究是按照不同的标准将公司资本规制划分成若干子系统,每个具体标准下的不同子系统,具体内容构成不同,具体功能指向不同,但是不同子系统之间也是相互联系、相互作用的,从而形成整体上的公司资本规制。同时,按照不同的标准进行类型化分析,不同标准之间也存在着交叉,不同标准下各自的子系统之间也可以实现相互融合。因此,类型化分析能够应对公司资本规制系统架构的复杂性,是资本结构分析的一种重要方式。

---

① [德]亚图·考夫曼:《类推与事物本质——兼论类型理论》,吴从周译,学林出版社 1999 年版,第 40 页。
② 许国志:《系统科学》,上海科技教育出版社 2000 年版,第 19 页。

四、类型化分析有助于推进公司资本规制改革的制度架构

美国法学家博登海默指出："法律的基本作用之一乃使人类为数众多、种类纷繁、各不相同的行为和关系达致某种合理程度的秩序，并颁布一些适用于某些应限制的行动或行为的行为规则或行为标准。为能成功地完成这一任务，法律制度就必须形成一些有助于对社会生活进行分类的专门观念和概念。"①类型化分析对法学研究以及法律制度的构建具有重要意义，它有助于将抽象的事物具体化、条理化，进而提升法律分析与法律制度构建的针对性。推进公司资本规制改革的进行是对公司资本规制进行类型化分析的一个重要目的。正如徐晓松教授所言："对公司资本制度的任何一种划分，都是研究者对公司资本制度认识的一种结果，其目的仍然是解决这一制度在运行过程中出现的问题。"②通过对公司资本规制进行类型化解构，有助于对资本规制构成进行更加微观、系统的认识，从而更加深刻地认识其内在系统功能，并探究其内在运行轨迹以及具体制度的发展样态，而且基于不同的标准可以构建出不同的资本规制类型，并在具体类型的边界内做出更加精细的制度改革，以弥补当前公司资本规制制度架构的缺失。

第三节　系统论范式下公司资本规制构成的类型化

系统论范式下公司资本规制构成的类型化分析就是对资本规制划分子系统，其实质是对资本规制进行结构性分析。"一般来说，同一系统可以按照不同标准划分子系统，以便从不同侧面了解系统结构。"③系统依据不同的标准可以进行多元化的划分，公司资本规制自身构成一个系统，其依据不同的标准也可以进行多元化的划分，可以根据公司资本的运行阶段、规制方式、规制程序以及规制制度构成等多元化标准进行类型划分，这有助于对公司资本规制的内在结构进行全方位的解析，更加全面地发现公司资本规制的内在运行规律，从而为我国公司资本规制体系的完善提供有益的借鉴。

---

① ［美］E.博登海默：《法理学：法律哲学于法律方法》，邓正来译，中国政法大学出版社第 2004 年版，第 501 页。
② 徐晓松：《公司资本监管与中国公司治理》，知识产权出版社 2006 年版，第 130 页。
③ 许国志：《系统科学》，上海科技教育出版社 2000 年版，第 19 页。

一、阶段性范式:资本形成规制、资本流转规制与资本退出规制

公司作为一种市场主体,其运行过程可划分为设立阶段、经营阶段与破产阶段三个阶段,以此为标准,公司资本规制系统可以看成是一个由设立阶段资本形成规制、经营阶段资本流转规制以及破产阶段资本退出规制三个部分构成的系统,这三个部分可以看成是整个公司资本规制系统的子系统。阶段性范式强调从设立阶段资本形成规制、经营阶段资本流转规制以及破产阶段资本退出规制三个路径展开研究,剖析不同阶段资本规制改革的发展及其相互影响,尤其注重从整体资本规制的视角去审视单一阶段性资本规制改革的效果,强调不同阶段资本规制改革的协同性推进。

在这里需要对资本退出规制的边界做出必要的说明,因为本书对公司资本规制研究以债权人保护为进路,所以对资本退出的规制重点关注破产退出,即破产清算阶段的资本退出。尽管公司退出还包括非破产状态下的公司解散清算退出,但是如果公司解散清算中发现不能清偿到期债务的话则也必须转入破产清算程序中,例如《公司法》第一百八十七条明确规定:"清算组在清理公司财产、编制资产负债表和财产清单后,发现公司财产不足以清偿债务的,应当依法向人民法院申请宣告破产。"同时,《破产法》第七条第三款明确规定:"企业法人已解散但未清算或者未清算完毕,资产不足以清偿债务的,依法负有清算责任的人应当向人民法院申请破产清算。"从上述规定可以看出,如果公司解散时账面资产能够清偿债务,就进行解散清算,此时的解散对债权人影响相对较小,债权人权益相对能够得到较好的保障;如果公司财产不足以清偿债务,则须进入破产程序。

所以,显而易见,就债权人保护研究而言,资本退出规制重点是破产程序中的资本退出。在破产程序中,如果重整成功或者达成并执行了和解协议,债权人利益就得到了重整计划或和解协议的保障,公司会继续存续;如果不能达成或执行重整计划或者和解协议,就需要转入破产清算阶段进而退出市场,也就是说破产清算程序是"预防、救济不成时的必经程序"[①],所以破产阶段的资本退出主要是指破产清算退出。这一点在江平先生于1997年在《中国法学》发表的文章《现代企业的核心是资本企业》一文中有着深入的剖析。江平先生认为,公司信用是交易安全的重要保障,主要包括公司设立时的注册资本信用、公司经营时的资产信用以及资不抵债时

---

① 马瑞杰:《破产清算制度初探》,中国政法大学 2006 年硕士论文,第 4 页。

"信用的破产,即公司本身的破产"①。同时,江平先生明确指出,公司由于资不抵债或者失去清偿能力,"因此也就失去了其全部的信用,这就应该导致公司的破产(公司重整时除外)"②。不难看出,江平先生是从公司设立阶段、经营阶段以及破产阶段来分析公司运行中的信用构成,并明确强调了这里的破产是指破产清算程序,而不包括重整程序。所以,本书所讲的资本退出规制是指公司破产清算程序中的退出规制。

(一)公设立阶段资本形成规制

资本形成规制是指在公司设立时以股东出资缴付为中心而进行的资本规制,它的功能在于明确公司设立时的注册资本数额、确保注册资本的实际认缴以及实缴资本的客观真实。设立阶段资本规制既包括最低注册资本制度、出资缴付制度、股份发行制度、出资形式、现金出资比例以及验资制度等事前规制模式,也包括股东、发起人、董事以及中介机构等对公司与债权人等相关主体的法律责任等事后规制模式。

1. 最低注册资本规制

"注册资本是指公司登记成立时章程中所确定的,并由登记机关核准的财产总额。"③在公司设立时,必须在公司章程中表明公司注册资本数额,注册资本表明着公司股东的出资限额,无论是在公司设立时及时缴纳,还是在公司成立后的法定或约定时间内缴纳,股东都必须履行缴纳义务。因此,注册资本具有一定的担保功能,这种担保功能不因为注册资本缴付时间的间隔而发生改变。注册资本数额越大表明股东出资越多,公司信用也越高,反之越低。最低注册资本制度是指公司法要求在公司设立时注册资本不得低于法定最低限额。法律规定了最低注册资本也就是界定了公司最低的担保能力,如果公司注册资本低于最低限额,公司将无法成立。最低注册资本制度在世界各国早期的公司立法当中都存在着。例如,20世纪60年代之前,美国各州普遍奉行最低注册资本制度,一般都规定为1000美元,个别州规定为500美元或300美元;④日本1990年《商法典》规定股份有限责任公司注册资本最低为1000万日元;我国1993年《公司法》规定股份有限公司最低注册资本不得低于1000万元。有学者对注册资本的担保功能提出了质疑,认为公司最低注册资本制度的担保功能是静态

---

① 江平:《现代企业的核心是资本企业》,《中国法学》1997年第6期,第30页。
② 江平:《现代企业的核心是资本企业》,《中国法学》1997年第6期,第30页。
③ 周友苏:《新公司法论》,法律出版社2006年版,第175页。
④ Harry G. Henn, Law of Corporations, West Publishing Co,1970, p214-215.

的,当公司成立进入经营阶段之后,公司可能盈利也可能亏损,因此最低注册资本并不是恒久不变的,所以其担保功能不是绝对化的。对注册资本担保功能的上述质疑本书予以认可,注册资本的担保功能确实会伴随着公司经营状况的变化而改变,但是本书依然认为,不可彻底否定注册资本的担保功能,因为注册资本标志着公司的初始信用,而且是公司资产形成的基础,所以这种初始信用的价值不容忽视。

2.资本发行与缴付模式规制

资本缴付模式规制主要是指在公司设立时,公司资本的发行和缴付方式,是一次性发行和缴付,还是分期发行和缴付。围绕着公司资本的发行与缴付模式形成了传统意义上的法定资本制、授权资本制、折中授权资本制以及许可资本制:法定资本制要求公司章程所确定的注册资本在公司设立时必须一次性发行并全部认缴,但是对于认缴资本的实际缴付则可以分期进行;授权资本制则要求只需认缴公司章程所确定注册资本的一部分,公司即可成立,其余部分授权董事会随时发行,而且对公司设立时的认缴数额没有最低比例限制;折中授权资本制则要求在公司设立时必须认缴法定最低比例的注册资本,否则公司不能成立,其余部分授权董事会随时发行;许可资本制则要求必须一次性全部认缴,但是授权董事会在满足法定条件下可增加发行股份。例如,我国 1993 年《公司法》要求股东必须全部一次性实缴注册资本才能成立,2005 年《公司法》则规定允许分期缴纳,2013 年《公司法》则取消了对缴纳期限的限制。不同的资本缴付模式对股东出资效率有着不同影响:法定资本制模式体现着较强的行政管制色彩,更加注重资本担保功能的实现,侧重债权人交易的安全价值维护;授权资本制则是奉行着充分的公司自治原则,侧重股东出资效率价值的实现;折中资本制与许可资本制则是侧重安全与效率的平衡,在股东出资的行政管制与公司自治之间寻找平衡点。在这里需要特别指出的问题是,认缴资本制下,股东出资期限完全交由公司章程自治,如果公司无法清偿到期债务,股东认缴出资是否应加速到期,债权人是否有权要求股东提前缴付其认缴出资,这是当前实践当中的一个重要现实问题,这一问题尚缺乏明确的规定,司法裁判中也存在着明显的分歧,急待实现制度上的推进。

3.资本形态及其比例规制

"资本形态规制是指在公司设立时法律所允许的可用于作为公司资本

的某些形态的财产。"①简单地说,公司资本形态规制就是允许股东的出资方式,总体而言可以分为两种:货币出资及现物出资,后者包括知识产权、土地使用权、股权、债权以及人力资本等等。货币出资具有最为突出的价值判断性、可转让性,是最能被接受的出资工具,也是对债权人利益保护最有效的出资方式。现物出资不同于货币出资,现物出资不具有货币出资的一般等价物特性,而且"现物出资的履行涉及所有权的转移、风险负担、物的担保、权利担保等问题"②,因此许多国家对现物出资进行了限制,以确保公司资本充实原则的实现。世界各国对资本形态规制主要有两种方式:列举式与概括式。不同国家对出资形式的要求各不相同,美国最为宽松,并且采用概括式,对出资形式不做限制,任何有形无形资产都可以作为注册资本;许多国家限制出资形式,例如我国《公司法》至今不允许劳务出资。③

出资形态比例规制是指在公司设立时法律所允许的不同形态的出资比例限制,"各类资本形态的构成比例模式,包括货币出资比例控制模式、非货币出资比例控制模式和无比例控制模式"④。出资比例控制特别是现金比例控制旨在防止出资价值的虚化,保证出资价值的真实,确保公司资本真实,保障公司的信用能力。同时,对现物出资的确定性、价值性、可评估性以及可转让性等相关问题做出规制,以确保现物出资的真实价值。如果对现金出资比例要求过高,可能会增加股东出资困难,加大公司设立难度;如果对现金出资比例要求过低,则可能会导致公司设立资本的流动性差,公司偿还能力降低。许多国家对出资比例都有限制。例如,德国《股份公司法》规定现金出资比例不得低于股票面值的 1/4;我国 1993 年《公司法》规定工业产权或非专利技术作价出资不得高于注册资本的 20%,2005年《公司法》规定货币资本不得少于注册资本的 30%。

---

① 仇京荣:《公司资本制度中股东与债权人利益平衡问题研究》,中信出版社 2007 年版,第 34 页。

② 冯果:《现代公司资本制度比较研究》,武汉大学出版社 2000 年版,第 63 页。

③ 我国公司法从 1993 年至今,历经 2005 年、2013 年以及 2018 年 3 次修正,从未允许劳务出资。但是一些地方开始尝试劳务出资了,例如广东省珠海市、浙江省温州市以及上海市在人力资本出资方面进行了大胆的探索,2016 年广东省珠海市横琴新区于出台了《中国(广东)自由贸易试验区珠海横琴新区片区人力资本出资管理办法(实行)》,2005 年上海市浦东新区就推出了《浦东新区人力资本出资试行办法》,2006 年浙江省温州市相继出台了《温州市人力资本出资登记试行办法》和《温州市人力资本出资入股认定试行办法》。

④ 仇京荣:《公司资本制度中股东与债权人利益平衡问题研究》,中信出版社 2007 年版,第 34 页。

显然,出资形态及其出资比例限制依然是一个安全与效率的平衡问题,如果扩展出资形式,显然有助于股东经营效率的提升,例如对一些高科技公司,人力资本可能更加重要,但问题是非现金形态的现物出资形式,其价值具有不确定性,容易过高估值,进而导致虚置资本,影响债权人的商事风险判断,因此对出资形式及其比例的限制是保护资本安全的一个重要路径。

4. 股份发行制度

"资本形成需要某种载体来表现,这种载体通常形式为股票。"[1]在公司设立阶段的资本形成制度中,股份发行的法律规制具有重要作用。这主要体现在股份发行的面值规定、发行价格等相关内容上,有的国家允许发行无面值股,有的国家只允许发型面值股,有的国家允许折价发行,有的国家只允许平价发行或者溢价发行。此外,还涉及公司发行股份的信息公开制度,发起人向社会公开募集股份必须公开信息,这种信息公开也称为公司的初次信息公开,其目的在于使一般投资者获得股票发行中的足够信息,从而对股票的真实价值及其潜在收益做出合理判断。股份发行制度也事关公司资本筹集的安全与否问题,例如,如果允许折价发行,就会使得公司的实际筹集资金与其名义股本相背离,虽然降低了股东的出资成本,但容易导致公司实际注册资本的下降,严重影响公司债权人对公司的信用判断,增加了债权人的交易风险。

5. 股东、发起人的出资填补责任

出资填补责任也称为资本充实责任,是指为了实现公司资本充实原则,公司股东之间或者发起人之间相互承担的确保出资义务履行、确保公司实收资本与章程资本相一致的民事责任。[2] 出资填补责任旨在防止股东或者发起人在出资环节的机会主义行为,以确保出资义务的真实履行,以保护公司股东以及债权人等对公司设立行为的合理期待与信赖。出资填补责任是一种法定责任、无过错责任以及连带责任,理论上包括认购担保责任、缴纳担保责任、差额填补责任以及损害赔偿责任四个方面。我国《公司法》第三十条规定了有限责任公司股东之间的出资差额填补责任,第九十三条规定了公司发起人之间的出资缴纳担保责任以及出资差额填补责任,2011年《公司法司法解释(三)》第十三条则强化了发起人对股东的

---

① 仇京荣:《公司资本制度中股东与债权人利益平衡问题研究》,中信出版社 2007 年版,第 33 页。

② 参见冯果:《现代公司资本制度比较研究》,武汉大学出版社 2000 年版,第 93 页。

出资差额填补责任,《公司法》第九十四条则规定了发起人对公司的损害赔偿责任。值得注意的是,我国《公司法》并未规定认购担保责任,日本 1990年《商法典》则是规定了发起人的认购担保责任,①但是日本 2005 年《公司法》废除了这一规定,韩国《商法典》第 323 条第 1 款则规定了发起人的认购担保责任。股东与发起人的出资填补责任无论是在公司设立过程中还是在增资过程中都同样适用,例如,在"十堰市市政建设工程有限责任公司王洪玉因与东风汽车有限公司合资、合作开发房地产合同纠纷再审一案"中,最高人民法院就判决了十堰市市政公司、乔燕敏、侯世民、王兆学、时金龙、焦丽、王崇书对王洪玉、刘喜洲增资瑕疵承担的补充赔偿责任。②

6.董事对股东出资信义义务制度

董事信义义务是指董事对公司、股东以及债权人负有忠实、勤勉与谨慎义务,该义务存在于公司运行的整个过程当中,在公司设立阶段的资本形成当中也发挥着重要作用,无论是美国、英国还是韩国与日本,其公司法都强化了董事在股东履行出资义务当中的监管职责。其中美国 1984 年《标准公司法》第 6.21 节(c)规定了董事就现物出资对价的决定权,第 8.31节则强化了对董事经营决策的经营判断规则规制,如果违反了此规定应当承担赔偿责任。韩国《商法典》第 323 条规定了股份公司设立时董事对现物出资的资本填补责任,第 551 条规定了公司成立时董事对有限责任公司股东出资的缴纳担保责任以及差额填补责任。③ 日本 2005 年《公司法》则分别在第 46 条与 93 条规定了发起设立与募集设立情形下公司"设立时董事"对股东出资履行情况的毫不迟疑地调查义务,第 52 条详细规定了"设立时董事"对股东出资的差额填补责任,第 53 条规定了"设立时董事"对公司以及第三人的损害赔偿责任,第 54 条明确了"设立时董事"与发起人等共同对上述赔偿承担连带责任。④ 但是,实践当中,董事对股东出资义务的履行是否应受信义义务的约束进而承担相应的法律责任存在较大争议,但是我国最高人民法院的相关司法裁判案例充分肯定了董事对股东出资

① 日本 1990 年《商法典》第 192 条规定:"公司设立时发行的股份中,如果在公司成立后仍无人认购股份,视为发起人及设立时董事共同认股。(第一款)公司成立后,有未缴清股款或未全部给付现物出资的股份时,发起人及公司成立时董事负连带缴纳股款及支付未缴纳财产价额的义务。

② 具体案件参见(2013)民申字第 1504 号判决书。

③ 参见[韩]李哲松:《韩国公司法》,吴日焕译,中国政法大学出版社 2000 年版,第 172 页、第 755页。

④ 参见王保树:《最新日本公司法》,于敏、杨东译,法律出版社 2006 年版,第 77 页、第 91 页。

信义义务即董事应当对股东出资负有积极的催缴义务,例如,在"斯曼特微显示科技(深圳)有限公司、胡秋生损害公司利益责任纠纷再审案件"中,最高人民法院撤销了深圳市中级人民法院的一审判决与广东省高级人民法院的二审判决,而是裁决胡秋生、薄连明、史万文、贺成明、王红波、李海滨等 6 名斯曼特微显示科技(深圳)有限公司的董事未履行向股东催缴出资的勤勉义务,因此应当向斯曼特公司连带赔偿 4912376.06 美元。①

(二)公司经营阶段资本流转规制②

资本流转规制是对公司经营过程中的资本流转行为进行的规制,这里的资本是广义上的资本即公司资产③,因为公司进入经营阶段之后,公司资本融入公司资产,成为公司资产的一部分,此时公司资本与公司资产难以分割开来。正如北京大学法学院刘燕教授所言,资本与资产往往是资合公司的一体两面,两者是共生关系,而非替代关系。④ 经营阶段的资本规制有着诸多不同的表现形式,根据各国公司法的规定,这一阶段的规制主要体现在以下几个方面:股利分配规制,公司担保规制,公司转投资规制,股份回购规制,公司关联交易规制以及公司减资、合并与分立规制等等。⑤

1.股利分配规制

利润分配规制是公司经营阶段资本流转规制的重要内容,公司法对经营阶段利润分配的规制是为了保持公司的清偿能力,维护债权人合法权益。因为股东投资的目的是获取收益,获取股利是股东的法定权利,股利的分配就是实现股东投资收益的重要路径,甚至有学者认为"确保股东投资收益的实现是公司股份制度的首要目标"⑥。但是股利分配并不是在任何情形下都可以进行的,各国公司法都对此进行了明确的限制,目的在于防止非法股利分配行为损害公司资本的清偿能力,侵害债权人利益。因

---

① 具体案例参见(2018)最高法民再 366 号判决书。

② 这里资本流转规制中的资本是前文公司资本界定中的广义资本即公司资产,因为在进入公司经营阶段之后,公司资本融入公司资产,本书中的公司资本意涵是多元化的,既包括狭义资本又包括广义资本,具体分析见前文关于公司资本的界定。分析依据参见周友苏:《新公司法论》,法律出版社 2006 年版,第 174 页;施天涛:《公司法论》,法律出版社 2006 年版,第 160页。

③ 参见周友苏:《新公司法论》,法律出版社 2006 年版,第 174 页;施天涛:《公司法论》,法律出版社 2006 年版,第 160 页。

④ 参见刘燕:《重构"禁止抽逃出资"规则的公司法理基础》,《中国法学》2015 年第 4 期,第 182页。

⑤ 参见冯果:《现代公司资本制度比较研究》,武汉大学出版社 2000 年版,第 101-166 页。

⑥ 冯果:《现代公司资本制度比较研究》,武汉大学出版社 2000 年版,第 126 页。

此,股利分配规制的实质是防止股东与债权人之间的利益冲突。例如,美国 1984 年《标准公司法》规定只有公司满足"清偿能力测试标准"以及"资产负债表标准",即只有在公司具有清偿能力的前提下,才能在资产超出负债的范围之内进行分配。我国《公司法》第一百六十六条对股利分配做了明确规定:公司分配当年税后利润时应首先提取 10% 作为公积金,并且如果公积金不足以弥补公司亏损,还应当在提取公积金后先弥补公司亏损,然后经过股东会或股东大会同意还可以提取任意公积金,此后才可以进行利润分配。实践当中的问题是,股利分配可能会采取许多隐形的方式进行,控股股东可能会通过隐形分配方式变相转移公司资产,危及公司清偿能力。

2. 担保规制

担保是一种普通的商事行为,对保障债权的实现、提升交易效率以及保障交易安全具有重要的价值。但是担保行为也可能给担保人带来巨大的损失,特别是作为独立法人的公司,其受控于公司管理层,如果公司管理层滥用担保权,可能使公司资产面临巨大风险,严重违反公司资本充实原则,甚至会使某些公司控制者故意利用担保行为进行利益输送,严重损害公司、中小股东以及债权人的利益。所以,对公司担保行为做出限制是世界各国公司法通行的做法。例如,法国《商事公司法》第 106 条规定,除了公司经营金融事业外,不得为董事、经理等高级管理人员及其亲属提供担保和保证。即使在公司法行政管制相对弱化的英美国家,对公司担保行为也是持谨慎态度的,例如美国许多州却对公司担保行为做出了限制。我国 1993 年《公司法》第六十条第三款也做了规定:禁止董事、经理以本公司资产为公司股东和其他个人提供担保。我国 2005 年《公司法》则放松了担保管制,将公司对外担保权赋予公司股东会、股东大会或者董事会,但是公司章程可以对担保总额或者单笔担保数额进行限制,并且规定如果对公司股东与实际控制人担保,必须经过股东大会审议。这一规定一直保留到当前的《公司法》当中,但是实践中也存在一些问题,例如债权人是否应当对公司担保行为负有必要的审查义务,如果负有审查义务,其标准应当如何确定,这些问题还需要进一步推进。

3. 转投资规制

"公司转投资是指公司在存续期间通过合法程序向公司以外的其他企

业投资而成为其他企业股东的行为。"①公司转投资是一种经营行为,其目的在于为公司盈利,公司通过转投资行为能够增强公司的连锁控制能力,同时也虚置了公司资本,弱化了公司的自身经营,更重要的是由于对被投资企业缺乏直接的控制,可能使其投资面临较大的经营风险,进而危及公司资本清偿能力,可能会损害公司债权人利益。因此,对公司转投资加以规制是各国公司法的普遍做法。有的国家或地区对转投资的数额做了限制,例如我国1993年《公司法》规定转投资不得超过公司净资产的50%。有的国家对转投资的对象做出了限制,例如《韩国商法典》第173条规定公司不得成为其他无限责任公司的股东,而意大利《民法典》则将公司是否被允许从事导致承担无限责任的投资的决定权由股东大会行使。有的国家则对公司在被转投资企业的持有的资产比例进行了限制,例如新加坡《公司法》第57条规定,如果转投资企业持有被投资企业的股份价值超过了被投资企业的10%,则不允许再继续投资。

4. 股份回购规制

股份回购是指公司按照法律规定的程序使用自己的资金回购本公司发行在外股份的行为,广义上的股份回购既包含股份有限公司的股份回购,也包含有限责任公司的股份回购,狭义上的股份回购则是指股份有限责任公司的股份回购,特别是指上市公司的股份回购。公司股份回购可能会损害公司的清偿能力,破坏公司资本充实原则,危及债权人利益,这是世界各国公司法强化对股份回购规制的重要根源之一。第一,股份回购会导致公司资本的实质性减弱。因为公司股份回购是用自己的流动资金收回发行在外的股份,自己持有股份,其结果是公司把流动资金给予了股东,股东用股份换回了资金,这部分股份相当于没有发行,公司资本实质性减少。尽管公司可以通过再次发行的方式,把资金筹集回来,但是"是否愿意及能否在未来再出售其买回的股份,均处于一种不确定状态,且由于股票价格受各种因素的影响,其变化反复无常,当公司购回自己股份再出售时,不一定能收回其付出的价款,从而有削弱公司资本,危害债权人之虞"②。第二,公司股份回购会导致自己清偿能力削弱,因为公司购买自己的股份不仅会导致资产减少,而且在公司经营状况不佳的情形下,购回自己股份会导致自身流动资金不足,严重影响公司生产经营。除了对债权人权益的危

---

① 周友苏:《新公司法论》,法律出版社2006年版,第188页。

② 冯果:《现代公司资本制度比较研究》,武汉大学出版社2000年版,第126页。

及之外,股份回购行为也可能导致公司向个别股东进行利益输送,损害其他中小股东利益,因为大股东掌握着公司信息,对股份回购的时间、价格掌握得更加清楚、及时,可以做出更加充分的准备,从而利用股份回购进行套现,严重地损害股东平等原则。因此,世界各国公司法一般规定股份回购必须满足必要的条件,例如德国《公司法》规定有限责任公司回购自己的股份必须是已经完全发行的股份,并且回购资金必须是公司资本之外的自有资金;①而对股份有限责任公司则是原则上禁止,但是允许例外情况下回购,例如为了避免严重的迫在眉睫的损失、提供给公司或者关联企业的员工等等,但必须是已经缴付的股份,并且必须是自由支配资金,不可违反公司资本维持原则,而且回购股份数量不得超过公司股份总数的10%。② 美国1984年《标准公司法》原则上允许股份回购,但是将其看成是公司分配条款加以限制,而美国的许多州则对股份回购做出了明确的限制,例如纽约州《公司法》规定公司股份购回必须用盈余资金缴付。

5.关联交易规制

“关联交易就是关联企业或者关联人之间形成的交易行为,其特殊性在于交易主体之间存在着一定程度的控制关系;它通常是指某一特定公司或其附属公司与其关联企业或关联人之间的交易。”③对关联交易的控制是公司经营阶段资本流转规制的一项重要内容,因为公允的关联交易不仅可以提升公司经营效率,而且也具有一定的必然性。但无论是控制股东掌握着公司控制权还是公司董事等经营者掌握着公司控制权,由于其“经济人”属性的不可逆转,关联交易很可能成为公司控制者进行欺诈与掠夺的工具,严重的损害公司、中小股东以及债权人利益。因此,必须强化对关联交易的规制,在肯定公允型关联交易的同时,防止不公允型关联交易行为的产生。对此,可强化对关联交易的信息披露规制。例如,美国《证券法》要求所有的美国公司以及股份在美国公开上市交易的公司每年都要披露支付给前5位经理的薪酬,还要披露所有经营者与公司进行的超过6万美元的交易。法国《商事公司法》第357条则明确规定了集团账目,要求那些能够控制其他企业的公司,根据董事会以及经理的要求每年制作和公布集

---

① 参见[德]格茨·怀克、克里斯蒂娜·温德比西勒:《德国公司法》,殷盛译,法律出版社2008年版,第5369页。

② 参见[德]格茨·怀克、克里斯蒂娜·温德比西勒:《德国公司法》,殷盛译,法律出版社2008年版,第562-565页。

③ 董安生:《关联交易法律控制问题研究》,中国政法大学出版社2012年版,第86页。

团账目和集团经营报告。德国《股份公司法》第 312 条则规定董事会应当制定与关联企业企业关系的报告等等。

6.公司减资、合并与分立规制

减资、合并与分立都是公司正常的经营行为,但是减资涉及公司资本的变化,可能直接违反公司资本维持原则,合并与分立则涉及公司债权债务的变化,间接地影响着公司的资本状况,可能会稀释公司合并与分立前的偿还能力。所以,对公司减资、合并与分立的规制对保护债权人合法权益具有重要意义。例如,我国《公司法》规定,经过法定程序公司可以减资、合并与分立,包括决策程序与公示程序,前者要求公司股东会或者股东大会 2/3 以上多数表决权通过,而后者则要求必须在做出减资决定之日起 10日内通知债权人,并在 30 日内进行公告。但是公司不得通过减资逃避债务,危及债权人的利益,债权人对减资行为享有知情权与救济权。针对减资、合并与分立行为,我国《公司法》规定债权人可以要求提供担保或者提前清偿,而日本《公司法》则规定,如果债权人要求提前清偿或者提供担保的请求未能得到满足,可以对减资、合并与分立行为提起诉讼,主张上述行为无效,重新回到减资、合并与分立前的状态。所以,强化公司减资、合并、分立行为规制是公司经营阶段资本规制的重要构成内容。实践当中急需应对的问题是如果公司违反法减资,相关股东或者董事是否应当对债权人承担直接赔偿责任,这一点依然存在争议,但是部分司法判例已经支持了债权人的主张。例如,在"海德力西集团有限公司诉江苏博恩世通高科有限公司、冯军、上海博恩世通光电股份有限公司买卖合同纠纷"案件中上海市第二中级人民法院就认为,江苏博恩世通高科有限公司在减资过程中未能根据《公司法》的规定向海德力西集团有限公司履行通知义务,提供担保或者提前偿还债务,因此其减资行为系违法行为,所以,公司股东冯军应当在公司减资范围内向本案债权人即海德力西集团有限公司承担赔偿责任。[①]

(三)公司破产阶段资本退出规制[②]

破产阶段的资本退出规制对于保护债权人具有重要意义,"破产法的

---

① 具体参见(2016)沪 02 民终 10330 号判决书。
② 破产阶段的资本退出规制本书特指破产清算规制,对这一问题,已经在本节"一、阶段性范式:资本形成规制、资本流转规制与资本退出规制"的开始部分做了说明。

目标就是要防止对破产财产的侵蚀问题,确保债务人资产的最大化"①。
为此,各国破产法都对破产阶段的资本退出行为给予了有力的规制,旨在
预防各种各样的资本弱化行为,例如隐匿、私分与转移财产行为,无偿转让
财产行为,非合理对价转让财产行为,偏颇性清偿行为,虚构债务行为,放
弃债权行为,毁坏公司财务账簿行为。William T. Vukowich 教授指出,
这些行为通常都是发生在公司与其内部人(insiders)之间,"这里的内部人
是指与公司存在非常紧密的关系以至于能影响公司行动的人,包括大股
东、董事、其他管理者、关联公司以及任何能够控制公司的人"②。因此,世
界各国破产法都对破产阶段的资本退出行为规制进行了严格的规制,但是
不同国家具体规制模式不尽相同。例如,我国《破产法》第三十三条规定了
破产管理人对破产欺诈行为的撤销权;第一百一十二条规定破产企业出售
财产应采取拍卖形式,除非经债权人会议决定;第一百一十五条规定破产
财产分配方案须经过债权人会议讨论并经人民法院裁定认可。美国《破产
法》第 548 条(a)项则专门对欺诈交易进行了有力的规制:将欺诈分为实际
欺诈与推定欺诈两种方式,并对其判断标准做出了规定,前者强调实际欺
诈的主观意图,包括拖延与阻碍债权的偿还,后者则强调财产的转移是否
收到了合理对价。③ 该法第 574 条(b)项对偏颇性交易进行了详细规制:
如果债务人的财产转让行为是在企业处于无力清偿状态下进行的,并且是
在申请破产前 90 日内(如果是关系人,则为 1 年)进行,其结果使得特定债
权人能够获得根据正常破产清算程序获得更多清偿,这种清偿行为就是偏
颇性清偿行为。④

　　总体而言,根据各国破产法的相关规定,破产阶段的资本退出规制主
要可归结为以下几个方面:

　　1. 隐匿、私分与转移财产行为的规制

　　隐匿、私分与转移财产行为严重损害了破产财产的构成,降低了对债
权人的清偿数额,因此强化对隐匿、私分与转移财产行为的规制是破产法

---

① Jochem M Hummelen, Efficient Bankruptcy Law in the U. S. and the Netherlands:
Establishing an Assessment Framework, 1European Journal of Comparative Law and
Governance, 148(2014).

② see William T. Vukowich, Civil Remedies in Bankruptcy for Corporate Fraud, 6American
Bankruptcy Institute Law Review, 439(1998).

③ 参见[美]大卫・G. 爱泼斯坦:《破产及相关法律》(影印本),法律出版社 2005 年版,第 220-221
页。

④ 参见[美]大卫・G. 爱泼斯坦等:《美国破产法》,韩长印等译,中国政法大学出版社 2003 年版,
第 280 页。

保护公司债权人的一个重要路径。王欣新教授认为："隐匿是指将债务人财产秘密藏匿或转移至自认为他人无法找到的处所,或者隐瞒不报债务人财产,使之不能依破产程序被管理人接管和处分。"[①]私分财产是指公司股东[②]或者董事等管理者直接将公司财产占为己有,使之无法被破产管理人接管与掌握,损害债权人清偿的行为。"转移财产是指将债务人企业的财产转移至原所在地之外,使管理人无法接管和处分。"[③]显然,无论是隐匿、私分还是转移财产行为,都会使公司破产财产不正当地减少,会直接影响到债权人的清偿,损害债权人利益,同时这三种行为之间也可能存在着紧密的交叉。当然,也有学者认为,破产阶段的隐匿可以从广义视角做出解释,"不仅意味着藏匿、篡改与毁损,而且还包括防止发现、欺诈转让、拒绝破产法所规定的应当公开的资料或信息"[④]。这种广义的解释似乎包含了绝大部分的破产欺诈行为,本书的隐匿侧重从狭义的视角做出解释,与其他具体破产欺诈行为相并列。

2. 无偿转让财产行为的规制

"无偿转让财产行为指无对价或实质上无对价的转让财产行为,在其他国家通常称为无偿行为。"[⑤]在这种转让行为中,"作为债务人的公司就其资产转移行为没有收到任何实质对价"[⑥],相当于公司捐赠。公司在具备清偿能力的前提下进行财产的无偿转让是允许的,但如果无偿转让行为的发生将使公司财产的数量遭到严重削弱,并使公司失去清偿能力,或者公司在失去清偿能力之后,甚至在已经启动破产程序之后,依然进行无偿转让,这便带有明显的主观恶意,是典型的破产欺诈行为,而且必然会严重损害债权人的公平受偿权。因此,破产法必然对无偿转让行为予以规制。

3. 非合理对价转让财产行为的规制

非合理对价转让财产是指作为债务人的公司在对其资产进行转让时没有收到合理对价。在财产转让行为中,"一个财产受让人有义务向转让

---

① 王欣新:《破产撤销权研究》,《中国法学》2007 年第 5 期,第 155 页。
② 这里的股东以控股股东为主,但又不限于控股股东,其他中小股东也可能参与进来。
③ 王欣新:《破产撤销权研究》,《中国法学》2007 年第 5 期,第 155 页。
④ Tamara Ogier, Jack F. Williams, Bankruptcy Crimes and Bankruptcy Practice, 6American Bankruptcy Institute Law Review, 336(1998).
⑤ 王欣新:《破产撤销权研究》,《中国法学》2007 年第 5 期,第 155 页。
⑥ William T. Vukowich, Civil Remedies in Bankruptcy for Corporate Fraud, 6American Bankruptcy Institute Law Review, 442(1998).

人支付反映市场公平价值的对价"①，"尽管一项财产的公平市场价值依赖于决定公平价值的具体标准，而这一标准的实际应用则具有相当的不确定性"②。如果公司在财产转让过程中没有收到合理对价，会造成公司资本的不合理减少，如果因为作为债务人的公司从事非合理对价转让行为而导致公司破产或者在公司破产后实施非合理对价转让行为，必然对破产财产造成严重损害，危及债权人的公平受偿权，损害债权人利益。对这种不合理对价行为的规制不仅限于公司财产交易行为，而且应包括对公司管理者等内部人员的薪水与福利的支付行为③，公司管理者的薪酬必须与其为公司提供的商业服务所带来的商业收入相关联，包括毛利润与净利润。④

4. 偏颇性清偿行为的规制

"违反破产法上的债权人平等受偿原则，使个别债权人得到优于破产分配的清偿的行为，一般被称为偏颇性清偿或优惠行为（preference）。"⑤偏颇性清偿在实践中包括对个别债权人的清偿、对未到期债务的提前清偿以及对没有担保的债权提供担保等相关行为。⑥ 显然，偏颇性清偿违反了破产法所追求的集体公平清偿债权人的立法原则，对其他债权人形成了侵害。所以，破产法对偏颇性清偿给予了严格规制，这种规制的目的主要有两个：第一，推进破产法的公平分配政策在债权人中的适用；第二，防止债权人从失去清偿能力的债务人那里以损害其他债权人利益为代价不公平地获得清偿。⑦ 例如，在"温州奥昌合成革有限公司管理人与马英杰请求撤销个别清偿行为纠纷"案件中，浙江省温州市中级人民法院认为，温州奥昌合成革有限公司在破产申请前6个月内向马英杰签发的数额为20万元的承兑汇票属于偏颇性清偿，应当予以撤销。⑧

---

① Karl W. Vancil, An Overview of the Texas Uniform Fraudulent Transfer Act, 26Bulletin of the Business Law Section, 4(1988).

② Karl W. Vancil, An Overview of the Texas Uniform Fraudulent Transfer Act, 26Bulletin of the Business Law Section, 4(1988).

③ see William T. Vukowich, Civil Remedies in Bankruptcy for Corporate Fraud, 6American Bankruptcy Institute Law Review, 444(1998).

④ Glenmore Distilleries Co. v. Seideman, 267 F. Supp. 915, 919 (E.D.N.Y. 1967).

⑤ 李志强：《论破产法上的偏颇性清偿》，《政法学刊》2008年第2期，第76页。

⑥ 参见王欣新：《破产撤销权研究》，《中国法学》2007年第5期，第155页。

⑦ National Bank of Newport v. National Herkimer County Bank of Little Falls, 225 U.S. 178, 32 S. Ct. 633, 56 L. Ed. 1042 (1912).

⑧ 具体参见(2015)浙温商终字第988号判决书。

5. 虚构债务行为的规制

虚构债务是指公司与第三人恶意串通以各种方式设置虚假债务从而稀释公司债权人债权进而损害公司债权人利益的行为。虚构债务是创设本来就不存在的债务,包括作为债务人的公司自己积极主动地创设虚假债务,也包括承认第三方所提出的不实债务,其显著特点是公司与第三方就虚假债务设立的恶意串通,主观恶意尤为显著。虚构债务的目的就是实现公司资产的不当转移,进而利用公司有限责任制度逃避公司到期债务,损害债权人利益,其欺诈意图尤为明显。通过虚构债务进而破产逃债的现象在我国破产案件中屡见不鲜,强化对虚构债务的规制是当前破产阶段资本退出规制中面临的一个重要内容。

6. 放弃债权行为的规制

债权是一种重要的财产权利,"债权关系的首要目的乃在于将债权变成物权或与物权具有相等价值的权利"①,所以债权的财产价值不可忽视。对公司而言,其债权意味着其所能支配的财产,尽管债权可能由于尚未到期而有待实现,而且其作为一种账面资产是否能转化成现实资产具有相当程度的不确定性,但是债权始终是公司资产构成的重要部分,公司债权的数额、性质对其自身债务的清偿能力有着重要影响,如果公司自身对外债权数额大而且设有担保,这样的债权是其对自身债务偿还能力的重要保障。所以,如果公司放弃其债权,便意味着对公司清偿能力的侵蚀,如果公司已经进入破产程序或者在失去清偿能力之后做出放弃债权的行为,显然会降低公司对债权人的清偿能力,严重影响公司债权人的利益。因此,只要是公司已经进入破产程序或者处于破产程序的前夕即公司已经失去清偿能力的情形,无论是积极地放弃债权还是消极地放弃债权,都是严重侵害公司债权人利益的行为,破产法对此给予严格规制。

7. 毁坏或扣押破产相关文件行为的规制

在破产清算程序中,破产人的印章、财务账簿以及司法文书等相关文件具有重要的作用,甚至其意义不亚于现实的财产,因为这些文件可能记载着公司的财产存放、存续业务以及债权债务等相关信息,这些信息都直接关系到公司的破产财产数额。例如,印章会关系到破产程序中必要交易行为的继续履行以及公司相关债务的确认等诸多事项,如果印章被毁坏或

---

① 林诚二:《论债之本质与责任》,载郑玉波:《民法债编论文选辑》上,五南图书出版公司1984年版,第32页。

扣押,不仅会影响公司的决策与交易效率,甚至可能会导致印章控制者对公司非正当债务的确认,这都会严重损害公司财产,损害对债权人的公平清偿;如果公司的财务账簿被毁坏或扣押,则有可能使破产管理人难以掌握公司相关财产信息或者债权债务信息,导致公司财产与债权的损失,同样危及债权人的公平受偿;如果司法判决等相关文书被毁坏或者扣押,可能使公司破产管理人难以有效掌握经司法裁决确认的债权,使相关案件无法进入或者难以高效进入强制执行程序,影响破产财产的回收,损害债权人利益。因此,强化对毁坏或扣押破产相关文件的规制是破产法的一个重要内容,例如,我国《破产法》第八条第二款、第十一条第二款都明确规定了债务人向法院提交债权清册、债务清册等相关文件的义务,而根据2009年《最高人民法院关于正确审理企业破产案件为维护市场经济秩序提供司法保障若干问题的意见》第十六条的规定,债权人甚至有权就此行为提起诉讼,要求有责任的有限责任公司股东、股份有限公司董事、控股股东以及实际控制人等清算义务人对债务人的债务承担清偿责任。在我国的司法实践当中,司法机构也对此类案件给予了严厉的处理,例如在"林绍武等八位原告诉陈朝阳、付美红、陈朝辉股东损害公司债权人利益纠纷"一案中,温州瓯海法院就判决陈朝阳、陈朝辉、付美红因未能提交账务账册、凭证等材料而向林绍武等八位原告支付经法院确认的无争议债权。① 有的国家将其归入破产犯罪的制度当中,例如《美国法典》第18篇就规定"毁坏或扣押公司破产相关文件是破产犯罪的一个具体情形"②。

二、方式性范式:行政管制与司法规制

作为公司治理外部矫正机制的公力干预有两种途径:一是行政干预与监督,二是司法救济。③ 无论是"行政干预与监督"还是"司法救济",都是公司资本规制的一种方式,前者可以称为行政管制,后者可以称之为司法规制。因此,可以将资本规制看成一个由行政管制与司法规制组成的系统,行政管制与司法规制是整体资本规制系统的子系统。

(一)行政管制

根据《汉语大辞典》,"管制"含有管理与控制之意。美国学者丹尼尔.

---

① 具体参见(2013)温瓯商初字第1157号判决书。
② Tamara Ogier, Jack F. Williams, Bankruptcy Crimes and Bankruptcy Practice, 6American Bankruptcy Institute Law Review, 323 (1998).
③ 参见钱卫清:《公司诉讼:司法救济方式》,人民法院出版社2006年版,第9-10页。

F. 史普博(Daniel F. Spulber)认为,行政管制是行政机构制定并执行的直接干预市场机制或间接改变企业和消费者供需决策的一般规则和特殊行为。① 行政管制以国家强制力量为依托,通过直接制定经济运行的相关政策与法规,实现对市场主体的管理与控制,其本质可以理解为政府对企业市场活动进行干预或者控制的一种手段。② 因此,资本的行政管制就是政府或者行政机关通过公司法等相关法律、法规,对公司资本运行进行的直接干预或控制。行政管制具有直接性、强制性、及时性、效率性以及事先性等一系列优点,能够为债权人提供一种前端控制,例如对最低公司注册资本数额的强制性规定、对股东现物出资形式的规定、对股东出资缴付期限的规定、对现金出资比例的规定以及对强制验资程序的规定等等,都体现着强烈的行政管制色彩。值得注意的是,这种强烈行政管制特色并非我国公司法所特有,在世界各国公司法发展的初期,强化资本行政管制都是其中一个显著特点,即使在美国公司法初期,也强调公司最低注册资本对债权人的保护价值,例如美国 1875 年新泽西州《公司法》规定,公司股本总额不得低于 2000 美元,能够开业的不得低于 1000 美元。③ 欧洲则至今依然保留着最低注册资本的行政管制措施,例如欧盟规定股份有限责任公司最低注册资本不得少于 25000 欧元,英国《公司法》规定最低注册资本不得少于 50000 英镑,德国《公司法》规定股份有限责任公司最低注册资本不得少于 50000 欧元。

严格的行政管制体现着国家对公司运行的直接干预,体现着公司法的强制性色彩,意在克服公司资本运行过程中的机会主义行为,保护交易安全,从而维护债权人合法权益,也就是说严格的资本行政管制体现着以安全为主的资本规制理念。这种规制模式对公司发展初期债权人的保护是十分必要的,因为社会信用水平以及以信义义务制度为代表的司法规制方式并不发达,严格的行政管制不仅在一定程度上能够提高股东以及公司经营者的责任意识,而且能够为债权人提供强制性的保护标准,能够在一定程度上弥补其他规制方式相对弱化的不足。

资本行政管制确实有其存在的合理性,但是其弊端也十分明显。第一,行政管制的成本高昂。"通过行政机构介入公司治理,不可回避的问题

---

① 参见[美]丹尼尔·F. 史普博管:《制与市场》,余晖等译,上海三联书店 1999 年版,第 45 页。
② 徐晓松:《资本监管与中国公司治理》,知识产权出版社 2006 年版,第 12 页。
③ see Mark J. Roe, Delaware's Competition, 117 Harvard Law Review, 588(2003).

是介入的成本。"①比如说，最低资本数额的审查、实缴资本数额的审查、验资手续的审查等等，都需要耗费较大人力、物力成本。第二，阻碍公司的经营自由。"公司自由不仅包括公司运行不受非法干涉，而且还包括公司的参与者能够按照自己的意愿行事。"②经营自由是公司自治的体现，表明的是公司的私法特性。例如，公司需要多少注册资本、公司在经营之初需要实缴多少资本等等，只有公司自己最清楚，如果采取"一刀切"的做法，强制性地划定公司最低注册资本底线，可能会导致许多公司经营资本的闲置与浪费。因此，行政管制可能会增加公司的运行成本，包括监督成本与经营成本。第三，行政管制容易形成路径依赖。由于行政管制主要依靠行政权力，因此极易形成路径依赖。路径依赖可能会使行政机关对公司资本运行的干预出现越位，许多本应由公司相关利益主体直接解决的事情被行政机关所替代，影响公司的自治效应与效率。

(二)司法规制

司法规制是指通过司法机关行使司法审查权，对公司资本运行过程中所产生的矛盾、争议与纠纷所进行的规制，包括诉讼方式与非诉方式。"司法权具有中立性、程序性、终局性等特点"③，并且"公司治理中的其他机制发挥作用是以潜在的司法介入为条件的"④，因此其具有不同于行政管制的功能，对公司资本规制发挥着行政管制难以替代的作用。司法规制则是以当事人诉权为基础，其启动力量是私权，经过私权启动才能进入司法程序，而司法裁决也显著区别于行政指令。

在资本信用范式下，行政管制占据着主导地位，其突出的表现为严格法定资本制下的具体制度，例如最低注册资本制度、一次性实缴制度、严格出资形式限制制度、验资制度以及禁止股份回购制度等。而在资产信用范式下，行政规制逐步弱化，司法规制日趋强化，例如公司人格否认制度、董事信义义务制度、公平居次制度以及实质合并制度等等。由资本信用走向资产信用是资本规制理念的一个重要发展路径，其背后的支撑则是资本规制由行政主导走向了司法主导。美国公司资本规制发展的历史对此给予

---

① 杨勤法：《公司治理的司法介入——以司法介入的限度和程序设计为中心》，北京大学出版社2008年版，第38页。

② 杨勤法：《公司治理的司法介入——以司法介入的限度和程序设计为中心》，北京大学出版社2008年版，第38页。

③ 蒋学跃：《司法介入公司治理法律问题研究》，人民法院出版社2010年版，第18页。

④ 蒋学跃：《司法介入公司治理法律问题研究》，人民法院出版社2010年版，第19页。

了非常有力的印证,美国之所以由法定资本制迅速走向授权资本制,就是因为以信义义务制度以及公司人格否认制度为代表的司法救济规制的发达与完善。[①]

在资本规制系统论范式下,资本行政管制依然会存在,例如关于转投资无限责任以及关联交易表决程序的限制,但是司法规制将占据主导地位,并且资本规制的改革与强化都将以资本司法规制为基本路径,例如,对董事信义义务制度的完善、对公平居次原则的引入等等。

三、程序性范式:事前规制与事后规制

资本规制程序可以划分为事前程序与事后程序,以此为标准对公司资本规制系统进行构建,可以将其看成一个由事前规制与事后规制两个子系统构成的整体系统。程序性范式即沿着事前规制以及事后规制的不同路径对资本规制进行研究。

(一)事前资本规制

事前资本规制也可以称为立法预设,"是指法律为从事某种行为设定的条件,当事人必须符合法定的条件才能从事相应的行为"[②]。事前资本规制是一种静态化的规制方式,主要体现为行政管制,以强制性规范为核心,其目的在于确立一种公司资本行为的标准与模式,这不仅体现在公司设立阶段资本形成规制当中,也体现在公司经营阶段资本流转规制当中以及公司破产阶段资本退出规制当中。例如,公司设立阶段资本形成规制中的法定资本制模式下的最低注册资本制度、股份不得折价发行制度、强制验资制度以及严格出资形式限制制度等等,公司经营阶段资本流转规制中的担保限制、转投资限制以及股份回购限制,公司破产清算阶段的破产方案的形成程序规制,等等。

从法经济学视角来看,法律的制定与实施是需要成本的,应当坚持成本与收益的适度平衡。具体而言,法律的成本包括守法成本与违法成本,守法成本就是涉法当事人遵循法律所付出的成本,以法定最低资本制度要

① 参见邓峰:《资本约束制度的进化和机制设计——以中美公司法的比较为核心》,《中国法学》2009 年第 1 期,第 99-109 页。

② 周友苏、沈柯:《论我国〈公司法〉进一步改革和完善的两个问题》,载赵旭东:《国际视野下公司法改革——中国与世界:公司法改革国际峰会论文集》,中国政法大学出版社 2007 年版,第 3 页。

求为例①,确实履行资本缴付义务以及进行验资程序等花费的成本就是守法成本;而违反法定最低注册资本制度,或者进行虚假出资等面临的处罚就是违法成本。对事前资本规制进行分析,就法律成本而言,事前管制主要是一种守法成本,当然也不能排除违法成本。

(二)事后资本规制

事后规制强调对违法行为的矫正性规制,"一般并不直接控制人们的行为,而只是使某些行为承担相应的责任"②,它表现为各种责任制度,例如发起人及股东出资责任制度、公司人格否认制度、董事及其高级职员信义义务及其法律责任制度、第三人民事责任制度等等。美国学者 Paul Davies 教授就董事对债权人责任与最低注册资本制度的比较分析对此给予了明确的说明:"当公司濒临失去清偿能力之时,有效地确立董事对债权人责任制度将有助于降低强化或引入法定最低注册资本制度的压力。两者的不同在于前者是事后规制措施,后者是事前规制措施。"③事前规制侧重于通过制度公布进行直接的警示,而事后规制则侧重于通过法律责任的追究进行制裁。资本规制程序性范式就是强调应当注重事后规制,现代资本制度的进化就是一个由事前规制走向事后规制的进程。

就法经济学视角而言,事后规制主要涉法当事人面临的违法制裁成本,是当事人通过事后救济而进行的规制,主要体现为司法规制模式。"事后规制的意义在于威慑当事人,当事人真正实施违法行为后,事后管制(规制)便会产生实实在在的惩治效果。"④

(三)事前规制与事后规制的关系

尽管事前规制与事后规制的性质、功能各不相同,存在着显著的区别,但并不能否认两者之间的联系。第一,两者功能具有互补性。两者都是实现公司资本规制的手段与方式,当司法规制手段相对弱化时,行政管制可以在一定程度弥补其不足,从整体上保持公司资本规制整个系统的强度与水平;当司法规制比较发达与完善时,可以弥补行政管制弱化改革带来的

---

① 尽管我国《公司法》当前已经取消了法定最低注册资本制度,但是许多欧洲国家依然保留着该制度。

② 邓辉:《论公司法中的国家强制》,中国政法大学出版社 2004 年版,第 63 页。

③ Paul Davies, Directors' creditor-regarding duties in respect of trading decisions taken in the vicinity of insolvency, 7European Business Organization Law Review, 310(2006).

④ 周友苏、沈柯:《论我国〈公司法〉进一步改革和完善的两个问题》,载赵旭东:《国际视野下公司法改革——中国与世界:公司法改革国际峰会论文集》,中国政法大学出版社 2007 年版,第 6 页。

资本规制水平强度下降的不足,进而从整体上维持公司资本规制水平。第二,行政管制需要以司法规制为依托。因为司法规制具有终局性,事后规制是事前规制的保障,如果缺失完善的事后规制措施,可能会使事前规制措施的效果大打折扣,因为事后规制主要是一种法律责任的承担,如果失去法律责任的威慑功能,可能刺激当事人采取违法行为,甚至"完全可能刺激当事人为了弥补在事前管制所支出的守法成本而从事违法行为"①。

四、制度性范式:公司法内规制与公司法外规制

以资本规制制度为标准对资本规制系统进行构建,可将资本规制看成是一个由公司法规制与公司法外规制组成的系统,公司法规制以及公司法外规制则是整体资本规制的子系统。资本规制的功能不仅依靠公司法来加以实现,也需要破产法等其他法律制度的支撑。以公司债权人保护为例,"显而易见,公司债权人的保护机制需要由不同的法律制度构成"②。

(一)公司法规制

公司法规制是强调专门的公司法对公司资本运行的规制,公司法从公司设立阶段到公司经营阶段,再到公司退出阶段,都对资本行为进行了严格的规制,可以说公司法是对公司资本规制的专门立法,而且是一种系统性规制,旨在防止公司控制者滥用控制权损害中小股东、债权人以及其他利益相关者权益。例如,公司设立阶段的资本形成规制,包括最低注册资本制度、资本缴付期限制度、现物出资形式及其比例制度、强制验资制度等等;公司经营阶段的资本流转规制,例如对担保制度、转投资制度、股份回购制度、关联交易制度以及公司人格否认制度等等;公司退出阶段的解散清算制度。公司法之所以成为资本规制的核心,是因为无论是中小股东、债权人还是其他利益相关者,都面临着"由公司形式派生出来的独特风险"③。因此,公司法制度架构能够针对这种独特的风险进行有力的规制,这种规制方式往往是其他相关法律制度难以替代的。例如,根据公司法中的信义义务制度,无论是控制股东还是公司董事等高级管理者都受到公司

① [加]布莱恩·R.柴芬斯:《公司法:理论、结构和运作》,林华伟、魏旻译,法律出版社 2001 年版,第 269 页。

② Peter O. Mülbert, A synthetic view of different concepts of creditor protection or: A high-level framework for corporate creditor protection, 7European Business Organization Law Review, 357(2006).

③ 参见[美]亨利·汉斯曼等:《公司法剖析:比较与功能的视角》,刘俊海、徐海燕译,北京大学出版社 2007 年版,第 83 页。

信义义务法律制度的约束,而这种约束是比较抽象的,并不对所有的预设条件进行清晰度规定,而是设置了一种责任标准,通过忠实义务、注意义务以及谨慎义务对控制股东以及公司董事施加约束,该制度对中小股东以及债权人保护发挥着重要功能。因为根据法经济学观点,公司就是一个"合同束",包括股东与股东之间的合同、股东与债权人之间的合同以及董事等管理者与债权人之间的合同,但是在公司成立之初,合同主体之间难以就双方权利义务做出非常精确的规定,而信义义务制度的存在则是设置了一种责任标准,从而有力填补了合同缝隙,能够更好地保护中小股东、债权人以及其他利益相关者权益。①

所以,公司法是实现公司资本规制的首要制度,尽管国外有学者认为,对公司债权人的保护并不主要依赖于公司法,而是主要依赖于合同法,②但是合同法只是从交易条件的视角对债权人进行了保护,而资本规制不仅包括对债权人的保护,而且包括对中小股东的保护,单纯的商业交易合同对资本运行的规制效果是十分有限的,特别是公司法所规定的信息披露制度是交易债权人行使合同救济条件的重要基础。所以,公司法对公司资本运行的规制是整个资本规制制度体系的基础与中心。

(二)公司法外规制

制度性范式就是沿着公司法与公司法外相关制度对公司资本规制改革进行研究,以期更好地探寻资本规制改革的整体性协同机制。因为"公司制度是建立在与外部'域'的均衡之上的,外部'域'不同,公司法律制度与体系就不同。相同的公司制度功能目标,在不同的国家而言可以由不同的规则体系来实现。公司规则与外部'域'的规则之间,不可避免地存在着替代性。也就是说,在美国公司制度下的某个规则体系的功能目标,在其他国可能由其他规则来替代,或者是公司法本身的其他规则,或者是公司法之外的其他规则。在公司制度现代化过程中,公司之权利结构关系的建立,必须考虑到这个替代性"③。

所以,同样是公司资本规制,既可以由公司法内资本制度加以实现,也可能由公司法外制度加以实现,在公司法外体系当中,发挥重要作用的是

---

① 参见[美]弗兰克·伊斯特布鲁克、丹尼尔·费希尔:《公司法的经济结构》,张建伟、罗培新译,北京大学出版社2005年版,第101-105页。

② see James MacKinnon, Substantive Consolidation: the Backdoor to Involuntary Bankruptcy, 23San Diego Law Review,1773(1986).

③ 曹兴权:《公司法的现代化:方法与制度》,法律出版社2007年版,第222-223页。

破产法、证券法与合同法。第一,破产法对公司资本退出规制发挥着重要功能,因为公司退出阶段包括解散退出与破产退出,其中解散退出规定在公司法内,而破产退出则规定在破产法当中,例如破产法对破产财产方案的程序性规制,对破产欺诈行为的撤销性规制,对母子公司关联性破产的规制、对母公司破产债权人居次性规制等等,对保护公司债权人都发挥着重要功能。第二,证券法对公司信息披露起着重要作用。证券法所规定的公司信息披露,包括年度披露、中期披露、季度披露以及重大事件临时披露对公司中小股东以及债权人实现其对公司事物的知情权发挥着重要功能,不仅能够在心理上给那些滥用公司控制权的人以威慑,而且能够使得中小股东以及债权人能够了解公司经营状态,及时采取救济措施。第三,合同法对资本规制功能不可小视。特别是对契约债权人而言,他们可以通过合同条款约定债务偿还条件,进而实现对其自身权益的保护。美国学者Barry E. Adler 与 Marcel Kahan 教授认为:"契约是债权人控制利益冲突的首要工具。"①

当然,公司资本规制的公司法外立法也绝不仅仅限于破产法、证券法与合同法,许多其他立法也都发挥着重要作用。例如在美国,《统一欺诈转让法》(2013 年改名为《统一撤销转让法》)对公司债权人利益的保护发挥着极其重要的作用,许多资本欺诈行为都是通过该法予以规制的。例如,对股息的违法分配,"如果商事债务人所做任何无偿的或不公平的转让,如果转让之后,在债务人手中剩余的财产是'不合理的小额资本',则均为欺诈"②。债权人可以向法院申请撤销,以回到股息分配前的状态,从而恢复债务人责任财产。同时,该法不仅适用于欺诈转让行为,也适用于那些没有欺诈意图的不公平转让,例如将流动性较强的资产换成流动性差的资产,进而阻碍对债权人的及时偿还。③

第四节　各种不同范式之间的内在关系

根据不同的标准可以对系统的具体构成做出多种划分,公司资本规制作为一个系统也是如此,上述各种标准下的分类就是明证。然而"系统分

---

① Barry E. Adler, Marcel Kahan, Technology of Creditor Protection, 61University of Pennsylvania Law Review, 1773(2013).

② [美]罗伯特·克拉克:《公司法则》,胡平等译,工商出版社 1996 年版,第 62 页。

③ [美]罗伯特·克拉克:《公司法则》,胡平等译,工商出版社 1996 年版,第 34 页。

类的标准是相对的,而且各种系统中往往有相互渗透、彼此交叉的情形。我们对系统的分类问题,要做具体的分析、辩证的处置,不可凝固不变,划界定死。"①因此,公司资本规制系统不同类型之间必然存在着交叉,而建于其上的资本规制系统论范式不同类型之间必然存在着交叉。无论是公司设立阶段资本形成规制、经营阶段资本流转规制还是破产阶段资本退出规制,都包含着行政管制与司法规制,都有事前规制与事后规制;而行政管制往往是事前规制,司法规制则是事后规制;公司法内资本规制与公司外资本规制都可能出现在公司运行的任何一个阶段,都可能融合着行政管制与司法规制。

一、阶段性范式的基础性地位

不同标准的分类之间存在交叉是必然的,因为不同的分类是对同一事物不同特征的主观采纳,暂时忽略了其他特征,进而根据研究需要进行的类别构建,但是其他特征并不会因此而消失,而是依然实实在在地存在着。然而必须明确的是,分类交叉关系的存在并不代表各个类型之间地位的绝对平等,因为"类型化也有其最优程度"②,特别是出于学术研究的需要,可能某一类型更具基础性地位。对于公司资本规制系统的不同类型地位分析也是如此,并不是系统论下每一个公司资本规制范式都处于平等地位,在上述各类范式当中阶段性范式居于基础地位。

阶段性范式之所以居于基础地位,主要源于以下几方面因素。第一,整体性原理是系统论最为重要的方法论原理,一般系统论开拓者贝塔朗菲在《一般系统论基础发展和应用》一书中也明确指出"一般系统论就是对'整体'和'整体性'的科学探索"③。而阶段论正好吻合了公司资本运行的整体阶段,阶段性范式最为直接、最为明确地反映了资本规制整体性构成,极其鲜明地体现着公司资本规制运行整体性或者系统性,相对于其他类型的划分,阶段性范式更加清晰、更加具体。第二,阶段性范式是其他类型范式的平台,其他各种类型的范式在各个不同阶段都有着具体的体现,对其他各种范式的分析往往都以公司资本规制的不同阶段为载体而进行,对其

---

① 冯国瑞:《系统论、信息论、控制论与马克思主义认识论》,北京大学出版社 1988 年版,第
　216 页。
② 蒋舸:《〈反不正当竞争法〉网络条款的反思与解释:以类型化原理为中心》,《中外法学》2019
　年第 1 期,第 202 页。
③ [美]冯·贝塔朗菲:《一般系统论基础发展和应用》,林康义、魏宏森等译,清华大学出版社
　1987 年版,序言第 3 页。

他各种范式的分析都不可能离开具体的资本运行阶段。第三,当前世界各国公司法对资本规制的立法架构,主体都是围绕着有限责任公司以及股份有限责任公司而展开的,而无论是对有限责任公司的立法规制还是对股份有限责任公司立法规制,都强调了公司设立阶段的资本形成规制、公司经营阶段的资本流转规制以及公司破产阶段的资本退出规制。因此,阶段性范式与公司法具体制度的体系架构更加吻合。

所以,对公司资本规制制度的分析,应以阶段性范式为核心,在具体阶段性范式的基础上,剖析各个资本规制制度方式特性、程序特性以及制度归属特性,这样就有助于从宏观体系以及微观制度构成的视角对此进行深入、系统的综合分析,进而更好地推进公司资本规制体系的完善及其制度实现,这一思路也是本书内容分析的主线。

二、其他范式地位的重要性

尽管阶段性范式在上述分类体系当中居于基础性地位,但是这种基础性地位并未否定其他范式的重要价值。因为"整体虽然是系统的核心属性,但它并不等于系统自身,系统论也不孤立地考察系统的整体性,而是在其与部分、层次、结构、功能、环境的相互关系中来考察其整体性的。"[1]虽然事物的发展最终是通过整体加以表现的,但是整体的发展源自系统具体构成要素、层级、结构以及环境等相关因素的共同作用。所以,对整体的分析,离不开其各种要素、不同层级构成以及外在环境变化的影响。

对公司资本规制体系的分析不仅要重视阶段性构成及其相互之间的联系,而且应对注重对每一个阶段具体制度的分析,只有如此才能推进不同阶段资本规制制度的完善,并在此基础上推进公司不同运行阶段资本规制的协同性,进而最终从整体上推进公司资本制度发展。也就是说,公司资本规制的宏观分析及其功能最终仍然建立在对具体微观制度分析的基础之上。所以,要对阶段性资本规制进行分析,就必须对每个阶段的具体制度特性进行分析,这就涉及该制度的规制方式、规制程序以及制度构成等相关内容。例如,公司设立阶段资本形成制度中法定最低注册资本制度,就是一种行政管制,是一种事前规制,是公司法内制度;公司董事信义义务制度就是一种司法规制,是一种事后规制,既可以存在于公司法体,也可以存在于公司法体系之外,例如在破产法当中也有关于董事信义义务的

---

① 常绍舜:《从经典系统论到现代系统论》,《系统科学学报》2011年第3期,第1页。

规定,在证券法当中也同样存在。

公司资本规制的阶段性构成就像搭建了一个分析骨架,如果离开了具体资本规制制度方式、程序以及制度归属特性的分析,就好比失去了血肉,因为对具体制度的微观分析,重点还是它自身的组织特征,而不是阶段性归属特性,前者是自身的内在特性,而后者则是学者研究的主观归属特性。所以,公司资本规制的方式性范式、程序性范式以及制度归属性范式依然十分重要。

三、同一范式各个子系统的内在关系

在同一范式下,各个子系统必然受整体系统结构与功能的制约,但是各个子系统并不是绝对地处于被动与孤立状态,而是相互联系、相互制约的,同时每个独立的子系统也有着自己独立的价值目标。正如魏宏森、曾国屏教授在论证系统论层次性原理时指出:"有机体由器官所组成,各个器官统一受有机体整体的制约。但与此同时,各个器官又有自己的独立性,在发挥自己的功能时有自己的独立性。"[1]

(一) 资本规制整体目标的一致性

尽管各个范式下的具体子系统并不相同,例如,以阶段性范式为例,公司设立阶段资本形成规制系统、公司经营阶段资本流转规制系统以及公司破产阶段资本退出规制系统各不相同,不仅是其阶段性的差别,而且在具体制度构成中也存在着诸多区别,但是这并不影响其资本规制目标的整体性,即防止公司资本弱化,保护公司、股东与债权人利益。也就是说同一范式下各个子系统的终极目标是一致的,没有区别。资本规制的重点在于通过对各个具体子系统的功能的配置及其协同效应的发挥实现整体目标的一致性。正如系统论的创立者冯·贝塔朗菲在分析一般系统论含义时所指出的:"研究孤立的部分和过程是必要的,但是还必须解决一个有决定意义的问题:把孤立的部分和过程统一起来的、由部分间动态相互作用引起的、使部分在整体内的行为不同于在孤立研究时的行为的组织和秩序问题。"[2]

---

[1]　魏宏森、曾国屏:《试论系统的整体性原理》,《清华大学学报(哲学社会科学版)》1994年第3期,第219页。

[2]　[美]冯·贝塔朗菲《一般系统论:基础、发展和应用》,林康义、魏宏森译,清华大学出版社1987年版,第29页。

(二)资本规制具体目标的差别性

公司资本规制是一个独立系统,每类范式的各个构成要素又称为不同的子系统,各个子系统有着自身独立的功能,"低层次(系统)构成高层次(系统),就会受制于高层次,但却也会有自己的一定独立性"①。因此,尽管公司资本规制各个范式下的不同子系统最终目标具有一致性,都是为了更好地防止公司资本弱化行为,保护公司、中小股东以及债权人合法权益,但是各个子系统的具体目标也存在着差别,并非绝对一致,因为在不同阶段,资本规制的具体任务并不相同。例如,公司设立阶段的资本规制重在对公司形成阶段的资本进行规制,保障公司设立的物质基础与资本真实状态,是对公司运行起点的规制;公司经营阶段资本规制则重在防止公司资本非正当地流向股东、董事等高级管理人及其关系人,是对公司运行过程的规制,是资本规制的核心;公司破产阶段资本规制则重在实现对全体债权人的集体性公平清偿,是对公司运行退出的规制。

---

① 魏宏森、曾国屏:《试论系统的整体性原理》,《清华大学学报(哲学社会科学版)》1994 年第 3 期,第 219 页。

第五章　系统论范式下我国公司资本规制的历史演进及其问题检视

　　历史分析方法是一种重要的法学分析方法,借助此方法可以对法律制度的发展进行纵向分析,探寻其不同历史阶段的不同发展状况,明晰其发展趋势,进而对法律制度的完善提供有益的帮助。正如江平教授在谈到公司法改革时所指出的,"切断了历史的来龙去脉,我们既无法看到法律所产生的社会环境、法律对前人生活的影响以及法律承前启后的走向,也找不到真正有助于解决现实问题的线索"①。所以,对我国公司资本规制立法的完善研究,不应脱离其历史演进的进程,而是应当在系统论范式的指引下,借助历史分析方法,探寻我国公司资本规制立法历史发展的内在逻辑,并深入分析当前其立法体系存在的问题,从而为针对性地完善公司法制度设计提供有力的支撑。虽然我国公司法的历史并不长久,至今也有 20 余年。1993 年《公司法》正式颁布,确立了了严格的法定资本制,其重点在于以注册资本制度为中心,强化对公司设立阶段以及经营阶段的资本运行规制,其中对公司设立阶段的行政管制尤为突出,旨在以资本信用理念为指引,强化对债权人的事前保护。在 1993 年《公司法》实施期间,对破产阶段资本退出的规制主要依靠 1986 年的《破产法(试行)》与 1991 年《民事诉讼法》关于"非国有企业法人破产还债程序"的规定,两部法律不仅以所有制为基础奉行着分而治之的规制模式,而且对破产欺诈行为规制的严密性以及操作性都十分欠缺,对破产逃债行为的规制并不理想。在 1993 年《公司法》历经 10 余年发展之后,我国的政治、经济、环境都在不断地发生着变化,市场机制作用日渐凸显,行政体制改革不断推进,同时域外公司法制度改革也在不断发展,公司法制度的国际竞争也愈加剧烈。在此背景下,2005 年《公司法》做出重要修正,其核心逻辑在于缓和对资本运行的行政管制,不仅降低了最低注册资本要求,提高了非现金出资比重,而且允许分

---

① 江平:《新编公司法教程》,法律出版社 2003 年版,第 55 页。

期缴付,同时也引入了公司法人人格否认制度。此后,《破产法》于 2006 年正式通过,不仅健全了破产程序制度,完善了债权人会议制度,引入了破产管理人制度,而且以"破产撤销行为"与"破产无效行为"为中心,强化了对破产欺诈行为的规制。显然,这一时期的公司资本规制得到了较大发展,特别是 2005 年《公司法》的修正获得了社会各界的广泛肯定,对提升股东出资效率、加速公司制度运转功能、推进经济发展也确实发挥了重要作用。但是,自 2012 年以来我国经济发展相对低迷,而且国际经济竞争日益剧烈,为了新一步推进经济发展、应对国际竞争以及深化行政体制改革,2013 年《公司法》做出了近乎颠覆性的改革,原则性①地废除了法定最低注册资本制度、现物出资比例限制以及强制验资制度,改革力度及速度大大超出学界预期,也因此招致了较多批评。这一阶段,资本退出的规制依然是依靠 2006 年《破产法》及相关司法解释,许多学者也都呼吁推进《破产法》修订,以强化债权人保护。2018 年,我国证券市场依然低迷,并且国际贸易环境愈加严峻,刺激国内经济的发展活力显得更加重要,为此,《公司法》再次进行改革,修正了上市公司股份回购制度,极大地放宽了对上市公司股份回购行为的限制。此次修正对提振证券市场信心、优化公司资本结构以及健全投资者回报机制具有重要意义,但是在缺乏相关配套制度跟进的情形下,容易产生股份回购机会主义行为,公司资本维持原则会遭受冲击,使得债权人利益面临更加严峻的挑战。

综上可见,尽管我国公司资本规制立法已经历经多年发展,基本制度框架已经基本确立,对债权人的保护也发挥了十分重要的作用,但是其依然存在着诸多缺失。所以,本章意在对我国公司资本规制发展历史进行梳理的基础上,探寻其制度改革的主旨方向,并对其就公司债权人保护存在的问题进行深入检视,以期为我国公司资本规制体系的修正与具体制度的完善提供有针对性的帮助。

第一节　1993 年《公司法》实施时期的资本规制架构分析
——以资本信用为主导

1993 年《公司法》实施时期是指在 1993 年《公司法》实施后,一直到

---

① 之所以说是"原则性"地废除了法定最低注册资本数额要求,是因为法律、法规、国务院决定另有规定的除外,具体参见当前《公司法》第二十六条、第八十条的规定。

2005 年《公司法》实施前的这段时间，其间公司设立阶段资本形成规制以及公司经营阶段资本流转规制主要体现于 1993 年《公司法》当中，而公司破产阶段的资本退出规制则主要体现于 1986 年通过的《破产法（试行）》以及 1991 年《民事诉讼法》第十九章"企业法人破产还债程序"的相关规定中，两部法律分别从国有企业法人与非国有企业法人的视角对破产阶段的资本退出做出了规制。1993 年《公司法》是新中国成立后的第一部公司法，该法旗帜鲜明地确立了严格的甚至近乎苛刻的法定资本制，单纯就公司资本制度的技术设计而言，该法并不理想，但是考虑到当时特殊的政治、经济、社会以及立法技术等历史背景，该法的颁布与实施依然具有重要的政治、经济以及法治意义，它不仅确立了公司作为独立市场主体的法人地位，而且对保护公司债权人发挥了重要功能，更为重要的是，它确立了我国公司法体系的基本架构，为后续发展奠定了最基本的制度基础。资本信用是 1993 年《公司法》的主导思想，公司法制度架构自始至终都在贯彻着这一基本立法律理念，正如赵旭东教授所言，"在立法上，中国公司法首先毫无疑问地以资本信用为基础构建了自身的体系。从公司资本制度到公司出资形式，再到公司权利能力和行为能力的限制，无不体现了资本信用的明晰观念和要求"[1]。这种以资本信用为理念的制度架构在公司设立阶段与经营阶段都有着极其鲜明的体现，例如在公司设立阶段的最低注册资本制度以及公司经营阶段的严格股份回购禁止制度等等。1986 年《破产法（试行）》则是从国有企业破产的视角对公司资本退出做出规制，"对于国有企业以外的其他一切企业法人，只能适用 1991 年颁布的《民事诉讼法》中有关企业法人破产还债程序的规定"[2]。这段时期，破产阶段资本退出的规制不仅是一种依托于企业所有制类别而实施的"分而治之"立法模式，而且对破产欺诈行为的规制边界以及相关法律责任的追究都存在着严重的缺失。

一、公司设立阶段资本形成规制的主要制度

如果说 1993 年《公司法》资本制度架构体现着严格的资本信用理念，那么这种理念无疑在公司设立阶段的资本形成规制中有着最为鲜明的体现，过高的最低注册资本限额、僵化的资本缴付期限规制、严格的现物出资

---

① 赵旭东：《公司资本规制改革研究》，法律出版社 2004 年版，第 6 页。
② 肖建华、王淇：《破产清算制度的完善与债务欺诈之防范》，《法学杂志》2002 年第 4 期，第 30 页。

限制、苛刻的现金出资比例以及有限责任公司股东的资本填补责任,都是明证。

(一)过高的最低注册资本规制

1993 年《公司法》以资本信用为主导,确立了过高的最低注册资本要求。立法者认为,"只要完善注册资本制度就可确保债权人利益,维护交易安全"①。以此为立法律理念,对公司注册资本最低限额进行了规定,旨在保护公司债权人利益。股份有限责任公司最低注册资本为为 1000 万元,上市公司最低注册资本为 5000 万元。有限责任公司的最低注册资本则根据其自身性质的不同分别做出不同的要求:以生产经营以及商品批发为主的为 50 万元;以商品零售为主的,最低为 30 万元;以科技、咨询、服务为主的,最低为 10 万元。公司注册资本的价值并不是绝对的,因为公司注册资本是一个静态概念,只能反映公司设立时的资本状态,并不能反映公司经营中的实际财产状态。但是公司注册资本的意义不容忽视,因为初始资本越多,公司初始信用担保能力必然越强,这一点不容否认。所以 1993 年《公司法》关于注册资本最低数额的规定有其现实意义,有利于保护债权人的交易安全,特别是在其他债权人保护制度架构严重缺失的情形下,对注册资本最低限额的严格要求更具实践价值。

虽然立法当时,法定最低注册资本是包括日本在内的大陆法系国家所普遍采用的资本规制方式,但是相对而言,我国当时最低注册资本的数额限制较高。例如,1985 年英国《公司法》所确定的股份有限责任公司最低注册资本只有 5 万英镑;1976 年通过至今仍实施的欧盟公司法第二号指令将股份有限责任公司的最低资本规定为 25000 欧元;韩国《商法典》则将股份有限责任公司最低注册资本规定为 5000 万韩元(约合 300 万人民币);日本 1990 年《商法典》将股份有限公司最低资本规定为 1000 万日元(约合 100 万人民币),后于 2005 年废除。而美国 2005 年《标准公司法》早已取消了最低注册资本制度。

这种过高的法定最低资本数额要求体现着强烈的资本管制理念,对保护债权人利益也确实发挥着重要的保护功能,因为其奠定了公司的初始信用基础。但是,这一制度容易使债权人产生误解,即只要注册资本高就可以获得交易安全的保障,而实际经营中公司的注册资本会遭受商业性亏损或者非商业性损耗,注册资本的实际数额会伴随着公司的经营状况不断发

---

① 王艳华:《反思公司债权人保护制度》,法律出版社 2006 年版,第 81 页。

生改变,因此完全以注册资本为公司担保信用的判断标准是不科学的。对此,Luca Enriques 与 Jonathan R. Macey 教授在评论欧洲法定最低注册资本数额时也做出了同样的分析:"因为一个公司可能一开始营业就会招致损失,既可能由于正常的商业经营而遭受损失,也可能由于欧盟公司法第二号指令第十一条所没有覆盖的不正当交易而遭受损失,所以最初缴付的资本数量是没有意义的。"①同时,过高的法定最低注册资本要求,容易导致公司资本的闲置与浪费,特别是公司成立之初往往不需要太多的资金用于经营当中,同时过高的注册资本要求设置了较高的公司制度门槛,许多投资者因为资本筹集困难难以设立公司,严重阻碍了公司制度的实施效率。

(二)僵化的资本缴付期限规制

在法定资本制下,资本确定原则的实现可以在公司章程对注册资本进行明确规定的基础上,通过分期缴付或者一次性实际缴付来实现。我国1993 年《公司法》不允许分期缴付,必须一次性全部实缴,无论是募集设立还是发起设立,股份有限责任公司必须由发起人与股东一次性全部实际认缴公司发行股份,并实际缴付全部出资;有限责任公司必须在公司设立时由股东全部认缴出资,并实际缴付全部出资。这种对出资缴付模式的严格限制对于防止公司股东逃避出资义务,实现公司资本充实原则,从而促进公司经营,特别是更好地保护债权人利益具有重要的价值,因为在分期缴付的情形下,股东对其首期之外出资的实际缴付具有相当程度的不确定性,而且缴付期限时间越长这种不确定性越大,甚至最终可能难以实际缴付,因此可能会严重损害公司债权人的交易安全。

但是严格一次性实际缴付制,也增加了公司股东的出资困难,公司股东可能在公司设立时难以筹集到法定的最低资本数额,而且一次性实缴可能造成公司资本的闲置与浪费,降低了公司资本的运行效率,因为公司的商事经营活动之初或许不需要太多的资金,相对于公司的初始经营,一次性实缴制没有太大必要。这一点,正如 Luca Enriques 与 Jonathan R. Macey 教授评析欧洲法定资本最低数额要求时所指出:"25000 欧元的法定最低资本数额要求没有意义,因为这与公司可能招致的债务或者与公司

---

① Luca Enriques, Jonathan R. Macey, Creditors Versus Capital Formation: The Case Against the European Legal Capital Rules, 86Cornell Law Review, 1186-1187(2001).

所从事的经营活动并不直接相关。"[1]

(三)严格的现物出资规制

1993年《公司法》对现物出资进行了严格控制,除货币资金外,只允许实物、工业产权、非专利技术以及土地使用权可以作为出资,对现物出资必须履行严格的评估程序,以确保其出资价值达客观真实。这对于规范现物出资行为,防止借助现物出资逃避出资义务或者虚假出资具有重要作用。尽管从经济机能上看,货币出资与现物出资的最终功能是一样的,两者并无本质区别,"不过,因为是出资,所以作为对价会被给予股份,这时,由于金钱只具有作为价值尺度的技能,因此股份的对价与金钱能够无误地处于等价关系上。但是,在金钱以外的物被筹措的场合,就会出现标的物的价值评估这一难题"[2]。同时,现物出资还面临着评估中的机会主义行为,出资者可能与评估人相互串通,对出资标的进行虚假评估,这无疑会严重损害资本充实原则。

所以,严格的现物出资对于确保公司发起人与股东客观真实地履行出资义务具有一定的保障功能,对保护债权人合法权益具有重要价值。但是,严格的现物出资限制也会影响公司的设立。一方面,因为个别发起人或股东可能拥有更多的现物财产,例如机器、厂房、土地使用权以及专利技术等等,但是缺失资金,所以现物出资更为方便。另一方面,现物出资也增加了其他非现物出资发起人或者股东的责任,因为其他发起人与股东要对现物出资承担差额填补责任,给其他股东带来了不合理的潜在负担。更为重要的是,现物出资的评估程序可能会花费较长的时间,而且需要聘请专业人员进行评估,这无疑增加了公司的设立成本。

(四)苛刻出资形态比例规制

1993年《公司法》不仅对现物出资的法定形态做出了严格规制,而且也对出资形态的比例进行了严格的限制,该法第二十四条与第八十条分别针对有限责任公司与股份有限责任公司的工业产权与非专利技术出资做了限制,要求两者出资的比例不得高于注册资本的20%。无论是工业产权还是非专利技术,都是所有权人的智力加工成果,归根结底归属于知识产权范畴,对经济发展无疑具有重要价值。

---

[1] Luca Enriques, Jonathan R. Macey, Creditors Versus Capital Formation: The Case against the European Legal Capital Rules, 86Cornell Law Review, 1186(2001).

[2] [日]志村治美:《现物出资研究》,于敏译,法律出版社2001年版,第6页。

但是现物出资对不同企业的意义可能并不相同,对一个从事工业生产与产品开发的企业而言,专利、实行新型以及外观设计等工业产权可能非常重要;但是对一个从事咨询、服务或者以借贷为主的公司而言,专利、实用新型与外观设计等工业产权可能意义并不太大。而且诸如专利、实行新型与外观设计等工业产权的价值评估与应用前景都具有显著的不确定性,因此对其进行出资比例的限制对维持公司资本充实原则、保护债权人利益无疑具有重要意义。然而,伴随着市场经济的深入发展,创新成为经济发展的首要驱动力,一些特殊的公司比如高科技行业企业,可能对工业产权有着更强的依赖,所以严格的出资比例限制可能会阻碍高科技企业的发展与创新。

(五)有限责任公司股东的资本充实责任

1993年《公司法》除了前述各项严格的行政管制措施外,也规定了有限责任公司股东的资本充实责任,对资本充实责任的保障主要体现在违约责任以及资本填补责任的规制之上。一是违约责任。该法第二十五条明确规定,股东不按照公司章程的规定时间与数额缴纳出资,并办理非现金出资的产权转移手续的应向其他股东承担违约责任。二是资本填补责任。该法第二十八条规定了有限责任公司股东的资本填补责任,要求对于以实物、工业产权、非专利技术以及土地使用权作价出资的,如果实际价格显著低于公司章程约定价格,出资股东应当补缴差额出资,公司设立时的其他股东当承担连带补缴责任。这种资本充实责任的规定对激励股东按期实缴其出资以及对其现物出资进行公平估值,进而最大限度地维护公司资本的真实缴纳具有重要意义。

但是1993年《公司法》只是规定了有限责任公司股东的违约责任与资本填补责任,并未规定股份有限责任公司发起人的资本填补责任以及违约责任,这不利于股份有限责任公司的资本充实原则,因为股份有限责任公司的发起人也可能会出现违约情形,也会将现物出资高估作价,损害公司资本充实原则,也应当通过资本填补责任以及违约责任的威慑,督促其更好地履行出资义务。

二、公司经营阶段资本流转规制的主要制度

1993年《公司法》在公司经营阶段对资本的流转规制也进行了严格的行政管制,这种严格管制的目的在于防范公司资本遭受不当侵蚀,进而更好地保障公司对债权人的清偿能力,其制度架构同样彰显着显著的资本信

用色彩,利润分配的严格限制、股份回购的严格限制、转投资的严格限制、债券发行的严格限制、担保行为的严格限制,以及合并、分立与减少注册资本的限制,都是明证。

(一)利润分配的严格限制

1993年《公司法》第一百七十七条对公司的利润分配条件进行了严厉规制,如果要进行利润分配必须满足以下两个先决条件:第一,法定公积金与法定公益金的提取。如果要进行利润分配必须首先从税后利润中提取10%的法定公积金,并提取5%~10%的法定公益金。法定公积金的提取旨在弥补公司亏损或者转增公司资本,如果公司亏损,会导致公司财力受限,阻碍公司发展,而且可能使公司失去清偿能力,威胁公司债权人利益。因此,法定公积金提取制度对公司利益以及债权人利益而言都是一个有力的保障。第二,弥补公司亏损。如果公司的法定公积金不足以弥补前一年度亏损,必须在提取法定公积金与法定公益金之前首先用利润弥补亏损,从而维持公司资本的充实性。对利润分配的限制也体现着严格行政管制的色彩,但是分配标准过于僵化,分配标准以公司资产负债表为前提,以盈利与亏损的比较分析为路径,未考量公司实际清偿能力因素,因为分配之后可能造成公司流动性资产减少,无法及时偿还债权人债权,损害债权人利益。

(二)股份回购的严格限制

1993年《公司法》对股份回购做出了严格的限制,以防止公司股东通过股份回购行为进行套现,损害公司资产,破坏公司清偿能力。第一,对有限责任的股份回购给予了严厉禁止,有限责任公司不允许股份回购。第二,对股份有限责任公司原则性地禁止了股份回购。该法第一百四十九条第一款规定,股份有限公司只能在减少注册资本或者与其他公司合并的情形下才能够进行股份回购,第二款规定必须在股份回购后10日内注销回购股份,第三款则明确禁止了以本公司股票作为质押标的。对公司股份回购的严格限制主要是为了防止公司以股份回购的方式变相地缩减公司的注册资本,因为公司用其资产回购自身股份的行为虽然不会导致公司资产的空壳化,但毕竟是减少了其资产,而且减少的是其优质资产,特别是当公司财政状况不佳、现实支付能力较差时,如果公司还用现金等优质资产去大量收购公司自有股份,这不仅有变现抽逃出资之嫌,而且"对公司债权人而言,在效果上无异于以资产换取无价值之物,剥夺了公司债权人的受偿机会"①。但是严格的股份回购限制也对公司经营发展造成了一定的阻碍,例如公司为了激励员工,实施股票期权制度,这就需要公司必须有足够的股票储备,需要公司进行股份回购。此外,当证券市场严重低迷时,也需要通过股份回购提振市场信心,因此过于严格的股份回购限制仍然是以资本维持原则的维护为中心,是为了更好地保护公司债权人利益,但是公司的效率性发展可能受到阻碍。

(三)转投资的严格限制

"公司转投资行为既是一种业务经营行为,又是对自身财产的一种处分行为。"②公司的转投资行为使得公司流动性较强的资产投向其他经济实体,失去了对这些流动性较强资产的直接控制权,不仅使公司增加了资产变现的难度,危及债权人利益,而且会导致公司资产虚增,虚置公司的信用水平。1993 年《公司法》第十二条对公司投资行为进行了明确规制,以期防止通过转投资行为给公司资产安全带来风险。第一,限制对外投资对象。公司只能向有限责任公司与股份有限责任公司进行转投资,这样就阻隔了公司对个人企业以及合伙企业等实体的投资,从而避免了公司对外承担无限责任的可能,实现对公司投资风险的有效控制。第二,限制对外投资数额,除了国家规定的投资和控股公司外,对外累积投资不得超过净资产的 50%。此规定意在通过强制性的投资对象及其投资比例限制,锁定公司转投资的实体性质及其投资资产数量限制,尽可能地降低公司转投资代理的风险,更好地维持公司经营效率的实现与经营安全的维持之间的平衡,在保护股东追求投资收益的同时,尽可能地保护公司债权人的交易安全。

(四)债券发行的严格限制

债券发行是一种间接融资行为,在债券到期后需要连本付息地对债券持有人进行偿还,公司通过债券融资在获得一定资金的同时,也承担着返还本金与利息的压力,而且利息是固定的,与公司的经营业绩好坏没有关系。同时,债券的发行会产生新的固定债权,这必然会稀释债券发行前的债权,如果公司经营不善,可能会对在先债权人利益形成严重冲击。为此,1993 年《公司法》第一百六十一条对债券的发行进行了严格规制。第一,

---

①　冯果:《现代公司资本制度比较研究》,武汉大学出版社 2000 年版,第 102 页。

②　赵旭东:《中国大陆上市公司转投资、担保、借贷的法律问题》,载王保树、王文宇:《公司法理论与实践》,法律出版社 2010 年版,第 145 页。

对公司净资产的限制。股份有限责任公司的净资产不得少于 3000 万元，有限责任公司的净资产不得少于 6000 万元。第二，对债券累积占据的资产比率进行限制。公司债券的发行数额不得超过公司净资产的 40%，以此锁定公司通过发行债券进行借贷的风险。第三，对公司利润储备的限制。如果公司发行债券，必须能够足额支付公司债券一年的利息。第四，对债券募集资金使用领域的限制。要求通过发行债券获取的融资投向必须符合国家的产业政策，以契合国家宏观经济发展要求。第五，对债券利率的限制。要求发行债券利率不得超过国家规定的利率，以此限制债券发行的成本，防止对公司资本造成过度的负担。

(五)担保行为的严格限制

担保是一种普通的商事行为，"担保制度对于促进资金融通和商品流通，保障债权的实现，有着重大意义"[1]。但是公司担保行为会使公司成为保证人，当债务人不能清偿债务时，公司须以自身资产承担债务。在连带责任保证情形下，当债务人违约时，债权人可以直接要求担保人承担债务。"公司债权人之外的担保权人就会先于债权人而从公司资产中获得清偿，从而使资本确定原则丧失意义，并危及公司资产结构，损害债权人利益。"[2]为此，1993 年《公司法》对担保行为做出了严格限制，这种严格限制并不是对担保行为做出专门规定，而是在董事义务条款中加以规范，该法第六十条第三款明确规定，董事、经理不得以本公司资产为公司股东或者其他个人债务提供担保。这一规定明确禁止了以公司资产为公司股东债务以及其他个人债务担保的行为，对防止控制股东或者公司董事等管理层滥用控制权，通过担保行为攫取公司资产具有重要意义。但是上述规定过于原则化，公司是否能够为其他企业提供担保？如果公司担保行为经过了董事会与者股东会或者股东大会的认可，是否有效？这些问题依然困扰着公司法的理论，也在实践当中产生了很多的纠纷，急须进一步明晰。

(六)合并、分立与减少注册资本的限制

公司的合并、分立与减少注册资本的行为不仅是经营行为的重大改变，也是对公司资产的重大处置行为，会对公司债务的承担造成重大影响。因为公司合并后要对合并前的所有参与合并的公司债务承担偿还责任，造

---

① 赵旭东：《中国大陆上市公司转投资、担保、借贷的法律问题》，载王保树、王文宇：《公司法理论与实践》，法律出版社 2010 年版，第 149 页。

② 冯果：《现代公司资本制度比较研究》，武汉大学出版社 2000 年版，第 165 页。

成公司内债务的混合承担,可能造成以前效益好的公司需要为效益差的公司背负债务的情形,因此可能造成本应能够获取足额及时清偿的债权人无法获取足额及时的清偿。公司分立后要由分立后的公司对先前公司债务承担责任,但是分立后可能公司业务也随之增加,先前债权人的债券也被稀释,其债权偿还也难以保障。公司注册资本的减少,则是直接缩减了公司资产,降低了公司的偿还能力。为此,1993 年《公司法》分别在第一百八十四条、第一百八十五条以及第一百八十六条规定了公司合并、分立以及减少注册资本的财务信息公开义务,必须要编制资产负债表与财产清单,必须在 10 日内通知债务人并在 30 日内公告债权人,债权人有权要求清偿债务或者提供担保,如果不能清偿或提供担保,不得合并与分立。

三、公司破产阶段资本退出规制的主要制度

在 1993 年《公司法》实施的这段时期,对公司破产阶段资本退出规制的立法主要是 1986 年版颁布的《破产法(试行)》与 1991 年《民事诉讼法》第十九章"企业法人破产还债程序"的规定,前者专门针对国有企业法人做出破产退出规制,后者则针对非国有企业法人做出破产退出规制,尽管立法律理念与制度架构存在诸多缺憾,但"这两个破产法律规范构成一个整体,初步形成了我国的破产法律机制"①。同时,最高人民法院在 1991 年与 2002 年相继发布了《最高人民法院关于贯彻执行〈中华人民共和国企业破产法(试行)〉若干问题的意见》与《关于审理企业破产案件若干问题的规定》,继续强化对破产退出的法律规制,上述立法与司法解释对公司债权人也发挥了重要的保护功能。具体而言,这一时期的退出规制主要包括以下几个方面。

(一)明确清算组对破产财产的接管与处理权利

"破产财产管理办法的科学性与合理性,直接同其价值实现程度相关,并进而对债权人利益产生影响。"②1986 年《企业破产法(试行)》将破产企业财产的管理权赋予了清算组,对清算组财产接管权利的规定体现在多个方面:第一,第二十四条明确规定了清算组对破产企业财产的接管权。人民法院应当自宣告企业破产之日起十五日内成立清算组,接管破产企业。

---

① 汤维建:《修订我国破产法律制度的若干问题思考》,《政法论坛》2002 年第 3 期,第 21 页。

② 汤维建:《论债权人会议职权范围——兼议我国企业破产法(试行)第 15 条规定的修改与完善》,《法学》1995 年第 9 期,第 30 页。

清算组负责破产财产的保管、清理、估价、处理和分配。第二,第二十五条规定了清算组接受清偿与交付财产的权利。破产企业的债务人不能向其他人进行债务清偿与交付财产,职能向清算组履行上述行为。第三,第二十六条规定清算组可以决定是否继续履行破产企业尚未履行的合同。"破产宣告后,为防止破产人对破产财产实施不利于债权人的诈欺行为,法律剥夺了破产人对企业财产的管理处分权,企业财产脱离破产人而由清算组支配。"①同时,《最高人民法院关于贯彻执行〈中华人民共和国企业破产法(试行)〉若干问题的意见》第四十五条、第四十六条与第四十七条又分别从破产财产的交付以及银行账户的管理等方面对此进行了更加明晰的规定。② 清算组作为一个专门的破产管理者,负责破产财产的接管与处理,有助于防止破产企业对破产财产的欺诈性处理,更好地保护破产财产,进而保护债权人利益。

(二)明确破产财产具体构成的确认

"确定破产财产的范围乃破产债权公平清偿的关键性因素。"③1986 年《企业破产法(试行)》第二十八条第一款明确规定了破产财产的具体构成范围,包括宣告破产时破产企业经营管理的全部财产、在破产宣告后至破产程序终结前所取得的财产以及应当由破产企业行使的其他财产权利;该条第二款又明确规定破产企业担保物的价款超过其所担保的债务数额的,超过部分属于破产财产。该法第三十一条则规定,破产宣告时未到期的债权,视为已到期债权,但是应当减去未到期的利息。这种对破产财产构成范围的明确规定,有助于清算组更好地对破产财产进行管理,防止破产财产管理中的疏漏,更好地保护债权人利益。

(三)明确对破产无效行为的处理

对破产欺诈的规制是保护债权人利益的重要路径,对此,1986 年《企业破产法(试行)》是通过其第三十五条对破产无效行为的规制而实现的。④ 该法第三十五条第一款明确了无效行为的时间界限与具体类型,第

---

① 韩长印:《论企业破产法对当事人合法权益的保护》,《河南大学学报(哲学社会科学版)》1990年第 3 期,第 45 页。

② 具体参见《最高人民法院关于贯彻执行〈中华人民共和国企业破产法(试行)〉若干问题的意见》第四十五条、第四十六条与第四十七条。

③ 于新循、王赛男:《我国破产财产除外制度的检视与构想——以基础权利为中心》,《四川师范大学学报(社会科学版)》2019 年第 2 期,第 68 页。

④ 参见张艳丽:《破产欺诈与立法对策》,《法学杂志》2005 年第 6 期,第 61 页。

二款则明确规定了清算组对破产无效行为转移财产的追回权。第一,第三十五条第一款明确了无效行为的时间界限,将无效行为的追溯时间限定在了人民法院受理破产案件前的 6 个月至破产宣告之日这一期间。第二,第三十五条第一款同时明确了无效行为的具体类型:隐匿、私分或者无偿转让财产行为;非正常压价出售财产行为;对原来没有财产担保的债务提供财产担保行为;对未到期的债务提前清偿行为;放弃自己的债权行为。第三,第三十五条第二款明确规定了清算组对上述行为中转移财产的追回权,"对于破产企业通过上述行为非法处理的财产,清算组有权向人民法院申请追回,并入破产财产用于清偿"[1]。同时,1991 年《最高人民法院关于贯彻执行〈中华人民共和国企业破产法（试行）〉若干问题的意见》第二十二条又对此做出了包括对法定代表人民事责任以及刑事责任等在内的相关规制。

(四)明确了债权人会议的职权

"债权人会议法定职权的现实化过程,事实上构成了破产程序的主要组成部分。"[2]显然,债权人会议职权的实现直接关系到破产人财产管理与分配的公正性,进而直接关系到债权人合法权益的保护。对此,1986 年《企业破产法(试行)》做出了相关规定,该法第十五条明确规定了债权人会议对破产债权的审核以及确认权,审核债权是否成立,确认债权人是否有担保以及具体数额,这有助于防止公司通过虚构债务或者违规担保逃避债务或者向内部关系进行偏颇性清偿,进而保护全体破产债权人权益。同时,该法第 15 条又明确规定了债权人会议对破产财产处理与分配方案的决定权,破产财产处理与分配方案必须经过债权人会议的讨论与通过才能生效,这种讨论同样有助于增强对破产财产处理的合理性以及破产财产分配的公平性,进而更好地保护全体债权人合法权益。1991 年《最高人民法院关于贯彻执行〈中华人民共和国企业破产法（试行）〉若干问题的意见》并未对债权人会议的职权做出进一步明确的规定,只是规定了债权人会议召开的程序问题。[3]

---

[1]　邢森、杨红灿:《破产清算中的若干法律问题》,《中国工商管理研究》2000 年第 10 期,第 58 页。

[2]　汤维建:《论债权人会议职权范围——兼议我国企业破产法(试行)第十五条规定的修改与完善》,《法学》1995 年第 9 期,第 40 页。

[3]　具体参见《最高人民法院关于贯彻执行〈中华人民共和国企业破产法（试行）〉若干问题的意见》第二十三至第三十二条。

(五)明确了破产财产的评估、变价以及分配程序

"在以实物方式分配时,将面临如何对实物合理作价的问题。为合理确定破产财产的价值,应对破产企业的财产进行变现或评估。"①评估与变价的规定主要体现于1991年《最高人民法院关于贯彻执行〈中华人民共和国企业破产法(试行)〉若干问题的意见》之中,该意见第五十七条强调清算组要对破产财产进行重新估价,对已经折旧完毕的固定资产按照残值估价;该意见第五十九条规定清算组处理破产企业的财产可以将实物合理作价分配给债权人也可以变卖出售,但是变卖应当公开进行,以保证获取公平对价。1986年《企业破产法(试行)》第三十七条规定了破产财产的分配程序:破产财产分配方案由清算组提出,然后要经过经债权人会议讨论,再报请人民法院裁定后执行,其中债权人会议的讨论赋予了债权人对分配方案的决议权,通过讨论可以发现清算组在破产分配方案中可能存在的问题与疏漏,进而更好地保障破产财产分配方案的公正性。1991年《最高人民法院关于贯彻执行〈中华人民共和国企业破产法(试行)〉若干问题的意见》第六十七条又对此程序进行了进一步的补充,强调清算组应当根据清算结果制作破产财产明细表、资产负债表,然后再提出破产财产的分配方案,这种补充性规定使得破产方案能够更加客观地反映企业的破产财产状况,有助于更好地保障破产方案的公平性,更好地保护全体债权人合法权益。

四、1993年《公司法》实施时期资本规制的历史意义

1993年《公司法》实施时期资本规制制度具有积极的历史意义,其功能与价值不应被忽视。1993年《公司法》所构建的严格法定资本制备受质疑,批判之声不绝于耳,但是作为特定历史阶段的产物,其历史意义依然重要;同样,这一时期的《破产法(试行)》与《民事诉讼法》第十九章"企业法人破产还债程序"的相关规定,尽管内容比较粗糙而且立法缺乏统一性,但也确立了破产阶段资本退出规制的初始基础制度,为后续完善提供了基础,从我国当时的政治、经济环境来看,仍具有一定的积极价值。毕竟"就法律资源而言,传统的法律制度在历史上的某一阶段必然极大地促进了特定历

---

① 邢森、杨红灿:《破产清算中的若干法律问题》,《中国工商管理研究》2000年第10期,第58页。

史时期法制的进步与社会的发展,体现其在特定历史时期存在的价值与作用"①。所以,对 1993 年《公司法》实施时期的公司资本规制制度应当予以客观理性地分析,其历史意义不可忽视。当然这一时期的公司资本规制制度架构缺憾也更加显著,这里不做具体分析,将在本章第五节即"系统论范式下我国公司资本规制体系的问题检视"中做综合系统分析。

(一)确立了我国公司资本规制的初始体系框架

任何一项法律制度都有一个产生、发展与完善的过程,公司资本规制体系的构建也不能例外,尽管 1993 年《公司法》与 1986 年《企业破产法(试行)》在具体立法律理念与制度架构上都存在诸多缺失,但它们也确立了我国公司资本规制的初始体系框架。1993 年《公司法》受制于当时的历史环境,其制度架构并不成熟,但毕竟围绕着公司设立阶段资本形成制度以及公司经营阶段资本流转制度搭建了我国公司法资本规制的初始框架,这便为以后公司法资本规制制度的完善奠定了制度体系平台。虽然过高的最低注册资本制度与严格的现物出资制度等相关规定限制了公司资本形成效率,严格的公司转投资制度与股份回购制度等相关规定限制了公司资本的流转效率,但也为进一步改革上述制度提供了基础,使得改革目标具有了明确的针对性。同样,虽然 1986 年《企业破产法(试行)》与 1991 年《民事诉讼法》第十九章关于"企业法人破产还债程序"对破产阶段资本退出的规制存在诸多问题,"在立法思想上、宣传上以及司法实践中受到旧经济体制的严重影响"②,但是其也是我国破产法进一步发展的重要起点,正如著名破产法学者汤维建教授所指出的,"1986 年 12 月问世的我国现行破产法《企业破产法(试行)》,结束了我国缺乏破产法传统的历史,成为我国破产法发展历史的起点"③。1986 年《企业破产法(试行)》与 1991 年《民事诉讼法》第十九章"企业法人破产还债程序",构成一个整体,初步形成了我国的破产法律机制,不仅填补了我国的立法空白,而且还带动了公司法等相关法律的发展。④

---

① 仇晓光:《公司债权人利益保护对策研究——以风险控制与治理机制为中心》,中国社会科学出版社 2011 年版,第 35 页。
② 王欣新:《市场经济与破产法的功能》,《法学家》1993 年第 3 期,第 61 页。
③ 汤维建:《修订我国破产法律制度的若干问题思考》,《政法论坛》2002 年第 3 期,第 21 页。
④ 参见汤维建:《修订我国破产法律制度的若干问题思考》,《政法论坛》2002 年第 3 期,第 21 页。

(二)符合世界各国公司资本规制立法初期的发展逻辑

"法律的供给与需求受特定历史时期社会经济、文化、政治等条件的约束。"①所以,对我国1993年《公司法》实施时期的公司资本规制还应当从资本规制历史发展的视角来进行分析,从这一点来看,这段时期公司资本规制的建构逻辑与世界各国公司资本规制的整体发展路径是相吻合的。这一点在1993年《公司法》公司资本规制的制度建构中有着极为突出的体现,虽然1993年《公司法》所架构的严格法定资本制备受批评与质疑,但是不可否认,法定资本制是世界各国公司法资本规制的历史起点,在欧盟以及英国、德国以及法国至今都保留着对股份有限责任公司的最低注册资本规制,即使是奉行授权资本制的美国与日本,其公司法实施之初,也都体现着鲜明的法定资本制痕迹。例如,美国在1969年《公司法》改革之前,各州都规定了法定最低资本限额,一般要求1000美元,日本1990年《商法典》则要求1000万日元。因为在公司法刚刚实施之际,往往也是公司制度初步发展之时,对于一个依靠股东有限责任制度的企业模式,对这种模式本身的认可就是对效率的最大肯定,因为为了安全的保障,必须强化其注册资本的担保功能,这就要求其必须拥有法定的最低注册资本数额,并奉行严格的出资形式与缴付方式。所以,对1993年《公司法》的评判不应当只从法律技术视角加以分析,还应从历史发展的路径加以评论。同样,就破产阶段的资本退出规制而言,这一时期主要依靠1986年《企业破产法(试行)》的规定,因为该法尽管是专门对国有企业破产的规制,但是其许多条款也适用于非国有企业的破产程序,1991年《民事诉讼法》第十九章"企业法人破产还债程序"对非国有企业破产程序的规定只有八条规定,而根据最高人民法院的司法解释,其没有规定的则适用1986年《企业破产法(试行)》的规定。就总体逻辑而言,虽然1986年《企业破产法(试行)》的具体内容相对简单,对破产欺诈规制不够严密,但是这也是与其他国家破产法早期发展状况相吻合的,因为世界各国破产法都经历了一个由初步确立到逐步发展与完善的过程。

(三)对债权人交易安全发挥了一定的保障作用

尽管1993年《公司法》、1986年《企业破产法(试行)》以及1991年《民事诉讼法》第十九章"企业法人破产还债程序"的规定具有相当程度的历史

---

① 冯玉军:《法经济学范式》,清华大学出版社2009年版,第262页。

局限性,但是其依然对债权人的交易安全发挥了一定的保障作用,其功能不可忽视。1993 年《公司法》严格法定资本制,其实质是体现了国家对公司制度的严格的行政管制,无论是最低注册资本数额的要求还是对现物出资的控制,无论是对转投资行为的严格限制还是对股份回购的严厉禁止,都是对公司资本充实性的有力保障。第一,过高的最低注册资本要求有助于提升公司的原始资产信用标准。尽管学界普遍认为,真正决定公司偿还能力的不是注册资本而是公司资产,因为公司的注册资本只反映了公司设立时的静态资产状态,会在公司经营过程中发生改变,或者盈利而增强偿还能力,或者亏损而危及偿还能力。但是,不可否认的是,公司的注册资本数额越高,初始资产规模也越大,因为公司注册资本构成公司的初始资产,其初始偿还能力也越强,对债权人的保障意义也就更大。第二,严格的行政管制弥补着司法规制弱化的不足。资本规制可以通过行政管制与司法规制两种路径进行,两者各有利弊,并且公司资本规制发展的趋势是强化司法规制而弱化行政管制,但是这并不能否认行政管制的价值,尽管行政管制可能造成较高的制度执行成本,但是其也具备一定的相对制度优势,行政管制自身更具明确性,行政机关制度执行更具主动性,而且是一种事前的预防措施,相对于事后的司法救济可能更具实际意义,特别是在债权人诉讼机制不够完善的情形之下,司法规制效果堪忧,严格的行政管制可能更具现实意义。上述意义在意大利学者 Massimo Miola 对法定资本制的功能评述中也有着鲜明的体现:"尽管这一点不可否认,即法定资本制度无法消除公司失去清偿能力的风险,但是它确实有助于阻止这种风险的产生,同时它能够给非自愿债权人以预先的保护。更重要的是,法定资本规则不依赖于债权人自身能力的高低。"[1]1993 年《公司法》确立的严格法定资本制的突出特征就是其行政管制特性,这种行政管制是以预先强制性的安排为公司债权人构建法定的资本担保能力,尽管也存在虚假出资、抽逃出资现象,但这种强制性的预设安排毕竟在一定程度上保障着公司经营的初始信用能力,并且客观上强化着公司的信用意识,这必然会在相当程度上弥补着司法规制效率的不足。1986 年《企业破产法(试行)》与 1991 年《民事诉讼法》第十九章"企业法人破产还债程序"则分别从国有企业法人破产与非国有企业法人破产两个路径对债权人发挥了必要的保障功能,尽

① Massimo Miola, Legal Capital and Limited Liability Companies: The European Perspective, 2European Company and Financial Law Review, 473(2005).

管这两部法律对破产欺诈行为的规制存在着诸多问题,但是其对债权人的保护功能也应得到适当的肯定。例如,1986 年《企业破产法(试行)》第二十四条规定了清算组对破产企业的接管;第二十八条规定了破产财产的范围;第三十五条初步规定了对破产欺诈行为的处置,通过赋予清算组追回权对隐匿、私分以及无偿转让财产等破产欺诈行为做出了规制。1986 年《企业破产法(试行)》的上述架构对于遏制破产逃债现象、保护公司债权人合法权益具有非常重要的功能,例如韩长印教授在评价 1986 年《企业破产法(试行)》的上述规定时曾明确指出:"破产法就是这样通过对破产财团的保护和范围界定,来防止财产的减少或损失的,它能满足债权人尽可能多的清偿要求,从而实现对债权人利益更彻底和全面的保护。"①相对于 1986 年《企业破产法(试行)》的规定,1991 年《民事诉讼法》第十九章"企业法人破产还债程序"也对债权人具有重要的保护功能,因为后者"适用范围很广,但条文很少,根据最高人民法院的司法解释,后者没有规定的,要适用破产法的规定。"②所以,从实质意义看,1986 年《企业破产法(试行)》的许多规定在《民事诉讼法》第十九章所规定的"企业法人破产还债程序"中也同样适用,因此两者的功能也必然趋同。

第二节 2005 年《公司法》修正后的资本规制架构分析
——以资产信用为方向

2005 年《公司法》修正后资本规制的时间边界是指从 2005 年《公司法》实施到 2013 年《公司法》认缴资本制实施前的这段时间,相对以前,这一阶段的公司资本规制立法得到了较快的发展。2005 年《公司法》进行了大刀阔斧的改革,这种改革对资本信用理念进行了深刻的修正,资产信用理念开始在公司法体系架构当中得到应有的展现,"弱化资本担保功能、强化资本融资功能成为公司资本制度的改革方向"③。在缓和以注册资本制度为核心的行政管制同时,也建构了公司设立阶段的虚假评估、验资与验证机构的民事责任规制,这是一种典型的司法规制,而且引入了公司法人

---

① 韩长印:《论企业破产法对当事人合法权益的保护》,《河南大学学报(哲学社会科学版)》1990 年第 3 期,第 45 页。

② 肖建华、王淇:《破产清算制度的完善与债务欺诈之防范》,《法学杂志》2002 年第 4 期,第 30-31 页。

③ 王艳华:《反思公司债权人保护制度》,法律出版社 2006 年版,第 106 页。

人格否认制度,强化了公司资本运行的司法规制,尤其对公司经营阶段的资本规制具有重要作用。朱慈蕴教授对此给予了高度评价:"可以说,将西方国家关于揭开公司面纱的判例法制度以成文法的立法模式引入公司法中,中国的《公司法》开创了历史的先河。"①2010年通过的《最高人民法院关于适用〈中华人民共和国公司法〉若干问题的规定(三)》强化了对公司设立阶段的资本形成规制,赋予了公司债权人较为充分的司法救济权。与此同时,2006年颁布了新的《破产法》,以"可撤销行为"与"无效行为"为核心,进一步推进了对破产欺诈行为的规制,一直到现在该法仍在实施,同时这期间最高人民法院也发布了破产法的相关司法解释,例如2013年《最高人民法院关于适用〈中华人民共和国企业破产法〉若干问题的规定(二)》,进一步对破产欺诈行为给予了比较有力的规制。

一、公司设立阶段资本形成规制改革的主要内容

公司设立阶段资本行政管制的放松是2005年《公司法》改革的核心内容,这种改革主要体现在对公司最低注册资本数额的修正、股东出资缴纳期限的放松、对非货币出资形式的拓展以及股份发行价格的松动。2010年通过的《最高人民法院关于适用〈中华人民共和国公司法〉若干问题的规定(三)》则以规制股东出资以及抽逃出资为中心,赋予了公司债权人较为充分的司法救济权。

(一)资本行政管制缓和的具体表现

1.大幅下调法定最低注册资本数额

2005年《公司法》改革的核心就在于对注册资本制度的修正,首当其冲地体现为对法定最低注册资本数额的降低。对于有限责任公司的最低注册资本数额不再根据不同产业而进行设置,而是统一设置为最低3万元人民币;股份有限责任公司的最低注册资本则统一由1000万元人民币降至500万元人民币,上市公司的注册资本则由5000万元人民币降至3000万元人民币。相对于1993年《公司法》的规定,各种形式公司的最低注册资本数额有了显著的降低,这是资本行政管制放松的有力表现,是公司资本规制由强制走向自治的重要拐点。刘俊海教授对此给予了高度评价:"无论是有限责任公司还是股份有限责任公司,最低注册资本的降低,都明

---

① 朱慈蕴:《公司独立人格与公司人格否认:从事前规制到事后救济》,载王保树、王文宇:《公司法:理论与实践》法律出版社2010年版,第70页。

确宣告了传统公司法对最低注册资本盲目崇拜的历史的退出,都将在实务中产生非常积极的效果。"①

2. 放松股东出资缴纳期限

2005 年《公司法》行政管制放松化改革的另一体现就是放松股东出资期限,确立了分期缴纳制度,由 1993 年《公司法》规定的一次性实缴转变成缴纳首期出资公司即可成立,剩余出资在公司设立之日起 2 年内缴付(投资公司则放宽到五年)。其中有限责任公司首期出资比例不得低于注册资本的 20%,也不得低于法定最低注册资本数额,股份有限责任公司则不得低于注册资本的 20%,这种规定既保障了资本数额较小的有限责任公司能够具备一定的资本基础,保障交易的相对安全,同时又对那些注册资本数额较大的有限责任公司或者股份有限责任股东能够通过分期出资减少出资压力,从而降低了公司制度的门槛。

3. 拓展非货币出资形式

股东出资形式的限制也是 1993 年《公司法》严格法定资本制的重要体现,主要目的是保障公司注册资本的客观性、真实性以及流动性,能够更好地保障债权人的交易安全。为此,该法第十二四条针对有限责任公司、第八十条针对股份有限责任公司规定了 5 种具体出资形式:货币、实物、工业产权、非专利技术与土地使用权。但是"随着科学技术的日新月异,物质形态和产权形态的表现形式更是五彩缤纷,创造公司商业价值的出资方式远远不止这 5 种形式"②。2005 年《公司法》对非货币出资也做出了修正,不再将出资形式局限于上述 5 种方式,而是对其做出了扩展,即在强调货币、实物、知识产权与土地使用权的基础上允许其他可以用货币估价并可以依法转让的非货币财产作价出资。同时,也取消了有限责任公司与股份有限责任公司"以工业产权、非专利技术作价出资的金额不得超过其注册资本的 20%"③的规定,只要求"股东或发起人的货币出资金额不得低于公司注册资本的 30%"④。

4. 松动股份发行价格限制

1993 年《公司法》规定股份可以平价发行也可以溢价发行,但不可以

---

① 刘俊海:《新公司法的制度创新:立法争点与解释难点》,法律出版社 2006 年版,第 7 页。

② 刘俊海:《新公司法的制度创新:立法争点与解释难点》,法律出版社 2006 年版,第 14 页。

③ 参见 1993 年《公司法》第二十四条第二款。

④ 周友苏:《新公司法论》,法律出版社 2006 年版,第 136 页。具体法条参见 2005 年《公司法》第二十七条。

折价发行,这是资本维持原则,防止出现"渗水股",损害债权人利益。但是,对溢价发行做出了限制性规定,即必须经过国务院证券管理部门批准,这是典型的行政管制手段,是行政强制力的体现。2005 年《公司法》对股份发行价格规制进行了缓和性规定,虽然仍旧禁止股份折价发行,但取消了对溢价发行的限制性规定,1993 年《公司法》中的行政批准及列入资本公积金的规定也被取消。这种改变体现出了公司股份发行价格的自治性理念,公司的自主决定权得到了更大的肯定。

(二)司法规制制度的引入

1993 年《公司法》规定了强制验资程序,但是验资的真实性与公平性还依赖于资产评估机构、验资与验证机构的技术性与公正性,如果上述机构故意或者出现重大过失,可能导致验资结果与实际价值严重背离,进而损害了资本维持原则,增加了债权人的交易风险。因此,应严格规定资产评估、验资与验证机构的民事责任。但是,1993 年《公司法》第二百一十九条只是规定了上述机构的行政责任与刑事责任。2005 年《公司法》对此做出修正,强化了上述机构的民事赔偿责任,第二百〇八条第三款规定:承担资产评估、验资或者验证的机构因其出具的评估报告、验资或验证证明不实,给公司债权人造成损失的,除能够证明自己没有过错的除外,在其评估或者证明不实的范围内承担赔偿责任。这种修正也与世界各国公司法发展潮流相吻合,无论是日本公司法、韩国商法典还是德国公司法等都有类似规定。因为验资机构出具的验资报告会产生法定的公信力,不仅是管理机构对出资据以审查的重要依据,也是获得债权人认可的重要保障,而当验资机构出具虚假验资报告时,其实质是对公司债权人的欺诈行为,因此,其应当承担民事责任。这是一种典型的司法规制,因为"实体法关于法律责任的规定,是司法予以救济的前提和基础;司法救济则是法律责任机制实现的保障"[①]。同时,2010 年通过的《最高人民法院关于适用〈中华人民共和国公司法〉若干问题的规定(三)》以规制股东出资义务为中心,赋予了公司债权人对股东以及董事等相关责任主体的诉讼权,强化了对公司债权人的司法救济,更好地保障了债权人的利益。[②]

---

① 褚红军:《能动司法与公司治理》,法律出版社 2010 年版,第 72 页。

② 重点参见 2010 年《最高人民法院关于适用〈中华人民共和国公司法〉若干问题的规定(三)》中第四条、第八条、第九条、第十二条、第十三条以及第十六条等相关内容。

二、公司经营阶段资本流转规制改革的主要内容

2005 年《公司法》的修正不仅体现在公司设立阶段的资本形成制度当中,也体现在公司经营阶段的资本流转制度当中,资本流转当中的改革不仅体现在对公司转投资、股份回购等行政管制的放松上,也体现在公司法人人格否认制度的建立上,后者是司法规制的重要体现,"可以说,揭开公司面纱规则成为对公司债权人进行保护的最重要的事后救济制度"①。

(一)资本行政管制的缓和

1.公司转投资限制的取消

1993 年《公司法》强调除了国务院规定的投资公司和控股公司外,对外转投资累积不得超过公司净资产的 50%,其目的还是在于防止公司将其资产置于外在风险当中,危及公司资本维持原则。但是上述规定,不尽限制了公司的投资自由,也影响了公司平等原则,并且实际效果也难言理想。② 2005 年《公司法》对转投资进行了革命性的改革,原则性的规定取消了不得超过公司净资产 50% 的比例限制,只是在其第十五条规定:除法律另有规定外,不得成为对所投资企业的债务承担连带责任的出资人。这一修正极大地扩展了公司的对外投资权限,具体投资的额度交由公司自己决定,体现了公司自治理念。

2.公司回购股份的缓和

1993 年《公司法》出于对资本维持原则的维护,对股份回购采取了严格规制,绝对禁止有限责任公司股东回购股份,对于股份有限责任公司,则只是在第一百四十九条规做出了"原则禁止,例外允许"的规定,即除了"减少公司资本而注销股份或者与持有本公司股票的其他公司合并"两种行为以外,不得实施股份回购。2005 年《公司法》对股份回购的严厉禁止开始走向缓和,以维护股东特别是中小股东的利益为中心,分别针对有限责任公司与股份有限责任公司做出了具体规定,拓展了公司股份回购的适用情形。

2005 年《公司法》第七十五条对有限责任公司股东的股份回购进行了规定。第一,股份回购前提条件的确定。规定只有对公司的相关决议投反

---

① 朱慈蕴:《公司独立人格与公司人格否认:从事前规制到事后救济》,载王保树、王文字:《公司法:理论与实践》,法律出版社 2010 年版,第 70 页。
② 参见刘俊海:《新公司法的制度创新:立法争点与解释难点》,法律出版社 2006 年版,第 35-37 页。

对票的股东,才具备要求公司实施回购的资格。第二,明晰了股份回购的具体情形。这些具体情形包括:公司违反《公司法》关于利润分配的规定,公司合并、分立、转让主要财产行为的发生,公司消灭事由出现后以股东会决议形式使公司存续等相关情形。第三,明确了股东对股份回购的司法救济权。规定自股东会会议决议通过之日起六十日内,股东与公司不能达成股权收购协议的,股东可以自股东会会议决议通过之日起九十日内向人民法院提起诉讼。

2005 年《公司法》第一百四十三条对股份有限责任公司的股份回购进行了规定,该条规定的模式与第七十五条对有限责任公司股份回购规定模式略有不同。第一,该条第一款原则性地禁止了股份有限公司的股份回购。这种原则性的禁止表明了对股份回购依然奉行着严格的行政管制,其目的不仅是保持资本维持原则,保护债权人利益,也是保护中小股东利益。第二,该条明确规定了股份回购的例外情形。这些例外情形主要包含:公司注册资本减少,与持有该公司股份的其他公司合并,将股份作为本公司职工的奖励,股东反对公司合并、分立并提出回购要求。第三,该条明确规定了奖励职工股份回购的限制条件。一是股份回购比例限制,如用于奖励本公司职工的回购比例不得超过 5%;二是资金来源限制,应当从税后利润中支出;三是转让时间限制,需要 1 年内转让给员工。第四,该条对股票质押的禁止。该条第四款明确规定,公司接受本公司的股票作为质押权的标的。因为质押实质上相当于股份回购,只不过表现形式有所区别而已。

3. 公司担保的松动

担保是公司的一种经营行为,同时也会给公司资产带来巨大的风险,危及公司的债务清偿能力。1993 年《公司法》奉行着严格的“法定资本三原则”,其第六十条第三款明确规定,公司董事与经理不得以本公司资产对本公司股东与其他个人债务提供担保。2005 年《公司法》则对此做出了重要修正,不再对其直接做出禁止性规定,而是允许对外担保,并将决定权赋予公司,遵循了公司自治理念,同时也对此做出了一些限制性规定。具体内容体现在该法第十六条规定当中:

首先,担保决策主体限制。此限制主要体现在该条第一款规定当中,公司对外部企业与个人进行担保,需要由公司章程确定是由董事会还是股东会或者股东大会来决议。也就是说,作为公司业务执行机构的董事会或者最高权力机构股东会或者股东大会,都可以对此进行决定,具体的选择由公司章程予以确定。

其次,对担保数额的限制。这一限制也体现在该条第一款规定当中,但是并非直接的强制性禁止,同样把权力交给了公司章程,公司章程可以对单笔担保数额或者累积担保数额做出限制。这一规定意在限制公司担保数额,控制公司由于担保可能遭受的风险,但是其规制路径依然是奉行公司自治,将决策权交给了公司章程。

最后,对关联担保的决策限制。这一限制主要体现在该条第二款规定当中。一是决策机构的限制,如果向公司股东或者实际控制人提供担保,必须由公司股东会或者股东大会审议通过,并且由出席会议的其他股东所持表决权的过半数通过;二是表决权回避的限制,规定股东或者受前款规定的实际控制人支配的股东在股东大会或股东会的表决中必须回避。

(二)司法规制的强化

1. 公司法人人格否认制度即"揭开公司面纱"规则的引入

公司法人人格否认制度也称为"揭开公司面纱"规则,起源于英美判例法规则。2005 年《公司法》修正的一大亮点就是引入了这项制度,尽管这一制度适用于公司设立阶段的资本不足情形,但是主要在公司进入经营阶段之后适用,所以本书将其归入公司经营阶段的资本制度构成中。该制度意在激发司法能动主义,强化对公司资本弱化行为的事后救济,防止大股东特别是控制股东滥用公司控制权,逃避公司债务,损害债权人利益。该规定主要体现在 2005 年《公司法》第二十条规定当中,其中第一款是原则性的规定,强调公司股东不得滥用权力损害公司利益,不得滥用法人独立地位及股东有限责任,损害债权人利益;第三款则直接做出规定,强调公司股东滥用公司法人独立地位和股东有限责任,逃避债务,严重损害公司债权人利益的,应当对公司债务承担连带责任。该规定不仅具有非常显著的理论意义,而且在 2005 年《公司法》弱化公司设立阶段资本行政管制,特别是降低法定最低注册资本数额以及确立分期缴付制等情形下,无疑更具现实价值。因为该制度的确立意味着 2005 年《公司法》在追求股东投资效率的同时也在注重债权人的交易安全,朱慈蕴教授对该制度的价值给予了充分的肯定:"引进揭开公司面纱这种司法诉讼程序,于事后对债权人给予救济的规则,无疑是非常重要之举。如果不引进这项规则,就等于放纵股东滥用有限责任制度,最终也会摧毁现代公司制度的大厦。"[①]

---

① 朱慈蕴:《公司独立人格与公司人格否认:从事前规制到事后救济》,载王保树、王文宇:《公司法:理论与实践》,法律出版社 2010 年版,第 70 页。

2.公司董事等高级管理人员的信义义务制度的确立

公司董事等高级管理人员的信义义务对公司经营阶段资本流转规制发挥着重要功能,能够对其滥用公司控制权进而从事资本弱化行为的机会主义心理形成有效的阻吓。但是 1993 年《公司法》只是在其第五十九至第六十二条对董事等高级管理人员忠实义务做了粗略性规定,而且并未涉及董事等高级管理人员的勤勉义务。"新(2005 年)《公司法》第一百四十八条第一款在我国公司法历史上开天辟地地要求董事、监事、高级管理人员遵守法律、行政法规和公司章程,对公司负有忠实义务和勤勉义务。"[1]同时第一百四十八条第二款对董事的忠实义务进行了列举式规定,包括不得挪用公司资金、不得违规提供担保、不得将公司资金存入个人账户、不得违反自我交易规定、不得侵占公司商业机会、不得泄露功能商业秘密等等。对于高级管理人员的具体范围,该法第二百一十七条第一款进行了明确规定,包括公司的经理、副经理、财务负责人、上市公司董事会秘书和公司章程规定的其他人员,这种规定方式采用法定列举加概括式模式,将公司重要岗位职员如经理、副经理、财务负责人以及上市公司董事会秘书直接定为高级管理人员,同时给予公司章程自治权,自主确定哪些人属于高级管理人,进而应承担信义义务。

尽管 2005《公司法》第一百四十八条关于董事等高级管理人员信义义务规定依然需要继续推进,例如董事忠实义务的具体判断标准,董事勤勉义务的具体构成及其判断标准等,特别是经营判断规则是否应当引入,这些问题依然悬而未决,但是该规定搭建了董事等高级管理人员信义义务规制的基本制度平台,对规范董事等高级管理人员的经营行为,预防其道德风险,保护公司资本不受非商业性损害,具有重要的积极作用。

三、公司破产阶段资本退出规制改革的主要内容

2005 年《公司法》修正后,我国破产法改革也取得重要进展,2006 年 8 月 27 日十届全国人大常委会第二十三次会议通过新《破产法》,该法于 2007 年 6 月 1 日开始实施。王欣新教授指出:"新破产法将从立法宗旨上开始改变,将债权人的利益放在了首要位置,这是对我国现行破产法的重大突破。"[2]这种突破在公司破产阶段资本退出规制中有着鲜明的体现,并

---

① 刘俊海:《新公司法的制度创新:立法争点与解释难点》,法律出版社 2006 年版,第 396 页。
② 王欣新:《新破产法将走向市场化体制》,《会计师》2004 年第 8 期,第 24 页。

构成了 2005 年《公司法》修正后直到现在为止公司破产阶段资本退出规制的主要内容。其间,最高人民法院也颁布了一些司法解释文件,例如 2009 年《最高人民法院关于正确审理企业破产案件为维护市场经济秩序提供司法保障若干问题的意见》与 2013 年《最高人民法院关于适用〈中华人民共和国企业破产法〉若干问题的规定(二)》等,这些相关文件从具体制度上对破产阶段的资本退出规制进行了进一步的细化。同时,需要特别说明的是,在新《破产法》颁布之前,全国人大常委会通过了 2006《刑法修正案(六)》,在刑法第一百六十二条第二款明确了虚假破产罪,规定了相关人员的刑事责任,这对虚假破产行为形成了极其有力的威慑。具体而言,自 2005 年《公司法》修正后直到 2013 年《公司法》再次修正前,以 2006 年新《破产法》为中心对破产阶段的资本退出规制进行了较为完善的规定。具体内容主要体现在以下几个方面。

(一)增设破产管理人制度

2006 年《破产法》增设了破产管理人制度,1986 年《企业破产法(试行)》当中没有设置该制度,相关权利由清算组行使,这种规定造成了人民法院受理破产申请后到做出破产宣告之前这段时间内债务人财产无人管理的空白状态,不利于对债务人财产的保全,更不利于对于债权人利益的保护。① 2006 年新《破产法》第三章对破产管理人的产生、更换、构成、职责以及勤勉义务等做了系统性的规定,其中第二十五条全面地规定了管理人的职责,例如对破产企业的财产、印章、账簿、文书等资料的管理权,对债务人财产状况的调查权,对管理和处理债务人财产的权利;第二十七条规定了管理人勤勉尽责以及忠实执行职责的义务;第三十五条规定了管理人有权要求未履行出资义务的股东对其认缴出资履行出资义务;第三十六条规定了管理人对董事等高级管理人员非法侵占公司财产以及从公司获取不正当收入的追回权。同时,2013 年《最高人民法院关于适用〈中华人民共和国企业破产法〉若干问题的规定(二)》第十七条、第十八条、第二十条以及第二十五条又围绕着撤销权的行使,非正常收入的具体构成,以及对股东、董事、控制人等协助抽逃出资民事责任的追究等内容对管理人具体职权进行了更进一步的规定。2006 年《破产法》及其司法解释中关于管理人的规定实现了破产财产管理主体的市场化、专业化运作,"显然有利于加强

---

① 参见汤维建:《析新企业破产法的九大创新》,《中国审判》2006 年第 11 期,第 7 页。

债务人财产的管理或保全"①,有助保护债权人合法权益。

(二)区别规定破产债务人的可撤销行为与无效行为

虽然 1986 年《企业破产法(试行)》第三十五条规定了对不当资产转移行为的追回,但是"旧法没有区分破产申请受理前债务人行为的无效和撤销制度,同时对于破产程序中行为无效(撤销) 的期间规定得太短"②。显然旧破产法的规定对于遏制破产公司转移财产逃避债务存在较多疏漏,例如关于撤销行为发生在破产案件受理前 6 个月的规定并不科学,这会使许多发生在破产案件受理前 6 个月之前的公司财产转移行为逃避法律规制,不利于保全与恢复破产财产,不利于保护债权人利益。2006 年《破产法》第三十一条规定了五种可撤销行为,即无偿转让财产行为、不合理价格交易行为、对没有担保的债务提供担保行为、对未到期债务提前清偿行为以及放弃债权行为;同时将被撤销行为的发生时间延长到了破产案件受理前 1 年之内。2006 年《破产法》第三十二条对破产前的个别清偿行为进行了规定,管理人可以对 2006 年破产申请受理前 6 个月的个别清偿行为申请撤销。2006 年《破产法》第三十三条则规定了破产无效行为:为逃避债务而隐匿、转移财产的行为;虚构债务或者承认不真实的债务的行为。2013 年《最高人民法院关于适用〈中华人民共和国企业破产法〉若干问题的规定(二)》又围绕着撤销权的具体行使等相关内容对上述行为的实施做出了进一步规定。③ 2006 年《破产法》及其相关司法解释的上述制度改革有助于对公司借助破产程序转移资产逃避债务进行有力的规制,有助于更好地恢复被转移的公司财产,进而更好地保护公司债权人合法权益。

(三)完善债权人会议制度

债权人会议能够使债权人对破产公司的债权确认、破产财产管理以及破产财产分配等行为充分表达个人意见,并产生良好的监督效能,在破产程序中债权人的意志主要通过债权人会议得以直接表达。④ 2006 年《破产法》对债权人会议制度的完善主要体现在两个方面:一方面,拓补了债权人会议关于破产财产的参与管理职权。例如,对于债权人会议的职权,1986

---

① 申志民:《论新破产法对我国破产制度的创新和发展》,《新疆大学学报(哲学·人文社会科学版)》2007 年第 6 期,第 52 页。
② 汤维建:《析新企业破产法的九大创新》,《中国审判》2006 年第 11 期,第 8 页。
③ 具体参见 2013 年《最高人民法院关于适用〈中华人民共和国企业破产法〉若干问题的规定(二)》第十三条、第十四条、第十五条、第十六条、第十七条与第十八条的规定。
④ 参见[日]石川明:《破产法》,何勤华等译,中国法制出版社 2000 年版,第 112 页。

年《企业破产法(试行)》第十五条只规定了包括审查与确认债权、讨论破产财产处理和分配方案等在内的 3 种权利,而新《破产法》第六十一条则明确列举了债权人会议的 11 种职权,包括核查债权、决定是否继续营业、通过债务人财产管理方案、通过破产财产变价方案及通过破产财产分配方案等直接关系到破产公司财产处置的权利,这显然有助于保护破产公司财产的公正处理,更好地防止破产财产处理过程中的不当行为。另一方面,增设了破产债权人委员会制度。该制度的设立有助于弥补债权人会议作为一个非常设机构的不足,"可以较为彻底地实现债权人监督破产程序进行的自治需求"①。2006 年新《破产法》第六十八条第一款明确规定了债权人委员会对破产财产管理和处分的监督权以及对破产财产分配的监督权,该条第二款则明确规定了其在执行职务时有权要求管理人、债务人等有关人员对其职权范围内的事务做出说明或者提供有关文件,这显然有助于债权人委员会更好地掌握与了解破产公司的相关财产信息,对公司破产财产的处理进行监督。

(四)强化破产债务人对财务账簿、文书等文件的提交、保管义务与责任

破产公司的债务清册与债权清册等财务账簿、有关财务报告以及司法文书等相关文件直接关系到其破产财产的具体信息,对于保全破产财产、保护债权人公平受偿具有重要价值。2006 年新《破产法》对此进行了较为详细的规定:该法第八条与第十一条都规定了在破产程序提起后债务人向人民法院提交财产状况说明、债务清册、债权清册、有关财务会计报告等相关信息的义务;第十五条明确规定破产债务人自人民法院受理破产申请的裁定送达债务人之日起至破产程序终结之日对财产、印章、账簿以及文书等的保管义务;第一百二十七条明确了法院对具体不提交或者提交不真实的财产状况说明、债务清册、债权清册以及有关财务会计报告直接责任人的处罚责任。2009 年《最高人民法院关于正确审理企业破产案件为维护市场经济秩序提供司法保障若干问题的意见》第十六条明确了债权人就"债务人拒绝向人民法院提交有关材料或者不提交全部材料"有权向股东、董事以及实际控制人等追究个人民事责任的条件与权利。② 该意见第十六条的规定实际上是把公司法人人格否认制度引入了破产清算程序当中,

---

① 宋玲玲:《论新〈破产法〉中债权人会议制度的突破和完善》,《中国商法年刊(2007)》,第 463 页。

② 具体内容参见 2009 年《最高人民法院关于正确审理企业破产案件为维护市场经济秩序提供司法保障若干问题的意见》第十六条的规定。

对于拒绝与法院或破产管理人进行配合、拒绝提供相关破产资料信息的人员,债权人有权在破产清算程序之后,就其未能得到清偿的部分向负有责任的股东、董事以及控制人追究个人责任。

(五)强化破产企业董事、监事等高级管理人员的义务与责任

2006 年新《破产法》比较详细地强化了对破产债务人董事、监事等高级管理人员个人责任的追究,这对于遏制破产逃债行为的产生具有重要的威慑价值,对于保护破产财产进而实现对债权人的公平清偿具有重要意义。相关具体规定主要体现在以下几个方面:第一,新《破产法》第一百二十五条规定,如果董事、监事等高级管理人员导致企业破产,应承担民事责任,但是这里并没有直接规定是否向债权人承担民事责任,不同学者对此也存在不同意见,有学者认为是对债权人承担责任[1],也有学者认为该规定并不是向债权人承担责任而是向公司承担责任[2]。第二,新《破产法》第六条规定,人民法院审理破产案件,应当依法追究破产企业经营管理人员的法律责任。这是对破产经营者法律责任的一般性规定,其内容较为原则,但是涵盖性比较强,有助于对董事、监事以及其他高级管理人员的违法行为形成较为有力的威慑。第三,新《破产法》第一百二十八条就本法第三十一条、第三十二条以及第三十三条中关于破产撤销行为以及破产无效行为,规定了"破产企业的法定代表人和其他直接责任人员"对债权人的直接民事责任。这一规定的责任主体当中自然涵盖了董事、监事等高级管理人员,因为他们负责公司的经营与管理,法定代表人也出自上述高级管理人员群体之中。第四,2006 年《刑法修正案(六)》第六条规定,《刑法》第一百六十二条增加对虚假破产罪的规定,即在该条第二款明确了对直接负责的主管人员以及其他直接责任人员进行虚假破产行为的刑事责任:处以 5 年以下有期徒刑或者拘役,并处或单处 2 万元以上 20 万元以下罚金,显然这一刑事责任主体将董事、监事等高级管理人员包含在内。通过上述对破产企业董事、监事等高级管理人员义务与责任的法律规定,对其隐匿、转移、侵占等损害破产公司财产行为形成了有力的威慑,能够较好地保护破产公司的财产,进而更好地保护公司债权人利益。

---

[1]　郭丁铭:《公司破产与董事对债权人的义务和责任》,《上海财经大学学报》2014 年第 2 期,第86-87 页。

[2]　胡晓静:《公司破产时董事对债权人责任制度的构建——以德国法为借鉴》,《社会科学战线》2017 年第 11 期,第 231 页。

四、2005 年《公司法》修正后资本规制改革的进步

尽管 2005 年《公司法》修正后,公司资本规制架构仍旧保留着对 1993 年《公司法》严格行政管制特性的路径依赖,依然需要继续推进改革,但是社会各界都给予了较高评价。例如,香港大学法学院张宪初教授认为:"大陆《公司法》2005 年修订在很多方面取得了明显进步,甚至是重要的突破。"[1]同时,2006 年新《破产法》也对破产欺诈行为给予了更加明晰、更加完善的规制,对保护破产阶段资本退出规制中债权人的利益提供了有力保障。总体而言,对 2005 年《公司法》修正后公司资本规制改革的进步,可以从以下两个方面加以评析。

(一)资本规制具体路径的优化

就公司债权人的保护而言,2005 年《公司法》资本规制的进步在于这一改革初步改变了公司债权人的保护路径,也就是在缓和僵化的行政管制手段的基础上引入了责任规制手段,从而激发了司法能动主义功能,资本规制路径司法化是这一阶段公司资本规制的一个重要特点,许多制度设计都体现着司法特性。刘俊海教授在评价 2005 年《公司法》改革时明确指出:"新《公司法》堪称一部注重可操作性的可诉型公司法。"[2]作为公司债权人司法救济的重要制度,公司法人人格否认制度对强化公司债权人保护的意义尤为显著,因为利用公司形式所进行的欺诈是损害公司债权人利益的主要资本弱化行为,而公司法人人格否认制度则是专门针对欺诈而进行的规范,同时这种规制方式赋予了债权人通过司法手段主张自我救济的权利,可以有效避免因行政管制手段的被动性所产生的救济阻碍,不仅对公司股东滥用公司形式进行各种各样欺诈产生强大的威慑作用,还可以进行有效的事后矫正。学界对此也给予了高度的评价,如清华大学朱慈蕴教授认为:"我们通过公司法的制定法的形态确立了公司法人人格否认规则,用以规范利用公司形式进行投资的股东行为,防止股东滥用公司合法目的攫取不当利益,实现股东与公司债权人之间的利益平衡。"[3]同时,2010 年《最高人民法院关于适用〈中华人民共和国公司法〉若干问题的规定(三)》就股

---

[1] 张宪初:《全球改革浪潮中的中国公司法》,载王保树、王文宇:《公司法:理论与实践》,法律出版社 2010 年版,第 37 页。

[2] 刘俊海:《新公司法的制度创新:立法争点与解释难点》,法律出版社 2006 年版,第 622 页。

[3] 朱慈蕴:《公司独立人格与公司人格否认:从事前规制到事后救济——兼评中国 2005 年公司法》,王保树、王文宇:《公司法:理论与实践》,法律出版社 2010 年版,第 70 页。

东出资义务的履行以及抽逃出资行为等相关内容,比较详细地强化了债权人对股东以及董事等相关责任主体的诉讼权,有效地推进了针债权人对公司设立阶段股东出资义务履行的司法救济权。2006 年新《破产法》也强化了对公司股东、董事、监事等相关责任主体的民事责任与刑事责任规制,强化了公司破产阶段资本退出的司法规制。总体而言,在 2005 年《公司法》修正后到 2013 年《公司法》修正前,公司资本运行的司法规制路径得到了较为充分的拓展,司法救济开始在公司债权人权益保护中发挥重要作用。

(二)资本规制效率理念的回归

对资本规制效率理念的回归突出地体现于 2005 年《公司法》的资本规制修正当中,资本规制安全与效率理念的互动与平衡是公司资本规制发展的重要理念,1993 年《公司法》确立了以行政管制为特点的严格法定资本制,其安全至上的制度理念显而易见,这主要是受制于当时我国经济社会以及法治建设的历史背景因素,是公司资本规制的权宜之计。但是,伴随着我国市场经济的不断发展与成熟,以及我国立法技术和公司法学研究的不断深入,严格法定资本制所确立的安全至上的理念就需要做出修正,这不仅仅是推进公司制度运行效率的必然之举,也是推进国家经济发展与适应国际市场竞争的必然要求。因此,对效率的追求成为 2005 年《公司法》资本规制改革的焦点,该法的具体制度修正充分地体现了对效率的尊重与追求。无论是最低注册资本的大幅下调、分期缴纳的允许、出资形式的放宽,还是公司担保、转投资以及股份回购的放松,都是基于公司运行效率的考量,正是公司资本规制制度的这些变革使公司法由原来的"债权人主导型立法"变成了"鼓励投资兴业的服务型公司法",资本规制的效率理念在回归。当然,资本规制效率理念的回归不是绝对的,立法者也在努力构建债权人权益保护的新路径,如公司法人人格否认制度的引入便是证明,立法者意在使效率回归的同时又兼顾安全,尽管在客观上对于安全制度的设计存在着诸多缺失。

第三节　2013 年《公司法》认缴资本制改革后的
资本规制架构分析
——以公司设立阶段资本规制的放松化改革为中心

2013 年《公司法》认缴资本制改革后的资本规制架构具体是指从 2013

年《公司法》资本认缴制改革的实施到 2018 年《公司法》对上市公司股份回购制度修正之前的这段时间内的资本规制架构。这一时期的公司资本规制立法体系变革以 2013 年《公司法》对认缴资本制的确立为中心,以公司设立阶段资本形成制度改革为目标,旨在降低公司制度进入门槛与股东筹资成本,提升公司制度运行效率,并带动整体经济的发展。但是,本次公司资本规制改革并未经过较长时间的酝酿,学界对此次改革的质疑之声非常强烈,认为此次改革虽然会在一定程度上提升公司资本制度的运行效率,但是由于我国欠缺认缴资本制实施的相关配套条件,这种对法定资本制的颠覆性改革可能会使公司资本欺诈行为更加猖獗,将会严重危及债权人利益。例如,蒋大兴教授就旗帜鲜明地对此次公司资本规制改革提出了质疑:"大量的实证数据表明,我国取消最低注册资本、改实缴制为合约缴纳制等改革措施欠缺合约逻辑和经济逻辑,也不符合我国的文化偏好。"[1]薛波博士则明确认为此次公司资本规制改革"容易引发欺诈性的商业行为,债权人利益保护情势堪忧"[2]。因此,我们有必要对 2013 年《公司法》资本认缴制的确立进行理性的分析,既看到具体制度改革带来的积极效果,也应客观审视此次改革对债权人利益造成的冲击。

一、认缴资本制确立的具体表现

(一)取消法定最低注册资本限制

公司法定最低注册资本制度体现着政府对公司资本运行的管制程度,尽管早在 2005 年《公司法》修正之前学界就对注册资本的功能产生了广泛的质疑,例如赵旭东教授指出:"(注册)资本不过是公司资产演变的一个起点,是一段历史,是一种观念和象征,是一个静止的符号或数字。资本信用及其对债权的保障其实不过是一个理论和立法上的构思和假设。"[3]因此,尽管法定最低注册资本制度立意至善,意图营造债权人保护的基本制度平台,但是其实践效果有限,一旦进入公司经营阶段,公司注册资本必然发生改变,注册资本难以准确反映公司经营过程中的资产状态。同时,过高的注册资本要求会造成公司资本的闲置与浪费,严重阻碍着公司制度的运行效率。虽然 2005 年《公司法》降低了公司最低注册资本数额,并且下

---

① 蒋大兴:《质疑法定资本制之改革》,《中国法学》2015 年第 6 期,第 136 页。
② 薛波:《论公司资本规制改革后债权人保护机制之完善》,《时代法学》2015 年第 2 期,第 75 页。
③ 赵旭东:《从资本信用到资产信用》,《法学研究》2003 年第 5 期,第 113 页。

降幅度较大,但是依然保留着公司最低注册资本要求:确定有限责任公司最低注册资本3万元、一人公司最低注册资本10万元以及股份有限责任公司最低注册资本500万元。这种改革后的资本要求在一定程度上确保着公司起点的资产水平与担保能力,但是依然无法反映公司经营过程中的资产状态,并且设置了公司进入门槛,依然阻碍着公司制度的运行效率。

2013年《公司法》则较为彻底地推进了注册资本规制改革,原则性(法律对设立有特殊规定的有限责任公司、股份有限责任公司除外)取消了有限责任公司(包括一人公司)以及股份有限责任公司的最低注册资本数额限制。这种对法定最低注册资本数额限制的彻底性改革,废除了公司制度的运行门槛,能够使更多的投资者享受公司制度所带来的福利,同时也有助于避免公司资本的闲置与浪费,能更加合理地配置社会经济资源。更为重要的是能够使债权人意识到法定最低注册资本的保护功能已经不再是立法所强制要求,其应当通过公司法所规定的事后保护路径进行自我救济,或者更加注重合同细节的敲定,更好地保护自己的交易安全。

(二)取消公司设立首期出资比例限制

2005年《公司法》虽然确立了分期缴付制,但是保留了首期出资不得低于20%的比例限制(其中有限责任公司还要求不得低于法定最低注册资本),这种改革是为了在降低股东出资义务负担的同时,让公司设立之初保持必要的资本作为公司经营的物质基础与债权保障,在一定限度内保护交易债权人的利益,维护交易秩序的稳定。但是这种改革依然体现着行政管制的路径依赖色彩,是公司法强制性规范特性的体现,因为公司成立之初可能业务并不发达,对公司资本的需要并不强烈,而科学的方式是公司根据商事经营需要自我决定,这样不仅可以最大限度地避免资产闲置与浪费,而且可以更好地降低股东出资负担。

针对此问题,2013年《公司法》直接取消了首期出资比例制度(募集设立的股份有限责任公司与法律、行政法规以及国务院规定对注册资本有特殊要求的公司除外)[①],股东只需认缴公司注册资本即可,至于首期的出资比例与数额,并未对其做出限制。这种规定进一步降低了公司的准入门槛,并能够提高公司的运行效率,但是,公司设立之初的最低资本保证制度也就被废除了,公司的初始资本信用可能极其微小,这在我国当前信用相对缺失的背景,可能会助长股东出资履行中的机会主义行为,增强债权人

---

① 具体内容参见2013年《公司法》第二十六条与第八十条的规定。

交易风险。

(三)取消注册资本缴付期限限制

2005 年《公司法》在保留注册资本首期出资比例限制的同时,确立了分期缴付制,但是对缴付的期限又有具体限制:在公司设立后 2 年内(投资公司则是 5 年内)股东出资义务必须履行完毕。2005 年《公司法》虽然确立了分期缴付制度,但是并未取消出资时间限制,这在一定程度上保证了对股东出资的管制强度,一般情况下,股东必须在公司成立 2 年内将出资义务履行完毕,债权人也能够因此规定而对股东出资形成清晰的预期,进而以之为基础,决定是否同公司进行交易。但是 2 年(投资公司则是 5 年)的出资期限限制还是给股东设立了较强的出资义务,甚至带来了一些不必要的经济成本,例如资本的闲置问题,因为有些公司在其成立后 2 年之内,可能并没有足够的业务去拓展,并不需要太多的资金,特别是当前已经进入网络时代,一些高科技公司对注册资本可能要求并不十分强烈,这些资本要求不仅给一般的公司运行带来了一些不必要的经济成本,而且很可能会阻碍创新型企业的发展。

作为对上述问题的回应,2013 年《公司法》明确取消了股东注册资本的出资时间限制,只要股东认缴出资即可,并未对其认缴出资的具体缴付时间做出强制性的限制,而是把出资时间限制权利留给了公司章程。这种规定充分体现着公司法修正中所奉行的自治理念,意在通过强化公司自治、消解公司行政管制,进而降低公司运行成本,提高股东出资效率。

(四)取消注册资本货币出资比例限制

货币具有充分的流动性,"在可评价性和可转让性的适格性要件方面体现得最为充分"[①],因此货币出资具有普遍性,也最能反映股东出资的真实性,并且不需要评估,使出资检验成本最小化,更重要的是还能够及时地实现对债权人的清偿。因此,2005 年《公司法》规定货币出资不得低于注册资本的 30%,以此保证公司资本的真实性与流动性,以降低公司股东出资的机会主义风险。

2013 年《公司法》明确取消了货币出资不得低于注册资本 30% 的规定,这就是相当于扩展了非货币出资即现物出资的比例,这是与取消法定最低注册资本的规定相对应的,因为没有了法定最低资本数额的限制,货

---

① 仇京荣:《公司资本制度中股东与债权人利益平衡问题研究》,中信出版社 2008 年版,第 137 页。

币出资的比例就没有实际意义了,这对于鼓励股东多元化出资,激活社会沉睡资本①,特别是对于推进技术出资、促进高科技产业的发展无疑具有重要意义。

(五)取消强制验资制度限制

"验资是《公司法》规定的特别法律程序,是资本制度的组成部分,也是把守资本真实的重要关口。"②验资程序能够在一定程度上保障股东出资的真实性,从而增强公司资本信用的客观性,并给公司债权人带来更好的保护。2005年《公司法》尽管采取多种路径缓和了公司设立阶段的注册资本制度,但是依然保存了验资制度,而2013年《公司法》则直接取消了验资制度,以期降低公司的设立成本,并简化行政程序。这种改革是与法定最低注册资本限额的取消以及出资期限的取消是相对应的,因为在废除法定最低资本制度、首期出资比例制度以及出资期限制度的情形下,验资制度几乎没有实际意义了。

二、认缴资本制确立的多重根源

我国实施2013年《公司法》认缴资本制改革有其多重根源,无论是缓解经济发展下行的现实需求,还是着力推进行政体制改革的客观需要,还有弥补2005年《公司法》资本规制制度的缺失,都是促成2013年《公司法》认缴资本制改革的重要因素。正如美国学者柯提斯·J.米尔霍普与德国学者卡塔琳娜·皮斯托所指出的,一国公司治理的改革受到各种因素的制约,包括制度因素、政治因素、市场因素、文化因素以及道德因素等等。③公司资本规制是实现公司治理的重要构成内容,因此,对认缴资本制的确立需要从多元路径对其根源进行解析。

(一)经济发展动因:应对经济下行风险

早在2011年底的中共中央政治局经济会上,时任国家主席胡锦涛同志就确定了"稳增长、调结构、保民生、促稳定"的经济发展目标,稳字当头,媒体也对此做出了保守的解读:2012年"稳"字当头,中国经济下行已成定

---

① 参见刘俊海:《新公司法的制度创新:立法争点与解释难点》,法律出版社2006年版,第16页。

② 赵旭东:《资本真实与验资存废》,《中国工商报》2014年10月21日,第003版。

③ 参见[美]柯提斯·J.米尔霍普、[德]卡塔琳娜·皮斯托:《法律与资本主义:全球公司危机揭示的法律制度与经济发展关系》,罗培新译,北京大学出版社2010年版,第6页。

势"①。从 2012 年中国经济发展的实践情况来看,经济形势确实不容乐观,当年中国整体经济发展进入了一个相对下行的周期,"中国经济周刊与商务部信用评级与认证中心联合发布的《2012 年中国实体经济发展报告》显示:2012 年,世界经济复苏依然艰难曲折,中国经济进入调整期,受国内外宏观经济整体下行态势的影响,中国实体经济运行下行压力加大,企业生产经营困难加重"②。2013 年,中国经济发展依然呈现下行趋势,"国家发改委经济研究所经济运行与发展研究室主任王小广对《华夏时报》记者分析认为,最近的一些经济指标显示,中国经济离底部已经不远"③。国家统计局关于我国 GDP 的实际统计数据也印证了上述判断,2012 年与 2013 年国家 GDP 增长率均为 7.7%,明显低于 2008 年的 9%、2009 年的 9.2%、2010 年的 10.4% 以及 2011 年的 9.3%。④ 伴随着经济的低迷发展,人口就业率与就业质量也呈下行趋势,尽管人力资源和社会保障部公布的失业率在 4% 左右,但是根据北京大学《中国民生发展报告 2013》发布的信息,2012 年我国城镇人口的实际失业率为 4.4%~9.2%。⑤ 因此,上述经济形式要求必须创新经济发展模式,刺激经济,而降低公司设立门槛,充分发挥公司制度的激励效应,并借以激活"沉睡"在银行账户上的巨额储蓄,并带动城镇就业人口的增长,无疑是一个重要路径。对此,时任人民日报社总编辑蔡名照指出,必须结合党的十八大精神,对中国的企业改革进行深度思考,以推动中国企业的进一步变革与中国经济的繁荣。⑥ 另一个关键经济动因则是推进上海自由贸易试验区的设立,2014 年要在上海设立自由贸易试验区,"国务院在上海自由贸易试验区推行相关改革措施,便利企业设立,改善营商环境,而当时《公司法》中的注册资本制度与这些改革措施存有抵牾,故需要修改《公司法》,以符合法治原则,并将自贸区相关经验推广至全国"⑦。正是上述经济发展背景客观上要求必须进行放松公司资本监管的制度改革,从而促进了 2013 年底关于公司法认缴资本制的

---

① 参见章韦:《2012 年"稳"字当头 中国经济下行已成定势》,中国新闻网,2011 年 12 月 16 日,http://www.chinanews.com/cj/2011/12-16/3538079.shtml。

② 郭芳、蒲小雷:《2012 年中国实体经济发展报告》,《中国经济周刊》2012 年 12 月 20 日。

③ 吴建华:《经济"天气"拨云见日》,《华夏时报》2013 年 9 月 6 日。

④ 参见国家统计局 2008—2013 年国内生产总值(GDP)初步核实公告。

⑤ 参见谢宇等:《中国民生发展报告 2013》,北京大学出版社 2013 年版,第 76 页。

⑥ 参见鲍丹:《我国实体经济首份年度报告发布 实体经济应加快转型》,《人民日报》2012 年 12 月 10 日。

⑦ 黄辉:《公司资本规制改革的正当性:基于债权人保护功能的法经济学分析》,《中国法学》2015 第 6 期,第 159 页。

改革。

(二)行政改革动因:推进行政体制改革

行政体制改革对于 2013 年《公司法》认缴资本制的确立发挥着重要作用,这一点在学界也得到了广泛的认同。如著名公司法学者王文宇教授直接以《简政繁权——评中国大陆注册资本认缴制》为题发表论文,阐述对我国认缴资本制改革的评析。① 简权放政是李克强总理于 2012 年上任后着力推进的重大政府改革工程,其明确强调:"本届政府成立伊始,开门办的第一件大事就是推进行政体制改革、转变政府职能,把简政放权、放管结合作为先手棋。"②同时指出:"长期以来,政府对微观经济运行干预过多、管得过死,重审批、轻监管,不仅抑制经济发展活力,而且行政成本高,也容易滋生腐败。"③由此可见,简权放政是本届政府成立伊始便努力推进的重大工程,其核心在于退出不必要的经济干预,充分发挥市场自身的积极功能。2013 年 3 月,国务院又发布了《国务院机构改革和职能转变方案》,在该方案第二部分"国务院机构职能转变"中明确提出"减少和下放生产经营活动审批事项。按照市场主体能够自主决定、市场机制能够有效调节、行业组织能够自律管理、行政机关采用事后监督能够解决的事项不设立审批的原则,最大限度地减少对生产经营活动和产品物品的许可,最大限度地减少对各类机构及其活动的认定等非许可审批。"2013 年 10 月 25 日,李克强主持召开国务院常务会议,部署推进公司注册资本登记制度改革,会议明确指出:"改革注册资本登记制度,放宽市场主体准入,创新政府监管方式,建立高效透明公正的现代公司登记制度,是新一届政府转变职能总体部署和改革方案中又一项重要举措,目的是进一步简政放权,构建公平竞争的市场环境,调动社会资本力量,促进小微企业特别是创新型企业成长,带动就业,推动新兴生产力发展。"④2013 年 11 月 7 日,国家工商行政管理总局发布《推进公司注册资本登记制度改革　降低创业成本　激发社会投资活

---

① 王文宇:《简政繁权——评中国大陆注册资本认缴制》,《财经法学》2015 年第 1 期,第 49-63 页。

② 李克强:《简政放权 放管结合 优化服务 深化行政体制改革 切实转变政府职能》,中国共产党新闻网,2015 年 5 月 15 日。http://cpc.people.com.cn/ n/2015/0515/c64094 -27003705. html。

③ 李克强:《简政放权 放管结合 优化服务 深化行政体制改革 切实转变政府职能》,中国共产党新闻网,2015 年 5 月 15 日。http://cpc.people.com.cn/n/ 2015/0515/c64094- 27003705. html。

④ 《李克强推出注册资本登记制度改革》,新华网,2013 年 10 月 27 日,http://www. xinhuanet. com/politics/2013-10/27/c_117888946. htm。

力》,强调在《国务院机构改革和职能转变方案》以及李克强总理 10 月 25 日主持的国务院常务会议精神指导下,开始推进注册资本登记制度改革,并且围绕着"推进注册资本登记制度改革,是对实践探索的总结""推进注册资本登记制度改革的基本原则和主要内容""做好注册资本登记制度改革的实施准备"三个方面,较为详细地阐述了推进注册资本认缴制改革的基本路经。① 正是在上述国家大力推进行政体制改革背景下,2013 年 12 月 28 日,第十二届全国人民代表大会常务委员会第六次会议通过《公司法》认缴资本制改革方案。

(三)法治完善动因:完善公司资本规制

除了上述经济发展动因与行政改革动因外,2005 年《公司法》资本规制自身改革的不足也是促进 2013 年《公司法》资本认缴制确立的重要因素。尽管 2005 年《公司法》资本规制改革呈现出了鲜明的资产信用理念,大幅降低了公司设立阶段的最低注册资本数额,但是相对而言,最低注册资本数额依然较高,阻碍着公司的进入门槛,而且工商部门只是对注册资本与验资手续做了形式审查,各种形式的抽逃出资、虚报注册资本行为都非常严重,"这就造成法律规定的资本制度流于形式,在保护债权人、保障交易安全上起不到太大作用"②。因此,需要继续推进公司资本规制改革。同时,世界各国的公司法制度竞争也是日趋剧烈,日本 2005 年《公司法》改革彻底废除了法定最低资本制度,强化了公司资本制度的效率性修正。英国在 2006 年《公司法》改革中进一步放松了对公司设立以及资本运行的行政管制。德国尽管依然恪守着法定资本制的立法传统,但是也在 2008 年对其公司法体系做出了修正,通过了《有限责任公司改革及滥用防止法》,大大降低了对有限责任公司注册资本的要求,进一步推进了公司资本规制的效率性改革。因此,我国 2005 年《公司法》资本规制自身架构的不足以及域外公司资本规制的快速发展,都对 2013 年《公司法》认缴资本制的确立产生了重要影响。

---

① 国家工商总局:《推进公司注册资本登记制度改革 降低创业成本 激发社会投资活力》,中华网,2013 年 11 月 7 日。http://www.china.com.cn/zhibo/zhuanti/ch-xinwen/2013-11/07/content_30525570.htm.

② 刘凯湘、张其鉴:《公司资本制度在中国的立法变迁与问题应对》,《河南财经政法大学学报》2014 年第 5 期,第 25 页。

三、认缴资本制确立的多元功效

2013 年《公司法》资本认缴制的实施产生了显著的改革成效，并且这种成效涉及众多领域，用香港中文大学法学院黄辉教授的观点来说，认缴资本制的改革成效不仅包括经济效益，也包括社会效益与政治效益，比如说资本认缴制的改革有助于提升社会信心。[①] 本书对黄辉教授的观点表示赞同，下面侧重从经济效益方面对 2013 年《公司法》资本认缴制的改革成效做出分析。

（一）降低了公司设立的进入门槛

有限责任制度作为商法最重要的发明之一应当能够被任何人以公司形式所使用[②]，而法定最低注册资本要求则成为人们使用该制度的门槛。2013 年《公司法》资本认缴制改革的首要功能在于降低了公司的进入门槛，这也是其他功能得以实现的基础。公司设立门槛降低的突出表现就是公司设立最低注册资本限额的取消，这一制度改革使得公司的设立不再受到最低注册资本筹集困难的限制。因为无论是在实缴制下还是在认缴制下，最低注册资本要求都会带来资本筹集的压力，实缴制要求注册资本必须于成立之时全部缴纳，发起人或股东筹资压力相对更大，而认缴制尽管延长了注册资本缴付的时间，但是并未消除资本缴付的压力，而且在公司设立时必须认缴完毕，否则公司就无法设立。因此，法定最低资本限额要求，无论是在实缴制还是在认缴制下都会形成公司设立的有形门槛，而且其数额越大门槛越高，而 2013 年《公司法》认缴资本制的确立取消了对法定最低资本限额的要求，有效地降低了公司设立的进入门槛。当然，对首期出资最低比例限制的废除、非现金出资比例限制的废除以及股东出资期限的章程自治等相关改革措施也为公司设立的便利性提供了有力的支撑，因为即使公司章程设定了较高的注册资本，必须完成认缴任务，但是公司可以最大限度地降低首期出资数额，或者利用非现金形式进行出资，而且可以借助出资自治延长出资期限，缓解公司初始成立时的资本缴付压力。所以，本次立法改革对公司设立原始资本数额的硬性要求已经极度软化，公司设立的门槛也已极度降低，不会对公司设立形成较大障碍，这无疑将

[①]　黄辉：《公司资本规制改革的正当性：基于债权人保护功能的法经济学分析》，《中国法学》2015年第 6 期，第 166 页。

[②]　Francisco Soares Machado，"Effective Creditor Protection in Private Companies：Mandatory Minimum Capital Rulesor Ex Post Mechanisms?"，https：//ssrn. com/abstract＝1568731.

会激发更多的投资者利用公司形式从事商业经营。

(二)提高了公司的设立效率

资本认缴制改革无疑大大地提高了公司设立的运行效率,通过法定最低资本数额的废除、首期出资最低比例限制的废除、非现金出资比例限制的废除以及出资期限的章程自治可以降低股东筹资的困难,使公司在设立时不必因资本实缴数额的束缚而被耽搁,同时即使是确定较高数额的注册资本,也可以通过知识产权、土地使用权等非现金方式缴纳,而不必拘泥于现金的限制,这样必然提升公司设立的运行效率,因为资本数额、出资方式及其比例限制是影响公司设立效率的核心要素。此外,股东出资强制验资程序的取消,不仅降低了股东出资的监管成本,也减少了公司设立过程中寻找第三方中介机构进行验资的成本与时间,也必然有助于公司设立效率的提升。

(三)降低了公司资本制度运行的各种成本

公司资本制度的实施是需要成本的,"这一点必须承认,任何试图施加最低资本的要求对公司而言都是有成本的。或者是行政监管成本,或者是资金闲置成本与由于法律限制用途而遭受的成本"①。显然,此次认缴资本制改革无疑有助于降低公司运行的成本,这种成本总体上可以划分为行政监管成本与商事经营成本。就行政监管成本而言,此次认缴资本制改革不仅取消了法定最低注册资本数额限制,而且取消了首期出资比例、现金出资比例以及强制验资程序等行政管制措施,工商管理机构也不需要再对此进行实质性审查,这无疑节省了大量的人力与物力成本。就商事经营成本而言,认缴资本制对股东出资自治的确认无疑在很大程度上降低了公司的经营成本,例如法定最低资本数额要求的取消与首期出资比例限制的取消能够解决公司设立初期资本的闲置与浪费问题,而强制验资程序的取消则降低了公司被迫聘请专家与或者购买法律服务的成本②,因此必然会降低公司设立的经济成本,同时也有助于促使公司尽快开展商事经营活动,更及时地把握商事交易机会。

(四)推进了高科技创新型企业的发展

这次资本认缴制改革对于推进高科技创新型企业的发展具有重要意

---

① Helen Anderson, Directors' Liability to Creditors - What are the Alternatives?, 18Bond Law Review, 8(2006).

② See Luca Enriquest, Jonathan R. Macey, Creditors Versus Capital Formation: The Case Against the European Legal Capital Rules, 86Cornell Law Review, 1185 (2001).

义,因为"特别是对于高科技、文化创意、现代服务业等创新型企业而言,投资者更可能面临货币资金不足难以创业的问题"①。而2013年《公司法》资本认缴制改革不仅废除了法定最低注册资本制度、首期出资最低限制制度并赋予股东出资章程自治权,而且取消了非货币出资的比例限制,这对于推进知识产权等无形资产在公司设立中的地位具有重要作用,从而有利于激发高科技创新型企业的发展动力。因为高科技创新型企业在初步发展过程中往往缺乏足够的资金支持,其发展也主要依靠对专利技术以及著作权等知识产权的创新来推动,而此次认缴资本制改革可以使高科技企业更多地提升其专利技术以及著作权等非现金形式的出资比例,从而更好地应对公司设立中可能出现的注册资本现金认缴不足问题。

(五)促进了整个社会的投资兴业

无可否认,公司认缴资本制改革对于降低创业成本、激发社会投资活力、促进投资兴业产生了巨大的推动作用。全国公司设立数量不仅在认缴资本制改革的实施后的第一年即2014年实现了快速增长,而且在之后也实现了持续增长,这充分表明了认缴资本制改革对国家与社会投资兴业的推动作用。在这方面,有明确的数据加以支撑:据2015年国家工商总局数据,我国实施商事制度改革两年多来,新登记企业数量屡创新高,2015年平均每天新登记企业1.2万户,比2014年增长21.6%。② 除了从整体上推进社会创业就业的发展之外,其对高科技创新型企业发展的推动以及对特殊经济发展模式比如上海自由贸易试验区的建设等也都发挥着重要的制度保障与推动功能,因此其对于推进国家新兴经济模式的发展也具有重要的推动功能。③

(六)提升了整个市场的商事交易效率

对商事交易效率的追求是现代公司资本制度的一个重要目标,正如英国公司法审查指导委员会在其战略框架文件中所指出:"对交易效率的促

---

① 黄辉:《公司资本规制改革的正当性:基于债权人保护功能的法经济学分析》,《中国法学》2015年第6期,第165页。

② 数据显示2015年我国平均每天新登记企业1.2万户,http://finance.ifeng.com/a/20160223/ 14229439_0.shtml。

③ 对于这一特殊改革意义,香港中文大学法学院黄辉教授做了明确说明:"此次立法修改的大背景是,国务院在上海自由贸易试验区推行相关改革措施,便利企业设立,改善营商环境,而当时《公司法》中的注册资本制度与这些改革措施存有抵牾,故需要修改《公司法》,以符合法治原则,并将自贸区相关经验推广至全国。"见黄辉:《公司资本规制改革的正当性:基于债权人保护功能的法经济学分析》,《中国法学》2015年第6期,第159页。

进是现代公司法制度的首要目标,法律在公司领域的关键作用是支持和加强以市场为导向的合同解决方案。"①2013 年《公司法》认缴资本制的确立必然会在相当程度上提升市场的商事交易效率,这种商事交易效率的提升可以从股东与债权人两个视角来加以解释。首先,因为认缴资本制的实施,公司设立更加便捷、更具效率,因而股东可以通过公司这一市场主体模式更加及时地进入市场、展开经营,更加敏锐地捕捉与实现商业机会,从而提高其自身的商事交易效率。其次,因为认缴资本制的实施,公司设立门槛大大降低,公司的数量也必然更多,债权人在同一时间可选择的商事交易对象也必然更加充分、更加便利,这在一定程度上也有助于提高债权人的交易效率。

第四节　2018 年《公司法》对上市公司股份回购制度改革后的资本规制分析

——推进公司经营阶段资本规制的放松化改革

2018 年《公司法》对上市公司股份回购制度进行了改革,其后一直到现在,公司资本规制方面的立法并未发生大的变化。所以,对这一时期公司资本规制发展的分析主要是针对 2018 年《公司法》对上市公司股份回购制度改革而言的。此次公司法改革是对公司资本规制体系的一项重要修正,因为股份回购关系到公司资本的结构变化,可能会冲击公司资本维持原则,危及公司债权人利益。也正是因此,1993 年《公司法》对股份回购制度采取了严厉限制的态度,而 2005 年《公司法》尽管已经开始践行资产信用理念,适度放宽了对股份回购的限制,但是仍然确立了"原则禁止,例外允许"的立法模式,以期更好地维护公司资产的充实,避免股份回购中机会主义行为的发生,以期更好地保护中小股东以及债权人的合法权益。在这种严格行政管制理念下,上市公司股份回购制度并未得到有效的实施。以奖励职工为例,"由于实质限制仍旧很严、配套规则明显不足,公司难以将所收购的股份奖励或过户给本公司职工,这种实务上的困境反过来削弱了公司收购本公司股份的热情"②。同时,国内国际经济发展环境也愈加严

---

① John Armour, Share Capital and Creditor Protection: Efficient Rules for a Modern Company Law, 63The Modern Law Review, 355(2000).
② 叶林:《股份有限公司回购股份的规则评析》,《法律适用》2019 年第 1 期,第 36 页。

峻,一方面,国内证券市场持续低迷,投资者信心受挫;另一方面,国际竞争的日益剧烈特别是贸易保护主义不断抬头,企业在国际市场发展困难。面对上述现实情形,我国2018年《公司法》对股份回购制度进一步做出了放松性改革,以期推进公司资本结构的优化,完善投资者的多元回报机制,并促进证券市场的发展与稳定。具体改革内容主要体现在以下几个方面。

一、对股份回购法定情形的拓展

2018年《公司法》对股份回购制度修正的一个重要内容就是拓展了允许股份回购的法定情形。2005年《公司法》第一百四十三条从以下几个方面规定了允许股份回购的法定情形:第一,减少公司注册资本的情形;第二,与持有本公司股份的其他公司合并的情形;第三,将股份奖励给本公司职工的情形;第四,股东因对股东大会做出的公司合并、分立决议持异议,要求公司收购其股份的情形。但是,上述情形在具体实践中的效果并不理想,行政管制色彩依然鲜明,公司缺乏回购本公司股份的热情。为此,2018年《公司法》对股份回购的法定情形做出了修正。

(一)用于发行可转换公司债券的情形

该规定体现在2018年《公司法》第一百四十二条第一款第(五)项当中,对于保护可转换债券持有人的权利具有重要意义。公司为了融资可以发行可转换为公司股份的公司债券,当债券持有人到期行使转换权利的时候,公司必须有足够的股份作支撑,否则可能需要通过发行新股来加以实现,但是新股的发行程序烦琐而且成本较高,可能会对债券持有人及时行使权利产生阻碍。因此,允许公司收购本公司股份,就可以为债券持有人的转换权利行使奠定基础,而且相对于发行新股,程序更简便,成本更低廉。

(二)增加了股份收购的兜底条款

该规定体现在2018年《公司法》第一百四十二条第一款第(六)项当中,强调在"上市公司为维护公司价值及股东权益所必需"的情形可以做出股份回购的决定。此规定具有重要的功能,其实质是将公司股份回购由"原则禁止,例外允许"变成了"原则禁止,实质允许"的立法规制模式,因为根据此规定,究竟是否可以进行公司回购,应当根据公司自身价值以及股东权益的保护而进行,但是这种情形究竟如何判断,法律并未予以直接明确的规定,而是把权利留给了公司自己。这是对公司自治理念的充分体现,实质上是将公司股份回购情形的扩展权交给了公司自己,是一个典型的法定回购情形的兜底条款。

二、对股份回购决策程序的简化

2018 年《公司法》对股份回购制度修正的另一个重要内容就是对股份回购决策程序的简化,该规定主要体现在 2018 年《公司法》第一百四十二条第二款当中,这有利于提高股份回购的实施效率。第一百四十二条第二款是通过分类决策程序对此进行的规定:第一,对于第一百四十二条第一款中所规定的前两项法定回购情形即注册资本的减少与公司的合并情形,必须由股东大会加以通过。因为公司注册资本的减少以及合并情形对公司影响巨大,甚至关涉公司独立人格的具备与否,因此关系全体股东以及债权人利益,所以此次修法依然将决策权留给了公司股东大会。第二,对于第一百四十二条第一款中所规定的后几种情形则是规定可以由公司章程或者股东大会授权给公司董事会决定,经三分之二以上董事出席的董事会会议表决通过即可。这些可由董事会决定的情形包括:将股份用于员工持股计划或者股权激励的情形;对公司合并、分立决议持异议的股东要求公司回购其股份的情形;将回购股份用于发行可转换债券的情形。这种规定实际上是将决策权间接赋予了公司董事会,而公司董事会的召集程序、成本以及决策的效率都远远优于公司股东大会,这样可以更加灵活有效地促进股份回购制度的实施。

三、对公司持有回购股份时间的延长

2018 年《公司法》对公司回购股份的持有时间做出了延长,当然并不是全部回购股份都能得到持有时间的延长,只有第一百四十二条第一款中所规定的第(三)项、第(五)项、第(六)项下的具体情形才适用。

(一)对用于"员工持股计划或者股权激励"收购股份持有时间的延长

2005 年《公司法》第一百四十三条第三款规定,将股份奖励给本公司职工而进行股份回购的,应当在股份回购后 1 年之内转让给员工。2018 年《公司法》第一百四十二条第三款则规定对用于"员工持股计划或者股权激励"收购的股份应当在 3 年内转让或者注销。时间的延长是为了更好地实施员工持股计划以及股权激励政策,因为在 1 年的时间内难以反映公司员工的经营业绩,员工对公司经营效益的改变可能需要较长的时间才能反映出来,所以 3 年的时间规定是比较科学的。

（二）对用于"转换上市公司发行的可转换为股票的公司债券"回购股份持有时间的规定

用于转换上市公司发行的可转换债券公司可以回购股份，这是 2018 年《公司法》修正拓展的法定回购事由，对这种回购，此次修法并未沿用 2005 年《公司法》的时间规制逻辑，而是直接规定了 3 年内转让或者注销。也就是说给予了公司对用于"转换上市公司发行的可转换为股票的公司债券"而回购股份的较长持有时间，这有助于公司更好地发行可转换债券，因为 3 年的时间意味着债券持有人选择权的行使更加富有弹性，其可以根据公司长期经营状况，做出更加有利的选择。

（三）对用于"上市公司为维护公司价值及股东权益所必需"而回购股份的时间规定

如果出于"维护公司价值及股东权益"的需要，上市公司可以回购股份，这是 2018 年《公司法》改革中拓展的回购事由，充分体现着公司自治理念。因为这是出于对公司价值的维护以及保护公司股东权益的需要，因此应该对股份持有时间做出较长的规定，而具体转售或注销的时间则由公司在法定时间内根据自身经营状况与证券市场行情做出合理决策，这有助于提振投资者对公司股票价值的信心，有助于公司长远发展战略的实现。所以，本次公司法改革将此种情形下的股份回购持有时间规定为 3 年，如果公司持有股份时间过短，然后必须注销或者转让，可能会对公司股份价格产生消极影响，不利于保护公司利益。

四、对公司回购股份比例的提升

2005 年《公司法》第一百四十三条第三款规定公司用于奖励职工，其股份回购 比例不得超过公司已发行股份总额的 5%，这个比例限制在于防止公司的股份回购行为冲击到公司资本维持原则，以更好地保护公司资产的安全，这也有助于保护中小股东与债权人的利益。2018 年《公司法》第一百四十二条第三款则将这一比例提升到了 10%，这也是与股份回购法定情形相联系的。因为 2005 年《公司法》第一百四十三条只是原则性地规定了奖励职工的法定情形，并未明确规定员工持股计划以及股权激励情形，而作为公司治理重要路径的员工持股计划与股权激励的行使则可能对公司股份有着较大数额的需求，5% 的上限可能难以满足其需要，因此有必要对这一数额的上限做出提升。2018 年《公司法》第一百四十二条第三款对 10％比例的规定并不会对公司资产结构造成重大影响,同时又能够使得公司储备相对充足的股份,进而满足公司员工持股计划或者股权激励的实施。

五、对股份回购资金来源限制的取消

2018 年《公司法》第一百四十二条第一款第(三)项即"将股份用于员工持股计划或者股权激励"的规定源于 2005 年《公司法》第一百四十三条第一款第(三)项即"将股份奖励给本公司职工"的规定,但是根据后者规定,如果股份回购是为了"将股份奖励给本公司职工",那么回购资金来源必须限制于公司税后利润,而 2018 年《公司法》股份回购制度改革则取消了这一规定,"消除了《公司法》在股份回购资金来源方面的唯一限制"[①]。对股份回购资金来源限制的取消无疑有助于提高公司股份回购的便利性与效率,进而更好地实施员工持股计划或者进行股权激励,从而更好地激发公司员工的积极性,提升人力资源效率,促进公司发展。但是,股份回购资金来源限制是为了更好地贯彻资本维持原则,防止公司股份回购行为侵蚀公司资本、削弱公司的清偿能力,进而更好地保护债权人利益,而"2018年《公司法》修改取消股份回购资金来源限制后,股份公司可以通过回购股份向股东返还财产,同时规避利润分配规则与减资规则,导致了债权人保护的法律漏洞"[②]。因此,股份回购资金来源限制的取消需要配套性措施的跟进,以更好地保护债权人利益。

六、公司信息披露义务的强化

信息披露是保护投资者的一个基本原则,其目的在于保障公司信息的公开,通过信息公开保障广大投资者对公司信息的知情权,进而根据自己或者专业机构的分析判断进行投资交易。所以,为了更好地保护公司股份回购的公开与公正,2018 年《公司法》改革强化了股份回购的信息披露义务,该法第一百四十二条第四款要求"上市公司收购本公司股份的,应当依照《中华人民共和国证券法》的规定履行信息披露义务",而《证券法》第八十条则明确规定了上市公司就可能对股票价格产生较大影响事件的公告

---

① 张保华:《债权人保护:股份回购资金来源限制的法律漏洞及其填补》,《证券市场导报》2020年第 5 期,第 64 页。

② 张保华:《债权人保护:股份回购资金来源限制的法律漏洞及其填补》,《证券市场导报》2020年第 5 期,第 64 页。

义务。显然,这一规定"将《证券法》信息披露规则视为《公司法》第一百四十二条的'外源型'条款"①,通过信息披露强化了对股份回购行为合法性的监管,从而有助于防止大股东滥用公司控制权,利用内幕信息进行利用股份回购交易,进而更好地保护公司中小股东权益。尽管《证券法》对信息披露的规制主要服务于中小股东,以有助于中小股东对股份回购行为做出科学的判断,但是债权人也可以从上述信息披露规制中受益,因为债权人可以借助公告信息去了解掌握公司的相关财务动态,进而决定是否与该公司进行商事交易或者是否对已有交易采取相关救济措施,因此信息披露对债权人而言也具有重要的价值。总之,因为公司控制权在公司大股东以及董事等高级管理人员手中,所以对于公司股份回购的时间、数量、价格以及公司未来的发展状况,他们都掌握着充分的信息,对公司股份回购行为的利弊也更加了解,因而也极易借机从事机会主义行为,变相向控制股东或其他特定股东输送财产,不仅会损害中小股东权益,也会影响公司的清偿能力。因此,强化信息披露有助于中小股东和债权人对股份回购行为的监督,进而更好地保护自己的合法权益。

第五节　系统论范式下我国公司资本规制体系的问题检视

不可否认,我国公司资本规制立法历经多年的发展,已经取得了重要的进展,以公司法与破产法为中心,形成了公司资本规制的基本体系架构,无论是公司法对公司设立阶段资本形成规制与经营阶段资本流转规制的规范,还是破产法对公司破产阶段资本退出规制的规范,都在实践当中取得了比较显著的成效,对公司债权人利益也发挥了重要的保护功能。但是,我们仍然需要冷静而客观地运用系统论范式审视当前的公司资本规制体系架构,而"系统论方法是从事物的整体出发来认识各个部分的性质,它一般沿着从宏观到微观的方向来考察事物整体与部分之间的相关性"②。所以,我们应以系统论范式为指引,对其过往改革路径进行宏观检视,以明晰其在改革中存在的宏观问题,同时还应对其具体制度架构进行微观检视,以明晰其在具体制度架构中存在的技术不足,以期从宏观改革方向与

---

①　叶林:《股份有限公司回购股份的规则评析》,《法律适用》2019 年第 1 期,第 62 页。
②　甘润远:《经济体系"微观—中观—宏观"层次中的分形结构》,《演化与创新经济学评论》2020 年第 1 期,第 49 页。

微观制度设计这两个方面，为进一步推进我国公司资本规制立法的完善做出新的探究。

一、宏观问题检视：公司资本规制体系整体改革路径存在的问题

对公司资本规制改革路径进行宏观问题检视，意在从改革的整体路径来解释当前资本规制立法中存在的不足，因为宏观法学问题分析"立足宏大，整体角度"[①]，着重对"一般体系问题"[②]进行分析，因此针对我国公司资本规制改革的宏观问题检视有助于发现公司资本规制立法改革进程中的体系性问题，而体系性问题又是科学推进微观制度发展的重要基础，因为"离开宏观视野，微观制度就会丧失准星"[③]。总体而言，我国公司法关于资本规制改革的宏观路径主要存在以下问题。

（一）强化资本形成规制改革，弱化资本流转、退出规制改革

我国公司资本规制制度的改革完全以设立阶段的资本形成制度为核心，无论是 2005 年对严格法定资本制度的缓和，还是 2013 年对认缴资本制的确立，改革的重心都在于资本形成制度，其目的都在于降低公司进入门槛、提高公司制度运行效率、促进经济发展，当然 2013 年公司资本规制改革还有另一层作用就是促进政府行政体制改革，并且也正是基于后者的需要强化了对认缴资本制的确立进程。2013 年认缴资本制的确立取消了法定最低注册资本数额要求，同时放松了股东出资的方式与缴付期限等相关限制，极大地缓和了对公司设立阶段形成的行政管制，但并未给予公司经营阶段资本流转规制以及破产阶段资本退出规制以应有的关注。尽管早在 2005 年《公司法》改革中就引入了公司法人人格否认制度，强化了对公司债权人的事后司法救济，但是该制度至今未获得有效的推进，原则性强、操作性差的问题并未得到根本解决。此外，2005 年《公司法》改革中虽然也确立了公司董事等高级管理人员的信义义务制度，以更好地约束董事等公司经营管理者的资本处置行为，更好地预防公司资产遭受不当侵蚀，但是上述信义义务是否可以直接适用于公司债权人？如果适用于债权人，其具体履行的判断标准如何规范？违反信义义务的法律责任如何设计？这些问题都悬而未解，严重制约着公司经营阶段的资本规制效果。2006

---

① 张平华：《重视宏观法学研究》，《中国社会科学报》2016 年 9 月 7 日。

② 张平华：《重视宏观法学研究》，《中国社会科学报》2016 年 9 月 7 日。

③ 张平华：《重视宏观法学研究》，《中国社会科学报》2016 年 9 月 7 日。

年《破产法》则将重点放在了破产程序的完善上，突出对重整程序以及破产管理人制度的构建，虽然也以"破产撤销行为"与"破产无效行为"为中心进一步推进了对破产欺诈行为的规制，但是对破产欺诈行为的规制并不严密，破产逃债行为依然严重，亟须完善相关制度的技术设计。正如有学者指出的，就公司债权人保护而言，"如何运用《破产法》上的董事责任制度、破产欺诈制度"依然是当前债权人保护亟须面对的重要问题。① 简而言之，当前公司资本规制体系并不完备，公司资本规制改革过于关注公司设立阶段的资本形成规制，对公司经营阶段的资本流转规制以及破产阶段的资本退出规制关注不足，这种改革的体系性缺失严重影响着对公司债权人的保护效果。

（二）强化事前资本规制改革，弱化事后资本规制改革

中国公司法形成阶段的资本规制主要是一种事前规制，无论是最低注册资本数额要求、出资形式控制制度、出资时间限制制度以及强制验资制度等设立阶段资本形成规制，还是禁止股份折价发行制度、严格限制转投资制度以及股份回购的原则性禁止制度等经营阶段资本流转规制，都是一种事前规制，其意在通过事前的资本保障制度构建公司运行的物质基础，并强制性的保障债权人的债权安全。但是，"就性质而言，公司法是一种法定标准形式的契约"②，而要"通过事前的契约条款去充分遏制股东潜在的事后机会主义行为几乎是不可能的"③。所以，许多国家侧重对公司资本运行的事后规制。例如，法定最低注册资本制度作为一种事前规制措施其适用并不具有普遍性，"有些国家并未采取法定最低资本规则，而是采用事后规制措施作为替代性机制"④。我国公司法的资本规制改革将重点放在对事前资本规制的缓和上，2005 年降低最低注册资本数额、放松股东出资形式限制、确立分期缴付制、缓和转投资以及股份回购限制等无不体现出对事前资本规制改革的贯彻，2013 年认缴资本制的确立则更加表明了对事前资本规制改革的坚决性与彻底性。但是，公司资本运行事前规制的放松应与事后规制的强化协同进行，事后规制的强化应当作为事前规制弱化

---

① 参见邹海林、陈洁：《公司资本制度的现代化》，社会科学文献出版社 2014 年版，第 151 页。
② Melvin Aron Eisenberg, The Structure of Corporation Law, 89Columbia Law Review, 1468 (1989).
③ Melvin Aron Eisenberg, The Structure of Corporation Law, 89Columbia Law Review, 1465 (1989).
④ Francisco Soares Machado, Effective Creditor Protection in Private Companies: Mandatory Minimum Capital Rules or Ex Post Mechanisms?, https://ssrn.com/abstract=1568731.

的替代性机制,然而这一点在我国公司资本规制改革进程中并未得到有效实现。公司法人人格否认制度的低效率、董事对债权人信义义务制度的缺失、公司信息披露制度的不足、专门性欺诈性转让规制的缺失以及破产欺诈行为规制的缺失等都凸显着事后规制改革的滞后,而这些事后救济措施对矫正资本弱化行为、保护公司债权人利益具有不可忽视的价值。例如,作为一种事后资本运行规制措施,专门的欺诈交易法律规制在美国立法体系中发挥着重要作用,Barry E. Adler 教授与 Marcel Kahan 教授就通过对比方式对其事后救济功能给予了高度肯定:"为了实施揭开公司面纱制度以让股东对公司债务负责,一般情形下,债权人需要去证明股东控制了公司,并且证明股东通过欺诈或者其他错误行为攫取了公司利益。比较而言,针对公司股东欺诈交易行为的矫正就不需要债权人证明股东对公司的控制以及其从事了欺诈或者其他错误的行为。"[1]显而易见,针对欺诈交易行为的专门规制降低了债权人对资本弱化行为事后救济的技术难度。

(三)强化资本行政管制改革,弱化资本司法规制改革

弱化资本运行的行政管制是我国公司资本规制体系改革进程中最为鲜明的特色,无论是 2005 年《公司法》对降低法定最低注册资本数额以及确立分期缴付制的改革,还是 2013 年《公司法》对认缴资本制的确立,弱化行政管制都是立法改革的中心,其核心目的在于减少资本运行的行政干预、提升公司制度运行效率,但是改革的过程并不平衡,在行政管制逐步弱化的同时,司法规制并未得到应有的强化。尽管 2005 年《公司法》引入了公司法人人格否认制度,但是"关于该制度的规定过于原则并且受制于其实施范围、实施理念以及司法体制等相关因素,其实践效果并不理想"[2]。虽然 2010 年通过的《最高人民法院关于适用〈中华人民共和国公司法〉若干问题的规定(三)》强化了债权人对股东出资的司法规制,但是也只是针对公司设立阶段出资的规制,并未对经营阶段资本流转行为的司法规制做出规定。2006 年《破产法》虽然以"破产撤销行为"与"破产无效行为"为中心强化了对破产阶段资本欺诈行为的诉讼规制,然而该制度架构距离规制破产欺诈的需要仍存在较大距离,尽管其后最高人民法院发布了相关司法解释,进一步推进了针对破产欺诈行为的诉讼救济,例如,2009 年发布的

---

① Barry E. Adler, Marcel Kahan, Technology of Creditor Protection, 161University of Pennsylvania Law Review, 1788-1789(2013).

② 赵树文:《美国〈统一欺诈转让法〉〉对公司债权人保护之借鉴》,《社会科学》2013 年第 2 期,第 96 页。

《最高人民法院关于正确审理企业破产案件为维护市场经济秩序通过司法保障若干问题的意见》第 16 条就明确强调了债权人对"有限责任公司股东、股份有限公司董事、控股股东，以及实际控制人等清算义务人"的诉讼权利①，但是对破产欺诈行为的司法救济仍需强化。总体而言，相对于公司资本规制运行行政管制的不断弱化，针对公司资本规制运行的司法规制明显跟进不足，司法规制的推进难以应对行政管制弱化对资本运行规制的弱化效应。因此，强化对公司资本运行的司法规制也成为当前学界的共识，例如胡田野教授指出，在 2013 年《公司法》确立认缴资本制后，强化诉讼救济是推进债权人保护的一个重要路径，而"诉讼性保护路径，不仅仅是指揭开公司面纱，也包括前述债权人要求董事高管承担补充赔偿责任诉讼等"②。

（四）强化公司法制度改革，弱化公司法外制度协同性改革

"公司制度是建立在与外部'域'的均衡之上的，外部'域'不同，公司法律制度与体系就不同。公司规则与外部'域'的规则之间，不可避免地存在着替代性。也就是说，在美国公司制度下的某个规则体系的功能目标，在其他国家可能由其他规则来替代，或者是公司法本身的其他规则，或者是公司法之外的其他规则。在公司制度现代化过程中，公司之上权利结构关系的建立，必须考虑到这个替代性。"③这种"替代性"在公司资本规制体系当中有着鲜明的体现，因为公司资本规制制度的构成非常广泛，其不仅仅限于公司法，合同法、破产法等相关法律同样发挥着极其重要的作用，并且公司法与它们之间也存在着紧密的关联性与替代性。例如，契约对债权人的保护得到了高度的认可，John Armour 教授认为，公司法就是对以市场为导向的合同法的支持与强化④；Richard A. Posner 教授认为，债权人能够通过契约获得足够高的利率⑤；G. Mitu Gulati 教授则认为：债权人能够通过契约控制作为交易相对人的公司⑥；Barry E. Adler 教授与 Marcel

---

① 具体内容参见《最高人民法院关于正确审理企业破产案件为维护市场经济秩序通过司法保障若干问题的意见》第 16 条。

② 胡田野：《公司资本制度变革后的债权人保护路径》，《法律适用》2014 年第 7 期，第 39 页。

③ 曹兴权：《公司法的现代化：方法与制度》，法律出版社 2007 年版，第 222-223 页。

④ John Armour, Share Capital, Creditor Protection: Efficient Rules for a Modem Company Law, 63 The Modern Law Review, p356(2000).

⑤ see Richard A. Posner, The Rights of Creditors of Affiliated Corporations, 43The University of Chicago Law Review, 504(1976).

⑥ see G. Mitu Gulati, William A. Klein, Eric M. Zolt, Connected Contracts, 47UCLA Law Review, 926(200).

Kahan 教授则指出,美国公司债权人主要是依赖契约而不是法定资本规则而获得保护的[①]。此外,有学者高度评价了破产法对公司资本规制的重要作用,例如,Michael Schillig 教授认为,当公司无法为其即将到期的债务提供充分的现金流时,应当实现由公司治理向破产治理的过渡,并明确指出"由公司治理走向破产治理有助于防止公司股东或者管理者的机会主义行为,同时有助于防止个别债权人对公司财产的控制"[②]。因为"破产法提供了一种治理机制,包括债权人代表、债权人谈判以及在重组或清算程序中违反财产分配义务的规则,还有对最重要议题的司法监督"[③]。但是,纵观中国公司法发展历史,其改革是单向的、孤立的,只注重针对公司法条文的规定进行改革,是纯粹的"法典修正式改革",并未有效地处理公司法与合同法、证券法以及破产法的协同化推进问题,尤其是公司法与破产法之间的协同性尤为滞后,这无疑严重影响着公司资本规制体系构建的严密性,严重影响着公司债权人利益的保护。

二、微观问题检视:公司资本规制体系内部具体制度构成存在的问题

如果说对宏观问题检视重在揭示公司资本规制改革的体系性问题,是对公司资本规制整体改革路径的阐释,那么微观问题检视则是要对这种宏观路径下的具体制度进行反思,因为公司资本规制最终的实现,依靠的是具体制度,没有科学、健全的具体制度做支撑,再好的宏观改革路径也难以付诸实施。所以,我们有必要在对我国公司资本规制改革宏观路径进行检视的同时,更加翔实地检视其微观制度架构,以期在未来确定良好宏观改革路径的同时,进一步推进微观制度的完善。

(一)公司设立阶段资本形成制度架构的问题

1.债权人对公司资本性信息知情权的缺失

信息是债权人做出决策的基础,无论是银行还是供应商,在决定是否

---

① Barry E. Adler, Marcel Kahan, Technology of Creditor Protection, 161University of Pennsylvania Law Review, 1778(2013).

② Michael Schillig, The Transition from Corporate Governance to Bankruptcy Governance - Convergence of German and US Law, 7 European Company and Financial Law Review, 156 (2010).

③ Michael Schillig, The Transition from Corporate Governance to Bankruptcy Governance - Convergence of German and US Law, 7 European Company and Financial Law Review, 122 (2010).

与合同相对方进行交易时必须首先对其财务信息进行必要的了解,"那些提供借贷或者扩展信用的债权人能够从债务人可靠的财务信息中受益,这一点是显而易见的"①。公司设立阶段最重要的财务信息就是资本性信息,债权人对公司资本性信息的知情权是债权人做出决策的重要支撑,掌握充分的资本性信息,有助于债权人对公司的初始信用能力做出科学的判断,进而决定是否与其进行交易。

所以,债权人对设立阶段公司资本性信息知情权的实现尤其重要。但是当前公司法改革并未对债权人的信息知情权做出完善的保护,根据2018 年《公司法》以及《中华人民共和国公司登记管理条例》规定,公司设立时只需登记其认缴出资额就可以了,不必公示其实缴出资,2014 年国务院发布的《企业信息公示暂行条例》虽然推进了对实缴资本信息公示的规定,但是也存在着明显的问题,例如该条例第九条规定,企业应当在下一年度公示其年度信息报告,该报告中包含股东实缴出资,但是这已经是公司经营的下一年度了,已经进入了公司的经营阶段,显然具有明显的滞后性。该条例第十条规定实缴资本应当自形成之日起 20 个工作日内加以公示,但是形成之日如何确定又是一个十分模糊的问题。此外,非货币出资信息的公示、待缴出资信息的公示、公司董事等高级管理者对公示信息的义务与责任都缺乏明确的规制,非货币出资的具体形式以及出资比例对公司资本结构有着重要影响,同样,待缴出资的形式、数额等也同样影响着公司资本结构,进而影响着公司资本的质量,而董事等高级管理人员的义务与责任则直接关系到公示信息的准确性与及时性。显然,上述立法规制的不足严重制约着公司设立阶段信息公示的质量与效率,严重影响着公司设立阶段债权人的信息知情权难以有效实现,急待改进。

2.股东非现金出资估值规制制度的缺失

认缴资本制下公司出资方式不仅多元化,而且取消了现金出资比例限制,因此非现金出资可能在公司注册资本中占据主要构成部分,但是非现金出资应当作价估值,2018 年《公司法》第二十七条对此也有着原则性的规定,无论是实物、知识产权、土地使用权,还是股权,都最终必须以货币估值,最终实现价值现金化衡量。显然估值制度有助于确保股东出资的真实

---

① Hanno Merkt, Creditor Protection Through Mandatory Disclosure, 7European Business Organization Law Review, 97(2006).

性①,然而"对股东出资方式与作价的监管长久以来困扰着公司法资本制度的实践"②。估值的资本数额并不一定与其实际市场价值相吻合,有时甚至是估价过高,这必将导致公司注册资本数额与其出资实际价值的严重背离,导致其资本信用的虚化,也正是基于此考量,当前《公司法》在确立资本认缴制的同时,依然保留着关于股东对非货币出资不足的填补责任。但是填补责任的实施也需要对非现金出资价值进行准确的判断也需要以科学的估值技术为基础,唯有如此,才能判断非现金出资作价的公平与否,进而决定是否追究股东的填补责任。但是,我国《公司法》当前并未确立估值规制制度,实践当中可能是股东之间协商确定,也可能是通过评估机构等第三方中介进行确定,然而当前商业信用严重缺失,股东协议虚假估值不可避免,同时股东与第三方恶意抬高估值价格的情况也屡见不鲜,因此当前对股东非现金出资估值规制制度依然缺失。

3.公司设立时股东出资催缴规制制度的缺失

尽管认缴资本制下,股东的初始出资可以为零,但是许多公司股东都会约定在公司成立之时缴付出资,因为这是公司初始经营所必须满足的条件,"任何公司的营运都需要一定的运营资产"③,如果公司初始资本为零,必然会影响公司的经营。同时,许多公司股东会约定较高的初始资本数额,以彰显公司的信用能力。但是,对于约定的初始出资未必就如期缴纳,可能会出现延迟缴纳情形,从而出现与公司章程约定相悖的情形,从而使债权人的对公司初始信用能力的判断失真。因此,为了促使股东在公司设立时及时的缴纳出资,2018年《公司法》第二十八条、第八十三条与第九十三条对此做出了规定,分别强调有限责任公司的股东、发起设立的股份有限责任公司的发起人以及募集设立的股份有限责任公司的发起人应当公司章程中规定如期缴纳出资,但是并未规定如果延期出资的话,由谁进行催缴。同样,尽管《最高人民法院〈关于适用《中华人民共和国公司法》若干问题的规定(三)》分别在第十三条与第十九条规定了公司对股东认缴出资的催缴义务,但是如果该股东约定在公司设立时出资,但是未及时履行该出资义务,究竟由谁进行催缴,该司法解释文件并未明确规定,因此也就无

---

① see John Armour, Share Capital and Creditor Protection: Efficient Rules for a Modern Company Law, 63Modern Law Review, 364(2000).

② 刘燕:《公司法资本规制改革的逻辑与路径》,《法学研究》2014年第5期,第43页。

③ 蒋大兴:《"合同法"的局限:资本认缴制下的责任约束——股东私人出资承诺之公开履行》,《现代法学》2015年第5期,第40页。

法规定公司没有及时催缴股东出资的法律责任。所以，显然，为了使得公司在其成立之时，使其实收资本与公司章程约定的股东出资相吻合，进而保证初始资本的真实性，以更好地保护债权人的信赖利益，有必要推进对公司设立时股东出资催缴义务的履行。

4. 虚报注册资本与虚假出资规制制度的缺失①

在公司法确立认缴资本制后，部分学者以及实务界人士认为虚报注册资本、虚假出资以及抽逃出资（关于抽逃出资，主要是发生在公司设立之后，因此将在下文"公司经营阶段资本流转制度架构的问题"中阐述）已经没有存在的必要性，并为之进行了详细论证，特别是在 2014 年全国人大做出关于虚报注册资本罪、虚假出资罪以及抽逃出资罪的除罪化解释后，关于虚报注册资本以及虚假出资行为存题的争论更加激烈。但是有许多学者对此保持了冷静而理性的认识，强调在认缴资本制下虚报注册资本以及虚假出资行为会依然存在，并未伴随着认缴资本制的确立而彻底消失，认缴资本制"并不免除资本之下的股东出资义务和出资责任，虚报注册资本、虚假出资和抽逃出资仍然是《公司法》当然禁止的违法行为"②。虚报注册资本应当包括虚报实缴资本与虚报认缴资本，后者则是资本认缴制下的资本违法行为，该行为将会将使得债权人难以获得注册资本范围内的出资保障，尽管 2018 年《公司法》第一百九十八条规定了对该行为的行政处罚措施，但是并未规定虚报注册资本行为的民事责任，因为对债权人而言，民事责任更具现实意义，而民事责任的缺失也在相当程度上反向激励着公司的虚假申报行为。虚假出资行为依然严峻，"虚假出资和抽逃出资行为对应的是实缴资本"③，在认缴资本制下企业的设立依然会有实缴资本的存在，而且许多企业可能为了获得更好的市场评价而申报较大数额的实缴资本，

---

① 这里需要做出如下说明：一般的研究都是将虚报注册资本、虚假出资与抽逃出资放在一起分析，但是本书认为虚报注册资本发生于公司设立阶段，虚假出资则主要发生于公司设立阶段（增资时则发生于公司经营阶段），抽逃出资则主要发生于公司经营阶段，因为这里是对公司设立阶段资本规制问题的分析，所以重点讲述的是虚报注册资本与虚假出资（当然经营阶段的虚假出资可以参照适用），而将抽逃出资留在公司经营阶段的资本规制问题中介绍。关于抽逃出资的这种阶段性特征，北京大学刘燕教授做出了清晰的说明："抽逃出资发生在公司成立之后的持续经营期间。因此，那些在公司设立时或股东出资环节先转入资金旋即撤回的行为，就属于股东虚假出资而非抽逃出资。"具体参见刘燕：《重构"禁止抽逃出资"规则的公司法理基础》，《中国法学》2015 年第 4 期，第 197 页。

② 赵旭东：《认缴资本制下的股东有限责任——兼论虚报资本、虚假出资和抽逃出资行为的认定》，《法律适用》2014 年第 11 期，第 16 页。

③ 赵旭东：《认缴资本制下的股东有限责任——兼论虚报资本、虚假出资和抽逃出资行为的认定》，《法律适用》2014 年第 11 期，第 18 页。

而实缴资本不仅标示着股东出资义务的实际履行,而且标示着公司的实际财产状况,实缴资本数额比例越大其资本信用越强,股东出资中机会主义行为相对越小,也就能够给予债权人决策更有力的支撑。但是,如果股东虚假出资,必然虚置了公司现实的偿还能力,给债权人商事交易决策造成严重误判,增大债权人的商事决策风险。

5. 股东出资期限规制制度的缺失①

在认缴资本制下,股东出资缴纳时间由股东协商确定,立法并未规定缴纳时间的截止期限,这在实践当中形成了股东出资时间设置的任意性问题,其中一个突出表现就是许多公司股东承诺出资期限过长,有些股东承诺出资期限长至几十年甚至上百年②,如此长的出资期限虽然符合认缴资本制下股东出资意思自治的基本逻辑,但也埋下了违反合同法诚实信用原则以及商法商事效益原则的诱因。因为尽管股东出资意思自治,股东之间可以根据出资协议约定具体出资时间,这也是合同法上契约自由原则的重要体现,但是合同法上契约自由原则并不是绝对的,契约自由不应当违背诚实信用原则。股东出资契约的履行时间不应无限制地放长,因为股东出资协议不仅具有民事契约属性,也有商事契约属性,在公司法视阈下,股东出资契约必然具有组织性与效率性,"过长的履行期限不符合此种交易效率精神,在通常情况下,股东履行其出资的期限不应长于公司存续之期限、不应长于自然人的一般生命周期"③。然而,当前对于如何规制股东出资期限过长问题却没有一个完善的制度支持,虽然 2006 年《破产法》第三十五条规定了在破产程序中债务人出资履行义务不受出资期限的限制④,但只发生于破产程序,如果公司尚未进入破产程序,为了保护债权人利益,是否应当出资加速到期,则缺乏具体的规定,而且学界也存在较大争议。

---

① 本书最后一章即第九章"系统论范式下我国公司资本规制体系修正的微观制度实现路径"将对此问题进行回应,但是本书将回应措施放置于该章第二节"公司经营阶段资本流转制度架构的具体推进"中进行说明,因为尽管问题出在公司设立阶段,但是出资的缴付应当在公司经营阶段实现,所以本书将通过公司经营阶段"股东出资加速到期制度的建构"来回应这一问题,而不是在第九章第一节"公司设立阶段资本形成制度架构的具体推进"中回应。

② 参见国务院办公厅秘书一局:《注册资本登记制度改革实施满月成效初显:一些新情况新问题亟待重视解决》,2014 年 4 月 4 日。

③ 蒋大兴:《"合同法"的局限:资本认缴制下的责任约束——股东私人出资承诺之公开履行》,《现代法学》2015 年第 5 期,第 40 页。

④ 参见《破产法》第三十五条:"人民法院受理破产申请后,债务人的出资人尚未完全履行出资义务的,管理人应当要求该出资人缴纳所认缴的出资,而不受出资期限的限制。"

(二)公司经营阶段资本流转制度架构的问题

1. 债权人对公司资产信息知情权的缺失

公司进入经营阶段之后,公司资本必然发生变化,无论是盈利还是亏损,公司设立阶段的实缴资本数额必然发生改变,因此此时公司资本已经变成公司资产,而公司资产信息则是债权人在公司经营阶段知情权的核心,只有及时了解公司资产动态变化的信息,才能准确及时了解公司的偿还能力,才能科学地做出商事交易决策以及采取维权救济措施。"在与预期债务人进行交易之时,所有的债权人都要以非常高效的方式执行筛选过程,以确定债务人是否值得交易。而且通过持续的债务合同,债权人能够定期评估债务的信用能力,并据此决定是否采取纠正措施。"[1]例如,"当债权人向公司提供贷款之时,他可以通过分析那些有约束力的财务数字(净资产与公司资本数额),并在此基础上为其贷款定价"[2]。"因此,公司应当向各种债权人尽可能地提供各种财务信息。"[3]但是,2018 年《公司法》并未赋予债权人对公司财务信息的知情权,债权人只有通过上市公司的年度、半年度以及重大事件临时报告了解相关信息,对于非上市股份有限公司则只能通过其年度财务报告了解相关信息,而有限责任公司甚至无须公开其年度财务报告。尽管国务院 2014 年发布的《企业信息公示暂行条例》第九条规定了企业的年度信息公示要求,但是相关公示内容的全面性、准确性与精细性仍存在较大问题,"年报公示制度可以为市场交易者带来的信息效用仍相对有限"[4]。因此,债权人对公司经营阶段的信息知情权难以实现。

2. 股东认缴出资加速到期制度的缺失

股东出资期限过长是资本认缴制下影响债权人利益保护的一个重要问题,当股东约定了过长的出资期限,但是其债务到期时无偿还能力,同时又没有达到其履行认缴出资义务的具体期限,此时是否能够适用加速到期制度,2018 年《公司法》并未给予规定。根据 2018 年《公司法》的具体规定,法院在判决中很难直接适用股东认缴出资加速到期制度,而且在当前

---

[1]　L. C. B. Gower, P. L. Davies, Principles of Modern Company Law, Sweet & Maxwell, 2003, p 531.

[2]　John Armour, Legal Capital: an Outdated Concept?, 23 European Business Organization Law Review, 12(2006).

[3]　Hanno Merkt, Creditor Protection Through Mandatory Disclosure, 7 European Business Organization Law Review, 97(2006).

[4]　赵渊、陈茜:《法经济学视角下企业年报公示制度评析》,《学术探索》2014 年第 11 期,第 37 页。

的司法实践当中也存在着广泛的争议。例如，在 2015 年上海市普陀区法院审理的"上海香通国际贸易有限公司诉上海昊跃投资管理有限公司等"一案中，法院支持了原告要求被告股东履行出资加速到期义务的诉求；而在 2014 年江苏泰州高新区法院审理的"吴红兵诉冠星公司等委托合同纠纷案"中，泰州高新区法院与泰州市中级人民法院则否决了在非破产情形下原告债权人要求被告股东履行出资加速到期义务的诉求。但是"投资人在确定认缴资本的期限时，应当善意地行使订约权利"①，如果脱离自己的出资能力，故意设置过长的出资期限，必然违反了诚实信用原则，而且出资是一种商事行为，所预设的出资期限应当是最终出资期限，股东可以在该期限之前完成出资义务，如果公司与债权人进行交易之时的资产状况难以偿还债权，债权人就有理由要求股东履行加速到期出资义务，否则就有欺诈之嫌。因此，公司法应当对股东认缴出资加速到期制度做出明确规制。

3. 公司法人人格否认制度具体架构的缺失

公司法人人格否认制度对于债权人的保护发挥着重要作用，在公司法的制度体系架构中也具有重要的位置，甚至有学者将其称为"公司法中最重要的诉讼制度"②。我国 2005 年《公司法》修订之时引进了该制度，其对规制控股股东滥用公司控制权进而逃避债务的机会主义行为具有重要的救济与威慑功能。当公司股东约定了过长的出资期限，或者利用较少的实收资本进行不对称的商事交易，结果却无法偿还债权人债权，那么此时公司的交易就是不公平的，是非正义的，而"公司人格否认制度作为有限责任制度的例外情形其目的在于防止非正义行为的发生"③。因此，许多学者主张认缴资本制下应当强化公司法人人格否认制度的适用，这对于遏制资本认缴制下的机会主义行为具有重要的作用，但是"公司法人人格否认制度长期以来面对的一个重大挑战就是该制度的可预测性"④。例如，资本不足被认为是适用公司法人人格否认制度一个重要情形，甚至"Ballantine

---

① 蒋大兴：《"合同法"的局限：资本认缴制下的责任约束——股东私人出资承诺之公开履行》，《现代法学》2015 年第 5 期，第 40 页。

② David K. Millon, Piercing the Corporate Veil, Financial Responsibility, and the Limits of Limited Liability, 56Emory Law Journal, 1307(2007).

③ see John Dewey, The Historic Background of Corporate Legal Personality, 35 The Yale Law Journal, 655 (1926).

④ see Marc T. Moore, "A Temple Built on Faulty Foundations": Piercing the Corporate Veil and the Legacy of Salomon v. Salomon, 2006 J. Bus. L. 180, 180-181 (noting the conceptual problems underlying the current application of the corporate veil doctrine and recommending a more workable interpretation).

教授早在40多年之前就曾经做出论断：如果一个公司，试图在没有为公司债权人提供充分的资本作为责任基础的情形下，从事公司商业活动，这就是对公司独立人格的滥用，不能免除股东对公司债务的个人责任"①。但是，究竟什么是资本不足，我国《公司法》并未对此做出说明，这便对相关案件的司法裁判造成了困扰。因此，虽然我国《公司法》在2005年就以成文法的形式对其做出了规制，但是可操作性差，实施该制度的具体条件未能在立法当中得以展现，因此该制度难以有效应对资本认缴制下的机会主义行为。

4.股东抽逃出资规制的缺失

与虚报注册资本、虚假出资行为不同，抽逃出资发生于公司经营阶段。刘燕教授对此做了清晰的说明："抽逃出资发生在公司成立之后的持续经营期间。因此，那些在公司设立时或股东出资环节先转入资金旋即撤回的行为，就属于股东虚假出资而非抽逃出资。"②当前对抽逃出资规制的缺失是公司经营阶段资本规制微观制度缺失的一个重要体现。也就是说，在认缴资本制下，依然需要强化对抽逃出资的法律规制，正如如蒋大兴教授所指出的，在认缴资本制下，不应当废除抽逃出资的责任。③ 对股东抽逃出资行为的规制是公司经营阶段的保护债权人权益的重要手段，"对股东资本返还的限制可以理解为保护债权人免受股东机会主义行为风险的影响"④。在美国与欧洲国家将该规则与资本返还或利润分配有机联系在一起，而"禁止资本返还的规则旨在阻止公司在其净资产不超过其资本账户的规定价值时向股东分配"⑤，也就是确保公司的清偿能力，这是资本维持原则的重要体现。尽管抽逃出资究竟是发生在公司设立阶段还是经营阶段在学理上依然存在着争议，但是将其定位于公司经营阶段可能更加合乎逻辑。尽管2018年《公司法》第二百条对抽逃出资进行了禁止性的规定，《最高人民法院关于适用〈中华人民共和国公司法〉若干问题的规定（三）》对抽逃出资行为的民事责任承担也进行了较为详细的规制，但是当前抽逃

---

① William P. Hackney, Tracey G. Benson, Shareholder Liability for Inadequate Capital, 43University of Pittsburgh Law Review, 884 (1982).

② 刘燕：《重构"禁止抽逃出资"规则的公司法理基础》，《中国法学》2015年第4期，第197页。

③ 参见蒋大兴：《"合同法"的局限：资本认缴制下的责任约束——股东私人出资承诺之公开履行》，《现代法学》2015年第5期，第46页。

④ John Armour, Legal Capital: an Outdated Concept?, 23European Business Organization Law Review, (16)2006.

⑤ John Armour, Legal Capital: an Outdated Concept?, 23European Business Organization Law Review, (8)2006.

出资规制依然面临着严峻的挑战,正如有学者指出的,"新《公司法》下,抽逃出资的规范理念及其设计效果需要反思"①。当前《公司法》与《最高人民法院关于适用〈中华人民共和国公司法〉若干问题的规定(三)》对抽逃出资的规制主要存在以下缺失:一是抽逃出资概念界定的缺位,究竟什么是抽逃出资,缺乏一个明确的概念。二是抽逃出资的构成要件不够清晰,《公司法》与《最高人民法院关于适用〈中华人民共和国公司法〉若干问题的规定(三)》均未对此做出明确的规定。三是案例指导不足,由于抽逃出资行为的多样性与隐蔽性,单纯依靠《最高人民法院关于适用〈中华人民共和国公司法〉若干问题的规定(三)》第十三条的列举性规定难以有效的规制实践中的各种抽逃出资行为,因此需要强化案例指导。四是抽逃出资的法律责任规制亟须强化,例如,如何规制协助抽逃出资的董事责任,是否应当将抽逃出资彻底除罪化,抽逃出资后又进行股权转让的该如何承担法律责任,等等。

5. 专门性欺诈转让规制的缺失

公司资本弱化行为的实质是欺诈,针对欺诈的规制是公司法资本规制的核心,无论是虚假出资、虚报注册资本、抽逃出资还是其他形式的不当转移财产,其本质都是对债权人的欺诈。在美国,有专门的对欺诈进行规制的立法。1918 年美国颁布了《统一欺诈交易法》,1984 年又进一步进行修正并更名为《统一欺诈转让法》,2014 年又更名为《统一撤销转让法》②,其核心在于赋予债权人撤销公司那些导致其失去清偿能力的不当资产处置行为的权利,恢复债务人的偿债能力,以保证债权人的合法权益。美国之所以没有规定抽逃出资等相关资本弱化行为的规制,是因为《统一欺诈转让法》发挥了重要作用,并且作用范围广泛,任何有损公司债务清偿的非公平对价行为都可以被债权人撤销,包括不正当的股利分配,如果公司的股利分配导致其无法及时偿还债权人债权,那么这种分配行为将被视为欺诈转让,债权人有权申请撤销。尽管公司法人人格否认制度在相当程度上对股东控制下欺诈行为发挥着较好的遏制功能,但是该制度并不能够替代《统一欺诈转让法》,两者还是有着鲜明的区别:"一般情况下,债权人为了

---

① 薛波:《论公司资本规制改革后债权人保护机制之完善》,《时代法学》2015 年第 2 期,第 78 页。

② 尽管 2014 年该法已经更名为《统一撤销转让法》(The Uniform Voidable Transactions Act),但是本书注重对债权人保护的研究,强调通过规制公司欺诈行为进行债权人保护,所以在下文的名称使用上还是援引 1984 年立法名称《统一欺诈转让法》(The Uniform Fraudulent Conveyance Action)。

援引公司法人人格否认制度必须证明股东控制着公司并且通过欺诈或其他不当行为攫取个人利益。但是《统一欺诈转让法》的适用则不必强调股东对公司的控制及其错误行为的存在。"①

6. 董事对债权人信义义务制度的缺失

董事是否对债权人承担信义义务是存在理论争议的，即使在欧美学者的研究成果中，不同学者具体意见也并不一致，但是绝大多数学者认为，一般情形下董事只是对公司以及股东承担信义义务。美国学者 Russell C. Silberglied 指出："具备清偿能力的董事应当向谁承担信义义务呢？这个问题很容易解决，至少在特拉华州是这样，董事应当对公司自身与股东承担信义义务，这一点是相当重要的，即我们不该忘记公司独立的人格与还有公司的股东，因为在本质上他们才是公司的所有者以及董事商业行为的受益者。"②也就是说，"在特拉化州，如果公司具备清偿能力，则公司董事并不对债权人承担信义义务"③。但是，这并不能彻底否定董事对债权人的信义义务，当公司濒临失去清偿能力或者已经失去清偿能力的情况下应当对债权人承担信义义务，因为"从经济角度来看，有偿付能力公司的股东被视为公司资产的剩余索取人和剩余风险承担者。但公司破产时情况则会发生变化，股东价值可能会大大降低，甚至变得毫无价值。在这种情况下，股东不再被视为剩余索取者。"④此时公司债权人成为公司的剩余索取权人，因此董事应当对债权人承担信义义务，而且"董事管理公司事务存在着道德风险，即董事对股东负责，但是股东可能要求董事利用公司资产去从事高风险投资博弈行为，因此董事对债权人信义义务得到"风险理论"的支撑"⑤。Barry E. Adler 与 Marcel Kahan 教授明确指出："董事对债权人信义义务的承担主要是用于保护董事免受股东要求的控制，使债权人利益

---

① Barry E. Adler, Marcel Kahan, The Technology of Creditor Protection, 161University of Pennsylvania Law Review, 1789(2013).

② Royce de R. Barondes, Lisa Fairfax, Lawrence A. Hamermesh, Robert Lawless, Twilight in the Zone of Insolvency: Fiduciary Duty and Creditors of Troubled Companies - History & Background, 1Journal of Business & Technology Law, 232(2007).

③ Royce de R. Barondes, Lisa Fairfax, Lawrence A. Hamermesh, Robert Lawless, Twilight in the Zone of Insolvency: Fiduciary Duty and Creditors of Troubled Companies - History & Background, 1Journal of Business & Technology Law, 232(2007).

④ Anil Hargovan, Directors' Duties to Creditors: A Doctrinal Mess, 3Nottingham Insolvency and Business Law e-Journal, 138(2015).

⑤ Anil Hargovan, Directors' Duties to Creditors: A Doctrinal Mess, 3Nottingham Insolvency and Business Law e-Journal, 140(2015).

优先于股东利益,但是又不会使董事以牺牲股东利益为代价来保护债权人利益。"①董事对债权人信义义务在日本《公司法》以及澳大利亚《公司法》中都有着鲜明的体现,甚至抛开了公司濒临破产状态的前提条件,例如日本《公司法》第466条明确规定了董事对包括债权人在内的第三人责任,澳大利亚《公司法》第588条则明确规定董事负有不得从事使公司陷入破产境地的商业交易的法律责任。

但是我国《公司法》并未规定董事对债权人的信义义务,只是在《最高人民法院关于适用〈中华人民共和国公司法〉若干问题的规定(三)》第十三条第四款中规定,债权人可以就公司成立后的增资不足行为追究董事补偿赔偿的民事责任,但是并未确立一般情形下董事对债权人的信义义务,也没有规定董事在公司濒临破产时对债权人承担信义义务,以及董事对导致公司破产商业交易的避免义务。因此,当前公司经营阶段董事对债权人信义义务法律规制存在着严重的缺失,使董事对公司经营行为商议决策的实施缺少足够的约束,必然会给债权人利益保护带来相当程度的不确定性风险。

7. 股份回购配套规制制度的缺失

股份回购具有多重效应,在提升股价、刺激证券市场的同时,也对债权人利益造成冲击,因为股份回购是向股东返还公司资产的一种方式,而"对股东的分配减少了公司的净资产,使其更容易受到违约风险的影响。即使公司实际上没有破产,债权人的利益也会受到损害"②。因此,在股份回购情形下债权人面临的违约风险更大。而2018年《公司法》对股份回购制度的修正性改革则进一步扩展了此种风险,因为该修正案进一步放松了对股份回购的行政管制,不仅扩展了上市公司股份回购的法定情形、简化了上市公司股份回购的决策程序、提高了上市公司股份回购的数额、延长了上市公司所持回购股份的时间,使得股份回购更具公司自治性,而且删除了2013年《公司法》中股份回购资金必须从公司税后利润中支付的规定。因此,股份回购制度的改革使得股份回购的实际操作更加简便易行,而且股份回购数额获得提升,回购资金适用更加自由,这极易导致公司资产减少,并冲击公司资本维持原则,严重影响公司债权人权益。因此,必须完善股

---

① Barry E. Adler, Marcel Kahan, The Technology of Creditor Protection, 161University of Pennsylvania Law Review, 1785(2013).

② John Armour, Share Capital and Creditor Protection: Efficient Rules for a Modem Company Law, 63The Modern Law Review, 367(2000).

份回购制度的配套性规定,强化公司债权人权益保护,但是 2018 年《公司法》并未对此做出规定,这就为债权人权益保护埋下了隐患。

(三)公司破产阶段资本退出制度架构的问题

1.债权人对公司破产信息知情权的不足

知情权是债权人参与破产程序的重要权利,该权利的有效实现对于解决债权人与破产债务人及其相关人员之间的信息不对称问题具有重要影响,特别是在认缴资本制确立后,破产程序对债权人权益保护的意义更加突出,而对破产程序的参与以及对破产程序中自身权利行使的重要根基就是对破产信息的充分了解,因为"债权人权益保护是破产法的立法使命,知情权是债权人的一项重要权利,它是债权人行使其他权利的前提、基础和保证"①。但是"目前我国破产法上的信息披露制度,无论是在制度建设上还是在实务操作上都存在缺失与不足"②。而由于破产信息不足而发生的破产欺诈事件屡见不鲜,在破产清算案件以及破产重整案件当中都有着具体的体现。2006 年《破产法》第八条规定了债务人申请破产应提供债权清册、债务清册以及财产情况说明;第十五条规定了债务人的、法定代表人等为相关信息披露义务主体;第六十八条规定了债权人委员会对破产财产分配的监督权;第八十四条规定了债务人或者管理人向债权人会议就重整计划草案的说明义务;第九十条规定了债务人向管理人就重整计划执行情况以及债务人财产状况的的说明义务。但是上述规定过于原则化,尽管2019 年 3 月 28 日生效的《最高人民法院关于适用《中华人民共和国企业破产法》若干问题的规定(三)》第十五条对债权人会议与债权人委员会就管理人处理重大财产的知情权问题做出了进一步规定,在第十条规定了单个债权人有权查阅参与破产程序所必需的债务人财务和经营信息资料,在第十一条规定了管理人对债权人会议决议事项的事先告知义务,从而进一步推进了债权人对破产信息知情权的实现。但是,关于破产信息披露内容的充分性与针对性、披露主体的扩展、披露方式的丰富以及披露法律责任的承担等相关具体支撑制度还需要进一步推进。

2.控制股东等内部人债权优先偿还规制的不足

控制股东可以直接参与公司管理或者通过控制公司董事会进而间接

---

① 吴正绵:《反思与重构——新破产法视野下的债权人知情权保护》,《法治论坛》2010 年第 20辑,第 61 页。

② 王欣新、丁燕:《论破产法上信息披露制度的构建与完善》,《政治与法律》2012 年第 2 期,第2 页。

控制公司,"控制股东能够从其对公司的持续运作中获取利益"①,例如"控股股东可以通过'隧道'(tunneling)获益,也就是说,通过与公司的合同交易,如转让定价,这有利于控股股东"②。控制股东也可能通过上述交易对公司形成债权,从而成为公司债权人,并在破产程序中主张优先清偿(担保债权)或者平等均偿,这可能会牺牲其他债权人利益,因为这种债权的产生可能是控制股东行使不正当控制权的结果。因此,法院应当在破产程序中对这种债权的偿还顺序做出调整。更需说明的是,这种债权不仅涉及控制股东,用美国学者 Adam Feibelman 的观点来看,"这种债权人是作为债务人公司的内部人,而这种内部人的范围则包括公司雇员、董事、控制股东以及债务人的母公司"③,例如"董事有权力管理公司事务,因此他们对公司有着巨大的控制力"④,"甚至任何一个能够控制公司的人"⑤,因此上述内部人的债权都应当由法院根据债权形成情形判断是否应当列后清偿。但是我国 2018 年《破产法》并未对上述情形做出规定,这无疑对债权人利益保护形成严峻挑战,2013 年发生的"沙港公司诉开天公司执行分配方案异议案"⑥就颇具典型性。

3. 关联公司共同破产逃债规制的不足

关联公司之间虽然具有各自独立的法律地位,但是在具体的业务经营与人事安排上又往往存在紧密的控制关系,实质上的控制关系往往重于形式上的独立法律地位,因此关联公司之间的独立法律人格必然因其紧密的控制关系而产生利益冲突,特别是"当企业出现破产情形时,这种冲突的影响就会被放大,甚至导致破产法的公平价值、程序价值以及重整制度价值

---

① Ronald J. Gilson, Bernard S. Black, Controlling Controlling Shareholders, 152University of Pennsylvania Law Review, 787(2003).

② see Simon Johnson, Tunneling, 90American Economic Review, 22(2000). 这里的标题即"Tunneling"的意思是指公司资本或利润向控制股东转移。

③ Adam Feibelman, Equitable Subordination, Fraudulent Transfer, And Sovereign Debt, 70Law And Contemporary Problems, 175(2007).

④ Barry E. Adler, Marcel Kahan, Technology of Creditor Protection, 161University of Pennsylvania Law Review, 1783(2013).

⑤ see Andrew de Natale & Prudence Abram, The Doctrine of Equitable Subordination as Applied Nonmanagement Creditors, 40 The Business Lawyer, 417-419 (1985).

⑥ 在该案中沙港公司向茸城公司主张破产债权并进入了破产程序,随后作为茸城公司股东的开天公司也就茸城公司股东未缴付的 45 万元出资主张债权,最后松江法院判决否决了开天公司的债权主张,该案的司法裁判颇具代表性,最高人民法院在 2015 年将其作为经典案例予以发布。

受到严重破坏"①。因此强化关联公司之间破产程序的规范化对债权人保护无疑具有重要意义,其中关联企业破产是指合并规则具有重要意义,因为"实质性合并为债权人提供了至关重要的补救办法,这些债权人被错误地误导向债务人提供信贷(通常是因为债务人从事欺诈行为或以其他方式滥用其公司形式)或在债务人的财务状况混杂时被不公正地审理,如果要避免对债权人造成进一步的经济伤害,就必须将它们合并在一起进行审理"②。尽管当前利用公司人格混同逃避债务的案件时有发生,"但立法和司法解释尚未确立实质合并规则"③,而各个地方法院在对待相关案件上也采取着不同的态度,因此《破产法》亟须对此做出规范。

4. 破产"欺诈性转让行为"认定法律规制的不足

"绝大多数的破产欺诈行为都是由债务人与相对人(第三人和破产债权人)通过财产的交易完成的"④,所以,对破产欺诈行为规制的重点在于规制破产欺诈性转让行为。虽然 2006 年新《破产法》分别在第三十一条、第三十二条与第三十三条以"破产撤销行为"与"破产无效行为"的规范为中心⑤,对破产欺诈行为加以规制,对保护公司债权人合法权益发挥了重要作用,"但现有的民事救济制度仍不能有效规制破产欺诈行为,保护债权人利益"⑥,因为当前"虚假破产的新手段层出不穷,导致司法认定难"⑦,尤其是"公司内部人(corporate insiders)用各种各样的手段在正式启动破产程序前向个人转移公司财产的案例不胜枚举"⑧。2006 年《破产法》对破产欺诈行为规制的明显问题就在于明确以列举的方式确定了破产欺诈行为的范围,这种列举方式的界定模式不仅缺乏对破产欺诈意涵的直接界定,而且限缩了破产欺诈的外延,将破产欺诈行为的具体形态限制于该法第三十一条、第三十二条与第三十三条规定的 6 种撤销行为与 2 种无效行为之

① 王欣新、周薇:《论中国关联企业合并破产重整制度之确立》,《北京航空航天大学学报(社会科学版)》2012 年第 3 期,第 52 页。

② Timothy E. Graulich, Substantive Consolidation—A Post-Modern Trend, 14American Bankruptcy Institute Law Review, 528(2006).

③ 徐阳光:《论关联企业实质合并破产》,《中外法学》2017 年第 3 期,第 818 页。

④ 李雪田:《我国反破产欺诈法律制度研究》,吉林大学博士学位论文,2010 年,第 49 页。

⑤ 具体参见《中华人民共和国破产法》第三十一条、第三十二条与第三十三条的规定。

⑥ 彭真军、栗保卫:《论破产欺诈中债权人救济制度之完善》,《求索》2011 年第 6 期,第 149 页。

⑦ 付中华:《虚假破产罪的补辑路径——以"虚假破产行为"认定为中心》,《中国政法大学学报》2020 年第 4 期,第 83 页。

⑧ William T. Vukowich, Civil Remedies in Bankruptcy for Corporate Fraud, 6American Bankruptcy Institute Law Review, 439(1998).

中。① 上述规制相对于实践中破产欺诈行为形式的不断演化明显处于滞后状态，难以应对各种新型的破产欺诈行为，如债务免除、放弃抵押财产赎回权以及诉讼撤回行为等等，显然，2006 年《破产法》的规定仍需做出详细的解释才能明确将这些行为涵盖于内，这也会影响到司法实践当中对破产欺诈行为的认定。例如，有学者明确指出："破产法关于无效制度尤其是撤销制度的规定显得过于概括，未进一步细化，缺乏对可撤销的破产欺诈实质要件的规定。"②这些问题会影响破产管理人撤销权的行使范围与边界，影响破产财产恢复的程度，最终阻碍对债权人合法权益的保护。所以，2006 年《破产法》关于破产欺诈转让行为的规定显然难以有效应对公司欺诈转让行为的发展。

5.破产管理人信义义务及其民事责任规制的不足

尽管 2006 年《破产法》引入了破产管理人制度，并对其信义义务与民事责任做出了规范，但是这些规定呈现出明显的模糊性、原则性，可操作性较差，严重影响着破产管理人职责的履行与债权人利益的保护。

首先是信义义务规制的不足。破产管理人处于实质上的受托人地位，因此，强化其信义义务是必要之举，这有助于遏制破产管理人的机会主义行为，更好地规范破产管理人对破产财产控制权的行使，更好地保护债权人利益。2006 年《破产法》第二十七条对此做出了规定："管理人应当勤勉尽责，忠实执行职务。"但是，这一规定显然过于原则化，究竟如何判断破产管理人的勤勉尽责，破产管理人忠实执行职务的边界如何确立，这些关键问题都缺乏具体、明确的规范，因此在实践中也就难以有效地确立破产管理人的行为标准。对此，中国政法大学李永军教授就曾结合破产管理人对合同解除权的行使做出了专门的论证，他明确指出："我国破产法对于破产程序开始后，管理人的合同解除权并没有做出任何限制，似乎任何情况下其都可以对于未履行或者履行完毕的双务合同具有解除权，甚至连管理人解除权的标准都没有做出规定。"③所以，对破产管理人的信义义务规制亟须修正，以使其更加明确、更加具体，从而更具操作性与指向性，以便给破产管理人职责的履行提供更加清晰的指引。

其次是民事责任规制的不足。信义义务与民事责任是紧密相连的，违反信义义务就要承担民事责任，如果缺乏民事责任制度的约束，信义义务

---

① 具体内容参见《中华人民共和国破产法》第三十一条、第三十二条与第三十三条的规定。

② 彭真军、栗保卫：《论破产欺诈中债权人救济制度之完善》，《求索》2011 年第 6 期，第 150 页。

③ 李永军：《论破产管理人合同解除权的限制》，《中国政法大学学报》2012 年第 6 期，第 69 页。

就难以得到遵守,因此破产管理人信义义务的有效实现需要民事责任制度的支撑。对此,2006 年《破产法》第一百三十条明确要求:"管理人未依照本法规定勤勉尽责,忠实执行职务的,人民法院可以依法处以罚款;给债权人、债务人或者第三人造成损失的,依法承担赔偿责任。"但是该规定同样原则性过强,操作性差,湖北省高级人民法院民二庭法官胡晟就认为:"我国新《破产法》对于破产管理人违法行为的法律责任,规定得比较原则性,同时存在着缺陷和不足,不利于司法实践中操作运用。"[①]例如,破产管理人民事责任的归责原则如何确立,民事责任的具体权利对象在不同的破产程序之中如何界定,或者更具体地说,在破产清算程序与破产重整程序中,民事责任的权利主体如何界定,都缺乏具体的规定。

6.破产欺诈刑事责任法律规制的不足

对公司破产欺诈行为需要强化刑事责任规制,因为公司破产欺诈行为多与犯罪相关联,"虽然不能说每个破产事件都会产生破产犯罪,但可以说,几乎多数的破产事件都会以各种不同方式与犯罪相关联"[②]。更重要的是,破产程序需要债务人的配合以期更好地对债权人进行清偿,否则债务人将不会被免责,但是"现实情况却是,这种破产免责机制对许多债务人并不能形成威慑,因为他们缺乏资产去承担民事责任"[③],而且"恶意地利用破产程序对债权人与法庭而言,都是一种欺诈"[④],所以,"如果缺少对破产欺诈的刑事责任规制,破产法将变得非常不完备"[⑤]。无论是美国还是日本,其破产法都对破产欺诈行为的刑事责任进行了系统性的规制。例如,美国《破产法典》第 18 篇第 152 节对破产欺诈行为进行了非常系统的刑事处罚规定,共涉及 9 种代表性违法行为,包括隐匿财产行为、虚假宣誓行为、虚假声明或证明或验证或陈述行为、虚构诉求行为、恶意接受财产行为、破产行贿行为、欺诈性的财产转让或转移行为、隐瞒或篡改或销毁或伪造各种破产财产信息行为以及扣留各种财产信息行为等等。[⑥] 虽然 2006

① 胡晟:《破产管理人民事责任制度的法律规制》,《中国律师》2010 年第 8 期,第 46 页。

② 林山田:《经济犯罪与经济刑法》,三民书局 1981 年版,第 81 页。

③ Ralph C. II McCullough, Bankruptcy Fraud: Crime without Punishment, 96Commercial Law Journal, 257-258(1991).

④ Ralph C. II McCullough, Bankruptcy Fraud: Crime without Punishment, 96Commercial Law Journal, 258(1991).

⑤ Ralph C. II McCullough, Bankruptcy Fraud: Crime without Punishment, 96Commercial Law Journal, 258(1991).

⑥ Tamara Ogier, Jack F. Williams, Bankruptcy Crimes and Bankruptcy Practice, 6American Bankruptcy Institute Law Review, 321-322 (1998).

年《中华人民共和国刑法修正案（六）》引入了"虚假破产罪"，但是对于破产欺诈规制的刑事责任架构仅为一个法条，过于原则化，可操作性不强，这也是我国破产实践当中鲜见追究相关人员破产刑事责任的主要根源，即使2017年江苏省高级人民法院修订了破产案件审理指南，其法律责任部分也仍未谈及刑事责任，只是规定了民事责任与行政责任，显然这种重民轻刑的立法与司法规制路径对债权人利益保护而言是远远不够的，特别是在认缴资本制下，对破产欺诈的规制不仅仅是保护债权人财产权益的单一化功能，还应当通过对破产欺诈行为的规制实现良好的商业道德与社会信用机制的推进。因此，对破产欺诈刑事法律责任规制的强化必然不可缺失。

三、问题影响检视：对公司债权人利益保护造成严重冲击

不可否认，我国公司资本规制改革取得了显著的成效，不仅有助于提升股东自治能力、提高公司制度运行效率、促进社会经济持续发展，而且有助于推进行政体制改革。但是，当前的公司资本规制体系及其制度设计依然存在着非常严重的问题，对债权人利益保护造成了严重冲击，使债权人在交易中面临严峻风险。这种风险造成的成本甚至会抵消强化股东自治所带来的经济效益，从而在整体上造成公司资本规制改革的效率性价值贬损，因为"效率意味着社会整体经济价值的最大化"①，如果债权人保护成本上升，必然会抵消股东出资自治所带来的效益，进而又从整体上降低认缴资本制改革的效率价值。对债权人利益保护造成的严重冲击，则是我们进一步推进公司资本规制体系及其制度架构改革的直接动因。

（一）公司实际拥有的初始信用保障能力被削弱②

随着认缴资本制的确立，公司设立阶段资本规制强度大大降低，公司初始信用保障能力明显削弱，这既是认缴资本制改革对债权人利益保护造成冲击的核心体现，也是当前我国公司资本规制体系存在的一个主要问题。因为公司成立时实缴资本（公司设立完成之后即为资产）的数额标志着公司所真正拥有的并且能够随时用于债务支付的初始信用能力，因为那

---

① Jochem M. Hummelen, Efficient Bankruptcy Law in the U. S. and the Netherlands: Establishing an Assessment Framework, 1European Journal of Comparative Law and Governance, 149 (2014).

② 这种初始信用保障能力的削弱是该制度改革带来的一般效应，但并不排除在认缴资本制下依然有公司在实际的设立中设置了数额较高甚至巨额的注册资本，并且实缴资本数额也非常大的情形。

些尚未缴付的认缴出资尚不能被公司真正支配,无法随时用于债务的实际履行,不能代表公司设立时所实际拥有的信用能力。但是认缴资本制的实施使得公司设立后的实缴资本数额失去了严格的法律约束。一方面,认缴资本制下公司的注册资本数额由股东决定,导致公司的实际注册资本数额可以非常小,即使是将资本全部实缴,对债权人债权的担保意义也不大;另一方面,即使公司设立时注册资本数额比较大,但是公司设立时股东出资的实缴数额可能很小,因为股东出资期限由股东自主决定,所以在公司设立之时实缴出资数额可能与其注册资本数额相差悬殊。此外,由于法定强制验资程序取消,缺少科学的非现金出资评估机制,实缴资本中的非现金出资价值未必客观、真实。因此,公司所实际拥有的初始信用保障能力被削弱。

(二)公司经营中面临的潜在信用风险增加

在当前的公司资本规制体系下,不仅公司设立阶段公司的初始信用保障能力被削弱,公司经营阶段的股东潜在信用风险也在增加。相对于法定最低注册资本制度及其实缴制,认缴资本制没有最低资本数额限制,同时出资期限也没有限制,出资期限可以长达十年甚至几十年,契约的履行面临更多的不确定性,契约的不完备性可能更加突出。例如,王文宇教授指出:"于长期契约当中,如此不完整性问题更被凸显,因纵精明干练、经验丰富之当事人也无法预知未来,当契约长时间处于尚待履行契约地位,其不确定性也随之节节升高。"[①]因此,股东未来出资的风险性没有切实的保障,未来的一切都处于待定状态,即使是最严格的法律制度,也不能确保股东到期按照公司章程约定的出资期限出资,因为股东可能事先转移逃避出资,也可能由于预期收入未能实现等相关因素导致最终没有能力出资。因此,股东出资的不确定性预示着股东信用风险的增加。

(三)公司债权人的交易成本上升

在当前公司资本规制体系下,由于设立阶段认缴资本制的确立,股东出资自治,公司债权人为了保证交易安全,需要全方位地了解债务人的信用能力,以前在实缴资本制下只需察看其注册资本及其交纳期限等就可以把握其基本信用能力,而在认缴资本制下则"不仅要了解其实缴资本,还要通过各方面的途径了解各个股东的出资方式、出资期限、出资能力以及公

---

① 王文宇:《简政繁权——评中国大陆注册资本认缴制》,《财经法学》2015年第1期,第60页。

司其他资产的状况"①。这必然会增加债权人的经济信息了解成本,为了提升债务人信息公示的及时性、准确性与客观性,必须建立完善的信息披露机制及其监管机制,因为"信息披露机制和看门人机制具有重要作用,前者能够降低信息获取成本,后者过滤和核实相关信息,提升信息效用"②。尽管国务院颁布的《企业信息公示暂行条例》已于 2014 年 10 月开始实施,但是该规则仍有诸多环节需要完善,例如如何保证信息披露的真实与准确、如何发挥社会第三方机构在信息披露规制中的监督功能等等。也就是说,当前尚未建立起完善有效的信息披露及其监管机制,债权人的交易成本依然很高。

(四)"公司资本弱化"③的机会主义行为更加严重

在当前的公司资本规制体系下,公司设立阶段、经营阶段以及破产阶段都面临着严重的资本弱化机会主义行为。第一,认缴资本制容易诱发公司设立阶段资本弱化机会主义行为。认缴资本制下股东出资数额、出资期限等由公司股东通过公司章程加以自治,这种股东自治权的扩展也在一定程度上诱发着股东的机会主义行为,例如有股东为了提高公司声誉,设置超出实缴能力的巨额注册资本,有的股东则将承诺出资的期限约定过长,甚至有股东将其出资时间定为 100 年④。同时,伴随着认缴资本制模式的确立,原法定资本制模式下的严格法律责任规制也随之软化,突出表现在对虚报注册资本、虚假出资以及抽逃出资行为的除罪化规定之中,2014年 4 月 24 日全国人大已经对涉及股东出资的两个刑事责任规制条款进行了修正:《刑法》第一百五十八条、第一百五十九条分别规定虚报注册资本罪以及虚假出资罪与抽逃出资罪只适用于那些要求实缴资本的公司。法律责任规制的软化会在一定程度诱发股东的违法机会主义行为,特别是这种针对资本违法行为刑事责任规制的废除会极大地降低对股东出资机会主义行为的威慑。因此,股东有更大可能从事出资欺诈行为,例如对现物出资做出严重虚假的估值,或者"通过法律方便之门注册'皮包公司'或者'空

① 肖海军、王子萱:《认缴资本制的弊端及其克服》,《湖南师范大学社会科学学报》2015 年第 6 期,第 89 页。

② 黄辉:《公司资本规制改革的正当性:基于债权人保护功能的法经济学分析》,《中国法学》2015 年第 6 期,第 169 页。

③ 对"公司资本弱化"概念的具体介绍详见本书第三章"公司资本规制研究引入系统论范式的必要性"。

④ 参见国务院办公厅秘书一局《注册资本登记制度改革实施满月成效初显:一些新情况新问题亟待重视解决》,2014 年 4 月 4 日。

壳公司'进行金融诈骗或者用来洗钱,甚至一些不法分子会通过合法注册公司进行非法集资或者以'钓鱼项目'进行金融诈骗等等"。[①] 第二,公司经营阶段的资本弱化机会主义行为依然严重。当前,抽逃出资、恶意降低注册资本以及各种形式的公司欺诈交易行为都对债权人利益保护形成了严峻挑战。例如,在经营阶段应当如何认定抽逃出资行为,是不是固守传统思维,必须是对实缴出资的抽逃才能定义为抽逃出资,在公司经营阶段通过降低注册资本进而逃避认缴出资义务,可否归入抽逃出资的范畴(当前的司法实践已经有所突破[②]? 此外,在公司经营阶段通过对赌协议等方式进行的利益输送对公司的清偿能力造成了严重影响,该如何进行规制? 第三,公司破产退出阶段的资本弱化机会主义行为依然严重。2006年《破产法》对破产欺诈交易行为的规制不够严密,实质合并制度、公平居次制度处于缺位状态,破产逃债的法律责任强度不足,这都在一定程度上刺激着破产欺诈机会主义行为的发生。有学者明确指出,当前"我国破产案件司法实践中债务人有关人员利用妨害、迟怠、欺诈等违法犯罪行为达到'逃债'目的的现状不容乐观"[③]。中国政法大学李曙光教授在谈到《破产法》的修改时也明确指出,应当"扩大破产中恶劣破产欺诈行为的范围及确认其溯及力,从而更好地打击破产逃废债行为"[④]。可见,在当前的公司资本规制体系下,公司各个运行阶段都面临着严重的资本弱化行为,这无疑给债权人利益保护带来极大挑战。

---

① 肖海军、王子萱:《认缴资本制的弊端及其克服》,《湖南师范大学社会科学学报》2015 年第 6 期,第 89 页。

② 笔者在中国裁判文书网进行案例检索时发现,在认缴资本制下,有的法院在对抽逃出资的认定上确实是转变了思维方式,例如在"中储国际控股集团有限公司与山西煤炭运销集团曲阳煤炭物流有限公司公司减资纠纷案件"(具体参见(2017)最高法民终 422 号判决书)与"青岛润茂饲料有限公司、邢杰买卖合同纠纷案件"(具体参见(2020)鲁 13 民终 2392 号判决书)中,相关法院都指出,在认缴资本制下,在股东出资期限届满前,进行非法减资的,其实质是抽逃出资,这种司法裁判观点扩展了抽逃出资必须是以实缴出资为前提条件的限制。

③ 郭瑞、胡彬:《破产程序中欺诈逃债行为的法律规制》,《人民法治》2017 年第 11 期,第 37 页。

④ 李曙光:《论〈企业破产法〉与〈民法总则〉的契合》,《京师法律评论》2018 年第 1 期,第 10-11 页。

第六章 系统论范式下域外公司资本规制体系运行的比较法分析

"世界文明的可流动性决定了法律的可移植性。事实上,每个文明都在吸收其他文明的长足之处而使自己更加'文明'。"[1]尽管不同的法律制度有其不同的本土环境,并体现着不同的社会价值观,对不同国家或地区立法的借鉴也存在多种因素的制约,"但是在商务活动领域,并不具有如此根本的差别,以至于不同国家的观念就不能交错繁殖"[2]。而"公司已经成为组织大型商事活动的主导模式"[3],公司法则具有较强的技术性特征,这种技术性特征使得公司法即使在不同的社会背景下也呈现出较强的适用性,例如公司法人人格否认制度产生于英美普通法系,但是这并未影响我国公司法对其加以借鉴与适用,Ron Harris 与 Michael Crystal 教授甚至认为公司法是"法律移植的首要领域"[4]。法律移植的有效实现离不开对域外国家立法的比较研究,而且"服务于相似目的而又明显不同的制度、原则、规则与理论,可以进行有意义的比较"[5]。所以,对我国公司资本规制立法的研究也可以借助比较研究,通过法律移植进行制度上的借鉴与完善。因此,有必要以系统论范式为指引,对美国、英国、日本以及德国资本规制立法进行比较性分析,进而探寻域外公司资本规制立法的发展规律,以期为我国公司资本规制立法的进一步完善提供有益的借鉴。特别是美国与日本同我国公司资本规制改革路径更加近似,都是废除了以最低注册资本制度为代表的严格行政管制,以期激发公司资本规制的效率价值,相

---

① 何勤华:《法的移植与法的本土化》,法律出版社 2001 年版,第 114 页。

② 沈宗灵:《比较法学新动向》,北京大学出版社 1993 年版,第 36 页。

③ Margaret M. Blair, Locking in Capital: What Corporate Law Achieved for Business Organizers in the Nineteenth Century, 51UCLA Law Review, 389(2003).

④ Ron Harris, Michael Crystal, Some Reflections on the Transplantation of British Company Law in Post-Ottoman Palestine, 10Theoretical Inquiries in Law, 561(2009).

⑤ Arthur T von Mehren, The Comparative Study of Law, 6 Tulane Civil Law Forum, 43 (1992).

对而言,更具借鉴意义。

第一节　美国公司资本规制发展历史分析

美国是公司资本规制高度发达的国家,其授权资本制代表着资本规制效率性的现代发展模式,并且也经历了由法定资本制向授权资本制的改革过程,特别是在当今公司治理趋同的时代背景下,其公司资本规制立法发展显然对我国公司资本规制改革具有重要借鉴意义。Richard A. Booth 教授指出:“明白美国资本制度要求的最好方式就是从历史的角度加以分析。”①所以,有必要以系统论范式为指引,沿着历史发展的路径对美国公司资本规制立法进行考察,以探寻其发展规律。

一、早期的法定资本制:1969 年美国《标准公司法》实施前的资本规制

“法定资本在英美法上也有长期的历史,并且在商事公司的发展历史中存在了很长时间。”②但是美国严格的法定资本制并不同于我国 1993 年《公司法》所确立的严格法定资本制,这主要是因为,我国 1993 年《公司法》确立的是行政管制式的公司资本制度,而美国早期公司资本制度不仅有着严格的行政管制,同时也有着相对发达的司法规制,是行政管制与司法规制并行的法定资本制度,当然其中发达的司法规制主要体现于美国的判例法当中。

(一)公司设立阶段严格的行政管制

“早在 1845 年,路易斯安那州便通过了一项新的立法对公司设立章程进行规定,通过法定章程限制了公司设立的特权行为。规定无论基于什么理由,一个公司在其从事具体商业行为之前,必须在其章程中建立一个或多或少的公司资本标准。”③1875 年,新泽西州通过美国第一部公司法,并将公司设立最低资本规定为 2000 美元,且开业时至少缴付 1000 美元,特拉华州在 1899 年采用了该法,1928 年美国《标准公司法》也采纳了新泽西

---

① Richard A. Booth, Capital Requirements in United States Corporate Law, 64University of Maryland School of Law Legal Studies Research Paper, 2005, p620-645.

② Bayless Manning, James J. Hanks. Jr, Legal Capital, Foundation Press, 1990, p5-40.

③ Richard A. Booth, Capital Requirements in United States Corporate Law, 64University of Maryland School of Law Legal Studies Research Paper, p620-645(2005).

州公司法对最低资本的规定,还规定违反该要求的董事应承担连带责任。① 1925 年得克萨斯州《公司法》规定,在州务卿(the Secretary of State)②签发公司营业执照之前,所有的公司授权股份要被股东善意地认缴,同时 50％的资本要以现金形式或者其他财产或劳动力的形式实际缴付。③ 1950 年修正后的美国《标准公司法》充分沿袭了各州关于公司资本信用的基本理念:明确要求公司最低资本数额不得少于 1000 美元;公司章程必须标明股票面值以及最大发行数;额面股发行价格不得低于其票面价值;对股票的支付形式做出特别限制,即不得以口头承诺与未来的服务作为出资;对特殊股份的发行做出限制,要求如果股票的发行带有诸如优先股等特殊的权利,则必须做出特别的说明;对资本账目做出特别要求,即必须建立法定资本会计账目包括声明资本、资本盈余以及经营盈余等等。1950 年修正后的美国《标准公司法》对公司设立阶段的行政管制达到了高峰,并受到了广泛的认可。在 1984 年再次修订之前,共有 35 个州采用了该法。甚至在 1920 年之前,许多州还根据具体商业特性的不同对公司设立的最高资本数额进行限制,纽约州最早在 1890 年废除了这种限制,但是少数州坚持到了 1920 年以后。④

(二)公司经营阶段灵活的司法规制

早在 1969 年之前,美国对公司资本运行已经确立了灵活的司法规制,主要体现在以下两个方面。

1. 欺诈交易立法规制的拓展

对欺诈交易的规制是美国早期公司资本规制内容的一个重要组成部分,这种规制主要是通过"刺破公司棉纱"规则和《统一欺诈转让法》实现的。早在 1809 年,美国最高法院就用揭开公司面纱的方法来确定公司背后股东的个人身份以维护联邦法院的司法审判权⑤,而在 19 世纪上半期,"刺破公司面纱"规则就已经在美国司法实践中得到了普遍的认可:"一个

---

① see Note, Statutory Minimum Capitalization Requirements, 5Willamette Law Journal, 332-333(1969).另参见蒋大兴:《质疑法定资本制改革》,《中国法学》2015 年第 6 期,第 143 页。

② 具体翻译参见《最新美国标准公司法》,沈四宝译,法律出版社 2006 年版,第 5 页。

③ Amylee Travis, The Requirement of Minimum Paid-In Capital, 1Texas Law and Legislation, 259(1947).

④ Richard A. Booth, Capital Requirements in United States Corporate Law, 64University of Maryland School of Law Legal Studies Research Paper, 2005, p620-645.

⑤ See Bank of United States v. Deveaux, 9U. S. (5Cranch)61.另参见曹顺明:《股份有限责任公司董事损害赔偿责任研究》,中国社会科学院 2002 年博士学位论文,第 132 页。

非常重要并且最为显著的司法逻辑即法庭不会受阻于公司实体理论在许多案例当中得到展现,这些案例都带有明显的借助公司实体而阻碍、拖延与欺诈债权人的特性。在这些相关案例当中,无论是一般法院、衡平法院还是破产法院都没有拒绝适用'刺破公司面纱'规则,并在实际和实质的受益人身上超越法人实体。"①在特拉华州,尽管1899年《公司法》当中并未对董事等控制者借用公司形式进行的欺诈行为进行规制,但随后的司法实践则确立了对欺诈交易行为规制的案例法制度,例如,"在1900年Martin v. D. B. Martin Co. 一案中(1899年《公司法》颁布后最早的一批案例之一)大法官法庭明确指出,衡平法院可以忽视公司外在形式或者突破公司外壳,以防止或者杜绝借用公司形式所进行的欺诈行为"②。到了20世纪初,美国联邦法院就对"刺破公司面纱"规则的适用条件做出了总结:公司的独立人格被用来损害公共利益、掩盖违法行为、保护欺诈、从事犯罪。"刺破公司面纱"的概念在1912年被明确提出并被广泛接受。③ 此外,美国很早就有了关于欺诈交易的专门性法律规制,早在1918年之前,美国各州主要采用英国议会早在1571年就已通过的《伊丽莎白13法案》对欺诈交易行为做出的规制,"该法案最基本的条款就是阻止债务人从事了近4个世纪的阻碍、拖延和欺诈债权人的行为"④。后来,为了解决《伊丽莎白13法案》在美国各州实施中的技术问题与统一问题,1918年美国通过了专门的《统一欺诈转让法》,对欺诈进行专门性规制。"该法允许债权人撤销债务人的某些交易行为,并且该法有着宽广的适用范围,不仅适用于在该法以及破产法下的所有财产转移行为,而且也适用于所有的义务招致行为;不仅适用于欺诈行为,也适用于没有欺骗意图的不公平交易行为。"⑤"该法在1919年便被8个州所采用,到1932年采用该法的州就已经翻倍。"⑥并且该法在实践中的应用愈来愈宽松化,许多法院并不要求债权人证明债务人欺诈的主观故意性,而是根据客观情形进行判断进而支持债

---

① Wormser, Piercing the Veil of Corporate Entity, 12Columbia Law Review, 496-518(1912).

② S. Samuel Arsht, A History of Delaware Corporation Law, 1Delaware Journal of Corporate Law, 8(1976).

③ Wormser, Piercing the Veil of Corporate Entity, 12Columbia Law Review, 496-518(1912).

④ Douglas G. Baird, Thomas H. Jackson. Fraudulent Conveyance Law and Its Proper Domainv, 38Vanderbilt Law Review, 829(1985).

⑤ Robert C. Clark, The Duties of the Corporate Debtor to Its Creditors, 90Harvard Law Review, 505(1977).

⑥ James Angell McLaughlin, Application of the Uniform Fraudulent Conveyance Act, 46Harvard Law Review, 404-452(1993).

权人的主张。"①法对保护公司债权人利益发挥了重要作用。

2.信义义务司法实践的初步发展

特拉华州是最早制定公司法并确认法定资本制度的州之一,同时该州并未将公司资本规制限制于公司法中的行政管制,对董事信义义务的规制也是其实现资本规制的重要路经,并具有突出的代表性。"在特拉华州《公司法》实施的早期,特拉华州法庭已经多次宣布:公司董事、高级管理人员以及控股股东必须受到最高信义义务标准的约束,以更好地处理其同公司以及股东之间的关系。"②"1939 年,特拉华州最高法院在 Guth v. Loft, Inc. 一案中就董事对公司所承担的信义义务进行了最著名的解释:董事不得利用公司的委托与信任去谋求个人利益。就技术而言,已经不是委托人时,他应当遵守对公司以及股东的信义义务。公司董事的义务不仅是坚定地维护他所经营公司的利益,而且还应当不得去从事损害其本应利用其技术与能力带给公司利益或者优势的行为,或者说应当去合理、合法的利用其权利。这一规则要求对公司无与伦比地、无私地忠诚,其信义义务与个人利益之间不得冲突。"③因此,董事必须善意地行使其权利,不得损害公司与股东利益,而对公司利益的保护也必然会间接地保护公司债权人的利益。在这一时期,支撑董事对公司债权人承担信义义务的理论是信托义务理论,该理论认为当公司失去清偿能力之时,公司董事是受债权人的委托而进行资产管理。④

二、法定资本制的逐步废除:1969 年美国《标准公司法》实施后的资本规制

伴随着时代的发展,法定资本制度受到了广泛的质疑,Bayless Manning 教授指出:"法定资本完全是法律创造的,其意义是非常特定的,是历史上延用过来的,在任何方式上都与公司持续的经济条件无关。"⑤即使是股利分配与股份回购政策这些在当前公司法架构中仍然占据重要地

---

① Robert C. Clark, The Duties of the Corporate Debtor to Its Creditors, 90Harvard Law Review, 505(1977).

② S. Samuel Arsht, A History of Delaware Corporation Law, 1Delaware Journal of Corporate Law, 8(1976).

③ 5 A.2d 503 (Del. Supr. 1939).

④ Gregory V. Varallo, Jesse A. Finkelstein, Fiduciary Obligations of Directors of the Financially Troubled Company, 48 The Business Lawyer, 239-255(1992).

⑤ Bayless Manning, James J. Hanks. Jr, Legal Capital, Foundation Press, 1990, p39.

位的法定资本制度,也有学者对其提出了质疑:"对股利和股份回购的限制是十分宽松的,并且远不如贷款协议严格。"[1]因为股利通常要求必须从利润中分配并且必须保有公司最初的资本数量,但是"在法定资本规则下,公司被允许重新评估其资产的市场价值,进而满足分配的需要"[2]。此外,只要公司董事善意地相信公司的信息、记录或者专业人士的意见,其就不会承担法律责任,因此,法定资本条款对规制董事以牺牲债权人利益为代价来保护公司股东利益的行为意义不大。[3]

(一)公司设立阶段资本规制的变化

1.公司设立阶段资本行政管制的弱化

1969 年美国《标准公司法》明确废除了 1000 美元最低注册资本数额的要求,并被绝大多数州的公司法所采纳,这是公司设立阶段资本行政管制弱化的一个重要体现。[4] 1984 年美国《标准公司法》则进一步废除了声明资本、额面股的概念,废除了对资本会计账目的严格规定,同时对出资形式做出了系统性规范,即"任何给予公司的有形的或者无形的财产或利益组成,其中包括现金、本票、已提供的服务、有关在将来提供服务的合同或其他公司证券"[5]。显然,1984 年美国《标准公司法》的改革进一步放松了行政管制对公司资本形成的束缚,例如,额面股概念的废除就是一个重要体现,因为额面股可能会对股份的后续发行产生过度限制。后续股份的发行可能需要根据市场的状况降低价格,但是公司章程确定的额面价值却不得不遵循,可能导致后续股份难以售出。[6] 额面股的根本逻辑还是在于法定资本制,旨在保证股份被充分地支付对价,体现的依然是行政管制特色。[7] 出资形式的扩展也是对资本管制的废除,1980 年之前美国《标准公司法》不允许本票与未来的劳务作为出资形式,1980 年美国《标准公司法》

---

[1] Barrye. Adler, Marcel Kahan. The Technology of Creditor Protection, 61University of Pennsylvania Law Review, 1788-1789(2013).

[2] see Klang v. Smith's Food & Drug Centers, Inc. , 702 A. 2d s5o, 154-55 (Del. 1997).

[3] Barrye. Adler, Marcel Kahan, The Technology of Creditor Protection, 61University of Pennsylvania Law Review, 1788-1789(2013).

[4] see Richard A. Booth, Capital Requirements in United States Corporation Law, Villanova University Charles Widger School of Law Working Paper Series, 2005, p14.

[5] [美]罗伯特·W.汉米尔顿:《美国公司法》,齐东祥译,法律出版社 2007 年版,第 137 页。

[6] Richard A. Booth, Capital Requirements in United States Corporation Law, Villanova University Charles Widger School of Law Working Paper Series, 2005, p8-9.

[7] see John Kong Shan Ho, Revisiting the Legal Capital Regime in Modern Company Law, 12Journal of Comparative Law, 5(2017).

就废除了这些限制①,1984 年美国《标准公司法》在此基础上又做出了系统性的规定②,显然这些改革有助于推进公司设立的效率。至此,资本形成的行政管制已经不再是资本规制体系的重心,而资本流转规制与资本退出规制则不断得到强化。

2. 公司设立阶段资本司法规制的强化

公司设立阶段司法规制的强化主要体现于对出资的规制上,尤其是对非货币出资对价的判断机制上。对此,1984 年美国《标准公司法》第 6.21 节 c 款做出了系统性的规定,将对股东非货币出资的判断权交给董事会,该款内容强调:"公司发行股票之前,董事会必须确定已收到或者将收到的对价是充足的。就对价充足与否、有关的股票是否有效发行、价金是否全额支付以及是否需要重新评估,董事会的认定是终局的。"③显然,上述规定明确将股东出资对价充足与否的判断权交给了董事会,董事会对此享有自由裁量权,但是董事会的判断也可能由于出资股东的特殊性而失去公平,例如公司董事可能因为与非货币出资股东存在紧密联系而过高估值。因此,需要对董事的估值行为进行必要的约束,"既有必要维护董事的自由裁量权,同时也有必要让董事对自己的行为负责"④。而这种约束的方式主要体现于商事判断规则的适用上,1984 年美国《标准公司法》第 8.30 节即"董事的责任标准则"可以看成是对经营判断规则的成文法规范⑤,其核心内容要求董事在决策时必须符合三个条件:善意、勤勉、忠实,违背上述条件就意味着违反了行为准则,需要对公司或股东承担法律责任。而董事是否违反商事判断规则需要由法院进行裁判,在法院进行司法认定之前,任何人不得认定董事违反行为准则,换言之,"经营判断规则已经被普遍认为是法院审查董事会是否对其决策承担责任的标准"⑥。Bernard S. Sharfman 教授甚至认为:"商事判断规则是一种公平条款,是公司法中最

① see Richard A. Booth, A Chronology of the Evolution of the MBCA, 56Business Lawyer (ABA), 66 (2001).

② see Richard A. Booth, Capital Requirements in United States Corporation Law, Villanova University Charles Widger School of Law Working Paper Series, 2005, p16.

③ 沈四宝:《最新美国标准公司法》,法律出版社 2006 年版,第 49 页。

④ Stephen M. Bainbridge, The Business Judgment Rule as Abstention Doctrine, 57Vanderbilt Law Review, 84(2004).

⑤ see Richard A. Booth, A Chronology of the Evolution of the MBCA, 56Business Lawyer (ABA), 66 (2001).

⑥ Stephen M. Bainbridge, The Business Judgment Rule as Abstention Doctrine, 57Vanderbilt Law Review, 87(2004).

重要、最突出的司法审查标准。"①实际上,商事判断规则成了董事的"司法豁免条款"②,只要董事的决策行为符合商事判断规则的要求,法院就不会让董事承担任何责任,除非股东或者债权人等能够证明董事决策时违反善意、忠实或者勤勉等商事判断规则的内在要求。所以,将股东非货币出资的对价判断权交给公司董事会,也就是将最终的判断权交给了法院,司法裁定最终决定着股东出资对价判断公正与否。

(二)公司经营阶段资本规制的强化

1.公司经营阶段股利分配规制的强化

1984 年美国《标准公司法》强化了股利分配规则,以保障公司具有充分的清偿能力。该规则主要从以下两个方面做出规制:第一,要求将优先股股息等同于公司声明资本。"换句话说,一个公司不能向普通股东进行股利分配,否则将导致其资产低于公司债务与优先股的股息清算数额。"③"这一规则在 1950 年公司法当中只适用于公司资本盈余(capital surplus)的股利分配,而在 1984 年公司法改革中则将其适用于所有的分配行为。"④第二,对公司债务的范畴进行了进一步规定。"1984 年公司法将公司向股东支付的股份回购款项等同于第三人债务。"⑤"1984 年公司法的这一规定在本质上是认为:如果公司可能通过股份回购方式预先确定将要分配的资金,这实质是由于分配而产生的等同于向第三人承担的债务,从理论上看,由于股东将其股份卖给公司,其可以看成是一个已经借钱给公司的人。"⑥1984 年美国《标准公司法》的上述规定无疑能够更加有效地限制公司资产的分配,更好地保障公司对债权人的清偿能力,维护债权人利益。

2.公司经营阶段专门性欺诈交易法律规制的发展

由于《统一欺诈交易法》(UFCA)在各州的具体实施中存在模糊性等

---

① Bernard S. Sharfman, The Importance of the Business Judgment Rule, 14New York University Journal of Law and Business, 28-29(2017).

② Stephen M. Bainbridge, The Business Judgment Rule as Abstention Doctrine, 57Vanderbilt Law Review, 93(2004).

③ Richard A. Booth. Capital Requirements in United States Corporation Law, University of Maryland School of Law Legal Studies Research Paper, 2005, p17.

④ Richard A. Booth. Capital Requirements in United States Corporation Law, University of Maryland School of Law Legal Studies Research Paper, 2005, p17.

⑤ Richard A. Booth. Capital Requirements in United States Corporation Law, University of Maryland School of Law Legal Studies Research Paper, 2005, p17.

⑥ Richard A. Booth. Capital Requirements in United States Corporation Law, University of Maryland School of Law Legal Studies Research Paper, 2005, p17.

相关问题,而且"客观上美国《破产法》的改革、《公司法》的改革、《统一商法典》的改革以及美国律师协会关于律师职业规则的要求等等都迫使《统一欺诈交易法》(UFCA)必须做出必要的修正从而保持相关法律之间的有机统一性"[1]。在上述背景下,美国 1984 年制定《统一欺诈转让法》(UFTA)取代了 1918 年《统一欺诈交易法》(UFCA),相对于后者,1984 年《统一欺诈转让法》(UFTA)做出了许多重要修正,包括:向内部人欺诈转移撤销条款、进一步强化了债权人针对受让人的救济措施、对失去清偿能力进行了更加客观的界定、废除了"公平对价"判断中的善意要求、对"欺诈徽章"进行了明确的列举以及完善了欺诈性转让被告人的抗辩措施。[2] 上述立法修正措施强化了对以公司名义所进行的欺诈性财产转让规制,从而进一步强化了凭借关联交易而进行的机会主义行为的规制。2014 年美国统一立法委员会又对该法进行了改革,将《统一欺诈转让法》修正为《统一撤销交易法》,这次改革不是综合性改革,而是针对一小部分具体问题进行的详细修正。

3. 信义义务制度在司法实践中的发展

董事信义义务也在不断发展。"在最近几年(1984 年美国《标准公司法》修正后),法院开始认识到,当公司处于失去清偿能力边缘的时候,公司董事会应当对债权人承担信义义务以保护债权人利益。"[3]"特别是在董事股权代理成本不断下降的情形下,公司债权人与董事之间的关系变得相对更加重要,因为在公司股东与债权人之间的冲突中,董事往往代表着股东利益"[4],这一点在特拉华州公司法中有着鲜明的体现。在特拉华州公司法中,当公司资不抵债时,董事对债权人负有信义义务。[5] 特拉华州大法官法庭甚至建议当公司处于资不抵债时,公司可以为债权人的利益而牺牲股东的利益。[6] 20 世纪 90 年代特拉华州法院的一系列判决都对此进行了

---

[1] 赵树文:《公司资本规制制度研究》,人民出版社 2015 年版,第 242 页。

[2] see Michael L. Cook , Richard E. Mendales. The Uniform Fraudulent Transfer Act: An Introductory Critique, 62 Am. Bankr. L. J, 87 (1988).

[3] Richard A. Booth, Capital Requirements in United States Corporate Law, University of Maryland School of Law Legal Studies Research Paper, 2005, p30.

[4] see Barry E. Adler, Marcel Kahan, The Technology of Creditor Protection, 61University of Pennsylvania Law Review, 1782(2013).

[5] see Geyer v. Ingersoll Pubrns Co. , 621 A. 2d 784, 787 (Del. Ch. 1992).

[6] see Credit Lyonnais Bank Nederland, N. V. v. Pathe Commc'ns Corp. , No. 12150, 1991 WL 277613 (Del. Ch. Dec. 30, 1991).

确认,例如在 1992 年的"GEYER v. INGERSOLL PUBLICATIONS
CO."①一案当中,特拉华州大法官法院进一步明确了董事在公司陷入资
不抵债情形下对债权人承担的信义义务,因为这将有助于公司董事采取有
利于整个公司而不是个别利益集团的行动。② 20 世纪初,纽约州法院则进
一步强化了特拉华州法院的上述规则:"当公司濒临失去清偿能力之时,公
司董事应当考虑公司整体的利益而不仅仅是股东或者债权人的利益"③。
在此阶段,董事对债权人信义义务理论也发生了变化,由信托理论走向了
风险理论,"当公司陷于资不抵债之时,公司董事容易采取高风险决策去保
护股东利益,而此时则容易使公司债权人——公司剩余资产索取人,面临
更大的风险"④。

2007 年,特拉华州最高法院改变了董事对债权人负有直接义务的情
形,强调即使是公司处于资不抵债时,董事只是对公司与股东负有信义义
务,但是却首次明确支持公司债权人代表公司对董事提起派生诉讼,因为
当公司资不抵债时,债权人取代公司股东成为公司剩余价值的所有者,公
司债权人此时将由于董事违反信义义务而更容易遭受损失。⑤ 特拉华州
最高法院的这一举措也得到了部分学者的认可,如伊利诺斯大学法学院
Larry E. Ribstein 教授和佛罗里达大学法学院 Kelli A. Alces 教授对此表
示支持。⑥ 但是,这并未改变最终债权人的诉权,只是对信义义务对象做
出了限制,并对债权人诉权行使的原因做出了技术性调整,并未最终改变
债权人诉权的行使。

(三)公司破产阶段资本退出规制的强化

美国自 1800 年就建立了破产法,旨在强化对公司资本退出的规制,以

---

① Geyer v. Ingersoll Publications Co. 621 A. 2d 784 (1992).
② Mehreen Rehman. Directors' Duties To Creditors - Mapping The Twilight Zone, The University of Western Ontario, 2012, p6.
③ Gregory V. Varallo, Jesse A. Finkelstein, Fiduciary Obligations of Directors of the Financially Troubled Company, 48 The Business Lawyer, 239-255(1992).
④ Gregory V. Varallo, Jesse A. Finkelstein, Fiduciary Obligations of Directors of the Financially Troubled Company, 48 The Business Lawyer, 239-255(1992).
⑤ see Gilbert J. Bradshaw, Duty of Care and Duty of Loyalty owed by Directors in Delaware, http://bradshawlawgroup. com/duty-of-care-and-duty-of-loyalty-owed-by-directors-in-delaware.
⑥ Larry E. Ribstein, Kelli A. Alces, Directors' Duties in Failing Firms, 2Journal of Business and Technology Law, 529-553(2007).

更好地保护公司债权人利益。① 1978 年美国《破产法》的修正又进一步推进了对公司资本退出行为的规制，主要体现在以下几个方面。

1. 公平居次原则的正式确立

为了防止公司与股东借助破产程序逃避债务损害债权人利益，美国1978 年《破产法》首次以成文法的形式确立了公平居次原则，尽管并未做出十分具体的规定，只是明确法院可以根据公平居次原则使被索债权顺序居次，但是该制度却对公司债权人利益的保护发挥着重要作用："不仅可以规制那些看似合法但却不公平的行为，而且该制度的灵活性为法院提供了一种有效的救济即通过实际考量将那些根本不可能或不切实际的违法行为归于消灭。"② 上述制度有力地规制着控股股东借助破产程序实施机会主义行为，遏制其通过关联交易转移破产公司资产或者通过提供虚假债权债务等各种欺诈性财产转让方式掠夺公司资产。

2. 实质合并原则的发展

早在 1941 年，美国最高法院就确立了实质合并原则。③ 尽管 1978 年《破产法》并未对其进行任何明确的规定，但并未影响该规则的司法适用，并且相继出现了大量案例。例如，弗吉尼亚地方法院、第二联邦巡回上诉法院以及第十一联邦巡回上诉法院都通过案例的形式对该制度进行了发展，特别是对其具体适用参考因素都进行了十分详细的规定，甚至在司法实践中还出现了一种标准放松化的适用倾向。这对公司破产退出阶段的资本规制发挥着重要影响。④ 实质合并原则的发展对债权人保护的影响不仅体现在对公司及其相关实体的资产集中整合，从而公平地恢复债权人获得清偿的物质基础，而且还体现在该制度能够将潜在的众多纠纷集中在破产程序加以解决，也极大地降低了债权人的维权成本，实现了对债权人高效的事后救济，与公司设立阶段资本行政管制的放松形成了有效的互补与协同效应，所以对债权人保护意义尤其显著。对此，可以从美国迈阿密

---

① see Tamara Ogier, Jack F. Williams, Bankruptcy Crimes and Bankruptcy Practice, 6American Bankruptcy Institute Law Review, 320 (1998).

② Richard A. Booth, Capital Requirements in United States Corporation Law, University of Maryland School of Law Legal Studies Research Paper, 2005, p12.

③ in 1941, the Supreme Court (perhaps inadvertently) announced the birth of the doctrine when it held that the assets of an individual debtor could be "consolidated" with the assets of a corporation to which the individual had fraudulently transferred substantially all his assets. see generally Sampsell v. Imperial Paper & Color Corp., 313 U.S. 215 (1941).

④ see Timothy E. Graulich, Substantive Consolidation ——A Post-Modern Trend, 14merican Bankruptcy Institute Law Review, 527-551(2006).

大学法学院 William H. Widen 教授对该制度功能的评析中获得进一步的了解："在实质合并中,公司集团的众多个别成员的财产被整合在一起,并免除了集团内部债务,所以第三方债权人的诉求能够在破产程序中通过一个单一的共同来源得以满足。"①

3. 对"破产欺诈转让行为"认定规制的强化

"非法隐藏或破坏本来债权人能够有效得到的财产对于公平交易而言是不得人心的,对这类欺诈行为的否决或者撤销是具有代表性的救济措施。"②美国 1978 年《破产法》对此进行了非常有力的规制,主要体现在该法第 547 条与第 548 条的规定当中,其中第 547 条是关于偏颇性清偿的规制,第 548 条关于欺诈转让行为的规制。③ 就欺诈转让行为认定而言,美国 1978 年《破产法》第 548 条从"实际欺诈"与"推定欺诈"两个方面对此进行了规定,尽管早在 1918 年的《统一欺诈交易法》当中就已经对欺诈转让行为进行了规制,并且已经将其类型化为"实际欺诈"与"推定欺诈",但 1978 年《破产法》对欺诈转让行为的规定还是有进一步突破的,正如 Michael L. Cook 教授所说:"认为破产法第 548 条的规定没有任何改变是一种误导。"④这种突破在以下两个方面有着突出的表现:第一,欺诈的边界被进一步拓展。"转让在破产法典第 101 条当中被扩展性地加以界定:包括每一种方式,直接的或间接的,积极的或消极的,绝对的或附条件的,处置或分割财产或者在财产中拥有利益。"⑤"破产法典中关于转让的界定比 1918 年《统一欺诈交易法》中的交易更加宽泛。例如,通过非自愿性的司法程序对扣押置权的实施就可以归入转让的范畴,但不属于《统一欺诈交易法》中交易的范畴。"⑥第二,1978 年《破产法》第 548 条关于"合理对价"的规定取消了受让人必须主观是善意的构成要件,善意是美国 1918 年

---

① William H. Widen, Corporate Form and Substantive Consolidation, 75George Washington Law Review, 238(2007).

② Nancy C. Dreher, Matthew E. Roy, Bankruptcy Fraud and Nondischargeability under Section 523 of the Bankruptcy Code, 69North Dakota Law Review, 57(1993).

③ 参见[美]大卫·G. 爱泼斯坦等:《美国破产法》,韩长印等译,中国政法大学出版社 2003 年版,第 272-448 页。另见李雪田:《我国反破产欺诈法律制度研究》,吉林大学 2010 年博士学位论文,第 54 页。

④ Michael L. Cook, Fraudulent Transfer Liability under the Bankruptcy Code, 17Houston Law Review, 265(1980).

⑤ Michael L. Cook, Fraudulent Transfer Liability under the Bankruptcy Code, 17Houston Law Review, 266(1980).

⑥ Michael L. Cook, Fraudulent Transfer Liability under the Bankruptcy Code, 17Houston Law Review, 267(1980).

《统一欺诈转让法》第 3 条当中关于"合理对价"判断的一个重要条件,也就是说受让人在接受债务人财产转让行为时必须出于善意,"但是 1978 年《破产法》第 548 条取消了这一要求"①,这有助于对破产欺诈转让行为的认定,因为要使主观善意在司法实践中获得证明是一件困难的事情。此外,美国 1978 年《破产法》还减少了对相关欺诈行为认定的复杂性,例如,相对于原破产法的规定,美国 1978 年《破产法》在关于欺诈转让行为的规定中,对"债务""请求"以及"债权人"的意涵都进行了扩展,因此不再需要在欺诈转让条款当中在对这些条款进行特别的界定。② 显然,美国 1978 年《破产法》对破产欺诈转让行为认定的规制更加科学、完善,有助于对各种欺诈转让行为进行比较彻底的规制,有助于更好地防止债务人的破产欺诈行为,进而更好地保护公司债权人的公平受偿权。

第二节　英国公司资本规制发展历史分析

英国公司资本规制的发展也经历了一个长期的历史进程,其正式立法最早可追溯至 1844 年的《合股公司法》,直到 2006 年英国《公司法》修正,其间历经了 100 多年的发展,时至今日,英国《公司法》依然保留着对股份有限责任公司法定最低注册资本制度要求以及现物出资的强制验资程序要求,也就是说其对股份有限责任公司资本运行的行政管制色彩依然显著,但是其发达的董事信义义务制度也为公司债权人的利益保护提供了非常灵活的司法救济。因此,对英国公司资本规制的分析,同样有助于推进我国公司法资本规制制度体系的完善。尽管在英国历史上公司法不断修正,但是影响较大、更具代表性的主要是 1855 年《有限责任公司法案》、1985 年《公司法》以及 2006 年《公司法》,其中 1855 年《有限责任公司法案》确立了有限责任制度,1985 年《公司法》则是起着良好的承继作用,学界对其价值给予了高度评价。英国肯特大学法学院 Clive M. Schmitthoff 教授认为:"在 1985 年《公司法》颁布前,英国关于公司法的成文法规被包含于不少于 8 个横跨了 40 多年的立法当中。1985 年《公司法》则把这些分散的

---

① Michael L. Cook, Fraudulent Transfer Liability under the Bankruptcy Code, 17 Houston Law Review, 265(1980).

② see Michael L. Cook, Fraudulent Transfer Liability under the Bankruptcy Code, 17 Houston Law Review, 267(1980).

立法合并在了一起,已经没有必要再去探究以前的立法了。"①2006 年《公司法》则确立了"声明资本制"②,并将董事信义义务制度法典化,将 1985年《公司法》进一步推向现代化。英国杜伦大学法学院 Roman Tomasic 教授对该法给予了高度评价:"英国 2006 年《公司法》的颁布是英国公司法历史上的一个重大发展。"③

一、公司资本规制立法的初始发展:以 1855 年《有限责任法案》的颁布为标志

英国公司资本规制是伴随着对股东有限责任制度的确认而逐步发展的,分析英国公司资本规制的历史发展,离不开对有限责任制度立法的探究。1855 年《有限责任法案》(*The Limited Liability Act*)的颁布是英国公司资本规制初步确立的一个重要事件,伴随着该法案对有限责任制度的确立,英国也逐步推进着公司资本规制的制度建设。

英国最初的公司资本规制立法可以追溯至 1844 年的英国《合股公司法》(*The Joint Stock Companies Act*),该法主要确立了三项原则:第一,股东与公司相分立,公司的成立至少需要 25 名以上股东;第二,公司必须经过登记而成立;第三,公司必须奉行信息公开原则以防止欺诈。可见 1844年英国通过的《合股公司法》以立法形式确认了合股公司的法人资格,并且为了更好地保护公司债权人利益,该法明确要求防止欺诈,并初步构建了信息披露制度,包括股东构成、生产情况以及经过审计的资产负债表都必须进行登记。④ 萨塞克斯大学法学院 Harry Rajak 教授对该法进行了高度评价:"该法为建立公司法人组织的简要行政登记程序建立了管辖权,并在

---

① Clive M. Schmitthoff, UK Companies Legislation of 1985, 22Common Market Law Review, 673(1985).

② 公司法学者黄辉教授将英国 2006 年《公司法》资本规制改革称为"声明资本制",他的这种观点也被公司法学者王文宇教授、西北政法大学郭富青教授等采用。具体参见黄辉:《现代公司法比较研究——国际经验及对中国的启示》,清华大学出版社 2011 年版,第 85 页;王文宇:《简政繁权——评中国大陆注册资本认缴制》,《财经法学》2015 年第 1 期,第 54 页;郭富青:《我国封闭型公司的新选择:折中声明资本制》,载王保树:《中国商法年刊》,法律出版社 2014年版,第 123 页。

③ Roman Tomasic, Company Law Modernisation and Corporate Governance in the UK - Some Recent Issues and Debates, 1Victoria University Law and Justice Journal, 45(2011).

④ see Josephine Maltby, UK joint stock companies legislation 1844-1900: accounting publicity and "mercantile caution"5Accounting History, 10(1998).

英国开启了大规模商业公司设立的历史。"①

尽管 1844 年《合股公司法》对英国公司法建立的历史意义不可否认,但是该法对经济发展的推动功能仍然受到较大限制,因为"该法虽然为投资者提供了利用公司进行业务经营的实体组织形式,但是却并未赋予公司股东有限责任特权"②,"该法案不允许公司脱离股东进行独立的破产和清算"③,这说明该法案并未降低投资者的无限责任风险,对股东投资形成抑制,并影响着整个国家经济的发展。同时,银行公司并不适用 1844 年《合股公司法》,而是适用于另一独立立法,其成员并不要求是 25 人以上,有 6 人即可,但是银行公司必须满足最低注册资本要求而且必须实际缴付。④为了解决上述分歧,格雷斯顿(Gladstone)大法官提出了一项新的议案,并被其继任者成功通过,这就是 1845 年的《公司条款合并法案》(*The Companies Clauses Consolidation Act*),该法案确立了统一的公司成立条件。美国学者 Frank Evans 教授指出,"该法确立了一种有限责任制度"⑤,即公司股东对债权人以其出资承担有限责任。"该法第 36 条规定,如果公司资产被用以偿付公司债务,但是公司资产却不足以偿付公司债务,那么任何一个公司股东都应在其尚未缴付的出资范围内对公司债务承担责任。"⑥同时,"该法第 37 条则规定,如果任何股东在执行中支付了超过其认缴出资的款项,公司董事应当从公司财产中给予偿还。"⑦通过该法第 36 条与第 37 条的规定,可以看出《合股公司法》实际上赋予了股东有限责任权利,以其出资对公司债权人承担赔付责任。同时,在公司设立实践以及司法实践当中,股东有限责任制度也在不断发展,例如,"一些股东坚持通

① Harry Rajak, Company Law, Limited Liability, and the Small World of Directors' Negligence, 7Studies in International Financial, Economic, and Technology Law, 120(2005)

② Harry Rajak, Company Law, Limited Liability, and the Small World of Directors' Negligence, 7Studies in International Financial, Economic, and Technology Law, 120(2005).

③ Harry Rajak, Company Law, Limited Liability, and the Small World of Directors' Negligence, 7Studies in International Financial, Economic, and Technology Law, 120(2005).

④ see Paul L. Davies, Gower's Principles of Modem Company Law, London Sweet & Maxwell, 1997, p39.

⑤ Frank Evans, Evolution of the English Joint Stock Limited Trading Company, 8Columbia Law Review, 349 (1908).

⑥ Frank Evans, Evolution of the English Joint Stock Limited Trading Company, 8Columbia Law Review, 349 (1908).

⑦ Frank Evans, Evolution of the English Joint Stock Limited Trading Company, 8Columbia Law Review, 349 (1908).

过与债权人签订个人合同以限制其责任承担"①，并且"法院认为，股份公司与债权人的合同中所包含的标准'有限责任'条款是有效的"②。

为了进一步推进公司立法，"经过长时间的剧烈争论"③，英国终于在1855年通过了《有限责任法案》，该法案确立了股东的有限责任制度，即以其所持有的股份为限对公司债务承担责任，"因此每一个股东的私人财产都被保护，都能够免于诸如被公司董事要求额外增加公司资金以及当公司破产时向债权人偿付公司所欠债务这样的要求"④。同时该法案明确确立了最低注册资本制度，"1855年《有限责任法案》要求公司提供最低20 000英镑资本，每股最低票面价值25英镑，且在公司注册前至少应认缴3/4名义资本，每一股份的1/5为实缴"⑤。但是，由于英国下议院（The House of Commons）的反对，"英国政府先是将最低资本由20000英镑下调到10000英镑，将每股最低面值由25英镑下调到20英镑，最后由于担心下议院的分裂，又直接废除了最低资本要求并将每股最低面值定下调为10英镑，但是保留了公司注册前至少应认缴3/4名义资本以及每一股份的1/5为实缴的规定"⑥。为了应对上述注册资本制度的变化，英国上议院（The House of Lords）又增加了相关限制，例如，公司设立协议至少要有25个股东来执行，这样就使得公司资本最低为250英镑；公司董事将对所有公司债务承担连带责任，如果他们在明知公司失去清偿能力的情形下分配股利，或者他们分配股利的行为导致公司失去清偿能力。⑦ 同时，为了更好地保护公司资本，"该法案禁止公司向任何股东提供借款"⑧。

综上，英国1855年《有限责任法案》最初确立了以最低注册资本为标志的严格事前管制制度，尽管由于英国上议院与下议院之间对公司最低注

---

① Dr Saleem Sheikh, A Guide to the Companies Act 2006, Routledge-Cavendish, 2008, p12.

② Dr Saleem Sheikh, A Guide to the Companies Act 2006, Routledge-Cavendish, 2008, p12.

③ Harry Rajak, Company Law, Limited Liability, and the Small World of Directors' Negligence, 7Studies in International Financial, Economic, and Technology Law, 120(2005).

④ Harry Rajak, Company Law, Limited Liability, and the Small World of Directors' Negligence, 7Studies in International Financial, Economic, and Technology Law, 118(2005).

⑤ Walter Horriwtz, Historical Development of Company Law, 62Law Quarterly Review, 379 (1946). 同时参见蒋大兴：《质疑法定资本制改革》，《中国法学》2015年第6期，第140页。

⑥ see Walter Horriwtz, Historical Development of Company Law, 62Law Quarterly Review, 380 (1946).

⑦ see Walter Horriwtz, Historical Development of Company Law, 62Law Quarterly Review, 380 (1946).

⑧ Walter Horriwtz, Historical Development of Company Law, 62Law Quarterly Review, 379 (1946).

册资本的不同主张,最后取消了最低注册资本制度,但是由于保留了每股最低 10 英镑的限制,以及至少 25 个股东的人数限制,其实质是将公司最低注册资本限制在了 250 英镑,可以说该法案对公司最低注册资本数额进行了间接性规定。① 同时,该法案对董事的股利分配责任也进行了严格的规定,对公司向股东贷款行为进行了严格的禁止。这些规定都是体现着法定资本制度对债权人的保护,尽管该法案存在时间不长,但在英国公司法的发展历史中却影响重大。尽管该法案确立的是一种折中授权资本制模式,要求公司在设立时只需认缴 3/4 名义资本即可,但是也体现出了严格的事前管制思维,特别是该法案最初将最低注册资本确定为 20000 英镑的规定,体现得更为突出。北京大学法学院蒋大兴教授针对这一规定做出评论:"此乃典型的事前规制的法定资本思维。"②

二、公司资本规制立法的重要推进:以英国 1985 年《公司法》改革为中心

尽管英国公司法在历史上历经多次修正,但是英国 1985 年《公司法》对法定资本的规制具有非常突出的影响,正如牛津大学法学院 Jennifer Payne 教授所言,在 2006 年《公司法》实施之前,英国成文法中的法定资本规则主要源自英国 1985 年《公司法》。③ 英国肯特大学法学院 Clive M. Schmitthoff 教授则对该法给予了更高评价:"在 1985 年《公司法》颁布前,英国公司法的成文法规则被包含于不少于 8 个横跨了 40 多年的立法当中。1985 年《公司法》则把这些分散的立法合并在了一起,已经没有必要再去探究以前的立法了。"④所以,研究英国公司资本规制时,必须对 1985 年《公司法》进行分析,当然,该法对公司资本规制的推进,还得益于董事对债权人信义义务制度的案例法发展以及 1986 年《破产法》对资本退出行为严格规制的协同性实施。

(一)对私人有限公司资本的主要规制

英国 1985 年《公司法》对私人有限责任公司设立阶与经营阶段资本形

---

① see Walter Horriwtz, Historical Development of Company Law, 62Law Quarterly Review, 380 (1946).

② 蒋大兴:《质疑法定资本制改革》,《中国法学》2015 年第 6 期,第 138 页。

③ Jennifer Payne, Legal Capital and Creditor Protection in UK Private Companies, 5European Company Law, 220(2008).

④ Clive M. Schmitthoff, UK Companies Legislation of 1985, 22Common Market Law Review, 673(1985).

成的规制相对较为宽松,但是依然能够体现出较强的事前行政管制色彩,特别是对经营阶段的资本维持依然较为严格。牛津大学法学院 Jennifer Payne 教授对此给予了评析:"尽管该法做出了一些缓和,但是对私人有限公司资本维持的行政管制依然强烈。"①

1. 设立阶段资本规制

相对于股份有限责任公司(公众公司),英国 1985 年《公司法》对私人有限公司设立阶段的资本规制较为宽松,不仅没有最低注册资本要求,而且也没有对非货币出资强制专家估值程序要求,只是禁止股票的折价发行,即要求不得低于票面价值发行股份。

首先,不设最低注册资本要求。相对于欧盟对资本规制的严格要求,英国 1985 年《公司法》并未对私人有限责任公司做出最低资本强制要求。② 当时英国作为欧盟成员国要遵守欧盟《公司法第二指令》(*The Second Company Law Directive*)的相关要求,而对于私人有限公司,欧盟《公司法第二指令》并未直接就其最低资本做出强制要求,而是将其限制权交给了各个成员国。与其他许多成员国不同,英国并未对私人有限公司做出最低资本要求。③ 这种规定主要是为了降低有限责任公司进入门槛,促进有限责任公司的发展,以带动整体国家经济的发展。

其次,禁止股份的折价发行。英国 1985 年《公司法》第 100 条要求私人有限公司与股份有限责任公司(公众公司)不能以低于票面价值的价格发行股份,也就是说尽管是私人公司,但是其股份发行也必须是等于或者大于其面值,这有助于公司债权人对其私人公司资本的形成进行准确的判断,避免由于实际发行价格与票面价值不符而产生误解。

最后,允许非货币出资。将对非货币出资的价值判断交给公司董事,由公司董事对其进行商事价值判断。④ 非货币出资,可能由于对其估值过高而导致股东出资不足,进而变相造成股份的折价发行,这会损害公司资本充实原则,也会对债权人利益造成严重影响,因为债权人会因此对公司

---

① Jennifer Payne, Legal Capital and Creditor Protection in UK Private Companies, 5European Company Law, 221(2008).

② see Companies Act 1985, ss. 11, 118 (minimum capital requirement stated to apply only to public companies).

③ see Companies Act 1985, ss. 11, 118 (minimum capital requirement stated to apply only to public companies).

④ see Payne, Jennifer, Legal Capital and Creditor Protection in UK Private Companies, 5European Company Law, 221(2008).

设立时筹集的资本价值做出误判。但是英国 1985 年《公司法》将对非货币出资的价值判断交给了公司董事,由董事来进行商事判断,这在一定程度有助于提高非货币出资判断的效率,降低公司设立成本。但是,有学者对此提出了质疑:"这与股份发行的最低面值价格保持一致的原则发生矛盾,因为允许私人公司进行非货币出资,但是却没有严格要求该财产的价值与发行股份的面值价格相吻合。"①

2.经营阶段资本规制

英国 1985 年《公司法》对私人有限公司在经营阶段的资本规制依然较为严格,这主要体现在以下几个方面。

首先,股利分配的严格限制。英国 1985 年《公司法》对经营阶段的资本规制较为宽松,虽然资本分配限制条款依然适用于私人有限责任公司,②但是限制的方式趋于放松管制化倾向,"例如允许私人有限责任公司的股份回购,私人公司已经允许通过股份回购方式向股东返还资本,这取决于董事是否有能力宣布该公司将在 12 个月内保持偿付能力"③。"因此,公司法定资本的基本制度架构依然保存在私人有限责任公司的立法规制中,只是对私人有限责任公司向股东返还股本的限制将取决于公司的清偿能力而不是以资本为标准。"④

其次,公司减资的严格限制。英国 1985 年《公司法》第 136 条规定,如果公司要减资,必须向法庭进行申请,公司债权人有权利在法庭确定的时间提出异议;该法第 137 条规定,法院有权则根据具体情况来决定是否允许公司减资。英国 1985 年《公司法》对减资的规定是对传统公司法的继承,"自 1867 年以来,英国公司法就要求公司减资必须经过公司特别决议的授权以及法院的批准,其中还包括对债权人的保护规定"⑤。这种对减资的严格限制有助于抑制公司非法降低资本,更好地保护公司债权人权益。

---

① John Armour, Share Capital and Creditor Protection: Efficient Rules for a Modem Company Law, 63The Modern Law Review, 364(2000).

② John Armour, Legal Capital: an Outdated Concept?, 5European Business Organization Law Review, 11(2006).

③ John Armour, Legal Capital: an Outdated Concept?, 5European Business Organization Law Review, 9(2006).

④ John Armour, Legal Capital: an Outdated Concept?, 5European Business Organization Law Review, 11(2006).

⑤ Paul Davies, Jonathan Rickford, An Introduction to the New UK Companies Act: PartII, 5European Company and Financial Law Review, 266 (2008).

最后,财务援助的禁止。英国 1985 年《公司法》第 151 条和第 152 条对包括私人公司与公众公司在内的财务援助给予了一般性的禁止,目的在于防止公司通过财务援助的方式给予特定股东支持或者向特定股东转移财产,进而防止侵害公司资本并对债权人利益造成侵害。剑桥大学法学院 John Armour 教授指出:"1985 年《公司法》第 151 与第 152 条对借助公司的财务援助而获取公司股份的行为实施了严格的禁止。"①因为"这被看作一种间接的股本返还行为,原股东(收购人之外的原来股东)以损害债权人利益为代价进行套现,因此这一条款被普遍地看作资本维持的体系的一部分"②。

(二)对股份有限责任公司(公众公司)资本的主要规制

英国 1985 年《公司法》对股份有限责任公司(公众公司)资本规制的强化主要通过以下几个方面进行。③

1. 设立阶段的资本规制

首先,严格的最低资本规制。英国加入欧盟之前,对股份有限责任(公众公司)并没有最低授权资本或者最低发行资本的要求,最低资本要求是应欧盟《公司法第二指令》而做出的立法规制。④ 英国 1985 年《公司法》要求设立股份有限责任公司(公众公司)的最低资本为 5 万英镑,并且首期实缴出资额不得低于 1/4,该标准高于欧盟 2.5 万欧元的最低注册资本要求。同时该法规定:"如果在公司经营过程中公司的净资产低于已经催缴股本的一半,公司需要召开股东会议以商议是否应当采取步骤、如何采取步骤去解决这个问题。"⑤"这些规则与非现金出资的专家估值规则连在一起共同构成一个保护债权人的制度系统。它们能够确保对债权人的保护在一个被股东提供的最低资本水平之上,并且如果由于某些原因公司资本低于特定的门槛水平,公司应当采取措施应对这种情形。"⑥

其次,严格的股份发行价格规制。对股份发行进行严格的控制是英国

---

① John Armour, Share Capital and Creditor Protection: Efficient Rules for a Modem Company Law, 63The Modern Law Review, 368(2000)

② John Armour, Share Capital and Creditor Protection: Efficient Rules for a Modem Company Law, 63The Modern Law Review, 368(2000).

③ see John Armour, Share Capital and Creditor Protection: Efficient Rules for a Modem Company Law, 63The Modern Law Review, 366(2000).

④ Sandra Ax, Legal Capital, Creditor Protection & Efficiency? School of Economics and Commercial Law of Göteborg University Master Thesis, 2004, p20.

⑤ Companies Act 1985, s s142.

⑥ E. Ferran, Creditors' Interests and 'Core'Company Law, 20Company Lawyer, 316(1999).

1985 年《公司法》的一个重要资本规制路径,这一内容反映在该法第 100 条规定上:公司股票不得以低于其面值的价格发行,面值是每个发行股份的名义数额,所有的股份数乘以面值就是公司的总资本数额。如果股份发行价格超过了面值,超过部分将作为"资本收益"。对股份发行价格的限制原理与前文针对私人公司股份发行价格的规制相同,都是为了尽力确保公司名义资本与实收资本的吻合,防止对资本充实原则的损害,这有助于保护债权人利益。

最后,强制估值程序要求。与对私人公司非货币出资的要求不同,该法第 103 条与第 105 条对股份有限责任公司的非货币出资进行了更加严格的要求:如果股东以非现金的方式出资,必须由一个独立的专家组对其价格进行评估。① 这一规定是为了满足欧盟《公司法第二指令》关于非货币出资估值的要求而设立的,这种独立的专家组评估模式不仅排除了股东之间对非货币出资的协议价值认可,而且也排除了公司董事对股东非货币出资价值的商业判断,有助于保障非货币出资价值的客观性与真实性,从而更好地保证公司资本充实原则的实现。

2. 经营阶段的资本规制

首先,严格的股利分配规制。资本维持原则是公司法资本制度的重要原则,无论是在法定资本制下,还是在认缴资本制下,资本维持原则都具有重要意义。"这一点是非常容易理解的,资本维持原则是一个降低股东缔约后机会主义行为的重要工具。"②英国 1985 年《公司法》尤其注重对资本维持原则的规制,以期更好地保护公司债权人利益,而且资本维持原则在英国有着悠久的历史,"早在 19 世纪末期,资本维持原则就被法官明确地看作防止公司债权人因股东有限责任而遭受意外风险的工具"③。Jessel M. R. 法官在 1882 年一次裁判中对此给予了如下解释:"因此,我可以说,债权人之所以对公司给予信贷支持,是因为其相信公司只会将资本用于商业性的目的,所以债权人有权要求公司维持它的资本而不能将其返还给股东。"④1985 年英国《公司法》对股份公司资本维持原则规定的关键条款是第 263 条,该条禁止任何将公司资产向股东进行分配的行为,除非用于分

---

① Companies Act 1985, ss 103, 108.

② John Armour, Share Capital and Creditor Protection: Efficient Rules for a Modern Company Law, 63 The Modern Law Review, 367 (2000).

③ John Armour, Share Capital and Creditor Protection: Efficient Rules for a Modern Company Law, 63 The Modern Law Review, 367 (2000).

④ Re Exchange Banking Company, Flitcroft's Case (1882) 21 ChD 518, 533-534.

配的资金少于公司当前的可得利润,而且为了保持这一规定的严密性,资本维持规则包含了各种各样的向股东提供的低于市场价格的资产转移,"包括股份回购行为、以获取公司自身股份为目的的财务资助以及公司与其成员之间的任何低于市场价值的交易"①,"分配的界定非常宽广,包括公司对股份的回购或者赎回"②。

其次,公司减资的严格规制。英国 1985 年《公司法》对股份有限责任公司(公众公司)减资的规制与私人有限责任公司的规制是相同的,一样受到法庭的司法审查,债权人则有权提出异议,最终由法庭决定是否允许减资。法庭裁决的目的还是在于保障公司减资的正当性,因为公司控制股东可能通过公司减资行为谋求个人利益,此时单纯依靠公司自身的特别决议难以保障债权人利益,所以需要强化司法审查。司法审查是强化债权人利益保护的重要路径,正如美国耶鲁大学法学院 Charles C. Callahan 教授所言:"如果公司减资的目的是使股东从公司撤回出资,那么没有理由不为公司债权人提供更好的保护。"③

最后,严格的财务援助规制。英国 1985 年《公司法》第 151 条和第 152 条对公司的财务援助做出了一般性规制,这种规制旨在预防对公司资本的不正当侵蚀,其最基本的限制就是任何财务援助都不能损害公司的净资产,即使公司是拥有可分配利润。④ 例如,以获取股权控制为目的的负债收购被称为杠杆收购(LBO),从事杠杆收购行为的购买者可通过各种方式利用目标公司的资产和信誉来获取融资,财务援助这种违反资本维持规则的方式只是其中之一。但是所有这些融资方式都有可能损害原有债权人的利益,因为向负债累累的收购者提供贷款,实际上是典型的资产置换,把公司的资产置换成风险指数更高的资产,或者目标公司努力去获取借款然后再借贷给收购人或者直接为收购人的债务提供担保,这些方式都会稀释原有债权人的债权偿还。⑤

---

① John Armour, Legal Capital: an Outdated Concept?, 7European Business Organization Law Review, 9(2006).

② John Armour, Share Capital and Creditor Protection: Efficient Rules for a Modem Company Law, 63The Modern Law Review, 366 (2000).

③ Charles C. Callahan, Statutory Protection of Creditors in Reduction of Capital Stock, 2Law Journal of the Student Bar Association Ohio State University, 232(1936).

④ Companies Act 1985, ss 152(l)(a)(iv) 152(2).

⑤ see A. Schwartz, A Theory of Loan Priorities, 18The Journal of Legal Studies, 256(1989).

(三)案例法中董事对债权人信义义务制度的规范

英国 1985 年《公司法》未明确董事对债权人承担信义义务制度,但是该制度在英国案例法中得到了非常充分的应用,这对债权人保护发挥着极其重要的作用。在英国 1985 年《公司法》颁布前,董事对债权人信义义务制度就已经在英国案例法中予以实施,英国最先记载董事对债权人承担信义义务的案例是 1980 年发生的"Lonrho Ltd. v. Shell Petroleum Co. Ltd."案。在该案中,Lord Diplock 法官强调:"董事有义务服务包括债权人在内的那些利益群体,而不是专门为股东的利益服务。"①英国 1985 年《公司法》颁布后的司法案例则进一步推进了董事对债权人信义义务制度的发展,许多判例都支持了董事对债权人承担信义义务的承担,例如 Street J. 法官在 1986 年的"Kinsela v. Russell Kinsela Pty Ltd."一案中明确说明:"当公司失去清偿能力之时,债权人有权对公司主张利益,并且债权人能够取代公司股东,进而有权利去要求董事在处理公司资产进行交易之时充分考量他们的利益,因为就现实意义而言,公司此时的资产是债权人的资产。"②在 1987 年的"Brady v. Brady"一案中,Nourse J. 法官进行了更加具体的阐释,他强调:"当公司失去清偿能力或者有可能失去清偿能力之时,公司在现实中的利益只能是债权人自己的利益,而不包括股东。"③也就是说,当公司失去清偿能力或者可能失去清偿能力之时,董事只对债权人承担信义义务,债权人是董事信义义务的唯一权利主体。尽管在后续的诸多案例中,也存在着一些细节上的争论,例如董事是否应当对债权人承担直接的信义义务、债权人的范围如何确定、董事义务的承担是由客观标准还是主观标准加以评判等等相关争议,但是董事对债权人承担信义义务的价值观念还是得到了司法裁决的充分肯定,对董事决策中的道德风险与机会主义行为的遏制产生了重要的威慑作用。

(四)破产阶段资本弱化行为的严格规制

英国 1986 年《破产法》对资本规制的有效规范与英国 1985 年《公司法》形成了有效的协同,该法从公司破产阶段对资本弱化行为进行了详细的规制。具体可以划分为以下四个类别:第一,对错误性交易行为的规制,

---

① John Armour, Legal Capital: an Outdated Concept?, 7European Business Organization Law Review, 15(2006).

② West Mercia Safetywear, [1988] B. C. L. C. at 253 (quoting Kinsela, 4 N. S. W. L. R. at 730).

③ [1987] 3 B. C. C. 552(C. A.)(Eng.).

主要体现在 1986 年《破产法》第 214 部分,强调如果董事在破产程序开始前的某一段时间知道或者应当知道公司将会不可避免地进入破产清算程序,但还是与债权人进行交易,此时其违反信义义务,应当对债权人给予赔偿。第二,对低于合理对价交易行为的规制,该规定主要体现在 1986 年《破产法》第 238 条,如果公司在破产清算或者重整前的某一相关时间内进行了一个低于合理对价的交易,法院可以颁布命令对此予以撤销,就如同该交易从来没有发生过。这一规定对于恢复破产人的财产,保护公司债权人利益无疑具有重要功能。例如,向股东进行分配在英国立法中即被视为无偿交易①,"因此法院可以撤销公司在已经失去清偿能力或者将导致公司失去清偿能力的股利分配,就如资本回报没有能够通过偿付能力测试一样"②。第三,对偏颇性交易行为的规制,该规定主要体现在 1986 年《破产法》第 239 条,如果债务人向某个债权人提供了比破产清算程序更好的条件去获得赔偿,该项偿如果发生在破产清算前 6 个月内,将被撤销,如果是与公司有关的人员或机构,时间将会限制在破产清算前 2 年之内。第四,对欺诈性交易行为的规制,该规定主要体现在 1986 年《破产法》第 213 条及第 423 条,前者只适用于破产清算程序,后者的适用范围更加广泛,例如债权人对该交易的撤销权并不局限于公司失去清偿能力时的行为;对该行为的撤销没有发生时间上的限制;任何债权人均可以对此提起诉讼。③

三、"声明资本制"模式的确立④:英国 2006 年《公司法》改革的继续推进

英国早在 1998 年就开始了对 1985 年《公司法》进行改革的启动程序,当年英国贸易工业部成立了公司法审查指导小组(The Company Law Review Steering Group),负责全面提出公司法修改意见,该小组自 1999 年起相继发布了关于推进公司法改革的战略性框架、发展框架以及完善结

---

① Wigan Coal and Iron Co Ltd v. IRC [1945] 1 All ER 392.
② John Armour, Legal Capital: an Outdated Concept?, 7European Business Organization Law Review, 10(2006).
③ Donna W. McKenzie-Skene, Directors' Duty to Creditors of a Financially Distressed Company: A Perspective from Across the Pond, 1Journal of Business & Technology Law, 524(2007).
④ 公司法学者黄辉教授将英国 2006 年《公司法》资本规制改革称为"声明资本制",他的这种观点也被王文宇教授、郭富青教授等采用。具体见黄辉:《现代公司法比较研究——国际经验及对中国的启示》,清华大学出版社 2011 年版,第 85 页;王文宇:《简政繁权——评中国大陆注册资本认缴制》,《财经法学》2015 年第 1 期,第 54 页;郭富青:《我国封闭型公司的新选择:折衷声明资本制》,载王保树:《中国商法年刊》,法律出版社 2014 年版,第 123 页。

构等一系列文件,并在 2005 年公布了《公司法改革——白皮书》。2006 年 11 月 8 日,公司法改革法案获得皇家审批。① 针对这次公司资本制度的改革内容,学界将其称为由授权资本制走向声明资本制的改革,其总体思路是放松设立阶段资本行政管制,强化经营阶段资本流转规制,但是对私人有限责任公司而言,其经营阶段的资本流转规制则在多个方面进行了放松化修正(具体内容在强化经营阶段资本流转规制的注释中予以介绍)。

(一)设立阶段资本管制的进一步放松

通过增强公司资本规制的效率进而推进商业交易的便捷发展是此次英国公司法修正的重要根源,公司法审查指导小组在 2001 年 7 月关于英国公司法改革的最终报告中强调,公司法的最新改革和现代化应是通过创造一个在国内与国际市场均具有竞争性的公司运行环境,推动企业发展和提高英国商业发展的吸引力,为此需要推进公司法制度改革,其中一个重要体现就是要最小化行政干预。② 上述改革思想在 2006 年《英国公司法》对设立阶段资本规制管制中有着鲜明的体现,具体体现在以下几点。

1. 公司登记制度的变化

1985 年《公司法》要求公司备忘录中必须标明公司的名称及其责任的限制、股份数额及其计价,而 2006 年《公司法》则只要求载明认购人的设立意愿,股份公司同意每人至少获取 1 股即可,其他事项无须载明。这种登记制度变得更加简洁、明晰,而且更多地体现着股东与公司管理者的登记意愿,有助于提高公司设立效率。这种改革非常鲜明地反映了公司法审查指导小组所提出的修订建议:"公司法的修正应当是为了提供一个简洁、高效而且经济性的法律框架,以更好地推进商业活动的实施"③,并且其核心之一就是"允许组织和管理企业的人员获得最大限度的自由和灵活性"④。

2. 废除"授权资本"的概念

1985 年《公司法》要求在公司设立时必须在章程中载明公司可发行最高股份限额,发行新股则需要以授权资本为基础,但是 2006 年《公司法》取消了授权资本制,而是代之以声明资本制,即公司设立只需在章程中声明

---

① 参见葛伟军:《英国 2006 年公司法》,法律出版社 2017 年版,第 2-3 页。

② see Paul Davies, Jonathan Rickford, An Introduction to the New UK Companies Act, 5European Company and Financial Law Review, 50-51(2008).

③ Arad Reisberg, Corporate Law in the UK After Recent Reforms: The Good, the Bad, and the Ugly, 63Current Legal Problems, 325(2010).

④ Arad Reisberg, Corporate Law in the UK After Recent Reforms: The Good, the Bad, and the Ugly, 63Current Legal Problems, 325(2010).

发行资本总额,并一次性发行完,由股东认购即可,而董事会在公司存续期间有权自主决定发行股份数量,不再受章程所定资本总额限制。① 声明资本制将新股的发行决定权直接赋予了公司董事会,不仅提升了公司发行新股的效率,降低了公司融资成本,而且克服了授权资本制在债权人保护中的弱点:第一,如果公司经营陷入困难,需要的股份融资数额超过公司章程规定的授权数额,则需要召开股东大会而对公司章程规定的授权数额进行修改,这可能会延长公司的财务困境,增加公司破产的风险,危及公司债权人债权的偿还;第二,股东大会的召开也需要成本,这种负担可能进一步削弱公司财务状况,进而影响到公司债务的清偿。

(二)经营阶段资本规制的进一步强化②

相对于 1985 年《公司法》,2006 年《公司法》在总体上继续强化公司经营阶段的资本规制,以期更好地保护债权人利益。具体强化措施主要体现在以下三个方面。

1.完善董事信义义务制度

对公司董事行为的规范是英国公司治理体系的一个重要内容,"董事行为主要通过以普通法(案例法)、成文法(主要是《公司法》,但不限于该法)以及自愿行为守则三种方式加以规制"③,其中对董事信义义务的规制在 2006 年《英国公司法》修订之前主要是通过普通法(案例法)加以规制的,但是也有许多专家学者、立法人员以及法官支持董事信义义务的法典化,所以关于是否将董事信义义务法典化一直存在争议,英国上诉法官 Arden Dbe 明确指出:"是否应当将董事信义义务法典化已经成为英国一个争议了 100 多年的议题。"④

---

① 参见郭富青:《我国封闭型公司的新选择:折中声明资本制》,载王保树:《中国商法年刊》,法律出版社 2014 年版,第 123 页。

② 这里需要说明的是,针对私人有限责任公司的资本维持改革不仅是强化相关规制,而且还伴随着多个方面的放松化规制,具体的放松规制主要体现在以下几个方面:第一,不再要求私人有限责任公司必须在公司章程中明晰购买自己股份的授权;第二,私人有限责任公司如果减少注册资本只需董事会做出有偿付能力的声明,而不再需要法院的批准;第三,废除了针对私人有限公司财务资助的限制,允许私人有限公司为购买自己股份的人提供财务资助。see Jennifer Payne, Legal Capital and Creditor Protection in UK Private Companies, 5European Company Law, 223(2008).同见葛伟军:《英国 2006 年公司法》,法律出版社 2017 年版,第 11 页。

③ Arden Dbe, UK Corporate Governance after Enron, 3Journal Corporate Law Studies, 270 (2003).

④ Arden Dbe, UK Corporate Governance after Enron, 3Journal Corporate Law Studies, 273 (2003).

2006 年英国《公司法》终结了上述争议,实现了对董事信义义务的法典化,对其做出了全新规定,这种规定的一个突出表现就是将董事对债权人信义义务的承担考量在内。具体而言,该法在第 172 条从两个不同层面就董事对债权人的信义义务做出了规制,这对于强化公司资本规制、保护债权人权益无疑具有重要价值。第一,强调董事应承担促进公司成功的义务——对董事向债权人承担信义义务的间接性规定。该规定体现在该法第 172 条第(1)款中,该款内容首先要求董事在决策时必须考量促进公司整体的成功,并在第(1)款 C 部分强调,董事在决策时应当考量促进公司与供应商、消费者以及其他人商业关系的需要。这一规定至少以成文法的形式明确了董事对债权人的间接性信义义务,债权人的利益在董事决策行为考量范围之内,因为供货商是公司契约债权人的一个重要构成部分①。爱丁堡大学法学院 Parker Hood 教授在对 2006 年《公司法》信义义务制度进行研究时,对这种间接性义务的规定做出了说明:"有一种情形并没有在2006 年《公司法》第 172 条中被直接强调,但是这种情形依然重要——这就是债权人的位置,尽管提到了'供货商的商业关系'②,但只是间接性地涉及债权人。"③第二,强调董事在特殊情形下应考量债权人利益——对董事向债权人承担信义义务附条件的直接性规定。2006 年《公司法》第 172条第(3)款强调:该法第 172 条第(1)部分所规定的董事义务,服从于要求董事在某些特殊情形下(in certain circumstances)考量或者按照债权人利

---

① Kathleen van der Linde, The Regulation of Conflict Situations Relating to Share Capital, 21South African Mercantile Law Journal, 47(2009).

② 英国 2006 年《公司法》第 172 条第(1)部分对董事信义义务做出了如下规定,其中第(C)项中规定了供货商的商业关系(business relationships with suppliers)。该部分具体规定如下:Section 172(1) of the CA 2006 provides as follows:A director of a company must act in the way he considers, in good faith, would be most likely to promote the success of the company for the benefit of its members as a whole, and in doing so have regard (amongst other matters) to:

(a) the likely consequences of any decision in the long term, (b) the interests of the company's employees, (c) the need to foster the company's business relationships with suppliers, customers and others, (d) the impact of the company's operations on the community and the environment, (e) the desirability of the company maintaining a reputation for high standards of business conduct, and (f) the need to act fairly as between members of the company.

具体参见 Parker Hood, Directors' Duties under the Companies Act 2006:Clarity or Confusion, 13Journal of Corporate Law Studies, 22(2013).

③ Parker Hood, Directors' Duties under the Companies Act 2006:Clarity or Confusion, 13Journal of Corporate Law Studies , 22(2013).

益行事的任何公司法规则或制度的要求。"所以,公司债权人被实质性地提到了,尽管是在第 172 条第(3)部分而不是在第 172 条第(1)部分。"①显然这对于债权人保护具有重要意义,因为"显然这种规定给了董事一个指引:他应当如何在决策中回应债权人利益与股东利益的平衡,尽管合理的平衡这一概念是很模糊的。"②当然,这种直接性的规定只是强调了在特殊的情形之下,其目的在于不影响董事合理的商业决策,防止董事在做出合理商事决策时过于保守。尽管是对董事向债权人承担信义义务附条件的直接性规定,但也表明了立法对董事向债权人承担信义义务的态度。正如 Parker Hood 教授所言,"这意味着现在至少已经被隐含地接受,即根据这一法律规则,董事的信义义务并非固定不变的,当公司有失去清偿能力的可能时,董事就应当对债权人承担信义义务"③。

2. 系统性地拓展信息披露规制

信息披露是推进公司资本规制的重要路径,英国 1844 年《合股公司法》(the Joint Stock Companies Act)就开始建立信息披露制度,英国 1929 年《公司法》改革的重点也曾是强化信息披露制度,英国 2006 年《公司法》改革的重点之一仍是推进公司信息披露制度,公司法审查指导小组在其公司法改革报告中明确强调:公司法改革的一个关键方向就是推进信息披露的技术化。④ 为此,英国 2006 年《公司法》推进了电子信息披露制度的实施并赋予了债权人公司信息查询权。

首先,拓展电子信息披露范围。1985 年《公司法》强调只有诸如公司年度报告等特殊类型的文件允许使用电子报告方式,其他信息应以文件或信件的方式进行披露。2006 年《公司法》对此做出修订,允许公司所有的文件都可以通过其电子邮件或者网站为主的电子方式加以公布,例如"公司应在网站上公布年度计划和最后的财务成果和报告,以及应在网上公布股东大会的表决结果"⑤。这不仅有利于降低公司的运营成本,而且对债

---

① Parker Hood, Directors' Duties under the Companies Act 2006: Clarity or Confusion, 13Journal of Corporate Law Studies, 25(2013).

② Iman Anabtawi, Lynn Stout, Fiduciary Duties for Activist Shareholders, 60Stanford Law Review, 1257(2008).

③ Parker Hood, Directors' Duties under the Companies Act 2006: Clarity or Confusion, 13Journal of Corporate Law Studies, 24(2013).

④ See Arad Reisberg, Corporate Law in the UK After Recent Reforms: The Good, the Bad, and the Ugly, 63Current Legal Problems, 325(2010).

⑤ 李霖:《英国公司法的新近改革——英国 "2006 年公司法" 评介》,《政治与法律》2007 年第 3 期,第 176 页。

权人了解其经营信息也是一个有力的推动。

其次,赋予债权人信息查询权。例如,2006 年《公司法》第 82 条第(1)部分 C 款规定,交易相对人有权基于交易行为而请求公司公开相关信息。这一规定对债权人保护而言极其重要,因为公司作为交易相对人可能有些信息尚未及时公布,债权人通过其他路径无法得知,公司甚至还有可能在与债权人订立契约前故意隐瞒不良财务信息甚至提供虚假信息,这就是所谓的契约前信息道德风险。[①] 因此,赋予债权人信息查询权有利于债权人及时掌握公司经营过程中的重要财务信息,从而做出更加科学的决策,避免信息不对称带来的决策风险。

3.强化欺诈财产转让规制

在英国 2006 年《公司法》实施前,1985 年《公司法》并未对欺诈交易进行规制,[②]对欺诈交易的规制主要体现在 1986 年《破产法》当中,而该法主要是对欺诈交易行为进行了民事责任的规制,包括专门对欺诈交易(该法第 213 条、第 423 条)、错误交易(第 214 条)、不合理对价交易(该法第 238 条)以及偏颇性清偿交易(该法第 238 条)。2006 年英国《公司法》则强化了对欺诈交易行为的规制,其中重点突破就是规定了欺诈交易行为的刑事责任,这一规定体现在该法第 993 条:如果公司旨在欺诈公司债权人或任何其他人的债权人或者为了任何欺诈性目的而展开业务,故意以该方式展开业务的个人,均构成犯罪,而且无论公司是否已经被清算或者正处于清算当中,经诉讼程序定罪的处以不超过 2 年的监禁或罚金,经简易程序定罪的处以 12 个月监禁或者不超过法定数额最高罚金。[③] 这一规定实现了对 1986 年《破产法》第 213 条与 214 条相关规定的突破,因为破产法对欺诈行为民事责任的追究必须满足一个条件即欺诈行为必须发生在公司清算过程中,但是 2006 年《公司法》对欺诈刑事责任的规定,不是以公司清算为条件的,即使是在公司正常经营情形下,从事欺诈行为也将受到该法 993 条规定的刑事制裁。[④] 显然,这一规定强化了公司控制股东、董事以及

---

① See Chao-Hung Christophe Chen, Information Disclosure, Risk Trading and the Nature of Derivative Instruments: From Common Law Perspective, 4National Taiwan University Law Review, 5 (2009).

② Henry Skudra, Fraudulent trading as a creditor's remedy - time for a rethink?, 94Amicus Curiae, 11(2013).

③ 参见葛伟军:《英国 2006 年公司法》,法律出版社 2017 年版,第 824-825 页。

④ Henry Skudra, Fraudulent trading as a creditor's remedy - time for a rethink?, 94Amicus Curiae, 13(2013).

经理等高级雇员对于公司欺诈交易的法律责任,使得上述公司控制者面临着更加严重的违法成本,能够对公司控制者的欺诈行为形成更加严重的威慑,更好地保护债权人利益。

第三节　日本公司资本规制发展历史分析

日本公司资本规制立法的发展也具有鲜明的特征,在 2005 年《公司法》确立之前,日本没有独立的公司法,有关公司资本规制立法主要存在于日本《商法典》当中,日本 1890 年《商法典》确立了法定资本制,1950 年《商法典》则开始放松法定资本制,但是日本公司资本规制立法的发展路径并非始终如一,在整体上沿着放松行公司设立阶段资本行政管制路径进行改革的同时,1990 年《商法典》又进行了相反方向的改革即又强化了公司设立阶段的资本行政管制。所以对日本公司资本规制立法的梳理,可以从以下几个阶段进行。

一、法定资本制的确立:日本 1950 年《商法典》的规定

日本 1890 年《商法典》将公司资本额确定为公司章程的绝对记载事项,同时只允许发行额面股①,并且公司设立时出资额不得少于全部资本的 1/4。1899 年《商法典》对公司资本规制做出了修正:一是规定根据发行的方式确定股票面值,发行价格不得低于面值,分期缴纳的股票面值不得低于 50 日元,而一次缴纳的可以低至 20 日元。二是明确将现物出资作为公司章程的相对必要记载事项,"第 122 条第 4 项明确规定'以金钱以外的财产作为出资标的者的姓名、其财产的种类、价格及对之所给予的股份数'作为公司章程相对必要记载事项加以列举"②。三是对现物出资进行了较为严格的规定,主要包括在发起设立时,董事请求法院选任审计员对现物出资进行审计的义务;董事、监事在募集设立中对现物出资的调查或者创立大会选任审计员进行调查的义务,对董事实施不正确记载以及对创立大会做不实报告或隐瞒事实时的处罚责任等等③。1938 年《商法典》则对有限责任公司最低注册资本进行了规定,设立有限责任公司注册资本不得少

① 在公司设立时每股的最低额为 20 日元,资本金在 10 万日元以上的股份有限公司的每股最低额是 50 日元,并且在公司设立之时实际缴纳的股金不得低于全部股金的 1/4。
② [日]志村治美:《现物出资研究》,于敏译,法律出版社 2001 年版,第 97 页。
③ 参见[日]志村治美:《现物出资研究》,于敏译,法律出版社 2001 年版,第 98-100 页。

于 1 万日元①,同时也对现物出资进行了更加明确的规定,即新设第 172 条规定了"第一次汇入期日应当给付全部出资标的物"②,从而解决了关于履行期限问题。1948 年《商法典》则对股金最低值做了统一规定,全部定为 20 日元,并且要求必须是全部实际缴纳。③

需要特别指出,日本法定资本制的确立更加类似于美国的法定资本制度,并不只是强调严格的行政管制,灵活的司法规制与严格的行政管制共存。例如,1899 年《商法典》就明确规定董事在其选任后,负有当发起人或其他人进行现物出资时,请求法院选任为该行为进行调查的审计员的义务。④ 同时,1899 年《商法典》第 177 条规定董事违反法令或者公司章程给第三人造成损害的须承担责任。⑤ 在 1911 年《商法典》的修正当中,强化了对公司董事、发起人以及监事民事责任的规定。在 1938 年《商法典》的修正当中,进一步强化了董事的责任、名义认股人的责任以及法院对公司的司法管理权。

二、法定资本制的放松:日本 1950 年《商法典》的规定

为了满足二战后日本公司对筹集资金的需求,日本 1950 年《商法典》进行了修正,开始突破法定资本制走向折中授权资本制:第一,规定公司设立时发起人不必认足所有预售股份,只要认足 1/4 即可(第 166 条),公司即可成立,剩余股份则授权给董事会以发行新股的方式发行(第 280 条);第二,规定公司资本额不再是公司章程的绝对记载事项,只需在公司设立时予以登记即可(第 166 条);第三,引入无额面股,切断了公司资本与股份之间的联系,规定发行无额面股的公司以发行总价为公司资本金。上述资本规制的改革有力地放松了对设立阶段的资本规制:授权资本的规定是对传统法定资本制的突破,表明了公司设立阶段资本规制的极大放松;资本额记载事项性质的变更也表明了对资本额规制的实际放松;无额面股的引入使得公司资本的发行与确定更加灵活,是对传统以额面股为中心设计的

---

① [日]酒井太郎:《日本公司法中废止最低注册资本制度的研究》,朱大明译,《商事法论集》(第 27 卷),法律出版社 2016 年版,第 149 页。

② 参见[日]志村治美:《现物出资研究》,于敏译,法律出版社 2001 年版,第 198 页。

③ 参见吕岩:《日本商法所规定的股份有限公司资本制度的演变》,《会计之友》2008 年第 6 期,第 106 页。

④ [日]志村治美:《现物出资研究》,于敏译,法律出版社 2001 年版,第 98 页。

⑤ 参见[日]上柳克郎、鸿常夫、竹内昭夫:《新版注释会社法(新版注释公司法)(6)》,有斐阁 1987 年版,第 301 页。

法定资本制的突破与放松。①

三、法定资本制的强化：日本 1990 年《商法典》的规定

日本 1990 年《商法典》的修正又朝着强化资本规制的方向发展，规定股份有限责任公司最低注册资本额为 1000 万日元，并且将有限责任公司最低注册资本额提升至 300 万日元（1938 年《商法典》确定为 1 万日元，1950 年《商法典》确定为 10 日元）②，意在通过严格资本形成管制保护债权人利益。学界普遍认为，"这一修改受到了德国公司法理论中主流观点的影响，希望通过资本制度保护公司债权人的利益"③。1990 年《商法典》之所以引入法定最低资本制度与当时日本的经济发展环境也有着直接关系，其核心原因在于公司违约情况严重，债权人利益受到严重威胁。日本学者酒井太郎教授指出："日本公司法中最低注册资本金制度的引入，与其说是基于严密的理论观点，不如说是为应对既无守法意愿又无履行能力公司大量存在的现实状况而采取的措施。"④

日本 1938 年《商法典》将有限责任公司最低注册资本规定为 1 万日元，之所以对有限责任公司进行法定最低注册资本要求，其主要目的还是保护公司债权人利益，因为当时的立法当中并未确立完善的财务检查制度以及财务信息公开制度，所以有必要通过强化法定最低注册资本制度来保护债权人利益，并且在 1950 年《商法典》修正中，将其提升至 10 万日元。但是，1938 年《商法典》并未对股份有限责任公司的最低注册资本进行要求，即使在 1950 年《商法典》修正中也并未对股份有限责任公司的法定最低注册资本做出规范。之所以在 1990 年《商法典》修正中做出如此规定，"其理由是只有那些能够运营巨额资本的企业才有能力遵守公司法对股份公司复杂而严格的规定，或者说，是立法者认为没有必要对股份公司规定最低注册资本金额"⑤。但是"现实远远超出前述的理想状况"⑥，股份有限

---

① 赵树文：《公司资本规制制度研究》，人民出版社 2015 年版，第 133 页。

② ［日］酒井太郎：《日本公司法中废止最低注册资本制度的研究》，朱大明译，载《商事法论集》（第 27 卷），法律出版社 2016 年版，第 149 页。

③ ［日］森田章：《公开公司法论》，黄晓林译，中国政法大学出版社 2012 年版，第 32 页。

④ ［日］酒井太郎：《日本公司法中废止最低注册资本制度的研究》，朱大明译，载《商事法论集》（第 27 卷），法律出版社 2016 年版，第 147 页。

⑤ ［日］酒井太郎：《日本公司法中废止最低注册资本制度的研究》，朱大明译，载《商事法论集》（第 27 卷），法律出版社 2016 年版，第 149 页。

⑥ ［日］酒井太郎：《日本公司法中废止最低注册资本制度的研究》，朱大明译，载《商事法论集》（第 27 卷），法律出版社 2016 年版，第 149 页。

责任公司依然需要通过强化最低注册资本制度,以保护公司债权人利益。正因如此,1990 年《商法典》修正才引入了股份有限责任公司法定最低注册资本制度。

四、法定资本制的废除:日本 2005 年《公司法》的规定

(一)弱化公司设立阶段资本形成规制改革

1.弱化废除公司设立阶段资本形成的行政管制

日本 2005 年《公司法》从《商法典》中独立出来,其显著特点就是对公司设立阶段的资本形成规制进行了大刀阔斧的改革,完全废除最低注册资本制度,将提供缴纳机关的报关证明改为提供余额证明,扩大了现物出资与财产引受中监察人调查的免除范围,废止了事后设立的监察人调查制度。至此,公司设立阶段资本行政管制极大软化,与此同时,事中与事后资本规制得到强化。

2.强化公司设立阶段资本形成的司法规制

2005 年《公司法》进一步强化了公司设立阶段资本形成的司法规制,这突出地表现为公司设立时董事制度的确立,在该法第一章即"公司设立"中分别针对发起设立与募集设立规定了设立时董事,并且明确规定了其对公司设立时出资等进行审核的权利与义务,并明确规定了其法律责任即设立时董事对股份公司的设立懈怠其职时应对公司承担的赔偿责任,以及在其执行职务时有恶意或者重大过失时对包括债权人在内的第三人所应承担的赔偿责任。同时还规定了特殊情形下,设立时监事、会计参与等相关责任人的上述民事赔偿责任。

(二)强化公司经营阶段资本流转规制

1.强化公司流转阶段股利分配的规制

2005 年《公司法》对股利分配的规制主要体现在以下几个方面。第一,强化股利分配规制,该法第 461 条明确提出了可分配额的概念及并对其具体范围做出规制。第二,明晰了公司进行盈余分配的净资产标准。强调如果股份公司的净资产低于 300 万日元,不允许公司进行盈余分配。第三,延续并完善了《商法典》中关于债权人对违法分配的救济权。通过严格的股利分配限制防止公司资本弱化,保护债权人受偿的物质基础。

2.强化公司合并、分立与减资的司法规制

2005 年《公司法》"对公司合并、分立与减资行为都给予了十分翔实的

规制,这些规制措施基本相同,都规定了当事公司的公告义务、债权人的异议权利以及无效诉讼权利。通过公告程序使公司债权人更便捷地了解当事公司的资产状况以及债务清偿能力等,而当债权人提出异议时,当事公司应当对公司债权人进行清偿或者提供担保,而没有对债权人进行清偿或担保的,债权人可以在合并、分立或者减少生效之日起 6 个月内提起无效之诉。

3.强化公司信息披露的规制

2005 年《公司法》强化了对信息披露的规制,其第 442 条不仅规定了公司股东与债权人对书面会计报表以及电磁记录等方式所记录的会计信息的查阅权,而且规定了这一查阅权可以在公司经营阶段随时提起。第 443 条规定了对股东与债权人会计信息查阅权的司法保障,即"法院根据申请或依职权可命令诉讼当事人提交全部或部分会计报表及其附属明细书"。第 429 条规定了公司董事、监事以及会计监察人等对会计报表及其附属明细书,以及临时会计报表及其附属明细书进行虚假记载或记录的民事赔偿责任。这些严格的法律规定对公司全面、及时、准确地公示信息具有重要保障作用。

4.强化董事等高管对第三人民事责任的系统化规制

2005 年《公司法》对董事等高管对第三人民事责任的规定更加系统化,具体体现在以下几个方面。

首先,对公司董事等高级管理人员对其三人责任的规制。该法继承了 1990 年《商法典》第 266 条第 3 款的规定,对董事等公司负责人的责任做出了明确的类型化规定,具体可分为恶意或重大过失责任与公示虚假信息责任。一是该法第 429 条第 1 款规定了董事等恶意或重大过失责任的责任。该款内容主要针对董事在公司经营过程中恶意或重大过失行为导致的对第三人的损害而追究的责任。二是公示虚假信息责任。该款内容主要规定于该法第 429 条第 2 款,具体包括以下事项:对股份、新股预约权、公司债或附新股预约权公司债者的募集之际必须通知的重要事项的虚假通知,或对为该募集关于该股份公司事业及其他事项的说明使用资料的虚假记载或记录,对会计报表及事业报告和它们的附属明细书以及临时会计报表应记载或记录的重要事项的虚假记载或记录,虚假登记,虚假公告。这里的第三人,不仅包括中小股东,也包括公司债权人,因为董事恶意或重大过失行为不仅会使公司遭受损失,也有可能直接或者间接地损害债权人利益。例如,在公司已经失去清偿能力的情形下,明知公司无法履行合同给付义务,仍然与债权人签订交易合同并提取货物的行为,就会给债权人造成直接损害。

其次,拓展了第三人的责任主体。该法第 429 条第 2 款在对第三人责任主体的规定上进行了拓展,其中第 429 条第 2 款第 1 项规定了董事及其执行官的民事责任,第 429 条第 2 款第 2 项规定会计参与对第三人的民事责任,第 429 条第 2 款第 3 项规定了监事及其监察委员对第三人的民事责任,第 429 条第 2 款第 4 项规定了会计监察人对第三人的民事责任。尽管 1990 年《商法典》第 266 条第 3 款也规定了董事对第三人的法律责任,但是 2005 年《公司法》的相关规定,"与旧商法第 266 条之 3 相比扩大了范围,而且明确指出公司的公告、登记内容以及相关财务报告不得有虚假"①。此外,2005 年《公司法》对上述主体对第三人的责任做出了统一性规定,统一在该法第 429 条当中。

最后,统一性地规定了上述责任主体对第三人的连带责任承担。2005 年《公司法》第 430 条明确规定,在公司负责人等给第三人造成损害承担赔偿责任的情形下,其他公司负责人等也承担损害赔偿责任,这些人为连带债务人。

不可否认,2005 年《公司法》中董事对第三人民事责任的承担依然存在着许多争议:该责任究竟是侵权责任,还是特殊法定责任? 第三人损失范围该如何确定? 是直接损失,还是间接损失,还是既包括直接损失又包括间接损失? 该法的规定与民法一般侵权行为规定之间究竟是何关系? 两者是竞合关系,还是各自独立? 但是,不能因为这些司法适用或者学者解释的争议而否定该法在认定董事等高管人员对第三人法律责任方面的重要作用,不能否认该法对遏制公司董事等高管人员滥用控制权从事机会主义行为或者出现懈怠渎职行为,具有较强的预防与惩治功能。

(三)强化破产阶段资本退出规制

为了推进日本 2005 年《公司法》所确立授权资本制的顺利实施,2005 年,日本也重新修订了《破产法》,强化了对公司破产阶段资本退出行为的规制,以实现公司法与破产法改革的协同化,从而更加系统地保护公司债权人利益。该法的修订主要体现在以下几个方面。

---

① 陈景善:《论董事对第三人责任的认定与适用中的问题点——以日本法规定为中心》,《比较法研究》2013 年第 5 期,第 96 页。

1.规定了关联破产的统一管辖制度

日本 2005 年《破产法》在保留了 1922 年《破产法》第 105 条与 107 条所确定的根据营业地或者财产所在地确定管辖权的同时,对关联关系破产主体做出了连带管辖的规定,强调对母子公司之间、法人与代表人之间、连带债务人之间、主债务人与保证人之间的任何一方的破产有管辖权的,也对另一方的破产有管辖权,这种规定有助于防止公司之间或者公司与其他相关人之间,通过关联关系转移资产,逃避或者阻碍对相关债权人的债务清偿。

2.强化破产财产的保全措施

对破产财产的保全措施主要体现在以下两个方面:第一,强制执行程序中止制度。2005 年《破产法》第 249 条规定,在破产宣告之前,为确保破产程序目的的充分实现,法院可以依申请或依职权,中止有关债务人财产的各种强制执行程序:包括对债务人财产的强制执行程序、临时扣押程序、临时处分程序、行使一般先取特权程序、行使民事留置权而拍卖留置物程序、担保权行使程序以及相关财产的诉讼程序与执行程序等等。[1] 该制度规定的主要目的在于防止对债务人财产的个别清偿行为的发生,以避免破产程序中机会主义行为的发生,以期更好地保护全体债权人的合法权益。第二,"包括性禁止禁令"制。该制度规定于 2005 年《破产法》第 25 条,强调法院在已经对破产财产采取保全措施的情形下,如果依然认为有必要进一步采取保全措施,可以根据其职权或者依据当事人的申请,在破产宣告之前,决定中止一切有关债务人财产的强制执行程序,从而充分保障债权人的公平受偿。

3.导入公司职员责任查究决定制度

该制度主要体现于 2005 年《破产法》第 177 条:当法人被宣告破产时,法院可以依破产管理人申请或依职权,对那些对公司财产造成损害的公司职员的个人财产采取保全措施;也可对职员的损害赔偿责任做出判决,此判决效力相当于给付判决。[2] 职员的范围包括公司董事、执行董事、监事以及类似职员。这种针对公司职员个人民事责任保全与给付赔偿判决的司法规制,有利于更好地预防公司破产状态下的公司管理者机会主义行

[1]　参见陈国奇:《日本破产法最新修改》,载柳经纬:《厦门大学法律评论》(第九辑),厦门大学出版社 2005 年版,第 197 页。

[2]　参见陈国奇:《日本破产法最新修改》,载柳经纬:《厦门大学法律评论》(第九辑),厦门大学出版社 2005 年版,第 197 页。

为,与 2005 年《公司法》第 429 条所规定的董事等高级管理人员对第三人责任形成良好的契合效应,后者是针对公司经营过程中的恶意或者重大过失行为,而对第三人给予赔偿。但是,相对而言,2005 年《破产法》的规定更加严厉,因为直接规定了法院可以主动以其职权对董事等个人财产采取保全措施,同时可以直接做出给付判决,对董事等高级管理职员的威慑效应更加显著。

4. 强化了破产阶段的信息透明机制

破产阶段信息透明机制的强化主要体现在以下两个方面:第一,推进破产利害关系人的知情权制度。该制度主要体现于 2005 年《破产法》第 11 条,规定破产程序的利害关系人可以向书记员提出请求复印文书,查看文书正本、影印本或者抄写本,查看与破产有关的证明文件等等。同时,对破产申请人的特殊阅览、摘抄和复制内容做出了规定:包括保全文书、强制执行中止文书等等,这些文书只有破产申请人才可以查阅或者复制。第二,强化破产人及其相关人员的说明义务。对破产公司财产负有说明义务的人包括:破产人、破产人的代理人,破产人为法人时的理事、董事、执行人员、监事、监察人员以及清算人以及破产人的从业人员等等。① 通过强化该说明义务,能够更好地保障相关利益人特别是债权人了解公司财产的流向,进而更好地判断公司是否在资产流转过程中存在着机会主义行为,是否存在着破产欺诈行为,进而更好地行使救济权。

5. 强化了破产刑事责任规制

对破产刑事责任的规制是日本破产法的一个重要特点,1922 年《破产法》,就对刑事责任进行了较为详细的规定,共涉及 9 个法条 7 个罪名。日本学者加藤正治博士将其分为两大类别:破产原因罪与破产程序罪,前者主要包括破产欺诈罪、过失破产罪以及第三人的破产欺诈罪;后者主要包括羁押及居住限制违反罪、受贿罪、行贿罪和说明义务违反罪等等。② 2005 年《破产法》进一步拓展了破产刑事责任规制,共设置了 13 个法条 11 个罪名,无论是对刑事责任的规制范围还是其精细程度,都有提升。从罪名设置看,程序性犯罪内容明显增多,例如,增加了传唤时拒绝说明罪、拒绝披露重要财产罪等程序性犯罪构成内容;从刑事处罚措施看,提高罚金

---

① 参见陈国奇:《日本破产法最新修改》,载柳经纬:《厦门大学法律评论》(第九辑),厦门大学出版社 2005 年版,第 197 页。
② 参见行江、瞿晔:《日本破产犯罪立法研究》,《安徽大学学报(哲学社会科学版)》2013 年第 3 期,第 107 页。

水平,罚金上限由原来的 30 万日元提升至 1000 万日元;从刑事责任主体来看,其范围也得到拓展,包括债务人、准债务人、破产法官、破产管理人、公司清算人甚至没有任何职责的第三人等等。[①] 2005 年《破产法》严格的刑事责任规制,对于防止破产欺诈行为以及包括管理人在内的各种破产失职行为具有显著的威慑功能,从而有助于更好地推进破产清算程序的进行,更好地保护公司债权人利益。

第四节　对德国 2008 年《有限责任公司法》改革的考察

德国于 1892 年率先颁布有限责任公司法,至今已经过去 100 多年,但是该法在 2008 年之前并未进行过比较大的改革,"1938 年和 1965 年,曾有对德国有限责任公司法改革的两次尝试,但均未实现。即使 1980 年有限责任公司法改革,也未进行大的修改"[②]。有限责任公司是德国重要的企业组织形式,主要被中小型商业经营实体采用,对德国经济的发展起着重要的推动作用。[③] 为了进一步提高有限责任制度的现代化,提高其运行效率,增强其吸引力,并应对欧盟成员国内部有限责任公司制度的竞争[④],德国联邦议会于 2008 年 6 月 26 日通过了《有限责任公司改革及防止滥用法》,对传统的有限责任公司制度进行了大幅修正,"旨在解除对这种公司形式的行政管制"[⑤],并且这种改革不仅仅涉及有限责任公司法,也涉及股份有限责任公司法与破产法,改革是非常全面的,甚至被称为"从摇篮到坟墓"的全面改革。主要改革措施如下。

一、设立企业主有限责任公司形式:变相降低有限责任公司最低注册资本

通过法定最低注册资本制度实现债权人保护是世界各国公司法构建初期的通行制度,作为世界上最早颁布有限责任公司法的国家,德国未有

---

① 何伟波:《中日破产犯罪立法比较研究——以新、旧日本〈破产法〉为视角》,《福建教育学院学报》2016 年第 1 期,第 37 页。

② 范剑虹、李翀:《德国法研究导论》,中国法制出版社 2013 年版,第 77 页。

③ see Fatih Aydogan, The Ammendments and Innovations of German Private Limited Liability Company Code, 25 Banka ve Ticaret Hukuku Dergisi, 391(2009).

④ 参见潘星、仝斌斌:《德国有限责任公司法改革述评》,《德国研究》2009 年第 1 期,第 24 页。

⑤ Fatih Aydogan, The Ammendments and Innovations of German Private Limited Liability Company Code, 25 Banka ve Ticaret Hukuku Dergisi, 391(2009).

例外。早在 1892 年,德国《有限责任公司法》就规定最低注册资本为 20000
马克,1980 年则将其提高到 50000 马克。法定最低注册资本制度的功能
在欧洲存在着广泛的争议,许多德国学者对此也持否定态度,特别是同属
欧洲的英国对有限责任公司未规定法定最低资本限制,法国也于 2003 年 8
月 1 日取消了对有限责任公司的最低资本限制。在这种背景下,出于公司
法国际竞争的考量,德国也尝试着取消有限责任公司法定最低注册资本的
限制。

2006 年,德国《有限责任公司法改革专家草案》曾建议将最低注册资
本降至 10000 欧元,但是这一改革建议受到诸多质疑与反对,部分学者与
相关机构认为不应当降低有限责任公司最低注册资本,甚至遭到了以德国
有限责任公司注册的中小经营者的抵制,因为"他们担心自己采用的这种
企业组织形式的声誉会因此受损"①。最终,2008 年《有限责任公司法改革
及防止滥用法》另辟蹊径地设定了"企业主有限责任公司"这一新形式,该
公司形式不作最低注册资本要求,从而降低了公司进入门槛,同时为了更
好地保护债权人安全,对其进行了特殊的规定,例如公司名称必须包含"企
业主有限责任公司"、公司资本的一次性现金实际缴付、法定公积金的提
取、特别股东大会的召开以及向普通有限责任公司规制的过渡资本条
件等。

二、简化公司设立审查制度:提高公司设立效率

2008 年《有限责任公司法改革及防止滥用法》实现了对公司设立制度
的现代化规定,这有助于提高公司设立的效率。对设立审查制度的推进主
要体现在以下三个方面:第一,规定了公司特别简易设立程序。如果公司
股东人数在 3 人以下,并且只采用现金出资,就可以采用这种程序,股东只
需向登记机关提交按照《有限责任公司法改革与防治滥用法》附件中的"标
准协议"即可,无须提交其他文件,公司即可设立。② 第二,取消了提交政
府事先许可文件的要求。原《有限责任公司法》要求一些特殊行业例如手
工业、餐饮业、建造业以及金融服务业等必须事先获得政府的许可,然后才
能根据这些许可文件向登记机关设立,这无疑加大了公司设立的成本与难
度。此次改革废除了这一规定,无须提交政府许可文件。第三,放松了出

---

① [德]克里斯托夫·太贺曼:《有限责任公司的现代化——德国公司法文本竞争的嬗变》,王彦
明、吕楠楠译,《社会科学战线》2012 年第 7 期,第 221 页。
② 高旭军、白江:《论德国有限责任公司法改革法》,《环球法律评论》2009 年第 1 期,第 123 页。

资的审查制度。根据原《有限责任公司法》的规定,注册法院对出资的缴纳拥有广泛的审查权,这自然拖延了公司的设立登记。[①] 但是 2008 年《有限责任公司法改革与防治滥用法》对此进行了大刀阔斧的改革,主要体现在对"出资保证审查"与"实物出资审查"的放松上,该法第 8 条第 2 款第 2 句规定:"法院对保证的正确性有重大怀疑时,可以请求提供证明(付款证明)。"第 9c 条第 2 款第 1 句规定:"实物出资被严重过高估价时,同样如此(应被拒绝登记)。"[②]上述改革措施,降低了公司设立过程中股东的出资证明成本,提高了公司设立效率。

三、简化出资规定

关于简化出资的规定主要体现在以下两个方面:第一,简化了对股份面值的规定。根据原《有限责任公司法》第 5 条规定,股东的股份至少为100 欧元,而且它们必须能够被 50 整除。[③] 但是这种规定对于债权人的保护并无实际意义[④],改革法案废除了这一规定,规定股份面值是欧元的整数倍即可,这种规定有利于公司股份的发行与转让。第二,取消了原《有限责任公司法》要求注册一人有限责任公司必须对其货币出资进行担保的规定。根据原《有限责任公司法》第 7 条的规定,一人有限责任公司设立登记时,设立人必须对尚未到期的货币出资提供担保,这是一人有限责任公司得以设立的必要条件。因为一人有限责任公司只有一个股东,如果该股东到期时拒绝出资或者无力出资,将无法从其他股东那里得到补偿,而且一人有限责任公司主要是个人管理,也难以通过公司董事等经营者对其进行催缴出资,所以为了更好地保护债权人利益,防止股东利用一人有限责任公司进行变相的欺诈,原《有限责任公司法》规定了一人有限责任公司的认缴货币出资担保制度。改革法案认为:"根据实物的状况可以废除,它是公司设立时不必要的步骤。"[⑤]对出资规定的简化规定,降低了股东的出资负担,也降低了股东出资审查成本,提升了一人有限责任公司的设立效率,促进了一人有限责任公司的发展。

---

① 《德国资合公司法》,高旭军译,法律出版社 2005 年版,第 415-416 页。
② 范剑虹、李翀:《德国法研究导论》,中国法制出版社 2013 年版,第 77 页。
③ 刘志军:《德国有限责任公司法之最新修订——〈德国有限责任公司法现代化及防止滥用法〉》,《中德法学论坛》第 6 辑,第 86 页。
④ 范剑虹、李翀:《德国法研究导论》,中国法制出版社 2013 年版,第 88 页。
⑤ 范剑虹、李翀:《德国法研究导论》,中国法制出版社 2013 年版,第 77 页。

四、放松隐性实物出资控制

原《有限责任公司法》以及《股份有限责任公司法》都对隐性实物出资进行了严格的规制,根据原《有限责任公司法》第 19 条第 5 款规定,原始出资的支付,采取货币以外的形式,或者通过以转让财产的对价相互抵消的方式,只有在符合第 5 条第 4 款第 1 句的时候,股东才能免除出资义务。并且该规定被类推适用于其他"隐性实物出资"的情形,甚至债权抵销、返还贷款以及利润分配等等都可以视为隐性实物出资。① 这样,在原有法律规定下,股东即使缴付了实物,还要履行货币出资义务。② 对于股东而言,要求过于严格,大大加重了股东的出资负担。2008 年《有限责任公司法改革及防止滥用法》第 19 条对此做出改革,承认了股东隐性实物出资的合法性及其前置条件,同时在第 56 条将该规定扩展至公司增资场合。

五、取消自有资本替代制度:代之以公平居次制度

自有资本替代制度是原《股份有限责任公司法》中的一个重要制度,主要体现在该法第 31 条 a、b 两款规定,包括股东直接贷款、股东担保的第三人贷款以及其他经济上等同行为,③其目的在于防止股东出资不足,并通过借贷方式使股东出资债权化,进而更好地保护公司债权人利益。但是如何准确地界定自有替代资本与股东作为普通第三人之间的借贷资本非常困难,尽管原《股份有限责任公司法》在第 31 条做出了相关规定,但是其具体适用依然面临着诸多问题。例如,对第 31 条 a 款规定的适用事实特征即"正派商人之股东均应向公司输入自有资本的时刻(公司危机)"究竟应当如何判断? 正派商人是一种主观品质性判断,如何客观界定? 公司危机又该如何界定? 所以更为有效的判断方式应当是采用纯客观的判断标准:公司是否已经失去清偿能力或者能够非常顺利地从第三方获取贷款。此外,如何准确地界定替代自由资本的使用与让与的法律后果是非常困难的,"如果涉及一个不动产的让与与使用,这个作为自由资本的替代的束缚可能与第三人享有的不动产物权发生冲突"④。所以,2008 年《有限责任公

---

① 参见范剑虹、李翀:《德国法研究导论》,中国法制出版社 2013 年版,第 95 页。
② 高旭军:《论德国公司法中的禁止隐性实物出资问题》,《南开学报》2001 年第 2 期,第 95 页。
③ 参见赵万一、侯东德:《德国公司法上的替代自有资本股东借贷制度研究》,《西南民族大学学报(人文社科版)》2008 年第 6 期,第 122-123 页。
④ [德]格茨·怀克、克里斯蒂娜·温德比西勒:《德国公司法》,殷盛译,法律出版社 2010 年版,第 385 页。

司法改革及防止滥用法》对其做出改革,尽力消除原规定在司法适用中的不确定性,采用了公平居次规则,统一规定股东向公司的所有借款一律居后,只有在其他非股东债权人获得清偿后才能获得清偿,并且规定在破产申请提起前 1 年之内对股东的清偿,债权人都可以通过行使撤销权而追回。

六、强化了破产申请义务及其法律责任

2008 年《有限责任公司法改革及防止滥用法》强化了破产申请义务,这种强化主要体现在以下几个方面:第一,将原《有限责任公司法》中所规定的破产申请义务转移到了破产法中,从而实现了公司法与破产法的规范化,因为破产申请义务具有破产法的资质特性,并且其他国家也都是规定在破产法当中的。第二,强化了董事与股东的破产提起义务。规定在公司资不抵债或者失去清偿能力的情形下公司的业务执行人应当在上述情形出现之后三周之内提起破产申请,并且申请不能由于过错而迟延;同时规定如果公司已经无业务执行人,那么每个股东都负有破产申请的义务,但是股东不知道公司处于资不抵债或者支付不能或者无董事的情形除外。第三,如果公司董事或者股东故意迟延提起破产申请,那么为了保护在破产条件成熟以前就已经存在的债权人利益,对此负有责任的公司董事与股东应当承担损害赔偿责任。特别是当公司破产条件成熟以后,依然进行商业交易,违反破产申请提出义务,则可能会因涉嫌欺诈承担刑事责任。

七、强化减少破产财产的法律责任规制[①]

为了防止公司破产财产被股东、董事等控制者不当转移,该改革法案强化了公司董事违反诚信义务的支付责任。原《有限责任公司法》规定,如果董事在公司已经陷入资不抵债的情形下,依然向公司股东支付公司资产,那么他必须向公司偿还,以维持公司资本,防止进一步被侵蚀;2008 年《有限责任公司法改革及防止滥用法》则对此进行了更加严密的规制,在保留上述规定的情形下,同时强调如果公司尚未陷入资不抵债状态,但是由于公司董事向公司股东的支付行为导致公司进入资不抵债状态,则必须由董事向公司承担财产返还义务。显然,改革法案将公司董事不当支付行为进行了扩展,不再局限于公司已经陷入资不抵债的情形,不再强调这种不

---

① 范剑虹、李翀:《德国法研究导论》,中国法制出版社 2013 年版,第 120 页。

当支付行为的客观前提,而是强调了董事不当支付行为的法律后果即支付行为导致公司进入资不抵债状态。这无疑对董事支付行为的合理性形成了更加有效的威慑,有助于更好地保护公司的清偿能力,进而保护债权人的到期债权。

第五节　系统论范式下公司资本规制体系运行的经验借鉴
——以美国、英国、日本及德国为例

"对法律研究而言,比较的标准的是功能的趋同性"①,而对功能趋同性的比较研究层次又是多元化的,"法律比较研究者有一个比较宽广的展开范围,既可以从特别到一般,也可以从微观的具体细节到宏观的理论结构"②。对公司资本规制立法的比较研究也是如此,围绕着公司债权人利益保护这一具体功能的实现,不仅可以比较研究域外各国公司资本规制的特别制度构成,也可以对各国一般性的、普遍性的制度架构进行分析;不仅可以分析各国公司资本规制具体制度的细节构成,也可以研究其公司资本规制立法的结构体系。本章前 4 节侧重对美国、英国、日本及德国的公司资本规制具体制度构成进行了分析,而本节内容则侧重对上述各国公司资本规制运行的结构体系进行分析,侧重探究上述各国公司资本规制结构体系的发展规律,以期为我国公司资本规制立法的整体推进路径的界定提供有益的经验。关于域外资本规制体系运行的经验,邓峰教授曾经以美国公司资本规制发展为例做了精彩的评述:法定资本制的发展经历了从强行性法律规范的直接限制到股东、公司、董事以及债权人之间的相互制约,从注重公司设立时的资本起点规制到以公司破产为标准的规制,从事前规制到事后规制。③

一、资本规制重心的变化:由公司设立阶段资本形成规制转向经营阶段资本流转规制与破产阶段资本退出规制

公司资本规制的重心由公司设立阶段资本形成规制转向经营阶段资本流转规制与破产阶段资本退出规制是美国、英国、日本及德国公司资本

---

① Arthur T. von Mehren, The Comparative Study of Law, 6 Tulane Civil Law, 43 (1992).

② Arthur T. von Mehren, The Comparative Study of Law, 6 Tulane Civil Law, 43 (1992).

③ 参见邓峰:《资本约束制度的进化和机制设计——以中美公司法的比较为核心》,《中国法学》2009 年第 1 期,第 99 页。

规制立法发展的重要规律。在大部分国家,公司资本规制立法的早期都是强调对公司设立阶段资本形成规制的强化,其方式主要体现于对公司设立过程中资本形成的严格行政管制,例如法定最低注册资本制度、严格的现物出资制度以及实缴制度等等。这些内容在美国、英国、日本及德国的早期公司法当中都有着鲜明的表现:例如,美国在 1875 年新泽西州通过的美国第一部州公司法就规定,公司设立资本不得少于 2000 美元,1950 年美国《标准公司法》则明确规定公司设立资本不得少于 1000 美元,并严格限制劳务、未来的服务等方式作为出资形式,这一制度一直实施到 1969 年。英国 1985 年《公司法》规定股份有限责任公司最低注册资本不得少于 5 万英镑,并且规定股份有限责任公司股东非货币出资必须通过强制验资程序,而且这些规定依然保留在当前的 2006 年《公司法》当中。日本最初效仿德国确立了法定资本制模式,在 1938 年《商法典》中规定有限责任公司的最低注册资本为 1 万日元,1950 年《商法典》将其修正为 10 万日元,1990年《商法典》又将其提升到 300 万日元,同时规定了股份有限责任公司最低注册资本为 1000 万日元。德国《有限责任公司法》将有限责任公司的最低注册资本界定在 25000 欧元并对自由资本替代制度进行了严格规定,《股份有限责任公司法》则将股份有限责任公司的最低注册资本界定为 50000欧元,至今依然没有改变。

无论是美国、英国、日本还是德国,其公司资本规制的发展都呈现出一个共同趋向:弱化公司设立阶段资本形成规制,强化公司经营阶段资本流转规制与破产阶段资本退出规制。

例如,美国 1969 年《标准公司法》取消了法定最低注册资本制度,1980年《标准公司法》废除了库藏股的概念,1984 年《标准公司法》进一步废除了声明资本、额面股的概念,废除了对资本会计账目的严格规定,从而弱化了公司设立阶段资本形成规制。与此同时,却强化了公司经营阶段资本流转规制与破产阶段资本退出规制。就经营阶段资本流转规制而言,其突出的表现是强化对股利分配的规制。根据 1984 年美国《标准公司法》规定,优先股的股息等同于第三人债务,公司资产数量只有在向一般股东支付后还能够保障优先股息以及第三人债务之和时,才能进行股息分配;股份回购和赎回的资金也等同于公司第三人债务。[1] 就破产阶段资本退出规制

---

① see Richard A. Booth, Capital Requirements in United States Corporate Law, 64 University of Maryland School of Law Legal Studies Research Paper, 15(2005).

而言,美国 1978 年《破产法》强化了对破产欺诈行为的法律规制,扩展了对破产欺诈行为的认定边界,推进了公平居次原则与实质合并原则的发展,对破产阶段母子公司之间通过不正当控制行为产生的债权、债务进行了更加有力的规制,更好地保护了其他债权人的利益。

英国 2006 年《公司法》虽然保留了法定最低注册资本制度与强制验资程序要求,但是却强化了公司经营阶段的董事信义义务制度以及信息披露制度,推进了经营阶段资本规制的建构。董事信义义务的法典化改革无疑更具说服力,信义义务法典化,实际上就是将公司债权人纳入董事信义义务的权利主体当中,该法第 172 条第 1 项规定与第 172 条第 3 项规定都包含着董事对债权人义务的承担,这无疑提高了经营阶段的资本规制水平。[①] 这种强化公司经营阶段资本规制的做法也体现了英国公司法资本制度建构的一贯特色,因为英国公司法自始至终都非常重视对公司资本维持的规制,"与欧洲大陆普遍存在的资本维持制度不同,英国严格的公司资本维持制度有一个更加长久的历史,其直接源自 1852 年英国《公司法》要求公司备忘录必须公示资本额的要求"[②]。

日本 2005 年《公司法》在废除股份有限责任公司与有限责任公司最低注册资本制度后,也对经营阶段的股利分配做出了严格规定:第一,明确提出可分配额的概念并对其具体范围做出规制;第二,明晰公司进行盈余分配的净资产标准,即如果股份公司的净资产低于 300 万日元,那么不允许公司进行盈余分配;第三,延续并完善了原《商法典》中关于债权人对违法分配的救济权。[③] 同时,日本 2005 年《破产法》改革也强化了破产阶段资本退出的规制,例如完善了破产债权的确定手续,强化了破产人的说明义务和重要财产公示义务,推进了对董事等管理者的破产民事与刑事的法律责任规制等等,对破产阶段的资本弱化行为形成了有效规制。[④]

德国 2008 年《有限责任公司法》改革虽然保留了 25000 欧元的法定最低注册资本要求,但却放松了对自由资本替代制度的严格规定,同时创立了一种新的公司形式即"企业主有限责任公司",对该公司形式不做最低注

---

① see Parker Hood, Directors' Duties under the Companies Act 2006: Clarity or Confusion, 13Journal of Corporate Law Studies, 22-25(2013).

② Paul Davies, Jonathan Rickford, An Introduction to the New UK Companies Act: Part II, 5European Company and Financial Law Review, 263 (2008).

③ 参见赵树文:《公司资本规制制度研究》,人民出版社 2015 年版,第 114-118 页。

④ 参见陈国奇:《日本破产法最新修改》,《厦门大学法律评论》(第九辑),厦门大学出版社 2005 年版,第 193-198 页。

册资本要求,这种改革相当于变相地降低了有限责任公司最低注册资本要求。同时,也将公司资本规制的重点转向了公司经营阶段与破产阶段,例如强化董事与股东的破产申请义务:"如果公司董事没有提起或怠于提起破产程序,则需要承担因失职导致的破产程序延迟所衍生的相关债务风险。"[1]而"在公司缺失经营管理人员时,股东有义务在支付不能和资不抵债情况下提出破产申请"[2]。

需要说明的是,资本规制重心由设立阶段资本形成规制转向经营阶段资本流转规制与破产阶段资本退出规制是世界各国公司资本规制重心转变的共同趋势,这种转变说明对经营阶段资本流转规制与破产阶段资本退出规制在不断强化,但是这并不是说设立阶段的资本规制并不重要,设立阶段的资本规制依然是保护债权人利益的重要基础。

二、资本规制方式的变化:由严格行政管制转向灵活司法规制

资本规制方式由严格行政管制转向灵活司法规制是域外公司资本规制立法发展的一个重要路径,但并不意味着域外各国都有着同等程度的表现,相对而言,行政管制的弱化在美国、日本以及德国更为突出,而司法规制的强化则在美国、英国、日本及德国都有着突出表现。

(一)资本行政管制的弱化

在美国1969年《修正标准公司法》取消最低注册资本制度之前,行政管制是美国公司资本制度特性的一个重要体现,这一点在各州公司法以及美国1950年《标准公司法》当中都有着明确的体现。例如,在得克萨斯州不仅规定了公司由州务卿签发营业执照前要实缴50%的现金股份或者等值财产或者劳动力,州务卿也必须确定上述股份的价值已经被支付以及支付价值的准确性。[3] 美国1950年《标准公司法》不仅对法定最低注册资本进行了规定,而且对面值系统进行了详细规制:公司章程必须标明股份面值总额以及发行股份总数;股份发行价值不得低于其面值;股东不得以本票和未来的服务出资;确立严格的法定资本账户管理制度以及反映账户财

---

[1] This Obligation is Based on German tort law(s. 823 subs. 2 Bürgerliches Gesetzbuch), See C. Poertzgen, Die künftige Insolvenzver-schleppungshaftung nach dem MoMiG, GmbH - Rundschau, 2007, p1259.

[2] 刘志军:《德国有限责任公司法之最新修订》,《中德法学论坛》(第6辑),第85页。

[3] Amylee Travis, The Requirement of Minimum Paid-In Capital, 1Texas Law and Legislation, 261(1947).

务数据的资产负债表,要体现注册资本数额、资本盈余以及利润;限制股份赎回资金来源;股利不能影响未到期债务偿还,并且原则上只能从利润盈余中支付。由此可知,以最低注册资本与面值系统规制为中心的行政管制是美国公司资本规制最初立法的主导模式,甚至有学者认为美国1950年《标准公司法》可以看成对面值系统这一法定资本制架构核心的精简规定。① 但是这种资本制度一直备受批评,因为其缺乏灵活性、效率性,实践效果并不理想。美国1984年《修正标准公司法》废除了所有与面值系统有关的规定,废除了资本账户规定,取消了出资形式限制,取消了库藏股概念,取消了股份回购限制,而最低注册资本要求早在美国1969年《修正标准公司法》中就被废除。

日本2005年《公司法》改革之前,实施法定资本制,严格的行政管制占据主导地位,在最低注册资本的规定上有着鲜明的体现,股份有限责任公司的最低注册资本额为1000万日元,有限责任公司的最低注册资本为300万日元,针对现物出资的严格规制同样体现了这一点。日本2005年《公司法》则极大地放松了行政管制:全面取消了最低注册资本制度;取消了发行比例限制,不再要求;取消了公司章程中对资本确定记载的要求,只是规定应当在公司章程中记载"设立时出资财产的价额或最低额",这样公司设立时只规定最低额即可;降低了现物出资的行政管制力度等行政管制措施,"2005年日本《公司法》修改放宽了应由法院选任的监察人对实物出资的财产进行调查的严格制度规定"②。

德国2008年《有限责任公司法改革及防止滥用法》改革也放松了对资本形成的严格管制,在这方面的突出表现就是对"企业主有限责任公司"的规定,因为根据原《有限责任公司法》的规定,有限责任公司的注册资本最低为25000欧元,本次立法改革虽然依然原则性地保留了该要求,但是却创立了"企业主有限责任公司"的形式,而该公司形式不受最低注册资本的限制,只需1欧元即可满足注册资本要求,这种改革实质是降低了对有限责任公司最低注册资本的要求,放松了对注册资本形成制度的行政管制。③ 同时,对隐性实物出资的管制也是趋于放松,这次立法改革不仅承

---

① Richard A. Booth, Capital Requirements in United States Corporate Law, 64University of Maryland School of Law Legal Studies Research Paper, 2005, p12.

② [日]尾崎安央:《日本公司法中的资本制度的现状与课题》,张杨译,《商事法论集》(第27卷),第141页。

③ 参见潘星、仝斌斌:《德国有限责任公司法改革述评》,《德国研究》2009年第1期,第26页。

认了公司对替代实物的所有权,而且股东不会再因此而承担二次出资义务,只需补充与最初约定现金出资的差额即可。① 显然,对公司资本管制的放松是这次 2008 年《有限责任公司法改革及防止滥用法》改革的一个重要方向。

(二)资本司法规制的强化

无论是美国、英国、日本还是德国,公司资本行政管制的放松并不是单独进行的,而是以司法规制的强化为基础或作为替代性措施而协同推进的,其中英国董事信义义务法典化即是一个突出表现,因为在前文多处对英国董事信义义务改革进行分析,所以此处以美国、日本及德国立法改革为例进行说明。

就美国而言,以对出资规制为例,虽然公司法放宽了出资形式,允许股东以任何具有价值的有形与无形资产出资,但强化了董事对股东出资的经营判断规制,明确强调董事有权根据公平价格或当时具体情形下的任何合理方法确定公司资产价值或负债,进一步放松了对董事关于股东出资合理对价的审慎判断义务,董事会没有必要判断股东出资的真实价格,只要证明该出资的对价是充分的即可。② 董事的上述出资判断权则受经营判断规则的制约,而"经营判断规则是一种司法创设的推定规则"③。乌克兰学者 Natalia Andreicheva 在对英美资本制度进行比较时明确指出:"很明显,美国对股东出资的司法裁决规则比欧洲的法定资本制度更加灵活,因为它不是由成文法来加以规定,而是由董事会加以决定。"④同时,能体现出灵活司法规制的是美国《统一欺诈转让法》,该法赋予了债权人充分的司法撤销权,债权人可以通过诉讼方式直接申请撤销以公司名义进行的各种欺诈性财产转让行为,从而恢复其债权资产甚至是直接对被转移财产加以扣留,并且这种方式不需要依赖破产受托人也不需要以公司名义提起诉讼,

---

① see Bunnemann/Zirngibl, Auswirkungen des MoMiG auf bestehende GmbHs, 2008, S. 144, Rn. 12. 转引自何旺翔:《德国有限责任公司资本筹措的现代化》,《现代经济探讨》2010 年第 1 期,第 89 页。

② 参见沈四宝:《最新美国标准公司法》,法律出版社 2006 年版,第 50 页。

③ Royce D. Barondes, Lisa Fairfax, Lawrence A. Hamermesh, Robert Lawless, Twilight in the Zone of Insolvency: Fiduciary Duty and Creditors of Troubled Companies - History & Background, 1Journal of Business & Technology Law, 231(2007).

④ Natalia Andreicheva, The role of legal capital rules in creditor protection: contrasting the demands of western market economies with Ukraine's transitional economy, A thesis of the degree of Master of the London School of Economics and Political Science f of Philosophy, 2009, p26.

程序更加简便,在各个州被广泛采用,对公司债权人保护发挥着重要的功能。尽管其与公司法人人格否认制度都是对公司控制股东或董事等控制者所从事的欺诈行为的规制,都是对债权人进行救济的司法规制措施,但是该制度却更具灵活性,因为"《统一欺诈转让法》并不明确地要求控制股东对公司的控制或者恶意行为为前提"①。同样,对公司集团进行规制的"实质合并原则"的灵活性也十分显著,因为"该原则在美国找不到任何成文法上的依据,而是根据美国《破产法》第105条赋予破产法庭的权力——其认为根据这一原则颁布指令、程序或者裁决是有必要的,是恰当的"②。"法院决定实施实质合并的权力是灵活的司法管辖"③。

日本2005年《公司法》司法规制的强化主要体现在以下几个方面:第一,明确规定了设立时董事制度,规定了其对公司设立时包括股东出资审查在内的义务与民事责任,债权人可以对设立时董事的违法行为提起诉讼,进行索赔;第二,完善对董事等高管对第三人民事责任的规定,不仅明确规定了董事等高管对第三人承担民事责任的主观要件、责任范围,而且规定了董事之间以及董事与其他高级管理人员之间对第三人的连带赔偿责任,从而能够更好地保护债权人利益;第三,明确规定了债权人对违法合并、分立与减资的诉讼救济权;第四,明确规定了债权人对公司违法分配股利的诉讼救济权,债权人可以在其债权范围内直接向股东要求赔偿。可以说,司法规制对行政管制的替代是日本2005年《公司法》改革最为重要的内容。日本2014年《公司法》又强化了对资本的司法规制:第一,引入了多重股东代表诉讼制度,"为了保护母公司股东利益,在法定的一定范围内,母公司(包括多重母子关系中的母公司)可以为了追究子公司董事等对子公司(包括多重母子关系中的子公司)的责任而提起股东代表诉讼的制度"④。这对于保护母子公司利益以及公司债权人利益都具有重要作用。第二,强化了虚假出资股东的责任规制,"考虑到资本充实原则,2014年《公司法》在修订中创设了关于虚假出资时的责任规定(2014年修订的《公司法》第52条第2款、第102条第3款第4款、第102条第2款、第103条

---

① Barry Adler, Marcel Kahan, The Technology of Creditor Protection, 161 University of Pennsylvania Law Review, 1788-1789(2013).

② J. Mac Kinnon, Substantive Consolidation: the Backdoor to Involuntary Bankruptcy, 23 San Diego Law Review, 203(1986).

③ John Farrar, Piercing the Corporate Veil in Favor of Creditors and Pooling of Groups-A Comparative Study, 25Bond Law Review, 18(2013).

④ [日]神田秀树:《公司法的精神》,朱大明译,法律出版社2016年版,第97页。

第 2 款、第 213 条第 1 款、第 213 条第 1 款）"①。

德国 2008 年《有限责任公司法改革及防止滥用法》同样也强化了对公司资本制度的司法规制，例如对董事责任规制的强化就是其突出体现。"在公司法改革之前，公司董事仅对因没有及时提起公司破产程序而引发的资金损失负责。在修改后的有限责任公司法中新增加了董事因向股东支付现金而导致公司破产所应当承担的责任。"②此外，此次立法改革放松了对隐性实物出资的行政管制，尽管承认了隐性实物出资的法律效果，但是为了保障公司利益不因此而受到损害，同样强化了司法救济，即"如果隐性实物出资给公司造成了损害，则公司可以向股东或公司经理要求损害赔偿"③。公司可以对股东或者公司经理提起诉讼，通过诉讼要求股东或公司经理向公司赔偿因隐性实物出资而给公司造成的损失。

三、资本规制程序的变化：由事前规制转向事后规制

由事前规制转向事后规制是公司资本规制体系发展的重要路径，因为现代公司法改革的首要目标是促进交易，而严格的事前管制必然会阻碍资本制度效率的提高，因为其会提高企业进入门槛，更重要的是其无法给予债权人以预期的保护，如作为事前管制典型体现的最低注册资本制度的功能十分有限，因为"其不能创造一个真实的净资产维持规则。尽管资本维持规则限制着公司向股东转移其资产，但是并不能够保障公司资本不会通过交易性损失而流失"④。所以，有必要构建事后债权人利益法律保护机制，并且这种事后债权人保护机制以遏制公司控制者的机会主义行为为目标，也正是由于事后保护机制的不足进而使得作为事前保护措施的法定资

---

① ［日］尾崎安央：《日本公司法中的资本制度的现状与课题》，张杨译，载《商事法论集》（第 27 卷），法律出版社 2015 年版，第 142 页。

② ［德］克里斯托夫·太贺曼：《有限责任公司的现代化——德国公司法文本竞争的嬗变》，《社会科学战线》2012 年第 7 期，第 226 页。

③ see Bunnemann/Zirngibl, Auswirkungen des MoMiG auf bestehende GmbHs, 2008, S. 147, Rn. 26. 转引自何旺翔：《德国有限责任公司资本筹措的现代化》，《现代经济探讨》2010 年第 1 期，第 89 页。

④ Natalia Andreicheva, The role of legal capital rules in creditor protection: contrasting the demands of western market economies with Ukraine's transitional economy, A thesis of the degree of Master of the London School of Economics and Political Science f of Philosophy, 38 (2009).

本制度显得更加重要。①

(一)事前资本规制的弱化

事前公司资本规制的弱化主要体现于设立阶段资本形成行政管制的放松,其最为核心的表现依然是对法定最低注册资本制度的改革之上。法定最低注册资本制度不仅是一种行政管制,也是一种事前规制,其立法本意在于通过事前资本必要数额的设置,防止股东利用公司形式从事机会主义行为。Francisco Soares Machado 教授对法定最低资本制度这一事前规制的特性及其立法目的做了清晰的说明:"法定最低资本制度这种事前(ex ante)规制措施被认为有助于阻止资本不足公司的产生,以防止股东向债权人转移风险。"②但是,这种事前规制对债权人的保护效果并不理想,因为最低注册资本制度不能阻止公司资产在商业经营中的损失,所以,在公司经营过程中,"最低资本并不能告诉债权人关于公司真实的财务状况"③,甚至对债权人产生误导。因此,以最低注册资本制度为代表的事前资本规制在不断弱化,美国、日本等国家先后取消了最低注册资本制度④。尽管欧洲各国依然坚守着法定资本制理念,特别是对股份有限责任公司依然坚持适用法定最低注册资本制度,但是也出现了松动的迹象,例如英国2006年《公司法》取消了授权资本制,走向了声明资本制,公司资本的再发行变得更加方便,由公司董事会根据需要随时发行,不再受公司设立时公司章程所登记的注册资本数额的限制。⑤ 德国 2008 年《有限责任公司法改革及防止滥用法》对事前管制的放松也有着突出的体现,例如,对企业主有限责任公司这一特殊公司形态不做最低注册资本要求,同时还废除了对特殊行业公司设立须行政许可的要求,"公司开展特殊业务必须得到行政

① Natalia Andreicheva, The role of legal capital rules in creditor protection: contrasting the demands of western market economies with Ukraine's transitional economy, A thesis of the degree of Master of the London School of Economics and Political Science f of Philosophy, 3-59(2009).

② Francisco Soares Machado, Effective Creditor Protection in Private Companies: Mandatory Minimum Capital Rules or Ex Post Mechanisms?, https://papers. ssrn. com/sol3/papers. cfm? abstract_id=1568731.

③ Wolfgang Schön, The Future of Legal Capital, 5European Business Organization Law Review, 437(2004).

④ 美国、日本公司法取消最低注册资本要求的情况在前文域外公司资本制度的分析中已经做了充分论证,在此不再具体分析。

⑤ 参见黄辉:《公司资本制度:国际经验及对我国的启示》,载王保树:《商事法论集》(第 21 卷),清华大学出版社 2012 年版,第 342 页。

机构许可与公司注册登记的必要程序予以分离，与此相关的条款在有限责任公司法中已经被废除”①。正是在上述相关改革措施的影响下，德国有限责任公司的设立进程明显加速。②

（二）事后资本规制的强化

在实践中，正是事后债权人保护机制的发展奠定了美国法定资本制度放松的基础，从法律角度来说，在公司法其他规则不断发展的基础上，已无须在事前加强规制，“许多时候裁判更好地替代了事前规制”③。例如，美国 1984 年《标准公司法》对股东出资经营判断规则的成文化发展④，1984 年《统一欺诈转让法》对债权人撤销权司法保障机制的发展，“揭开公司面纱”原则在实践中的不断发展，信义义务制度对董事行为规制的不断发展，公平居次原则以及实质合并制度对关联公司破产责任规制的发展等等，都充分地体现着事后规制的强化。以司法救济为代表的事后资本规制架构的完善在日本 2005 年《公司法》中也有着鲜明的体现，例如，该法对设立时董事制度的确立、对董事等高管对第三人民事责任制度的完善、对债权人因违法分配股利而享有的司法救济权的完善等等⑤，都充分体现着事后资本规制的强化。日本 2014 年《公司法》再次进行改革，其中一个重要体现仍是强化对公司资本运行中机会主义行为的事后规制，例如强化对虚假出资问题的规制。该法第 213 条规定：“在股票发行时如有虚假出资的情形发生，那么股票购买者和参与股票发行的董事或执行役将负有向公司支付虚假出资金额的连带责任。”⑥德国 2008 年《有限责任公司法改革及防止滥用法》同样在弱化公司资本事前管制的同时，推进了对资本运行的事后规制，例如为了强化对欺骗与商业欺诈行为的规制，简化了法律索赔法程序，并防止破产启动的人为拖延等等。显然，上述措施都体现着对公司资

---

① ［德］克里斯托夫·太贺曼：《有限责任公司的现代化——德国公司法文本竞争的嬗变》，《社会科学战线》2012 年第 7 期，第 222 页。
② See Andreas Lindner, Germany: Significant Changes For German Law On Limited Liability Companies, https://www. mondaq. com/germany/company-formation/69522/significant-changes-for-german-law-on-limited-liability-companies.
③ 邓峰：《资本约束制度的进化和机制设计——以中美公司法的比较为核心》，《中国法学》2009 年第 1 期，第 101 页。
④ See Richard A. Booth, A Chronology of the Evolution of the MBCA, 56Business Lawyer (ABA), 66 (2001).
⑤ 参见［日］江头宪治郎：《新公司法制定的意义》，载王保树：《最新日本公司法》，于敏、杨东译，法律出版社 2006 年版，第 11 页。
⑥ 郭远：《日本公司法改革和实施效果的经验与启示》，《现代日本经济》2019 年第 4 期，第 72 页。

本运行的事后规制。①

四、资本规制制度的拓展：由公司法规制转向多种法律协同规制

美国 1984 年《标准公司法》废除了传统的法定资本规制条款，"但是上述改革并不是说明债权人再也不能享有美国法律体制的有效保护，实际上这种保护存在于多个方面"②。"债权人必须主要依赖严密的契约谈判条款、《统一欺诈转让法》和最终的《破产法》去保护自己免遭股东机会主义行为的侵害。"③因此，美国公司债权人的保护从最初的公司法资本制度已经发展到公司法、合同法、证券法、破产法以及统一欺诈转让法等在内的综合法律体系，这些不同法律制度的协同规制是美国资本规制体系的重要特征。有学者认为："在美国，契约条款是公司债权人保护机制当中最重要的组成部分。"④而国内也有学者持有相似的看法："美国对债权人的保护并非依托公司资本制度，甚或可以说不是以公司法为基础，而是借助合同法、侵权法及破产法等其他替代解决机制。"⑤

需要进一步明晰的是，这种协同规制不仅仅体现为不同法律制度沿着各自路径对资本行为进行规制，而且还体现在不同的立法精神、立法内容、立法技术以及立法形式的协同之上。例如，作为公司法制度的公司人格否认制度、股利分配制度与作为破产法制度的公平居次制度、实质合并制度之间在立法精神与立法内容上存在着高度的关联性，都是禁止欺诈行为。"尽管一般情况下统一欺诈转让法、公平居次原则、股利分配规则以及揭开公司面纱规则被作为独立的理论加以分析。但是罗伯特·克拉克教授却以对统一欺诈转让法的分析，揭示出了它们之间的本质联系。"⑥"在相当程度上，公平居次原则与刺破公司面纱原则是统一欺诈转让法在受到外界

---

① see Andreas Lindner, Germany: Significant Changes For German Law On Limited Liability Companies, https://www. mondaq. com/germany/company-formation/69522/significant-changes-for-german-law-on-limited-liability-companies.

② Richard A. Booth. Capital Requirements in United States Corporation Law, University of Maryland School of Law Legal Studies Research Paper, 24(2005).

③ Richard A. Booth. Capital Requirements in United States Corporation Law, University of Maryland School of Law Legal Studies Research Paper, 24(2005).

④ Barrye Adler, Marcel Kahan, The Technology of Creditor Protection, 61University of Pennsylvania Law Review, 1773(2013).

⑤ 袁田：《反思折中资本制——以公司资本制度的路径选择为视角》，《北方法学》2012 年第 4 期，第 108 页。

⑥ Michael L. Cook, Richard E. Mendales. The Uniform Fraudulent Transfer Act: An Introductory Critique,(winter) The American Bankruptcy Law Journal, 505(1988).

条件限制的情形下，由法官对其进行创造性地应用而发展形成的，而不是对这一传统的、影响巨大的法律制度的弱化。"①同理，作为公司治理机制的重要架构——董事信义义务制度也与破产法制度存在着极其紧密的联系，在立法技术上也呈现出高度关联性。例如，英美法普遍认为，作为破产判断标准的"失去清偿能力"是判断董事对债权人承担信义义务的重要边界。"公司已经失去清偿能力、接近失去清偿能力、濒临失去清偿能力、有失去清偿能力的风险以及陷入财务困境都将引致董事对债权人信义义务的产生，这已经成为共识。"②因为"董事的义务对象应当指向那些人：公司利益的最终拥有者，当公司持续经营之时公司属于股东，而当公司资本已经丧失时公司属于债权人"③。同理，美国 1978 年《破产法》与 1984 年《统一欺诈转让法》在对欺诈行为的规制上，不仅仅在立法精神、立法技术上表现出趋同，而且在具体的立法形式上也基本相同。

日本非常重视公司法对债权人的保护，但其资本规制依然是通过公司法、民法以及破产法等相关法律的协同规制实现的，单一的公司法难以有效承担债权人保护的重任。例如，日本《民法典》关于债权人撤销权的规定对债权人保护发挥着极其重要的作用，虽然日本没有像美国一样颁布专门的《统一欺诈转让法》确立债权人的撤销权，但是其《民法典》中关于撤销权的规定以及大量的司法审判案例为债权人提供了有效的保护。特别是在破产程序过于复杂的情形下，撤销权对债权人的保护更加重要，"针对债务人抱着诈害的意思而实施减少财产行为的情况，作为一项在破产之外的能够迅速保全债权的共同担保制度，它就显得相当必要。到目前为止，已经积累了许多判例，学界也展开了多方面的讨论"④。2005 年，日本颁布了新《破产法》，该法强化了对破产阶段的资本退出规制，这绝不是立法的巧合，而是资本规制改革协同化的重要体现，因为 2005 年《破产法》对资本退出阶段的机会主义行为进行了严密而有力的规制，从而有力地支撑着日本 2005 年《公司法》对设立阶段资本行政管制的放松化改革。例如，该法强

①　Michael L. Cook, Richard E. Mendales. The Uniform Fraudulent Transfer Act: An Introductory Critique,(winter)The American Bankruptcy Law Journal, 506(1988).

②　Andrew Keay. A Theoretical Analysis of the Director's Duty to Consider Creditor Interests: the Progressive School's Approach, 4 Journal of Corporate Lau Studies October, 307(2004).

③　P. L. Davies, Gower and Davies' Principles o f Modern Company Law, Sweet & Maxwell, 2003, p373.

④　［日］下森定、钱伟荣：《日本民法中的债权人撤销权制度及其存在的问题》，《清华法学》2004 年第 4 期，第 245 页。

化了破产财产保全处分措施,导入了公司职员责任查究决定制度,强化了破产犯罪刑事处罚等相关制度的规定,上述改革都是意在防止破产过程中公司财产管理者的机会主义行为,遏制破产欺诈,从而更好地预防破产过程中的资本弱化,实现债权人利益保护。需要说明的是,此次破产法改革的中心任务就是完善对破产欺诈行为的规制,这与美国1978年《破产法》改革具有高度的趋同性,其区别在于日本2005年《破产法》对破产刑事犯罪的规定更加完善,不仅直接扩展了破产欺诈罪的主体,将其适用于所有人员,而不仅仅是公司管理者,同时"增设了对破产管理人等的特别渎职罪和向特定的债权人提供担保等罪"①,并扩展了罚金刑的运用,"也就是说,在此之前对法定刑不需要缴纳罚金,现在也新设了罚金刑,所有的破产犯罪都规定了罚金刑的同时,还上调了罚金的金额,有可能将徒刑与罚金刑并行"②。

德国2008年《有限责任公司法改革及防止滥用法》改革的一个核心内容就是将债权人保护规则向破产法整体移转,例如强化了公司董事与股东的破产程序提起义务,引入了公平居次原则来处理股东对公司的贷款,强化了董事对公司破产的个人民事责任。③ 德国原《有限责任公司法》第64条对董事申请破产的义务进行了规定,但2008年改革后将该条删除了,而是将该内容规定在德国《破产法》第15a条第1款当中,同时德国《破产法》第15a条第3款规定了股东的破产申请义务,当有限责任公司没有董事之时,股东应提起破产申请,"但股东不知道支付不能或者资不抵债,或者不知道公司无董事的除外"④。显然,德国2008年《有限责任公司法改革及防止滥用法》强化了董事与股东提起破产申请的义务,对防止那些已经失去清偿能力或者资不抵债公司资产状况的持续恶化具有重要作用,有助于更好地保护公司债权人利益。

---

① 何伟波:《中日破产犯罪立法比较研究——以新、旧日本〈破产法〉为视角》,《福建教育学院学报》2016年第1期,第56页。

② 刘艳军:《日本破产法改革概要》,《河北法学》2006年第8期,第141页。

③ [德]克里斯托夫·太贺曼:《有限责任公司的现代化——德国公司法文本竞争的嬗变》,《社会科学战线》2012年第7期,第227页。

④ 范剑虹、李翀:《德国法研究导论》,中国法制出版社2013年版,第119页。

第七章 系统论范式下我国公司资本规制体系修正的根本目标与中心任务

任何一个法律制度的改革都必须先确立明确的目标,因为"立法的质量在一定程度上就是依赖于通过该法所追求的目标"①,而且"目标构成行动的理由,一个尚未实施的潜在立法所提出的目标是该法获得有效实施的理由,如果法案已经实施,那么立法目标则是推进该法案继续发展的一个良好特质"②。因此,当前我国公司资本规制改革必须确定其根本目标,这不仅关系到公司资本制度自身的具体架构,也关系到其实施效果,关系到公司资本规制改革的成败。显然,在当前认缴资本制模式下,进一步强化公司债权人利益保护依然是我国公司资本规制体系修正的根本目标。公司资本规制改革根本目标的实现则有赖于对公司资本规制中心任务的完成,公司资本规制改革的中心任务是继续推进其改革进程的关键所在,也是解决当前公司资本规制主要矛盾的根本着力点,是探索公司资本规制发展路径及其具体制度架构的重要基础。在当前认缴资本制模式下,要推进债权人保护"就必须强化对公司资产的保护,其核心则在于控制可能危及公司清偿能力的控制行为"③。而要对公司清偿能力进行保障,就必须防止各种资本欺诈行为的发生,进而更好地实现改革目标即保护债权人利益。学界对认缴资本制改革最大的担心莫过于对认缴资本制下股东以及公司管理层欺诈行为的担忧,正如周友苏教授指出的,"如果缺少制度的配套,折中资本制和认可资本制必然沦为欺诈者的工具,而与我们选择这一制度的初衷相去甚远"④。因此,对公司资本欺诈行为的规制,是当前公司资本规制改革面临的中心任务。

---

① Jaap Hage, Legislation and Expertise on Goals, 3Legisprudence, 351 (2009).

② Jaap Hage, Legislation and Expertise on Goals, 3Legisprudence, 353 (2009).

③ Barrye Adler, Marcel Kahan. The Technology of Creditor Protection, 161University of Pennsylvania Law Review, The University of Pennsylvania Law Review,1788(2013).

④ 周友苏:《新公司法论》,法律出版社 2006 年版,第 186 页。

第一节　公司资本规制体系修正的根本目标
——进一步强化公司债权人利益保护

"根据雷加森斯·西克斯的观点,法律本身并不是一种纯粹的价值,而是一个旨在实现某些价值的规范体系。它的首要目标是实现集体生活的安全;人类之所以创造法律,乃是因为他们想使他们的人际关系和财产关系得到保护和具有确定性。"①当前认缴资本制改革持续推进的根本目标也在于安全价值的实现,具体而言是对公司债权人财产安全价值的保护,是对公司债权人在与公司交易过程中财产安全性的保护(当然这里的安全核心意涵在于防止公司控制者机会主义行为对公司资产的侵害,而不是指由于正常的商业风险而遭受的损害)。因为 2013 年《公司法》认缴资本制的确立使得公司股东获得了更大的自治权,对公司债权人利益保护产生了严重的冲击,债权人的交易安全面临更大的挑战,所以,当前我国公司资本规制的根本目标在于进一步强化债权人利益保护。

一、公司股东、董事与债权人之间的传统利益冲突依然存在

公司股东与债权人之间存在着天然的利益冲突,而公司管理层则不仅由于受控于控制股东进而代表股东从事机会主义行为从而与债权人产生利益冲突,也可能纯粹出于自身利益的需要从事损害债权人利益的行为,正是这些利益冲突导致了公司治理的代理成本。时至今日,这种利益冲突依然存在,并未伴随着资本规制制度的完善而消失。正如美国纽约大学法学院 Barry Adaler 与 Marcel Kahan 教授所言,"在所有权与经营权相分离的状态下,公司治理中的代理成本不可能彻底消失,最多只能降低"②。而且值得警惕的是,这种利益冲突可能在实践中被不断加剧。Steven L. Schwarcz 教授指出:"公司对债权人的义务问题已经成为商业组织中一个紧迫性的议题,越来越多的公司在不断地重塑股东获益的路径,给债权人

---

① ［美］E.博登海默:《法理学:法哲学与法理方法》,邓正来译,中国政法大学出版社,2004 年版,第 214 页。

② Barry Adaler, Marcel Kahan, The Technology of Creditor Protection, 161University of Pennsylvania Law Review, 1774(2013).

造成潜在的损害。"①因此,在当前的认缴资本制模式下,公司股东、董事与债权人之间的传统利益冲突不仅依然存在,甚至可能不断加剧,所以,公司资本规制的重要任务依然是推进债权人利益保护。

(一)股东与债权人之间存在着利益冲突

有限责任制度与公司法人人格的结合,使得公司债权人无法透过公司这一主体去直接追究股东出资外的个人财产责任,而股东作为公司所有者能够最大限度地获取公司利润,债权人则只能获取股东的投资或者交易回报,因此股东与债权人之间存在着利益冲突。"特别是当公司决定如何配置公司资本时,作为获取固定收益的债权人便与股东之间产生了利益冲突"②,例如"当公司决定投资、支付股利或者股份回购等其他形式的资本分配时"③,股东更加倾向于从事风险较大而收益较高的项目,债权人则希望能够降低公司的经营风险以确保其债权获得足够的清偿。"股东与债权人的这种利益冲突一直贯穿于公司经营的整个过程"④。"当公司陷入经营困境的时候,股东与债权人之间的这种利益冲突则会加剧,因为此时公司剩余财产所有权将向债权人倾斜,股东的股本价值此时已经几乎消失殆尽,股东只是拥有很小甚至已经没有可失去的价值了,此时公司的资产在本质上应属于公司债权人所有,所以,股东更加倾向于投资高风险项目或者将公司财产转移给他们自己的交易。"⑤同时,股东攫取利益的方式多种多样,"不仅能够直接以损害债权人利益为代价而获取利益,而且还能够通

---

① Steven L. Schwarcz, Rethinking the corporation's obligations to creditors, 17 Cardozo Law Review, 648-649(1996).

② Luca Enriquest, Jonathan R. Macey, Creditors Versus Capital Formation: The Case Aginst the Europen Legal Capital Rules, 86 Cornell Law Review, 1166(2001).

③ Luca Enriquest, Jonathan R. Macey, Creditors Versus Capital Formation: The Case Aginst the Europen Legal Capital Rules, 86 Cornell Law Review, 1166(2001).

④ Natalia Andreicheva, The role of legal capital rules in creditor protection: contrasting the demands of western market economies with Ukraine's transitional economy, A thesis submitted to the Law Department of the London School of Economics and Political Science for the degree o f Master of Philosophy, 2009, p13.

⑤ Natalia Andreicheva, The role of legal capital rules in creditor protection: contrasting the demands of western market economies with Ukraine's transitional economy, A thesis submitted to the Law Department of the London School of Economics and Political Science for the degree o f Master of Philosophy, 2009, p13.

过其所控制的管理机构以损害债权人利益为代价而获取不正当利益"①。当然有一点也无法否认，"尽管股东能够以牺牲债权人利益的方式使自己获益，债权人也能用相似的方式以股东的利益为代价使自己受益"②。例如，"如果债权人能控制获得他贷款的公司，他就可以要求该公司向其预付贷款或者停止发放股息"③。

(二)董事与债权人之间存在利益冲突

董事与债权人之间同样存在着利益冲突。一方面，董事为了自身报酬的获取以及个人信誉的建立，可能使得公司从事高风险交易，将债权人利益置于不合理的风险之中，一旦交易失败，债权人利益可能无法收回。另一方面，"董事相当程度上代表着公司股东的利益"④，董事可能受制于公司股东或者只考量公司股东利益，协助公司大股东通过自我交易或者其他关联交易转移公司资产，逃避公司债务，使债权人的债权难以获得及时有效充分的清偿，特别是当公司陷入失去清偿能力或者濒临失去清偿能力之时，董事可能会与控制股东联合起来，以牺牲债权人利益为代价从事不正当资产转移行为或者过度的风险投机行为。正是因此，"债权人总是担心在董事采取有利于公司股东利益的行动时，他们的利益能否获得保护，他们所拥有的要求公司向他们支付到期债务的权利是否会受到阻碍，因为公司的资本可能会削减到一定程度以致公司不能满足对债权人的契约支付义务"⑤。

二、2013年《公司法》认缴资本制改革对公司债权人保护形成更加严峻的挑战

股东与债权人之间以及董事与债权人之间的利益冲突一直存在，这是

---

① Natalia Andreicheva, The role of legal capital rules in creditor protection: contrasting the demands of western market economies with Ukraine's transitional economy, A thesis submitted to the Law Department of the London School of Economics and Political Science for the degree o f Master of Philosophy, 2009, p13.

② Luca Enriquest, Jonathan R. Macey, Creditors Versus Capital Formation: The Case Aginst the Europen Legal Capital Rules, 86Cornell Law Review, 1171(2001).

③ Luca Enriquest, Jonathan R. Macey, Creditors Versus Capital Formation: The Case Aginst the Europen Legal Capital Rules, 86Cornell Law Review, 1171(2001).

④ see Edward B. Rock, Adapting to the New Shareholder-Centric Reality, 161 University of Pennsylvania Law Review, 1928(2013).

⑤ Richard S. Bradstreet, Regulating Legal Capital Reduction: A Comparison of Creditor Protection in South Africa and the State of Delaware, 129South African Law Journal, 736 (2012).

进一步强化公司资本规制体系进而完善债权人利益保护的逻辑根源,但是就我国公司法发展而言,强化公司债权人保护还有其制度自身改革的内在需求。显然2013年《公司法》认缴制本制改革的进行并不系统,其只是以废除最低注册资本制度为中心,强化了股东出资自治权,提升了公司制度运行效率,保护了股东权益,但是没有适时地协同性地推进债权人保护制度建构,这必然从整体上降低债权人保护强度,使债权人保护在传统利益冲突的基础上面临更加严峻的挑战。

(一)认缴资本制改革的单向性:以股东自治为中心

2013年我国《公司法》确立了认缴资本制模式,不仅原则性地废除了法定最低注册资本制度(法律、法规以及国务院规定有特殊规定的,依然保留最低注册资本要求),而且允许股东出资时间自我决定,同时还废除了强制验资制度。这种改革的直接目的在于强化公司自治权,意在通过公司自治的推进,提升公司资本制度运行效率,以期更好地促进宏观经济的发展。但是,这种改革并未考量公司债权人等利益相关者的权益,尤其是使得公司债权人面临更加严峻的道德风险,因为在废除法定最低资本制度以及奉行股东出资时间自治的同时,并未协同性地强化公司债权人保护制度设计,这打破了原来在法定最低资本制度存在情形下的公司债权人保护体系平衡。因为无论如何都不应彻底否认法定最低资本制度对债权人的保护功能,尽管这种功能备受质疑,但是它的存在却具有相当重要的价值,因为它表明着公司对债权人的初始债务履行担保能力。正如陈甦教授所指出的,"因对'资本信用说'及其制度表现的正确批判,进而主张对注册资本制度(包括作为应用效果的资本信用)必要性与重要性的否认,却是从正确的前提出发推导出错误的结论"①。所以,在缺乏债权人保护制度协同性推进的情形下,以废除最低注册资本制度为中心的认缴资本制改革,呈现出鲜明的单向性改革特点,即以股东权益为中心的单向性改革。

(二)单向性的认缴资本制改革降低了债权人保护强度:安全价值与效率价值失衡

安全是法律制度架构的重要价值追求,而绝不是仅仅出于从属性与派生性地位,"法律的制度性安排必须凸显法律安全价值的核心地位,体现出

---

① 陈甦:《资本信用与资产信用的学说分析及规范分野》,《环球法律评论》2015年第1期,第45页。

行动主体追求各种利益时的安全性需求,能为主体提供充分的安全感。"①
公司资本制度架构也不应例外,其在实现效率性修正的同时,也必须兼顾
制度安全的协同性推进,当然这里安全应当包括多元化的安全,其核心在
于公司的利益安全、债权人的利益安全以及股东特别是中小股东的利益安
全。其中债权人的安全则相对更加重要,因为资本制度效率性改革的直接
受益者就是股东,降低了股东的出资义务与强度,而增加了债权人风险。
所以,必须同时强化公司资本规制改革的安全性。正如美国耶鲁大学法学
院 Charles C. Callahan 教授所言,"在推进公司资本制度效率性改革时,立
法者必须同时重视对债权人的利益保护问题"②。对债权人利益的保护是
资本认缴制改革"安全价值"的必然需求,任何法律制度必须具有安全性,
安全性是正义性的重要基础,如果无法保障安全,正义就无从谈起。正如
美国著名法理学家博登海默所言,"一个法理制度要恰当的完成其职能,就
不仅要力求实现正义,而且还必须努力创造秩序"③。

不可否认,安全是秩序的核心与基础,只有保障债权人的交易安全才
能塑造良好的交易秩序。公司资本制度的安全性价值是公司资本制度的
重要价值基础,"毫无疑问,公司生存的最基本前提是满足包括其在内的所
有参与交易的个体对安全的追求。这一点决定了现代公司法必须保证公
司在交易中的信誉"④,英国公司法改革的历史经验对此有着清晰的说明。
英国公司法改革审查指导小组在 1999 年发布的英国公司法改革的"战略
框架文件"中指出:"对交易的促进是现代公司法改革的首要目标,这就要
求公司法必须支持和推进以市场为导向的契约运作模式。"⑤但是该文件
同时指出,在推进该模式的同时,必须充分考量债权人在交易当中的信息
不对称问题以及由此产生的契约风险,同时还需考量契约订立的不完备性
以及缔约后股东的机会主义行为,而"法定规则可能有助于各方降低其成

---

① 张洪波:《以安全为中心的法律价值冲突及关系架构》,《南京社会科学》2014 年第 9 期,第 89
页。
② Charles C. Callahan, Statutory protection of creditors in reduction of capital stock,
2LawJournal of the Student Bar Association Ohio State University, 224(1936).
③ 〔美〕E. 博登海默:《法理学:法哲学与法理方法》,邓正来译,中国政法大学出版社,2004 年版,
第 330 页。
④ 徐晓松:《公司资本监管与中国公司治理》,知识产权出版社 2006 年版,第 39 页。
⑤ John Armour, Share Capital and Creditor Protection:Efficient Rules for a Modem Company
Law, 63The Modern Law Review, 358(2000).

本,比如作为提供给各方当事人交易条款的合同规范"①。因此,债权人利益保护必然是现代公司法制度架构的重要构成部分,认缴制本制下公司资本单向性的效率性改革忽视了对债权人利益保护的协同性推进,弱化了债权人保护体系,降低了债权人保护强度,使得公司资本制度中安全价值与效率价值失衡,在提升效率价值的同时削弱了安全价值,这便更加凸显债权人安全利益保护的必要性。因此,认缴资本制改革的安全价值是现实认缴资本制架构效率性追求的必要条件。甚至当两者发生冲突之时,安全价值更具重要性,因为"安全和效率在社会结构中具有明显的区别,在一个组织良好的社会,安全属于必需品,而效率属于优先品,当安全必需品遇到效率优先品之时,应该遵循必需品大于优先品的准则"②。

所以,为了应对 2013 年《公司法》认缴资本制改革给债权人权益保护带来的冲击,必须强化公司资本规制,推进债权人保护制度的完善,以应对认缴资本制改革放松设立阶段资本行政管制对债权人保护强度的弱化效应。

三、2018 年《公司法》上市公司股份回购制度改革对债权人保护形成更加严重的冲击

2018 年我国《公司法》继续修正,针对上市公司股份回购制度做出了重大调整,这种调整进一步放松了上市公司股份回购的程序与实体条件限制,对促进公司发展与保护股东权益具有十分良好的效应。但是,要使上市公司股份回购行为健康地进行,必须强化对股份回购行为的监管,否则股份回购可能严重损害公司资产特别是现金流,进而危及公司对债权人的及时清偿能力,然而"目前的监管规则过于偏重鼓励回购,对其负外部性考虑不够"③。这种负外部性有多种表现,其中一个重要方面就是"公司债权人因此更须自力承担公司因正常经营而丧失偿债能力的风险"④。因此,急须强化对上市公司股份回购行为的规制,这是强化债权人保护的必然

---

① John Armour, Share Capital and Creditor Protection: Efficient Rules for a Modem Company Law, 63The Modern Law Review, 361(2000).

② 张洪波:《以安全为中心的法律价值冲突及关系架构》,《南京社会科学》2014 年第 9 期,第 93 页。

③ 冯辉:《"维护公司价值及股东权益所必需"而回购的法律规制》,《东方法学》2019 年第 6 期,第 114 页。

④ 宋国权:《上市公司股份回购中公司债权人利益的法律保护》,《上海金融》2020 年第 5 期,第 53 页。

要求。

(一) 股份回购对债权利益冲击的逻辑根源：损害资本维持原则

股份回购会对公司债权人利益产生严重冲击。美国哥伦比亚大学法学院 Carlos L. Israels 教授指出："当前由于股份回购权利的实施而产生的问题就是，在一系列具体情形下，如何避免对公司债权人与股东的损害。"①对股份回购行为进行必要的限制，以保护债权人利益，这一点早在公司法发展的历史初期就已经得到了充分的展现。其中最著名的是发生在 1877 年的英国"Trevor v. Whitworth"案，在此案中英国上议院非常直接地禁止了股份回购行为。英国上议院给出了三个裁判理由：第一，股份回购行为会导致公司股本减少，这会导致公司资本的非法变更，这与当时的英国《公司法》对股本的规定相背离；第二，允许公司回购自己的股份就是允许公司就其股份自行交易，但是公司股份的自我交易行为是非法的；第三，股份回购行为将会严重损害债权人在将来公司清算中所依赖的资产。② 简而言之，英国上议院当初禁止股份回购行为的理由就是股份回购行为严重损害了公司资本维持原则，危及了债权人利益的清偿。这种裁判逻辑在当前许多国家的公司法当中依然有着鲜明的体现，只不过是不再绝对地给予禁止，而是附加了严格的限制条件，即不得损害公司清偿能力、不影响公司对其到期债务的清偿。具体而言，许多国家通常把股份回购视同股利分配进而加以严格规制，以避免股东通过股份回购行为损害债权人利益，例如，"美国《标准公司法》、纽约州《商业公司法》以及得克萨斯州《商业公司法》都禁止任何股利分配，就像禁止用现金和财产进行股利分配一样，如果公司已经失去清偿能力（在公平的意义上是指公司不能清偿到期债务）或者当这种回购行为将致使公司失去清偿能力"③。股利分配限制的一般逻辑是分配不应导致公司负债大于公司资产，但是这种逻辑也在进一步发展，即分配行为不能导致公司无法清偿到期债务，因为尽管进行股利分配或者股份回购之后，账目资产可能大于公司负债，但是公司的现金或其他流动性资产可能严重不足进而导致公司无法清偿到期债务。

---

① Carlos L. Israels, Limitations on the Corporate Purchase of Its Own Shares, 22The Southwestern Law Review，755(1968).

② see Carlos L. Israels, Limitations on the Corporate Purchase of Its Own Shares, 22The Southwestern Law Review，755-756(1968).

③ Carlos L. Israels, Limitations on the Corporate Purchase of Its Own Shares, 22The Southwestern Law Review，755(1968).

（二）我国 2018 年《公司法》股份回购改革对债权人保护的具体冲击

1. 股份回购情形扩展的冲击

2018 年《公司法》上市公司股份回购制度改革的一个重要体现就是扩展了公司股份回购的情形,在 2005 年《公司法》规定基础上,又新增两项,即《公司法》第一百四十二条第五项与第六项:"将股份用于转换上市公司发行的可转换为股票的公司债券"与"上市公司为维护公司价值及股东权益所必需"。这两个规定扩展了上市公司股份回购的法定情形,特别是第六项即"上市公司为维护公司价值及股东权益所必需"的规定更具开放性,有学者将第六项规定称为"护盘"[1],有学者将其称为"安定操作"[2],意在稳定股市,防止股市价格出现剧烈的非理性波动。但是该规定却对债权人利益保护造成冲击,"一般认为,通过回购实现护盘和安定操作从而稳定乃至拉升股价,理论上可以保护公司和股东的利益,但对于债权人利益可能有所损害,毕竟公司支出巨量的回购资金往往有损其偿还能力"[3]。而且该规定将上市公司股份回购的权限在相当程度上交给了上市公司,是否启动股份回购由上市公司根据维护公司价值及其股东权益的需要来决定,这也会在一定程度上助长公司股东的机会主义行为,给债权人利益造成严重威胁。

2. 股份回购程序放松的冲击

严格而规范的股份回购程序能够对股东借助股份回购实施机会主义行为进行有效的规制,但是 2018 年《公司法》第一百四十二条第一款规定第(三)、(四)、(五)、(六)项下的股份收购可以由公司章程或者股东大会授权董事会进行决定,有学者将其称为"授权决议机制"[4],这种程序上的改变赋予了董事更大的权力,在一定程度上弱化了公司股东大会的权力,而董事则是相对容易被大股东所操纵,董事会程序与股东大会召开程序的规范性及其限制条件并不相同,董事会决策程序的限制性相对更弱,这就为股东借助股份回购行为机会主义行为的实施提供了更加宽松的条件。股东因此更容易借助股份回购行为损害公司资产并危及债权人利益。例如,

---

[1]　参见李振涛:《护盘式股份回购制度的演进及其设计》,《政法论坛》2016 年第 4 期,第 75 页。

[2]　参见叶林:《股份有限公司回购股份的规则评析》,《法律适用》2019 年第 1 期,第 59 页。

[3]　冯辉:《"维护公司价值及股东权益所必需"而回购的法律规制》,《东方法学》2019 年第 6 期,第 116 页。

[4]　参见叶林:《股份有限公司回购股份的规则评析》,《法律适用》2019 年第 1 期,第 61 页。

"有影响力的股东可能借助股份回购行为从危机四伏的公司中撤走出资"①，或者"从股票前景并不明朗的公司中接受价值不菲的财产"②，这些机会主义行为都容易严重损害公司现金流，影响对债权人的到期清偿。

3. 股份回购资金来源限制取消的冲击

"股份回购会降低满足债权人需要的有效财产"③，所以"财源规制成为保护债权人利益的重要方式"④，因为财源限制可以保障股份回购行为的完成不会影响公司的后续清偿能力，不会危及公司债权人利益保护。1993 年《公司法》奉行严格的法定资本制，对公司股份回购制度做出了严格限制，除了公司减少注册资本或者与持有本公司股份的其他公司合并外，不得进行股份回购，当时并未对用于股份回购的资金来源进行限制。2005 年《公司法》修正对股份回购制度进行了拓展，具体规定在该法第一百四十三条，该条第一款规定中增加了两种情形：一是奖励性回购即"将公司股份奖励给本公司职工的"；二是异议性回购即"股东因对股东大会做出的公司合并、分立决议持异议，要求公司收购其股份的。"同时在一百四十三条第三款规定中要求，如果是奖励性回购即"将公司股份奖励给本公司职工的"，其回购资金应当从税后利润中支付。但是，2018 年《公司法》改革将这一限制取消了，不再有税后利润支付回购资金的限制性规定。此项改革必然会增加债权人权益保护的风险，因为对税后利润的限制能够更好地防止公司资本的减少，保障公司股份回购不会危及公司资本，只是消耗了公司的税后利润。

4. 股份回购比例放宽的冲击

上市公司股份回购比例的多少对公司流动性资产也会产生一定的影响，如果回购比例低，所耗费的流动性资产就少，相对而言对公司债权人的

---

① Thus in Barrett v. Webster Lumber Co. , 275 Mass. 302, 175 N. E. 765 (1931), the corporation's general manager who had purchased common stock for ＄35,887.50 was permitted to have his shares repurchased by the corporation at a time when its assets were lessthan its liabilities, and when it was unable to pay its current liabilities as they became due.

　　Moreover, he was given an excessive price for this stock-six notes in the total amount of ＄43,02328. Cf. Mlurphy v. Hanlon, 322 Mass. 683, 79 N. E. 2d 292 (1948).

② see e. g. , Dupee v. Boston Water Power Co. , 114 Mass. 37 (1873) (stockholders purchasing corporate land permitted to pay one half the sale price in over-valued corporate stock). An unsuccessful attempt to barter dubious stock for corporate land is presented in Augsburg Land & Improvement Co. v. Pepper, 95 Va. 92,27 S. E. 807 (1897).

③ Jonathan Rickford, Reforming Capital Report of the Interdisciplinary Group on Capital Maintenance, 15European Business Law Report, 923(2004).

④ 李振涛:《护盘式股份回购制度的演进及其设计》,《政法论坛》2016 年第 4 期,第 79 页。

冲击就小；如果公司回购比例较大，就会消耗更多的公司流动性资产，就可能对债权人产生较大的冲击。

2018年《公司法》关于上市公司股份回购制度的修正提升了部分股份回购事项的回购比例。2005年《公司法》修正（2013年《公司法》对此规定给予保留）时，其第一百四十三条第三款规定，因"将股份奖励给本公司职工"的，公司收购股份不得超过已发行股份的5％，但是2018年《公司法》第三款规定"将股份用于员工持股计划或者股权激励""股份用于转换上市公司发行的可转换为股票的公司债券"与"上市公司为维护公司价值及股东权益所必需"三种情形下公司合计持有股份比例不得超过已发行股份的10％。这也就是说上述三种情形合计不超过10％，如果上市公司只是进行一种股份回购，其比例可以达到10％，这相当于将原来的5％的相关规定的比例提高了一倍，这在实践中很有可能会增加公司的流动资金支出，进而更大程度地影响公司的债务偿还能力。

四、当前优化我国营商环境的现实需要必然要求强化债权人利益保护

优化营商环境已经成为我国经济发展的重要战略方针，并且也已经成为当前我国法治建设面临的一项重要任务，因为良好的营商环境离不开完善的法治保障，良好的法治建设能够为商事行为的开展提供稳定与可预测的外部环境，能够使商事主体更为理性地评估其所面临的经营风险。优化营商环境面临的一项重要法治任务就是强化商事主体的权利保护，正如有学者所言，"保护商事主体权利是优化营商环境的基本要求"[①]。对债权人利益的保护则是对商事主体权利保护的一个重要体现，强化债权人利益保护对优化营商环境意义重大，因为对债权人权益的保护就是对交易安全的保护，同时对债权人利益的保护也有助于推进良好的公司治理，这都是良好营商环境的重要构成条件。所以，当前优化营商环境的现实需要必然要求强化债权人利益保护。

(一) 优化营商环境已经成为我国经济发展的战略方针

良好的营商环境有助于一国竞争力的提升，"营商环境的质量被视为

[①] 袁康：《营商环境优化中的地方政府角色——以地方〈优化营商环境条例〉为视角》，《经贸法律评论》2020年第3期，第35页。

发展现代市场经济、增强市场竞争力和创新能力的基础"①。当前营商环境的发展状况已经成为衡量一个国家经济竞争力的重要指标,优化营商环境也已经成为世界经济发展的重要潮流,其不仅有助于激发国内市场活力,促进经济发展内生力量的提升,而且有助于塑造良好的国际形象与国际贸易环境,更好地吸引国外投资。

我国同样高度重视营商环境对经济发展以及改革开放的重要功能,对营商环境的优化已经成为我国经济发展的重要战略方针。2017 年 7 月 17 日,习近平在中央财经领导小组第十六次会议上指出:"要营造稳定公平透明的营商环境,加快建设开放型经济新体制。"②2017 年 12 月 29 日,李克强在深入学习贯彻党的十九大精神做好新时代工商和市场监管工作座谈会上强调要打造良好的营商环境。③ 2018 年 3 月 5 日,李克强在政府工作报告中明确提出要优化营商环境。④ 2019 年 3 月 5 日,李克强在政府工作报告中再次强调,要"激发市场主体活力,着力优化营商环境"。⑤ 2019 年 10 月 8 日,国务院通过了《优化营商环境条例》,并已于 2020 年 1 月 1 日开始实施,这是优化营商环境法治化进程的重大发展。2019 年 12 月 22 日,《中共中央　国务院关于营造更好发展环境支持民营企业改革发展的意见》正式发布,这标志着党和国家对民营经济发展营商环境的高度重视,为民营经济的发展创造了良好的政策环境。2020 年 7 月 8 日,李克强在国务院常务会议上再次强调要持续推进优化营商环境。⑥ 显然,对营商环境的优化已经成为当前我国经济发展的重要战略方针,党和政府意在通过对营

---

① see Valentina Vuckovic, Competitiveness of Croatia: The Role of Business Environment, 5InterEULawEast: Journal for International and European Law, Economics and Market Integrations, 75(2018).

② 《习近平:营造稳定公平透明的营商环境　加快建设开放型经济新体制中央财经领导小组第十六次会议》,中国共产党新闻网,2017 年 7 月 17 日,http://jhsjk. people. cn/article/29410601。

③ 《李克强对深入学习贯彻党的十九大精神做好新时代工商和市场监管工作座谈会作出重要批示》,中国政府网,2017 年 12 月 29 日,http://www. gov. cn/premier/2017-12/29/content_5251580. htm。

④ 《政府工作报告——2018 年 3 月 5 日在第十三届全国人民代表大会第一次会议上》,中国政府网,2018 年 3 月 22 日,http://www. gov. cn/guowuyuan/2018-03/22/content_5276608. htm。

⑤ 《政府工作报告——22019 年 3 月 5 日在第十三届全国人民代表大会第二次会议上》,中国政府网,2019 年 3 月 16 日,http://www. gov. cn/guowuyuan/2019-03/16/content_5374314. htm。

⑥ 《李克强主持召开国务院常务会议部署进一步做好防汛救灾工作推进重大水利工程建设等》,中国政府网,2020 年 7 月 9 日,http://www. gov. cn/premier/2020-07/09/content_5525345. htm。

商环境的优化激发我国经济发展的内生动力,并为国际贸易的顺利开展提供良好条件。

优化营商环境在当前这一特殊的历史阶段显然更具现实意义,因为国内经济受到新冠疫情的严重冲击,发展放缓,特别是中小企业遭受较大损失;而国外贸易保护主义也在不断抬头,我国外部贸易环境也面临严峻考验。在上述现实情形下,优化营商环境价值更加凸显。一方面,良好的营商环境有助于增强各个市场主体的商事交易信心,促进市场交易与投资行为的开展,加快国内经济的复苏与发展,从而有助于缓冲新冠疫情对我国经济发展造成的冲击。同时有助于塑造良好的商事交易生态环境,推进经济发展长效机制的确立,进而促进国内经济长期、持续与稳定的发展。另一方面,良好的营商环境能够彰显我们进一步改革开放的决心,能够为外资的进入提供更好的条件与保障,增强外商投资的信心,进一步促进我国对外贸易的发展。所以,对营商环境的优化已经成为当前我国经济发展的重要战略方针,必须强化对营商环境的法治保障,通过良好的法律制度推进营商环境的发展。

(二)强化债权人利益保护是优化营商环境的必然需求

1. 强化债权人利益保护有助于塑造安全的交易秩序

对债权人交易安全的保障是衡量营商环境优劣的重要指标,"世界银行将合同执行作为营商环境评估的指标之一,考虑的正是商事活动中的交易安全"[1]。如果无法保障交易安全,债权人交易的风险指数必然增加,其交易的积极性也必然受到损害,这会对营商环境产生严重的负面影响。以信贷市场为例,如果信贷风险过高,债权人将会对放贷行为更加谨慎,条件也更加严格,显然这不利于市场融资行为的高效进行,而强化对债权人利益的保护则有助于降低其交易风险,有助于保障交易安全,因此强化对债权人利益的保护有助于私人信贷市场的发展。[2] 因为对债权人利益保护水平越高,其面临的风险相对越小,其当然就更加愿意通过市场向资金需求者提供借贷。正如牛津大学法学院 John Armour 教授所指出的,"如果良好的法律制度能够在事后降低投资者(包括债权人,例如对公司提供借

---

[1]　冯果:《民法典是市场化法治化营商环境的制度根基》,《光明日报》2020 年 7 月 8 日。

[2]　see Mathias M. Siems, Amedeo De Cesari, The Law and Finance of Share Repurchases in Europe, 12Journal of Corporate Law Studies, 34(2012).

款或购买公司债券）投资的转移风险，投资者就更愿意在事前提供资金"①。所以，对债权人利益的保护必然有助于塑造安全的交易秩序，而安全的交易秩序则是优化营商环境的重要基础。

2.强化债权人利益保护有助于推进良好的公司治理

首先，良好的公司治理是优化营商环境的现实需要。公司是市场经济中最重要的微观交易主体，市场经济中的绝大多数商业行为都是经过公司的运营而实现的，所以良好的公司治理必然对营商环境有着重要的影响。正如美国乔治敦大学 Allison Dabbs Garrett 教授所指出的，"良好的公司治理是当前经济环境中最重要的因素，因为它影响到投资者、资本市场还有公司自身"②。美国纽约大学法学院 Mariana Pargendler 教授则对公司治理的重要性给予了更高的评价："公司治理已经成为我们这个时代的中心议题。"③因此，营商环境的优化必然需要良好的公司治理，缺乏良好的公司治理就难以优化营商环境。良好的公司治理对经济运行环境的影响体现在对国内经济环境以及国际经济环境两个方面：第一，对国内经济环境而言，良好的公司治理能够形成良好的市场竞争秩序，降低公司治理中的代理成本，并有助于建立良好的商业信用机制，推进国内商业交易持续、健康地发展。简而言之，国内经济持续、健康、稳定的发展离不开良好的营商环境支持。第二，良好的公司治理对国际贸易环境的影响同样重要，如果缺乏良好的公司治理，该国的国际贸易必然会受到冲击，国际资本的投资也会变得更加谨慎，甚至远离该国市场。正是在这种意义上，有学者指出，公司治理已经成为一个国际性议题，公司治理已经国际化，因为公司治理已经影响到一个国家的国家贸易与国际投资环境，而当国际贸易与国际投资愈加发展之时，对公司治理国际化的关注也愈加显著，"当国际贸易与国际投资不断增长和愈加活跃的时候，对公司治理的讨论也就变得国际化"④。

---

① John Armour，Simon Deakin，Priya Lele，Mathias Siems，How Do Legal Rules Evolve - Evidence from a Cross-Country Comparison of Shareholder，Creditor，and Worker Protection，57American Journal of Comparative Law，583（2009）.

② Allison Dabbs Garrett，Themes and Variations：The Convergence of Corporate Governance Practices in Major World Markets，32Denver Journal of International Law and Policy，150（2004）.

③ Mariana Pargendler，The Corporate Governance Obsession，42Journal of Corporation Law，359（2016）.

④ Seong Hoon Lee，Global Convergence of Corporate Governance and Its Limits，3Asian Business Lawyer，70（2009）.

其次,强化债权人保护是良好公司治理的内在需求。"就本质而言,公司治理在于改善一个公司的各种关系,包括公司与股东以及其他利益相关者的关系。"①其中对债权人利益的保护无疑是其中一个重要内容,因为债权人是公司极其重要的利益相关者,公司融资的一个重要路径就是债权融资,当然其他非融资性债权人利益的保护也十分重要,例如对供应商利益的保护就是如此。因此,良好的公司治理需要很好地处理公司、公司股东、董事等相关主体与债权人之间的关系,这种关系处理的一个核心内容就是对债权人利益的合理保护。所以,公司资本规制规制对效率的追求必须以安全价值的实现为条件,公司资本规制必须强化债权人保护,这是推进公司治理的内在需求。这一点在欧盟公司治理发展进程中有着突出的表现。"2002 年 11 月 4 日,欧洲高级公司法专家小组在它的最终报告即《欧盟公司治理与欧盟公司法现代化》当中,请求欧洲委员会为推进公司法的发展而制订一个行动计划,即'一个急待推进的计划——公司法现代化与推进欧盟公司治理'。"②而通过公司资本规制的改革强化对债权人的保护则是这一行动计划当中的一个重要内容,"债权人保护制度(法定资本制度)替代系统的构建问题即关于审查资本维持制度替代方案的可行性的问题也在这一行动计划的中期措施当中"③。可见,欧盟在推进其公司治理改革运动中,十分鲜明地强调了公司债权人保护的重要性,为此提出了旨在对传统法定资本制度进行修正的改革方向,以期提升对债权人保护的质量。不言自明,推进公司治理的良性发展也是我国经济发展中面临的重要问题,我国公司法的现代化发展同样需要优化公司资本规制、提升债权人保护水平,特别是当前我国《公司法》所确定的认缴资本制模式,极大地放宽了公司资本的行政管制,强化了公司股东出资自治权,对债权人利益保护形成严峻挑战,对债权人利益保护提出了更加严峻的现实需求。

总之,优化营商环境已经成为我国经济发展的重要指标,而要推进营商环境的优化则必然要求推进债权人利益的保护。因此,营商环境的优化也需要我国公司资本规制体系进一步强化对债权人利益的保护。

---

① The Rt Honlady Justice Arden Dbe, UK corporate governance after enron. Journal of Corporate Law Studies, 3Journal of Corporate Law Studies, 269(2003).

② Daniela Weber-Rey, Effects of the Better Regulation Approach on European Company Law and Corporate Governance, 4European Company and Financial Law Review, 372(2007).

③ Daniela Weber-Rey, Effects of the Better Regulation Approach on European Company Law and Corporate Governance, 4European Company and Financial Law Review, 411(2007).

第二节　公司资本规制体系修正的中心任务
——防止公司资本欺诈行为

公司资本规制立法改革必须明确其中心任务,唯有如此才能更好地实现其核心价值目标,中心任务也就是在实现其根本价值目标过程中要解决的主要矛盾,这对推进公司资本规制具体制度架构的完善具有重要的指引功能,如果说核心价值目标是改革的终极目的,那么改革的中心任务就是改革推进的主线,直接关系到改革目的的实现效果。

美国学者 Luca Enriques 与 Matteo Gatti 教授明确指出:"公司欺诈以及证券市场的崩溃是传统意义上公司法以及证券法改革的主要驱动力。"①时至今日,公司欺诈依然是公司法改革的重要驱动力,就公司资本规制而言,同样如此,防止公司资本欺诈行为是公司资本规制体系修正的重要原因。当前我国公司资本规制体系修正的中心任务依然是防止公司资本欺诈行为,只有如此才能更好地保护公司债权人合法权益,正如美国《印第安纳州法律杂志》评价债权人保护制度时所指出的,"公司债权人保护主要是反对各种导致公司资产减少的欺诈交易行为"②。对欺诈的规制是公司法与生俱来的使命,特别是对股东借助有限责任而对债权人进行的各种欺诈行为的规制,是公司法所应对的中心问题,这一点早在英国 1855年《有限责任法案》通过的艰难进程中就有着充分的表现,反对该法案的人所强调的理由就是"有限责任会成为欺诈债权人的工具"③,该法案的实施会导致"欺诈的蔓延"④。当今,对欺诈的规制依然是世界各国公司资本规制法律体系面临的中心任务。例如,在美国,为了实现债权人利益保护,

---

① Luca Enriques, Matteo Gatti, EC Reforms of Corporate Governance and Capital Markets Law: Do They Tackle Insiders' Opportunism, 28 Northwestern Journal of International Law & Business, 1(2007).

② Editor's Notes, The Corporate Creditor and Legislative Restrictions on the Distribution of Capital, 30Indiana Law Journal, 239-240(1955). 对本文注释的特别说明:本文是《印第安纳州法律杂志》(*Indiana Law Journal*)编辑的评论文章,是该杂志针对资本制度发表的评论(notes)。

③ Harry Rajak, Company Law, Limited Liability and the Small World of Directors'Negligence, 7Studies in International Financial, Economic and Technology Law, 121(2005).

④ Harry Rajak, Company Law, Limited Liability and the Small World of Directors'Negligence, 7Studies in International Financial, Economic and Technology Law, 121(2005).

"除了违法分配股利的相关规则外,每一个州都有禁止欺诈转让财产的立法"①。欧洲高水平公司法改革高级专家小组也指出,欧洲公司法改革的关注重点不仅仅是公司资本的形成与维持制度,也包括对欺诈转移财产行为的矫正(类似于英国《破产法》第 214 部分的规定)以及公平居次行为的矫正。②

所以,保护债权人,重在防止欺诈交易,正如张民安教授在评析公司人格否认制度时所指出的,"对于公司债权人而言,真正有意义的不在于公司人格否认制度之适用,而在于公司制定法上对公司欺诈性交易行为的规制"③。我国当前认缴资本制的确立使得这一任务变得更加艰巨,正如周友苏教授所言,"如果缺少制度的配套,折中资本制和认可资本制必然沦为欺诈者的工具,而与我们选择这一制度的初衷相去甚远"④。

一、民事欺诈的意涵:认识公司资本欺诈行为的逻辑基础

对欺诈的规制始于民法,要准确地理解公司资本欺诈行为,首先必须对民事欺诈的意涵有一个准确的把握,这是认识公司资本欺诈行为的逻辑基础。民事欺诈行为是民法所规制的重要内容,受欺诈当事人有权要求撤销该行为,以保护自身合法权益。例如,我国《民法典》第一百四十八条规定当事人一方利用欺诈手段使对方由此而违背真实意思而实施民事法律行为的,受欺诈方有权请求撤销;第一百四十九条规定由于第三方的欺诈行为而导致一方当事人做出违背真实意思而实施民事法律行为的,受欺诈方有权请求撤销。⑤ 但是欺诈行为并非一个法定概念,而是一个法定条款,《民法典》并未对其直接做出界定。

对于欺诈的具体含义,国内民法学者做了比较深入的研究,尽管"欺诈的法律意涵不容易界定"⑥,但是许多学者都对其直接做出了分析,这些成果对本书界定欺诈的意涵具有重要的参考价值。例如,王利明教授认为,所谓欺诈就是指一方当事人故意告知对方虚假情况,或者故意隐瞒真实情

---

① John Kong Shan Ho, Revisiting the Legal Capital Regime in Modern Company Law, 12Journal of Comparative Law, 9(2017).

② Peter O. Mülbert, A synthetic view of different concepts of creditorprotection or: A high-level framework for corporate creditor protection,ECGI - Law Working Paper, 2006, p60.

③ 张民安:《公司法上的利益平衡》,北京大学出版社 2003 年版,第 125 页。

④ 周友苏:《新公司法论》,法律出版社 2006 年版,第 186 页。

⑤ 具体内容参见《中华人民共和国民法典》第一百四十八条与第一百四十九条。

⑥ 许德风:《欺诈的民法规制》,《政法论坛》2020 年第 2 期,第 4 页。

况,诱使对方当事人做出错误意思表示的行为。[1] 刘凯湘教授认为,民事欺诈就是故意将不真实的情况当作真实的情况加以表示,以使他人产生误解,进而做出意思表示的行为。[2] 史尚宽教授认为,欺诈乃是使他人陷于错误之故意行为。[3] 郑玉波教授认为,欺诈乃是欺诈人故意欺罔被欺诈人,并使之陷于错误意识,并为之而为意思表示之行为。[4] 从上述界定内容来看,国内学者对欺诈意涵的界定较为统一,其核心都是强调欺诈行为人故意从事该行为,致使被欺诈人做出错误的表意判断。

学界为了更好地对民事欺诈行为进行分析,就其法律构成要件进行了深入研究,其中梁慧星教授、王利明教授的分析颇具代表性。[5] 他们从以下四个方面进行了阐述,这种分析不仅具有较强的代表性,也具有较强的权威性,非常全面、系统地揭示了民事欺诈行为的法定条件。第一,欺诈必须是欺诈行为人的主观故意行为。也就是说,民法中的欺诈必须是一种主观恶意行为,欺诈人不仅明知虚假情形,而且主观上期待着他人基于此而陷入错误认识,进而进行了不利于自身的行为。第二,欺诈的构成必须有欺诈的客观行为。仅有欺诈的主观意图,但是并未将其表示于外部的具体行为,这种具体行为既有可能是积极地告知虚假信息行为,也有可能是消极地隐瞒真实信息行为,因为当事人根据诚实信用原则应当积极履行各种通知、协助、保密各种附随义务,如果违反上述附随义务则有可能构成欺诈行为。第三,被欺诈人因为欺诈行为而陷入了错误认识。这里强调的是欺诈行为人进行欺诈行为对被欺诈人所产生的主观后果,必须是被欺诈人陷入了错误认识,或者由于虚假信息而陷入了错误认识,或者由于欺诈行为人违反附随告知义务,而陷入了错误认识,这种错误认识是被欺诈行为人进行错误行为的主观意志。第四,被欺诈人因陷入错误认识而进行违背真实意愿的意思表示行为。单纯地陷入错误认识,并不一定会给他人造成损害,只有他人基于错误认识进而进行了错误的意思表示行为,对他人的损害才产生。也就是说在错误认识与错误行为之间存在着直接的因果关系,正是这种因果关系的存在,最终损害了他人利益。

我国学者对民事欺诈构成要件的分析与我国《民法典》的相关规定都

---

[1] 王利明:《民法总则研究》,中国人民大学出版社 2018 年版,第 571 页。

[2] 参见刘凯湘:《民法总论》,北京大学出版社 2006 年版,第 333 页。

[3] 参见史尚宽:《民法总论》,中国政法大学出版社 2000 年版,第 423 页。

[4] 参见郑玉波:《民法总则》,中国政法大圩出版社 2003 年版,第 354 页。

[5] 参见梁慧星:《民法总论》,法律出版社 1996 年版,第 170 页;王利明:《民法总则研究》,中国人民大学出版社 2018 年版,第 571-572 页。

体现着一个共同的逻辑："欺诈人故意—欺诈行为—被欺诈人错误认识—被欺诈人违背真实意思的表意行为"是判定民事欺诈的基本进路。同时，无论是学界的主流观点还是《民法典》的具体规定，都强调了被欺诈人对其违背真实意思表意行为的撤销权，以此作为对被欺诈人的救济，因此"欺诈—撤销—相互返还"成为欺诈行为的通常法律后果。[①] 显然，这里被欺诈人的撤销权针对的是其由于限于错误认识而进行的违背其真实意思的表意行为，这种表意应当主要是一种积极行为，被欺诈人是针对自己这种违背真实意思的积极行为的撤销，例如对欺诈合同的撤销就是典型表现。

域外学者对欺诈意涵的研究成果也非常丰富，这有助于我们进一步深化对民事欺诈的认识。例如，古罗马法学家拉贝奥（Labeone）则将欺诈定义为"一切为蒙蔽、欺骗、欺诈他人而采取的计谋、骗局和手段"[②]。意大利学者彼德罗·彭梵得认为："在适法行为中，一切为使相关人受骗或犯错误以便使自己得利的伎俩或欺骗，均为欺诈。"[③]美国学者 C. Grunfeld 则认为："欺诈是通过具有积极动机的欺骗和没有积极动机的回避，以改变他人权利的企图。"[④]通过对上述观点的分析不难发现，域外学者在对民事欺诈意涵的认定上着重强调了两个方面：一是欺诈的行为特征。欺诈行为具有多样性，一切使相关人受骗或犯错误的伎俩或手段都包含在内，也就是欺诈行为的表现具有绝对的多样性，难以具体列明；二是欺诈行为的后果。强调欺诈行为使相关人受骗、犯错或者改变他人的权利或使其自己受益。显然，域外学者对欺诈的认定范围更加广泛，就行为而言可以包括一切手段，就结果而言则强调对他人权利的改变，这种分析显然有助于扩展对欺诈行为的认定边界。例如，在买卖合同履行前，一方当事人为了逃避对付款义务的及时履行，将其现金转换成不易变现的不动产，进而由于流动性资产的缺失无法及时履行其付款义务，导致债权人债权无法及时实现。这种资金转换行为可能是通过一种正常的商事交易而进行，而且债务人也没有对此隐瞒或者编造任何虚假信息，但是该行为确实导致了对合同履行的延误，损害了债权人利益，所以此种行为当属欺诈。显然，域外学者关于欺

---

① 参见许德风：《欺诈的民法规制》，《政法论坛》2020 年第 2 期，第 8 页。

② ［意］桑契罗·斯契巴尼：《契约之债与准契约之债》，丁枚译，中国政法大学出版社 1998 年版，第 38 页。

③ ［意］彼德罗·彭梵得：《罗马法教科书》，黄风译，中国政法大学出版社 2005 年版，第 55 页。

④ William Williamson Kerr, Kerr on the Law of fraud and mistake: Including misrepresentation generally, undue influence, fiduciary relationship, constructive and imputed notice, F. B. Rothman, 1986, p3.

诈意涵的解释可以丰富我们对欺诈意义的理解,对本书进一步分析公司资本欺诈行为也具有重要的指导价值。

二、公司资本欺诈行为的具体界定:基于债权人利益保护视角的分析

概念是解决法律问题必不可少的工具。没有限定严格的专门概念,就不能清楚地、理性地思考问题。① 公司资本欺诈行为属于广义的民事欺诈行为的一种具体构成类别,但是其又不同于一般的民事欺诈行为,属于一种特殊类别的民事欺诈。因此,为了更好地推进公司资本规制立法的改革,我们对欺诈意涵的分析不应停留在一般民事意义中的欺诈,而是应当在公司法的语境下分析公司资本欺诈行为,只有这样才能更加科学和理性地思考公司资本欺诈行为,这种概念定位的具体化、特殊化是学界进行概念分析的共性规律,正如博登海默先生所指出的,"由于法律概念是人类语言的产物,所以这些概念与它们所旨在指称的对象间的关系便一直为论者所关注"②。

当我们结合公司运行这一特殊的具体语境来加以分析,会发现公司法视域下的欺诈并不等同于一般意义上的欺诈。相对而言,公司法中的欺诈意义更加广泛,"它指的是权力的滥用,并且这种滥用已经达到衡平法认为是不适当的程度"③。具体而言,公司资本欺诈行为是指由于公司控制股东以及董事、监事等高级管理人员对其控制权的不正当使用,进而产生任何损害公司、股东尤其是中小股东与债权人利益的行为。

从广义视角而言,公司资本意义上的欺诈不仅包括欺诈债权人的行为,也包括欺诈公司与中小股东的行为。例如,公司董事等高级管理人员与公司进行自我交易,套取公司资产的行为,对公司资产的损害必然会损害股东的利益,所以这实质是对公司以及股东利益的欺诈;控制股东通过关联交易转移公司资产的行为,可能对公司以及中小股东利益造成严重损害,是对公司以及中小股东的欺诈,正如袁锦秀教授所指出的,"不公平的

---

① [美]E.博登海默:《法理学:法哲学与法理方法》,邓正来译,中国政法大学出版社,2004 年版,第 504 页。
② [美]E.博登海默:《法理学:法哲学与法理方法》,邓正来译,中国政法大学出版社,2004 年版,第 504 页。
③ 周枏:《罗马法原论》(下册),商务印书馆 1994 年版,第 795-797 页。

关联交易是一种欺诈行为"①。当然,在公司具有清偿能力的情形下,上述行为主要侵害的是公司与股东特别是中小股东的利益,并未侵害债权人利益。

从狭义视角来看,公司资本欺诈行为主要是指对公司债权人的欺诈,具体而言是指由于公司控制股东以及董事、监事等高级管理人员通过对公司控制权的不正当行使,进而导致的任何逃避、阻碍或延缓对债权人债务进行清偿的资本处置行为。公司资本欺诈行为多种多样,美国乔治敦大学 William T. Vukowich 教授曾对其表现形式做过分析:"转移公司资金用于支付股东债务、转移公司资金去购买财产以实现股东个人的其他业务、转移资产却未收到合理对价以降低相关公司的债务承担、向给公司内部人提供利益的第三人转移财产以及在没有合理商业理由的情形下向公司股东直接进行资金转移的行为,都属于具有明显欺诈意图的转移行为的典型表现。"②"很明显,这些行为证明了一个结果,即上述资产转移行为都带有欺诈债权人的目的。"③

简而言之,针对债权人的公司资本欺诈行为表现形式无法穷尽、其主体意志也复杂多样,"在客观方面,既有积极行为,如借债、转让、赠送等,又包括消极行为,如应起诉而不起诉、拒绝接受赠与、放弃继承等;在主观方面,须债务人明知其处分行为造成不能清偿债务,并不要求一定是故意。"④"例如,一个股东使一个已经失去清偿能力的公司向他的孩子做出捐赠,这种捐赠将被视作欺诈交易而予以撤销,无论接受捐赠的孩子是否有过错。"⑤由此可见,狭义视角的公司资本欺诈行为是极其多元化的,其形式难以详细列尽,这也表明了欺诈行为对债权人利益的威胁,强化对欺诈行为的规制对债权人保护的重要意义。

本书中的公司资本欺诈行为是从狭义视角来定位的,是以保护公司债

---

① 袁锦秀:《公司治理结构的法律规制——基于政府规制理念的考察》,《法学》2003 年第 2 期,第 94 页。

② William T. Vukowich, Civil Remedies in Bankruptcy for Corporate Fraud, 6 American Bankruptcy Institute Law Review, 442(1998).

③ William T. Vukowich, Civil Remedies in Bankruptcy for Corporate Fraud, 6 American Bankruptcy Institute Law Review, 442(1998).

④ 王丹:《公司派生诉讼理论基础与制度构造》,中国法制出版社 2012 年版,第 61 页。

⑤ Barry Adler, Marcel Kahan, The Technology of Creditor Protection, 61 University of Pennsylvania Law Review, 1782(2005).

权人为研究目标的,因为前文已经做出特别说明①,本书的公司资本规制就是从保护债权人视角展开研究的,所以本书对公司资本欺诈的定位当然是以对公司债权人的欺诈为对象的。

三、公司资本欺诈行为的特点

公司资本欺诈行为严重危及正常的债权债务关系,因此需要对其进行严格的规制,以更好地保护债权人的合法权益,而要对其进行有力的规制,首先需要对其进行科学的认识,这不仅需要对其概念进行准确的界定,还需要进一步揭示其自身特点,准确把握公司资本欺诈行为的特点是全面认识与深入探究公司资本规制立法的一个重要环节,因为对公司资本欺诈行为法律规制的复杂性主要源自于其自身的特征。

(一)公司资本欺诈行为以公司控制权为基础

公司控制是一种权力,正如美国学者 Richard L. Beatty 教授指出的,"就宏观意义而言,公司控制是一种影响公司行为的权力"②。因此,能够控制公司的人拥有公司控制权,这些人主要是公司控制股东以及董事等公司管理层,他们借助公司控制权,影响公司决策与行为,进而实施资本欺诈行为。正如 John D. Honsberger 教授所指出的,有限责任公司被那些利用其他人资金进行投机行为的控制者滥用是欺诈的一种表现形式。③ 所以,公司法中的资本欺诈行为是以公司控制权为基础的,是对公司控制权的滥用,如果没有掌握公司控制权就很难进行公司资本欺诈行为,"股东虚假出资、抽逃出资或者转移公司财产等行为得以实施通常是与公司管理层的背弃职守联系在一起的,对于这些行为的发生,管理层难辞其咎"④。这种以对公司控制权滥用为基础的欺诈行为在公司运行的不同阶段都有着具体体现:公司设立阶段的资本欺诈行为,包括公司虚报注册资本行为、股东超出股东实际支付能力的巨额认缴出资行为等等,都是以对公司成立阶段的经营控制权为基础的;公司经营阶段的不正当关联交易行为则是以对公司经营阶段的经营控制权为基础的,是以董事、控制股东为代表的公司

---

① 具体参见本书"第三章 公司资本规制研究引入系统论范式的必要性"第一节"公司资本规制的界定"第六部分"本书对公司资本规制研究进路的限定"。

② Richard L. Beatty, Corporate Control and the Corporate Asset Theory, 27Montana Law Review, 154 (1966).

③ see John D. Honsberger, Bankruptcy Fraud, 16Chitty's Law Journal, 186 (1968).

④ 邓辉:《公司法中的国家强制》,中国政法大学出版社 2004 年版,第 255 页。

管理层对公司经营与财务的控制权，使得经营阶段的欺诈性财产转让行为得以进行；公司破产阶段的资本欺诈行为也离不开对公司资产以及财务资料的控制。当然这里的控制权应做广义的理解，除了公司董事以及控制股东外，也应当包括公司设立阶段认缴出资股东的控制权，在未履行出资义务之前，他们对出资享有控制权，这种权力也类似于经营控制权，因为这些出资是否如期缴付也会影响到债权人的利益保护。

（二）公司资本欺诈行为以公司单方行动为主导

公司资本欺诈行为的一个显著特点就是公司单方行动为主导，这种单方性存在于公司自愿债权人（主要是契约债权人）的债务偿还和公司非自愿债权人（主要是侵权债权人）的债务偿还中。第一，对于自愿债权人人（主要是契约债权人）而言，在公司与其交易前，公司的欺诈性意思表示可能使得债权人陷入错误意思，进行了错误的交易行为，但是当双方交易形成之后，作为债务人的公司自身单方行为就可以导致资本欺诈行为的产生，就可以不一定需要债权人对公司的意思表示陷入错误理解并进行错误行为，因为单凭公司自己的行为就足以导致债权人到期债务的难以清偿，并不需要债权人再去做出其他意思表示。例如，公司转移资产、逃避债务，就无需债权人做出什么意思表示行为，会直接导致债权难以及时清偿。第二，对非自愿债权人（主要是侵权债权人）而言，债权的产生根本就不能通过债权人的意思表示这一程序，侵权行为的发生往往具有偶然性，双方之间不可能通过合意而进行。但是一旦侵权行为产生，公司与债权人之间变形成债权债务关系，这时公司为逃避债务，或者转移资产或者进行资产置换使资产失去较强的流动性进而难以及时偿还权人，这也是欺诈。

（三）公司资本欺诈行为以侵害债权人经济利益为目的

公司资本欺诈行为的目的非常明确，就是逃避对债权人债务的清偿责任，很明显，其损害的是债权人的经济利益，即使不是契约之债而是侵权之债，其最终也是一种经济沟通，是一种经济补偿。换言之，无论是与自愿债权人（主要是契约债权人）之间的各种商事契约交易，还是与非自愿债权人（主要是侵权债权人）所形成的侵权债务关系，其最终结果都可以转化为经济利益。对于契约债务而言，如供货契约债务，无论是作为买方需要支付货款，还是卖方履行交付义务，如果公司自己违约最终都会体现在经济赔偿之上，都是一种经济利益，而贷款契约债务则更加鲜明地体现为金钱偿还；对于侵权债务而言，例如环境污染侵权事件，最终就是体现为对被污染方的经济赔偿。所以,总体而言,公司资本欺诈行为损害的是公司债权人的经济利益。

(四)公司资本欺诈行为往往以"合法商业行为"为外衣

公司资本欺诈行为具有很强的隐蔽性,其往往是在公司控制股东或者董事等高级管理人员控制下,以"合法商业行为"的形式而进行的,"这些行为往往在技术上是合法的,但是在从道德意义上讲,却是一种不道德的商业行为"①。如果不对其进行专业性的法律或经济分析与研究,可能难以发现该行为的违法性,甚至使其逃脱法律规制。薄守省教授在研究针对公司债权人的债务欺诈行为时就明确所指出:"债务欺诈是个古老而又普遍的现象,简单说就是指债务人逃避债务的活动。这些活动不是简单的欠债逃匿或者隐匿财产,更多的是在合法的外衣下进行的。"②例如,公司控制股东可能将公司资产向其关联公司进行转移,表面上看是一种正常的商业交易行为,而实质上却是一种向内部人的资产转移行为,但是可能公司并未就此资产的转移收到合理对价,而对合理对价的判断有时则是非常困难的。再者,公司董事通过股利分配而向股东转移资产、逃避债务的行为同样具有很强的隐蔽性,"支付股息是在公司衰落期间向股东转移资产的一种重要方式"③,但是"如果股利支付违反了债权人保护规定,宣布股利分配的董事是随意的、疏忽的或者恶意的,则应对债权人承担个人责任"④,因为"该分配行为构成欺诈"⑤,但是只要符合法定条件,股利分配是公司法允许的行为,而要证明该行为违反公司法规定,并要求董事向债权人承担个人责任,则需要证明董事在股利分配中存在主观过错:随意、疏忽或者恶意,显然对这种主观过错的证明并不容易。所以,公司资本欺诈行为往往披着"合法商业行为"的外衣进行。

四、公司资本欺诈与民事欺诈的区别

尽管从广义视角而言,公司资本欺诈行为属于民事欺诈的范畴,但是

---

① John D. Honsberger, Bankruptcy Fraud, 16Chitty's Law Journal, 187(1968).

② 薄守省:《债务欺诈研究》,对外经济贸易大学 2003 年博士学位论文,第 1 页。

③ William T. Vukowich, Civil Remedies in Bankruptcy for Corporate Fraud, 6American Bankruptcy Institute Law Review, 444(1998).

④ William T. Vukowich, Civil Remedies in Bankruptcy for Corporate Fraud, 6American Bankruptcy Institute Law Review, 445(1998).

⑤ William T. Vukowich, Civil Remedies in Bankruptcy for Corporate Fraud, 6American Bankruptcy Institute Law Review, 445(1998).

两者之间存在着显著的区别，对这种区别的认识有助于对公司资本欺诈行为进行科学的法律规制。这种区别主要体现于两者产生的根源、构成要件、表现形式、损害后果以及法律规制等相关方面。

（一）欺诈产生的根源不同

公司资本欺诈与民事欺诈产生的逻辑根源不同，公司资本欺诈产生于公司股东以及管理层对公司控制权的滥用，利用的是其对公司经营与财务的控制权，这种控制权源自公司法的权力配置机制。而民事欺诈行为并非源自控制权，而是源自欺诈行为人的主观恶意，正是在这种恶意的支配下，通过告知民事行为相对人虚假情况或者对其隐瞒真实情况，去从事欺诈行为，这种恶意的最终目的则是多元化的，可能是使自身获取利益，也可能是使相对人遭受损失，还有可能是两者兼具，获取利益未必是民事欺诈行为的终极目的。正因如此，"欺诈方告知虚假情况或者隐瞒真实情况，无论是否使自己或者第三人受益，均不妨碍恶意的构成"[①]。

（二）欺诈的构成要件不同

尽管公司资本欺诈与民事欺诈也存在着一定程度的交叉，但是两者的构成要件并不相同。第一，公司资本欺诈行为不以欺诈行为人的故意为主观构成要件。只要是对公司资本的不当处置行为导致公司不能及时清偿到期债务，即可判断欺诈行为的成立，至于公司管理层或者公司自身是否具有主观上损害债权人利益的意图，并不影响欺诈行为的成立。也就是说，"（欺诈）转让行为的目的和动机对于判断债务人是否具有实质欺诈意图并不重要"[②]。例如，公司董事由于疏忽而进行了违法的股利分配，也许其本身并未有欺诈债权人的意图，但是该行为依然受欺诈转让法的规制。[③] 故意则是民事欺诈的主观要件，"（民事）欺诈是典型的故意行为"[④]，"就故意的类型而言，无论是直接故意还是间接故意，均可构成欺诈"[⑤]。第二，公司资本欺诈行为并不强调对债权人陷入错误认识的主观意志要求。如果债权人在交易契约订立前，由于公司的资本欺诈行为如虚报注册

① 王利明：《民法总则研究》，中国人民大学出版社 2018 年版，第 571 页。
② ［美］大卫·G.爱泼斯坦等：《美国破产法》，韩长印等译，中国政法大学出版社 2003 年版，第 373 页。
③ see William T. Vukowich, Civil Remedies in Bankruptcy for Corporate Fraud, 6American Bankruptcy Institute Law Review, 445 (1998).
④ 许德风：《欺诈的民法规制》，《政法论坛》2020 年第 2 期，第 6 页。
⑤ 许德风：《欺诈的民法规制》，《政法论坛》2020 年第 2 期，第 6 页。

资本行为而陷入了错误认识,进而进行了商事交易,这当然属于公司资本欺诈行为,但是在公司未做出意思表示的情形下,而是直接与债权人之外的第三方进行不正当交易,转移财产,导致不能清偿债务,这也是欺诈,而此时债权人往往并未陷入错误认识。但是使相对人陷入错误的认识是民事欺诈的必要条件,"欺诈行为导致受欺诈人陷入错误认识"①是欺诈因果关系的重要构成要件。第三,公司资本欺诈行为不以债权人基于错误认识的表意行为作为构成要件。即使债权人没有陷入错误认识,没有进行违背真实意愿的意思表示行为,只要公司控制股东或者管理层凭借其控制权导致公司资本的不正当转移,进而不能及时清偿债权人利益,就形成欺诈。但是民事欺诈则要求"使他人陷入错误意思表示"②,进一步说,就是"受欺诈人产生错误认识并在此基础上做出意思表示"③。

(三)欺诈的表现形式不同

公司资本欺诈行为与民事欺诈行为的表现形式各不相同。总体而言,民事欺诈主要是欺诈行为人与被欺诈行为人的"合意"行为,尽管这种"合意"是以欺诈人的故意告知虚假情况或隐瞒真实情况为基础,同时被欺诈人陷入错误认识并做出错误表示为条件,本质是一种被误导的非真实意思表示的被动"合意",但是该行为一般强调欺诈行为人与被欺诈行为人在行为上的互动性。然而公司资本欺诈行为则既包括这种被动"合意"欺诈行为,如公司利用虚假财务信息获取银行贷款而签订的借款合同;又包括债权人消极的非"合意"欺诈行为,如公司直接将财产不当转移给控制股东,致使公司失去对债权人的及时清偿能力,就不需要债权人陷入错误意思而进行错误意思表示行为,是一种纯粹的结果判断型标准,其核心在于不当财产转移是否导致公司失去了及时清偿能力,是否损害了债权人的利益。

(四)欺诈的侵害后果不同

公司资本欺诈行为侵害的是债权人利益,因为公司资本欺诈行为往往导致公司资不抵债或者无法及时清偿其到期债务,债权人利益因此受损,但是债权人并非该资本欺诈行为的当事人,而是作为受侵害的第三方而存在。因为公司资本欺诈行为往往是在公司控制股东或者董事等高级管理人员控制下,通过与非债权人的第三方主体进行交易或者资本处置而完成

---

① 许德风:《欺诈的民法规制》,《政法论坛》2020年第2期,第7页。

② 许德风:《欺诈的民法规制》,《政法论坛》2020年第2期,第6页。

③ 许德风:《欺诈的民法规制》,《政法论坛》2020年第2期,第6页。

的。正如 Barry E. Adler 与 Marcel Kahan 教授所言,债务人是否履行债务还受到除债务人之外的第三人的动机的影响,"第三人"种类繁多,如债务人的子公司、债务人的股东以及被这些股东控制的实体、债务人的董事和其他管理人员、债务人的其他债权人,正因如此,保护债权人应当强化反对第三方即非合同当事人的契约救济。① 但是,民事欺诈行为虽然也是侵害被欺诈人利益,然而一般情形下被欺诈人都是欺诈行为的直接参与者,而不是第三方,当然也不排除在特殊情形下,当事人恶意串通损害第三人的情形。

(五)欺诈的规制方式不同

对公司资本欺诈行为的规制不仅需要借助民法规范来进行,而且主要是通过公司法、破产法甚至专门的欺诈性转让规制法等一系列法律制度来进行。所以,对公司资本欺诈行为的规制是一个系统性的法律制度体系,而且对公司资本欺诈规制的具体模式也是多元化的,不仅可以撤销欺诈行为,也可以不对欺诈行为进行撤销而是要求做出欺诈行为的公司控制者直接承担法律责任。例如,公司法人人格否认制度的适用就是如此,"公司债权人可以通过要求法院适用'公司法人人格否认制度'进而要求股东对公司债务承担个人责任"②。民事欺诈则主要是通过民事法律制度来加以规制,如我国《民法典》对民事欺诈有着具体的规定,而且民事欺诈的具体规制模式也比较单一,主要是撤销该行为或者宣告该行为无效。

五、公司资本欺诈行为的类型化梳理

"类型是介于抽象和具体之间的中介物,其较抽象概念具体;相对来讲,'具有较高的认识价值'。"③对公司资本欺诈行为的认识不能仅仅停留在抽象的概念之上,而是需要对其进行类型化梳理,这种类型化梳理有助于具体、深刻、全面、系统地推进对公司资本欺诈行为的分析。但是需要说明的是,公司的欺诈行为形式多样,这里只是就一些典型表现形式做以说明,难以穷尽,因为公司控制者权力滥用的方式各种各样,正如意大利那不

---

① see Barry E. Adler, Marcel Kahan, Technology of Creditor Protection, 161University of Pennsylvania Law Review, 1776-1777(2013).

② David K. Millon, Piercing the Corporate Veil, Financial Responsibility, and the Limits of Limited Liability, 56 Emory Law Journal, 1307 (2007).

③ 吴从周:《论法学上之"类型"思维》,载杨日然教授纪念论文集编辑委员会:《法理学论丛——纪念杨日然教授学术论文集》,台湾约旦出版社 1997 年版,第 302 页。

勒斯菲里德里克第二大学 Massimo Miola 教授在谈到公司股东机会主义行为时所说的，"这些行为（股东机会主义行为）能通过将公司资产与股东资产相混淆的任何方式进行，或者通过投资与撤资来实现，而相关的风险则会使股东受益，使债权人面临损害"[1]。

(一)公司设立阶段资本形成中的主要欺诈行为

1. 虚报注册资本行为

"在认缴资本制下，同样会发生注册资本的虚报行为，认缴资本同样存在真实与虚假的问题。"[2]注册资本的最低数额尽管不再被强制性要求，但是注册资本信息对债权人依然具有重要的保护功能。因为公司以其全部资产对外承担责任，注册资本的具体数额即意味着股东承诺出资的数额，也就是公司应该具有的资产数额，公司的整体资产至少应当在股东约定的出资时间累计达到注册资本数额，所以在资本认缴制下，注册资本信息依然重要，它标示着公司在设立阶段就对债权人设置的累积信用能力。因此，虚报注册资本就是对自己信用能力的虚假承诺，会使债权人对其决策判断产生误导，进而进行并非真实意思表示的商事交易。

2. 虚假出资行为

虚假出资行为是一种欺诈，1961 年《纽约州公司法》就将虚假出资行为定为欺诈，该法第 504 条规定，股份发行的对价可以是现金，也可以是有形资产、无形资产以及劳务，在不存在欺诈的情形下，董事会或股东对出资对价的判断是结论性的。[3] 从当时纽约州公司法规定来看，故意的虚假出资行为应被认定为欺诈。在当前我国认缴资本制下，虚假出资行为依然存在，因为在认缴资本下实缴资本依然重要，认缴资本制依然强调资本真实原则，包括认缴资本真实与实缴资本真实，并且"后者在公司法理论和实务中的意义和作用更为突出"[4]。因为认缴资本制取消了强制验资程序，同时取消了现金出资比例限制，从而弱化了对虚假出资的事先防范机制，例如，对非现金出资的估值可能是恶意虚高报价、严重背离市场价格，而公司

---

[1] Massimo Miola, Legal Capital and Limited Liability Companies: The European Perspective, 2 European Company and Financial Law Review, 419(2005).

[2] 赵旭东：《认缴资本制下的股东有限责任——兼论虚报资本、虚假出资和抽逃出资行为的认定》，《法律适用》2014 年第 11 期，第 16 页。

[3] see Robert A. Kessler, The New York Business Corporation Law, 36St. John's Law Review, 9 (1961).

[4] 赵旭东：《认缴资本制下的股东有限责任——兼论虚报资本、虚假出资和抽逃出资行为的认定》，《法律适用》2014 年第 11 期，第 16 页。

登记机关的形式审查可能难以发现,这种欺诈行为会虚置公司资本信用,严重误导债权人商事判断,必须加以必要的规制。

3.严重超出股东出资能力的注册资本设定行为

因为公司注册资本标示着公司的信用能力,同时也意味着公司获得商事机会概率的提升,因此股东可能会设定超出其自身实际支付能力的注册资本数额,以此获取市场机会。由于资本认缴制改革强化了股东出资的自治权,对首期出资比例以及股东全部认缴出资的期限没有限制,巨额注册资本并不鲜见。但是"在股东出资契约订立之场合,不考量自身的经济力、融资能力及公司业务需求,随意设定过高的注册资本及不合理的履行期限,属于合同权利之'独立滥用'或者'合谋滥用'"①。

(二)公司经营阶段资本流转中主要的欺诈行为②

公司经营阶段资本流转中的欺诈行为主要可以划分为以下几种。

1.公司无偿转让财产行为

公司的无偿转让行为是指公司在已经失去清偿能力的状态下却不收任何对价而进行的财产转让行为或在公司无偿转让其财产后就旋即失去清偿能力进而损害债权人利益的行为。公司拥有独立的法人财产权,公司有处置其财产的权利,但是当公司已经失去清偿能力或者濒临失去清偿能力时,其财产处置权就应受到限制,因为在公司具有清偿能力时其控制权以及剩余所有权属于股东所有,但是当公司已经失去清偿能力或者濒临失去清偿能力时,公司的控制权可能依然掌握在公司股东手中,然而公司财产的剩余所有权应属于债权人所有,公司此时实际处置的是债权人的资产,此时的无偿转让行为就是典型的资本弱化行为。除了直接的无偿转让财产外,该行为还有许多其他方式,例如放弃到期债权行为、免除到期债务行为、对无效债权(主要是超过诉讼时效的债权)加以确认以及放弃诉讼请求的行为等等,只要这些行为发生后即损害了公司对债权人的清偿能力,使公司债权人的债权遭受损失,就是公司法意义上的公司资本欺诈行为。

2.公司以不合理低价转让财产行为

公司以不合理低价转让财产行为是指公司在已经失去清偿能力或者

---

① 蒋大兴:《"合同法"的局限:资本认缴制下的责任约束——股东私人出资承诺之公开履行》,《现代法学》2015年第5期,第41页。

② 公司经营阶段资本流转中的欺诈行为往往与破产阶段资本退出的欺诈行为交织在一起,一般是发生在公司濒临破产阶段,此时公司已经失去清偿能力或者濒临失去清偿能力,因此公司破产阶段资本退出中的欺诈行为与公司经营阶段资本流转中的欺诈行为形式大体一致。

濒临失去清偿能力的情况下以低于正常市场价格出售其财产的行为。公司的资产转让行为遵循契约自由、意思自治的合同法原则，但是当公司已经失去清偿能力或者濒临失去清偿能力时，公司财产的剩余所有权实际上归债权人所有，公司控股股东或者管理层就不得以不合理的低价转让公司财产，这会严重损害公司债权人的利益。但在实践当中，当公司处于失去清偿能力或者濒临失去清偿能力的情形时，特别容易通过不合理低价转让财产的行为进行财产转移，这种现象在公司与股东之间更为突出，正如Luca Enriques与Jonathan R. Macey教授所指出的，当公司失去清偿能力之时，"如果一个公司决定向股东分配财产，它将努力通过其他方式向股东进行分配，例如通过自我交易的方式向其支持的股东进行财产分配"①。

3. 公司虚构债务行为

虚构债务是指公司与第三人恶意串通以各种方式设置虚假债务从而稀释公司债权人债权进而损害公司债权人利益的行为。虚构债务不正当地增加了公司的债务总额，使得无担保债权人的债权被严重稀释，当公司已经失去清偿能力或者濒临失去清偿能力时，这种债权稀释行为会严重降低无担保债权人债权受偿的比例，进而严重损害其利益。当前针对虚假债务的诉讼问题非常严重，而在虚假债务诉讼案件当中，公司虚构债务案件占据较大比例，如"为逃避其他债务，虚增可获优先受偿权的债务，向法院提起诉讼"②，这充分说明了公司虚构债务行为对债权人的严重冲击。

4. 公司偏颇性清偿行为

一般情况下，对偏颇性清偿行为的分析多在破产法的研究当中，对偏颇性清偿概念的界定也是如此。例如，有学者指出："违反破产法上的债权人平等受偿原则，使个别债权人得到优于破产分配的清偿的行为，一般被称为偏颇性清偿或优惠行为（preference）。"③但是，偏颇性清偿行为不仅发生在公司破产阶段，也发生在公司经营阶段。因为公司也可能在经营阶段失去了清偿能力，此时可能对特定债权人进行偏颇性清偿，并且这种偏颇性清偿可能距离破产程序的启动较长，超过了破产法规制所要求的临界期间。例如，有的国家破产法规定破产开始前6个月内的偏颇性清偿行为应当被撤销，但是该作为债务人的公司可能在破产1年前就失去了清偿能

---

① Luca Enriques, Jonathan R. Macey, Creditors Versus Capital Formation: The Case against the European Legal Capital Rules, 86Cornell Law Review, 1191 (2001).

② 刘梦雨：《"亮剑"虚假诉讼 维护诚信有序司法环境》，《中国信用》2020年第1期，第42页。

③ 李志强：《论破产法上的偏颇性清偿》，《政法学刊》2008年第2期，第76页。

力或者濒临失去清偿能力,并且已经用其资产对特定债权人进行了偏颇性清偿,这样就超出了破产法规制所有权的临界期间,破产法无法对其进行有效规制。所以,对公司偏颇性清偿行为应当做出广义的理解,它不仅发生在破产阶段,也发生在经营阶段,这一点早在 1887 年加拿大安大略省的地方立法当中就有着鲜明的表现。[①] 具体而言,公司偏颇性清偿行为是指公司在其失去清偿能力状态下或者濒临失去清偿能力状态下而对特定债权人所进行的违反平等清偿原则的优先性清偿行为,具体包括对未到期债务的提前清偿行为、对没有担保的债务设置担保的行为以及其他对特定债权人的优先性清偿行为等等。在公司失去清偿能力或者濒临失去清偿能力的情形下,对特定债权人未到期债务的提前清偿行为属于直接的偏颇性清偿行为,对特定债权人无担保债权设置为担保债权的行为则属于间接的偏颇性清偿行为,但无论是直接的还是间接的偏颇性清偿行为,都会损害其他债权人的利益,对其他债权人而言都属于公司资本弱化行为。

5. 公司取消赎回权抵押物买卖行为

取消赎回权抵押物买卖是指公司放弃抵押物赎回权的抵押品买卖行为。公司在借款或其他交易过程中可能会为交易相对人提供抵押担保,当公司失去清偿能力时可能会放弃抵押品的赎回权,这是抵押担保的一种正常现象。然而问题是抵押品的具体价值数额的确定涉及其他债权人的利益,因为抵押品往往是价值比较容易变现的产品,是公司在失去清偿能力状态下的珍贵资产,如果公司放弃了赎回权,交易相对人便可以将抵押物作价或者拍卖以抵偿债务,如果抵押品按照正常的市场价格出售没有任何争议,但是如果抵押物的价值低于市场价格甚至明显低于市场价格,此时抵押物的出售实际上是损害了其他债权人的利益,或者使其他债权人无法得到该抵押物超过其抵押债务的那部分资产,或者使交易相对人在实际获得清偿后依然可以主张部分债务,或者两种情况同时产生,此时该行为便损害了其他公司债权人的利益。因此,公司取消赎回权抵押物买卖行为可能成为欺诈行为,正如美国加利福尼亚大学法学院 Scott B. Ehrlich 教授在对此行为进行评论时所指出的,“如果债务人故意将其作为抵押的不动

---

① 1887 年,加拿大安大略省的修正法规即 *The Revised Statutes of Ontario* 第 118 章中就对偏颇性清偿进行了系统性规定,这一规定并未将偏颇性清偿局限于破产法当中,而是规定任何偏颇性行为(包括清偿与交易行为)只要发生在公司已经失去清偿能力之时或者即将失去清偿能力之时或者不能充分偿付其到期债务之时,即可被撤销。see Editor's Notes, The Remedy against a Preferred Creditor, 8 Canadian Law Times, 158-159(1888).

产以不合理的对价进行转让,实际意在阻止其他债权人从该不动产的充分价格中得到偿还,该行为构成欺诈性转让"①。

6. 公司被杠杆收购的行为

杠杆收购英文表达为"leveraged buyout"(一般简称为 LBO),其核心意涵是指"收购方以目标公司的资产和未来的现金流做抵押,以债务资本为主要融资工具,收购目标公司的股权,然后通过对目标企业的资产进行重组、运营并以获得的收益偿还负债的资本运作方式"②。简单地说,杠杆收购就是通过举债获得目标公司的产权,而后将债权公司的产权作抵押,举债所获融资用来收购公司股权,如果最终公司经营失败,公司资产将成为向收购方进行融资的放款人的担保资产,放款人可以优先受偿。它是一种高负债、高风险、高投资、高收益的融资方式,但是"普通债权人认为杠杆收购伤害了他们的利益,因为 LBO 致使在他们的债权尚未得到偿付之时,就发生了公司资产转移。如果这种交易被允许,无担保债权人在破产程序中的序位将滞后于放款人"③。所以,杠杆收购有可能成为一种极具隐蔽性的公司资本弱化行为,当公司的资产抵押未获得公平的对价并且导致公司失去清偿能力时,或者该行为直接发生在公司已经失去清偿能力之时,债权人利益将遭受重大损害,该行为便构成欺诈性财产转让。④ 因此,该行为在美国被视为欺诈转让法规制的重要对象,正如美国密苏里大学 Thimothy J. Burns 教授所言,"这一点很清楚,欺诈转让法将被应用在杠杆收购行为的审查中"⑤。

7. 公司不良资产置换行为

经营阶段资本弱化行为的产生不仅表现在公司实际资产数额的降低上,而且表现在公司资产的非良性转换上。例如,公司以其现金或其他流动性较好的资产换取难以变现的固定资产或流动性差的资产。虽然转换后资产的评估价值可能并没有改变,但是因其无法变现或者流动性差,难

---

① Scott B. Ehrlich, Avoidance of Foreclosure Sales As Fraudulent Conveyances: Accommodating State and Federal Objectives, 71Virginia Law Review, 936 (1985).

② 岳振宇:《我国杠杆收购融资的法律困境与出路》,《甘肃政法学院学报》2010 年第 3 期,第 149 页。

③ Thimothy J. Burns, The Fraudulent Conveyance Laws and the LBO Lender, 94Commerical Law Journal, 271(1989).

④ see Matthew T. Kirby, Kathleen G. McGuinness, Christopher N. Kandel, Fraudulent Conveyance Concerns in LeveragedTransactions, 3Commercial Lending Review, 567(1988).

⑤ Thimothy J. Burns, The Fraudulent Conveyance Laws and the LBO Lender, 94Commerical Law Journal, 312(1989).

以实现对到期债权人债务的及时清偿,其实际清偿能力由于资产转化而显著下降,这是一种变相的公司资本弱化行为。所以,当公司失去清偿能力时或者公司置换不良资产后旋即失去清偿能力时,该置换不良资产行为就是典型的公司资本弱化行为,这是债务人变相逃避债权人债务的一种典型方式。美国耶鲁大学法学院 Robert Charles Clark 教授在对美国《统一欺诈转让法》进行分析时,明确指出,这种阻碍债权人到期债权偿还的行为是一种典型的欺诈,应受《统一欺诈转让法》的规制,并对此进行了举例说明:"一个拥有 250 股股份的债务人将其股份全部卖给了她的丈夫,并且获得了足额的非流动性转让价值。当她出售这些股份时并未失去清偿能力,但是该股份却是她唯一的流动性资产,她没有其他的能够使债权人容易获得的资产。她这种交易的目的是阻碍对其他债权人的偿还,尽管并没有欺骗,但是这种交易将被《统一欺诈转让法》所撤销。"[1]如果公司借助不良资产置换行为,使得自身资产丧失流动性,进而难以清偿到期债务,这种行为对债权人而言显然就是欺诈。

8. 不正当的股份回购行为

公司的股份回购行为能够为中小股东权益保护提供必要的救济,对维护上市公司利益,甚至维护证券市场的稳定具有重要意义。但是,股份回购行为也可能被大股东或者管理层变相利用,成为其非法攫取公司资产的手段,损害公司债权人的利益。因此,股份回购行为成为公司控制者进行欺诈的主要手段之一。正如 Robert L. Phillips 教授指出的,"通常限制一个公司股份回购权利的主要原因就在于防止欺诈"[2]。"在公司取得自己股份带来的弊端中,首要的是侵蚀公司资本,动摇公司资本维持原则,损害债权人利益。"[3]股份回购行为对债权人的冲击主要体现在以下三个方面:第一,公司取得自己股份直接降低了公司的资本数额,减少了对公司债权人的责任基础;第二,公司取得自己股份必然减少了公司的现金流或者其他流动性资产,降低了公司的实际清偿能力;第三,如果公司以高于市场价格的方式取得公司的股份,将对公司债权人造成更大损失。"无论如何,这一点已经被普遍地接受,那就是在公认的'非损害规则(no prejudice rule)'

---

①　Robert Charles Clark, The Duties of the Corporate Debtor to Its Creditors, 90 Harvard Law Review, 512(1977).

②　Robert L. Phillips, The Concept of a Corporation's Purchase of Its Own Shares, 15 Alberta Law Review, 366(1977).

③　李晓春:《在自由与管制间寻求利益平衡——公司取得自己股份制度研究》,法律出版社 2010 年版,第 36 页。

下,一旦公司失去清偿能力,则股份回购行为是不被允许的。"①因为此时公司股东会借助股份回购行为抽逃甚至严重损害公司资产,逃避债务,对债权人利益造成严重损害。所以,"一个失去清偿能力公司的股份回购行为很可能被当作欺诈性交易而被撤销,因为公司通过支付而交换的'资产'(股票)是没有价值的"②。

9. 公司违规担保行为

公司作为一个市场主体为他人提供担保是一种正常的商事行为。我国 2005 年《公司法》第十六条明确了公司对外提供担保的权利,同时在充分尊重公司意思自治的前提下也对担保行为的实施做出了必要限制。这种限制主要体现在以下两个方面:第一,把对外担保的基本权利赋予了公司章程,公司章程可以决定由董事会或股东会或股东大会决议批准,公司章程可以对担保的总额及单项担保的数额做出限制性规定。第二,对公司担保行为做出了一些限制:一是为公司股东或者实际控制人提供担保的,必须经股东会或者股东大会决议,并且该股东或受该实际控制人支配的股东在表决中必须回避;二是上市公司对外提供担保的金额超过资产 30%的,须经出席股东大会会议的股东所持表决权的 2/3 以上通过。但是,当公司已经失去清偿能力时或提供担保后旋即失去清偿能力时的担保行为会对公司债权人造成巨大损害,此时公司不应再对外提供担保,因为担保可能会造成公司承担赔偿责任,进一步减少公司责任财产,弱化公司资本清偿能力。

10. 不合理的支付行为

如果公司不合理的支付行为导致公司不能清偿到期债务或者在公司已经失去清偿能力的情形下进行的不合理支付行为都属于欺诈转让。例如,对非法股利支付行为的认定就是如此。美国乔治敦大学 William T. Vukowich 教授指出:"如果股利支付行为违反了公司债权人保护规定,决定股利支付的董事可能因为其'故意'或'疏忽'或'恶意'而承担个人责任,我们认为董事的股利支付行为属于欺诈,董事在所有的辖区内都是要承担责任的。"③当然,除了违法的股利支付行为外,还包括不合理报酬或者福

---

① David R. Herwitz, Installment Repurchase of Stock: Surplus Limitations, 79 Harvard Law Review, 306(1965).

② David R. Herwitz, Installment Repurchase of Stock: Surplus Limitations, 79 Harvard Law Review, 306(1965).

③ William T. Vukowich, Civil Remedies in Bankruptcy for Corporate Fraud, 6 American Bankruptcy Institute Law Review, 445 (1998).

利支付行为。例如"向作为债务人的公司的管理者支付过高的薪水、奖金或者附带性福利"[1]，"如果支付数量超过了公司管理者所提供服务应当得到的合理价值，该行为就应当受欺诈转让法与公司法的规制，支付行为应当被撤销"[2]。Luca Enriques 与 Jonathan R. Macey 教授也表达了相似的观点，他们指出公司可以通过非法分配的方式损害公司债权人利益，因为"在特殊情形下，分配可能采取与股东交易的方式进行，或者采取对担任公司董事或雇员的股东给予过度补偿的形式而进行"[3]。

11. 预谋破产行为[4]

预谋破产行为（planned bankruptcy）主要发生在公司经营阶段，其结果体现于破产阶段，具体是指公司控制者通过事先有计划的一系列手段对公司资产进行交易、隐匿或不当转移，并希望借助破产程序来逃避债务的蓄意破产行为。Nathaniel E. Kossack 与 Sheldon Davidson 教授早在 20 世纪 60 年代就指出："预谋破产是最新也是增长最快的商业欺诈行为。"[5] 预谋破产依然是公司资本欺诈行为的一个重要体现。公司控制者以公司为工具，借助公司独立人格与股东有限责任，积极地、有计划地追求与促成破产行为的产生，进而实现对债权人的欺诈与债务的逃避。Nathaniel E. Kossack 与 Sheldon Davidson 教授认为预谋破产主要包括以下行为："第一，对商品的过度赊购；第二，对赊购商品进行出售或者其他处置；第三，隐匿通过出售或者其他方式处置上述赊购商品而获得的收益；第四，债权人被迫申请启动破产程序。"[6] 当然，本书认为，预谋破产是公司经营阶段的一个典型欺诈行为，这种行为的具体构成可能多种多样，并不局限于上述学者所强调的行为体系当中，而且在理论上，只要公司形成了对外债务，就有可能进行预谋破产，以逃避债务。显而易见，预谋破产具有很强的计划性，"因为在该行为一开始，控制者就聘请律师制订了详细的计划并编造各

---

① John D. Honsberger, Bankruptcy Fraud, 16Chitty's Law Journal, 187(1968).

② William T. Vukowich, Civil Remedies in Bankruptcy for Corporate Fraud, 6American Bankruptcy Institute Law Review, 448(1998).

③ Luca Enriques, Jonathan R. Macey, Creditors Versus Capital Formation: The Case against the European Legal Capital Rules, 86Cornell Law Review, 1190 (2001).

④ 也有学者将其称为"恶意破产"，参见肖建华、王淇：《破产清算制度的完善与债务欺诈之防范》，《法学杂志》2002 年第 4 期，第 32 页。

⑤ Nathaniel E. Kossack, Sheldon Davidson, Bankruptcy Fraud, Alliance for Enforcement (with Appendix), 40Journal of the National Conference of Referees in Bankruptcy, 18(1966).

⑥ Nathaniel E. Kossack, Sheldon Davidson, Bankruptcy Fraud, Alliance for Enforcement (with Appendix), 40Journal of the National Conference of Referees in Bankruptcy, 18(1966).

种解释,用来说明为什么当债权人提出非自愿破产申请时,资产已经不再存在"①。预谋破产表明了公司控制者严重的主观恶意,会对公司债权人权益形成严重侵害,对交易秩序造成严重破坏,必须予以坚决规制。

(三)公司破产阶段资本退出中的欺诈行为②

公司破产阶段的资本退出在本书中主要是指公司破产清算阶段的资本退出,也就是说这里的破产阶段是指破产清算阶段而不包括重整阶段与破产和解阶段。因为尽管公司重整阶段也需要加强债权人保护,但是如果进入公司重整阶段并且重整成功,偿还了债权人债务,就不再涉及破产欺诈问题了,如果重整失败,则要进入公司清算阶段。③ 如果双方达成和解,并执行了和解协议,债权债务关系消灭;如果双方无法达成和解协议或者和解协议无法实施,也要进入破产清算阶段;因债务欺诈行为导致达成的和解协议,则会被法院宣告无效进而进入破产清算程序。④ 所以,相对而言,对破产欺诈的规制,重点在于破产清算阶段。

破产退出阶段的欺诈行为也有多种形式,美国学者 Nancy C. Dreher 与 Matthew E. Roy 教授指出:"债务人欺诈可以采取许多不同的形式,破产法设置了几项条款来规制这些欺诈行为。"⑤学界一般认为,实践当中破产欺诈主要有以下几种具体形式:第一,隐匿、私分或转移财产行为;第二,无偿转让财产的行为;第三,不合理低价出售资产的行为;第四,对没有担保债务提供担保的行为;第五,提前清偿债务的行为;第六,危机期间的个别清偿行为;第七,放弃到期债权的行为;第八,虚构债务行为;第九,毁坏以及其他破坏账簿的行为。⑥ 就立法而言,世界各国破产法关于破产欺诈的规定与上述学界观点大体一致,例如我国《破产法》第三十一条、第三十

---

① Nathaniel E. Kossack, Sheldon Davidson, Bankruptcy Fraud, Alliance for Enforcement (with Appendix), 40Journal of the National Conference of Referees in Bankruptcy, 18(1966).

② 尽管在我国《破产法》与其他相关国家的破产法中对破产欺诈行为往往是以"可撤销行为"与"无效行为"做出规制,但其实质就是破产欺诈行为。参见王欣新:《破产撤销权研究》,《中国法学》2007 年第 5 期,第 154-159 页;汤维建:《企业破产法新旧专题比较与案例应用》,中国法制出版社 2006 年版,第 495 页。

③ 参见《中华人民共和国破产法》第 93 条、第 94 条。

④ 参见《中华人民共和国破产法》第一百零三条至第一百零六条。

⑤ Nancy C. Dreher, Matthew E. Roy, Bankruptcy Fraud and Nondischargeability under Section 523 of the Bankruptcy Code, 69North Dakota Law Review, 57 (1993).

⑥ 参见王欣新:《破产撤销权研究》,《中国法学》2007 年第 5 期,第 154-159 页;覃美洲、邓艳:《破产欺诈的法律思考》,《当代法学》2002 年第 12 期,第 130 页;葛现琴:《破产欺诈及防治对策研究》,郑州大学 2005 年硕士学位论文,第 24-32 页。

二条与第三十三条所规定的破产欺诈行为与上述学界观点高度吻合①，尽管《破产法》是以"可撤销行为"与"无效行为"为名予以规制，但是其实质就是破产欺诈行为②；美国《破产法》规定的破产欺诈行为，总体包括偏颇性清偿行为、欺诈性转让行为、不当担保行为、不当赎回权的实施行为、不当抵消行为以及破产后的不合理财产转让行为等等，这些行为的具体表现形式与上述学界观点也是大体吻合。③

显而易见，就具体表现形式而言，尽管存在一些区别，但是破产阶段资本退出中的欺诈行为在具体表现形式上与公司经营阶段资本流转中的欺诈行为具有相当程度的重合性，而且公司经营阶段资本流转中的欺诈行为往往与破产阶段资本退出中的欺诈行为交织在一起，许多破产欺诈行为都发生在破产程序启动之前。有学者所指出："应当说，'破产逃债'之逃债行为，主要发生在破产案件受理前，部分结果发生在破产程序中。"④对此，域外学者也有着清晰的认识。例如，John D Honsberger 教授指出："与欺诈性破产问题有关的是，越来越多的明显或可疑的由债权人承受后果的不公平交易发生在破产前，这些交易涉及相关人员或紧密持股公司及其高级管理人员。"⑤ John D Honsberger 教授认为："债务人试图在破产前夕隐藏财产的欺诈行为由来已久。"⑥ William T. Vukowich 则进一步指出："在公司申请破产之前，公司内部人员利用各种方式进行公司资产转移的案例不胜枚举。"⑦为此，各国破产法对破产欺诈行为的规制也会追溯到破产程序开始前的法定时间之内。William T. Vukowich 教授明确指出，在破产程序中，"债务人在破产前利用欺诈行为而导致的债务和责任不可豁免。"⑧例如，我国《破产法》第三十一条关于撤销行为的规定就是可以追溯至法院受理破产案件申请前 1 年。⑨ 美国《破产法》第 727 条中关于"破产欺诈转

---

① 具体见《中华人民共和国破产法》第三十一条、第三十二条以及第三十三条。
② 参见王欣新：《破产撤销权研究》，《中国法学》2007 年第 5 期，第 154-159 页；汤维建：《企业破产法新旧专题比较与案例应用》，中国法制出版社 2006 年版，第 495 页。
③ 参见［美］大卫·G. 爱泼斯坦等：《美国破产法》，韩长印等译，中国政法大学出版社 2003 年版，第 276 页。
④ 郭瑞、胡彬：《破产程序中欺诈逃债行为的法律规制》，《人民法治》2017 年第 11 期，第 37 页。
⑤ John D. Honsberger, Bankruptcy Fraud, 16Chitty's Law Journal, 187(1968).
⑥ John D. Honsberger, Bankruptcy Fraud, 16Chitty's Law Journal, 186(1968).
⑦ William T. Vukowich, Civil Remedies in Bankruptcy for Corporate Fraud, 6American Bankruptcy Institute Law Review, 439(1998).
⑧ William T. Vukowich, Civil Remedies in Bankruptcy for Corporate Fraud, 6American Bankruptcy Institute Law Review, 440(1998).
⑨ 具体参见《中华人民共和国企业破产法》第三十一条。

让行为"的规定,也是向前追溯 1 年即在破产申请日开始前 1 年。① 德国《支付不能法》第 134 条规定,对债务人的无偿给付行为可撤销的期间为申请开始支付不能程序之日起前 4 年。② 这种对破产欺诈行为的追溯规制更是将破产阶段资本退出规制与经营阶段资本流转规制中的欺诈行为紧密地交织在一起。

鉴于以上分析,对公司破产阶段资本退出中的各种欺诈行为类型,本书就不再赘述,因为在公司经营阶段的资本欺诈行为分析部分已对上述相关行为做了具体分析。但是需要说明的是,在破产退出阶段,进行欺诈的公司控制者发生了变化,在公司经营阶段资本流转中,产生欺诈行为的主要是公司控制股东以及董事等相关人员,而在公司破产退出阶段,则主要是公司破产管理人、公司控制股东以及董事等相关人员。

---

① 参见[美]大卫·G.爱泼斯坦等:《美国破产法》,韩长印等译,中国政法大学出版社 2003 年版,第 481 页。
② 参见王欣新:《破产撤销权研究》,《中国法学》2007 年第 5 期,第 148 页。

第八章 系统论范式下我国公司资本规制体系修正的宏观路径与主导制度定位

第一节 我国公司资本规制体系修正的宏观路径

在明晰了公司资本规制体系修正的主导价值目标及其中心任务之后，我们需要进一步明晰公司资本规制体系修正的宏观路径，以便为更加具体的微观制度架构提供基本、稳定、规律性的方向指引。[①] 宏观路径体现的是宏观思维方式，这对法学研究具有重要的指导意义。申卫星教授在研究物权法改革时曾对此做出高度肯定："认真地从宏观指导思想上反思一下，这将有助于很多具体问题的解决，并坚定我们的信心。"[②]对公司资本规制改革而言，这种宏观思维模式同样意义显著，对公司资本规制宏观路径的确定有助于建构科学、具体的体系性公司资本规制制度，有助于解决公司资本规制制度建构中面临的各种具体问题，同时也有助于提振我们对推进公司资本规制改革的信心。具体而言，公司资本规制修正的宏观路径应当围绕资本规制理念、资本规制重心、资本规制程序、资本规制方式以及资本规制制度构成展开。这种宏观路径的确定反映着公司资本规制的整体性发展规律，同时也与当前我国公司资本规制认缴制模式的改革相对应，在支持当前公司资本规制效率性改革的同时，优化化公司债权人保护。

一、规制理念：资本信用、资产信用与破产信用的有机融合

立法律理念"是对法律的本质及其发展规律的一种宏观的、整体的理性认知、把握和建构"[③]。"法律理念将立法动机具象化为法律创制工作，

---

① 参见肖新国：《中国共产党党内民主建设路径研究》，湖南师范大学 2011 年博士论文，第 90 页。

② 申卫星：《宏观三思物权立法》，《政治与法律》2005 年第 6 期，第 29 页。

③ 李双元：《法律理念及其现代化取向》，《湖南政法管理干部学院学报》1999 年第 1 期，第 6 页。

转换为法律规范。"①所以,公司资本规制立法改革必须重视立法律理念的科学界定,不同的立法律理念必然导致立法路径以及具体制度架构的差异,进而影响立法宗旨的最终实现。

本书认为,公司法资本规制改革的规制理念应当注重资本信用、资产信用与破产信用的有机融合,具体而言,应当强化资产信用理念,重视破产信用理念,同时不可彻底否定资本信用理念。

首先,强化资产信用理念。资产信用理念强调公司资产对债权人保护的意义,具体而言,它强调的是公司的实际资产状态及其清偿能力而不是公司的法定资本数额,因为"实践中,相对于法定资本而言,无论是当前债权人还是未来债权人都是更加关注公司的实际清偿能力"②。我国的认缴资本制改革也意在确立资产信用的主导地位,强调公司资产对债权人保护的重要功能,这不仅有助于提升公司制度的运行效率,提升就业水平,并有助于消解债权人对资本信用的过度依赖,更加谨慎而理性地审视公司的实际信用状态。因此,在资产信用指导下,公司设立阶段对注册资本的行政管制极度弱化,无论是废除法定最低注册资本制度、股东出资期限自治,还是股东现金出资比例限制的取消以及强制验资程序的废除等等,都是破除资本信用进而强化资产信用的具体举措。显然,对资产信用理念的贯彻,有助于公司资本规制具体制度的完善,使得公司经营阶段资本流转规制更加注重其资产状态,这种状态应当重点关注其资产数额以及现金流量,正如意大利学者 Massimo Miola 教授所言:"实际上,即使是很小或者是微不足道的法定资本数量,甚至其根本不被债权人所重视,但是其不足却能被高的现金流量所弥补,因为高的现金流量不仅能够支付借贷资本的成本并避免债务的堆积,而且能够创造收益。"③

其次,不可彻底否定资本信用理念。资产信用的核心功能并不能彻底否定资本信用的价值,公司注册资本依然对债权人保护发挥着重要功能,因为注册资本及其实缴数额反映着公司的初始信用能力与未来承诺信用能力界限。实缴数额越大,表明公司的初始信用能力越强,债权人的交易安全指数越高,注册资本数额越大,表明公司的未来承诺信用能力,这种未

---

① 李双元:《法律理念的内涵与功能初探》,《湖南师范大学社会科学学报》1997 年第 4 期,第 54 页。

② Massimo Miola, Legal Capital and Limited Liability Companies: The European Perspective, 2European Company and Financial Law Review, 454(2005).

③ Massimo Miola, Legal Capital and Limited Liability Companies: The European Perspective, 2European Company and Financial Law Review, 456(2005).

来承诺信用能力并非没有价值，因为尽管可以对出资期限进行自治，但是出资期限再长，也表明着股东的出资义务，特别是当公司出现资不抵债的情形时，该出资义务将加速到期的场合，注册资本即使是分期缴付，依然具有实际意义。蒋大兴教授直接指出："盲目去除传统法定资本制的主张，是欠缺通盘考虑的。"①因此，资本信用不可被彻底否定，同时对实缴资本中的非现金出资应当进行科学评估，否则必然导致股东出资不实，进而虚增公司信用，使得债权人对其交易选择做出错误判断。所以，即使是认缴资本制下，也必须适度考量资本信用的价值，认缴资本制下公司资本规制改革的完善应当坚持资本信用与资产信用的有机结合，而不是单边的资产信用。

最后，重视破产信用。重视破产信用也就是重视通过破产法的公平适用原则对债权人给予最后的平等保护。正如江平教授所指出的，"资本信用和企业破产无非是同一事物的两个不同侧面。真正的资信制度确立之时也就是真正的破产制度建立之日"②。所以，必须加强破产法规制，防止破产欺诈行为、破产讨债行为的产生，通过严格、规范的破产程序及其责任制度实现对债权人的合理保护。当前，我国商事信用状况不够理想，其中一个突出表现就是许多企业借助破产程序逃避债务，欺诈债权人，因此公司资本规制制度的完善必须高度重视破产法治的推进，通过严格、完善的破产立法，对破产欺诈行为形成有力的威慑，通过破产程序的实施公平合理的保护债权人利益，进而确立良好的破产信用。

二、规制重心：强化资本流转与资本退出规制

前文分析了公司资本信用、资产信用以及破产信用的融合理念，资本信用主要形成于公司设立阶段资本形成规制之中，资产信用主要体现于公司经营阶段的资本流转规制之中，破产信用主要体现于公司破产阶段资本退出规制之中。尽管这三种理念对推进我国公司资本规制体系的完善都非常重要，但并不代表这三种理念地位的绝对平衡，特别是在当前我国认缴资本制模式下，公司设立阶段资本形成规制不断弱化，应当重点推进公司经营阶段资本流转规制与破产阶段资本退出规制，进而从整体上保持公司资本规制的强度。简单地说，公司资本规制的重点在于强化资本流转规

① 蒋大兴：《质疑法定资本制之改革》，《中国法学》2015 年第 6 期，第 156 页。
② 江平：《现代企业的核心是资本企业》，《中国法学》1997 年第 6 期，第 30 页。

制与资本退出规制。

强化资本流转规制的重点在于对公司经营行为进行规制,重点针对公司的交易行为与分配行为,防止公司控制者借助公司交易行为与分配行为不正当地向公司股东转移资产,逃避债务,损害债权人利益。同时,还注重防止公司进行过高的风险投机行为,以遏制公司股东以牺牲债权人利益为代价追逐高风险投资回报,例如"股东可以通过追求比债权人提供信贷时所预期的风险更高的投资项目,将资产从固定索偿者转移至自己,这也是以债权人利益为代价实现股东利益的增加"①。强化公司破产阶段资本退出规制的重点在于防止公司股东借助破产程序逃避债务,或者借助破产程序实施欺诈行为。例如,在濒临破产之际或者在破产程序实施中进行偏颇性清偿、不等价的义务招致以及不合理的权利放弃等行为。当然,进一步讲,对破产阶段资本退出的规制,不仅在于防止破产欺诈行为,而且也应当防止公司资产在临近破产状态下持续恶化,这就要求公司董事有义务及时、合理地提起破产程序,使经营不善的公司尽快退出市场,以免使得公司债权人遭受更大损失。这一点在德国《破产法》中有着清晰的的规定:"承担有限责任的法律实体的董事,根据现金流量表或者资产负债表所表明的失去清偿能力状况,负有在上述情形发生后三周内不可拖延地启动破产程序的义务。"②

但是需要说明的是,以强化资本流转与资本退出规制为重心,并不代表漠视公司设立阶段资本形成制度的改革,此阶段的必要改革措施依然需要推进,只不过相对而言,在当前我国公司法改革的这一特殊历史阶段中,资本流转与资本退出中的规制更加重要,更需着力推进,但是公司设立阶段的资本形成规制依然需要补强。

三、规制程序:强化资本运行事后规制

公司资本的事前规制难以理想化,无论是事前的资本确定制度还是资本维持制度,都有着难以克服的缺陷。第一,就资本确定制度而言,其功能是有限的:一方面,公司设立资本数额不能太高,因为"较高的资本数额确

---

① Luca Enriques, Jonathan R. Macey, Creditors Versus Capital Formation: The Case against the European Legal Capital Rules, 86Cornell Law Review, 1169(2001).

② Michael Schillig, The Transition from Corporate Governance to Bankruptcy Governance-Convergence of German and US Law, 7European Company and Financial Law Review, 126 (2010).

实有利于债权人保护,但是这种保护是过度的,它会因阻碍公司进入市场而降低公司制度的运行效率"①;另一方面,"最低资本制度不能限制公司的商业决策,不能限制商业决策导致的损失,公司商业交易之初的资本水平并不必然代表其交易之后的资本水平"②。第二,就资本维持制度而言,其主要是通过防止不当的股利分配来维持公司资产,但是"一个公司的资产可能由于商业交易而遭受损失,而不是由于不当分配而产生损失,因此,资本维持原则的功能是有限的"③。所以,事前资本规制不仅不能有效地保护公司债权人利益,反而可能降低公司制度的运行效率,因为事前的规制主要是通过法定资本制度的执行实现的,但是法定资本制度可能会给公司制度运行设置较高的门槛,而且法定资本制度也无法组织公司资本通过正常的商业活动而遭受损失。

因此,必须强化资本运行的事后规制,"一般来讲,事后救济比法定资本规则更有助于遏制股东的机会主义行为"④。事后规制的重点在于防止公司资产的不当转移,防止对债权人债权的损害与稀释,其核心在于控制内部人的机会主义行为,包括债务人公司自身、债务人公司股东、债务人公司董事以及高级职员、债务人公司的其他特定债权人以及被债务人公司所控制的其他特定主体,甚至是任何一个可能被债务人影响或控制的人。⑤"然而需要澄清的是,立法者以事后监督代替事前监督,并不是因为技术层面上事后监督对于信息不对称问题的解决更具优势,而是因为事前监督制度的立法成本和执行成本远高于事后监督,但在消除信息不对称问题上的实效却并不明显——主要体现为实践中股东虚报注册资本、虚假出资或者

① Natalia Andreicheva, The role of legal capital rules in creditor protection: contrasting the demands of western market economies with Ukraine's transitional economy, A thesis of the degree of Master of the London School of Economics and Political Science f of Philosophy, 2009, p15.

② Natalia Andreicheva, The role of legal capital rules in creditor protection: contrasting the demands of western market economies with Ukraine's transitional economy, A thesis of the degree of Master of the London School of Economics and Political Science f of Philosophy, 2009, p15.

③ Natalia Andreicheva, The role of legal capital rules in creditor protection: contrasting the demands of western market economies with Ukraine's transitional economy, A thesis of the degree of Master of the London School of Economics and Political Science f of Philosophy, 2009, p33.

④ Massimo Miola, Legal Capital and Limited Liability Companies: The European Perspective, 2European Company and Financial Law Review, 460(2005).

⑤ Barrye. Adler, Marcel Kahan, The Technology of Creditor Protection, 161University of Pennsylvania Law Review, 1777(2013).

抽逃出资等现象并未因为事前监督而被有效杜绝。"①所以,对公司资本运行的事后规制应成为我国公司资本规制体系修正的一条主导路径。

四、规制方式:强化资本运行司法规制

"政府管制由行政制裁型向司法裁判型进行转变"②是现代国家法治理念的一个重要体现,这一点在公司资本规制改革进程中也有着同样的表现,公司资本规制的现代化改革也必须强化司法规制。我国公司资本规制体系的修正则尤其需要强化司法规制,因为"公司治理制度的制度特性表现出路径依赖"③,我国公司资本规制体系架构也并不例外,其改革进程中也显现出较强的路径依赖特性。我国公司资本规制的初始制度架构以近乎苛刻的行政管制为中心④,行政管制强调行政机关通过行政权力的行使对公司资本运行所进行的控制与监督,该规制方式具有"职能倾向、效率优先、本质执行及注重结果的特点",如法定最低资本制度、严格现物出资制度、股本缴付方式制度以及信息披露制度等等。尽管我国公司资本规制改革的进程是以放松设立阶段资本行政管制为主导,但是公司资本规制改革中司法规制体系协同性改革相对滞后,比如董事对债权人信义义务制度的缺失、公司法人人格否认制度的过度原则化等等,改革的主导路径仍然将关注点放置于行政管制的缓和,但是司法救济的跟进明显不足,这也是我国公司资本规制改革进程中对行政管制的路径依赖的一个特殊表现。

公司资本的司法规制则强调通过公司债权人诉权的行使进而借助司法程序对公司资本运行进行干预与控制,该规制方式具有"谦抑性、中立性、公正优先、本质在于判断及注重过程的特点"⑤,如董事信义义务制度、公司法人人格否认制度、实质合并制度以及公平居次制度等等。加拿大学

---

① 董淳锷:《股东诚信出资的法律保障机制研究——以公司资本规制改革为背景》,《中山大学学报(社会科学版)》2015年第3期,第172页。

② 袁锦秀:《公司治理结构的法律规制——基于政府规制理念的考察》,《法学》2003年第2期,第90页。

③ Ronald J. Gilson, Globalizing Corporate Governance: Convergence of Form or Function, 49American Journal of Comparative Law, 334 (2001).

④ 我国1993年《公司法》确立了严格的法定资本制,不仅实施过高的法定最低注册资本数额,而且要求必须一次性全部实缴,不允许分期缴纳,并严格限制出资方式。2005年《公司法》改革虽然引入了公司法人人格否认制度,但是依然保留了较强的行政管制,例如最低注册资本制度、强制验资制度等等。2013年《公司法》实施了取消注册资本最低限额等弱化行政管制的改革措施,但并未协同性地推进司法规制改革。所以,在我国公司资本规制体系改革的进程中,对行政管制的路径依赖有着明显的表现。

⑤ 参见蒋学跃:《司法介入公司治理法律问题研究》,人民法院出版社2010年版,第18-19页。

者 Robert Flannigan 教授对信义义务的这种司法特性给予了明确的肯定："就核心内容而言,信义义务是一种现实的司法裁判权。"①同时,司法规制相对于行政管制而言具有明显的灵活性特点,法院可以根据个案特点进行有针对性的裁决,保证法院自由裁量权的实施,进而推进对公司资本法律规制制度的公平适用,避免由于坚持制度的"形式正义"而伤及具体案件中的"实质正义"。这一点在公司法人人格否认制度的实施中就有着鲜明的体现。Rekha Panchal 教授对公司法人人格否认制度予以了肯定:"公司法人人格否认制度是一个开放性的概念而且非常具有灵活性,对该制度的适用依赖于不同相关案例的特定事实因素。"②

所以,当前我国公司资本规制立法的完善应当强化对司法规制路径的推进,通过科学而严密的司法规制,更好地对公司资本欺诈行为进行矫正与威慑,更好地保护债权人利益。

五、规制制度:强化资本运行中的公司法与其他法规的协同性规制

尽管公司法通过其系统性制度架构对公司资本运行做出了有力的规制,但是单独依靠公司法难以有效完成公司资本规制的艰巨任务,必须实现与其他法规的协同性规制,其他法律制度对债权人的保护功能不容忽视。正如美国学者 Steven L. Schwarcz 所言:"任何单一法律制度都无法有效规定一个公司对债权人的义务。"③有学者强调了合同法与破产法的重要性:"尽管债权人利益保护有多种不同方式,但是首要的保护方式是合同法与破产法。"④因为公司资本主要是通过公司控制者所进行的各种机会主义行为而实现非法转移的,但是公司法并未对此给予充分、彻底的关注,许多国家也是通过其他法律制度予以规制的。例如,美国《破产法》以及《统一欺诈转让法》对债权人保护发挥着重要功能,有学者对《统一欺诈转让法》的债权人保护功能给予了高度评价:"尽管债权人有各种各样的法定权利用以反对债务人,但是意在通过反对债务人的行为来保护债权人的法律则非常有限。其中最重要的就是欺诈转让法,它允许破产程序中债务人的受托人撤销某些旨在拖延、阻碍和欺诈债权人的财产转让和义务招致

---

① Robert Flannigan, Commercial Fiduciary Obligation, 36 Alberta Law Review, 909(1998).

② Rekha Panchal, Piercing the Corporate Veil, 3 Court Uncourt, 9 (2016).

③ Steven L. Schwarcz, Rethinking a Corporation's Obligation to Creditors, 17 Cardozo Law Review, 647 (1996).

④ Zipora Cohen, Directors' Negligence Liability to Creditors: A Comparative and Critical View, 26 Journal of Corporation Law, 358(2001).

行为。"①

所以,公司法必须实现与其他法律制度的协同化规制,才能更好地保护公司债权人利益,这些法律包括合同法、担保法、破产法以及欺诈转让法等等。在上述法律体系中,尤其需要强调破产法规制与欺诈转让法规制的功能。第一,必须强化公司法与破产法的协同化规制,因为"债务人能够利用相当多的法律漏洞,通过破产程序逃避对公司债权人的义务"②。所以对破产程序的严密规制是防止公司股东及其董事利用法律漏洞转移公司资产、逃避公司债务的重要防范措施,因为实践中公司主要是通过其内部关联性交易或内部人交易转移资产进而损害公司利益的,破产法对公司债权人的保护重点就在于通过破产程序破解关联交易及其内部人交易。第二,必须强化公司法与专门性欺诈财产转让法的协同性规制,在公司尚未进入破产程序的情形下,对以公司名义所进行的欺诈性财产转让进行有效的规制,能够有效防止公司通过不正当交易行为进入破产状态,因为"欺诈转让法进一步限制了债务人在失去清偿能力之时的转让财产或者招致义务的能力,或者如果财产转让或者义务招致行为将导致公司失去清偿能力,或者财产转让行为旨在拖延、阻止或欺诈债权人"③。欺诈转让法最重要的功能是恢复债务人被转移的财产,从而恢复其向债权人偿债的物质基础,是对公司控制者滥用控制权从事机会主义行为的有力规制。

需要说明的是,上述各种具体修正路径并不是截然分开的,而是相互联系、相互融合的,无论是资本信用、资产信用还是破产信用理念,其实现都需要强化司法规制,当然也不可能彻底离开行政管制,只是司法规制更加突出。资本信用主要体现于公司设立阶段,资产信用主要体现于公司经营阶段,破产信用主要体现于公司破产阶段,但是这三个阶段是密切联系的,并不是泾渭分明的。例如,设立阶段的出资问题可能在公司经营阶段才发现,经营阶段的资本弱化行为可能在公司破产阶段才发现,在公司经营阶段公司可能已经濒临破产,董事负有及时的不可拖延的破产程序启动

---

① Steven L. Schwarcz, Rethinking a Corporation's Obligation to Creditors, 17 Cardozo Law Review, 653(1996).

② Natalia Andreicheva, The role of legal capital rules in creditor protection: contrasting the demands of western market economies with Ukraine's transitional economy, A thesis of the degree of Master of the London School of Economics and Political Science f of Philosophy, 2009, p83.

③ Steven L. Schwarcz, Rethinking a Corporation's Obligation to Creditors, 17 Cardozo Law Review, 678 (1996).

义务。同时,事前规制强调的是行政管制,事后规制则主依靠司法规制,行政管制与司法规制可能并存于任何一个公司资本规制的阶段当中。就本书主体研究路径而言,是以公司设立阶段资本形成制度、经营阶段资本流转制度以及破产阶段资本退出制度为首要修正路径而展开,其他的路径转换都是以阶段性路径改革为中心的,无论是事前规制与事后规制、行政管制与司法规制、公司法规制与其他法律协同规制,都在公司运行的各个不同阶段有着不同的体现。

第二节　我国公司资本规制体系修正的主导制度定位

当我们明晰了公司资本规制修正的宏观路径之后,就需要沿着这一路径推进公司资本规制的制度建设,而公司资本规制制度体系有其内在结构,其结构由不同的债权人保护法律制度组合而成,公司资本规制改革就是要优化公司资本规制的制度结构,使这一结构更具合理性,以更好地发挥公司资本规制系统的功能。[①] 卓泽源教授指出,法律体系结构的优化需要我们的主观努力[②],公司资本规制制度结构的优化同样如此,我们的首要任务就是确定当前公司资本规制改革继续推进中的主导制度,并着重从法理视角对该制度进行翔实的解析,进而充分说明该制度在当前我国认缴资本制模式下的重要意义,最终为该制度在我国公司资本规制体系修正中的具体建构提供充分的逻辑支撑。因为公司资本规制主导制度是其制度系统修正的核心所在,对公司资本规制修正目标的实现起着决定性作用。就债权人具体保护制度而言,强制信息披露、基于规则的控制(注册资本及其资本维持制度)、事后发现并制裁机会主义的标准(信义义务或称为诚信义务制度)构成了世界各国公司债权人保护的主要体系架构。[③] 虽然上述三种不同制度在不同国家的制度体系组合并不相同,但是其中的强制性信息披露规制与信义义务规制在各国公司资本规制的发展当中显然占据着

---

① see Helen Anderson, Directors' Liability to Creditors - What are the Alternatives?, 18Bond Law Review, 1(2006). Massimo Miola, Legal Capital and Limited Liability Companies: The European Perspective, 2 European Company and Financial Law Review, 413-486 (2005). Daniela Weber-Rey, Effects of the Better Regulation Approach on European Company Law and Corporate Governance, 4European Company and Financial Law Review, 411-413(2007).

② 参见卓泽源:《法治国家论》,法律出版社 2008 年版,第 45 页。

③ [美]莱纳·克拉克曼等:《公司法剖析比较与功能的视角》,刘俊海、徐海燕等译,北京大学出版社 2007 年版,第 117 页。

越来越重要的地位。例如,欧洲高水平公司法专家小组(the High Level Group of Company Law Experts)在关于欧洲公司法现代化规制的报告中就指出:"通过或多或少的具体规则,信息披露要求有时比其他实质规则更加能够提供一个有效的规制工具。这种披露提供了一个更加轻松的监管环境,并允许更大的灵活性与适用性。尽管信息披露规制的效果与其他实质规则相比或许是间接的与长时间的,但是实践中的信息披露公开一般比较容易。所以,本小组认为欧盟在未来的公司法制度改革中应当认真地考量信息披露要求是否比其他实质规则更容易取得理想效果。"①同时,"与规则相比,信义义务被更广泛地用以保护公司的债权人"②。信义义务对债权人的保护发挥着越来越重要的作用,尤其是当公司陷入财务困境、已经失去清偿能力或者濒临失去清偿能力在之时,董事的信义义务应当向债权人进行扩展或者向债权人进行转移,这几乎已经得到了普遍的认可。③因此,就当前我国公司资本规制体系的修正需要而言,尤其是针对当前认缴资本制下注册资本管制规范的弱化,信息披露与信义义务制度的价值需要重新审视,这两种制度应当成为当前我国公司资本规制体系修正当中的主导制度,必须对上述两种制度主导地位有着更加清晰的认识,唯有如此,才能够更好地为公司运行各个阶段资本规制具体制度的建构提供科学的指引。

一、信息披露制度:债权人保护制度体系的基础性规范④

信息披露对保护债权人利益具有重要作用,这一点在美国与欧盟都有着鲜明的体现。"由于资本市场的压力,作为不同于法定资本制度的替代性措施,强制性信息披露在美国非常发达。"⑤同样,"强制性信息披露在欧

---

① Report of The High Level Group of Company Law Experts on A Modern Regulatory Framework for Company Law in Europe, p35, https://papers. ssrn. com/sol3/papers. cfm? abstract_id=315322.

② [美]莱纳·克拉克曼等:《公司法剖析比较与功能的视角》,刘俊海、徐海燕等译,北京大学出版社 2007 年版,第 105 页。

③ see Stephen R. McDonnell, Geyer v. Ingersoll Publications Co.: Insolvency Shifts Directors' Burden from Shareholders to Creditors, 19Delaware Journal of Corporate Law, 185(1994).

④ 本部分内容作为本课题的阶段性成果已经发表,出于国家社科基金结题要求,隐去相关信息。

⑤ Ferrarini, Guido, Reforming Company and Takeover Law in Europe, Oxford University Press, 2004, p95.

盟公司法中的重要性也在日益增加,因为相对于实质性监管,它更具灵活性。"①之所以美国与欧盟的信息披露制度对债权人发挥着极其重要的保护作用,是因为信息披露制度的内在功能。简单地说,就是"强制性信息披露能够增强对公司治理和事务的问责制以及透明度。这能使债权人受益,特别是当债权人要确定负债公司的资产的真实经济价值时,这一点更加突出"②。

我国 2013 年《公司法》确立了认缴资本制,该制度的确立是推进公司资本制度效率性改革的重要进路,是公司法制度架构现代化的基本支点,意在以资产信用理念为指引,以股东自治精神为核心,放松资本管制,降低股东出资成本,提升股东出资效率。但是,公司契约论与利益相关者理论都已充分证明,公司是一个多元化的利益载体,任何公司法制度改革的有效进行都必须考量多元主体的利益平衡,而不应是对股东利益的单边推进。德国学者安德里亚斯·哈克(Andreas Harker)指出:"以股东利益保护为中心的公司改革决策得以有效实施的前提是必须有一个制度系统,该系统能够为股东以外其他利益相关者提供有力的保护。"③因此,认缴资本制的确立应是一个系统化制度改革模式,要充分考量股东外其他利益相关者尤其是债权人的保护,因为认缴资本制直接改变了公司法对债权人保护的体系架构,对债权人利益形成严重冲击,只有推进对债权人的利益保护才能保障认缴资本制的顺利实施。而这一点正是我国 2013 年《公司法》确立认缴资本制遗留的最大问题,因为此次资本规制改革是典型的单极模式,只是弱化了股东出资的行政管制,但并未及时推进债权人保护制度的协同跟进,资本规制改革的效率性与安全性严重失衡,债权人利益面临严峻挑战,因此科学推进债权人利益保护已成为当前资本规制改革的核心议题。尽管"法定最低资本、利润分配限制、契约保护以及信息披露制度等等是实现债权人利益保护的主要方式"④,但是信息披露规制无疑更具意义,因为信息披露是其他债权人保护制度得以实施的逻辑基石,无论是奉行授

---

① Massimo Miola, Legal Capital and Limited Liability Companies: The European Perspective, 4European Company and Financial Law Review, 423(2005).

② Massimo Miola, Legal Capital and Limited Liability Companies: The European Perspective, 4European Company and Financial Law Review, 423(2005).

③ Roand Bénabou, Jean Tirole, Individual and Corporate Social Responsibility, 77Economica, 1-19(2010).

④ J. Armour, Share Capital and Creditor Protection: Efficient Rules for a Modern Company Law, 63The Modern Law Review, 363(2000).

权资本制的美国、日本，还是坚守法定资本制的欧盟，信息披露规制都是其资本规制改革顺利推进的重要支撑。例如，时至今日，信息披露依然是欧盟公司法体系架构的核心：信息规则在欧盟基本公司法中占据至高地位，在欧盟次级公司法中占据主导地位。①

所以，信息披露规制是公司债权人保护体系的基础性规范，对信息披露规制的强化是当前推进公司债权人保护的重要路径。尽管 2014 年国务院颁布了《企业信息公示暂行条例》，以期强化信息披露机制，以配合认缴资本制的实施，但是该条例自身亟待完善，实施效果难言理想，无法平衡认缴资本制改革对债权人保护产生的弱化效应。学界对此也有着清晰的认识。薛波博士认为："认缴资本制下，如何保障债权人获取与交易有关的公司经营信息，以切实维护债权人利益的实现，也需要现行立法及时、准确地做出相应的制度调整和回应。"②因此，我国当前公司信息披露制度对公司债权人的保护仍存在诸多不足，需进一步加以推进，强化信息披露规制的完善是我国公司资本规制体系修正的主导制度之一。

(一)认缴资本制下债权人保护制度体系对信息披露规制的特别依赖

"信息披露对公司而言是一种监管措施，对债权人而言则是一种保护措施。"③有效的信息披露制度能够为债权人提供真实、有效、及时的信息，从而更好地避免交易风险。Hanno Merkt 教授指出："显而易见，那些提供借款或者借贷的人可以从与其交易公司相关的可靠财务信息中受益。几乎对任何类型的债权人都是如此，无论是银行、机构投资者、供应行业的商业债权人还是为公司提供服务的众所周知的小型商人。"④在认缴资本制下，由于公司设立阶段对股东出资行政管制的极度弱化，资本信用难以为继⑤，信息披露的价值不仅体现为其对债权人保护的一般效用，而且更加突出地体现在其对整个债权人保护制度体系的重要支撑，特别是在认缴资本制下，债权人对信息披露制度的依赖性更加突出。

---

① 参见[德]斯蒂芬·格伦德曼：《欧盟公司法》，周万里等译，法律出版社 2018 年版，第 155 页。

② 薛波：《论公司资本规制改革后债权人保护机制之完善》，《时代法学》2015 年第 2 期，第 77 页。

③ Hanno. Merkt, Creditor Protection through Mandatory Disclosure, 7European Business Organization Law Review, 97(2006).

④ Hanno. Merkt, Creditor Protection through Mandatory Disclosure, 7European Business Organization Law Review, 97(2006).

⑤ 资本信用尽管备受批评，但是不能彻底否定其功能，因为注册资本的数量越高，表明公司初始信用能力越强。

1. 信息披露制度对债权人保护的一般效用

信息披露制度对债权人保护的一般效用强调的是该制度的基本功能，主要体现在以下几个方面。

首先，实现信息对称，规避市场风险。"信息不对称是股东与债权人之间的客观存在，则容易诱发股东对市场的逆向选择与道德危机"①，"实际信贷市场的普遍缺陷就是信息分配的不对称，这极易使掌握优势信息的一方有机会通过交易将对方的财产向自己转移"②，因此信息掌握的不对称使债权人面临较大的市场风险。为规避风险，债权人不仅渴望知晓更多交易对象信息，全面了解客户情况，避免交易时可能出现的逆向选择；而且也充分关注公司在交易后的信息披露情形，以期遏制交易相对方缔约后的机会主义行为。有效的信息披露是平衡股东与债权人之间信息不对称的最佳工具，也是债权人规避市场风险的有力支撑，因为"所有的相关债权人都能够根据高质量的信息披露去有效地判断潜在的公司是否值得交易，进而规避市场交易风险"③。

其次，促进信息透明，规制关联交易。"公司股东与被该股东直接或间接控制的公司附属机构能够通过关联交易，以损害债权人利益为代价，获取不正当利益。"④因此为了更好地保护债权人利益，必须强化对关联交易的监管，而"关联交易信息披露是关联交易监管的重要环节，信息披露是区分正常关联交易与滥用关联交易的前提条件"⑤，因为信息披露制度能够使公司所涉关联交易的具体内容明晰化、透明化，进而达到规制关联交易的时间、价格、范围的目的，增强关联交易的透明性，压缩管理层违法操作空间，及时遏制违法关联交易行为的发生，并提升债权人对已进行关联交易的事后救济效率。

最后，提升交易效率，降低交易成本。对效率的追求是债权人对商事交易所恪守的重要准则，公司信息披露制度则有助于债权人减少信息发现

---

① see Jaap H. Pierre-André Chiappori, James J. Jean Pinquet, Adverse Selection And Moral Hazard In Insurance: Can Dynamic Data Help To Distinguish?, Journal of the European Economic Association，512-521(2003).

② J. Armour, Share Capital and Creditor Protection: Efficent Rules for a Modern Company Law, 63The Modern Law Review，359(2000).

③ Hanno. Merkt, Creditor Protection through Mandatory Disclosure, 7European Business Organization Law Review，47(2006).

④ Barry E. Adler, Marchel Kahan, The Technology of Creditor Protection,161 University of Pennsylvania Law Review，1773(2013).

⑤ 李文莉：《非公允关联交易的监管制度研究》，法律出版社 2013 年版，第 107 页。

成本、提升其信息捕获的及时性、减少市场上对债权人不利因素的效用,帮助债权人对市场变化及时做出有效的应对,提振债权人对资本市场的信心,提升商事交易的效率。"公司信息披露制度使得债权人有机会对市场中良莠不齐的信息进行汇总与评价,对可能出现的潜在风险与交易回报进行评估,选择有价值、高质量的交易对象,提升资本市场参与者有效资本配置的效率,进而实现市场资源配置效率的提高。"①

2. 认缴资本制对信息披露规制的特别依赖

"公司就是一个代理关系网。"②资本制度则是公司法制度架构的核心,其主旨功能就是应对由代理问题产生的利益冲突,防止作为代理人的公司大股东、董事等不正当利用其公司控制权,从事机会主义行为,导致公司资本弱化,损害公司资本安全,危害公司、中小股东以及债权人利益。信息披露则是对这一问题的有力规制,"强制性披露有助于降低由发起人、董事、经理以及其他投资者之间利益冲突产生的成本"③。在认缴资本制立法模式下,公司设立阶段股东出资行政管制极度弱化,降低了对公司代理中利益冲突的事前规制力度,同时其他事后规制制度的有效实施也需要以信息披露制度为基础,因此认缴资本制对信息披露制度的规制有着更加突出的依赖。

首先,认缴资本制下注册资本担保功能的弱化。尽管"法定资本制度因为缺乏灵活性、实用性与效率性而备受批评"④,但是注册资本担保功能对债权人的保护功能不应被忽视,"在有限责任体系中,股东可以通过增加股份分配机制冲抵其风险,而债权人将承受更大风险。所以,作为保护门槛的最低注册资本无疑具有重要意义"⑤。而且注册资本是公司资产构成的起点,是资产构成的物质基础,是公司信用的原始起点,正如陈甦教授所言,"在维持公司信用的公司法机制中,'资本信用说'及其制度体现仍具有

---

① see M. Subramanyam and Himachalam Dasaraju, Corporate Governance and Disclosure Practices in Listed Information Technology (IT) Companies in India, 3Open Journal of Accounting, 91(2014).

② Frank H. Easterbrook and Daniel R. Fischel, Corporate Control Transactions, 91 The Yale Law Journal, 698, 700 (1982).

③ Paul G. Mahoneyt, Mandatory Disclosure as a Solution to Agency Problems, 62The University of Chicago Law Review, 1051(1995).

④ Andreas Hacker, The Future of European Creditor Protection and Capital Maintenance from a German Perspective, 13 German Law Journal, 638(2012).

⑤ Andreas Hacker, The Future of European Creditor Protection and Capital Maintenance from a German Perspective, 13 German Law Journal, 642(2012).

不可替代的现实效用"①。即使在盛行授权资本制的美国,法定资本制度依然在特拉华州、纽约州以及加利福尼亚州发挥着重要作用,而在欧洲大陆,资本立法依然在坚守法定资本理念及其制度。但是,我国认缴资本制改革彻底废除了最低注册资本制度、出资期限限制以及法定验资制度,使得注册资本的担保功能急剧弱化,这无疑对债权人保护体系造成严重冲击。

其次,债权人对注册资本外保护制度需求的强化。公司债权人保护是一个制度系统,除了法定注册资本制度外,契约设计、信义义务、信息披露以及分配限制制度等均是该系统的重要构成部分,并且这些制度相互联系、相互支撑,当注册资本制度担保功能极度弱化后,必然会强化对其他债权人保护制度的需求,以从整体上维持债权人保护系统的强度,这是债权人保护系统自身运行的内在逻辑,西方的公司治理实践已经充分证明了这一点。在西方国家,折中资本制和认可资本制均是在信用调查、责任保险、公司人格否认等制度的配合下才充分发挥其作用的。② 我国认缴资本制的改革无法脱离这一运行规律,废除设立阶段法定资本行政管制后,必然要强化公司人格否认、信义义务以及信息披露等相关制度,以平衡债权人保护水平,进而促进认缴资本制的有效实施。

再次,注册资本外保护制度自身存在逻辑缺失的问题。作为注册资本外保护制度,契约设计、资产分配限制、信义义务以及公司人格否认制度等均存在着自身的缺失。例如,契约具有不完备性,其突出的表现就是契约的滞后性,因为任何契约都难以对未来的所有事项做出准确的预期,"让契约债权人充分评估与交易伙伴关系中未来的利益与成本是根本不可能的"③,"让债权人通过事前的契约条款去遏制契约订立后债务人的机会主义行为是不可能的"④,"而且一些实力较小的债权人难以通过契约对其主要的交易伙伴进行约束"⑤;资产分配限制制度则因为受制于商业估值技

---

① 陈甦:《资本信用与资产信用的学说分析及规范分野》,《环球法律评论》2015 年第 1 期,第 41 页。

② 参见傅穹:《法定资本制:诠释、问题与检讨——从公司不同参与人的利益冲突与衡量观察》,载蒋大兴:《公司法律报告》(第 1 卷),中信出版社 2003 年版,第 247 页。

③ Melvin Aron Eisenberg, The Structure of Corporation Law, 89 Columbia Law Review, 1465 (1989).

④ Melvin Aron Eisenberg, The Structure of Corporation Law, 89 Columbia Law Review, 1465 (1989).

⑤ J. Armour, Share Capital and Creditor Protection: Efficent Rules for a Modern Company Law, 63The Modern Law Review, 358(2000).

术,可能会在实质上突破清偿能力测试标准所要求的底线,进而损害债权人利益;信义义务受制于经营判断规则,同时许多国家规定只有当公司陷于破产状态或者濒临破产状态之时,才对债权人承担信义义务,因此信义义务对债权人的保护存在着制约因素;公司人格否认制度则由于我国立法规定过于原则化,实践效果也难言理想。

最后,注册资本外制度对信息披露规制的依赖。"当前影响债权人自我选择、保护机制和债务人自我约束机制发挥作用的障碍就是信息不对称问题。"①注册资本外的所有债权人保护制度,包括契约制度、信义义务制度、资产分配限制制度以及公司人格否认制度等都需要以充分的信息披露为基础,"只有拥有了充分的信息,债权人才能够更好地观察债务人的行为,才能够更好地向法庭证实债务人的机会主义行为"②。也就是说,上述制度"虽可以起到预防和规制债务人欺诈行为的效用,但其有效运行也需要依赖于信息披露制度,在信息披露制度缺失的情况下,这些制度的立法目的往往难以顺利实现"③。具体而言,契约制度的有效实施需要债权人充分掌握相关信息,债权人在交易时如何就契约条款进行设置需要以债务人的财务信息为基础,当债权人信息不足时,契约条款就会被股东所利用,进而损害债权人利益;④股东的资产分配是否符合公司法要求,是否会损害债权人利益,必须以充分的信息披露为判断基础;董事对债权人信义义务的履行需要以充分的信息披露为判断基础,因为信义义务的履行受商事判断规则的制约,而商事判断规则的核心标准就是董事决策时是否掌握充分的信息,所以只有以充分的信息披露为基础,债权人才能判断董事是否违反信义义务;公司人格否认制度实施需要判断股东是否滥用公司控制权,而滥用控制权的核心表现就是对公司资产的不当处置,这必然要以信息披露作为判断基础。

(二)公司资本规制信息披露模式的类型化构成分析

信息披露模式的多元化有助于提升认缴资本制下信息披露的质量,更

---

① 宁金成、梁学涛:《公司信息公开问题研究》,《河南财经政法大学学报》2015 年第 3 期,第 91 页。

② J. Armour, Share Capital and Creditor Protection: Efficent Rules for a Modern Company Law, 63The Modern Law Review, 361(2000).

③ 王欣新、丁燕:《我国〈企业破产法〉实施中的理论与实践问题》,《政治与法律》2012 年第 2 期,第 3 页。

④ Barry E. Adler', Marchel Kahan, The Technology of Creditor Protection, 161University of Pennsylvania Law Review, 1775(2013).

具效率地推进债权人知情权的实现,因此有必要对公司信息披露模式进行类型化梳理,以期对信息披露进行多维度的具体解析,进而实现由抽象到具体的分析,从而为公司法改革提供有针对性的指引。

1.以披露信息的性质为标准:资本性披露、资产性披露与信用性披露

以公司所披露信息的基本性质来判断,可以将信息披露划分为资本性披露、资产性披露与信用性披露。资本与资产具有很强的客观性,信用则具有很强的主观判断色彩,但公司的纯粹信用性信息依然重要,因为信用是"民事主体所具有的偿付债务的能力和意愿而在社会上获得的相应的信赖和评价"①。

资本性披露是以股东出资为基础的资本信息所进行的披露,主要包括注册资本数额、实缴资本数额、非现金出资作价、股东出资缴付时间、公司验资报告等等,主要目的在于保障股东出资的真实性、客观性和及时性。其中实缴资本不应缺失,尤其重要,因为从法经济学角视视角看,实缴资本当然是债权人判断公司资产状况和偿债能力的重要信息,其解决信息不对称的经济功能几乎毫无疑问。② 例如,尽管 2006 年英国《公司法》改革取消了授权资本制,确立了声明资本制,并且简化了登记手续与公示事项,但是有关公司设立阶段的资本信息依然需要具体的公示,该法第 10 条规定直接命名为"资本和持股声明",可见对资本信息的重视,该声明具体规定了公司股份总数、名义价值总额、未缴付的总额、类别股份总额、类别股份名义价值总额、每个备忘录认购人获取的股份总数(包括名义价值股份类别)以及每个备忘录认购人每一股份已缴付与为缴付数额等等。③

资产性披露是指以公司资产流转为中心所进行的信息披露,包括上市公司年度报告、中期报告、季度报告以及重大事件临时报告,非上市股份有限公司的年度报告,等等,其重点在于以公司资产负债表为基础,以公司财务数据以及财务报告为核心,披露所有可能对公司实际清偿能力产生实质影响的信息,包括收益情况、损失情况、减资情况、重大合同、重大担保、资产查封、资产扣押、资产冻结以及盈余状况等等。资产性信息重在展示公司的资产流动状态与实际偿还能力,而且应当重点关注账面资产的实际变现能力。例如,美国 2013 年《纽约州公司法》做出重要修正,其中一个重要

---

① 吴汉东:《论信用权》,《法学》2001 年第 1 期,第 42 页。

② 黄辉:《公司资本规制改革的正当性:基于债权人保护功能的法经济学分析》,《中国法学》2015年第 6 期,第 159-178 页。

③ 参见葛伟军:《英国 2006 年公司法》,法律出版社 2017 年版,第 11-12 页。

内容就是对要求对公开发行股份公司的盈余状况进行更具针对性的披露，在公司经营阶段要重点突出对经营性盈余的披露。"经营性盈余是指从公司成立之日起，公司收入总额在扣除股息支付和亏损等费用后的余额，是公司积累的、未分配的利润。"①该披露是针对资本盈余而言的，两种盈余的性质不同，功能不同，"经营性盈余代表公司处于健康的发展状态，但是资本性盈余中没有经营盈余，资本性盈余是源自公司法或者相关公司财务政策，不是公司良好经营的结果，资本性盈余甚至还会经常被那些经营不善的公司用来欺骗性地表示公司处于良好状态"②，"如果将两种盈余不加区别地进行融合，其结果是对债权人形成一种简单而合法的欺诈行为：会形成一种误导股东与债权人的公司繁荣假象"③。这种经营性盈余的披露规制能够更加清晰、简明地揭示公司的清偿能力，对公司债权人保护无疑具有重要价值。

信用性披露主要是指公司对于能够标示自己信用信息的披露，该披露涉及市场准入、经营行为和市场退出等相关信息，无论是守信信息还是失信信息都应公示，包括公司依法纳税信息、内部治理信息、主要负责人信息、产品质量信息、服务承诺信息、信贷信息、履约信息、评级信息、社会责任履行信息、违约信息、行政处罚信息、诉讼信息以及行业处罚信息等等。信用性信息反映着公司的践约能力和守信能力，对债权人交易对象的选择以及交易方式的采取都具有重要意义。而且信用信息的公示要求是推进商事信用制度化的重要路径，而"商事信用的制度化、规范化有助于交易效率的提高"④。

2. 以披露信息的进程为标准：设立性披露、经营性披露与退出性披露

公司作为一种商事主体，其运行自然划分为设立、经营与退出三个阶段。以此为基础，公司信息披露可以划分为设立性披露、经营性披露与退出性披露，不同阶段的披露侧重点各有不同。

设立性披露是指公司为设立而进行的信息披露，该披露以公司注册资本与股东出资为中心，即以公司设立时的资本性信息为主导，但不限于此，

---

① Robert A. Kessler, The New York Business Corporation Law, 36St. John's Law Review, 29 (2013).

② Robert A. Kessler, The New York Business Corporation Law, 36St. John's Law Review, 29 (2013).

③ Robert A. Kessler, The New York Business Corporation Law, 36St. John's Law Review, 29 (2013).

④ 赵磊：《商事信用：商法的内在逻辑与体系化根本》，《中国法学》2018 年第 5 期，第 163 页。

还包括公司的其他经营性信息,例如公司类型、经营范围、营业期限、公司设立发起人、法定代表人情况以及分支机构等等。设立性信息披露是公司成立之时的财务经营信息披露,是静态的披露,反映了公司的起始资本状态与信用指数。这种披露有助于债权人从不同视角评估公司的偿还能力、发展前景,并据此做出是否与其进行商事交易的决策。

经营性披露是指公司在经营过程中所进行的信息披露,该披露以公司资产流转为中心,重在反映公司的流动资产状态与实际变现偿还能力,但不限于此,还包括公司类型的变更、经营范围的变更、战略规划的变更、股东构成的变更以及公司董事等管理层的变更等经营管理性信息。经营性披露是公司设立后的持续信息披露,是开放性的披露,是对公司设立时的各种财务经营信息通过公司运行而发生变化的动态反映,标示着公司现实的财务状况、发展状态与业务前景,对债权人商事交易行为的选择以及救济措施的采取更具决定意义。

退出性披露是指公司进入破产程序时,以破产财产的处置、交易为中心所进行的披露。"进入破产程序之后,债务人方面必须承担的代价之一,就是要向债权人披露大量的事实与信息,而这些事实与信息通常说来都是不为公众所知的。"①只有充分的信息披露,才能够充分保障债权人的破产信息知情权,才能遏制破产欺诈行为,更好地保护债权人合法权益。就清算阶段而言,退出性披露信息主要包括公司的债权清册、债务清册、财务会计报告、待支付工资、未决诉讼以及待缴税费等等;就重整阶段而言,退出性披露信息应当包括债务人重整原因、债权总额、债权类别、债务总额、债务类别、担保情况、营业状况、资产清单与现值估算、关联交易、涉诉情形、预期业务、管理人薪酬、职工工资以及税收负担等等。

3. 以披露信息的意愿为标准:强制性披露、自愿性披露与第三方披露

根据公司进行信息披露的主观意愿,公司信息披露可以划分为强制性披露、自愿性披露与第三方披露,三种披露方式的融合发展强化了信息披露的充分性与可甄别性,对债权人决策具有重要意义。

强制性披露在英文中常常表述为 mandatory disclosure,是指公司根据立法规定必须在特定时间以特定方式所公示的财务与经营信息。强制性信息披露源于市场当中所存在的信息不对称性,一方处于信息的主导地

---

① 王欣新、丁燕:《我国〈企业破产法〉实施中的理论与实践问题》,《政治与法律》2012年第2期,第4页。

位,另一方处于被动的接受地位,这种信息掌握的不对称问题需要国家的强制干预以实现平衡,因为强制性披露"开辟了观察及监察投资对象的渠道,极大程度地减少了信息发现成本"①。强制性信息披露当前主要是源自各国公司法以及证券法等相关法规的规定,包括公司设立时的注册资本数额、股东出资方式、缴纳时间、资产状况以及营业范围等等,上市公司经营阶段的年度披露、中期披露、季度披露以及临时披露等等,对于非上市公司而言,则主要是指其年度信息披露。

自愿性披露在英文中常常被表述为 voluntary disclosure,是指由公司自主性决定予以披露的公司财务与经营信息。自愿性强调的是将披露的裁量权赋予公司,由公司决定是否对信息予以披露。在强制性披露之外,包括公司形象、投资者关系、回避诉讼风险等都是公司主动披露信息的动机。公司自愿性披露的动机主要是商业人的趋利避害,通过彰显公司的核心竞争力、降低公司的融资成本以提高公司的市场价值,通过增加市场对公司的了解以降低公司的诉讼成本实现主动止损。与强制性披露不同,自愿性披露带有鲜明的不确定性特点,即公司所自愿披露的内容、方式或其他由公司自己根据生产经营实际情况与利害关系进行实际选择,展现的主要是公司与企业管理层所意图向公众传达的信息,体现的是公司价值观。

第三方披露是指公司通过专业性信息评级机构、会计师事务所或律师事务所等第三方媒介所对外披露的信息。"现代资本市场中的企业也会聘请四大会计师事务所和声誉高的承销商等机构提高自身的信息质量或进行信号传递,减少信息不对称和融资成本。"②引入第三方披露的价值就在于更加客观地对企业的财务信息与经营信息等相关信息进行分析与鉴证,同时,第三方披露也是防范可能出现的投资风险与违约风险的重要保障。与公司自身的自愿性披露与强制性披露不同,第三方披露有着专业性、客观性与真实性的特点,披露的方式、内容与评价皆由第三方机构自我主导,所展现的是第三方机构对公司的评估信息与界定结果,是对投资人、外部交易者与公司之间的沟通与串联。

4. 以披露信息的状态为标准:确定性披露、不确定性披露与预测性披露

根据披露信息的状态,信息可能是已经发生的确定信息,也可能是已

---

① 冯玉军:《法律与经济推理:寻求中国问题的解决》,经济科学出版社 2008 年版,第 102 页。

② Mark L. DeFond, James Jiambalvo, Incidence and Circumstances of Accounting Errors, 66The Accounting Review, 643-655 (1991).

经存在的不确定性信息,还可能是将来才会发生的信息,而这些信息都会不同程度地影响到债权人的决策,据此可将信息披露划分为确定性披露、不确定性披露与预测性披露。

确定性披露是指公司对已经确定发生、形成客观事实的财务与经营信息进行的披露,包括公司注册资本数额、实缴资本、现物出资估值、年度报告、中期报告、季度报告以及重视大事件临时报告等公示的相关信息。确定性信息对债务人的信用能力有着更为实际的反映,能够给债权人更加客观的指引,对债权人决策行为的实施具有决定性的参考价值。

不确定性披露是对公司经营有着较大影响但又未实际发生的信息披露。公司不确定性披露标示着公司经营中的多种可能性,经济学界对此给予了高度关注,认为其对债权人交易同样有着重要影响。"不确定性经济业务包括低度不确定性经济业务、中度不确定性经济业务和高度不确定性经济业务。"①低度不确定性经济业务主要包括企业资产估计问题、企业坏账准备问题等方面;中度不确定性经济业务主要包括公司环境成本问题、公司担保问题等方面;高度不确定性经济业务则主要是指关于公司未来财务、政策与经营等方面的预测信息。作为"一个硬币的两个方面",不确定性信息与确定性信息是紧密相连的,公司的不确定性披露逐渐成为公司信息披露的一个重要组成部分,共同构成了公司信息披露的主体内容。

预测性披露是公司对自身未来经营状态与经营发展的前瞻性信息预测,是公司对公司未发生事项的预测与估算,属于公司不确定性信息的一部分。预测性披露最早可追溯至美国 1933 年《证券法》与 1934 年《证券交易法》,这种前瞻性、自愿性的信息披露为投资者开辟了一个从企业经营者视角分析企业前景的渠道。具体而言,预测性信息披露主要包括资本缴纳预测、资产变动预测、利润盈亏预测以及经营计划预测等。在认缴资本制使得资本规制改革的效率性与安全性严重失衡的背景下,有必要将预测性披露单独作为公司披露动态的一种类型予以规制,这对债权人合理评估债务人的风险并据之做出交易决策具有重要参考意义。

5. 不同标准之间的关联关系

依据上述不同标准对认缴资本制下的信息披露可以进行不同类型的具体划分,每种标准下又可以具体划分为多种次级类型,但是各个不同类

---

① 李冬生、阳秋林:《关于上市公司不确定性会计信息披露探讨》,《南华大学学报(社会科学版)》2004 年第 4 期,第 63 页。

型之间并不是孑然独立、互不相连的,而是相互交叉、相互融合、相互作用的,共同构成一个信息披露制度系统。例如,在公司运行的不同阶段,都会有强制性信息披露,也会有自愿性披露与第三方披露;无论是强制性披露、自愿性披露还是第三方披露,都可能既包含确定性信息,也可能保护不确定性信息与预测性信息。上述不同类型的信息披露从不同维度揭示着公司的运行状况与债务偿还能力,每种类型的披露模式都有着特殊的价值与意义,要强化认缴资本制下的债权人保护,就需要对上述不同标准的信息披露模式及其具体构成方式进行完善的立法规制。

(三)当前公司信息披露规制立法改革应重点规制以下问题

尽管《公司法》《证券法》《上市公司信息披露管理办法》以及《企业信息公示暂行条例》等相关法律法规确立了我国信息披露规制的基本框架,"但对于基于债权人保护的公司信息公开问题,我国立法和制度建设却十分滞后"①,特别是在当前认缴资本制下,信息披露规制亟待解决以下问题。

1.信息披露立法的权威性问题

英国学者约瑟夫·拉兹(Joseph Raz)教授指出:"有法律约束力的规则应是权威性指令。"②信息披露规制必须具有权威性,因为权威性意味着服从性与效率性。但是当前我国信息披露规制对债权人保护的权威性严重不足:一是立法的针对性不足,虽然《公司法》与《证券法》等相关高位阶法规确立了公司信息披露规制的基本框架,但却是以股东知情权为中心而构建的,债权人只是搭上了股东知情权的便车而已;二是法律位阶低下,尽管国务院 2014 年颁布了《企业信息公示暂行条例》,但是该条例只是行政法规,而且并非针对公司信息披露的专门规制,而是对公司、合伙以及个人独资企业等实体的统一性规定。

2.信息披露质量的标准性问题

"美国资本市场的成功直接依赖于会计与信息披露系统的质量,依靠高质量标准而建立的信息披露系统给了投资者对财务报告的信心。"③而充分性与准确性是衡量信息披露质量的最重要指标,也是我国当前债权人

---

① 宁金成、梁学涛:《公司信息公开问题研究》,《河南财经政法大学学报》2015 年第 3 期,第 91 页。

② [英]约瑟夫·拉兹:《法律的权威——法律与道德论文集》,朱峰译,法律出版社 2005 年版,第 45 页。

③ Levitt A, The Importance of High-Quality Accounting Standards, 12Accounting Horizons, 79-82(1998).

信息保护面临的一个重要问题。

首先,信息披露充分性不足。信息披露充分性的不足在公司运行的各个阶段都有着鲜明体现,如公司设立阶段股东实缴出资披露的缺失,公司经营阶段公司行政处罚信息披露、重大担保披露、风险投资披露、违约情形、涉诉情形以及公司民事责任承担情况的缺失,公司破产阶段债务人财产清单、营业状况、关联交易、资产估值以及未决诉讼的缺失,等等。这些信息都从不同维度反映着公司的资信与债务偿还能力及其意愿,对债权人交易行为的选择以及救济措施的启动具有重要的判断价值。

其次,信息披露准确性不足。信息披露准确性不足主要体现在以下三个方面:一是披露内容中立性的欠缺,在当前单一的纵向监管模式下,在行政机关之外缺少第三方机构(如行业自律组织、社会征信机构等)披露对公司自身披露予以补充。二是信息披露标准的模糊性,例如《上市公司信息披露管理办法》第三十条规定,凡可能对公司证券交易价格产生较大影响的重大事件,在投资者未知时,公司应当立即披露,但是"较大影响"如何具体判断没有明确标准。三是披露语言的平实化不足,语言表达的准确与否是决定信息披露是否"如实反映"的直接因素,过多的专业化、形式化、刻板化的表达方式不仅难以起到提升披露准确性的效果,甚至会在某种程度上误导债权人。

3. 信息披露执行的及时性问题

"及时性是有效信息披露的一个非常重要的特征。"[1]《公司法》第一百四十五条规定,上市公司必须依照法律、行政法规的规定,公开其财务状况、经营情况及重大诉讼,每半年公布一次财务会计报告,《公司法》第三十三条只要求非公开发行股票的股份有限公司编制年度财务会计报表。然而随着公司财务流水与经营状况的变化愈加频繁,一年两次或者一年一次的财务报告制度早已显示出自身的局限性,许多公司赶在法定期限截止日进行信息披露,造成信息拥堵,虽然证监会引入了预约披露制度,但这种间隔时间过长、报告频率过低、信息滞后严重的状况使得公示报告制度对于债权人等公司利益相关者利益保护的时效性大打折扣,急需频率更高、速度更快,更能体现财务报表有用性、披露信息准确性的披露策略。同时,信息披露的及时性问题也表现在公司临时报告制度上,《证券法》第六十七条

---

[1] Levitt A, The Importance of High-Quality Accounting Standards, 12 Accounting Horizons, 79-82(1998).

以列举方式规定了公司重大事件临时报告制度的适用范围，《上市公司信息披露管理办法》第三十条也在《证券法》列举的 12 项外，另增加了 9 项。临时报告制度所针对的问题是市场中突发的交易事项与不定期变动，及时性与准确性是临时报告制度的重要原则，然而在实际操作中，很多企业在利益驱使下擅自改变披露内容与时间节点，甚至拖至定期报告中予以披露，这种随意性过大的披露严重损害了临时报告制度的时效性，并且至今未能得到有效规制。

4. 信息披露获取的便捷性问题

在经济活动愈加频繁、市场风险瞬息万变的背景下，债权人获取信息的便捷性尤其重要。虽然当前我国立法规定了多种方式与多种渠道的信息披露，但是其便捷性问题依然突出，其核心表现是电子披露的滞后与债权人主动查询机制的不足。

首先，电子披露的滞后。"利用传统纸质方式披露财务信息的政府会越来越少"[1]，电子化披露的全面推行是公司信息披露的发展趋势。虽然《企业信息公示暂行条例》也规定工商行政管理部门应当通过企业信用信息公示系统公示企业的注册备案、抵押出质等信息，全国企业信用信息公示系统也同时正式上线运行，但信息的采集、公布、变更与申诉的法定步骤和方式长期未能明确，方案设计的制度化、程序化水平较低，而这也是导致虚假披露、滞后披露、重大事项遗漏的主要原因。另外，企业纳税登机查询库、企业信用信息数据库、企业质量信用公示网等平台仍存在，缺乏协同性的信息公示平台在增加了企业成本和行政成本的同时，也使得债权人难以便利地了解企业信息，全国统一的企业信息公示平台建设要求迫切。

其次，债权人主动查询机制的不足。当前《公司法》《证券法》《上市公司信息披露管理办法》等文件中所规定的公司信息披露方式主要包括报告类的招股说明书、募集说明书、上市公告书、定期报告和临时报告等，这些文件借助《中国证券报》《上海证券报》《证券时报》等纸质媒体，或者借助证交所网站、公司网站等进行公示与传播。这是公司被强制或自愿披露的单方主导模式，对债权人等利益相关群体的主动查询权的保障甚少，欠缺公开质询、听证会与公开调查制度的设计，债权人主动性信息查询机制不足。

---

[1] Robert H. Attmore, A Look Forward from the GASB Chairman, 58Journal of Government Financial Management, 20-24(2009).

5. 信息披露责任的合理性问题

Hanno Merkt 教授指出，为了控制对债权人的虚假信息披露，"可以对进行虚假信息披露行为的责任人追究个人责任或者进行其他民事或者刑事制裁"[1]。长期以来，我国公司信息披露的法律责任制度设计不够合理，这在一定程度上助长了公司虚假信息披露的机会主义行为，严重影响着股东、债权人对公司信息知情权的实现。最近几年频繁发生的虚假信息披露事件就是明证，仅 2020 年上半年，就有 35 家上市公司因涉嫌违法信息披露而接受中国证监会的调查，甚至有公司连续多年在其年度报告中进行虚假信息披露。显然，上述公司的虚假信息披露行为不仅严重侵害了公司股东的知情权，也对公司债权人的知情权形成严重损害，因为上市公司的年度报告等相关公示文件是债权人获取公司信息的重要方式。

因此，有必要对公司信息披露责任架构的合理性进行反思。长期以来，公司虚假信息披露的民事责任与刑事责任规制都存在着严重的不足，尤其是刑事处罚力度过低的问题非常突出，但是伴随着《中华人民共和国刑法修正案（十一）》（以下简称《修正案》）在 2021 年 3 月 1 日的顺利实施，公司设立阶段与经营阶段虚假信息披露的刑事责任处罚已经得到极大的强化。《修正案》强化刑事责任的首要体现就是增加了刑事处罚的期限，这无疑对虚假信息披露责任人形成了更大威慑。例如，《修正案》第八条将"欺诈发行股票、债券、存托凭证以及其他证券罪"[2]的刑事处罚最高刑期由原来的 5 年提高到 5 年以上；《修正案》第九条将"违规披露、不披露重要信息罪"的刑事处罚最高刑期由原来的 3 年提高到 10 年。同时，《修正案》还扩展了刑事责任主体的边界，第八条将"公司控股股东、实际控制人"增补为"欺诈发行股票、债券、存托凭证以及其他证券罪"的责任主体；第九条将"公司控股股东、实际控制人"增补为"违规披露、不披露重要信息罪"的责任主体，显然这种主体边界的扩展有助于从源头上遏制虚假信息披露行为，因为许多时候董事等经营者都是在控股股东或者实际控制人的唆使下进行的虚假信息披露行为。此外，"欺诈发行股票、债券、存托凭证以及其他证券罪"大幅提升了罚金数额，"违规披露、不披露重要信息罪"则取消了

---

[1]　Hanno Merkt, Creditor Protection Through Mandatory Disclosure, 7European Business Organization Law Review，120(2006).

[2]　《中华人民共和国刑法》第一百六十条只是规定了针对"股票与企业债券"的欺诈发行罪，而《中华人民共和国刑法修正案（十一）》则将发行对象扩展到"股票、债券、存托凭证以及其他证券"，这也是为了与 2020 年实施的新《证券法》的相关规定保持一致。

罚金数额的比例限制。① 所以,相较于《刑法》的规定,2021 年《修正案》的实施有力地推进了公司设立阶段与经营阶段虚假信息披露的刑事责任规制,能够对公司董事、控股股东以及实际控制人等主体形成更加有力的刑事威慑。因此,当前信息披露责任规制强化面临的主要问题是完善民事责任,同时完善破产阶段虚假信息披露的刑事责任。

　　民事责任的缺失在当前债权人信息披露保护体系中有着鲜明的体现,并严重影响着债权人保护效果,因为民事责任的缺失降低了虚假信息披露责任主体违法的经济成本,这会刺激虚假信息披露行为的发生。无论是《证券法》《公司法》还是《破产法》,都未针对公司虚假信息披露行为建构相应的民事责任以保护债权人利益。《证券法》是以股东利益保护为中心的,所以该法所规定的信息披露民事赔偿责任是针对股东保护而言的,对公司债权人并不适用。《公司法》则强调对虚假信息披露的行政处罚,而未规定民事责任,例如《公司法》第二百零二条针对公司的虚假财务报告行为做出了行政处罚,第二百零四条针对公司合并、分立、减资以及清算中对债权人信息的违法公告或通知行为做出了行政处罚,第二百零六条针对虚假清算报告行为做出了行政处罚,但是上述条款都未规定公司虚假信息披露责任主体对债权人的民事责任。显然,《公司法》这种注重行政处罚而忽视民事责任的规制路径不利于债权人利益的保护,因为"对债务人公司本身施加处罚责任可能会适得其反,由于误报通常会使大量债权人受到损害,因此责任会损害公司的偿付能力,从而间接损害债权人"②。《破产法》虽然在第一百三十条原则性地规定了破产管理人由于违反忠实与勤勉义务而对债权人承担的民事责任,但是并未明确规定破产管理人违反信息披露义务的责任承担。与我国立法形成鲜明对比的是,日本 2005 年《公司法》强化了对公司虚假信息披露民事责任的规制。该法第 429 条明确规定,如果公司董事等相关人员对股份募集公告事项以及公司财务报表等相关资料进行虚假信息披露,并由此给第三人造成损害,公司董事等相关人员应当对第三人承担民事赔偿责任。③ 显然这里的第三人包括公司债权人。也就是说,根据日本 2005 年《公司法》第 429 条的规定,公司债权人可以直接要

---

① 具体内容参见 2021 年《中华人民共和国刑法修正案(十一)》第八条与第九条,或者《中华人民共和国刑法》第一百六十条与第一百六十一条。

② Hanno Merkt, Creditor Protection through Mandatory Disclosure, 7 European Business Organization Law Review,120(2006).

③ 王保树:《最新日本公司法》,于敏、杨东译,法律出版社 2006 年版,第 244-245 页。

求公司董事等相关人员对其虚假信息披露行为承担民事责任。显然,虚假信息披露民事责任规制的缺失是制约当前我国公司债权人保护的一个突出问题。当前的公司信息披露立法对公司债权人的知情权关注不足,无法为其提供充分的保护,亟须强化对公司信息披露的法律规制,尤其是应注重通过对董事等主体的民事责任规制,来构建新型的债权人信息披露保护制度。[1]

需要注意的是,破产阶段信息披露的刑事责任规制也需要强化。尽管当《刑法》第一百六十二条第二款规定了"虚假破产罪",但是该款内容并未明确规定破产程序中虚假信息披露的刑事责任,虽然第一百六十二条第一款关于"隐匿、故意销毁会计凭证、会计账簿、财务会计报告罪"的规定可归属于属虚假信息披露罪,然而破产阶段虚假信息披露的方式远不止"隐匿、故意销毁会计凭证、会计账簿、财务会计报告"这些行为,而且对"虚假破产罪"与"隐匿、故意销毁会计凭证、会计账簿、财务会计报告罪"刑事处罚的最高期限只有 5 年,威慑力度明显不足。因此,就破产阶段的信息披露规制而言,不仅需要强化民事责任,还需要强化刑事责任,唯有如此才能更好地保护债权人利益。

二、信义义务制度:债权人保护制度体系的核心性架构

"信义义务是公司法当中一个最基本的概念。"[2]公司法体系就是基于信义关系而架构的制度体系,信义义务居于核心地位,控制股东以及董事等公司控制者是这一义务的承担主体,所以科学地规范公司信义义务制度是公司法架构改革的中心内容。美国底特律大学 David C. Bayne 教授从公司法哲学视野的高度对其做出评论:"信义义务这个概念,无论在任何地方,都对公司法哲学面临的本质性以及最棘手的问题给出了答案。"[3]信义义务规则在公司资本规制体系当中同样居于基础地位,对公司债权人保护发挥着极其重要的功能,无论是公司董事还是公司控制股东,都应当对债

---

[1] 参见仇晓光:《公司债权人利益保护对策研究——以风险控制与治理机制为中心》,中国社会科学出版社 2011 年版,第 160 页、第 191 页。

[2] Iman Anabtawi, Lynn Stout, Fiduciary Duties for Activist Shareholders, 60Stanford Law Review, 1263(2008).

[3] David C. Bayne, Philosophy of Corporate Control, 1University of Pennsylvania Law Review, 32 (1963).

权人承担信义义务,并且这种信义义务存在于公司运行的各个阶段①,从而对董事以及控制股东滥用公司控制权的行为形成有力威慑。正如 James Mayanja 教授所言:"信义义务能够最大限度地降低公司控制者对公司管理权的滥用,进而更好地保护公司与投资者(包括债权人)的利益。"②意大利学者 Massimo Miola 教授则直接从公司资本规制中信义义务对机会主义行为遏制的视角,翔实地分析了该制度对债权人的保护功能,他指出股东有限责任容易导致机会主义行为,因此必须保护债权人利益。他强调:"实质上,有限股东责任的便利性必须与公司债权人的保护相协调。由于与公司运营相关的责任已外部化,因此有必要避免股东的机会主义行为,并且在破产临近时这种机会主义行为注定会增加。"③随后他又强调了信义义务对抑制股东机会主义行为的突出价值:"在不同法律制度中,抑制股东机会主义行为最直接的方式就是在公司清算时对董事施加(信义)义务,或者至少在公司濒临破产时对公司董事所执行的相关决策施加(信义)义务。"④显然,Massimo Miola 教授强调了在公司资本规制体系中信义义务制度对遏制股东机会主义行为、保护债权人利益的重要价值,尽管他侧重从公司清算或者濒临破产阶段这两个特殊情形来说明信义义务制度对遏制股东机会主义行为的重要功能,但是他将信义义务制度与其他债权人保护法律制度进行了比较说明,是在债权人保护法律制度体系中对此加以说明,强调了信义义制度在多个不同法律制度中对债权人保护的突出功能——信义义务是抑制股东机会主义行为的最直接的方式。因此,我们有必要对信义义务制度进行科学的审视,从而为公司资本规制体系中信义义务制度的具体建构奠定充实的理论基础。

(一)信义义务的基础理论解析

"商业组织的公司模式是信义义务制度应用与发展的沃土"⑤,其中公

---

① 参见王艳华:《反思公司债权人保护制度》,法律出版社 2008 年版,第 220 页。本书也认可这一观点,并且从日本、英国以及我国公司法的相关司法解释中也能找到立法根据,这些内容在本书的相关内容中都有分析。

② Iman Anabtawi, Lynn Stout, Fiduciary Duties for Activist Shareholders, 60Stanford Law Review, 1272(2008).

③ James Mayanja, Directors' Duties, Business Judgement and Takeover Defences: Agenda for Reform, 10Corporate & Business Law Journal, 39(1997).

④ Massimo Miola, Legal Capital and Limited Liability Companies: The European Perspective, 4European Company and Financial Law Review, 419(2005).

⑤ Deborah A. DeMott, Beyond Metaphor: An Analysis of Fiduciary Obligation, 1988Duke Law Journal, 880(1988).

司资本规制体系是信义义务制度在公司法中得以应用与发展的核心领域，并且该制度在公司资本规制体系当中发挥着极其重要的作用。为了更好地通过具体制度建构，将信义义务制度融入公司法资本规制体系当中，以实现对债权人的有效保护，需要对信义义务的基础理论进行解析，这是推进该制度具体建构的逻辑基石。

1. 信义义务的意涵分析

什么是信义义务？如何对信义义务的意涵进行界定？这是研究信义义务相关问题时面临的首要问题。"信义义务"一词的英文为"fiduciary duties"，"其作为一个可塑性的法律概念，词源为拉丁语'fides'，意味着委托、信任、信赖与忠实"[1]。然而，"信义义务被认为是模糊的、不连贯的、难以捉摸的"[2]，中外学者对其意涵也有着多元化的解释。

对于信义义务，国内学者的相关研究成果非常丰富，对"信义义务"这一法律术语的表达形式以及意涵的界定都存在不同见解。例如，施天涛教授将信义义务称为"受信义务"，并指出"受信义务（fidiuciary duties）是一种管理义务，主要适用于基于'委托—代理'关系所发生的'代理人'对'委托人'的管理责任"[3]。甘培忠教授认为："信义义务揭示处在信托法律关系（fiduciary relationship）中的受信人必须对委托人或者受益人负有的诚信（faith）、忠实（loyalty）、正直（candor）并为其最佳利益工作的义务。"[4]朱圆教授认为："信义法中的信义义务是一种很高的行为标准，它要求受托人在履行职责时奉行委托人利益优先于自身利益的准则，并谨慎勤勉地行事。"[5]王莹莹教授认为："信义关系中受信人所负的义务被称为信义义务。"[6]

上述学者对信义义务意涵的界定各不相同，均沿着各自的路径进行分析，但是其核心内容没有实质性区别，均强调了受信人对委托人或者受益人的忠实、勤勉义务，都认可信义义务存在于信义关系之中，尽管有的学者将这种信义关系称为授权关系。有学者从信托关系视角进行解读，还有学

① Mariana Pargendler, Modes of Gap Filing: Good Faith and Fiduciary Duties Reconsidered, 82Tulane Law Review, 1315-1316(2008).

② D. Gordon Smith, Contractually Adopted Fiduciary Duty, 2014University of Illinois Law Review, 1784 (2014).

③ 施天涛：《公司法论》，法律出版社 2006 年版，第 379 页。

④ 甘培忠：《公司控制权的正当行使》，法律出版社 2006 年版，第 84 页。

⑤ 朱圆：《论信义规则在我国成年监护法中的引入》，《政治与法律》2019 年第 2 期，第 102 页。

⑥ 王莹莹：《信义义务的传统逻辑与现代建构》，《法学论坛》2019 年第 6 期，第 27 页。

者从委托代理关系视角进行解读,但其实质都是基于信任而形成的信义关系,正如施天涛教授在谈到公司法中信义义务的解释路径时所言,"现在看起来,公司中的受信义务源自于信托关系还是代理关系,已经不是很重要了"①。

在西方,"信义"对应的英文为"fiduciary",《布莱克法律辞典》对"fiduciary"的解释为:具有受托人特性或类似于受托人特性的人,该人处于信托和信任的关系中,因而他必须做到符合良心的诚实与真诚。②根据《布莱克法律辞典》的解释,fiduciary duty 就是以最大限度的诚实与忠诚为他人的最佳利益行事。③ 从《布莱克法律辞典》的解释来看,在对信义义务这一概念的理解中,应将核心意义置于信托或信任关系中受托人真诚与诚实的品性要求上,只有真正做到了符合良心的善良与诚实才能达到真正的信义标准。域外学界对信义义务的相关研究成果也十分丰富,"信义义务"这一术语被称为"fiduciary duty"或者"fiduciary obligation"。在具体意涵的界定上,域外学界也有着多种不同的表达方式,不同学者沿着不同路径根据各自研究目的对其意涵给予不同形式的解读。例如,美国乔治梅森大学法学院 Larry E. Ribstein 教授将其称为"fiduciary duty",认为信义义务就是一种无私的基本职责。④ 美国耶鲁大学法学院 John H. Langbein 教授将信义义务称作"fiduciary obligation",认为信义义务就是"信义法所实施的两个宽广的行为标准即忠实义务与注意义务,用以规范现代信义法所赋予受信人的自主决定权的实施"⑤。美国学者 R. P. Austin 教授则直接从利益冲突视角对信义义务做出分析:"信义义务与不正当利益或者利益冲突的规避紧密相关,我们不应用这一术语去描述其他义务。"⑥加拿大萨斯喀彻温大学 Robert Flannigan 教授则直接从控制机会主义行为的视角做出解释,认为信义义务就是一种在商业领域被广泛适用的潜在责任,其目的是抑制机会主义行为,因为在当行为人(受信人)为其他人(受益人)利益而行为时,他们经常面临为自己或关系人谋取私利的

① 施天涛:《公司法论》,法律出版社 2006 年版,第 379 页。

② 转引自王继远:《控制股东对公司和股东的信义义务》,法律出版社 2010 年版,第 30 页。

③ Black's Law Dictionary,West Publishing Co. ,2009, p581.

④ see Larry E. Ribstein, Fiduciary Duty Contracts in Unincorporated Firms, 54 Washington and Lee Law Review, 542(1997).

⑤ John H. Langbein, The Contractarian Basis of the Law of Trusts, 105 The Yale Law Journal, 642(1995).

⑥ R. P. Austin, Moulding the Content of Fiduciary Duties, in A. J. Oakley, Trends in Contemporary Trust Law, Oxford University Press, 1996, p153.

诱惑,或者将其他人(受益人)的利益转移或者从中受益。①

尽管表达形式有异,界定方式也各有不同,但是从上述学者的具体解释内容来看,域外学者对信义义务意涵的理解本质是相同的,都是强调要确立一种针对受信人的行为标准,目的是通过此标准遏制受信人的机会主义行为,防止其利用所受之权去损害受益人的利益,防止不正当的利益冲突行为。

从信义义务的具体内容来看,由于受信人基于信赖被赋予了事实上的权力,其更应基于互信关系而忠实于委托者的利益,并以合理的方式履行其法律上的责任或合同下的义务。② 由此可见,基于信义关系而产生的信义义务主要是确立一种行为标准,通过这种标准对权力人形成约束,从而抑制其权力行使中的机会主义行为。因为信义义务通常存在于基于信任与委托而建立的相互关系的当事人之中,受托人同意为了委托人的利益或者代表委托人的利益而行事,这种关系使得委托人极易受到受托人滥用权力的危害。③

综上,本书认为信义义务就是为了规范受信人忠实、勤勉与善意地行使受益人或者委托人所赋予的权力,防止受信人利用被授予的权力谋取私利或者进行其他损害受益人或者委托人利益的行为,进而建立的一种信义关系履行中的行为标准。

2.信义义务的本质界定:控制权公平行使的制约机制

本质是一个哲学范畴,意在揭示出一事物与其他事物的根本区别。信义义务不同于一般义务,有着其独特的内在本质,对其本质的探究有助于深入了解信义义务制度的内在逻辑,明晰信义义务制度的价值目标,并推进信义义务制度的具体建构。

如何界定信义义务的本质? 本书认为信义义务制度的内在本质源于其解决问题的独特性,正是其应对问题的特殊性决定了其特殊本质的产生。信义义务制度面对的核心问题是控制权的滥用,"权力滥用是深植于信义关系中的核心问题"④。控制权的滥用导致受益人与受信人之间权利

---

① see Robert Flannigan, Commercial Fiduciary Obligation, 36 Alberta Law Review, 905-906 (1998).

② Black's Law Dictionary, Eighth West Publishing Co. , 2004, p563-564.

③ see D. Gordon Smith, The Critical Resource Theory of Fiduciary Duty, 55 Vanderbilt Law Review, 1400(2002).

④ D. Gordon Smith, The Critical Resource Theory of Fiduciary Duty, 55 Vanderbilt Law Review, 1424(2002).

义务关系失衡,受益人利益受到侵害,这是对公平原则的严重违反。所以信义义务就其本质而言,是控制权公平行使的制约机制,目的在于遏制控制滥用行为的产生。正如美国杜克大学法学院 Deborah A. Demott 教授所言:"作为一种法律规范,信义义务产生于公平原则。"①美国威斯康星大学法学院 D. Gordon Smith 教授也持有相近观点,他认为信义义务是一种针对违反公平原则的不当行为而进行的规制。②

信义义务是基于信义关系而产生的义务,因此,信义义务的产生基础在于信义关系形成,而信义关系形成的核心要素之一就是受益人(委托人)"赋予受信人的权力"③,"受信人从受益人(委托人)或第三人那里获得权力,以便更加高效地进行行动"④。但是正是这种权力的授予,导致了实践中受信人与委托人之间的不对等法律地位的产生,"在这种信义关系的法律地位表现形式上,特定当事人之间已经形成了一种相对不对等的法律关系,受信人处于优势地位,受信人作为权力拥有者具有以自己的行为改变他人法律地位的能力,而受益人则必须承受这种被改变的法律地位且无法对受信人实施控制。"⑤在授权主导下形成的不对等法律地位极易导致受信人的机会主义行为,该行为会背离信义关系中受益人的授权初衷,会损害受益人的利益。

为了保护受益人利益,必须对信义关系中的权力滥用行为做出有效的规制。但是单纯依靠受益人自身的力量,比如受益人通过契约的方式与受信人明确权力行使的细则等等,难以有效规制受信人对权力的滥用,并且对授信人权力的限制还可能产生消极后果,例如"直接控制可能会破坏信托关系的真正目的"⑥。所以,必须强化对信义关系履行的法律干预,正如著名信义法学者、美国哈佛大学法学院 Tamar Frankel 教授所指出的,"尽管当事人、市场或者其他因素或许能够降低受信人滥用权力的可能性,但是无法彻底消除这种权力滥用的可能。阻止受信人滥用权力的机制或者成本高昂或者会实质性地削减受益人能够从信义关系中获得的利益,当受

① Deborah A. Demott, Beyond Metaphor:An Analysis of Fiduciary Obligation, 37Duke Law Journal,880(1988).

② see D. Gordon Smith, The Critical Resource Theory of Fiduciary Duty, 55Vanderbilt Law Review,1407(2002).

③ Tamar Frankel, Fiduciary Law, 71California Law Review, 802(1983).

④ Tamar Frankel, Fiduciary Law, 71California Law Review, 802(1983).

⑤ 刘凯:《控制股东的信义义务及违信责任》,《政法论坛》2009 年第 2 期,第 149 页。

⑥ Tamar Frankel, Fiduciary Law, 71California Law Review, 803(1983).

益人维持信义关系而获取利益之时,他无法充分地保护自身利益,所以法律必须对信义关系进行干预以保护受益人的利益"①。

　　然而就信义关系中权力滥用的规制而言,相对于其他法律制度与社会机制,信义义务制度无疑更具效率,"在每个信义关系当中都存在着权力滥用的可能性,信义法之外的替代措施是难以有效保护受益人免遭权力滥用侵害的"②。信义义务制度则能够有效地对权力滥用行为予以规制,因为信义义务要求受委托人在享受控制权之时必须忠诚于受益人利益,同时在行使被授予的权力时,还应当保持谨慎、勤勉,而且应当具有相应的技能,信义义务制度确立的这种行为标准能够有效地制约受委托人对控制权的滥用。受信人之所以能够被授予权力,就是因为信义义务的制约能够保持受益人与被委托人之间的公平。正所谓"权力的本质与类型需要由义务的本质与类型来具体确定"③,通过信义义务在受委托人与受益人之间实现权力义务的平衡,这正是公平原则的体现。公平原则自身独特的运行机理使其能够有效应对控制权滥用行为的产生,而这一点是其他法律制度难以实现的,因为公平要求与其他法律制度的要求有着许多不同,公平原则下的权力和义务不同于普通法律制度中权利和义务的运行原理,公平救济在本质上具有很强的灵活性和自主裁量性。④

　　所以,就本质而言,信义义务是控制权公平行使原则的内在要求,其目的在于防止控制权行使中的机会主义行为,对控制权滥用的防止是控制权公平行使原则的外在表现,两者相辅相成,不可分立。许多学者都对信义义务的公平特性进行了分析,例如,美国杜克大学法学院 Deborah A. DeMott 教授直接指出,"信义义务根源于公平原则"⑤。美国学者 Scott Crabb 教授则指出,信义义务是公平义务的一种具体表现,与其他公平义务一起对商事交易行为进行规范。⑥ 美国学者 Joseph F. Johnston Jr. 则

---

① Tamar Frankel, Fiduciary Law, 71California Law Review, 804(1983).

② Tamar Frankel, Fiduciary Law, 71California Law Review, 804(1983).

③ David C. Bayne, Philosophy of Corporate Control , 1University of Pennsylvania Law Review, 28 (1963).

④ see Peter M. McDermott, Equitable Claims or Demands - Queensland District and Magistrates Courts, and the Western Australian Local Courts, 16University of Queensland Law Journal, 212-237 (1991).

⑤ Deborah A. DeMott, Beyond Metaphor: An Analysis of Fiduciary Obligation, 1988Duke Law Journal, 880(1988).

⑥ see Scott Crabb, Damages for Breach of Contract and Fiduciary Duty under Joint Venture Agreements, http://www.austlii.edu.au/au/journals/AUMPLawAYbk/2004/7.pdf.

从自然正义的视角进行了说明:"信义义务制度源自自然正义,信义义务是信任的制度化,其要求被委托给他人的财产与生命必须被忠实地加以对待,这就是信义原则的本质。"①

对信义义务的上述本质特性,许多学者也在公司法学研究中做出了解释。例如,美国学者 Adolf A. Berle 与 Gardiner C. Means 教授在谈到公司控制权时指出:"公司控制权的行使不仅需要经过权力存在与否的技术性检验,而且需要经过公平规则的检验,各项权力都必须受制于基本的公平限制。"②英国萨塞克斯大学法学院 Harry Rajak 教授在对董事信义义务的说明中则明确指出:"公平原则规定了受托人对受益人的期望义务,特别是在受托人处理受益人的财产时,该义务更加重要,因为受托人既有义务保护受益人的财产,又有能力对财产保护行为进行异化。这一原则(公平原则)在商业环境中的转化显而易见,例如在合伙事务的管理过程中要防止合伙人利用商事机会为自己牟利。公司董事也继承了这个义务,在公司法中称为信义义务。"③

因此,信义义务的根本使命是防止受信人滥用权力损害受益人的利益,"受信人被赋予的独立权力越大,他的信义义务范围就越大"④。信义义务的本质应当定位于控制权滥用的约束机制,其目的在于防止受信人利用权力,以牺牲受益人利益为代价,进行追逐自我利益的机会主义行为。权力滥用与机会主义行为之间存在着紧密关联,权力滥用是形成机会主义行为的条件与前提,机会主义行为则是权力滥用的表现与结果,两者密不可分,美国威斯康星大学法学院 D. Gordon Smith 教授甚至认为"机会主义行为就是权力滥用的替代词"⑤。

3. 信义义务的规制特性

信义义务强调的是受信人(受委托人)对受益人(委托人)的法律责任,法律责任运行的本质是司法裁判的规制,因为司法对公司运行的干预主要

---

① see Joseph F. Johnston Jr, Natural Law and the Fiduciary Duties of Business Managers, 8Journal of Markets & Morality, 36(2005).

② 参见[美]阿道夫·A.伯利、加德纳·C.米恩斯:《现代公司与私有财产》,甘华鸣等译,商务印书馆 2005 年版,第 256 页、第 281 页。

③ Harry Rajak, Company Law, Limited Liability and the Small World of Directors'Negligence, 7Studies in International Financial, Economic and Technology Law, 128(2005).

④ Austin W. Scott, The Fiduciary Principle, 37California Law Review, 541 (1949).

⑤ D. Gordon Smith, The Critical Resource Theory of Fiduciary Duty, 55Vanderbilt Law Review, 1424(2002).

是通过对公司及其成员法律责任的追究而实现的。① 所以信义义务是对信义关系运行一种司法规制,其在具体的适用中则呈现出鲜明的司法性、权威性、灵活性、强制性与事后性,这些特性也充分地显示着该制度所具有的强大生命力。

第一,信义义务规制的司法性。信义义务是一种司法规制,强调的是司法机构对司法裁判权的具体适用,由法官对当事人在信义关系中的具体行为做出司法裁判,来确定受信人(被委托人、代理人)的行为是否符合公平、正义原则,是否损害授信人(委托人、被代理人)利益,进而是否应对授信人承担法律责任,以期保护授信人(委托人、被代理人)的合法权益。对信义义务规制的司法特性,许多学者都给予了明确的分析,如 Robert Flannigan 教授认为"信义义务是一种实践中的司法裁判"②,同样 Guillermo Rotman 教授则认为"信义义务规则主要是作为一种控制权力和矫正不公平行为的一般司法工具"③。

第二,信义义务规制的权威性。信义义务是司法介入公司治理的主导路径,该规则的实施最终依赖于司法裁判的结果,而司法裁判程序则是当事人相互对抗的程序,而且专业法律人员比如律师等会参加到这一程序中来,司法机构会在当事人双方充分论辩的基础上做出裁决,而且这种裁决具有终局性,尽管司法裁决结果也可能充满争议,但是相对于行政规制,司法裁决的权威性更加突出。信义义务制度的实施就是一个司法裁判的过程,由司法人员对受信人的行为是否违反法律规定做出判断,因此其具有鲜明的权威性。王怀勇博士结合公司法的实施对此做出了清晰的评论:"作为任何法律运行的必备程序装置,司法为公司运行中利益冲突的消灭提供了具有最终和最权威的法律保障,成为公司制度顺利发展的重要支柱。"④

第三,信义义务规制的灵活性。信义义务规制具有很强的灵活性,这种灵活性决定了信义义务制度的广泛适用性。信义义务制度之所以具有很强的灵活性,在于司法机构对不同信义关系领域的具体要求不同,甚至在某些并非典型信义关系但却产生代理成本的法律关系当中,法院也会施

---

① 参见王怀勇:《公司自治及其限度》,法律出版社 2002 年版,第 161 页。

② Robert Flannigan, Commercial Fiduciary Obligation, 36 Alberta Law Review, 909(1998).

③ Robert Flannigan, A Romantic Conception of Fiduciary Obligation, 84 Canadian Bar Review, 392(2005).

④ 王怀勇:《公司自治及其限度》,法律出版社 2002 年版,第 162 页。

加信义务。简单地说,信义义务的遵守与否"依赖于事实和环境"①,也就是需要司法机构根据特定环境做出具体判断。"信义义务的具体边界伴随着信义关系领域的变化而改变。例如,在信托法中信义关系的应用就比公司法中信义义务的应用更加严格,因为它们面对的具体应用背景并不相同。"②有学者对信义义务制度的灵活性给予了高度肯定,认为"信义义务的灵活性标志着信义义务制度的成功"③。

第四,信义义务规制的强制性。"信义义务有强制性,不允许当事人通过契约而加以拒绝。"④信义义务这种强制性的典型表现就是对受信人对受益人财产处置中自我交易行为的限制,无论受信人与受益人之间关于自我交易的约定多么详尽,只要受信人在从事交易行为时具有恶意或者交易并不公平,受信人就违反了对受益人的忠实义务。⑤ 因为信义义务的终极目的是保护受益人的合法权益,防止受信人利用被委托的权力追逐个人利益,损害受益人利益。但是信义义务制度的实施并不绝对地排斥受益人与受信人之间的契约自治,双方可以通过契约对被委托财产的处置进行特别的约定,只要这种约定不损害受益人的利益,法律是允许的。但是,这种契约依然需要满足信义义务规制的要求,因为受信人可以与受益人约定进行自我交易,但是这种自我交易必须是为了受益人利益,而且必须是在受益人对交易情形享有充分的信息知情权下做出的判断。"简而言之,即使受益人授予了受信人自我交易的权力,但是这种权力依然受信义法实体与程序的制约。"⑥

第五,信义义务规制的事后性。信义义务是对受信人违反授权目的而行为的一种事后救济,只有当受益人认为受信人从事违反授权目的的行为发生之后,信义义务才可能进入司法裁判程序,由司法机构对受信人的行

① Arthur B. Laby, Juridical and Ethical Aspects of the Fiduciary Obligation, 13Jahrbuch fur Recht und Ethik, 568(2005).

② Robert H. Sitkoff, An Economic Theory of Fiduciary Law, 91Boston University Law Review, 1043(2011).

③ Robert H. Sitkoff, An Economic Theory of Fiduciary Law, 91Boston University Law Review, 1043(2011).

④ Robert H. Sitkoff, An Economic Theory of Fiduciary Law, 91Boston University Law Review, 1047(2011).

⑤ see Robert H. Sitkoff, An Economic Theory of Fiduciary Law in Philosophical Foundations of Fiduciary Law, Oxford University Press, 2014, p204.

⑥ Robert H. Sitkoff, An Economic Theory of Fiduciary Law in Philosophical Foundations of Fiduciary Law, Oxford University Press, 2014, p204.

为做出判断,进而决定其是否应当对受益人承担法律责任。对于这种事后救济,美国哈佛大学法学院 Robert H. Sitkoff,教授给予了深入的分析:"信义义务的核心功能在于威慑。通过事后责任的威胁,受信人(被委托人或代理人)被引导着为了委托人(受益人)的最佳利益而行事。威慑在这种意义上意味着委托人(受益人)对受信人(被委托人或代理人)任何事前的违反授权目的行为的事后解决。"①信义义务规制具有鲜明的事后性,而这种事后性伴随着较强的威慑性,这种威慑性不仅表现在对受信人(被委托人或代理人)一般民事责任的追究上,也表现在受信人可能因为违反信义义务而要承担的惩罚性赔偿责任上。加拿大学者 Darryn Jensen 教授指出:"受信人有意识地违反其信义义务的情形,例如故意或者恶意的侵权行为,应当承担惩罚性赔偿责任。"②

(二)公司资本规制体系中建构信义义务制度的逻辑根源

公司资本规制为何要强化信义义务制度? 信义义务制度为何应成为我国公司资本规制体系改革的核心架构? 这是在公司资本规制体系中研究信义义务制度所必须明晰的基础性问题。对这些问题分析的核心在于公司控制与公司控制受益人保护两方面内容,公司资本运行中的公司控制行为是形成公司资本规制中信义义务制度的逻辑前提,受益人保护原则则是强化公司资本规制体系中债权人信义义制度的直接原因。

1.公司控制:强化公司资本规制体系中信义义务制度架构的逻辑前提

控制是公司资本运行过程中的一个基本现象,无论是在公司资本的形成阶段、流转阶段还是退出阶段,都存在着鲜明的控制行为。"就最广泛的意义而言,公司控制是一种针对公司行为的权力。"③任何权力都存在被滥用的可能,公司控制权力也是如此。在公司资本运行过程中,公司控制者的控制权可能被滥用,这正是强化公司资本规制体系中信义义务制度架构的逻辑前提。公司控制权可能掌握在作为所有者的控制股东手中,也可能掌握在作为管理者的董事等高级管理者手中,无论是哪一种控制模式,都会形成信义法中的"委托—控制"关系。这种关系可能会导致公司控制者

---

① Robert H. Sitkoff, An Economic Theory of Fiduciary Law in Philosophical Foundations of Fiduciary Law, Oxford University Press, 2014, p201.

② Darryn Jensen, Punitive Damages for Breach of Fiduciary Obligation, 19University of Queensland Law Journal, 126 (1996).

③ Richard L. Beatty, Corporate Control and the Corporate Asset Theory, 27 Montana Law Review, 154(1966).

的机会主义行为，给公司债权人利益带来巨大风险，特别是当公司陷于经营困境或者濒临破产之时，公司控制者的机会主义心理更加突出，这种公司控制行为对公司债权人的利益会形成严重冲击，公司股东或者董事容易以牺牲债权人利益或者激化债权人风险为代价去追逐公司商事交易目标，或者干脆直接以损害债权人利益为代价进行公司资产的转移或交易行为。

因此，公司控制行为的存在决定了股东以及董事等公司控制者机会主义行为发生的可能性，必须防止公司控制者对公司控制权的滥用，而信义义务制度则是防止这种控制权滥用的有效机制。美国学者 Lewis C. Williams 教授指出："简而言之，是公司控制以及控制的实施而不是控制的方式导致信义关系的产生。"①控制是公司资本规制体系中强化信义义务制度的逻辑前提，公司资本规制自身包含着对控制权行使进行约束的信义义务要素。美国底特律大学 David C. Bayne 教授指出："信义义务要素和权力要素结合在一起共同构成了公司控制的正式性技术界定。"②

2. 受益人保护原则：强化公司债权人保护信义义务制度的直接原因

尽管公司控制是形成信义义务制度的逻辑前提，但是单纯的公司控制并不能完全决定公司资本规制体系中信义义务制度的产生，在公司控制这一前提下，公司债权人能否成为公司控制行为的受益人则是决定公司公司资本规制体系中信义义务制度构建与否的直接原因。只有当公司债权人在公司控制者对公司资本控制行为中成为受益人，公司资本规制体系中债权人信义义务保护制度才有建构的必要性。

受益人是信义义务关系中的权利人，而受托人是信义义务关系中的义务人，"受托人—受益人关系"从过去到现在始终是对信义义务法律关系进行分析的基本范式，这种范式最初存在于信托法当中③，后又伴随着信义义务制度移入包括公司法在内的商业法律体系之中，简言之，公司法中的信义义务承继于最初的信托法，更进一步说，就是公司法中的信义义务是对信托法中早期信义义务理念与逻辑的继承与发展。美国萨福克大学法学院 Susan C. Atherton 指出："早期罗马法中的信义关系被吸收到英国衡

---

① Lewis C. Williams, Responsibility of Corporate Control, 12Virginia Law Review 12, 563 (1926).

② David C. Bayne, Philosophy of Corporate Control , 112University of Pennsylvania Law Review, 31(1963).

③ see Victor Brudney, Contract and Fiduciary Duty in Corporate Law, 38Boston College Law Review, 595(1997).

平法院,然后又被引入美国法律当中,最终形成了现代公司法的标准。"①
美国学者阿道夫·A.伯利、加德纳·C.米恩斯教授则直接指出:"公司法
实际上已经成为信托法的一个分支。运用的规则之所以并不严格,是因为
商业情形较之于信托情形需要更大的灵活性。"②

因此,"受托人—受益人关系"范式理论对解释公司债权人保护信义义
制度建构具有重要意义,沿着这一范式能够进一步分析债权人保护信义义
务制度中的两个关键问题:债权人是否为信义义务的权利主体? 公司控制
者作为受托人究竟在何种情形下对债权人承担信义义务?③

对于第一个问题,即债权人是否为信义义务的权利主体?"受托人—
受益人关系"范式理论间接性地给出了答案,那就是如果公司债权人是公
司控制的受益者,公司控制者就应当对债权人承担信义义务。 所以,公司
资本规制体系中债权人信义义务保护制度能否建构的直接原因在于债权
人能否成为公司控制行为的受益人,如果债权人能够成为受益人,从而在
公司控制者与债权人之间形成"受托人—受益人关系",公司控制者在做出
公司经营决策行为时就必须考量债权人利益,不得损害债权人利益,不得
借助机会主义行为谋取个人利益。

然而债权人究竟是不是公司控制的受益者,这需要做出具体分析,这
也就涉及对第二个问题的回答:公司控制者在何种情形下对债权人承担信
义义务? 更进一步,债权人在哪种具体情形下能够成为受益人? 传统观点
认为,公司属于股东所有,公司控制者的信义义务指向对象是公司与股东,
公司控制者不可能对债权人承担信义义务,但是公司契约理论以及公司利
益相关者理论又为公司控制者对债权人承担信义义提供了研究路径。 根
据公司契约理论,公司不仅是股东与公司之间的契约关系的体现,公司是
一个契约束,还包括公司与债权人之间、股东与债权人之间的契约关系;根
据利益相关者理论,公司不属于股东,而是属于包括股东、债权人、雇员等
在内的利益相关者。 如果我们对公司契约理论以及利益相关者理论进行
更深层次的分析,就会提出以下问题:如果公司属于利益相关者,那么究竟
应当如何在利益相关者之间进行权利的分配,特别是如何在股东与债权人

---

① Susan C. Atherton, Fiduciary Principles: Corporate Responsibilities to Stakeholders, 2Journal of Religion and Business Ethics, 10(2011).

② [美]阿道夫·A.伯利、加德纳·C.米恩斯:《现代公司与私有财产》,甘华鸣等译,商务印书馆 2007年版,第281页。

③ see Deborah A. Demott, Beyond Metaphor:An Analysis of Fiduciary Obligation, 37Duke Law Journal, 882(1988).

之间进行分配？

显然，当公司处于正常经营状态，公司资产大于负债时，公司的剩余索取权也就是公司控制行为的受益人是公司股东，因为股东享有公司的终极所有权，公司财产在偿还债务后的剩余部分最终归属于公司股东，而拥有剩余索取权也就意味着要承担董事控制权行使的风险，所以为了规制这种风险，董事应当对公司股东承担信义义务。简而言之，"当公司财务状况良好时，董事对公司与股东承担忠实与勤勉的信义义务"①。正如美国宾夕法尼亚大学 Jonathan C. Lipson 教授所言："一般常识告诉我们，当一个公司拥有清偿能力的时候，公司董事并不对债权人承担信义义务。此时董事管理公司事务是为了公司剩余财产所有权人即普通股东的利益，这是一种分配优先权的标准模式。"②

但是，上述情况并不是绝对的，即使公司拥有清偿能力，董事并非对债权人不承担任何信义义务，因为董事的行为可以使公司失去清偿能力，从而危及公司债权人利益。因此即使是在公司正常经营阶段，公司董事依然需要对债权人承担信义义务，即不得通过非法分配减少公司资产，致使公司失去到期清偿能力。英国 2006 年《公司法》1.C 规定董事在做出公司经营决策时应当考量交易供应商的利益，尽管不是直接的规定，但也是间接性地涉及了在正常经营阶段董事对债权人的信义义务。③ 另外，对股份回购的限制也是一个典型表现，公司不得通过股份回购行为，损害公司清偿能力，影响到期债务的清偿，"公司的股份回购行为会严重威胁公司债权人和持有股份股东的利益。由于这种危险，许多州规定只有在债权人与持有股份股东的利益不被损坏的情形下才可以进行股份回购。这种'无损害规则'的实施很好地保护了债权人利益。"④因此，公司董事在决定是否进行股份回购时，应当考量通过股份回购行为所消耗的公司资金是否会危及公司债权人到期债务的清偿。

此外，当公司濒临破产时，或者说当公司出现资不抵债或者不能清偿

---

① Laura Lin, Shift of Fiduciary Duty upon Corporate Insolvency: Proper Scope of Directors' Duty to Creditors, 46 Vanderbilt Law Review, 1510 (1993).

② Jonathan C. Lipson, The Expressive Function of Directors' Duties to Creditors, 12 Stanford Journal of Law, Business & Finance, 225(2007).

③ see Parker Hood, Directors' Duties under the Companies Act 2006: Clarity or Confusion, 13 Journal of Corporate Law Studies, 22(2013).

④ Notes, Stock Repurchase Abuses and the No Prejudice Rule, 59 Yale Law Journal, 1177 (1950).

到期债务之时,债权人在公司资产的分配中占据绝对主导地位,此时债权人对公司资产享有剩余所有权,此时公司控制者所控制财产的受益人是债权人而不是公司股东,所以此时主要是公司债权人承受着公司经营的风险,因此董事应向债权人承担信义义务。也就是说,"当公司失去清偿能力之时,债权人变成董事信义义务的受益人"①。美国特拉华州衡平法院副大法官斯特林(Vice Chancellor Strine)将董事对债权人信义义务形象地比喻为"失去清偿能力的事实将公司债权人安放在了通常作为公司剩余风险承担者的公司股东所穿的鞋子中"②。即使是公司尚未完全失去清偿能力,而是处于濒临失去清偿能力的边缘,此时董事信义义务的受益人也应当由公司股东向债权人转移,因为"一旦公司进入所谓的'濒临失去破产能力'情形,股东不再是董事信义义务的主要受益人,反之,公司债权人在公司商业中拥有主导利益"③。美国学者的信托资金理论也对此给了重要支持,"该理论在本质上认为那些濒临失去清偿能力的公司的董事主要是为了债权人的利益以信托的方式管理公司资产"④。所以,根据"受托人—受益人关系"这一信义义务关系范式,当公司濒临失去清偿能力或者失去清偿能力时,作为资产管理者及受托人的董事就应当对债权人承担信义义务。

(三)信义义务制度在公司资本规制体系运行当中的核心地位

公司资本规制是一个由多种制度构成的系统,包括公司注册资本制度、信息披露制度、资本流转制度、契约制度、破产制度以及信义义务制度等等。信义义务制度居于核心地位,不仅是公司资本规制体系中其他制度运行的重要保障,也是约束公司资本规制中"契约自治"的有力工具,并代表着现代公司资本规制体系发展的重要方向。

1.信义义务制度是公司资本规制体系中其他制度的重要支撑

信义义务体现着对受益人与受信人之间关系的司法干预路径,是司法

---

① Remus D. Valsan, Moin A. Yahya, Shareholders, Creditors, and Directors' Fiduciary Duties: A Law and Finance Approach, 2Virginia Law and Business Review, 10(2007).

② Prod. Res. Group, LL. C. v. NCT Group, Inc., 863 A. 2d 772, 787 (Del. Ch. 2004) (emphasis added).

③ Remus D. Valsan, Moin A. Yahya, Shareholders, Creditors, and Directors' Fiduciary Duties: A Law and Finance Approach, 2Virginia Law and Business Review, 10(2007).

④ Royce de R. Barondes, Lisa Fairfax, Lawrence A. Hamermesh, Robert Lawless, Twilight in the Zone of Insolvency: Fiduciary Duty and Creditors of Troubled Companies - History & Background, 1Journal of Business & Technology Law, 233(2007).

介入信义关系的重要体现,是公司债权人实现自我救济的终极路径。公司资本规制运行中的其他相关制度都需要信义义务制度作保障进而加以实施,如果没有信义义务制度,其他公司资本规制制度难以有效规制公司控制者的机会主义行为。

第一,公司注册资本制度的有效实施需要信义义务制度的支撑。注册资本制度是对债权人保护的重要路径,也是公司资本规制体系运行的基础,尽管在认缴资本制下取消了法定最低注册资本要求,但是这并不是否定注册资本的作用,注册资本的实际数额依然是衡量公司初始信用的重要依据,所以注册资本制度依然具有重要意义与价值。注册资本制度的实施需要信义义务制度的支撑,比如对非货币出资的估值,公司董事对其价值判断必须公平与公正。美国学者 Adolf A. Berle 教授强调,"善意"是董事在股东非货币出资估值中的基本原则,"善意这个词是一种简单的表达方式,在于说明董事必须公平地运用他们的权力对非货币出资的质量进行检查并评估其价值,以不使股东与债权人受到损害"①。同时,在认缴资本制下,公司股东出资时间自治,在这种情形下,股东出资时间可能间隔期限较长,但是在公司经营过程中,在其认缴出资期限尚未到来之际,公司可能由于各种原因无法及时偿付到期债务,这时可能需要股东出资加速到期。因此,公司董事负有催缴出资义务,这种义务此时不再是向公司承担,因为公司已经无法偿还到期债务,所以此时的催缴出资义务应当是向公司债权人承担的义务,债权人有权在公司尚未偿还的债权范围内要求股东加速到期履行出资义务。同时,也有可能虽然已到出资期限,但是股东仍然拒绝出资,此时依然需要董事履行催缴义务,如果公司具有偿付能力,此时是向公司承担义务,如果公司不具有偿付能力,其实质是向公司债权人承担信义义务。

第二,公司信息披露制度的有效实施需要信义义制度的支撑。信息披露制度是公司管理层的法定义务,如果公司管理层在信息披露中违反法律规定,给债权人造成损害,其应当对债权人承担赔偿责任。有学者认为,信义义务的一个重要组成部分就是信息披露义务。美国学者 Joseph F. Johnston Jr 在谈到董事对公司及股东负信义义务时指出,"信义义务包括善意、忠实、勤勉以及信息披露"②,这种披露义务不仅体现在董事对公司

① Adolf A. Berle, Corporate powers as powers in trust, 44 Harvard Law Review, 1055(1931).
② Joseph F. Johnston Jr, Natural Law and the Fiduciary Duties of Business Managers, 8 Journal of Markets & Morality, 37(2005).

及股东义务的承担之中,而且也体现在对债权人的信义义务之中。特别是在认缴资本制下,公司资本信息的披露是公司董事的重要义务,我国 2014 年《企业信息公示暂行条例》中规定的资本信息公开内容,对债权人的交易行为具有重要的价值判断作用,董事应当确保信息公开的及时性与准确性。对包括债权人在内的第三人承担信息披露义务是日本商法发展进程中的一个重要内容,无论是 2005 年之前的《商法典》还是 2005 年《公司法》,都强调了公司董事等管理层对信息披露的义务与法律责任。

第三,公司经营中资本流转制度的有效实施需要信义义务制度的支撑。公司经营中的资本处置行为,包括公司股利分配、股份回购、资产投资、担保以及其他形式的交易等等,都可能对公司资本产生重要的影响,在上述行为中,经营决策者都应当考量债权人的利益。因为尽管做出上述决定之时,公司依然具有清偿能力,并未陷入破产状态,但是当公司做出上述决定并付诸实践之后,公司可能会失去清偿能力进而损害债权人利益。所以,在公司资本处置行为的决策中应当考量公司债权人利益,而不仅仅是考量公司与股东的利益,那样可能会使债权人利益面临过高的机会主义风险。美国福特汉姆大学法学院 Robert A. Kessler 教授在对纽约州《公司法》改革进行评析时明确指出,公司董事对债权人的信义义务范围包括不得进行损害公司资本的股利分配、不得进行不正当的股份回购行为、当公司资不抵债时不得向公司内部人(包括股东、董事以及雇员)进行任何优先性的财产转移等等,如果公司进行了上述行为,损害了债权人利益,公司董事应对债权人承担法律责任。[①] 根据 Robert A. Kessler 教授的观点,上述资本处置行为的禁止本身就是公司董事对债权人承担信义义务的范畴,董事违反了上述义务就要对债权人承担法律责任。同样,英国 2006 年《公司法》在对董事信义义务的规制中也做了类似规定,即公司董事必须以善意的方式实施其行为,必须尽其最大的努力去实现公司所有成员的整体利益,其中就包括维持良好的商业关系,充分考量供应商的利益。[②] 尽管公司董事的上述商事行为受经营判断规则的保护,但是该规则依然受信义义务的制约,"商事判断规则可能由于董事被证明违反了忠实、勤勉、积极、善

[①]　see Robert A. Kessler, The New York Business Corporation Law, 36St. John's Law Review, 78-79(1961).

[②]　Parker Hood, Directors' Duties under the Companies Act 2006: Clarity or Confusion, 13Journal of Corporate Law Studies, 22(2013).

意义务而被驳回"①。显而易见,公司经营中资本流转制度的有效实施需要信义义务制度的支撑。

第四,公司债权人契约保护机制的有效实施需要信义义务制度的支撑。合同法所确立的契约规范机制是公司债权人实现自我保护的重要路径,美国学者 Barrye. Adler 与 Marcel Kahan 教授甚至认为"契约是公司债权人控制利益冲突的首要工具"②。但是契约对公司债权人的保护存在着以下问题:一是契约具有不完备性。公司债权人不可能与公司之间就债务履行中的所有细节进行有效的约定,这就为公司控制者从事机会主义行为提供空间。二是契约的订立需要有效的市场信息作为前提。"自我保护依赖于'有效市场'假设③,这要求"所有的相关信息都能从市场上获得,并且市场能够很快(如果不能及时)地消化它得到的信息"④。显然,"有效市场"的存在是困难的,甚至是不可能的。三是不是所有的债权人都有能力实现自我保护。"一些实力小的交易债权人可能由于缺乏专门知识和能力无法对交易风险做出准确的判断,也无法计算出合适的费用来补偿自己。"⑤因此,信义义务制度的存在就显得尤为必要,因为信义义制度能够通过要求公司控制者对债权人承担弥补或者赔偿责任而对公司控制者的违约行为形成威慑,它可以弥补当事人契约不完备性的缺失。美国学者 Frank H. Easterbrook 与 Daniel R. Fischel 教授认为,信义义义的功能在于对不完备的契约进行"填缝补隙"。⑥

第五,公司处于破产状态时的资本处置制度需要信义义务制度的支撑。"公司处于破产状态"包括当公司陷入濒临破产境地或者进入破产程序两种情形,此时公司董事对公司资产的处置与安排必须奉行信义义务原则,受信义义务制度的约束,此时的信义义务强调的是董事对债权人的信

① Royce de R. Barondes , Lisa Fairfax, Lawrence A. Hamermesh, Robert Lawless, Twilight in the Zone of Insolvency: Fiduciary Duty and Creditors of Troubled Companies - History & Background,1 Journal of Business & Technology Law, 231(2007).

② Barrye Adler, Marcel Kahan, The Technology of Creditor Protection, 7University of Pennsylvania Law Review, 1773(2013).

③ Helen Anderson, Directors' Liability to Creditors - What are the Alternatives?, 2Bond Law Review, 4(2006).

④ Jeffery Gordon, Lewis Kornhauser, Efficient Markets, Costly Information and Securities Research60 New York University Law Review, 761 (1985).

⑤ Helen Anderson, Directors' Liability to Creditors - What are the Alternatives?, 2Bond Law Review, 4(2006).

⑥ see Frank H. Easterbrook, Daniel R. Fischel, Contmct and Fiduciary Duty, 36Journal of Law & Economics, 430(1993).

义义务。例如,当公司濒临失去清偿能力之时,公司董事不应为了股东利益而从事高风险的商事行为,这会严重损害债权人利益;当公司进入破产程序时,公司不能利用破产程序进行破产欺诈行为,转移公司资产,或者进行偏颇性清偿,损害特定债权人利益。这都是信义义务的重要体现,对此,信托资金理论给予了有力支持,"该理论在本质上认为那些濒临失去清偿能力的公司董事主要是为了债权人的利益以信托的方式管理公司资产"①。

2.信义义务制度是约束公司资本规制中"契约自治"的有力工具

在信义关系中,法庭对受信人的监督具有强制性,这种强制性不可通过当事人之间的契约安排而避免。因为"当法庭认为信义关系存在的时候,当事人之间不能拒绝法庭对受信人的干预,他们不能废除司法对受信人的监督"②,"甚至在法庭准备接受当事人之间对司法监督的限制之时,法庭依然要审查受益人(委托人)对这种限制的同意是不是在知情与独立的情形下做出的"③。所以,信义义务关系中的契约自由是以司法审查的终极约束为条件的,而不是绝对的。

信义义务关系的上述特点在公司资本规制行为中有着鲜明的体现,"例如,尽管法庭已经确认公司章程中的协议条款即公司管理层与公司的交易本身并不无效,但是法庭从未将公司管理层与公司的自我交易行为排除在司法干预之外"④。因为公司管理层可能借助自我交易行为侵占公司财产进而危及公司清偿能力,可能对债权人利益造成损害,这充分表明了信义义务制度中司法干预的力度,即使是明确的契约豁免条款,或许能够影响到法庭对受信人行为干预的程度,但却无法消除法庭对受信人的司法监督。信义义务的这种司法干预特性对公司控制者机会主义行为的实施无疑更具威慑力,因为在信义义务制度下,公司控制者借助契约手段从事机会主义行为的最终判断权由法庭来决定,这更加有助于保护公司的清偿能力,从而保护债权人的合法权益。

对于信义义务制度的上述功能,美国学者 Joseph F. Johnston Jr. 从自然法的路径对其做出了解释:"在公司法中,尽管可以通过一个狭窄的免

---

① Royce de R. Barondes , Lisa Fairfax, Lawrence A. Hamermesh, Robert Lawless, Twilight in the Zone of Insolvency: Fiduciary Duty and Creditors of Troubled Companies - History & Background,1 Journal of Business & Technology Law, 233(2007).

② Tamar Frankel, Fiduciary Law, 71California Law Review, 806(1983).

③ Tamar Frankel, Fiduciary Law, 71California Law Review, 806(1983).

④ Tamar Frankel, Fiduciary Law, 71California Law Review, 806(1983).

责条款来限制违反勤勉义务的法律责任,但是忠实与善意的信义义务却不可以通过契约条款加以消除。理由是忠实与善意义务不是契约性义务,它们产生于道德需求并发挥着道德功能。"①契约条款中的相关规定更多的是针对经济利益最大化的考量,而信义义务则主要着眼于道德考量,尽管两者都要求忠实、勤勉与善意,但是两者的逻辑根源并不完全相同。② 所以,公司治理中的契约条款,需要接受信义义务制度的约束,公司控制者不能借助契约手段逃避道德义务。

3. 信义义务制度是现代公司资本规制体系发展的重要方向

"传统意义上,公司债权人利益的保护机制是法定资本制度。该制度主要包含两个方面:一是资本分配限制规则,二是最低资本制度。"③但是伴随着公司制度的不断发展,公司资本规制体系不断完善,传统的法定资本制度不断式微,其他替代性机制不断发展,以实现对债权人利益的有效保护,其中一个重要表现就是信义义务制度的强化。信义义务已经成为现代公司资本规制体系发展的重要方向,因为现代公司资本规制改革的重要目的就是在增进公司制度的运行效率、保障公司资本制度灵活性、降低公司制度运行成本的同时,强化对公司债权人利益的保护。因此,必须弱化以严格的法定最低注册资本为代表的行政管制制度,同时还要强化事后司法规制制度,进而从整体上保证公司资本规制体系的强度。信义义务就顺应了这种公司资本规制改革的发展趋势,因为"施加严格信义义务标准的司法目标是在没有破坏公司管理灵活性以及合理自治权的基础上保障社会经济利益的安全"④。

许多学者认为信义义务是对公司债权人保护更加有效的方式,它与现代公司资本规制改革的价值要求相吻合。英国胡弗汉顿大学法学院 Andrew Keay 教授指出:"在 20 世纪 80 年代,董事负有考量债权人利益的相关义务,被认为能够为债权人提供真实有效的保护。"⑤伴随着学术研究

① Joseph F. Johnston Jr, Natural Law and the Fiduciary Duties of Business Managers, 8Journal of Markets & Morality, 41(2005).

② see Joseph F. Johnston Jr, Natural Law and the Fiduciary Duties of Business Managers, 8Journal of Markets & Morality, 41-42(2005).

③ John Kong Shan Ho, Revisiting the Legal Capital Regime in Modern Company Law, 12Journal of Comparative Law, 1(2017).

④ Jerry B. Helwig, The Fiduciary Duty of Controlling Shareholders, 7Western Reserve Law Review, 481(1956).

⑤ Andrew Keay, The Director's Duty to Take into Account the Interests of Company Creditors: When Is It Triggered, 25Melbourne University Law Review, 320 (2001).

的推进,也有许多学者从制度比较分析的视角对信义义务制度的价值做出肯定,例如,蒙纳士大学 Helen Anderson 教授经过对包括最低注册资本制度、股东个人责任制度以及债权人债权保险制度等在内的各种债权人保护制度的比较研究后,得出结论:"规定董事对债权人的信义义务是保护债权人利益的更好方式,因为这不仅能够使债权人有更多机会去获得赔偿款项,而且能够阻止债权人利益遭受损失情形的发生。"①同样,意大利学者 Massimo Miola 教授在对欧洲公司法定资本制度进行评论时也得出相似的结论:伴随着公司经营责任的外部化,有必要避免公司股东的机会主义行为,这种行为在公司临近破产时必定会增加,这会使股东获利,使债权人遭受损失。"在不同的法律制度中,避免这些机会主义行为的最直接的方法就是当公司清算时对公司董事施加信义义务,或者至少在公司濒临失去清偿能力时对公司董事经营行为施加信义义务,尽管此时公司尚未进入清算程序。"②

　　学界对信义义务的债权人保护功能给予了充分的认可,其在许多国家公司立法改革进程当中也有着鲜明的表现。公司资本规制体系的不断发展是美国公司法改革的重要内容,美国 1969 年《标准公司法》废除了最低注册资本制度,作为美国公司法资源中最为重要构成部分,特拉华州《公司法》同样没有规定最低资本制度。③ 在弱化法定资本制度的同时,美国的公司资本规制体系也在不断地完善,契约法、欺诈转让法以及破产法等都是重要的协同性保护依据,④而且信义义务也成为法定资本制度弱化替代性措施的一个重要构成内容。正如邓峰教授所言,美国《公司法》之所以对法定资本的规制不断放松,就法律制度原因而言,是因为包括信义义务在内的许多事后裁判替代了事前规制。⑤ "美国的法院已经开始认识到,当

---

① Helen Anderson, Directors' Liability to Creditors - What are the Alternatives?, 18Bond Law Review, 1(2006).

② Massimo Miola, Legal Capital and Limited Liability Companies：The European Perspective, 2 European Company and Financial Law Review, 419(2005).

③ 美国大约超过 50％的公众公司在特拉华州注册,关于《公司法》最重要的司法判决绝大多数出自特拉华州法院,具体参见 Richard A. Booth, Capital Requirements in United States Corporation Law, University ofMaryland School of Law Legal Studies Research Paper (2005), No. 64, p18.

④ see John Kong Shan Ho, Revisiting the Legal Capital Regime in Modern Company Law, 12Journal of Comparative Law , 8(2017).

⑤ 参见邓峰:《资本约束制度的进化和机制设计——以中美公司法的比较为核心》,《中国法学》2009 年第 1 期,第 101 页。

一个公司濒临破产时,应当对董事施加信义义务以保护债权人利益。"①
"许多法院开始对濒临破产公司的董事施加信义义务,限制其向公司内部
人或者其他债权人转移资产的行为。"②简单地说,信义义务成为美国现代
公司资本规制体系发展的一个重要内容。

在英国,信义义务制度的发展与完善也是其现代公司资本规制体系的
重要构成内容。在 1998 年,英国贸易和工业部成立了公司法审查指导小
组(The Company Law Review Steering Group),对公司法改革进行建议,
该审查指导小组在 2001 年向英国政府部门提交了最终的改革报告,"在其
改革报告中主要有三个关于公司法改革的建议"③,"信义义务的法典化是
该审查小组的第一个建议"④,在该建报告中,该审查指导小组就董事对债
权人信义义务的承担进行了详细的说明。该审查指导小组不仅将董事对
债权人信义义务的承担作为一个关键问题加以分析,而且明确指出,在未
来的公司法改革中应当强化董事对债权人信义义务的承担,"不仅应要求
董事在公司面临破产时,应当采取各种方法最大限度地降低债权人损失,
而且应当在更早的阶段考量经营决策给债权人带来的风险"⑤。显然这对
于债权人保护具有重要意义,因为"这种规定给了董事一个指引:他应当如
何在决策中回应债权人利益与股东利益的平衡,尽管合理的平衡这一概念
是很模糊的"⑥。最终,英国 2006 年《公司法》采纳了上述建议,在该法第
172 条中就董事对债权人信义义务做出了规定,尽管还不是完全接受,但
毕竟以成文法的形式肯定了董事对债权人信义义务的承担。⑦

在德国,信义义务的强化也是公司资本规制改革的重要方向,例如德
国 2008 年通过了《有限责任公司法改革及防止滥用法》,放松了对有限责

---

① Credit Lyonnais Bank Nederland, N. V v. Pathe Communications Corp. , (1991) Del Ch.
215.

② Re Ben Franklin Retail Stores, 225 B. R. 646 (1998).

③ The Rt Hon Lady Justice Arden Dbe, UK Corporate Governance after ENRON, 3Journal of
Corporate Law Studies, 273(2003).

④ The Rt Hon Lady Justice Arden Dbe, UK Corporate Governance after ENRON, 3Journal of
Corporate Law Studies, 273(2003).

⑤ The Rt Hon Lady Justice Arden Dbe, UK Corporate Governance after ENRON, 3Journal of
Corporate Law Studies, 274(2003).

⑥ Iman Anabtawi, Lynn Stout, Fiduciary Duties for Activist Shareholders, 60Stanford Law
Review, 1257(2008).

⑦ 英国 2006 年《公司法》就董事对债权人信义义务的承担规制体现在第 172 条当中,具体内容
在本书前文关于域外公司资本规制立法(英国立法分析部分)中有着详细的介绍,这里就不再
重复。

任公司的规制,允许设立没有最低资本限制的"企业主有限责任公司",同时德国也整合了董事对破产启动义务的法律规制,所有有限责任实体的破产启动义务都统一规定在 2008 年《破产法》第 15 条规定当中:公司的执行董事必须在出现破产事由即公司出现流动性不足导致无法清偿到期债务或者过度负债即债务超过资本,执行董事应当在上述事由出现 3 周内发起破产启动程序。[①] 通过对董事破产启动义务的统一性规制,增强了该义务制度的权威性,有助于提升董事对该义务的重视程度及实施效度,进而更好地保护公司债权人利益。

在澳大利亚,董事对债权人信义义务的承担也是其公司法发展进程中强化资本规制一个重要表现。悉尼大学法学院 Jennifer Hill 教授指出:"尽管董事信义义务的传统界定方式是其对作为整体的公司承担义务,但是最近澳大利亚的案例法[②]已经认识到,在某些具体环境下,董事因未考量公司债权人的利益而须承担违反信义义务的责任。"[③]

同样,在我国公司法现代化改革进程中,公司资本规制一直是改革的重心所在,对董事信义义务的强化也是其制度体系未来发展的一个重要方向,尽管我国《公司法》并未直接规定董事对债权人承担信义义务,但是在最高人民法院发布的公司法司法解释、其他相关法规以及某些司法判决中,都肯定了董事对债权人的信义义务。例如,2011 年《最高人民法院关于适用〈中华人民共和国公司法〉若干问题的规定(三)》第十三条第四款明确规定了董事在未尽忠实与勤勉义务的情形下,应就股东违反增资缴纳义务而向债权人承担赔偿责任的规定。最高人民法院 2020 年《全国法院审理债券纠纷案件座谈会纪要》第二十七条明确规定发行人的董事对其制作、出具的信息披露文件有欺诈行为的,应当与发行人一起对债权人即债券持有人与投资者承担连带赔偿责任。2018 年,最高人民法院在其再审案件中做出了因董事未向股东履行出资催缴义务而向债权人承担赔偿责任的判决。[④]

---

① see Michael Schillig, The Transition from Corporate Governance to Bankruptcy Governance-Convergence of German and US Law, 7European Company and Financial Law Review, 127 (2010).

② for example, Walker v. Wimborne (1976), 137 C. L. R. 1; Kinsela v. Russell Kinsela Pty. Ltd. (in liq.)(1986), 4 A. C. L. C. 215; Jeffree v. NCSC (1989), 7 A. C. L. C. 556.

③ Jennifer Hill, Corporate Groups, Creditor Protection and Cross Guarantees: Australian Perspectives, 24Canadian Business Law Journal, 322 (1995).

④ 具体参见(2018)最高法民再 366 号判决。

综上,信义义务制度显然已经成为现代公司法资本规制体系发展的一个重要路径,但是,我国《公司法》就董事对债权人承担信义义务的规制仍需大力推进,当前的相关立法规定尚不足以充分保护债权人利益,我们必须努力推进这一制度的完善。因此,推进董事对债权人信义义务法律制度的具体构建也正是本书关于我国《公司法》资本规制制度完善的重要路径。

(四)公司资本规制体系中信义义务制度的主体构成

美国学者 Iman Anabtawi 教授与 Lynn Stout 教授指出:"在经典的美国公众公司中,权力被分散在三个关键的利益集团手中:公司股东、公司董事会、公司的执行经理(包括公司的 CEO)。每个利益集团都有其权力与特权,因此也承担相应的义务与责任。"[①]分散在股东、董事会以及执行经理手中的权力在公司运行实践中形成公司控制权,有学者则将这种控制视为一种信托关系,"公司控制是一种信托,控制公司的人是受托人"[②]。无论这种对公司控制权的信托关系解释是否准确,有一点不可否认:"一个被授予权力的人总是面临着滥用权力的诱惑,面临着逾越正义和道德界限的诱惑。"[③]因此公司控制权的产生极易诱发机会主义行为,甚至是欺诈行为,导致公司资本弱化,进而产生代理成本,而这些成本或者资本弱化的承受者不仅包括公司、股东,还包括债权人。因此,公司资本规制体系的完善,必须强化信义义务制度,通过信义义务制度规范对公司控制权的行使,进而保护债权人利益。就信义义务责任主体而言,本书认为,信义义务路径下的债权人保护体系主要包含以下几个方面。

1. 控制股东对债权人的信义义务:基于"所有权—控制权"模式的解释

控制股东对公司的控制是通过其对公司股份的持有进而通过所有权形式实现的,具体而言,其是基于所有权控制公司董事等管理层进而实际控制公司,获得公司控制权。实践当中,"对公司的控制可以通过多种方式实施"[④]。美国学者 Richard L. Beatty 教授指出:"公司控制权既可以通过选择公司董事以及其他管理者来实现,也可以通过对公司董事以及其他管

---

① Iman Anabtawi, Lynn Stout, Fiduciary Duties for Activist Shareholders, 60Stanford Law Review, 1257(2008).

② Lewis C. Williams, Responsibility of Corporate Control, 12 Virginia Law Review, 564 (1926).

③ [美]E. 博登海默:《法理学:法律哲学与法律方法》,邓正来译,中国政法大学出版社 1999 年版,第 376 页。

④ Lewis C. Williams, Responsibility of Corporate Control, 12 Virginia Law Review, 563 (1926).

理者施加影响来实现。"①控制股东能够通过控制公司股份进而直接决定公司董事会以及高级管理人员的产生，从而使董事以及高级管理人员成为其利益代言人，进而控制公司的经营与决策。控制股东也可以对公司董事以及高级管理人员的决策行为形成重大影响，进而控制公司经营决策，实现控制权，因为控制股东通过所持股份掌控公司，公司董事与高级管理人员都受其制约，如果一个董事想要长期在公司任职并保持其位置，就可能需要向控制股东做出妥协，其他高级管理人员也是如此。所以，在实践当中即使并非由控制股东直接选举产生的董事以及相关高级管理人员，其仍然难以摆脱控制股东的干预与影响。在美国，"许多司法案例都认可并接受公司股东具有某些特殊的权力，即使这些权力并不是通过法律或者公司治理文件直接赋予股东的"②。"例如在纽约上诉法院中的'Auer v. Dressel'案与特拉华州的'Campbell v. Loew's'案中，法院都认可股东这一实体拥有罢免董事的固有权力，不管这种权力是否源自法律或者公司章程的规定。"③所以，股东对公司拥有控制权，这种控制权最终产生于其对公司股份的所有权，基于这种所有权的权能，股东能够任免董事等管理层，甚至直接出任董事等管理层，因而能够实际控制公司经营决策。

信义义务在于规制控制股东的机会主义行为，因为控制股东可以利用其控制权进行利益输送，导致公司资本弱化，对债权人利益形成严重的损害。控制股东"可以通过许多方式以损害债权人的利益为代价，实现自身利益，例如以股利分配形式进行的资本分配、股份回购行为，这种行为直接削减了公司能用来清偿债务的有效现金数额"④。当前，伴随着机构投资者的壮大，控制股东机会主义行为也在不断发展，这种发展不仅增加了公司与中小股东的风险，也增加了债权人的风险。例如，"一些积极股东，特别是快速成长的对冲基金，正在用他们手中新的权力迫使公司董事进行股份回购、特殊股利分配以及公司收购等类似交易。而许多案例表明这些交易在使这些积极股东受益的同时，并未增进公司与其他股东的利益，甚至

---

① Richard L. Beatty，Corporate Control and the Corporate Asset Theory，27Montana Law Review，153（Spring 1966）．

② Melvin Aron Eisenberg，Megasubsidiaries：The Effect of Corporate Structure on Corporate Control，84Harvard Law Review，1592(1971)．

③ Melvin Aron Eisenberg，Megasubsidiaries：The Effect of Corporate Structure on Corporate Control，84Harvard Law Review，1592(1971)．

④ John Kong Shan Ho，Revisiting the Legal Capital Regime in Modern Company Law，12Journal of Comparative Law，1 -2(2017)．

损害了公司与其他股东的利益"①。如果机构股东借助手中权力迫使公司董事做出非公平决策去实现机构股东自身利益,极有可能对公司利益形成损害,影响公司的实际清偿能力,进而危及公司债权人利益。

2.公司董事对债权人的信义义务:基于"经营权—控制权"模式的解释

尽管公司股东能够基于所有权对公司经营决策进行控制,但是这种控制并不是绝对的,其具体经营权依然要通过董事等管理层去行使,"无论是在法律上还是在实践中,公司董事都处于公司这一组织机构的权力中心"②。公司董事掌握着公司的经营管理权,这种权力在美国等奉行董事会中心主义的公司法体系下更加突出,"美国特拉华州《公司法》确定了董事会在公司决策中的中心地位:每个公司的业务和事务应由董事会管理或在董事会的指导下进行"③。在董事会中心主义模式下,不仅"公司董事会有权通过出售债券给债券购买者、出售股票给股东,以筹集公司资本"④,而且"公司董事会作为一个'柏拉图式的监护人',是所有影响公司发展的契约订立的中枢机构"⑤。特别是在一些股权高度分散的公司中,董事对公司的经营控制更加突出,在这些公司中,"董事不再是股东实现对公司控制的工具,股东控制在相当程度上让位于董事控制"⑥。

公司董事掌握着公司的实际控制权,其经营决策控制权的行使不仅仅影响着公司、股东,而且同样影响着债权人利益。美国学者 Richard L. Beatty 教授认为:"公司董事的决定不仅对与公司直接相关的成员产生广泛的影响,也对我们整个社会产生广泛的影响。"⑦因此,董事的经营决策行为必然会对公司债权人利益产生重要影响。虽然有些决策可能并不是由公司董事直接做出,而是由公司经理等高级管理人员做出,但是公司董事根据公司法规定拥有聘任、解雇高级经理人员的权力,"公司不是通过股

① Iman Anabtawi, Lynn Stout, Fiduciary Duties for Activist Shareholders, 60 Stanford Law Review, 1257(2008).

② see Eisenberg, The Legal Roles of Shareholders and Management in Modern Corporate Decisionmaking, 57 California Law Review, 5-6(1969).

③ Robert C. Bird, Stephen Kim Park, Organic Corporate Governance, 59 Boston College Law Review, 31(2018).

④ Stephen M. Bainbridge, Director Primacy: The Means and Ends of Corporate Governance, 97 Northwestern University Law Review, 547(2003).

⑤ Stephen M. Bainbridge, Director Primacy: The Means and Ends of Corporate Governance, 97 Northwestern University Law Review, 550 (2003).

⑥ Walter Werner, Corporate Control, Corporate Power, 83Columbia Law Review, 239 (1983).

⑦ Richard L. Beatty, Corporate Control and the Corporate Asset Theory, 27 Montana Law Review, 153 (1966).

东向高级管理人员下放管理权力,而是通过董事会进行"①。

公司董事控制权行使的一个消极影响就是对债权人利益的侵害。董事可能为了股东利益甚至自身利益积极主动地从事机会主义行为,损害公司利益与债权人利益。公司董事往往借助公司经营决策的制定与执行,在履行自身职责过程中从事机会主义行为,"最普通的表现就是浪费公司的财产,当他们履行公司职责时并未遵循勤勉与诚信的标准要求,即他们违反了对公司承担的注意义务与忠实义务"②。对公司资产的浪费会在不同程度上影响公司的清偿能力,同时,当公司陷入经营不善境况之时,董事的机会主义行为可能会持续进行甚至变本加厉,例如"即使被董事主导的公司已经濒临破产或者有足够的信息表明公司将不可避免地陷入破产境地,董事仍然能够通过商业交易从机会主义行为中获益,因为董事依然会领取薪水并享受与他们职位相关的权利与待遇"③。因此,必须规制公司董事控制权的行使,这种规制不仅仅是为了防止董事为追逐个人利益而侵害股东权益,也是为了防止公司董事为了实现自身利益或者实现股东的短期利益,而忽视了公司对包括债权人在内的整个社会的法定义务以及其他义务。④

所以,董事应当对债权人承担信义义务。正如 Mason Jr 大法官在澳大利亚高级法院审理的"Walker v. Wimborne"一案中所言:"在解释董事对公司所承担的信义义务时,必须充分考量公司股东与债权人的利益,任何对债权人利益考量的疏漏都将对公司与债权人自己产生不良的后果。"⑤以公司对外担保为例,公司董事决定着公司的对外担保行为,我国《公司法》规定对外担保的决定权可以通过公司章程授权给股东会(股东大会)或者董事会,如果授权给董事会,其实质就是将担保权赋予以董事为代表的公司经营管理层。考察域外立法不难发现,公司董事对公司担保行为有着更为突出的决定权,例如美国 2013 年纽约州《商事公司法》第 911 条明确规定,"董事会可以授权对公司全部或任何部分资产进行任何抵押或

---

① Walter Werner, Corporate Control, Corporate Power, 83 Columbia Law Review, 240 (1983).

② Peter O. Mülbert, A synthetic view of different concepts of creditor protection or: A high-level framework for corporate creditor protection, ECGI - Law Working Paper, 2006, p60.

③ Peter O. Mülbert, A synthetic view of different concepts of creditor protection or: A high-level framework for corporate creditor protection, ECGI - Law Working Paper, 2006, p60.

④ Walter Werner, Corporate Control, Corporate Power, 83Columbia Law Review, 240(1983).

⑤ Donna W. McKenzie-Skene, Directors' Duty to Creditors of a Financially Distressed Company:A Perspective from Across the Pond, 1Stanford Law Review, 500(2007).

抵押。除非公司章程除另有规定,董事会无须经股东投票或同意即可批准该行动"①。但是公司担保行为可能使公司失去具有良好流动性的资产,进而无法及时清偿自身到期债务,危及债权人利益。

3. 股东(包括中小股东)对债权人的信义义务:基于认缴出资义务"加速履行"的解释

李建伟教授认为,在认缴资本制下股东负有出资加速到期义务,应当赋予"公司债权人对未届出资期限股东直接主张请求权"②。本书支持上述观点,无论是控制股东还是中小股东,在特定条件下都对债权人负有出资加速到期的义务。一般情形下,中小股东不应对债权人承担信义义务,因为中小股东并非控制股东,他们无法掌控公司经营决策权,一般难以借助机会主义行为对债权人利益形成侵害。但是,中小股东和控制股东一样,在特殊情形下对债权人负有信义义务,当然这种信义义务的产生不具有普遍性,只在公司运行的特殊时期才需要承担。这种特殊时期需要满足两个条件:第一,公司无法清偿到期债务;第二,公司存在着转移资产、抽逃出资、非法减资或者公司与债权人签订契约时的实际资产就无法应对履约需要等等。当公司存在以上两个情况时,所有股东(当然包括中小股东)的出资义务就可能会演变成对公司债权人的信义义务,因为公司资本的主要功能就是保护公司债权人利益,形成交易的担保基础,正如 Georg Gansen 教授所指出的,公司资本的重要功能就是"形成对公司债权人的保护垫"③。当公司处于失去清偿能力状态之时,所有股东(当然包括中小股东)应加速履行其认缴的未到期出资义务,以保护债权人的合法权益。

因为债权人对股东认缴出资有一种合理的商事期待权,股东的认缴出资期限并不是一个静止的时间点,股东应在约定的出资期限前履行该义务,债权人与公司交易之时,可能更多地考量公司的注册资本而非实缴资本。所以,股东之间内部所约定的出资期限不应在公司失去清偿能力的特殊情形下对抗债权人利益保护的诉求。这是对债权人合理商事信赖原则的一种保护,这种保护是合同法的基本要求。美国佩珀代因大学法学院 Victor P. Goldberg 教授认为,信赖在合同法当中扮演着核心角色,"正是

---

① Robert A. Kessler, The New York Business Corporation Law, 36St. John's Law Review, 26 (1961).

② 李建伟:《认缴制下股东出资责任加速到期研究》,《人民司法》2015 年第 9 期,第 56 页。

③ see Georg Gansen, Harmonisierung der Kapitalaujbringung im englischen und deutschen Kapitalgesellschaftsrecht, Peter Lang GmbH, 1992, p3-8.

因为一方当事人信赖另一方的承诺、声明或者对未来的预期，才达成协议"①。债权人与公司的商事交易也是如此，正是因为债权人相信公司在签订合同时的各种承诺以及对未来经营预期的信赖，才达成协议，所以应当保护债权人的这种商事信赖权利。因此，当公司不能清偿到期债务之时，债权人有权要求认缴出资股东在公司尚未履行的范围内加速履行出资义务，如果认缴股东拒绝加速履行，债权人有权对其提起诉讼，这是对债权人合理商事期待权利保护的一种必然要求。当然，本书的此种观点有许多学者赞同，也有学者持有异议。②

4.公司外部第三人对债权人的信义义务③：基于"控制权与不正当获利"的解释

对公司债权人承担信义义务的主体一般是公司控制权的拥有者，他们能够通过对公司控制权的非正当行使侵害债权人利益，因此成为对债权人承担信义义务的责任主体，该义务主体以公司董事及控制股东为代表。但是从广义的视角来看，对债权人承担信义义务的责任主体并不局限于公司董事及控制股东等公司控制者或者权力拥有者，作为公司的外部人员，例如审计人员或者其他内部债务人也可能会成为信义义务的责任主体，因为他们可能与作为债务人的公司（包括控制股东与董事等控制者）相互配合实施侵害债权人利益的行为。例如，意大利学者 Massimo Miola 教授认为，对股东缔约后机会主义行为的惩罚而言，事后救济被认为优于法定资本规则。这些救济措施的主要目的是要求公司内部人承担信义义务以保护债权人利益，这些内部人包括公司董事与控制股东，也包括审计人员以及内部债权人，内部债权人是那些公司可能以牺牲其他债权人利益为代价而被优先偿还的债权人。④ 同样，美国纽约大学法学院 Barry E. Adler 教

---

① Victor P. Goldberg, Protecting Reliance, 114Columbia Law Review, 1082(May 2014).

② 非破产状态下的股东出资加速到期问题在实践中存在争议，无论是学术研究还是司法裁判，都存在争议。部分学者以及法官认为应当保护认缴股东的出资期限利益，允许认缴出资股东按照约定的出资时间履行出资义务，这正是认缴资本制的意义所在，如果因为公司无法清偿债权人债权而否认认缴股东出资的期限利益，这不符合认缴资本制的初衷。

③ "公司外部第三人对债权人负有信义义务"这种明确提法多见于外文研究成果中，其中明确将外部第三人对债权人信义义务纳入对债权人保护信义义务体系的是瑞士联邦工学院杰拉德·赫蒂格教授与日本东京大学法学院神田秀树教授，具体内容参见[美]莱纳·克拉克曼等：《公司法剖析：比较与功能的视角》，刘俊海、徐海燕译，北京大学出版社 2007 年版，第 83-116 页。

④ see Massimo Miola, Legal Capital and Limited Liability Companies: The European Perspective, 4European Company and Financial Law Review, 460(2005).

授与 Marcel Kahan 教授认为："在评价债权人保护制度时,应当从两个维度加以考量。其中第一个维度就是要确定那些需要激励或者需要承担赔偿责任的人。"①而这些人的范围非常广泛,"除了公司自己,还有许多其他需要给予激励或者施加责任的人,包括债务人的子公司、债务人的股东、被债务人股东控制的实体、债务人的董事和管理人员,还包括某些债务人的其他债权人"②。也就是说,某些公司外的第三方当事人,例如被债务人股东控制的实体与某些债务人的其他债权人,必须对公司其他债权人承担信义义务,这是信义义务的扩展,因为在特定情形下,这些第三方当事人明知或应知公司与其进行的交易或者给付是不正当的,但是依然接受,导致其他债权人利益受到侵害,所以,其应对其他债权人承担法律责任。简单地说,就是第三方当事人负有不得从债务人处获取不正当利益进而损害其他债权人的义务,之所以要求第三方当事人承担此义务,理由主要有两个:第一是控制理由,即第三方当事人能够控制某些损害债权人利益行为的发生,实施信义义能够控制第三方实施此行为的动机;第二是不正当利益理由,防止第三方当事人以损害其他债权人利益为代价获取不正当利益。③所以,在公司资本规信义义务体系即公司法对债权人信义义务保护体系中,必须强调第三方当事人的信义义务,这对推进公司债权人利益保护制度的构建具有重要意义。

(五)公司资本规制体系中信义义务对债权人的保护功能

信义义务对债权人的保护功能在于预防控制股东以及董事等公司管理层的机会主义行为,美国学者 Iman Anabtawi 教授与 Lynn Stout 教授对信义义务的此种功能给予了高度认可:"信义义务原则可以而且应当被解释为是为应对公司环境变化以及机会主义行为的出现而产生的。实际上,我们认为信义义务法律特别适合解决激进股东的机会主义行为对公司治理构成威胁的日益严重的问题。"④具体而言,信义义务对债权人的保护功能主要通过以下几个方面得以实现。

---

① Barry E. Adler, Marcel Kahan, Technology of Creditor Protection, 161University of Pennsylvania Law Review, 1776(2013).

② Barry E. Adler, Marcel Kahan, Technology of Creditor Protection, 161University of Pennsylvania Law Review, 1776(2013).

③ see Adler E. Barry, Marcel Kahan, Technology of Creditor Protection, 161University of Pennsylvania Law Review, 1781(2013).

④ Iman Anabtawi, Lynn Stout, Fiduciary Duties for Activist Shareholders, 60Stanford Law Review, 1272(2008).

1. 强化公司法对债权人保护的基本理念

信义义务的确立不仅能够为债权人提供有形的制度保护，而且该制度有助于确立一种债权人保护理念——对公司资本的处置应当考量债权人利益，这不仅是一种道德义务，而且是一种法律义务。作为一种法律义务，控股股东及董事等经营管理者应该明白在公司经营当中必须保护公司债权人的利益，而不是仅仅考量公司与股东的利益，更不能够以牺牲债权人利益为代价去实现或扩展股东利益。如果违反这一义务将会受到法律的惩罚，特别是有助于警示公司董事等管理者在公司濒临失去清偿能力之时或者从事巨大风险投资之时，应当充分考量公司债权人的利益，这有助于公司董事决策的科学性与公平性。同时，这种具体的法律义务也能在一定程度上强化债权人保护公司债权人利益的道德信念，因为"对信义义务历史的研究表明，信义责任直接源自某些人类关系当中固有的基本道德原则——信任"①。所以，信义义务原则当中蕴含着深刻的道德价值，信义义务法律制度的确立，不仅是对董事等公司控制者确立了一种有形的法律规则，而且有助于深化公司董事等控制者保护债权人利益的道德理念。

2. 弥补债权人与公司契约条款不完备性的缺失

"对不同的观察者而言，企业仍然代表着不同的事物。"②根据公司契约理论，公司本质上可以理解为一个"合同束"，公司法则被视为这种"合同束"的标准版本，"就本质而言，公司法规定了公司这一特殊契约的各个条件，包括股东、董事以及高级管理人员在内的各个当事人在契约中的财产权利"③。"这种理论产生于经济学者，但是已经被法学者广泛应用。"④所以，从公司契约理论视角来看，公司是一系列契约的组合，而契约具有不完备性，作为双方意志的体现，自然难以罗列所有事项，在市场信息瞬息万变的条件下，单一的契约约束难以有效实现对当事人权利的有效保障。"信义义务作为一种补充机制，弥补了合同的可能缺漏。"⑤"它以阻吓作用替代了事先监督，正如刑法为抢劫犯罪悬起了达摩克利斯之剑，所以，银行也

① Joseph F. Johnston Jr, Natural Law and the Fiduciary Duties of Business Managers, 8Journal of Markets & Morality, 32(2005).

② William W. Bratton Jr, Nexus of Contracts Corporation: A Critical Appraisal, 74 Cornell Law Review, 407(1989).

③ Henry N. Butler, The Contractual Theory of The Corporation, 11George Mason University Law Review, 111(1989).

④ William W. Bratton Jr, Nexus of Contracts Corporation: A Critical Appraisal, 74 Cornell Law Review, 408(1989).

⑤ 罗培新：《公司法的合同解释》，北京大学出版社 2004 年版，第 288 页。

没有必要对进门的每个人都严加盘查。"①因此,信义义务不仅发挥着弥补合同漏洞的功能,更是对公司董事的监督威慑,发挥着无形的规制作用。

3.降低债权人对缔约后公司机会主义行为的监督成本

"控制能够为受托人追逐自我利益提供机会"②,这一点在公司控制中体现得更为突出。公司控制股东以及董事等管理者能够利用公司控制权去追逐个人利益,这种机会主义行为对债权人利益保护形成严重冲击。为了更好地应对这种机会主义行为,公司债权人需要对公司的运行进行必要的了解,特别是关于公司的资产状态以及投资经营等相关信息,以明晰公司债务偿付能力,特别是要预防缔约后股东的机会主义行为,这无疑会增加公司债权人的商事交易成本。而信义义务制度的存在则在相当程度上降低了债权人对公司缔约后机会主义行为的监督成本,因为信义义务的存在对股东以及董事等管理层的机会主义行为形成遏制,"信义义务产生的重要根源就在于它能够阻止机会主义行为"③,信义义务产生的主要目的就是规范受托人对其权力的行使,否则将会因此承担法律责任,这对受托人机会主义行为的实施形成阻吓,控制股东以及董事等管理者欲实施机会行为之时,会考量违反信义义务制度的成本,进而抑制其以牺牲公司债权人利益为代价追逐个人利益的心理冲动。因此,信义义务有助于降低公司债权人对公司机会主义行为的监督成本,也有助于降低政府的监管成本。美国学者 Allan Kaufman 教授指出:"对信义义务的遵守有助于削减委托人的监督成本并降低政府监管的需要。"④

4.强化债权人对公司控制者违法行为的司法救济能力

"当公司出现治理纠纷时,如果没有司法介入,公司立法所确立的权利将无法实现。"⑤因为"公司是一个被人们所有和控制的经济实体,对其进行规制的法律规则在很大程度上依赖于经济分析、量化数据以及心理动

---

① [美]弗·伊斯特布鲁克、丹尼尔·费希尔:《公司法的经济结构》,张建伟、罗培新译,北京大学出版社 2005 年版,第 103 页。

② D. Gordon Smith, The Critical Resource Theory of Fiduciary Duty, 55 Vanderbilt Law Review,1405(2002).

③ D. Gordon Smith, The Critical Resource Theory of Fiduciary Duty, 55 Vanderbilt Law Review,1404(2002).

④ Allan Kaufman, Managers' Double Fiduciary Duty, 12 Business Ethics Quarterly, 195(2002).

⑤ 杨勤法:《公司治理的司法介入——以司法介入的限度和程序设计为中心》,北京大学出版社 2008 年版,第 46 页。

机"①。所以,只有通过严谨、规范并具有对抗性的的司法程序才能对上述相关因素进行翔实的分析,进而才能够正确地适用公司法律规则。对公司债权人保护规则的适用同样如此,因此,为了强化债权人保护,需要强化公司控制者违法行为的可诉性,借助诉讼机制充分发挥司法机构对债权人的司法救济能力,这已经成为当前我国公司资本规制改革的重要方向。尽管2005年《公司法》改革确立了公司法人人格否认制度,推进了债权人诉讼救济的路径,并且在2010年《最高人民法院关于适用〈中华人民共和国公司法〉若干问题的规定(三)》中围绕着股东出资以及股东抽逃出资两个方面进一步强化了债权人对发起人、股东以及董事的相关诉讼权利,但是公司债权人的司法救济机制并不完善,难以有效应对认缴资本制改革导致的行政管制弱化,依然需要继续推进债权人司法救济能力的提升。要推进债权人司法救济能力的提升,就必须强化对债权人司法救济制度架构的拓展,而"信义义务制度已经成为司法介入公司治理的重要依托"②,正如Robert Flannigan 教授所言,信义义务"强调的是司法裁判正义"③。对公司债权人的保护也是如此,作为公司资本规制体系的核心要素,信义义务制度强化了债权人的司法救济权,是债权人借助司法手段维护自身权益的重要路径。这一路径在认缴资本制下具有更加突出的现实意义,因为认缴资本制极大地放宽了资本行政管制,对资本规制的路径必须由事前规制走向事后规制,而信义义务制度则是强化司法支撑的事后救济。信义义务是否履行的终极判断标准在于司法机构,只有司法机构根据公司运行的具体情形才能最终决定公司控制者是否履行了信义义务。以董事信义义务为例,董事是否对债权人履行了信义义务需要通过"商事判断规则"的运用来进行,但是"商事判断规则"并不是终极标准,法院可以对董事行为是否符合"商事判断规则"进行终极判定,也就是说信义义务是否履行的终极裁判权在法院手中。简单地说,"商事判断规则"确立了一种董事信义义务履行合法与否的司法审查标准,正如美国马里兰大学法学院 Bernard S. Sharfman 教授所言:"商事判断规则是一种公平条款,是公司法中最突出、

---

① Melvin Aron Eisenberg, The Structure of Corporation Law, 89 The Columbia Law Review, 1461(1989).

② 徐晓松:《我国〈公司法〉中信义义务的制度缺陷》,《天津师范大学学报》2015年第1期,第51-58页。

③ Robert Flannigan, A Romantic Conception of Fiduciary Obligation, 84 Canadian Bar Review, 393(2005).

最重要的司法审查标准。"①所以,显而易见,信义义制度强化了对公司债权人的司法救济能力。

① Bernard S. Sharfman, The Importance of the Business Judgment Rule, 14 New York University Journal of Law and Business, 27(2017).

第九章 系统论范式下我国公司资本规制体系修正的微观制度实现路径

系统论范式下我国公司资本规制体系修正的微观制度实现路径是本书的研究结论,对这一部分的研究依然是沿着"阶段性范式"进行,即从公司设立阶段资本形成规制、经营阶段资本流转规制以及破产阶段资本退出规制三个方面来展开分析,但是围绕这三个不同阶段提出的微观制度建议是基于整个公司资本规制体系改革的需要而建构的,并不局限于各个运行阶段的自身需求,而是重在突出制度协同,铸造制度合力。例如,对公司设立阶段存在的股东出资期限过长问题,建议通过公司经营阶段"股东出资加速到期制度"的建构来加以规制,因为尽管出资期限的确定形成于公司设立阶段,但是具体出资的缴付却是在公司经营阶段,所以,在公司经营阶段建构"股东出资加速到期制度"无疑是应对这一问题的有效方式。此外,对"欺诈转让行为"的规制也是不同阶段资本规制制度建构协同性的重要体现,无论是经营阶段还是破产阶段,其资本规制制度建构的重心都在于对"欺诈转让行为"的规制,虽然经营阶段的规制制度建构于《公司法》当中,破产阶段的规制制度则建构于《破产法》当中,但是应当确保两者规定的协同性,避免出现不应有的规范冲突,因为两个阶段的欺诈行为本质是相同的,都是逃避债务、损害债权人利益的行为,而且许多"欺诈转让行为"发生于公司经营阶段,但是结果出现于破产阶段,所以在制度建构上保持充分的协同性尤为必要。[①] 为此,本书关于"欺诈转让行为"的具体制度建构充分借鉴了美国《统一欺诈转让法》与美国《破产法》对"欺诈转让行为"的统一性规范,实现对"欺诈转让行为"的协同性规制,尽量避免出现不同立法制度规定的矛盾与分歧,以提升该制度的权威性及其司法适用效率。但是,就总体架构而言,公司设立阶段资本形成规制、公司经营阶段资本流

转规制以及公司破产阶段资本退出规制的微观制度推进并不是完全均等的,其重心仍在于强化公司经营阶段的资本流转规制与破产阶段的资本退出规制,这不仅符合当前我国公司资本规制体系发展的内在需求,也与域外各国公司资本规制体系改革的总体方向相吻合,是当前公司治理趋同现象在公司资本规制领域的重要体现。当然,在强化公司经营阶段资本流转规制与破产阶段资本退出规制具体制度建构的同时,必须补强公司设立阶段资本形成规制的具体制度,后者依然是完善我国公司资本规制体系不可忽视的一环。

第一节 公司设立阶段资本形成制度架构的具体推进

伴随着 2013 年《公司法》对认缴资本制的确立,股东出资义务大大降低,股东自治在公司设立阶段资本筹集中占据着主导地位,行政管制极大放宽。但是在公司设立阶段依然会出现针对出资的机会主义行为,例如对非货币出资的过高估值、对实缴资本的虚假登记等等,这些资本违法行为会严重违反资本真实原则,虚置公司信用能力,误导债权人的商业判断,严重影响着公司债权人的交易安全。因此,公司设立阶段的资本规制应当适当强化。公司设立阶段资本规制的核心在于确保设立阶段实缴出资的客观真实以及认缴出资信息的明晰,从而为公司债权人提供真实的公司初始资本信息状态。尽管认缴资本制极大地贯彻了资产信用理念,但是资产信用理念并不能够否认资本的信用价值[1],正如资产信用研究的集大成者赵旭东教授所指出的,"虽然资本信用并非公司的主要信用,虽然公司资产对公司信用有着更为直接而重要的判断价值,虽然我国《公司法》理论和立法已经发生了从资本信用到资产信用的理念转变,但不能由此而完全否定公司的资本信用"[2]。"公司注册资本制度正是在合理肯定资本信用基础上进行的理性设计,认缴资本制的采用同样是以承认资本信用为前提的。"[3]同样,尽管以最低注册资本制度为代表的法定资本制在欧洲受到了

---

[1] 陈甦教授指出,即使我国《公司法》确立了认缴资本制,但是资本信用的功能并未发生实质性改变,因为无论是认缴资本还是实缴资本,其对债权人的保护功能并未发生根本改变。具体参见陈甦:《实缴资本的多重效用及其保障措施》,《法学杂志》2014 年第 12 期,第 50 页。

[2] 赵旭东:《认缴资本制下的股东有限责任——兼论虚报资本、虚假出资和抽逃出资行为的认定》,《法律适用》2014 年第 11 期,第 16 页。

[3] 赵旭东:《认缴资本制下的股东有限责任——兼论虚报资本、虚假出资和抽逃出资行为的认定》,《法律适用》2014 年第 11 期,第 16 页。

批判与否定,但是意大利学者 Massimo Miola 仍然对其价值做出了客观的肯定性分析:"尽管法定资本制度无法消除公司失去清偿能力的风险,但是它确实有助于阻止这种风险的产生,同时它能够给非自愿债权人以预先的保护。更重要的是,法定资本规则不依赖于债权人自身能力的高低。"[1]因此,设立阶段的资本规制依然重要,认缴资本制下应当进一步补强公司设立阶段的资本形成规制。具体而言,应当围绕完善公司资本性信息披露制度、非货币出资的价值评估制度、股东出资加速到期制度以及虚报注册资本制度与虚假出资制度而进行。

一、完善信息披露制度:以优化资本性信息披露为中心

公司设立阶段的信息披露以资本性信息为中心,资本性信息的公开对债权人保护意义重大。因为"资本被视为债权人在评估与特定公司相关的风险时要考虑的主要因素"[2]。这一点即使在认缴资本制下也依然重要,因为公司资本是公司资产的形成基础,并且在一般情形下非因正常商业损失不得降低,是对债权人保护的财产保障,公司资本的上述特性并未因认缴制本制模式而发生改变。刘燕教授对此做出了清晰的说明:即使是在认缴资本制下,"实际上,'资本'作为资合公司的财产基础以及最直观的信用指标(虽然只是一个简易甚至简陋的指标)的功能并未改变"[3]。尤其是伴随着认缴资本制的确立,《公司法》取消了最低注册资本要求(法律、法规与国务院决定有特殊规定的除外)[4],许多公司可能因此而设置较低的注册资本数额。Frank Easterbrook 教授与 Daniel Fischel 教授指出:"公司资本越低,公司从事过度风险活动的可能性就越高。"[5]因此,为了更好地评估债权人在未来交易中可能所面临的风险,更好地应对由于法定最低注册资本制度的废除而对债权人保护造成的冲击,债权人对公司资本性信息的知情权保护就显得更加重要,资本性信息公开对债权人保护的意义也变得更加显著。具体而言,当前对公司设立阶段资本性信息披露的规制应当

① Massimo Miola, Legal Capital and Limited Liability Companies: The European Perspective, 2European Company and Financial Law Review, 473(2005).
② Alison Sneddon, Do the Rules on 'Capital Maintenance' Achieve Any Useful Purpose, 1Edinburgh Student Law Review, 25(2012).
③ 刘燕:《重构"禁止抽逃出资"规则的公司法理基础》,《中国法学》2015 年第 4 期,第 186 页。
④ 参见《公司法》第二十六条以及第八十条的规定。
⑤ Frank Easterbrook, Daniel Fischel, The Economic Structure of Corporate Law, Harvard University Press,1991, p50.

重点解决以下四方面问题。

(一)强化股东实缴资本信息的公示

"即使在认缴资本制之下,实缴资本依然有着不能替代的法律价值。"①股东实缴资本信息则极其重要,因为股东实缴出资信息是公司在设立阶段实缴资本的具体信息,也就是公司成立之初最为客观的信用基础,其意义重大,因为这是公司实际到位的资产,而未能在设立之初到位的认缴资本则是在将来交付,也就是待缴资本,但是股东是否能如期缴付,甚至是否有能力履行缴付义务都具有相当程度的不确定性,因此公司设立时的实缴资本意义重大。这一点在域外公司立法当中也有有着鲜明的表现,例如不仅奉行法定资本制的德国《公司法》要求必须公示实缴资本,2006 年确立声明资本制的英国《公司法》也对此做出了明确要求。公司法学者王文宇教授也对这种实缴资本信息公示的必要性给予了高度肯定:"特别是对新设立公司而言,因已公开财务信息有限,外界难以判断其资金状况之良莠,此时登记实收资本即成重要的评断标准。"②

当前我国对公司设立阶段实缴资本信息的公示实行的是双轨制,我国《公司法》与《公司登记管理条例》都未对股东实缴资本性信息的公示做出强制性要求,其目的在于降低对股东出资的行政管制。2014 年国务院发布的《企业信息公示暂行条例》则对实缴资本信息的公示做出了明确规制:该条例第九条强调年度报告当中应当对其加以公示,同时第十条强调该信息应在形成之日起 20 个工作日内公示。在认缴资本制模式下,《公司法》与《公司登记管理条例》的规定无疑对债权人利益保护形成严峻挑战,而《企业信息公示暂行条例》则在一定程度上弥补了《公司法》与《公司登记管理条例》规制的不足。

但是《企业信息公示暂行条例》的规制方式依然有待商榷,问题的核心在于公示信息的及时性能否实现。第一,年度报告信息公示的滞后。该条例第九条规定应在年度报告中公示该信息,但是年度报告与公司设立之间是存在着时间差的,新设立公司的年度报告,于公司成立后第 2 年才能进行公示,而且公示履行期间时限过长,根据《企业信息公示暂行条例》第八条的规定,企业应当于每年 1 月 1 日至 6 月 30 日,通过企业信用信息公示

---

① 赵旭东:《认缴资本制下的股东有限责任——兼论虚报资本、虚假出资和抽逃出资行为的认定》,《法律适用》2014 年第 11 期,第 17 页。
② 王文宇:《简政繁权——评中国大陆注册资本认缴制》,《财经法学》2015 年第 1 期,第 52 页。

系统向工商行政管理部门报送上一年度年度报告，并向社会公示。也就是说自公司设立获取营业执照之日起，再到公司次年年度报告的公示，至少需要 6 个月时间，甚至更长时间，而在这之前，公司不可能以企业年度报告的形式对此加以公示，因此通过第九条的规定无法保障新设立公司及时公示实缴资本信息。第二，临时性信息公示①的困境。《企业信息公示暂行条例》第十条强调了临时性信息公示，旨在实现信息公示的及时性，要求有限责任公司的股东或者股份有限责任公司的发起人在实缴资本等信息形成之日起 20 日内通过信息公示系统进行公示。但是这里的"信息形成之日"具体如何确定，缺乏一个清晰、明确、统一的标准，导致"企业在报送公示信息、工商部门在监管工作中难以做到全面准确把握和运用"②，有的公司甚至借此故意拖延信息公示。

所以，应当继续强化对股东公示实缴资本信息的规制。对股东实缴资本信息的公示，重要的是建立科学的公示方式以推进公示信息的及时性，这也是当今债权人信息保护的一个重要改革方向，"最近几年许多国家都改善了企业财务信息的公共登记情形，以更加友好的方式向信息使用人提供财务信息"③。本书认为，我国对股东实缴资本信息的公示应当从"公司章程公示"与"全国企业信用信息公示系统公示"两个方面加以系统性推进。第一，公司法应明确规定实收资本应当记载在公司章程之中。一方面，这一规定提升了对实收资本信息规制的法律位阶，表明了该信息公示的重要性与严肃性，对于股东客观真实地履行出资义务也是一个有力的警醒；另一方面，将其记载于公司章程当中，有利于保障该信息公示的及时性，因为根据《公司登记管理条例》，公司章程是公司设立登记的必备文件，因此自公司设立后，债权人即可申请查阅公司章程，可以及时地得到该信息，进而进行科学的决策，同时，公司登记机构要对设立文件进行审查，尽管只是负责形式审查，但是也在一定程度上对虚假资本性信息形成威慑，从而有助于保障实收资本信息的真实性。第二，根据《企业信息公示暂行条例》的规定，在全国企业信用信息公示系统进行公示。一方面，要根据该条例第九条的规定，在公司年度报告中加以公示；另一方面，要根据该条例

---

① 也有学者将其称为即时性信息公示，具体参见吴韬：《〈企业信息公示暂行条例〉完善建议》，《财会月刊》2017 年第 13 期，第 29 页；李林：《企业信息公示标准体系探讨》，《中国市场监管研究》2016 年第 12 期，第 61 页。

② 李林：《企业信息公示标准体系探讨》，《中国市场监管研究》2016 年第 12 期，第 58 页。

③ Hanno Merkt，Creditor Protection Through Mandatory Disclosure，7European Business Organization Law Review，97(2006).

第十条的规定,自该信息形成之日起 20 个工作日内通过企业信用信息公示系统向社会公示,但是应对信息形成之日做出明确规定即公司设立之日①,因为在公司设立之日,公司全部股份已经认缴完毕,待缴出资信息也已经最终确定,如果公司尚未设立,即使信息已经形成也无法通过企业信用信息公示系统进行公示,所以将公司设立之日作为公示起算时间是科学的。

(二)强化股东非货币出资信息的公示

股东出资形式关系到公司资本充实原则的实现,特别是非现金出资的形式及其估价对公司资本充实原则有着重要的影响。因为现金出资可以直接进入公司的账户,但非现金出资则需要进行估值,而估值的准确与否则会影响到资本的真实。通过公示该信息,可以使债权人对公司设立阶段的实缴出资真实性与客观性进行更为科学的判断,从而为其商事交易决策提供有效的信息支撑。为此,日本《公司法》不仅将其列为公司章程必须记载事项,而且规定属于特别设立事项,一般需要向法院申请监察人进行调查,虽然实物出资在符合特定条件的基础上,例如现物出资总额未超过500 万日元的就不需要向法院申请选任监察人②,但是"即便如此,章程未作记载仍不具有效力,此类实物出资仍然属于特别设立事项"③。韩国《商法典》也对其做了类似规定,并将其称为"变态设立事项",韩国《商法典》第290 条规定下列事项应当记载于公司章程之中,即"现物从出资者的姓名、其标的——财产的种类、数量、价格和对此要赋予的股份种类和数量"④。

当前我国对股东非货币出资信息公示实行的是双轨制,我国《公司法》与《公司登记管理条例》均未对其做出强制性公示要求,2014 年《企业信息公示暂行条例》则对其进行了间接性规定。《企业信息公示暂行条例》第八条规定企业应在其年度报告当中公示"股东或者发起人认缴和实缴的出资额、出资时间、出资方式等信息",在这里并未直接规定非货币出资的公示信息,只是通过公示"出资方式"间接性的规定了非货币出资,例如股东或发起人如果以固定资产出资,需要公示。同样,《企业信息公示暂行条例》

① 对这一问题,不同学者有不同观点。例如,有学者认为,这一时间应当界定为公司资产负债表形成之日。参见李林:《企业信息公示标准体系探讨》,《中国市场监管研究》2016 年第 12 期,第 58-62 页。

② 参见王保树:《最新日本公司法》,于敏、杨东译,法律出版社 2006 年版,第 143 页。

③ [日]前田庸:《公司法入门》,王作全译,北京大学出版社 2012 年版,第 29 页。

④ [韩]李哲松:《韩国公司法》,吴日焕译,中国政法大学出版社 2000 年版,第 170 页。

第十条规定"有限责任公司股东或者股份有限公司发起人认缴和实缴的出资额、出资时间、出资方式等信息"应自形成之日起 20 个工作日内公示。但是第十条的规定与第九条一样，也是对非货币出资的间接性规定，通过公示"出资形式"的规定进行了间接规范，并未直接规定应当如何公示非货币性出资。更为重要的是，《企业信息公示暂行条例》第九条规定时间上的差异，企业应当于每年 1 月 1 日至 6 月 30 日公示年度报告，时间跨度过长，不利于债权人及时获取相关信息。第十条规定股东或者发起人"出资形式"这一信息自"形成之日"起 20 日内通过信息公示系统进行公示，但是这一规定非常模糊，因为"信息形成"之日如何具体确定，没有一个清晰的具体标准。

所以，当前必须强化对非货币出资的信息公示。本书认为，对此应当借鉴韩国《商法典》与日本《公司法》的相关规定，在《公司法》中对其做出明确规定，要求公司章程对非货币出资进行记载，包括出资股东、具体形式、作价数额、对应股份等相关详细信息，这样在公司通过企业信用信息公示系统向社会公示前，债权人可以通过向公司登记机构查找公司章程而及时了解该信息，有助于推进债权人信息知情权的及时实现。此外，该信息也要根据《企业信息公示暂行条例》的规定进行公示，公示方式则与前文关于"实缴资本信息"的公示相同，一方面，要在年度报告中公示；另一方面，应当及时进行信息披露，即在该信息形成之日起 20 个工作日内，同时明确规定将公司设立之日视同该信息形成之日，具体理由则与"实缴资本信息的公开"中的要求相同，在此处不再重复阐述。[①]

(三)强化股东待缴出资相关信息的公示

我国《公司法》与《公司登记管理条例》均未对股东待缴出资的信息公示做出规定，《企业信息公示暂行条例》只是在第九条与第十条规定了认缴出资与实缴出资的公示要求，并未对待缴出资的公示做出直接规定。本书认为，尽管认缴出资与实缴出资之间的差额就是待缴出资[②]，但是为了更加清晰、醒目地提示债权人关于公司股东未来的出资状态，应当明确要求

---

① 根据《企业信息公示暂行条例》第十条的规定，自该信息形成之日起 20 个工作日内通过企业信用信息公示系统向社会公示，但是应对信息形成之日做出明确规定即公司设立之日，因为在公司设立之日，公司有股份已经认缴完毕，待缴信息也已经最终确定，如果公司尚未设立，即使信息已经实际形成也无法通过企业信用信息公示系统进行公示。

② 参见黄辉：《公司资本制度：国际经验及对我国的启示》，载王保树：《商事法论集》(第 21 卷)，清华大学出版社 2012 年版，第 343 页。

公司必须直接公示待缴出资的股东姓名、待缴数额、出资时间以及出资方式。相对于认缴出资与实缴出资的表达方式,如果直接使用待缴出资的表达方式,可能对债权人更具警示性。

待缴出资是一个非常重要的信息,它代表着公司在未来特定时间内确定数量的资本缴纳状况,是公司潜在信用能力的重要支撑。该信息对于债权人而言,可以形成一个合理的商业期待,因为待缴出资是股东已经认缴的出资,其负有出资义务,待缴出资的数额以及日期对公司的动态资产信用能力具有重要影响,债权人可以据此选择与公司进行交易的标的额以及确定合同履行的具体时间。如果待缴出资数额较大,交易相对人的未来债权可能会更有保障,如果待缴出资时间即将到来,那么股东履行待缴出资义务的确定性也相对较强,无疑对债权人的交易信心有很大提升。如果待缴出资数额不高,可能会影响债权人选择交易的标的额,如果待缴出资期限过长,则意味着股东履行出资的不确定性因素可能会更多,债权人面临的风险较高,可能会降低债权人的交易意愿。陈甦教授则明确指出:"认缴资本与实缴资本在财产担保数额上并无程度上的差别"[①],而且"在公司债权人最终实现担保利益上,认缴资本制与实缴资本制也没有确定性的差别,也是只有机会上的差别"[②]。从陈甦教授对认缴资本与实缴资本的功能比较分析中,可以看出待缴资本的重要意义并未降低,因为待缴资本是认缴资本中的一个重要构成部分。英国学者佩林斯与杰弗里斯教授甚至认为:"实际上,在公司濒临破产之际,尚未交付的期票,会比已经消耗殆尽的现金对价,更能为债权人提供真实的保障。待缴资本或许比实缴资本,更能成为债权人的依靠。"[③]

所以,公司资本信息公示中也应当直接明确对待缴出资数额、出资期限以及出资形式的规制。为了更加及时地披露该信息,使债权人及时了解待缴出资数额、出资期限与出资形式,本书同样建议将其作为公司章程必备事项加以记载。这样,只要公司设立,债权人就可以在公司登记管理机构查阅此信息。此外,该信息也要根据《企业信息公示暂行条例》的规定进行公示,公示方式则与前文关于"实缴资本信息"与"非货币出资信息"的公示相同,一方面,要在年度报告中公示,另一方面,应当进行临时性信息披

---

① 陈甦:《实缴资本的多重效用及其保障措施》,《法学杂志》2014年第12期,第50页。
② 陈甦:《实缴资本的多重效用及其保障措施》,《法学杂志》2014年第12期,第50页。
③ 参见[英]佩林斯、杰弗里斯:《英国公司法》,《公司法》翻译小组译,上海翻译出版公司1984年版,第12页。

露,即在该信息形成之日起 20 个工作日内,同时明确规定将公司设立之日视同该信息形成之日,具体理由则与"实缴资本信息的公开"与"非货币出资信息"中的要求相同,在此处也不再重复阐述。①

(四)强化公资本性信息公示的民事制约机制:以董事信义义务为中心

根据上文分析,信息公开义务对债权人保护十分重要,应当对信息公开建立严格的制约机制。沈贵明教授指出:"建立信息公示的制约机制是保障公示信息真实性的必然要求。"②对信息公示的制约机制有多种方式,例如建立虚假信息举报制度、对公司进行行政处罚、将公司记入异常经营名录之中、强化公司信用体系管理以及确立董事对公司信息披露的信义义务等等。本书认为在上述各种措施中,董事对公司信息披露的信义义务应当确立为核心规范,因为公司控制权在董事等管理者手中,对公司信息的形成以及公示的进行,董事有直接的管理权,其应当履行勤勉义务,保障向债权人公示信息的真实、准确与及时,如果董事认真履行了此义务,就会大大降低虚假信息公示行为的发生概率,而其他制约方式则是以对公司自身的监督与处罚为主体,难以直接威慑到对信息进行控制的具体管理者即公司董事,因此其他制约方式的威慑性必然逊色于董事信义义务制度。例如,对公司的行政处罚其效果就遭受质疑,因为"公司的虚假信息披露将使许多债权人遭受损失,对公司的处罚责任将会削弱公司的清偿能力,并因此而间接性的损害债权人利益"③。本书认为,如果债权人因虚假信息而遭受损失,应当先由公司进行赔偿,"如果市场主体信赖公司提供的虚假信息进行交易,要按照合同欺诈进行处理,市场主体可以撤销合同并请求提供虚假信息的公司承担信赖利益赔偿责任"④。如果公司无法承担"信赖利益"损失,则应由在信息披露中负有责任的董事加以承担;如果合同无法撤销,例如银行已经发放贷款,而公司作为债务人却无法偿还债务,而董事在信息公示过程中存在故意或者重大过时,必须对债权人损失承担责任,

---

① 根据《企业信息公示暂行条例》第十条的规定,自该信息形成之日起 20 个工作日内通过企业信用信息公示系统向社会公示,但是应对信息形成之日做出明确规定即公司设立之日,因为在公司设立之日,公司有股份已经认缴完毕,待缴信息也已经最终确定,如果公司尚未设立,即使信息已经实际形成也无法通过企业信用信息公示系统进行公示。

② 沈贵明:《论公司资本登记制改革的配套措施跟进》,《法学》2014 年第 4 期,第 105 页。

③ Hanno Merkt, Creditor Protection Through Mandatory Disclosure, 7European Business Organization Law Review,120(2006).

④ 宁金成、梁学涛:《公司信息公开问题研究——以债权人保护为分析视角》,《河南财经政法大学学报》2015 年第 3 期,第 93 页。

具体而言,应对公司在不能清偿的范围内承担补充清偿责任。当然董事对信息公示勤勉义务的履行标准应当受商事判断规则的保护,如果公示的现物出资价值信息经过了专门的评估机构的评估,其他信息经过了第三方专业财务会计的审计,董事不再对信息的失真承担民事责任。

需要说明的是,这里的信义义务主体是以董事为中心的,实际当中还可能包括公司其他高级管理人员以及公司控股股东与实际控制人,例如日本 2005 年《公司法》规定对第三人承担民事责任的虚假信息披露主体不仅包括董事,还有执行官、"会计参与"①与监事等,同时该法明确将"会计参与"作为公司的高管之一。②

二、完善非货币出资制度:以规范董事估值行为为中心

股东出资形式具有多元性,可以是货币出资,也可以是非货币出资,非货币出资也称为现物出资,是指"股东(发起人或认购人)在公司成立或者增加资本时,为取得股权而根据协议约定或法律规定向公司缴付的货币以外的财产"③,其范围非常广泛,包括土地、厂房以及知识产权等出资形式。以非货币形式出资时需要进行估值判断,将其转化成货币价值予以衡量,这就需要对非货币出资进行估值,以避免过高估值,使得公司实际资本低于其名义资本,违背资本充实原则,不仅损害其他股东、公司利益,而且会损害债权人利益。所以,必须强化对非货币出资估值的规制,但是,因此需要借助当前世界各国公司法所确立主要估值模式,来选择适合我国的估值制度。

(一)强化非货币出资估值规制的必要性

1.非货币出资估值是公司资本规制面临的重要问题

对非货币出资的估值问题是公司资本制度长期以来面临的重要问题,正如傅穹教授所指出的,公司法面临的一个重要难题就是"以何种方式来判断作为股份对价的非现金出资的价值,达到对非现金出资的公允性判断"④。因为如果估值过高,甚至估值被恶意抬升,严重背离非货币出资的

---

① "会计参与"是日本 2006 年《公司法》明确规定的一个公司机关,其可以由注册会计师等担任,参与公司财务会计报表等相关财务文件的制作,而且非公开公司如果设立了董事会,只要设置"会计参与",就可以不设监事。具体参见[日]前田庸:《公司法入门》,王作全译,北京大学出版社 2012 年版,第 368-369 页。

② [日]前田庸:《公司法入门》,王作全译,北京大学出版社 2012 年版,第 369 页。

③ 赵旭东:《公司法学》,高等教育出版社 2006 年版,第 260 页。

④ 傅穹:《重思公司资本制原理》,法律出版社 2004 年版,第 121 页。

真实市场价值,破坏资本充实原则,不仅会给公司造成严重损害,而且会危及债权人权益,损害公司资本制度体系的内在功能。意大利那不勒斯菲里德里克第二大学 Massimo Miola 教授在对欧洲法定资本制度进行研究时就明确指出,公司法定资本规制对债权人的直接保护功能可能因为非货币出资问题而受到影响。① 因为法定资本规则核心内容就是要确定注册资本,无论注册资本是多是少,即使是取消法定最低注册资本制度,注册资本的担保功能依然具有重要意义,它依然表示着公司的初始信用能力,而公司注册资本的关键则在于实际缴付,如果能够按照公司章程载明的时间进行实际缴付,则能够对债权人形成有效的保护,但是这种缴付必须与约定出资额实际相符的缴付,如果是非货币出资,则存在估值虚高问题,也就是实际缴付的出资与其认购的出资额实际价值不符,其所有的股份也就成为"渗水股份",这样公司的章程载明的法定资本就会在实际中被虚置,难以发挥其对债权人的保护功能。

2.我国认缴资本制改革依然需要科学规制非货币出资行为

2013 年我国《公司法》确立了认缴资本制,取消了强制验资程序,但是并不是允许股东借此进行虚假出资,非货币出资估值的真实、合理是公司设立阶段资本信用的重要基石,是保护债权人利益的重要基础。对于这一点,赵旭东教授给予了清晰的说明:"我国公司资本制度虽然进行了重大改革,但资本真实的法律要求从未动摇。"②强化非货币出资规制是确保公司资本真实的必然要求,特别是认缴资本制下,更应科学规制股东非货币出资行为,因为强制验资程序的取消可能会刺激股东在现物出资评估中的机会主义行为。同时,我国《公司法》第二十七条第二款也对此做出了明确的规定:"对作为出资的非货币财产应当评估作价,核实财产,不得高估或者低估作价。法律、行政法规对评估作价有规定的,从其规定。"因此,在公司法取消强制验资的情形下,如何保障股东现物出资的对价公平是当前设立阶段资本规制面对的一个重要问题。

(二)非货币出资估值的规制不同路径

对于非现金出资的评估模式主要有三种立法体例:一是以美国、日本为代表的董事估值模式;二是以英国、欧盟为代表的第三方专家估值模式;

---

① see Massimo Miola, Legal Capital and Limited Liability Companies: The European Perspective, 2 European Company and Financial Law Review, 419(2005).

② 赵旭东:《资本真实与验资存废》,《中国工商管理研究》2014 年第 7 期,第 14 页。

三是股东之间自我协议估值模式。三种模式各有利弊,不同国家或地区,甚至同一国家的不同地区(例如美国各州公司法)都有不同选择。

1. 公司董事会估值——以美国、日本为代表

美国《标准公司法》将股东非货币出资价值的判断权交给了公司董事会,由董事会根据经营判断规则加以确认,强调经营判断规则在董事会认定中的适用,只要董事对非货币出资的认定符合经营判断规则,就认为对价合理。例如,美国《标准公司法》第6.21节c款通过规定将股东非货币出资的义务交给了董事会:公司发行股票前,董事会必须确认公司发行股票之前已收到或者将收到的对价是充足的。就与对价的充足与否有关的股票是否有效发行、价金是否全额支付以及是否应重新评估,董事会的认定是终局的。[①]但是必须防止董事会滥用权利,特别是当以劳务、无形资产等形式出资的公司股东与公司的发起人或董事存在紧密关系的情形下,容易产生非常严重的问题,所以董事会对非货币估值的判断必须受该法第8.30节即董事的责任标准即经营判断规则的约束,该规则确立了董事向公司与股东承担民事责任的标准,如果董事在对股东非货币出资估值存在问题,公司或其他股东可以据此提起诉讼,董事会为此往往不得不通过正式的会议程序来确定非货币出资价值的充分性。[②] 不仅美国《标准公司法》将股东现物出资估值的权利交给了董事会,美国许多州的公司立法也是如此,例如美国2013年纽约州《商事公司法》第504条就做了类似规定:"股份发行的对价包括金钱或其他财产,包括有形财产与无形财产,或公司及其利益而实施的劳动与服务。在交易中不存在欺诈的情形下,董事会或股东对收到股份对价的判断是终局性的。"[③]同样,"在加利福尼亚州,如果公司接受非现金出资,需要董事会的正式决策程序做基础。"[④]

日本2005年《公司法》则专门设立了"设立时董事制度",专门对公司设立时的股东出资等问题进行处理,规定设立时董事向包括债权人在内的第三人承担相应民事责任,以此保障股东原始出资的真实性与公平性。本书认为,我国公司法应当强化对发起人以及股东原始出资的司法规制,因

① 参见沈四宝:《最新美国标准公司法》,法律出版社2006年版,第50页。
② 此内容页源自于美国《标准公司法》的官方评论,see Model Business Corporation Act (with Comments), https://www.docin.com/p-727289407.html.
③ Robert A. Kessle, The New York Business Corporation Law, 36St. John's Law Review, 9 (2013).
④ Kathleen van der Linde, The Regulation of Share Capital and Shareholder Contributions in the Companies Bill 2008, 2009Journal of South African Law, 52(2009).

为当前公司法规定股份有限公司在创立大会上选举董事会成员,但是自创立大会成立之日起 30 日内才向公司登记机关报送文件,也就是说董事会成员一般在创立大会成立后 30 天内才会正式履行职务。所以,与股东出资之间有一个较长的时间差,而日本设立时董事则是或者由公司章程直接加以规定或者由创立大会直接选举产生,并且其被选举之后应当毫不迟延的履行对股东出资的调查义务。[①]

强调董事对股东非货币出资的商业判断权利有其特殊价值,一方面,降低了对外聘独立专家的成本,并且缩短了对非货币出资财产的估价时间,有助于提升公司设立效率;另一方面,公司董事往往是公司是商业经营方面的专业人士,他的判断是一种根据当时的商业环境所做的职业性判断,这种判断可能更加符合股东非货币出资在当时特殊商业环境下的具体价值。当然,董事估值也存在着较大的道德风险,容易诱发机会主义行为,因为董事可能由股东出任,或者董事由股东选举产生,某些董事可能受制于公司股东特别是控制股东,因此在出资方面可能故意对股东的非货币出资做出过高估值,这样就使得公司实际受到资本价值与发行给公司股东的股份的票面价值或者应计价值(比如公司以高于票面金额发行的家)严重不符,造成"渗水股"现象的出现,不仅严重损害公司利益,也对债权人权益造成危害。

2.第三方专家估值——以欧盟、英国为代表

欧盟公司法第二指令对非货币出资做了强制性要求,规定非货币出资要由"一个或多个由该成员国行政或司法机构委派或安排的专家出具估值报告。该报告必须根据欧盟公司法第一指令(The First Company Law Directive)第三章的要求,说明所估值的资产与方法,并且指出估值结果是否至少与出资人所认购股份的数量与票面价值相符,或者在没有面值的情况下,应与股票的应计价值与股份发行的溢价相符"[②]。欧盟此规定的显著特点是将对一个个人或者实体的非现金出资估值的权威性交给了公司外部第三方,以避免估值过程中公司内部人的机会主义行为,从而更好地保持估值的客观性。同时,这种第三方估值程序会使估值技术中的公认标准应用于非现金出资,从而有助于更好地解决债权人对公司信用信息了解

[①]　赵树文:《日本公司设立时董事制度及其借鉴》,《法商研究》2013 年第 4 期,第 147 页。

[②]　Luca Enriques,Jonathan R. Macey, Creditors Versus Capital Formation:The Case against the European Legal Capital Rules, 86Cornell Law Review, 1176 (2001).

的不对称问题。①

英国当时作为欧盟成员国,并未采取放松规制非现金出资的规定,而是要求股份公司必须强制性的履行非现金出资估值程序,并且对估值程序、第三方估值人员的资格及其法律责任都做出了明确规定。第一,2006年《公司法》第五百九十三条规定:股份公司的非现金出资必须履行强制评估程序,并且是独立评估,同时在配售股份之前6个月,评估人报告已经向公司做出。第二,2006年《公司法》第五百九十六条规定了评估报告的要求。强调评估报告应当包括以非现金对价获取的股份名义数额,对价的种类、评估方法、评估日期,并且必须附有评估人对其他人的评估合理性的认可、评估人认为评估开始后有关对价的价值没有发生重大变化等等。第三,规定了第三方独立估值人的资格,2006年《公司法》第一千一百五十条强调评估人必须是法定审计师,必须满足第一千一百五十一条规定的独立性要求;该评估人不得是评估公司的高级人员或者雇员;该评估人不得是公司之关联事业的高级人员或者雇员,或者该公司自公司或控股公司或者控股公司子公的任何其他法人或者任何高级人员或雇员的合伙人或所雇用的人。第四,明确规定违法评估的法律责任。2006年《公司法》第一千一百五十三条规定,故意或者过失地对重要信息做出误导性、虚假或欺诈性陈述的人构成犯罪,经过公诉程序定罪的,可以追究2年以监禁或者罚金或者同时处罚;经过简易程序定罪的,可以处以不超过12个月监禁或者罚款或者同时并罚。

第三方专家估值模式在一定程度上有助于避免估值中的机会主义行为,因为第三方专家往往是独立的,与公司股东之间不存在着其他关联关系,这有助于其在对股东非货币财产估值过程中保持必要的客观与中立。但是,该估值模式必然会增加公司的设立成本,因为第三方专家估值并不是无偿的,而是一种商业性服务行为,因此股东或者公司必须对此支付必要的费用。同时,第三方专家估值在一定程度上影响着公司的设立效率,因为第三专家的聘请、对财产的鉴定都需要花费时间,这可能在一定程度上影响公司的设立效率。

---

① Natalia Andreicheva, The role of legal capital rules in creditor protection: contrasting the demands of western market economies with Ukraine's transitional economy, A thesis submitted to the Law Department of the London School of Economics and Political Science for the degree o f Master of Philosophy, 2009, p26.

3.股东之间自我协议估值模式

股东之间的自我协议估值模式是由股东对非货币出资的价值进行确定,奉行的是充分的股东自治模式,这种模式在部分国家或地区的公司立法当中都存在着。例如,法国《商事公司法》规定,如果任何一笔非货币出资的价值不超过 5 亿法郎或者非货币出资总额不超过公司资本额的一半时不需要评估。① 美国特拉华州《公司法》也没有规定非货币出资的估值程序,可以由股东们协议确定,但是股东要对"渗水股"承担法律责任,如果非货币出资价值少于其所持有股份的面值(nominal value)。② 同样,南非2008 年《公司法》改革也对非货币出资做出了非常宽松的规定,正如约翰内斯堡大学法学院 Kathleen Van Der Linde 教授所言,"南非 2008 年公法并未对非货币出资的价值做出特别多规定,显然非货币出资的现金价值不需要特别判定。股东的出资形式受到法律保护,只要其出资是充足的即可"③。Kathleen Van Der Linde 教授甚至还对南非 2008 年改革以前的《公司法》做了批判:"当前公司法(2008 年《公司法》实施前的版本)对非货币出资的法律规制并未给公司股东与债权人提供有效的保护"④。

显而易见,股东之间的自我协议估值模式可能更具效率,评估的经济成本与时间成本更低,有助于提升公司制度运行效率。但是股东之间的协议估值可能由于股东之间的串通或者控制股东的影响,而失去公正与客观,难以真实反映非货币出资的实际价值,容易导致过高估值,容易诱发股东估值中的机会主义行为,这是该估值模式面临的最大问题。

(三)我国公司法强化非货币出资规制模式的选择:以董事估值为基本路径

本书认为,因为 2013 年《公司法》修正已经取消了强制验资程序,但是这并不代表着对非货币出资估值规制的放松,因为非货币资产估值的公平

---

① 参见法国《商事公司法》第 40 条。

② Kathleen van der Linde, The Regulation of Share Capital and Shareholder Contributions in the Companies Bill 2008, 2009Journal of South African Law, 52(2009).(特别说明本文是在该刊 2009 年出版的 2009 卷中)。

③ Kathleen Van Der Linde, The Regulation of Share Capital and Shareholder Contributions in the Companies Bill 2008, 2009Journal of South African Law, 52(2009). (特别说明本文是在该刊 2009 年出版的 2009 卷中)。

④ Kathleen Van Der Linde, The Regulation of Share Capital and Shareholder Contributions in the Companies Bill 2008, 2009Journal of South African Law, 52(2009). (特别说明本文是在该刊 2009 年出版的 2009 卷中)。

与否严重危及公司资本真实原则,会对公司债权人以及市场交易秩序产生重要影响。我国 2018 年《公司法》第二十七条第二款规定:非货币资产应当如实作价格,不得高估。但是并未规定应当如何进行估值,以及违法估值的法律责任。所以,对股东非货币出资的规制有待推进。

本书认为,股东之间协议估值模式在当前我国商事信用并不发达的情形下,并不适宜,而以美国、日本为代表的董事估值模式与以欧盟、英国为代表的第三方估值模式为我们推进我国公司股东非货币出资估值的法律规制提供了参考,两种模式各有利弊,上文对此已进行了简要分析。究竟哪种模式更适合我国,可能未必有统一或正确的答案。就本书的研究选择而言,建议借鉴美国、日本的立法模式,完善我国公司法对董事非货币出资估值的法律规制,以确保公司资本真实原则的践行。

股东的非货币出资价值可能会受到市场信息的影响,也会受到公司对出资特定需求的影响,董事或者董事会可以根据当时的市场行情及其职业经验做出科学的商事判断,降低了估值成本,提高了估值效率。也就是说,非货币出资的货币价格认定是否适当应当由董事加以判断,而"'适当价格'则是一个灵活性的概念,允许董事根据公司当前的财务环境以及市场状况进行裁量"①。如果董事在估值行为中出现机会主义行为,虚假估值严重背离非货币出资的真实价值,相关董事应当承担法律责任。

如果将估值权交由第三方行使,规定非货币出资必须经过第三方估值,实际上不仅增加了公司与股东的经济成本,影响公司设立的效率,而且也与当前我国公司资本规制立法改革的方向背道而驰。因为当前公司法改革的方向是推进公司自治,特别是对于出资行为,由股东自己来决定公司规模、形式以及注册资本缴付时间等等,如果强制由第三方进行估值,实际上是行政管制的回归,与公司法改革的主旨和方向相背离。同时,由于法律约束制度不足,我国第三方市场服务机构并未能确立良好的商业信誉,第三方估值机构对非货币出资估值的机会主义风险也不容忽视。况且,第三方估值自身也存在着显著的不足,正是因为这一点,即使在欧洲,第三方估值的准确性也难以充分保障。实践中,存在较多对第三方估值的质疑。意大利博洛尼亚大学法学院 Luca Enriquest 教授和康奈尔大学法学院 Jonathan R. Macey 教授对此做了深入分析:第一,评估技术使得评

---

① Kathleen Van Der Linde, The Regulation of Share Capital and Shareholder Contributions in the Companies Bill 2008, 2009Journal of South African Law, 49(2009).

估专家拥有非常广泛的自由裁量权,而自由裁量权的行使可能使得估值并不客观,即使是按照《欧盟第二公司法指令》的要求明确具体使用的评估方法,结果也是如此。第二,专家不能永远保持独立,即使是第三方当事人(如法官)来选择专家,也是如此,因为专家是在市场上提供会计与估值服务的专业人士,他能够从正常的商业服务中获取比按照《欧盟第二公司法指令》第9条要求的估值活动更多的收入。更进一步来说,他为了获取正常的商业服务,必须吸引潜在的客户,因此他愿意由于坚持对非货币出资估值的独立性而承受失去当前客户或者潜在客户的风险。[1] Luca Enriquest 教授与 Jonathan R. Macey 教授的分析非常符合逻辑,因为自由裁量权的行使可能使得不同专家对同一非货币出资的现金价值做出差异较大的估值,甚至使得同一专家由于采用不同的评估方法,而对同一非货币出资做出差异较大的估值。同时,评估专家也是市场服务提供主体,是典型的经济人,追逐的是商业利润,可能为了保持当前客户或者吸引未来客户而在估值中实施机会主义行为,有意识地偏向被评估者或者其控制的公司。因此,即使是第三方估值,也难以保障评估结果的准确性与客观性。

鉴于以上分析,本书认为,将股东非货币出资的估值权利交给公司董事是合适的选择,我国未来公司法改革应当确立以董事估值为选择的非货币出资估值模式。

(四)强化对非货币出资估值的保障机制:董事对非货币出资估值的信义义务

无论是美国、日本还是韩国,其公司法在确立董事估值模式的同时,也都确立了严格的民事责任约束制度。例如,韩国《商法典》规定:"如果不当评估的程度轻微,则可以依法追究发起人、董事以及监事的损害赔偿责任来解决,但如果程度较重,对资本构成带来仅追究发起人、董事、监事的责任难以弥补的缺陷时,可将该现物出资视为无效。"[2]简单地说,也就是把估值把控的关口后移,正如赵旭东教授所指出的,"取消法定验资的特定程序,决非否定资本真实性的法律要求,而是改变资本真实的实现方式,将控制和保障的法律关口后移"[3]。

所以,我国公司法改革在确立董事估值规制模式的同时,需要确立董

---

[1]　see Luca Enriques, Jonathan R. Macey, Creditors Versus Capital Formation: The Case against the European Legal Capital Rules, 86Cornell Law Review, 1187 (2001).

[2]　[韩]李哲松:《韩国公司法》,吴日焕译,中国政法大学出版社2000年版,第172页。

[3]　赵旭东:《资本真实与验资存废》,《中国工商报》2014年10月21日,第003版。

事对非货币出资估值的信义义务。董事在估值中应当做到忠实、勤勉与善意,这不仅是董事经营权力的具体实施与体现,也是对其权力行使的重要约束。如果公司董事违反信义义务,则应承担法律责任。对此,可以在未来公司法修订中规定:如果董事在估值过程中出现机会主义行为或者失职行为,违反忠实义务与勤勉义务,将向其追究民事责任,如果因此给公司债权人造成损失,由估值董事对其虚假估值行为在虚增价值范围内与出资股东承担对债权人连带填补责任。

非货币出资的估值,不仅影响到公司注册资本的形成,关系到公司自身利益的保护,而且对股东与债权人也会产生严重影响,虚假的估值可能会严重误导债权人,使债权人对公司的信用能力做出错误判断,进而招致不应该的商事交易风险。美国学者阿道夫·A.伯利与加德纳·C.米恩斯教授在《现代公司与私有财产》一书中指出:"董事们必须运用自己的权力,以不致使债权人和股东利益受损的态度,对为获得股票而提供的对价进行质量检验与价值评估。"①阿道夫·A.伯利与加德纳·C.米恩斯教授的上述观点充分说明了董事对非货币出资估值信义义务制度构建的必要性,因为这种估值行为是董事的权力,是公司控制权的具体实现方式,而这种权力的行使即估值行为会对债权人与股东利益产生重要影响,特别是会影响债权人的商事交易风险判断。因为董事估值中可能会存在失误,对非货币出资的价值判断背离了公平的市场价格,甚至受到出资股东的影响进而故意进行虚假估值,形成股东非货币出资估值中的机会主义行为。所以,董事必须"以不致使债权人和股东利益受损的态度"进行股份对价的估值,阿道夫·A.伯利与加德纳·C.米恩斯教授所强调的这种态度其实质就是要忠实、勤勉与善意,不可虚假估值,损害其他股东与债权人的利益。

三、完善公司设立时股东出资催缴义务制度:以"设立时董事"勤勉义务的履行为中心

为了更好地保障公司设立时股东能够如期出资,从而保障公司初始资本的真实性,应当强化公司设立时股东出资的催缴义务,明确地对这一义务的承担主体及其法律责任做出规定。显然,公司董事是承担这一义务的适格主体,因为公司董事是公司的经营管理者,而股东的出资是公司的经

---

① [美]阿道夫·A.伯利、加德纳·C.米恩斯:《现代公司与私有财产》,甘华鸣等译,商务印书馆2005年版,第262页。

营基础,由董事来进行催缴完全合乎董事的内在职责。有学者指出:"向股东催缴出资属于董事的勤勉义务范围,如果董事没有履行该义务,则违反了自己对公司、其他股东和公司债权人的勤勉义务,对于损害后果(公司实际资本金的减少、公司债权人受偿不能)的发生也有过错。"①

问题是根据我国现行《公司法》的规定,董事只有在公司设立后才履行职务,而此时可能已经发生了股东或者发起人延期出资的事实,而后其再履行催缴义务则已经无法及时修复公司初始资本与章程约定相背离的状况,可能会损害在公司设立之初就与公司进行交易的债权人的合法权益,因为债权人是根据公司章程信息来判断公司初始信用能力的,但是这种判断是以公司章程约定的公司设立时初始出资为根据的,如果股东或者发起人没有及时履行出资义务,那么必然会使债权人的判断出现偏差,使其交易风险增大。因此,本书建议,引入日本 2005 年《公司法》关于"设立时董事"制度的规定。根据日本 2005 年《公司法》第 38 条的规定,发起设立的公司"设立时董事"在发起人出资履行完成后毫不迟延地选任,或者直接在公司章程中规定。同时根据该法第 46 条的规定,"设立时董事"在产生后立即毫不迟延地对发起人的出资情形进行调查,其中一个核心内容就是发起人是否如期缴纳出资。也就是说,对发起设立而言,"设立时董事"对发起人设立时的出资行为在公司正式成立前就已经展开调查,如果发现有违反出资义务的情形则将该情况通知发起人或者公司设立时代表执行官。②对于募集设立,日本 2005 年《公司法》规定由创立大会选举"设立时董事",同样,"设立时董事"自其产生时就必须毫不迟延地调研股东等出资的履行状况。同时,日本 2005 年《公司法》也规定了"设立时董事"的民事责任,"当设立时董事执行职务有恶意或重大过失时应向包括债权人在内的第三人承担赔偿责任,这也是资本充实责任在设立时董事身上的体现,该责任制度无疑对保护公司债权人等第三人的利益发挥着重要作用。"③可见,日本 2005 年《公司法》通过"设立时董事"制度,对发起人或股东出资义务的履行在公司成立前或成立后的最短时间内进行调查,这显然有助于公司设立时发起人与股东出资的及时到位,更好地保护公司初始资本信用,降低债权人交易风险。

---

① 杨会:《未履行勤勉义务的董事的追偿权——公司法司法解释(三)第 13 条第 4 款之正当化依据》,《人民司法》2012 年第 17 期,第 70 页。

② 参见王保树:《最新日本公司法》,于敏、杨东译,法律出版社 2006 年版,第 75 页。

③ 赵树文:《日本公司设立时董事制度及其借鉴》,《法商研究》2013 年第 4 期,第 147 页。

为此,本书建议,我国公司法改革应借鉴日本 2005 年《公司法》"设立时董事"制度,对有限责任公司与发起设立的股份有限责任公司而言,可以规定由公司章程规定"设立时董事",也可以在股东或发起人缴纳出资后立即选举"设立时董事",而后"设立时董事"毫不迟延地对股东或发起人出资情形进行调查,如果发现有延期出资情形,应当及时进行催缴;对募集设立的股份有限公司,则由公司创立大会选举产生"设立时董事",其产生后应毫不迟延地对公司设立过程中的出资情形进行调查,如果发现有延期出资情形,应当及时进行催缴。同时,还要规定如果"设立时董事"违反催缴义务,给公司造成损害的,应当对公司承担资本填补责任;给债权人造成损害的,应当对债权人承担损害赔偿责任。当然,这种责任应当是补充连带责任,其对发起人或股东的延迟出资行为给债权人造成损害承担补充连带责任。这种公司"设立时董事"制度的规定有助于保障公司设立时股东或发起人出资义务的及时履行,更好地实现公司设立时实际到位资本与公司章程表明的出资缴付时间的一致性,维护债权人对公司章程资本信息公示的信赖效应,降低债权人的交易风险。

四、完善虚报注册资本、虚假出资制度:以董事与股东连带责任的承担为中心

认缴资本制下依然需要强化对虚报注册资本与虚假出资的法律规制[1],尽管 2013 年《公司法》修订以后,全国人大常委会对资本犯罪做了法定解释:实行认缴资本制的公司不再适用虚报注册资本罪、虚假出资罪以及抽逃出资罪,[2]但是这种除罪化的规定并不能说明三种行为的非违法性。正如赵旭东教授所言,在实现对虚报注册资本、虚假出资以及抽逃出资行为除罪化后,"取消三种资本违法责任的解读似有逻辑理据,但却是完全不能成立的"[3]。所以,公司设立阶段必须科学规制虚报注册资本、虚假

---

[1] 这里需要做如下说明:一般的研究都是将"虚报注册资本、虚假出资与抽逃出资"放在一起分析,但是本书认为虚报注册资本发生于公司设立阶段,虚假出资主要发生于公司设立阶段与经营阶段,抽逃出资则主要发生于公司经营阶段,因为这里是对公司设立阶段资本规制完善的介绍,所以重点讲述虚报注册资本与虚假出资(当然经营阶段的虚假出资可以参照适用),而将抽逃出资留在公司经营阶段的资本规制完善中介绍。

[2] 2014 年 4 月 24 日,全国人大常委会对《刑法》第一百五十八条(虚报注册资本罪的规定)与第一百五十九条(虚假出资罪与抽逃出资罪的规定)做出修正性解释:上述两条规定只适用于依法实行注册资本实缴登记制的公司,而不适用于实施认缴资本制的公司。

[3] 赵旭东:《认缴资本制下的股东有限责任——兼论虚报资本、虚假出资和抽逃出资行为的认定》,《法律适用》2014 年第 11 期,第 15 页。

出资行为。

(一)对虚报注册资本行为的规制

"在认缴资本制下,同样会发生注册资本的虚报行为。"[①]在认缴资本制模式下,公司资本可以划分为两个基本类别:认缴资本与实缴资本。认缴资本是全体股东对注册资本的认缴,实缴资本是在公司设立时由股东实际缴付到位的资本,是认缴资本的一个构成部分,更进一步说,实缴资本与待缴资本共同构成认缴资本。因此,从广义上讲,本书认为认缴资本制下的虚报注册资本可以划分为虚报认缴资本与虚报实缴资本两个类别,将虚报实缴资本作为虚报注册资本的一个特别表现形式,因为实缴资本是认缴资本的一个构成部分。所以,认缴资本制下对虚报注册资本行为的规制,就可以从虚报认缴资本与虚报实缴资本两个方面进行规制,这样有助于更好地保护债权人合法权益。[②]

1.对虚报认缴资本的规制

认缴资本代表着股东对资本缴付的承诺,是公司资本信用的重要标志,也是公司资产信用的重要基础。如果公司所发行股份已经被全部认购,则说明公司以其全部股份对债权人承担法律责任,尽管可能不同股东的认缴出资缴付时间并不相同,但是这并不影响认缴出资的法律意义,也就是说认缴资本依然具有与实缴资本相同的终极法律价值。如果公司尚未认缴完毕就向公司登记机构宣称已经将注册资本全部发行,并已经认缴完毕,这会对债权人关于公司初始资本信用产生严重的误导,进而影响债权人对交易风险的评估与商事决策的选择,严重危及债权人利益。所以,应当强化对虚报认缴资本的法律规制。具体而言,应当在现有公司法行政

[①] 赵旭东:《认缴资本制下的股东有限责任——兼论虚报资本、虚假出资和抽逃出资行为的认定》,《法律适用》2014 年第 11 期,第 16 页。

[②] 本书发现,我国 2013 年《公司法》确立认缴资本制后,针对"虚报注册资本"的研究,有学者在其研究成果中直接使用了"虚报公司资本"的说法,用"虚报公司资本"替代了"虚报公司注册资本",重点依然是强调认缴资本制下对"实缴资本"虚报的规制,具体参见彭运朋:《虚报公司资本与虚假出资行为本不应去罪化》,《科技与法律》2014 年第 5 期,第 815-832 页。但是也有学者在其研究成果中重点强调对"认缴资本"虚报的规制,进而区别于实缴资本制下的"虚报注册资本",具体参见赵旭东:《认缴资本制下的股东有限责任——兼论虚报资本、虚假出资和抽逃出资行为的认定》,《法律适用》2014 年第 11 期,第 13-17 页。本书则认为,在认缴资本制下,实缴资本为全部认缴资本的一个组成部分,虚报实缴资本是虚报认缴资本的一个特别表现,所以,对虚报注册资本行为的研究最好从虚报认缴资本与虚报实缴资本两个层面来加以分析,因为无论是实缴资本还是认缴资本,都是债权人的债权得以实现的担保,两者并没有本质区别,此观点参照陈甦:《实缴资本的多重效用及其保障措施》,《法学杂志》2014 年第 12 期,第 50 页。

处罚规制的基础上,强化虚报认缴资本的民事责任。如果公司在设立时虚报认缴资本,负有责任的董事以及相关股东应当对债权人的损失承担连带补充的赔偿责任,当然这种赔偿责任应当以虚报的认缴资本数额为限。

2.对虚报实缴资本的规制

实缴资本相对于认缴资本而言,对债权人的保护更有意义,因为实缴资本是股东已经实际缴付的资本,是对认缴资本行为的履行与兑现,而单纯的认缴资本可能由于股东的实际缴付能力以及机会主义行为等各种因素而无法缴付或者无法按照约定出资时间及时缴付,因此认缴资本依然存在着未能实际缴付的风险,而实缴资本意味着认缴资本风险的消灭。所以,实缴资本对债权人的商事判断更具参考意义。为此,公司在设立时可能虚报公司的实缴资本,以虚置自己的资本信用能力,这会对债权人产生严重的误导。因此,应当强化对虚报实缴资本行为的规制,相关董事、股东应当对此行为承担民事责任,如果公司无法及时履行对债权人的债务,负有责任的董事以及相关股东应当对债权人的损失承担连带补充的赔偿责任,这种赔偿责任应当以虚报的实缴资本数额为限。

当然理论上也存在着同时虚报认缴资本与实缴资本的情形,这种混合情形下,应当根据对债权人造成误导与损失的具体情况,由相关股东与董事对债权人承担相应的连带补充的赔偿责任。

由于股东与董事掌握着公司资本认缴与实缴的具体信息,所以在诉讼中建议,实施举证责任倒置规定,由债权人提出初步证据,而由股东或者董事提供具体详细证据,证明其没有虚报注册资本。同时,本书认为,不应将虚报注册资本行为除罪化,如果虚报注册资本数额巨大,对债权人造成严重损害,就是典型的欺诈行为,应当追究相关股东与董事的刑事责任。

(二)对虚假出资行为的规制

虚假出资是与实缴资本密切联系在一起的,因为只有根据实缴资本的数额才能判断是否存在虚假出资,正如赵旭东教授所言,"没有实缴资本,就无所谓出资的真假"①。对虚假出资行为的规制重要的是对实收资本进行严格的检验,虚假出资的具体情形包括对非货币出资的过高估值、股东未缴纳认缴出资却在公司申报文件中载明已经实际缴纳、股东未全部缴纳

---

① 赵旭东:《认缴资本制下的股东有限责任——兼论虚报资本、虚假出资和抽逃出资行为的认定》,《法律适用》2014年第11期,第17页。

认缴出资却在公司申报文件中载明已经全部缴纳等相关情形。①

对于非货币出资估值的法律规制,前文已经做出了专门介绍,这里不再过多分析。对于虚假出资的其他法律规制路径,本书认为重点应当从以下几个方面进行:第一,确立股东与董事对虚假出资的连带补充清偿责任。应当强化公司债权人对股东虚假出资的民事责任追究,通过严格的民事责任制度对该行为形成威慑。当然这种责任以公司对债权人承担民事责任为前提,是一种补充性的民事责任,但是应当是一种连带性的补充民事责任,即公司股东与相关董事对该虚假出资承担连带性的补充责任,债权人有权要求出资股东或者相关董事承担责任,或者要求两者共同承担责任。第二,确立举证责任倒置制度。就具体诉讼的举证责任分配而言,由于债权人获取公司股东出资确切信息的难度较大,建议只要债权人提出股东虚假出资的初步证据即可,应当由股东或者董事证明股东履行了出资义务。第三,虚假出资行为不应除罪化。本书认为,不应将虚假出资行为除罪化,如果虚假出资数额巨大,对债权人造成严重损害,这就与虚报注册资本一样,是严重的欺诈行为,应当追究相关股东或者董事的刑事责任。

第二节　公司经营阶段资本流转制度架构的具体推进

公司经营阶段资本流转规制是公司资本规制体系的核心,是公司资本规制体系完善的重点,因为伴随着公司认缴资本制的实施,公司设立阶段股东出资义务不断降低,股东在资本形成阶段的资本形成规制中从事机会主义行为的主观冲动被极大消解,其违法行为相应也会得到适当控制。所以,公司资本弱化行为主要发生在经营阶段的资本流转当中(当然退出阶段也会发生),强化对这一阶段资本流转的规制是当前资本规制立法改革的中心,具体立法的修正应当重点关注以下几个方面。

一、完善信息披露制度:以优化资产性信息披露为中心

"债权人对公司采取行动保护自身利益面对着许多困难,信息不对称

---

① 当然对于虚假出资的具体构成范围,不同学者可能有不同认识。例如,北京大学法学院刘燕教授对虚假出资的具体情形做了扩展性解释:"抽逃出资发生在公司成立之后的持续经营期间。因此,那些在公司设立时或股东出资环节先转入资金旋即撤回的行为,就属于股东虚假出资而非抽逃出资。"刘燕:《重构"禁止抽逃出资"规则的公司法理基础》,《中国法学》2015年第4期,第197页。

就是其中一个重要方面,通常情形下债权人对与其交易的债务人并没有把握,而是依赖那些没有价值的信息和公司集团的信誉。"①这一问题在公司的经营阶段更加突出,相对而言,公司设立阶段的资本性信息具有较强的固定性与静态性,进入经营阶段之后,公司资本被用于商业经营,其具体数额开始处于不断的变化之中,也就说资本开始变成资产,所以资本性信息也就变成资产性信息,而资产性信息则呈现出突出的变化性与动态性,在公司经营阶段的不同时点公司资产数额可能迥然不同。所以公司经营阶段资产性信息披露的效果无疑对债权人有着更大的影响,因此必须强化公司经营阶段的资产性信息披露。相对于公司设立阶段资本性信息披露规制的强化,公司经营阶段资产性信息规制的强化则需要更加翔实、更加具体、更加全面的推进。② 具体而言,公司经营阶段资产性信息披露的强化应当主要从以下几个方面加以推进。

(一)公司资产性信息的多维度解读

对公司资产性信息的公示应从多个维度进行解读,这样有助于债权人从静态的构成与动态的变化等不同视角对公司资产性信息进行客观实际的了解,从而更加客观、全面、及时地评价公司资产信息状态,更好地为商事决策提供基础,降低交易风险。为此本书建议,从形态性资产信息、交易性资产信息、分配性资产信息、处罚性资产信息以及涉诉性资产信息等几个方面加以解读,其中形态性资产信息主要指上一年度公司资产的静态性构成,而交易性资产信息、分配性资产信息、处罚性资产信息以及涉诉性资产信息则是主要针对公司资产的动态性变化信息,对动态性变化信息尤其要强调其公示的及时性。

1.形态性资产信息

形态性资产信息主要从公司资产构成的具体形态而言的,资产构成的具体形态在一定程度上反映着公司的资产质量以及清偿能力,其中流动性

---

① Helen Anderson, Directors' Liability to Creditors - What are the Alternatives? 18Bond Law Review, 16(2006).

② 相对而言,公司经营阶段资产性信息披露的重要性要高于公司设立阶段资本性信息披露,因为公司设立阶段资本性信息披露相对而言是固定、具体、静态的,容易把握,是对公司设立这一静态时点的公司资本构成的了解,难度更小,但是公司经营阶段的资产性信息披露则具有很强的动态性与技术性,同时公司设立阶段资产性信息披露的完善措施与公司设立阶段资本性信息披露的完善措施也存在着一定的交叉性,所以,本书对公司经营阶段资产性信息披露规制的完善措施进行了更加翔实的分析,公司经营阶段这种信息披露的部分完善措施也适用于公司设立阶段资本性信息披露的完善。

资产比例越高,其到期清偿能力则越强;现金比例越高,公司偿还能力越强。这主要是针对2014年《企业信息公示暂行条例》而言的,该条例第八条要求:"企业应当于每年1月1日至6月30日,通过企业信用信息公示系统向工商行政管理部门报送上一年度年度报告,并向社会公示。"第九条第七项则进一步从业人数、资产总额、负债总额等相关方面规定了年度报告中应当公示的各种相关信息。在上述相关信息中,应当突出资产构成信息,包括货币、机器设备、产品、土地厂房、应收账款、待付款项等等,这些信息主要体现于公司资产负债表、现金流量表、损益计算表、利润分配表以及公司经营盈余和资本减少的股东大会决议记录等相关载体,应当完整备案于公司,供债权人随时查阅、抄录,而且应当坚持通过电子化方式加以公示。① 其中货币信息相对更加重要,因为货币数额代表着直接可用的现金流量,可以直接满足债权人的债务清偿。Remus D. Valsan与Moin A. Yahya教授指出:"现金流量不仅对公司重要,而且对股东与债权人同样重要。无论是股东还是债权人,都在集中关注公司拥有现金的能力而不是关注公司的财务盈余,因为现金可以直接用于派发股东股息、用于偿还债权人贷款或者向债权人支付货款。"②

2.交易性资产信息

形态性资产信息主要是2014年《企业信息公示暂行条例》针对年度信息公示要求而言的,因为反映的是上一年度的相关信息,所以该信息具有静态性与滞后性特点,而且公示的时间是从每年1月1日到6月30日,时间过长,难以反映出公司最新的资产信息变化状态,因此需要强化对公司信息披露的及时性要求。其中一个重要方面就是对公司交易性信息披露的要求,例如有学者指出,为了及时反映公司经营中的资产变化状态,"诸如公司运营过程中对外借贷担保、关联交易、资产转让、股利发放、订立重要合同、经营项目发生变化等可能影响公司信用能力的行为"③必须及时地加以公示,建议在上述信息形成后20日内加以公示,以及时反映公司资产信息的动态变化,反映公司资产的真正情形。当然,本书主要强调交易性资产信息,所以对上述学者所列举的各项行为中的"股利分配",将在下

① 参见薛波:《论公司资本规制改革后债权人保护机制之完善》,《时代法学》2015年第2期,第80页。
② Remus D. Valsan, Moin A. Yahya, Shareholders, Creditors, and Directors' Fiduciary Duties: A Law and Finance Approach, 2 Virginia Law and Business Review, 28(2007).
③ 薛波:《论公司资本规制改革后债权人保护机制之完善》,《时代法学》2015年第2期,第78页。

一个类型即"分配性资产信息"中加以分析。

3.分配性资产信息

公司必须进行必要的分配,以满足股东投资逐利的需求,其通常方式就是股利分配。"为了吸引和保住它的成员,公司必须支付合理的股利,否则公司将发现要通过股份出售来融资进而推进公司的商业发展是非常困难的事情。"[1]但是为了保护债权人利益,必须防止对公司资产的不正当分配,这是公司流转阶段资本规制的重要功能。因此,对公司资产分配性信息的公示就十分重要,这是债权人监督其分配是否合法并及时采取救济措施的必然前提。本书认为,就分配性信息公示而言,主要在于三个方面:公司股利分配信息、公司股份回购信息以及公司高管薪酬信息,因为"股东通过分配向自己转移财产的机会主义行为的主要形式就是股利的分配、股份的回购与过度的薪酬"[2]。其中股利分配信息、股份回购信息应当在公司做出上述决议之后的 20 日内通知债权人。在这里需要说明的是尽管公司股份回购行为在形式上是一种交易行为,但是其实质是一种面向股东资产分配行为,许多国家在公司法中都将其视同分配行为而加以规制。正如英国诺丁汉大学法学院 John Armour 教授所言:"'分配'这一概念的定义是非常广泛的,通常包括赎回或者回购股份。实际上这一概念拓展到包含着宽广的'交易'范围,通过这些'交易'使得公司资产以低于市场价格向股东进行直接或间接性转移。"[3]对公司高管薪酬的公示存在较多争议,许多学者认为高管薪酬涉及公司商业秘密,但也有学者认为公司高管不当的薪酬水平会增加公司代理成本,因此应当"完善高管薪酬披露制度与披露范围,使信息更加公开透明,强化媒体、社会公众等对公司治理的外部监管作用"[4]。本书认为,公司应当向债权人披露高管薪酬,特别是当公司不能清偿到期债务时,债权人有权要求公司公布高管薪酬,包括薪酬的绝对数额、计算方法以及兑现时间等相关信息,以判断公司高管是否借助手中权力实施机会主义行为,不正当侵占公司资产,并危及债权人利益。

---

[1] Alison Sneddon, Do the Rules on 'Capital Maintenance' Achieve Any Useful Purpose, 1Edinburgh Student Law Review, 29(2012).

[2] John Kong Shan Ho, Revisiting the Legal Capital Regime in Modern Company Law, 12Journal of Comparative Law, 1-2 (2017).

[3] John Armour, Share Capital and Creditor Protection: Efficient Rules for a Modern Company Law, 63Modern Law Review, 366(2000).

[4] 任广乾等:《高管薪酬、攀比效应与代理成本》,《中央财经大学学报》2020 年第 7 期,第 77 页。

4.处罚性资产信息

行政处罚性资产信息是 2014 年《企业信息公示暂行条例》规制的重点内容,主要体现在该条例第七条与第十条当中。该条例第七条明确规定了工商行政管理部门①应当公示其履行职责过程中产生的行政处罚信息;第十条则规定企业应当自行政处罚信息形成之日起 20 日内公示该信息。当时的国家工商行政管理总局在 2014 年还专门通过了《工商行政管理行政处罚信息公示暂行规定》,并在该规定第一条中明确了该规定颁布的目的,即"贯彻落实国务院《注册资本登记制度改革方案》",由此可见,行政处罚性信息在我国企业信息公示法律体系中的重要性。本书认为,行政处罚性信息公示是对公司商事信用的重要约束,公司债权人可以通过对行政处罚性信息的了解来判断公司的信用状态,进而评估与其交易的风险,特别是针对公司的罚款,如果数额较大,可能会直接削弱公司的清偿能力,因此行政处罚性信息对公司债权人保护非常重要。本书建议对行政处罚性信息的公示做出以下改进:在企业信息公示系统中公示的行政处罚性信息应当明确划分为两类,即财产性处罚与非财产性处罚,无论是财产性处罚还是非财产性处罚都会对公司的商事信用造成影响,但是从公司资本规制的视角来看,债权人可能在整体上关注债权人信用基础的同时,更关注其资产状况与财务能力,因此债权人可能对财产性处罚更为关注,因为财产性处罚直接影响到公司的现金流量与清偿能力。所以,为了使债权人更加便利地获取财产性处罚信息,可以在公示系统中将行政处罚信息明确划分为财产性处罚信息与非财产性处罚信息,只要处罚中包含了财产性处罚就归入财产性处罚信息,这样更容易提醒债权人对公司财务处罚信息的关注,而且如果行政处罚信息过多,这样也有助于降低债权人对财产性处罚信息的查询强度。

5.涉诉性资产信息

公司的诉讼特别是经济纠纷诉讼往往关系到公司资产的增减,如果公司作为被告被提起经济诉讼,其资产状态可能会发生改变,例如流动性资产遭到冻结,或者因诉讼失败而面临巨额债务偿还或者违约责任,这都将对公司的未来清偿能力产生重要影响。简而言之,"公司诉讼的发生导致

---

① 在 2018 年国家机构改革之后,工商行政管理总局及其相应低级别机构相继撤销,市场监管总局及其相应低级别机构设立,所以现在再称之为"工商行政管理部门"似乎不妥,最新的《企业信息公示条例(修订征求意见稿)》第七条使用的是"政府部门"的称谓,本书在这里依然保留2014 年《企业信息公示暂行条例》中的说法,但是在这里做出特别说明。

公司面临的外部不确定性骤然增加,而风险总是与不确定性相伴相生,诉讼信息给投资者(债权人)传递的不确定性必然会增加其对公司经营风险与财务风险的心理预期。"①因此,企业信息公示应当将其涉诉信息加以公示,这一点在当前的《企业信息公示暂行条例》中并未有规定,2019 年国家市场监督管理总局发布的《企业信息公示条例(修订征求意见稿)》第七条中明确增加了"司法协助执行信息"这一项,但是这一规定依然非常模糊,强调的是"司法协助执行信息",无法替代涉诉信息,后者内容更加广泛。更为重要的是,当前虚假诉讼非常严重,许多公司通过虚假诉讼转移资产,逃避债务,如果将涉诉信息向债权人公示,有助于债权人监督虚假诉讼,不仅有助于保护债权人自身权益,也有助于避免司法资源的浪费。为此,本书建议,应当强化对公司涉诉信息的公示,包括已经立案的信息、诉讼保全信息、财产冻结信息、最终裁判信息以及相关执行的信息等等,债权人有权知晓上述信息,这还有助于债权人降低商事决策风险以及更好地对自身权益进行救济。② 上述涉诉信息公示的具体时间可参照 2019 年国家市场监督管理总局发布的《企业信息公示条例(修订征求意见稿)》第七条第二款的要求,即自上述信息形成之日起 20 个工作日内在国家企业信用信息公示系统公示。

(二)完善资产性信息多元化的披露方式

"债权人获得信息的途径一般有三种:一是公司主动进行披露;二是国家公权力机关进行披露;三是第三方建立信息库供查询。"③如果要推进债权人信息知情权的保护,降低债权人的交易风险,需要建立综合性的信息披露方式,不仅需要国家的强制性信息披露,还需要公司自身的主动性信息披露以及第三方市场主体的中介性信息披露,从而形成一个完善的信息披露机制,债权人不仅可以通过多渠道获取公司财务信息,而且可以进行比较与鉴别,更加精准地识别公司的财务状况,降低自身的交易风险。在这方面,美国的公司信息披露体系给我们提供了较好的参考。以股份有限

---

① 严剑萍:《诉讼信息披露、制度环境与投资者信心》,厦门大学 2017 年硕士论文,第 17 页。

② 强化对涉诉信息的公示有助于保护债权人合法权益,许多学者都有类似主张,具体可参见魏磊、孙可飞:《强化信息披露 完善〈企业信息公示暂行条例〉》,《中国市场监管研究》2019 年第 8 期,第 63 页;吴韬:《企业信用信息公示制度研究》,华东政法大学 2017 年博士论文,第 103 页。

③ 黄耀文:《认缴资本制度下的债权人利益保护》,《政法论坛》2015 年第 1 期,第 165 页。

责任公司(公众公司)的信息披露为例①,美国《证券法》《会计法》对股份有限责任公司(公众公司)的信息披露做出了严格要求,这对债权人保护非常有益,正如 Hanno Merkt 教授所言,"对于股份有限责任公司(公众公司)而言,债权人能够通过证券法对其广泛的信息披露要求而获得一些相关信息,尽管这些信息披露最初是为保护公司当前股东与未来股东而规定的。此外,像英国一样,美国的会计法通过要求股份有限责任公司(公众公司)提供真实、公正的财务信息,寻求对债权人的保护"②。除了《证券法》《会计法》对股份有限责任公司(公众公司)的信息披露做出要求外,美国的第三方信息披露也高度发达,例如"信用保险公司与信用评级机构在许多情形下都有能力获取公司账目的自愿性信息,而且他们有额外的资源去建立公司信息文件,这些额外资源包括新闻媒体、私人汇编的董事数据库、贸易参考资料以及公司的付款历史"③。可见,美国的第三方信息披露高度发达,甚至更能够为债权人提供比法律强制要求更加全面的信息。所以,我们对公司经营阶段的资产性信息披露,要推进多元化机制建设,在当前《企业信用信息公示暂行条例》确定的强制披露基础上,要更多地鼓励公司进行真实、公正的自愿性信息披露。比如 2014 年《企业信息公示暂行条例》第九条规定,"企业从业人数、资产总额、负债总额、对外提供保证担保、所有者权益合计、营业总收入、主营业务收入、利润总额、净利润以及纳税总额等信息,由企业选择是否向社会公示",可修正为"企业应当积极主动地向社会公示上述信息",如果公司连续 3 年以上主动提供公司信息,并且能够保证准确性与及时性,可以作为提高其信用评级的考量因素。同时,我们应当大力推进第三方信用中介机构的建设,推进我国信用评级机构以及信用保险机构的建立与发展,充分利用市场力量推进公司信息披露质量与效率的提升,赋予债权人更加充分的保护。

---

① 美国对闭锁公司(非公众公司)的信息披露法律要求很低,仅要求他们保持财务记录,债权人更多的是通过合同约束其行为或者通过第三方中介机构获取信息。see Hanno Merkt, Creditor Protection Through Mandatory Disclosure, 7European Business Organization Law Review, 106(2006).

② Hanno Merkt, Creditor Protection Through Mandatory Disclosure, 7European Business Organization Law Review, 106(2006).

③ Hanno Merkt, Creditor Protection Through Mandatory Disclosure, 7European Business Organization Law Review, 106(2006).

(三)推进资产性信息电子披露渠道的建设①

第一,加强现有的全国企业信息公示平台建设。一方面,要拓展披露内容,如可以增加对公司实际控制人、股权代持关系的披露要求,可以通过与司法、税务以及银行部门的信息联动,将公司的涉诉及其执行信息、税收缴纳信息与银行贷款信息等纳入其中;另一方面,要强化披露内容监管,当前存在着明显的滞后披露、遗漏披露现象,信息披露更新及时性不足、公示信息真实性难以保障,因此要完善监管部门的分工协作,加强监管人员技术培训,提高违信公示更新频率。第二,建立企业社会责任大数据平台。企业社会责任大数据平台就是利用云处理、云计算的强大运算能力对联网资源进行有效整合,实现对信息的综合性处理。可以发挥现有技术优势,加强企业信用信息、公民信用信息、社会保障信息等数据平台的连接性建设,拓宽公司信息披露的维度,帮助债权人与监管机构更全面、更便捷地获取信息。

(四)确立债权人对公司资产性信息的查阅权

公司进入经营阶段之后,公司资本进入流转状态,或者盈利或者亏损,当然也能在一定时期内保持不变(这一点在理论上也是存在的),所以债权人要准确地了解公司资产状况,应当拥有查询公司财务信息的权利,这一点在英国《公司法》、日本《公司法》当中都有着明确的规定。② 例如,日本2005 年《公司法》第 442 条第 3 款规定,债权人有权在股份公司营业期间查阅公司的会计报表及相关财务文件,第 443 条则规定了债权人的司法申请权,即法院可以根据申请命令公司向债权人提供财务报表及其明细表。③所以,"赋予债权人查阅公司财务信息的权利"④应当成为公司法信息披露制度改革中的一个重要内容,在具体的制度架构上可以借鉴日本 2005 年《公司法》的规定,使债权人的查阅权受司法保护,当然具体受司法保护的范围与情形需要进行更加细化的分析。

---

① 本部分完善建议源自本课题的阶段性成果,具体参见赵树文:《认缴资本制下公司信息披露的法律规制》,《法商研究》2020 年第 3 期,第 181 页。

② 参见葛伟军:《公司资本制度和债权人保护的相关法律问题》,法律出版社 2007 年版,第 142-144 页。

③ 参见王保树:《最新日本公司法》,于敏、杨东译,法律出版社 2006 年版,第 251-252 页。

④ 钱奕锦:《论资本认缴制下公司债权人利益的保护》,浙江工商大学 2020 年硕士论文,第 34 页。

（五）强化公司资产性信息披露的民事责任——以董事信义义务为中心

对资产性信息公开的制约机制如同资本性信息制约机制一样，也包括虚假信息举报制度、信息异常名录制度、公司信用管理制度、行政处罚制度以及董事信义义务制度等等（在前文关于资本性信息公开制约机制的部分已经详细阐述）。但是，本书认为，与对资本性信息的制约机制一样，董事信义义务制度在上述资产性信息公开的制约机制中依然处于核心地位，应当强化董事对公司资产性信息的披露义务，因为董事是公司的经营管理者，能够对公司信息进行及时的了解与掌握，因此其有义务对公司信息进行及时、准确、全面的披露，如果董事违反了此义务，并且由此导致债权人遭受损害，董事应当对债权人承担赔偿责任。但是，董事信义义务的具体内容存在着显著差别。在公司设立阶段，董事主要是对公司原始资本构成性信息进行公示，相对而言，该阶段信息具有较强的固定性与静态性[①]，其核心在于确认股东出资的真实性；而在经营阶段，则是重点关注公司资产的变动性信息，关注公司流动性资产以及可能对流动性资产产生重要影响的信息，如涉诉信息等等，这一阶段信息具有很强的动态性。显然，公司董事在经营阶段的信息披露义务更加繁重，尤其是涉及许多及时性信息披露行为的实施。所以，对董事信息公开信义义务履行标准的具体判断也会更加复杂，这里应当更加突出对董事信息披露中的勤勉与技能义务的规制，因为在这一阶段不仅仅要对静态性资产构成进行判断，更要重点关注可能对公司流动资产产生重要影响的交易情形，需要更强的商事职业技能分析能力。当然，这一阶段董事信义义务的履行受商事判断规则的保护，如果是经过评估机构对财产的评估或者第三方会计审核的信息，董事对此信息加以采纳并履行相关公示义务的，应当视为合理履行了信义义务。

需要说明的是，这里的信义义务主体如同资本性信息制约机制中的主体一样，该主体是以董事为中心，但并不限于董事，实际还可能包括公司其他高级管理人员、控股股东与公司实际控制人。

二、构建股东认缴出资加速到期制度：以公司不能清偿到期债务为中心

为了应对股东出资过长的期限性机会主义行为以及更好地保护债权

---

① 参见沈贵明：《论公司资本登记制改革的配套措施跟进》，《法学》2014年第4期，第104页。

人合法权益,应对强化股东认缴出资加速到期的法律规制。但是当前对股东认缴出资加速到期制度的构建在学界依然存在争议,在不同的司法裁决案件中也存在着明显的结果上的分歧,尽管 2020 年最高人民法院发布的《全国法院民商事审判工作会议纪要》第六条对此做出了原则性的指引,但是并未彻底解决这一问题。因此,本书认为,为了更好地保护债权人利益,应当强化股东认缴出资加速到期的法律规制,当公司不能清偿到期债务时,应当直接赋予债权人要求股东认缴出资加速到期的权利。

(一)股东认缴出资加速到期的学理争议与司法分歧

1. 学理争议

股东认缴出资是否应当加速到期已经成为当前公司法学界探讨的热点问题,就学界而言主要存在着"肯定说""否定说"与"折中说"三种主张。"肯定说"的核心观点为:在资本认缴制下,当公司不能清偿到期债务时,股东认缴出资应当实行非破产性的加速到期,尽管股东出资期限是股东之间通过章程自我议定的,但是股东出资章程规定不能对抗作为第三人的债权人,不能因为章程规定而损害公司债权人利益的偿还。[①] "否定说"的核心观点为:在认缴资本制下,股东认缴出资不该实行加速到期制度,因为认缴资本制的核心就是赋予股东对其出资的自治权,"出资期限利益"是认缴资本制最为重要的激励机制,如果要求股东对其认缴出资承担加速到期义务,也就意味着否认了股东对其认缴出资的期限利益,这会使公司认缴资本制的实施效果大打折扣,因此在法律尚未直接修改的情形下不宜实施股东认缴出资加速到期。[②] "折中说"[③]的核心观点可分为两种:第一种为"公司章程决定说"[④],强调如果公司出现不能清偿到期债务的情形,是否应当要求股东出资加速到期要看公司章程的规定,如果公司章程规定当公司不能清偿之时股东出资要加速到期,那就应该实行股东出资加速到期;如果

[①] 参见李建伟:《认缴制下股东出资责任加速到期研究》,《人民司法》2015 年第 9 期,第 53 页;蒋大兴:《论股东出资义务之"加速到期"——认可"非破产加速"之功能价值》,《社会科学》2019 年第 2 期,第 100-101 页。

[②] 参见王建文:《再论股东未届期出资义务的履行》,《法学》2017 年第 9 期,第 82-83 页。

[③] 有学者用"经营困难说"解释"折衷说",强调如果公司不能清偿到期债务、经营陷入困境,如果不加速到期,任由其经营,则公司就可能进入破产程序,所以应当加速到期。本书认为这种"经营困难说"实质应归入"肯定说",因为"肯定说"的前提是股东不能清偿到期债务,"经营困难说"也是首先强调了不能清偿到期债务,只是又进一步明确强调可能会发生更严重的后果即可能导致破产,所以,"经营困难说"可理解为"肯定说"的一个具体类别。

[④] 参见俞巍、陈克:《公司资本登记制度改革后股东责任适法思路的变与不变》,《法律适用》2014 年第 11 期,第 21 页。

公司章程没有对此做出规定,则应当保护股东出资期限利益,不应实行出资加速到期;第二种为"债权人区分说"①,强调如果是无法清偿非自愿债权人(侵权债权人)债务,则应当责令股东出资加速到期。

对于以上三种观点,本书支持"肯定说",因为相对于"否定说"与"折中说","肯定说"能够给予债权人更好地保护,能够更好的避免股东出资中的各种机会主义行为特别是出资期限机会主义行为,因为股东出资加速到期案件当中,不只涉及出资加速到期的问题,还伴随着抽逃出资、非法减资等各种机会主义行为。例如在"上海香通国际贸易有限公司诉上海昊跃投资管理有限公司等被告案件"②中,上海市普陀区法院做出股东认缴出资加速到期判决的一个重要理由就是作为被告的上海昊跃投资管理有限公司存在"违背法定程序减资实为抽逃出资"的机会主义行为。

2.司法分歧

在具体的司法实践当中,尤其在 2020 年最高人民法院发布《全国法院民商事审判工作会议纪要》前,关于股东出资加速到期的司法裁判存在着更加显著的争议,不同的法官对此也有着不同的看法。

有的案件肯定了债权人要求股东认缴出资加速到期的权利,例如在"上海香通国际贸易有限公司诉上海昊跃投资管理有限公司等被告案件"③中,上海市普陀区法院在判决中就支持了债权人上海香通国际贸易有限公司要求徐青松与林东雪两名股东出资加速到期的诉求。该判决的具体理由主要在于以下四个方面:第一,认缴资本制下股东出资义务在特殊情况下应当加速到期。当公司出现突发状况改变公司债权人的原有预期之时,股东将不再享有出资期限利益。第二,股东出资加速到期能够平衡债权人和股东的利益。僵化地遵守出资期限制度不利于保护债权人利益,公司法人人格否认制度就是例证。第三,责任财产制度要求加速到期。公司以其财产对债权人承担责任,这里的财产是指全部财产,包括认缴出资在内。第四,上海昊跃投资管理有限公司公司违背法定程序减资实为抽逃出资。抽逃出资是违法的,因此股东应承担加速到期义务。④ 此外在"风山渐文化传播(北京)有限公司、世纪长龙影视有限公司借款合同纠纷

---

① 参见李建伟:《认缴制下股东出资责任加速到期研究》,《人民司法》2015 年第 9 期,第 53 页。
② 参见(2014)普民二(商)初字第 5182 号民事判决书。
③ 参见(2014)普民二(商)初字第 5182 号民事判决书。
④ 参见(2014)普民二(商)初字第 5182 号判决书。

案件"①"中合置业有限公司、张丽坤执行异议诉讼案件"②、"杭州郎迈材料复合有限公司与新疆金双猫化工股份有限公司案件"③等一系列案件当中,相关法院都支持了债权人要求股东出资加速到期的诉求。

而与上述案例相反,有的案件则相反,法院否认了债权人要求股东出资加速到期的权利。例如,在"福建顺昌兆丰生物科技有限公司、福建奥尼佳育苗基质开发有限公司共有权确认纠纷案件"④中,福建顺昌县人民法院否决了原告要求股东出资加速到期的诉求,主要理由如下:第一,被告的出资时间在公司章程中明确载明,因此股东享有期限利益。第二,股东出资情况已经通过国家信息公示系统公示,债权人应当对此知情,因此不得要求股东加速到期。第三,股东出资未到期,无法认定股东迟延出资情形。在"李娟、张佳执行异议案件"⑤中,法院明确否决了原告李娟要求被告张佳出资加速到期的诉求,主要理由如下:第一,认缴资本制下股东享有出资期限利益,股东在未到出资期限前拒绝出资是一种合法状态。第二,如果在未到出资期限前要求股东出资加速到期,虽然可以保护原告李娟的个人利益,但是整体上对所有债权人不利。第三,股东在出资认缴期限届满前转让股权的行为并不违反法律规定。此外,在"青岛润茂饲料有限公司、邢杰买卖合同纠纷一审案件"⑥"魏传文、青岛利家铭国际贸易有限公司承揽合同纠纷案件"⑦等一系列案件中,法院均否决了债权人要求加速到期的权利。

2020年最高人民法院发布的《全国法院民商事审判工作会议纪要》第六条则是在原则性确认股东出资期限利益的基础上,对非破产状态下的股东出资加速到期做出了例外性规定:第一,执行不能,应破产而未申请的情形;第二,债务形成后延长股东出资期限的情形。尽管该纪要的发布对规范相关股东出资加速到期案件的审理给予了必要的指引,但是该纪要毕竟只是一个指导性意见,而且该意见自身也引起较多质疑。所以,有必要继续推进认缴资本制下股东出资加速到期法律制度的建构。

---

① 参见(2019)闽民终848号判决书。
② 参见(2020)辽01民终6380号判决书。
③ 参见(2020)新22民终267号判决书。
④ 参见(2017)闽0721民初1204号判决书。
⑤ 参见(2018)川01民终8030号判决书。
⑥ 参见(2019)鲁1327民初2233号判决书。
⑦ 参见(2020)鲁09民终1197号判决书。

(二)本书主张：应当直接赋予债权人要求股东认缴出资非破产性加速到期的权利——以公司不能清偿到期债务为基本前提

1.《公司法》中的直接赋权

首先，在现行《公司法》中直接规定债权人对股东出资加速到期的请求权。本书认为，《公司法》应当明确赋予债权人要求股东认缴出资非破产性加速到期的权利。因为这种直接性的赋权能够增强该制度的权威性与统一性，进而提升司法裁判的规范性与效率性。同时，直接性赋权也有助于避免基于对《公司法》以及《最高人民法院关于适用〈中华人民共和国公司法〉若干问题的规定(三)》扩展性解释路径的适用而产生的争议与分歧，也有助于避免《合同法》扩展性解释路径中面对的制度体系障碍。但是《公司法》直接赋权并不是绝对的，而是必须满足一个前提条件，即公司不能清偿到期债务。

其次，明确股东之间的连带补充清偿责任。本书认为，如果多个股东同时存在着认缴出资尚未到期的情形，公司债权人有权向上述所有认缴出资股东在公司尚未清偿的范围内主张责任的权利，而上述所有股东则应在公司尚未清偿的范围内对债权人承担连带责任。至于股东承担责任后之间的权利义务关系，则由股东之间协议具体解决，如果协议不成可按照各自尚未出资的比例具体承担，向债权人承担更多清偿义务者可以向其他股东据此进行追偿。

2.直接赋权的背景：对现有非破产性加速到期制度相关路径主张的反思

首先，对《公司法》相关规定的扩展性解释路径分析。当前学界以及司法裁判中支持股东认缴出资加速到期的一个重要路径就是对《公司法》第三条第一款①的规定进行扩展性解释，通过扩展性解释将股东认缴出资纳入其规定当中。通过对《公司法》第三条第一款的扩展性解释可以将股东未到期认缴出资纳入公司全部财产范围内，进而债权人就可以主张股东未到期认缴出资加速到期的权利，因为该条款强调公司以其全部财产对其债务承担责任。就该扩展性解释而言，本书认为，这是一条相对可行的路径，因为在《公司法》规制下，公司以其全部财产对其债务承担责任，这里的全部财产，不仅包括股东已经到期缴纳的财产，也应当包括股东认缴但未到

① 该款具体内容规定如下："公司是企业法人，有独立的法人财产，享有法人财产权。公司以其全部财产对公司的债务承担责任。"

期而未缴纳的财产,这才是全部财产。但是此解释也存在争议,有学者认为,如果做此解释必然会损害股东出资的期限利益。① 所以,如果《公司法》不做出直接性规定,只是默示授权司法机构对此做出扩展性解释,可能会在实践中影响该条款的运用,进而影响对股东出资加速到期案件的裁决。

其次,《最高人民法院关于适用〈中华人民共和国公司法〉若干问题的规定(三)》相关规定的扩展性解释路径分析。就《最高人民法院关于适用〈中华人民共和国公司法〉若干问题的规定(三)》第十三条第二款②的扩展性解释是当前学界建构股东出资加速到期制度的另一条重要路径,而且这一路径在当前的司法实践中也有着明确的体现。该路径核心在于强调:该款内容既适用于已到出资期限的出资义务也包括未到出资期限的出资义务,即公司债权人有权请求"未履行或者未全面履行出资义务的股东在未出资本息范围内对公司债务不能清偿的部分承担补充赔偿责任"中的出资义务并非仅指到期出资义务,也包括未到期出资义务,这样就顺理成章地将股东认缴出资加速到期的义务包含在内。但是许多学者认为,该条款的规定只是针对实际到期出资义务而言的,不应对其做出拓展性解释,特别是该款内容强调了"未出资本息范围内",显然是已到出资期限,否则债权人不应有对出资利息的主张权利,所以如果对该款内容进行扩展性解释,也存着制度体系内的障碍。③ 本书认为,此解释路径争议较大,因此,如果直接对上述规定做出扩展性解释,并以此作为股东出资加速到期的法律依据,似乎缺乏足够的权威性与说服力。

最后,对《合同法》扩展性解释路径的分析。基于《合同法》路径建构股东出资加速到期制度也是学界的一个重要观点,这一观点又有两个分支:第一,依据权利滥用禁止理论,股东不能违反诚实信用原则这一"帝王条款",规定过长期限,却在公司不能清偿到期债务之时依然享有出资期限利益是不妥的;④第二,依据代位权原则进行追偿,债权人可以依据代位权原

---

① 参见王建文:《再论股东未届期出资义务的履行》,《法学》2017 年第 9 期,第 82 页。

② 该款具体内容规定如下:"公司债权人请求未履行或者未全面履行出资义务的股东在未出资本息范围内对公司债务不能清偿的部分承担补充赔偿责任的,人民法院应予支持;未履行或者未全面履行出资义务的股东已经承担上述责任,其他债权人提出相同请求的,人民法院不予支持。"

③ 参见王建文:《再论股东未届期出资义务的履行》,《法学》2017 年第 9 期,第 83 页。

④ 参见蒋大兴:《"合同法"的局限:资本认缴制下的责任约束——股东私人出资承诺之公开履行》,《现代法学》2015 年第 5 期,第 41 页。

则代位公司向股东进行追偿。① 本书认为,债权人(契约债权人)与公司之间是一种契约关系,基于《合同法》的路径可以建构加速到期制度,但是加速到期制度建构中不只涉及债权人与公司,还有公司股东,甚至董事等公司高管。同时,代位权强调的是债权人只能针对公司已到期债务实施代位权,对尚未到期的出资行使代位权面临制度内的困境。

所以,最后的路径应当是通过《公司法》进行直接的建构。但是,本书认为,基于《合同法》原理的论证是非常必要的,《合同法》原理可以为《公司法》关于股东出资加速到期制度的建构提供有力的论证支撑。

综上分析,本书主张,在《公司法》接下来的修订当中,应当直接、明确地规定债权人要求股东认缴出资非破产性加速到期的权利,这种规定会更具权威性,也能更好地平息学界以司法部门在具体适用中的争议与分歧,增强案件裁判的统一性与效率性。但是,这种直接规定应当是有条件的,即以公司不能清偿到期债务为前提,只有满足这一前提性条件,债权人才可以对未到期股东认缴出资主张加速到期的权利。

3.债权人行使权利的前提:公司不能清偿到期债务

公司不能清偿到期债务意味着公司失去了清偿能力,债权人已经不可能通过公司财产而得到债务的清偿或者合同的履行,此时如果认缴出资股东不履行加速到期义务,债权人的权利必然无法保障,也就是说股东之间关于出资期限的约定已经严重影响到了债权人的利益,显然这超出了契约自由的边界,契约自由不应伤害第三方当事人的利益。《破产法》的规定已经为我们提供了力证。我国《破产法》第三十五条明确规定,当公司破产时,破产管理人有权要求股东履行其未缴纳的出资义务,而不管其出资义务是否到期。这就充分说明了股东之间关于出资的意思自治是有边界的,当前对债权人产生损害之时,就出资期限自治即股东出资的期限利益就不再具有法律效力。可能有人会提出疑问,我国《破产法》第三十五条的规定是以破差程序的提起为前提的,但是破产程序的提起与公司不能清偿到期债务对特定债权人而言其结果一样的,都面临着债权人失去清偿能力的情形,其债权在当前情形下都无法获得全部甚至部分清偿。美国学者Stephen R. McDonnell 教授指出:"公司失去清偿能力的情形包括公司的

---

① 例如,叶林教授认为债权人可以通过代位权实现股东出资加速到期。具体参见章恒筑、蒋大兴、邓峰等:《认缴资本制度下的债权人诉讼救济》,《人民司法》2016 年第 16 期,第 97 页。

财产小于负债、公司不能清偿到期债务、公司已经启动破产程序。"①也就是说,公司不能清偿到期债务与启动破产程序都是公司失去清偿能力的具体表现,因此股东认缴出资加速到期制度如果可以在破产程序下适用,也应该可以在不能清偿到期债务的的情形下适用,因为两者的本质是相同的,即公司失去了清偿能力。

当然这里的不能清偿到期债务,需要债权人率先对公司行使诉权以及强制执行权,只有再债权人通过强制执行程序的实施仍不能获得债务的清偿的情形下,才能直接对股东未到期认缴出资主张加速到期的权利,这也体现着对股东认缴出资期限利益最大程度的尊重。

(三)赋予债权人要求股东认缴出资非破产性加速到期权利的逻辑根源

直接赋予债权人要求股东认缴出资非破产性加速到期的权利并不仅仅是出于立法的技术考量,而是有着其内在的逻辑根源,对其逻辑根源的明晰,则有助于证明该制度建构的合理性,进而促进该制度的立法推进与司法实施。然而由于债权人种类的差异,其具体逻辑根源的解释路径也各不相同。

1. 契约债权人要求加速到期的逻辑根源:债权人的合理期待权

"契约的建立是我们这个社会与法律体系的中心,无论是从现实关系还是基于隐喻的分析,都是如此。"②尽管股东出资期限利益是资本认缴制的核心机制,但这一期限利益有其适用的边界,而不是绝对的无条件地适用,这种边界就在于不得损害契约债权人对股东认缴出资义务具体履行的合理期待权。因为当公司与债权人进行交易时,债权人并不仅仅是依据公司的实缴资本做出商事决策,也会依据公司的整个注册资本数额做出决策,也就是说认缴资本也是债权人考量的重要因素。陈甦教授指出:"对于公司债权人的权益担保而言,认缴资本与实缴资本在财产担保数额上并无程度上的差别。"③公司的后续合同履行能力,包括在认缴出资期限到期前出资,毕竟公司章程规定的认缴出资期限是最终截止出资期限,理论上股东有可能为了公司业务的履行而提前缴纳出资,特别是当公司以整个注册

---

① Stephen R. McDonnell, Geyer v. Ingersoll Publications Co.: Insolvency Shifts Directors' Burden from Shareholders to Creditors, 19Delaware Journal of Corporate Law, 184(1994).

② Melvin Aron Eisenberg, The Bargain Principle and Its Limits, 95Harvard Law Review, 741 (1982).

③ 陈甦:《实缴资本的多重效用及其保障措施》,《法学杂志》2014 年第 12 期,第 50 页。

资本作为信用基础而与债权人进行交易的时候，其交易行为自身就应当隐含着"如果公司到期不能清偿债权人债务，认缴出资的股东就应当加速到期履行出资义务"的意思。这是公司债权人基于其与公司所订立商事契约所具有的合理期待权的必然要求。因为"公司与债权人之间的基本关系在本质上归属于契约关系"①，而"现代契约法已经承认了隐含在所有契约当中的善意与公平交易的隐性条款"②，"契约的目的是保障契约当事人的合理期待（reasonable expectations），同时防止一方当事人剥夺另一方当事人的契约成果"③。如果拒绝债权人对公司股东认缴出资加速到期的请求权，显然就是否定了债权人对其商事契约的合理期待权，这与现代契约法的精神主旨是相背离的。巧合的是，这种合理期待理由并不只反映在域外的契约法学理论当中，国内司法实践中也有所体现。例如，在"上海香通国际贸易有限公司诉上海昊跃投资管理有限公司等被告案件"中，上海市普陀区做出判决的重要理由之一就是：当公司出现突发状况，足以该改变债权人原理对公司资产状况的预期时，再坚持股东出资时间自治就是不合理的。④

2. 侵权债权人要求加速到期的逻辑根源：债权人的被动性与弱势性

侵权债权人不同于契约债权人，是非自愿债权人，其作为债权人的身份是被动的，是在公司侵权的情形下被迫成为公司债权人的，作为非自愿债权人，其对公司的资本信息并不了解，当公司失去清偿能力时，公司股东必须加速履行其认缴出资的义务，只有如此才能够保护侵权债权人，这是公平原则的必然要求。换句话说，相对而言，侵权债权人更加弱势，因为

① Harff v. Kerkorian, 324 A.2d 215, 222 (Del. Ch. 1974). In Harf/, the court noted, "[U]nless there are special circumstances which affect the rights of the debenture holders as creditors of the corporation, e. g., fraud, insolvency, or a violation of a statute, the rights of the debenture holders are confined to the terms of the Indenture Agreement ..." Id. See also Katz v. Oak Indus. Inc., 508 A.2d 873, 879 (Del. Ch. 1986) (holding that bondholders' rights are governed by the terms of the contract). In Katz, bondholders sought an injunction to prevent the consummation of an exchange offer and consent solicitation made by the corporation to holders of its long term debt. Id. at 873. In refusing to grant the injunction, the court noted that the directors generally owed no fiduciary duties to debt holders and the exchange offer did not violate any express contractual provisions. Id. At 879 n.7 & 881.

② Stephen R. McDonnell, Geyer v. Ingersoll Publications Co.: Insolvency Shifts Directors' Burden from Shareholders to Creditors, 19Delaware Journal of Corporate Law, 183 (1994).

③ Stephen R. McDonnell, Geyer v. Ingersoll Publications Co.: Insolvency Shifts Directors' Burden from Shareholders to Creditors, 19Delaware Journal of Corporate Law, 183 (1994).

④ 参见(2014)普民二(商)初字第5182号民事判决书。

"侵权请求并非源自双方的契约或者其他的合意关系,债权人没有机会去协商契约,也不是契约的受益人。因此就商法意义而言,侵权债权人是非常弱势的当事人"①。Helen Anderson 教授也对此做出了精彩的评论:"侵权债权人,例如一个由于公司疏忽而遭受侵害的人,是所有债权人中最脆弱的一个,因为当公司失去清偿能力、没有任何保险的时候,不能提供补偿给受伤害的原告。这些侵权债权人也没有能力去鉴别风险,并且事前没有任何关于公司财务情形的信息。"②由此可见,侵权债权人在债权的产生上具有明显的被动性,对公司财务信息具有明显的非知情性,在侵权行为产生的债权债务关系当中处于更加弱势的地位,如果在公司失去清偿能力的情形下,拒绝此类债权人对未届出资期限的股东行使加速到期请求权,显然有失公平原则。

三、完善公司法人人格否认制度:强化控制股东欺诈行为的规制

控制股东不仅掌握着公司的终极控制权,而且可以通过控制董事会进而控制公司日常经营决策,因此,对公司欺诈行为的规制,首先便在于约束控制股东的欺诈行为,公司人格否认制度则是强化这一规制的重要架构,美国著名公司法学者 Robert B. Thompson 教授甚至认为,公司人格否认制度是公司法中适用最为通常的制度。③ 对此我国《公司法》已经有了原则性的规定,但是其操作性较差,其具体适用条件仍需进一步推进。具体制度推进主要应当考量以下三个方面。

(一)明确其适用场合

对公司法人人格否认制度的完善首先就是应当明确其具体适用场合,对此,最高人民法院 2019 年《全国法院民商事审判工作会议纪要》(以下简称《会议纪要》)第二部分"关于公司纠纷案件的审理"对公司法人人格否认制度的适用提出了相关司法建议,具体包括"人格混同、过度控制与支配以及资本显著不足"三个主要方面,同时还对上述三个主要方面的具体构成进行了解析,这对促进公司法人人格否认制度的适用具有非常具体的指引

---

① Steven L. Schwarcz, Rethinking a Corporation's Obligations to Creditors, 17Cardozo Law Review, 663 (1996).

② Helen Anderson, Directors' Liability to Creditors - What are the Alternatives?, 18Bond Law Review, 6(2006).

③ Robert B. Thompson, Agency Law and Asset Partitioning, 71University of Cincinnati Law Review, 1325 (2003).

功能。① 但是,《会议纪要》中的相关规定只是一个司法参考建议,而且具体内容还需要进一步深入推进。本书认为,可以在最高人民法院发布司法解释中采取列举方式对此进行规定,例如资本不足、过度控制、形骸化、资产混同以及业务混同等等。当然这种规定应当尽量明细化,例如究竟什么是资本不足,在当前认缴资本制下对资本不足的界定应当强调公司资本与其所从事经营风险的对应性,而不仅仅是关注其实际出资是否与公司章程所确定注册资本相吻合,因为认缴资本制下《公司法》取消了最低注册资本要求,即使公司股东实际出资都如期到位,但是其最低注册资本数额非常小,与其经营中所承受的风险相比严重失衡,正如 Helen Anderson 教授在对澳大利亚《公司法》进行评论时所指出的,"因为立法并未规定初始的最低资本要求,因此公司在没有违反成文法或普通法规则关于公司资本维持原则的前提下,也会出现严重的资本不足"②。对于过度控制,则可以从多个方面加以分析,例如对公司人事任免的控制、对公司交易价格的控制、对公司担保行为的控制、对公司投资方向的控制、对公司福利分配政策的控制以及对公司业务展开的其他控制等相关方面来加以判断,而且这种控制不应局限于母子公司之间。究竟什么是资产混同,则可以从公司流动资金、主要生产设备以及固定资产等相关资产的使用方面加以分析。例如,就资金混同而言,如果公司股东(包括母公司与自然人股东)账户与公司账户之间存在着大额、频繁的资金往来,但是公司股东与公司之间没有合理的商业往来,股东对此无法做出合理解释的,即可认定为资产混同。③

(二)明确控制股东与公司的连带责任性质

明确控股股东的连带责任性质实质是确定对债权人赔偿的"责任顺位"问题,针对这一问题的立法选择对债权人保护而言尤其重要。就公司债权人请求而言,我国著名学者虞政平提出了"责任顺位"问题,主张债权人应当先诉公司,只有在获得针对公司的胜诉及其判决无法执行的前提下,才能追究背后股东的责任。④ 有学者主张债权人应当直接向控股股东要求承担无限责任;⑤有学者主张控股股东与公司共同向债权人承担责

---

① 具体内容参见 2019 年 9 月 11 日通过的《全国法院民商事审判工作会议纪要》第十一条、第十二条与第十三条。

② Helen Anderson, Directors' Liability to Creditors - What are the Alternatives?, 18Bond Law Review, 8(2006).

③ 参见最高人民法院民事裁定书(2020)最高法民申 1106 号案件。

④ 参见虞政平:《股东有限责任——现代公司法律之基石》,法律出版社 2001 年版,第 330 页。

⑤ 参见眭鸿明:《权利确认与民法机理》,法律出版社 2003 年版,第 297 页。

任,二者为连带责任;①有学者主张股东在公司之后承担债务偿还不足的填补责任。② 本书认为,第二种观点强调了控制股东无限责任的承担,但是公司作为债权人的交易人或者侵权人,其责任不应免除;第四种观点强调的是控制股东对债权人责任的填补责任,这容易助长控制股东机会主义行为心理,对控制股东的资本弱化行为形成逆向心理激励。为此,本书赞成第三种观点,应当规定控制股东对公司债务承担直接的连带责任,而不是补充性的填补责任,公司债权人可以直接要求其承担赔偿责任,也可以要求其与公司共同承担赔偿责任,因为其存在严重的主观恶意,应当强化对控制股东的责任处罚,并且出于对尚未提起相关诉讼或债权主张的债权人的保护需要,不允许其向公司追偿。这有助于威慑控制股东的机会主义行为,更好地阻吓其利用控制权实施资本弱化行为。

(三)强化案例指导

案例指导对弥补成文法的缺陷具有重要意义,而且在"全面性、深刻性、渐进性、便利性、灵活性、修正性等方面具有司法解释、类推制度以及一般原则或者一般条款所不具备的优点"③。显然,案例指导是推进公司法适用的一个重要路径,对公司法的适用应当重视案例指导,"相对于公司法具体条文而言,法院对公司法规则的理解和运用以及在司法过程中创造出新规则的过程,可以成为公司法的外生结构"④。对公司法人人格否认制度的适用更应重视案例指导,因为公司人格否认制度主要源自案例法⑤,其核心在于公平正义理念的适用。美国最高法院一直坚持认为,该规则是一个被应用于欺诈以及其他特别情形的罕见例外情况,通常情形下案例法构成其审判依据。⑥ 尽管当前我国《公司法》对其做出了原则性的规定,但是这种原则性规定严重制约着该制度在司法实践中的具体适用,因此,急需强化该规则适用的司法判例指导,并且这也有助于充分发挥公司法改革进程中司法能动主义。最高人民法院已经在强化案例指导方面做出了许多工作,例如发布了公司法人人格否认的相关指导案例,但是仍需进一步

① 参见刘俊海:《股份有限公司股东权的法律保护》,法律出版社 2004 年版,第 593 页。

② 参见虞政平:《股东有限责任——现代公司法律之基石》,法律出版社 2001 年版,第 330 页。

③ 徐景和:《中国判例制度研究》,中国检察出版社 2006 年版,第 33 页。

④ 罗培新:《公司法的合同解释》,北京大学出版社 2005 年版,第 334 页。

⑤ Ian M Ramsay, David B Noakes. Piercing the Corporate Veil in Australia, 19 Company and Securities Law Journal, 255 (2001).

⑥ Timothy E. Graulich, Substantive Consolidation—A Post-Modern Trend, 14 American Bankruptcy Institute Law Review, 533(2006).

推进,就具体方式而言,可以强化定期指导性司法判例的发布,并明确指导性司法判例的规范意义即必须"同样问题同样对待"以实现同案同判的效果,因为经过最高人民法院审定而发布的指导性案例具有非常强的代表性与权威性,明确它的规范意义对弥补公司法对公司法人人格否认制度成文化规制的不足具有重要价值。当然这里需要强调的是如果强化同案同判的规范意义必须充分保证相关案例裁决的公正性与科学性,这就需要最高人民法院必须对其发布的指导性案例进行严格的法律适用审核,确保案件裁决的质量,这必然也对最高人民法院的工作也提出了更高的要求。

四、完善股东抽逃出资制度:以维持公司资本充实原则为基础

关于抽逃出资行为究竟应当归属于公司设立阶段资本形成规制当中,还是属于公司经营阶段资本流转规制当中,学界有着不同意见。我国著名公司法学者刘燕教授认为:"抽逃出资发生在公司成立之后的持续经营期间。因此,那些在公司设立时或股东出资环节先转入资金旋即撤回的行为,就属于股东虚假出资而非抽逃出资。"①本书赞同刘燕教授的观点,所以在经营阶段资本流转规制中探讨对股东抽逃出资的规制。本书认为,即使是在认缴资本制下,依然需要强化对抽逃出资的法律规制,这是公司资本充实原则的必然要求,正如赵旭东教授所指出的,在认缴资本制下,对抽逃出资行为的防范和遏制仍然是公司资本制度的重要目标和任务。② 为此,当下有必要反思抽逃出资的规范解释思维及其制度设计,③进而在此基础拓补对"抽逃出资"的法律规制,以期更好地保护债权人利益。本书认为,应当重点从以下三个方面进行拓补。

(一)明确股东抽逃出资行为的概念界定

当前,无论是《公司法》还是《最高人民法院关于适用〈中华人民共和国公司法〉若干问题的规定(三)》,都未对股东抽逃出资进行明确的界定,股

---

① 刘燕:《重构"禁止抽逃出资"规则的公司法理基础》,《中国法学》2015 年第 4 期,第 197 页。

② 参见赵旭东:《认缴资本制下的股东有限责任——兼论虚报资本、虚假出资和抽逃出资行为的认定》,《法律适用》2014 年第 11 期,第 17 页。

③ 参见曹兴权:《抽逃出资禁止规范的变革》,《法治研究》2015 年第 3 期,第 90 页。笔者在中国裁判文书网进行案例检索的过程中也发现,在当前认缴资本制下,有的法院在对抽逃出资的认定上确实转变了思维方式,例如在"中储国际控股集团有限公司与山西煤炭运销集团曲阳煤炭物流有限公司公司减资纠纷案件"(具体参见(2017)最高法民终 422 号判决书)与"青岛润茂饲料有限公司、邢杰买卖合同纠纷案件"(具体参见(2020)鲁 13 民终 2392 号判决书)中,相关法院都指出,在认缴资本制下,在股东出资期限届满前,进行非法减资,其实质是抽逃出资,这种司法裁判观点破除了抽逃出资必须以实缴出资为前提条件的限制。

东抽逃出资缺乏一个清晰的法定概念,同时,学界对股东抽逃出资的界定也缺乏一个统一的权威性概念,正如邹海林教授所言,"在法解释学上,'抽逃出资'是一个非常不严谨的术语"①。概念的缺失对司法裁决产生了阻碍效应,"导致在司法实践中界定抽逃出资的行为时陷入困境"②。

因此,有必要对股东抽逃出资进行明确的概念性界定。在具体界定之前,有必要先分析一下当前学界关于抽逃出资概念的相关研究成果,这对本书界定股东抽逃出资具有重要的参考价值。当前学界对抽逃出资的界定主要有三种进路:第一,以"侵犯公司财产说"为进路进行界定,强调股东抽逃出资实质是对公司财产的侵犯,而且股东抽逃出资中的"出资"难以明确,往往与公司资产相混淆,如果用"股东抽逃出资"这个概念,将会产生逻辑上的冲突。所以,应当用"侵犯公司财产"的概念来替代"股东抽逃出资的概念。"③第二,以"公司股东非法取回出资说"为进路进行界定,强调股东抽逃出资就是在实际缴纳出资后又取回出资的违法行为,此界定方式将重点放在了股东对出资的缴付与取回两种行为之上,在概念界定中并未强调其对公司等相关主体的具体危害后果。④ 具体而言,不同学者在分析中又有不同的侧重点,有学者强调取回方式的隐蔽性,有学者强调取回方式的非法定程序性。第三,以"不正当分配说"为进路进行界定,认为股东抽逃出资是国内学界使用的概念,尽管我国《公司法》以及《最高人民法院关于适用〈中华人民共和国公司法〉若干问题的规定(三)》都对其做出了相关规定,但是域外立法当中并未直接使用这一概念,而是从资产分配的视角对类似行为加以规制,将抽逃出资定位为不正当分配行为。⑤

上述不同学者对股东抽逃出资的理解不同,界定方式也存在着差别,因此各自强调的重点也就不同。本书认为,"侵犯公司财产说"将重点落脚于抽逃出资对公司财产的侵害,但是侵害公司财产的方式多种多样,比如放弃公司债权的行为、非对价的抵押品赎回权让与行为等等,如果直接用"侵害公司财产说",相当于扩展了抽逃出资的意涵。"不正当分配说"重点

① 邹海林:《我国司法实务应对公司注册资本规制改革的路径选择》,《法律适用》2014 年第 5 期,第 20 页。

② 樊云慧:《从"抽逃出资"到"侵占公司财产":一个概念的厘清——以公司注册资本登记制度改革为切入点》,《法商研究》2014 年第 1 期,第 107 页。

③ 参见樊云慧:《从"抽逃出资"到"侵占公司财产":一个概念的厘清——以公司注册资本登记制度改革为切入点》,《法商研究》2014 年第 1 期,第 108 页。

④ 参见郑曙光:《股东违反出资义务 违法形态与民事责任探究》,《法学》2003 年第 6 期,第 63 页。

⑤ 参见罗娇:《抽逃出资概念的反思与重构》,中国政法大学 2012 年硕士论文,第 35-36 页。

考量了股东抽逃出资与不正当分配之间的关联性,并且国外一般都是将实质性的股东抽逃出资行为纳入广义的分配范畴加以规制,但这种界定也存在不足,因为股东可能通过内部交易等其他路径取回出资,这也是《最高人民法院关于适用〈中华人民共和国公司法〉若干问题的规定(三)》所明确列举的抽逃出资方式之一,因此直接将其纳入广义的分配范畴加以规制,可能会缩减对股东抽逃出资的裁判空间。

鉴于以上分析,本书倾向于第二种界定进路,即以"公司股东非法取回出资"为进路进行界定,但是这种界定应当与公司资本维持原则联系在一起,因为我国《公司法》与《最高人民法院关于适用〈中华人民共和国公司法〉若干问题的规定(三)》之所以对股东抽逃出资进行规定主要是为了防止股东不正当取回出资,破坏公司资本维持原则,损害债权人利益。正如刘燕教授所言,"公司法禁止抽逃出资的主要目的是保护债权人"[1],因此公司股本被侵蚀是认定抽逃出资的必要条件[2]。所以,对债权人的保护是在我国公司法语境下对股东抽逃出资行为进行规制的主要目的,在对股东抽逃出资行为进行界定时必须考量我国《公司法》的这种特别立法用意。

因此,本书建议对股东抽逃出资的界定应当重点考量以下几个构成要素:第一,股东已经实际缴纳出资。只有发生了实际缴纳出资,才构成抽逃出资,这是界定抽逃出资的基本前提。第二,股东取回出资。无论是取回全部出资还是取回部分出资,即使是股东取回资产超出其全部出资,这并不影响抽逃出资行为的成立,只是"超出部分应当按照侵害公司财产权"[3]来处理。第三,股东取回出资的行为侵害了公司股本,破坏了公司资本维持原则。第四,股东取回出资的违法性。这种违法性是指不符合公司法的规定,并非仅仅指不符合法定程序,也包括对公司法实体规定的违反,也就是说"抽逃出资行为的违法性可以从实体与程序两方面分析"[4]。因为抽逃出资行为也许符合法定程序,但是董事却违反信义义务使那些本不该通过的关联交易在表决中通过,从而造成程序合法但内容违法的行为出现,因此对股东取回出资的非法性要兼顾形式非法性与实质内容非法性两个方面。

---

[1]　刘燕:《重构"禁止抽逃出资"规则的公司法理基础》,《中国法学》2015 年第 4 期,第 195 页。

[2]　参见刘燕:《重构"禁止抽逃出资"规则的公司法理基础》,《中国法学》2015 年第 4 期,第 194 页。

[3]　奚晓明:《最高人民法院关于公司法解释(三)、清算纪要理解与适用》,人民法院出版社 2011 年版,第 203 页。

[4]　罗娇:《抽逃出资概念的反思与重构》,中国政法大学 2012 年硕士论文,第 4 页。

鉴于以上分析,本书认为抽逃出资可以界定为:股东在实际缴纳出资之后,违反公司法规定,将其出资全部或部分取回,侵害公司股本,违反公司资本维持原则,并损害公司、股东以及债权人利益的行为。为了防止股东抽逃出资范围的扩大化,以致将其与违法分配等行为相混淆,应当强调股东抽逃出资对股本的侵害。正如刘燕教授指出的,如果股东"抽回出资"的行为未损害到公司股本,不宜界定为抽逃出资行为,其实质可以纳入违法分配范畴。① 本书赞同这一观点,因为公司资本维持原则的主要目的是保护债权人权益,即使是股东非法取回出资,如果没有侵害公司股本,就不能纳入抽逃出资范畴。如果股东抽逃出资的数额超过了其实际出资的数额,则应当在其出资范围内认定为抽逃出资,对于超过其出资数额的部分应当认定为侵害公司财产的行为。②

(二)推进股东抽逃出资行为的案例指导

判例是一种重要的法源,它能够有效地弥补制定法不足。③ 就股东抽逃出资行为的法律规制而言,同样需要判例的有力支撑。例如,2011年《最高人民法院关于适用〈中华人民共和国公司法〉若干问题的规定(三)》第十二条利用列举加兜底式的方式,对股东抽逃出资行为进行了比较详细的规制。具体规制则可以总结为以下五种类型:第一,验资后转出型;第二,虚构债务转出型;第三,虚报利润转出型;第四,关联交易转出型;第五,其他非经法定程序转出型。2013年《公司法》认缴资本制改革取消了强制验资程序,因此最高人民法院在2014年对《最高人民法院关于适用〈中华人民共和国公司法〉若干问题的规定(三)》进行了修正,删除了第一种类型即"验资后转出型",实际上只剩下虚构债务型转出、虚报利润型转出、关联交易型转出以及其他非经法定程序型转出四种类型。

但是就抽逃出资的遏制而言,相对于抽逃出资在实践中形形色色的发展,上述四种类型的概括依然是粗线条的,需要典型司法判例的支撑,从而在实践中将上述规定不断具体、细化地展开,从而为抽逃出资在司法实践中的具体规制提供更加明确的指引。具体而言,判例的支撑应当主要从以下两个方面展开:第一,通过判例细化关联交易的具体形式。关联交易的

---

① 参见刘燕:《重构"禁止抽逃出资"规则的公司法理基础》,《中国法学》2015年第4期,第196页。
② 参见奚晓明:《最高人民法院关于公司法解释(三)、清算纪要理解与适用》,人民法院出版社2011年版,第203页。
③ 参见姚辉:《民法的法源与法学方法》,《法学杂志》2012年第7期,第60页。

具体形式多种多样,需要通过司法案例指导的方式进一步对其进行的具体化规定,把那些司法实践中认定的典型的关联交易形式加以确认。例如,通过对赌协议进行的抽逃出资行为,可能不同的法院对对赌协议认定的性质不一样,对其是否造成抽逃出资的后果也有着不同的认定,因此需要通过最高人民法院发布指导案例的方式加以明确,为未来相关案件的司法裁判提供具体的指引。第二,通过判例对"其他未经法定程序"的这一规定进行矫正。因为除了虚构债务型转出、虚报利润型转出以及关联交易型转出之外,还存在着许多经过法定程序但是依然实质违法的抽逃出资行为。例如,有些本不该在董事会上通过的关联交易确实经过了法定程序决议,但是董事却在表决中违反信义义务予以通过,这种行为也应当属于抽逃出资行为。所以,《最高人民法院关于适用〈中华人民共和国公司法〉若干问题的规定(三)》第十二条对抽逃出资类型列举的兜底条款即"其他未经法定程序将出资抽回的行为"需要通过判例进行修正性解释。

(三)完善股东抽逃出资行为的法律责任规制

认缴资本制下的股东自治,并不是绝对的,"并不意味着公权力的全面退出,而是要合理配置行政权与司法权实现公司自治、行政监管与司法干预在公司事务上的和谐共生"[1]。对抽逃出资的规制也是如此,上述规制理念体现在法律责任上就是要对股东抽逃出资行为设置科学的民事责任、行政责任以及刑事责任,特别是在当前学界普遍关注民事责任的设置与刑事责任的存废的情形下,行政责任也应当得到应有的重视,从而建立一个多层次、高效率法律责任制度体系。

1.完善股东抽逃出资行为的民事责任规制

《最高人民法院关于适用〈中华人民共和国公司法〉若干问题的规定(三)》已经对股东抽逃出资的民事责任做出了较为详细的法律规制,但是为了更好地保护债权人利益,其具体制度仍需推进。当前,以下两个方面亟须完善。

首先,明确股东抽逃出资举证责任的配置。举证责任的配置关系到诉讼权利的具体实现,尽管《最高人民法院关于适用〈中华人民共和国公司法〉若干问题的规定(三)》明确了公司、股东以及债权人对抽逃出资行为的民事诉讼权利,但是并没有直接、明确地规定举证责任的配置,法院在具体案件的审判中往往参照《最高人民法院关于适用〈中华人民共和国公司法〉

---

① 李建伟:《论公司行政权解散的存废》,《环球法律评论》2013年第5期,第59页。

若干问题的规定（三）》第二十条的规定进行举证责任分配，但这并非直接、明确的规定。由于抽逃出资行为具有较强的隐蔽性，特别是对债权人而言，其对公司事务缺乏充分的信息了解，因此普通诉讼中的举证责任规则即"谁主张、谁举证"显然在这里不宜直接适用。所以，在规制抽逃出资的民事诉讼举证责任配置中，应当明确公司债权人只需提供股东进行抽逃出资的初步证据或有关线索即可①，由相关股东承担没有进行抽逃出资的反证义务。

其次，优化对抽逃出资中董事等高管人员的民事责任追究。在股东抽逃出资中，公司董事等高管人员往往起着重要作用，因为"董事（包括其他高管人员）有权利管理公司事务，因此其对公司行为有着重要的控制权"②。所以，强化对董事等高管等的民事责任规制无疑有助于更好地遏制股东抽逃出资行为，从而更好地保护债权人利益。尽管《最高人民法院关于适用〈中华人民共和国公司法〉若干问题的规定（三）》第十四条明确了公司董事等高管对股东抽逃出资的民事责任，强调公司债权人有权要求协助股东抽逃出资的公司董事等高管人员在股东抽逃出资本息范围内承担连带责任，但是第十四条明确了董事等高管承担连带责任的前提条件是"协助抽逃出资"，而实践当中如何对"协助抽逃出资"进行认定则是一个急待明确的重要问题。例如，从字面含义来看，协助应当是一种有目的、有意识的帮助行为，所以积极地帮助抽逃是协助，但如果不是积极地进行帮助，而是放纵对抽逃出资行为的进行，或者由于疏忽大意而没有尽到合理的审查义务，例如在股东通过虚构债权债务关系转出公司资本时，董事未尽到合理审查义务，是不是应当对债权人承担连带责任？这需要加以明确的规范。本书认为，只要董事等高管在公司股东抽逃出资行为的进行过程中，没有尽到合理的注意义务，就应当责令其在股东抽逃出资本息范围内向债权人承担连带责任，而不是局限于积极、有意识的协助行为。这种规定有助于强化公司董事等高管注意义务的履行，更好地阻止抽逃出资行为的发生。

最后，明晰股东抽逃出资后股权转让的民事责任规制。实践当中存在着许多股东在抽逃出资后再进行股权转让的情形，在这种情形下，抽逃出资股东对债权人责任的承担该如何确定，《最高人民法院关于适用〈中华人

---

① 参见胡田野：《公司法律裁判》，法律出版社 2012 年，第 130 页。

② Barrye Adler, Marcel Kahan, Technology of Creditor Protection, 161 University of Pennsylvania Law Review, 1782(2013).

民共和国公司法〉若干问题的规定(三)》并未进行明确的规定。尽管《最高人民法院关于适用〈中华人民共和国公司法〉若干问题的规定(三)》第十八条规定,债权人有权对“未履行或者未全面履行出资义务”就进行股权转让的股东与对此知情的受让股东追究连带责任,但是抽逃出资毕竟不同于“未履行或者未全面履行出资义务”,不宜将对“未履行或者未全面履行出资义务”股东的股权转让直接纳入该条规制之中。因为抽逃出资多发生在公司设立完成之后,股东已经履行了出资义务,而且股东有可能是在公司设立并进入经营阶段后较长一段时间才进行抽逃出资行为,并不是公司成立后旋即将出资转走,所以,股东抽逃出资与“未履行或者未全面履行出资义务”还是存在较大区别的,不宜将“未履行或者未全面履行出资义务”股东的股权转让规则直接适用扩展性解释,进而通过这种扩展性解释将对抽逃出资下的股权转让情形纳入其规制当中。所以,本书建议应当直接就抽逃出资股东的股权转让法律规制做出明确的规范,如果股东抽逃出资后再进行股权转让,公司又不能清偿债权人的到期债务,债权人有权要求抽逃出资股东与受让股东在其抽逃出资范围内对债权人承担连带赔偿责任,从而为司法实践中具体案件的认定提供明确的指引。

2.完善股东抽逃出资行为的行政责任规制

尽管公司法改革的方向是推进事后司法规制,但是行政规制手段也可以在事后发挥重要作用,例如事后的行政处罚。无论是我国《公司法》还是《公司登记管理条例》,都对股东抽逃出资行为的行政责任做出了规定:由公司登记管理机关责令改正,处以抽逃出资额度5%～15%的罚款。这种行政处罚也具有重要意义,正如赵旭东教授所指出的,在认缴资本制下,依然需要强化对资本违法行为的行政处罚。① 本书认为,行政处罚功能不可忽视,因为行政处罚增加了股东的违法经济成本,能够对其形成更好的威慑,甚至能够提高对债权人的救济效率,因为事后的诉讼可能需要漫长的时间,而责令改正的行政处罚效率更高。所以,本书建议从以下两个方面推进股东抽逃出资的行政责任规制:第一,明确公司登记管理机关责令股东返还抽逃出资的具体时限。因为公司登记管理机关责令改正措施的实施,可能使得抽逃出资股东迫于法律压力较快地返还抽逃资本,得以更好地保护公司财产,并及时支付债权人债务,比债权人通过起诉股东获得赔

---

① 参见赵旭东:《资本制度变革下的资本法律责任——公司法修改的理性解读》,《法学研究》2014年第15期,第31页。

偿需要的时间更短,也有利于降低债权人的维权成本,比如规定责令股东在 1 个月内返还抽逃出资。第二,根据抽逃出资返还情况确定对抽逃出资股东罚款的具体比例。股东抽逃出资的具体动机、数额、方式以及目的可能各不相同,特别是对那些抽逃出资数额不大、能够在公司登记管理机关规定的时限内较快返还的股东,可以处以较低数额的罚款,比如执行法定罚款比例的最低限额即抽逃出资数额的 5%,如果不能在责令返还的期限内进行返还,可以处以较高比例的罚款。

3. 完善股东抽逃出资行为的刑事责任规制

当前认缴资本制下,抽逃出资行为的刑事责任规制已被取消[1],抽逃出资实现除罪化。但是许多学者对此存有异议,认为抽逃出资除罪化不利于遏制抽逃出资行为的发生,在公司资本认缴制下,依然需要对抽逃出资行为施以刑事责任规制。例如,朱慈蕴教授明确指出,对于普通公司直接地、简单地排除虚假出资和抽逃出资罪的适用是否恰当值得考虑。[2]

本书认为,在当前的认缴资本制下不应将抽逃出资行为做除罪化处理。因为即使是在认缴资本制下,公司资本的信用功能并未发生改变,公司注册资本越高,相对信用基础越雄厚,公司实缴资本数额越高,公司的实际信用能力就越强,而且即使是在认缴资本制下,依然有许多企业会设置非常高的注册资本,并且拥有较高的实缴资本,以此证明自己的信用能力,从而为自己的商事交易奠定良好的信用基础,并以之获取更多的市场交易机会。更重要的是,实缴资本是必须公示的信息,显然已经成为法定的公司信用载体。如果这些公司的股东进行抽逃出资,与认缴资本制改革前的股东抽逃出资行为没有任何本质的区别,其产生的危害性也并没有降低,因此抽逃出资的刑事规制与认缴资本制立法模式之间并不存在着直接的否定性关联,认缴资本制的确立并不代表着实缴资本信用能力的降低,并不代表着股东不会从事抽逃出资行为,也并不代表着股东抽逃出资具体危害性的降低,因此不应将其做除罪化处理。同时,也有学者认为,刑法具有独立性,刑法对抽逃出资的规制不应当与公司法资本规制改革必然性地联系在一起,而且"正是由于刑法的独立性,所以刑法规范的目的与公司法规

---

① 2014 年 4 月 4 日,全国人大常委会发布立法解释,《刑法》第一百五十八条、第一百五十九条关于虚报注册资本罪、虚假出资罪以及抽逃出资罪的规定不再适用于实施认缴资本制的公司,只适用于实施实缴资本制的公司。

② 参见朱慈蕴、刘宏光:《完全认缴资本制下公司资本监控制度"转型"与"升级"》,载王保树:《中国商法年刊》,法律出版社 2014 年版,第 78 页。

范的目的亦是不同的,继而规范的规则和机制也不同"①。刑法的规制重在保护社会公益,相对而言,公司法则重在保护公司债权人的私益,因此应当保留抽逃出资罪,但是应当将其改成侵犯公司财产罪。② 本书认为,在当前的认缴资本制模式下,应当保留《刑法》在 2014 年修正前第一百五十九条关于股东抽逃出资罪的法律规制,特别是在当前我国整体商事信用机制尚不健全的情形之下,有必要通过刑事责任的保留对股东抽逃出资行为进行更加有力的威慑。

五、构建专门反公司欺诈转让制度:以恢复公司清偿能力为中心

对公司欺诈行为的直接规制是防止公司资本弱化机会主义行为、保护公司债权人利益的有效路径。

在英国,对欺诈的规制有着悠久的历史,早在 1571 年英国议会就通过了《伊丽莎白 13 法案》,其中第 5 条对欺诈交易行为进行了明确规定:任何债务人为了妨碍、拖延或者欺骗债权人而进行的财产转让都是非法的和无效的。③ 英国 2006 年《公司法》也强化了对欺诈行为的规制:该法第 458条对欺诈行为进行了明确的规制,甚至要求董事应对其欺诈债权人的经营行为承担刑事责任,不论这种行为对公司财务状况影响如何,因为没有任何法律会鼓励欺诈,即使这种行为对公司业绩没有任何消极影响。④

在美国,则是有专门的反公司欺诈交易立法即《统一欺诈转让法》,"该法直接源自英国于 1571 年通过的《伊丽莎白 13 法案》"⑤,对欺诈行为的规制发挥着重要作用⑥,是美国控制资本弱化行为、实现资本规制理想效果的重要制度架构。相对于公司法人人格否认制度,其不仅规制范围更加广泛,而且适用条件更加宽松,对债权人利益保护更具优势。因为"公司人

---

① 李军:《认缴制下对"资本三罪"的修订或重新解读——"废用论"外的另一条可行路径》,《政治与法律》2015 年第 9 期,第 57 页。

② 参见李军:《认缴制下对"资本三罪"的修订或重新解读——"废用论"外的另一条可行路径》,《政治与法律》2015 年第 9 期,第 60 页。

③ see Paul P. Dley, Mitchel Appelbaum, The Modernization of Massachusetts Fraudulent Conveyance Law: the Adoption of the Uniform Fraudulent Transfer Act, 82 Massachusetts Law Review, 337-352(1998).

④ Paul Davies, Directors' creditor-regarding duties in respect of trading decisions taken in the vicinity of insolvency, 7European Business Organization Law Review, 318(2006).

⑤ Peter A. Alces, Luther M. Dorr, Critical Analysis of the New Uniform Fraudulent Transfer Act, 1985University of Illinois Law Review, (527)1985.

⑥ Paul Davies, Directors' creditor-regarding duties in respect of trading decisions taken in the vicinity of insolvency, 7European Business Organization Law Review, 316(2006).

格否认制度中债权人一般情况下必须证明股东对公司的控制或者通过不当行为获取了利益"①,但是"相比较而言,欺诈转让法的救济则不需要以股东对公司的控制以及不当行为为前提"②。而且其适用范围也在不断地扩展,"最明显的是,债权人可以利用该制度对杠杆交易进行救济,杠杆交易被视为欺诈交易"③。尽管许多杠杆交易并非欺诈性交易,但是"法院倾向于将杠杆交易作为潜在的欺诈性交易"④。因此,有必要确立针对以公司名义进行欺诈交易行为的专门性立法。

制定专门反公司欺诈转让制度的目的在于对欺诈交易行为进行矫正,其核心是恢复由于欺诈转让导致的公司财产转移关系,进而保护公司债权人利益。为了更好地规制公司经营阶段的欺诈行为,我国也有必要借鉴美国的经验,建立专门性的反公司欺诈转让制度。对该制度的构建应重点关注以下几个方面:

首先,明确欺诈转让意涵。对欺诈转让意涵的科学界定是构建专门性反欺诈交易立法的逻辑基础,对此概念的界定要具有充分的涵盖性,尽量将各种可能的欺诈行为都纳入进来,唯有如此才能对公司控制者的欺诈心理形成有力的威慑,遏制其机会主义行为,进而更充分地保护债权人利益。欺诈转让行为的本质是公司资本弱化的机会主义行为,而"负债公司的股东有强烈的动机以当前债权人的利益为代价,去实施各种各样的机会主义行为"⑤。所以,公司欺诈转让行为的种类是繁多的,而且可能伴随着社会经济的发展而不断变化。因此,必须对其进行周严的界定,为此本书建议将其界定为:任何能够导致公司债权人债权被欺骗、阻碍与拖延的资产处置行为,具体"包括各种处分或放弃财产或财产权益的行为,无论其行为是直接还是间接、绝对的还是附条件的、自愿的还是非自愿的,包括金钱支付行为、免除行为、出租行为或创设担保或其他负担"⑥。这种欺诈转让意涵

① see Stephen M. Bainbridge, Abolishing Veil Piercing, 26 The Journal of Corporation Law - Wikipedia, 479 (2001).

② Barry E. Adler, Marcel Kahan, The Technology of Creditor Protection, 161 University of Pennsylvania Law Review, 1788-1789(2013).

③ Douglas G. Baird, Thomas H. Jackson, Fraudulent Conveyance Law and Its Proper Domain, 38 Vanderbilt Law Review, 850-854(1985).

④ Bruce A. Markell, Following Zaretsky: Fraudulent transfers and unfair risk, 75 The American Bankruptcy Law Journal, 316-339(2001).

⑤ Luca Enriques, Jonathan R. Macey, Creditors Versus Capital Formation: The Case against the European Legal Capital Rules, 86 Cornell Law Review, 1168 (2001).

⑥ 参见《统一欺诈转让法》第 1 条第 a 款第 12 项。

的界定也是对美国《统一欺诈转让法》的借鉴,其实质是把各种可能导致公司资本减少的行为都涵盖进去,防止对公司资本欺诈行为规制的遗漏。

其次,明确公司欺诈转让行为认定的前提。要通过建立专门性反欺诈转让法,对欺诈转让行为进行规制,就必须明晰对公司欺诈转让行为进行认定的前提,而这一前提就是公司已经失去清偿能力或者即将失去清偿能力,这是适用专门性反欺诈交易法的首要条件。"除非公司已经失去清偿能力,否则导致公司盈余减少的分配行为不会被认定为欺诈交易,更何况公司债权人保护还依赖于各种隐含的或者明确规定于普通公司法中的各种规范。"①因为"债权人最为关心的是其债务到期后能否被清偿"②,所以公司的清偿能力对债权人而言至关重要,只要公司具备清偿能力,债权人的权益就能得到保障,在此基础上所进行的各种财产转让不会损害债权人利益,因此没有必要将其作为欺诈转让行为加以对待。这一点在美国1984年《统一欺诈转让法》中有着清晰的体现③,正如 Peter A. Alces 与 Luther M. Dorr 教授所言,"在《统一欺诈转让法》下,当前债权人可以撤销债务人(转让人)的转让行为,如果债务人(转让人)从受让人那里收到不合理的转让对价,并且债务人(转让人)在进行此项转让行为时已经失去清偿能力或者将因此项转让行为而失去清偿能力"④。在能够保证债权人债务得到足额清偿的前提下,如果公司进行非对价转让行为,损害公司或者债权人利益,可以通过公司法其他制度加以追究,而不应认定为欺诈转让行为,因为专门性反欺诈转让法是针对债权人保护而言的。C. Graham 与 W. King 教授通过一个更加通俗的例子对此进行了解释:"至于什么是欺诈交易,这一点很清楚,如果一个人(公司)明知其没有支付能力却诱使供货商提供货物就是欺诈。"⑤

再次,明确欺诈转让形式的类型化构成。欺诈的形式多种多样,因此需要对其构成进行必要的类型化分析,这有助于司法实践当中对欺诈转让行为的具体认定。具体类型化的建构应当既体现出对欺诈行为的确定性

---

① Powers v. Heggie, 268 Mass. 233, 167 N. E. 314 (1929); Scriggins v. Dalby Co., 290 Mass. 414, 195 N. E. 749 (1935).

② Kathleen van der Linde, The Regulation of Conflict Situations Relating to Share Capital, 21South African Mercantile Law Journal, 47(2009).

③ see Uniform Fraudulent Tansfer Act § 5(a).

④ Peter A. Alces, Luther M. Dorr, Critical Analysis of the New Uniform Fraudulent Transfer Act, 1985University of Illinois Law Review, (542)1985.

⑤ C. Graham,W. King, Extending Fiduciary Principles to the Director-Creditor Relationship: A Canadia Perspective, 29Manitoba Law Journal, 250 (2003).

界定又体现出足够的灵活性,这显然具有相当的技术难度。美国阿拉巴马大学法学院 Peter A. Alces 教授指出:"欺诈的形式是多种多样的,制定既有合理确定性又有充分灵活性的欺诈规则是商法起草者面临的一个重大挑战。"①这种挑战在对欺诈行为的类型化构成规制中有着鲜明的体现,如何通过清晰、明确的类型化梳理对欺诈转让行为进行系统性规制确实是立法建构中面临的一个挑战。对此,本书建议借鉴美国《统一欺诈转让法》的规定,将其分为实际欺诈与推定欺诈,其中对推定欺诈的认定充分显示着对欺诈行为规制的灵活性。实际欺诈指具有阻碍、延缓、欺骗债权人实际意图的转让财产或者招致义务的行为。② 实践当中对实际欺诈的指控需要债权人证明债务人进行欺诈的真实主观意图,但是因为欺诈具有很强的隐蔽性,债权人的指控很难获得法庭支持。所以,推定欺诈成为债权人寻求救济的一个重要路径。推定欺诈是指只要具备某些客观要素,就可以推定欺诈成立,而不需要考虑债务人内心的真实意图,具体可以从其资产转让对价的获取、是否为偏颇性清偿以及当时公司实际清偿能力等相关因素加以判断,如果在公司失去清偿能力的情况下进行非对价交易或者向内部人进行偏颇性清偿,就可以认定为推定欺诈。Graham 与 King 教授对欺诈交易做了一个形象的说明:"如果一个公司在某一特定时间内开展业务并招致债务,而就公司董事所了解的情形而言,公司债权人的债务在将来没有任何能够获得清偿的合理迹象,一般情况下可以得出一个推论,即公司正在进行商业欺诈行为。"③

最后,明确规定对欺诈转让的救济方式。科学地设定对欺诈转让行为的救济方式直接关系到对已经发生的欺诈行为的矫正效果,同时也关系到对公司控制者从事欺诈行为的威慑效果。对此,可以借鉴美国《统一欺诈转让法》的规定,即债权人可以通过行使撤销权使转让行为归于无效进而恢复债务人财产,同时可以对债务人财产进行直接扣押或者向法院申请进行转让冻结。如果被转让的财产无法恢复,债权人可以对相关董事以及财产受让人提起民事赔偿诉讼,甚至可以主张惩罚性赔偿,因为在公司已经失去清偿能力的情形下,董事或者股东进行欺诈转让行为带有很明显的恶

---

① Peter A. Alces, Luther M. Dorr, Critical Analysis of the New Uniform Fraudulent Transfer Act, 1985University of Illinois Law Review, (527)1985.

② 参见《统一欺诈转让法》第 4 条第 a 款第 1 项。

③ C. Graham, W. King, Extending Fiduciary Principles to the Director-Creditor Relationship: A Canadia Perspective, 29Manitoba Law Journal, 250 (2003).

意,"这种受信人(受托人)故意违反信义义务的情形如同他或她故意或恶意侵权的情形,应当承受惩罚性赔偿的后果"①。如果最终给债权人造成损害,却无法赔偿,且数额巨大的,从事实际欺诈的董事以及股东等当事人应当承担刑事责任。

六、构建董事对债权人信义义务制度:以规范董事经营决策为中心

公司董事不仅具有借助机会主义行为直接进行欺诈行为的动机,而且许多时候会借助看似合法的程序直接或间接地协助控制股东进行资本弱化行为,因此强化对董事的规制,是防止公司资本欺诈转让的重要一环。②特别是在公司的经营阶段,公司董事直接掌握着公司经营决策权,对董事的资本处置行为进行直接规制可能更具威慑意义,其核心是构建董事对债权人的信义义务制度,强化董事对债权人的民事责任。美国《印第安纳州法律杂志》(Indiana Law Journal)在对资本规制的评议(notes)中对此给予了有力的说明:"公司债权人对公司资本非法减少或者非法分配的主要救济措施并不是对距离遥远的股东提起诉讼,而且股东可能因为善意地接受分配而受到法律保护,而是应当对公司董事提起诉讼,因为是公司董事批准非法分配的。"③因此,确立董事对债权人的信义义务对经营阶段资本规制而言,意义尤其重要,毕竟"责任应当被施加在直接进行违法分配行为的人之上"④。尽管当前对董事是否应当直接向债权人承担信义义务还存着显著的争议,并且这种争议在国内外学界以及司法界都广泛地存在着,但是"可以肯定的是,要求董事承担信义义务是各种债权人保护措施当中更为合适的一个,因为该制度不仅会使债权人扩展获得补偿的资金来源,

---

①　Darryn Jensen, Punitive Damages for Breach of Fiduciary Obligation, 19University of Queensland Law Journal, 126 (1996).

②　Adam Feibelman, Equitable Subordination, Fraudulent Transfer, and Sovereign Debt, 70Law and Contemporary Problems, 176(2007).

③　Notes, The Corporate Creditor and Legislative Restrictions on the Distribution of Capital, 30Indiana Law Journal, 243(1955). 对本文注释的特别说明:本文是《印第安纳州法律杂志》(Indiana Law Journal)自身的评论文章,没有具体的署名作者,是该杂志针对资本制度发表的评论(notes)。

④　Notes, The Corporate Creditor and Legislative Restrictions on the Distribution of Capital, 30Indiana Law Journal, 243(1955). 对本文注释的特别说明:本文是《印第安那州法律杂志》(Indiana Law Journal)自身的评论文章,没有具体的署名作者,是该杂志针对资本制度发表的评论(notes)。

而且能够有效阻止损害债权人利益行为的出现"①。对该制度的构建应重点关注以下两个方面②。

(一)正常经营阶段董事对债权人信义义的承担

我国学者王艳华教授认为,"董事对债权人信义义务的承担,贯彻于公司经营的全过程"③,包括公司设立阶段、经营阶段以及破产阶段,就具体经营阶段而言,不仅包括濒临破产阶段,也包括非濒临破产的公司正常经营阶段。澳大利亚早期的相关案例也可以对此给予支持,在著名的"Walker v Wimborne"一案中,"Mason Jr 大法官并未将董事对债权人的信义义务限制于公司破产或者陷入财务困境的情形"④,只是强调"公司董事在做出决策时应当考量公司股东和债权人利益,任何对债权人利益考量的失败都会给公司和董事自己造成不利影响"⑤。Mason Jr 大法官的上述思想后来被称为"考量债权人利益理论(the consider-creditors theory)"⑥,该理论不受公司经营状态的影响。同样,英国利兹大学法学院 Andrew Keay 教授也认为:"一个辖区(国家或地区)的成文法或者案例法应规定董事考量除股东外其他主体的利益,包括债权人的利益,即使是公司并非处于濒临破产的边缘。"⑦本书认为,董事对债权人的信义义务存在于公司正常经营阶段,主要包括以下两个方面。

1. 消极信义义务:不得违法分配股利的信义义务

公司设立后即进入经营阶段,一旦公司进入经营阶段,公司董事就可以借助控制权进行违法分配,比如违反公司法关于资产负债比的规定进行分配,分配之后使得公司资本小于负债,或者分配之后使得公司失去及时的清偿能力,尽管就财务数据看,分配之后公司资本依然大于负债,但是却

---

① Helen Anderson, Directors' Liability to Creditors - What are the Alternatives? 18Bond Law Review, 16(2006).

② 严格来讲,这两个方面即"正常经营阶段董事对债权人信义义的承担与濒临破产阶段董事对债权人信义义的承担"中各自具体内容的构成还应当包括信息披露义务,但是信息披露义务已在前文"强化信息披露规制"部分加以介绍了,所以这里不再介绍。

③ 王艳华:《反思公司债权人保护制度》,法律出版社 2008 年版,第 220 页。

④ Andrew Keay, The Director's Duty to Take into Account the Interests of Company Creditors: When Is It Triggered, 25Melbourne University Law Review, 322(2001).

⑤ Andrew Keay, The Director's Duty to Take into Account the Interests of Company Creditors: When Is It Triggered, 25Melbourne University Law Review, 320(2001).

⑥ see K. M. Hayne, Directors' Duties and a Company's Creditors, 38Melbourne University Law Review, 798(2014).

⑦ Andrew Keay, The Shifting of Directors' Duties in the Vicinity of Insolvency, 24International Insolvency Review, 13(2015).

导致公司流动性资产的不足,无法使其资产及时变现用于偿还到期债权人。所以,即使在公司正常经营阶段,董事也需要对债权人承担信义义务,不得因为其股利分配或者股份回购等行为致使债权人的到期债权无法获得清偿,否则债权人有权直接对董事提起诉讼,要求赔偿。当然这里的赔偿应当是补充性赔偿,在公司对其到期债权无法清偿的范围内进行清偿,做出支持股利分配或股份回购决定的董事应当在补充赔偿的范围内承担连带责任。

2.积极信义义务:催缴股东出资的信义义务

在认缴资本制下,股东出资的时间由股东自治,在公司经营阶段公司可能出现无法清偿债权人到期债务的情形,而此时可能尚未到股东约定的具体出资期限,或者虽然到了股东履行出资的期限,但是股东却拒绝或者拖延履行出资,而这种行为的结果就是导致债权人债权无法获得及时清偿。因此,当公司经营阶段出现无法清偿债务的情形之时,若有股东尚未履行出资义务,公司董事应当对已经到期应当及时履行出资义务的股东进行催缴,以便偿还债权人债务,对于未到履行期限的股东出资义务,公司董事应当根据情况决定是否要求股东出资加速到期,如果符合加速到期出资条件,董事应当履行未到期股东出资加速到期的催缴义务。在当前的司法判例中已经出现了这样的判例,最高人民法院也已经在其判决中明确了董事对股东出资负有催缴的信义义务,如在 2018 年"斯曼特微显示科技(深圳)有限公司、胡秋生损害公司利益责任纠纷再审民事案件"中,最高人民法院在判决中明确指出,胡秋生等 6 名董事未履行向股东催缴出资的勤勉义务,违反了《中华人民共和国公司法》第一百四十七条第一款规定,对深圳斯曼特公司遭受的股东出资未到位的损失,应承担相应的连带赔偿责任。[①]

(二)濒临破产阶段董事对债权人信义义的承担

当公司濒临破产之时,董事对债权人承担信义义务几乎没有争议,因为此时股东在公司的资产已经很少,甚至是已经消耗殆尽,债权人则是公司剩余资产所有权的主要甚至是唯一享有者,也是公司剩余经营风险的主要甚至是唯一承受者。[②]

---

① 具体参见(2018)最高法民再 366 号判决书。

② see Anil Hargovan, Directors' Duties to Creditors: A Doctrinal Mess, 8Nottingham Insolvency and Business Law e-Journal, 139(2015).

1. 濒临破产阶段强化董事对债权人信义义务的逻辑根源

在濒临破产阶段强化董事对债权人的信义义务有其内在逻辑，这种逻辑主要在于以下两个方面。

首先，当公司濒临破产之时，"公司股东投入的资本已经近乎消耗殆尽，公司董事所经营的资产主要是债权人资产，是债权人的资产在承受风险"①。"从经济学观点来看，在一个具有清偿能力的公司中，股东是公司财产的剩余索取权人也是公司剩余风险的承受人。但是当公司濒临破产时，这种情形发生了改变。股东的价值会大大降低，甚至变得一文不值。此时股东不再是公司剩余风险的承受者"②，债权人取代股东成为剩余风险的承受者。美国学者 Steven L. Schwarcz 指出："由于有限责任原则，一旦公司中的股权投资已经消耗殆尽或者减少到可以忽略的程度，公司剩余风险的承受者开始发生转移（由股东转向债权人）。"③所以，当公司濒临破产之时，"债权人成为公司的首要剩余财产所有权主张人"④以及剩余风险承受人，董事应当对债权人承担信义义务。

其次，因为"在公司陷入财务困境或者濒临破产之时，债权人与股东之间的利益冲突将会更加尖锐"⑤，股东更倾向于采取高风险决策，而董事往往受股东操控，这时董事从事机会主义行为的概率大大提升，其不仅会决定从事更加冒险的公司项目，而且可能会直接转移公司资产，以使公司财产脱离债权人的控制。"无论是由于董事自身就是股东，还是受控制股东的影响，其此时都一定程度地存在着从事机会主义行为的动机，因此，对其

① Ian M. Ramsay, Company Directors' Liability for Insolvent Trading, CCH Australia and the Centre for Corporate Law and Securities Regulation, 2000, p12-13. (此文也可见 https://ssrn.com/abstract=924314)。

② Anil Hargovan, Directors' Duties to Creditors: A Doctrinal Mess, 3Nottingham Insolvency and Business Law e-Journal, 139(2015).

③ Steven L. Schwarcz, Rethinking a Corporation's Obligation to Creditors, 17 Cardozo Law Review, 667(1996).

④ Steven L. Schwarcz, Rethinking a Corporation's Obligation to Creditors, 17 Cardozo Law Review, 667(1996).

⑤ Natalia Andreicheva. The role of legal capital rules in creditor protection: contrasting the demands of western market economies with Ukraine's transitional economy, A thesis of the degree of Master of the London School of Economics and Political Science f of Philosophy, 2009, p86.

施以信义义务是适当的"①,以"对无担保债权人提供更加有力的保护"②,
这一点已经得到广泛的认可。但是,对"失去或者濒临失去清偿能力"这一
节点的判断应当给予法官必要的司法裁量权,"完全集中于公司失去清偿
能力这一概念,可能会错过判断董事承担信义义务的时间节点"③。因为
失去或者濒临失去清偿能力往往是模糊的,许多时候难以准确判断,特别
是"董事对公司失去清偿能力的判断还面临着主观与客观标准的制约"④,
因此赋予法官根据公司具体环境下债权人所承担的风险情况来判断董事
信义义务承担起点可能更为科学,"换句话说,董事承担信义义务的关键不
是公司具备清偿能力或者失去清偿能力,而是当时公司的环境是否使得债
权人面临巨大风险,以至于必须将董事信义义务转移到债权人利益考量之
中才是公平的"⑤。

　　2.濒临破产阶段董事对债权人信义义务的构成

　　具体而言,濒临破产阶段董事对债权人信义义务的承担主要体现在以
下三个方面:第一,避免以债权人为代价从事具有过度风险的商事行为。
当公司濒临破产之时,董事不能从事机会主义行为或者协助公司股东从事
机会主义行为,包括以损害债权人利益为代价从事具有过度风险的商事行
为、直接转移或者侵占公司资产的行为,董事的商事决策必须充分考量债
权人的利益。第二,董事应当有义务采取合理措施降低对债权人的损害。
例如,当公司将不可避免地进入破产程序之时,董事应及时申请进入破产
程序,而不是拖延或阻碍破产程序的提起。英国《破产法》第 214 条对此做
出规定:当董事意识到或者应当意识到公司将不可避免地进入破产程序之

①　Paul Davies. Directors' creditor-regarding duties in respect of trading decisions taken in the vicinity of insolvency, 7European Business Organization Law Review, 317(2006).

②　Ian M. Ramsay, Company Directors' Liability for Insolvent Trading, CCH Australia and the Centre for Corporate Law and Securities Regulation, 2000, p1.

③　Donna W. McKenzie-Skene, Directors' Duty to Creditors of a Financially Distressed Company: A Perspective from Across the Pond, 1 Journal of Business and Technology law, 509(2007).

④　Andrew Keay, The Director's Duty to Take into Account the Interests Of Company Creditors: When Is It Triggered?, 25 Melbourne University Law Review, 315, 322-29 (2001).

⑤　Donna W. McKenzie-Skene, Directors' Duty to Creditors of a Financially Distressed Company: A Perspective from Across the Pond, 1Journal of Business and Technology law, 510(2007).

时,其却不采取必要的措施保护公司债权人利益,便应对债权人承担责任。① 第三,对新交易相对人进行濒临破产情形的特殊告知义务。董事还应当对与债权人的新交易行为负有信息告知义务,比如,当濒临破产的公司决定向银行贷款时,就应当向银行表明公司的濒临破产状况,使得作为交易相对人的银行能够了解公司经营的真实情况,而不是刻意隐瞒相关信息,如果董事通过故意隐瞒公司濒临破产的信息进而获得银行贷款,结果最终使得银行贷款无法获得偿还,公司董事应当对债权人损失承担赔偿责任。

(三)科学确立董事信义义务判断标准

董事信义义务的确立将使其经营决策行为变得更加谨慎,即使是风险较小的行为也是如此,例如推迟破产程序、宣布股息分配以及支持杠杆交易等等。② "这种谨慎将从两个方面增加公司运行的成本:第一,董事可能诱导公司在专业咨询上花费更多的成本,包括法律咨询以及专业的财务、会计咨询等相关方面;第二,董事将变得过度谨慎,拒绝有利于提高公司整体价值的行动,除非他们面临很小或者没有个人风险。"③所以,应当科学地界定董事信义义务的判断标准,在对董事经营决策行为施加必要的限制的同时,不应过度增加董事履行职业决策的相关风险,不能使董事在因承担信义义务的压力下变得过度保守,不应妨碍董事做出正常的商事行为决策,只有如此才能更好地发挥董事的经营管理才能,更好地推进公司发展,进而更好地保护债权人利益。

在各国公司法当中,经营判断规则往往作为董事信义义务履行合法与否的判断标准,而这一规则无论是对股东还是债权人利益保护都具有重要意义,"在规制信义义务时,非常重要的是经营判断规则,无论是对于公司债权人还是对于公司股东都是如此"④。为了科学地界定董事对债权人履行信义义务的标准,应引入经营判断规则。在美国,"法院在解决有关信义义务的诉讼时,通常会运用经营判断规则,以对董事是否违反信义义务进

---

① Paul Davies. Directors' creditor-regarding duties in respect of trading decisions taken in the vicinity of insolvency, 7European Business Organization Law Review, 326(2006).

② Barry E. Adler, Marcel Kahan. The Technology of Creditor Protection, 161University of Pennsylvania Law Review, 1782(2013).

③ see Barry E. Adler, Bankruptcy and Risk Allocation, 77Cornell Law Review, 461(1992).

④ Royce D. Barondes, Lisa Fairfax, Lawrence A. Hamermesh, Robert Lawless, Twilight in the Zone of Insolvency: Fiduciary Duty and Creditors of Troubled Companies - History & Background, 1Journal of Business & Technology Law, 231 (2007).

行初步判断"①。当前,不仅在美国,澳大利亚、日本以及欧盟等国家与地区在对董事信义义务的判断上都毫无例外地坚持经营判断规则。我们在强调董事对债权人信义义务规制的同时,也应当对经营判断规则加以借鉴。具体而言,应从以下三个方面对经营判断规则加以规范。

首先,明确其功能。经营判断规则的具体功能是为法院审查董事在经营决策中是否遵循信义义务提供了一种司法干预边界,这种司法干预边界就在于对董事决策程序的司法审查,但重点不是审查董事决策内容的科学性,因为董事是一种职业化经营管理者,是依据其商事智慧与经验对市场交易行为进行判断,法官难以对其经营判断具体内容的科学性做出准确判断,正如 James Mayanja 教授所言:"经营判断规则的适用排除了法院对董事在特定商业环境下做出决策合理性的审核,即使后来证明董事的决策是不英明的或者不恰当的。"②所以,法院对董事决策的审查,重点是审查其行为的规范性,是否遵循了公司法规定的正当程序与条件限制。正如美国沃什波恩大学法学院 Lori McMillan 教授所言:"该规则的作用在于阻止法院对商业决策进行实质性审查,而是进行程序适当性审查"③,进而"决定董事是否应当承担民事责任"④。董事行为如果符合该原则,董事即可免责,所以其本质可以看成是对董事严格义务的一种制度平衡设计。⑤

其次,明晰其构成要件。对经营判断规则构成要件的规定就是对法院司法干预边界的限制,那么经营判断规则的构成要件究竟包含哪些内容呢?美国特拉华州最高法院在具有里程碑意义的"Aronson v. Lewis"一案中对此做出了分析:经营判断规则是一种假设,即一个公司的董事在做出商业决策时是以充分的信息为基础,善意地,并且诚实地相信该决策符合公司最佳利益,并未滥用公司管理权,法院将尊重公司董事的决策。⑥ 从特拉华州最高法院的上述判决中可以分析,经营判断规则的构成要件应当包括对决策依据信息的充分知情、主观决策的善意以及对符合公司最佳利

① 容缨:《论美国公司法上的经营判断规则》,《比较法研究》2008 年第 2 期,第 49 页。

② James Mayanja, Directors' Duties, Business Judgement and Takeover Defences: Agenda for Reform, 10 Corporate & Business Law Journal, 40(1997).

③ Stephen M. Bainbridge, The Business Judgment Rule as Abstention Doctrine, 57 Vanderbilt Law Review, 86(2004).

④ Lori McMillan, The Business Judgment Rule as an Immunity Doctrine, 4 William & Mary Business law Review, 521(2013).

⑤ 参见赵廉慧:《经营判断规则在公司法上的体系功能及其在实务中的适用》,《中国商法年刊》2010 年,第 139 页。

⑥ Robinson v. Pittsburgh Oil Refinery Corp., 126 A. 46, 48 (Del. Ch. 1924)). PH

益的判断三个条件,这三个条件的综合实现就可以认定董事没有滥用公司控制权,其商业决策应该得到尊重。1992年,美国法律协会在《公司治理原则:分析与建议》第 4.01(c)部分对经营判断规则的构成要件提出了明确的架构,主要包括以下三个方面:第一,董事自己与商业判断所涉及的议题没有利益关系;第二,董事对该商业决策所依据的信息充分了解,并且合理地相信其商业决策在当时的商业环境下是恰当的;第三,合理地相信该商业判断符合公司的最佳利益。[①] 美国法律协会在《公司治理原则:分析与建议》第 4.01(c)部分对经营判断规则构成要件的规定与特拉华州最高法院的规定总体是一致的,但是更加具体而明确地强调了董事个人利益与商业决策之间的非关联性,这是判断董事合理决策的重要基础条件。本书认为,对经营判断规则构成要件的规定可以借鉴美国法律协会在《公司治理原则:分析与建议》第 4.01(c)中的相关规定,重点强调三个方面:董事是否与商业决策存在着个人利益关系;董事是否对决策拥有充分的信息,并且对当时的商业条件有着合理的职业判断;董事决策是否为了公司的最佳利益。

最后,明确原告的举证责任。要科学地适用经营判断规则,必须科学地确立举证责任分配制度,如果债权人提起诉讼要求法院追究董事违反信义义务的责任,而董事以经营判断规则为由进行抗辩,那么应当由公司债权人进行举证,证明董事违反了经营判断规则的适用条件。因为当"董事向法院提出要求运用经营判断规则保护自己时,经营判断规则就已经先假设了董事的行为是基于合理的商业目的"[②]。对于具体的举证理由,可以由债权人围绕董事对忠实义务以及注意义务的违反而进行,比如董事在商业决策中存在个人利益、董事未能就商业决策进行必要的前期调研、董事在决策时没有掌握充分的信息、董事决策的非集体性即其他董事没有参与相关决策、董事的决策明显不符合公司的最佳利益等等。

七、完善上市公司股份回购制度:以债权人利益保障为中心

上市公司的股份回购行为会对债权人利益产生严重影响,因为"在股份回购交易中,公司从股东手中购买自己的股份,股东随之通过出售自己

---

① Balotti R. Franklin, James J. Jr. Hanks, Rejudging the Business Judgment Rule, 48Business Lawyer, 1339(1992).

② 容缨:《论美国公司法上的经营判断规则》,《比较法研究》2008 年第 2 期,第 50 页。

的股票,从公司收到现金支付"①。同时,公司股东可以借助股份回购行为非法攫取公司资产,比如利用对股份进行过高的定价,将公司资产不正当地向自己转移。所以,股份回购行为对债权人产生的侵害并不比非法的股利分配小,正如哈佛大学法学院 David R. Herwitz 教授所指出的,"当公司资本通过股份回购的形式返还给公司股东时,对债权人保护安全边界的侵犯并不比通过股利分配造成的侵害要少"②。因此,为了更好地保护债权人利益,完善公司资本规制体系,必须强化对股份回购行为的法律规制。

(一)强化对上市公司股份回购条件的限制

强化对上市公司股份回购条件的限制,这是保护债权人利益的重要基础。2018 年《公司法》改革并未对股份回购的实质财务条件做出直接的规定,2019 年《上海证券交易所上市公司回购股份实施细则》(以下简称《上交所细则》)与《上海证券交易所上市公司回购股份实施细则》(以下简称《深交所细则》)则做出了相对严格的规制:股份回购后,公司必须具有债务履行能力与持续经营能力。这里的问题是,如何对债务履行能力与持续经营能力进行解读,如果资产负债表显示在完成股份回购后公司资产大于或等于负债,这是否符合具有债务履行能力的要求?进一步而言,如果资产大于负债是否就意味着公司具有持续经营能力?这些问题的具体判断标准如何界定?本书认为,具有债务履行能力的评判标准应当是针对公司流动性与变现性较强的资产,而不是难以出售、难以变现的固定资产。因为股份回购,公司支出的是现金,以现金换回股票,也就是以公司最具流动性的资产与股东进行交易,如果因此导致公司流动性资金不足,只剩下难以及时变现的固定资产或其他劣质资产,影响对债权人的债务清偿,就应当认定股份回购行为的产生使得公司不再具备债务履行能力。

(二)严格上市公司股份回购资金的来源限制

上市公司股份回购资金的来源问题事关债权人权益保护。美国 2013年《纽约州公司法》规定,股份回购视为股利分配,原则上其资金来源必须是公司的盈余,可以是经营盈余,也可以是资本盈余,只有法定特殊情形才可以在非盈余状态下进行回购,比如为了满足小股东对公司经营异议权行

① Mathias M. Siems, Amedeo de Cesari, The Law and Finance of Share Repurchases in Europe, 12Journal of Corporate Law Studies, 35(2012).
② David R. Herwitz, Installment Repurchase of Stock: Surplus Limitations, 79Harvard Law Review, 305 (1965).

使的需要等等。2019 年《上交所细则》与《深交所细则》都强调了上市公司股份回购资金来源的广泛性,甚至包括向金融机构的借贷资金,并且对借贷资金进行股份回购的范围没有任何限制,这对债权人利益而言是一个极大威胁。当债务人通过借款获取暂时的流动资金和债务履行能力,也能保障其一定的持续经营能力,但是在整体上资不抵债,这对债权人而言是非常危险的。本书认为,在公司股份回购当中应当对借款回购的适用范围做出严格限制,因为用旧有借贷资金进行回购必然减少了公司流动资金,影响公司的到期清偿能力,如果用增加借款回购股份,则必然增加公司的债务,稀释了公司债权人的债权,所以无论是用旧有借贷资金还是新增借贷资金进行股份回购,都会增加债权人的风险。

(三)明晰公司董事股份回购的法律责任

如果公司董事违反法律规定进行股份回购,例如对公司的财务能力进行虚假分析,骗取股份回购资格,这时应如何对其非法行为进行规制,当前的立法需要进一步做出回应。尽管《上交所细则》与《深交所细则》都强调了董事对股份回购行为的审慎决策义务以及勤勉、诚实守信义务,但是并未对董事是否向债权人承担法律责任做出明确规定,这是股份回购制度建构中的一个明显缺失。要求董事由于其故意或者重大过失给第三者造成损失时,对第三者承担连带责任,既是强化董事责任,也是保护公司、债权人和股东权益的必要举措。[1] 本书认为,应当确立董事对债权人责任的承担,如果公司通过非法的股份回购逃避公司债务,致使公司失去清偿能力或者使公司已经失去清偿能力,财务状况进一步恶化,董事应当对债权人承担法律责任。美国学者 Richard K. Cole 教授在评析股份回购法律责任时,对此做出了清晰的回应:"公司董事处于最有利的位置去防止公司法定资本的减少以及由此而来的包括使内部人受益、制造(股份)人为的市场价格以及欺诈债权人等相关风险。立法者已经明确地认识到,防止董事参与这种资本减少行为(包括股份回购)是对其施加疏忽责任的标准。"[2]

(四)推进对债权人的股份回购信息披露保障

必须推进上市公司股份回购信息披露,强化对债权人的通知程序。这

---

[1] 付琛瑜:《试论公司股份回购中债权人利益的保护》,《河南商业高等专科学校学报》2005 年第 4 期,第 63 页。

[2] Richard K. Cole, Stockholder's Liability When a Corporation Illegally Reduces its Stated Capital in Order to Repurchase His Shares, 8Boston College Industrial andCommercial Law Review, 335(1967).

种通知程序可以分为以下两种具体类型:第一,导致公司注册资本降低的信息披露;第二,导致公司到期债务清偿能力降低的信息披露。《公司法》第一百四十二条第一款规定了可以进行股份回购的六种情形,这六种情形可以概括为"减少注册资本型回购""合并型回购""员工持股计划或股份激励型回购""股东异议型回购""债券转换型回购"以及"必需型回购"。[①] 其中"减少注册资本型回购"直接以减少注册资本为目的,《公司法》第一百四十二条第二款也对此做出了规定:应当自股份回购后 10 日内履行注销程序,所以,此种回购应当依照《公司法》关于公司资本减少的规定对债权人履行通知与公告手续。对此,《上交所细则》第二十四条与《深交所细则》第三十条中针对股份注销做出了原则性规定,即在股东大会做出注销股份决议后,依照《公司法》的规定通知债权人。《公司法》第一百四十二条中的"合并型回购"与"股东异议型回购"虽然不是直接以降低公司注册资本为目的,但都有可能会降低公司注册资本[②],因此也应当参照《公司法》关于公司资本减少的规定对债权人履行通知与公告手续。对第二种类型即导致公司到期债务清偿能力降低的信息披露,无论是《公司法》还是《上交所细则》与《深交所细则》,都未做出规定,如果公司做出股份回购决定后,并不是将公司股份注销,而是用于奖励职工或者用于发行可转换公司债券,这时公司回购的股份不会被注销,而是进行转让,此时公司注册资本并未发生改变,因此不应依照《公司法》关于减少注册资本的规定履行通知程序。但是,公司的实际清偿能力却可能发生改变,因为股份回购行为必然导致公司流动性资金的减少,这可能会影响股份回购后到即将期债务的有效清偿,而这一点也是债权人最为关心的。约翰内斯堡大学 Kathleen van der Linde 教授指出:"债权人最关心的是当其债权到期时能否得到清偿,无论它的债务人是公司还是其他实体或个人。"[③]所以,本书建议,即使是并非导致公司注册资本降低的股份回购行为,也应当履行必要的通知程序,当然这种通知程序的对象可以有所限制,具体而言应当向债务即将到期(时间可以界定为股份收购行为完成之后 6 个月内)的债权人履行通知或者履行公告程序,这些债权人可以要求做出回购决定的公司提供流动性

---

① 具体规定参见《中华人民共和国公司法》第一百四十二条。

② 邓峰教授甚至认为:"理论上来说,任何股份回购都可能造成注册资本的减少。"具体参见邓峰:《普通公司法》,中国人民大学出版社 2009 年版,第 335 页。

③ Kathleen van der Linde, The Regulation of Conflict Situations Relating to Share Capital, 21South African Mercantile Law Journal, 47(2009).

担保或者要求提前偿还债务。

(五)确立债权人对公司股份回购的撤销权

如果上市公司的股份回购导致其无法及时清偿债务,债权人有权向法院申请予以撤销,应当赋予债权人对股份回购行为的撤销权。"所谓股份回购撤销权,是指债权人基于特定的事由而享有的请求法院确认公司股份回购行为无效的权利。"[①]因为股份回购其实相当于股利分配,根据美国《统一欺诈转让法》的规定,如果公司进行股份分配导致无法清偿债权人,债权人有权申请撤销该股份回购行为。当债权人行使撤销权时,股东应当将其因出售给公司股份而获取的收入返还给公司。对股东施加严格的责任有助于遏制股东借助股份回购行为对公司资本实施侵害,"在当今的公司法下,严格的责任标准是要求股东返还他因股份回购所获取的收入,不管他是否了解进行股份回购的非法程序"[②]。所以,我们可以对此加以借鉴,直接规定公司债权人享有对非法股利分配的撤销权。当然在具体制度的设计上应当考量股东是否善意,如果股东是出于善意地出售股份,那么其责任应当在做出决策的董事之后承担,即仅承担补充的返还责任,否则必须承担全部收入的返还义务,这样也有助于兼顾对善意股东利益的保护。

第三节　公司破产阶段资本退出制度架构的具体推进

"破产阶段的公司治理是一个重要课题"[③],而这一课题的核心就是公司资本退出规制。当前许多国家公司法的修改都呈现出了一个显著的特征,就是放松对公司设立阶段资本形成的规制,进而强化对公司经营阶段资本流转的规制与破产阶段资本退出的规制。例如,维尔茨堡大学克里斯托夫·太贺曼教授在谈到德国 2008 年《有限责任公司改革及滥用防止法》改革时明确指出:"本次公司法改革的第二个方面就在于将债权人保护规

---

① 付琛瑜:《试论公司股份回购中债权人利益的保护》,《河南商业高等专科学校学报》2005 年第 4 期。

② Richard K. Cole, Stockholder's Liability when a Corporation Illegally Reduces its Stated Capital in Order to Repurchase His Shares, 8Boston College Industrial andCommercial Law Review, 332(1967).

③ Laura Lin, Shift of Fiduciary Duty upon Corporate Insolvency: Proper Scope of Directors' Duty to Creditors, 46Vanderbilt Law Review, 1487(1993).

则向破产法整体移转。"①意大利学者 Massimo Miola 教授则指出："公司法定资本规则替代机制的特点是，公司债权人保护从公司法走向合同法，尤其是破产法。"②香港城市大学法学院 John Kong Shan Ho 教授甚至认为"破产法是保护债权人利益最重要的法律机制"③。因为尽管"一个债权人在理论上可以通过单独追索与集体追索的方式来实现其债权"④，但是"根据债权人便利理论，如果集体债务清偿模式能够使用于清偿集体债务的资产池的价值变得更高，债权人将选择集体债务清偿模式"⑤。显而易见，在公司破产阶段，通过破产清算程序对公司债权人进行集体清偿是保护债权人利益的一个重要路径。但是，破产清算程序实施中花样百出的欺诈行为对债权人保护造成了严重损害，"破产欺诈历来是债务欺诈的重要表现形态，其主要特征是利用破产程序进行债务欺诈，所谓'有破产就有破产欺诈'"⑥。因此，必须强化对破产阶段资本退出中资本欺诈行为的规制，这是应对我国 2013 年《公司法》确立认缴资本制改革放松公司设立阶段资本形成规制的必然举措。尽管我国以 2006 年《破产法》为中心所确立了破产阶段资本退出规制的基本制度体系，但是为了更好地对破产欺诈行为进行规制，其制度架构仍需进一步加以完善。

一、完善信息披露制度：以优化破产性信息披露为中心

债务人进行破产欺诈行为的一个典型表现就是向法庭提交虚假破产信息⑦，因此对破产阶段的信息披露规制是预防破产欺诈行为的重要路径，有效的信息披露能够使得破产管理人以及债权人对公司破产财产以及

---

① ［德］克里斯托夫·太贺曼：《有限责任公司的现代化——德国公司法文本竞争的嬗变》，《社会科学战线》2012 年第 2 期，第 225 页。

② Massimo Miola, Legal Capital and Limited Liability Companies: The European Perspective, 2European Company and Financial Law Review, 460 (2005).

③ John Kong Shan Ho, Revisiting the Legal Capital Regime in Modern Company Law, 12Journal of Comparative Law, 19 (2017).

④ Jochem M. Hummelen, Efficient Bankruptcy Law in the U. S. and the Netherlands: Establishing an Assessment Framework, 1European Journal of Comparative Law and Governance, 162(2014).

⑤ Jochem M. Hummelen, Efficient Bankruptcy Law in the U. S. and the Netherlands: Establishing an Assessment Framework, 1European Journal of Comparative Law and Governance, 162(2014).

⑥ 张艳丽：《破产欺诈与立法对策》，《法学杂志》2005 年第 11 期，第 60 页。

⑦ Tamara Ogier, Jack F. Williams, Bankruptcy Crimes and Bankruptcy Practice, 6American Bankruptcy Institute Law Review, 318(1998).

破产前公司财产的流转状况有着清晰的把握,从而更好地对公司破产阶段的资本处置行为形成监督,对破产前后的欺诈性财产转移行为进行有效的救济。"因信息披露制度不健全而发生的欺诈行为不仅存在于破产清算案件中,在重整案件中也同样存在,而且由于重整中对债权人的各种清偿率均是模拟计算产生,其可能发生欺诈的概率由于信息产生的模拟性与披露制度的不健全而被高度放大。"[1]所以,必须强化破产信息公示规制。美国威斯康星大学法学院 Nancy C. Dreher 与 Matthew E. Roy 教授对破产信息公示的必要性做出了明确的说明:"为了确保破产财产被充分地、公平地移交以保护债权人利益,破产法要求对所有财产的性质、位置以及处置情况进行充分的披露。"[2]当前我国司法机构对破产信息披露也越来越重视,例如最高人民法院在 2020 年 7 月 15 日印发《全国法院审理债券纠纷案件座谈会纪要》,该纪要对债券发行人的破产信息披露进行了有力的规制,以更好地保护债权人即债券持有人的利益。[3] 因此,要对破产退出阶段资本退出行为进行有效的规制,必须构建完善的破产信息披露制度。具体而言,改革的重点应当关注以下几个方面。

(一)破产信息披露主体规制的完善

强化破产信息披露主体义务对于完善破产信息披露制度具有重要作用,因为破产信息可能掌握在参与破产程序的各种相关人员手中,同时,那些破产程序开始前的公司管理者甚至公司秘书等有关人员都可能掌握着大量的公司资产流转信息,因此他们有义务接受询问,并如实回答其所掌握的公司资产流动信息,这对于保护公司资产、增强公司破产偿还能力、保护公司债权人利益具有重要作用,这也是当前我国《破产法》规定的重要不足之处。正如王欣新教授所指出的,"我国破产法规定的承担信息披露义务的人员范围过小,使掌握信息且应承担信息披露的义务主体逃避了法律义务,信息披露制度可能失去实际效用,破产程序的顺利进行也会受到阻碍"[4]。为此,可以将破产管理人、公司法定代表人、财务人员、董事、监事、经理等高级管理人员甚至特定的普通雇员,都纳入公司信息披露义务主体

---

[1] 王欣新、丁燕:《论破产法上信息披露制度的构建与完善》,《政治与法律》2003 年第 2 期,第 3 页。

[2] Nancy C. Dreher, Matthew E. Roy, Bankruptcy Fraud and Nondischargeability under Section 523 of the Bankruptcy Code, 69North Dakota Law Review, 57 (1993).

[3] 参见最高人民法院《全国法院审理债券纠纷案件座谈会纪要》第七部分。

[4] 王欣新:《我国〈企业破产法〉实施中的理论与实践问题》,《政治与法律》2012 年第 2 期,第 6 页。

范畴,甚至金融机构人员、工商机构人员以及税务机构人员也可以成为信息披露主体。

(二)破产信息披露内容规制的完善

破产信息的披露内容一定要完善,这样才能更好地保全公司资产,或者对非法处置的公司资产进行收回,恢复公司偿债能力。为此,本书建议对信息披露内容的完善可以用原则性规定加列举性规定的立法模式,尽可能地保障破产信息披露的全面性:第一,原则性地规定所有信息披露主体都有义务披露其所掌握的所有破产企业的财产流转信息,这是一项兜底条款,以预防信息披露的疏漏。第二,对公司相关人员信息披露的明确规定,包括其有义务披露公司的财务运行情况,包括公司账簿、公司关联交易情况、公司破产前交易情况、公司罚金情况、劳动工资情况以及税收情况等等。第三,破产管理人信息披露内容,包括接管的财产情况、涉诉情况、待履行合同情况、继续交易情况、撤销权行使情况、债务追索情况、应收账款情况以及破产财产变卖情况等等。

(三) 破产信息披露方式规制的完善

破产信息披露的方式关系到破产信息的传播效率,因此应当尽可能地将其多元化。"信息披露的一般方式包括通知、告知、报告和公告等,许多国家还规定有公开质询、公开调查、听证会等制度。"[1]美国、英国以及日本的破产信息披露方式都注重听证会式的信息披露与质询式的信息披露,这样可以给披露义务人施加更大的压力,迫使其更加完整并富有效率地进行信息披露。例如,英国《破产法》第133条规定,当公司由法院宣布破产时,官方接管人可以向法院申请对清算人、接管人以及参与公司创设与管理的任何人进行质询。我国《破产法》主要规定了信息披露的通知、告知、报告和公告等方式,但是需要推进听证会式、公开质询式等对抗性的信息披露方式,以使信息披露义务人在高压状态下进行更加真实、全面的信息披露。

(四)破产信息披露民事责任规制的完善[2]

"法律责任是由特定法律事实引起的对损害予以赔偿、补偿或接受惩罚的特殊义务,即由于违反第一性义务而引起的第二性义务。"[3]法律责任

---

[1]　王欣新:《我国〈企业破产法〉实施中的理论与实践问题》,《政治与法律》2012年第2期,第9页。

[2]　破产信息披露刑事责任规制融合进本节最后一部分即"强化破产欺诈刑事责任制度"之中。

[3]　张文显:《法理学》,高等教育出版社、北京大学出版社1999年版,第122页。

的功能在于补偿、预防与惩罚,唯有适度的法律责任作保障才能够使法律制度达到预设的目的,对破产信息披露制度的规定也是如此,必须完善其法律责任威慑。如果因为破产管理人或者公司负有披露或者说明义务的董事等管理者对公司破产信息以及破产前后资本流转信息未能及时公布或者刻意隐瞒,给公司债权人造成损害的,都应当承担民事赔偿责任。虽然最高人民法院的相关司法文件对这一问题做了一些说明,但是这些说明的内容尚需要进一步明确,而且司法文件的法律位阶也相对较低,影响适用效果。例如,最高人民法院 2009 年《最高人民法院关于正确审理企业破产案件为维护市场经济秩序提供司法保障若干问题的意见》第十六条规定,如果公司法定代表人、财务管理人员、其他经营管理人员以及出资人违反破产材料提交义务,影响清算程序的进行,债权人可以要求有限责任公司股东、股份有限公司董事、控股股东以及实际控制人等清算义务人承担清偿责任。显然,该规定旨在强调公司股东、董事、财务管理人员以及其他经营管理人员等清算义务人的破产材料提供义务及其民事责任,以更好地保护债权人利益,但是,对该规定的具体适用却产生了不同的理解。例如,王欣新教授认为,该文件第十六条的规定必须以《公司法司法解释(二)》为前提,只有在公司同时具备解散事由与破产原因的情形才能适用,单纯的破产原因并不能导致该规定的适用。然而本书认为,该文件第十六条的规定是针对破产程序的适用而言的,就是为了保护债权人利益,是监督董事、股东等相关清算义务人的材料交付义务而进行的规定,与《公司法司法解释(二)》不存在直接关联。但是,由于规定得不够具体,以及该文件位阶的不足,容易导致对其适用的不同意见,所有有必要对破产信息披露的民事责任给予强化,在《破产法》中对此给予明确规定,从而避免其适用中的误解与争议。此外,最高人民法院 2020 年《全国法院审理债券纠纷案件座谈会纪要》第三十三条明确规定了破产管理人的虚假信息披露民事责任:如果破产管理人发布的信息存在虚假记载、误导性陈述或者重大遗漏,而足以影响债权人即债券持有人、债券投资者对发行人偿付能力判断的,破产管理人应当对债权人即债券持有人、债券投资者承担民事责任。本书认为,《全国法院审理债券纠纷案件座谈会纪要》的上述规定为破产信息披露法律责任的强化提供了一个良好的范例,是强化破产信息披露民事责任的一个有力信号,也可以对此进行借鉴,完善《破产法》中的破产信息披露民事法律责任制度。

二、构建公平居次制度：以强化对"内部人"破产债权欺诈的规制为中心

公平居次制度与《统一欺诈转让法》之间存在着许多直接的关联，"它们在相当程度上都是用来控制由一个利益相关者向另一个利益相关者进行不合理或不公平的风险转移"[①]。但是，两个制度之间也存在着显著的差别，"其中最重要的差别就在于《统一欺诈转让法》更多地关注债务人的行为与动机——以期判断债务人是否做出了伤害债权人利益的转移行为；而公平居次原则则更关注债权人的行为——债权人是否采取不法行为损害了其他债权人利益"[②]。因此，两种制度不可相互取代。对公平居次制度的借鉴，应重点关注以下两个方面。

(一)明确公平居次的概念

尽管美国《破产法》在 1978 年就确认了公平居次原则，但是未对其进行概念性界定，同时美国学界也主要是结合美国《破产法》第 510(C)部分的规定对其进行分析。该规定强调法庭有权利使那些由于不公平行为而获取的优先债权变成居后债权，目的在于"阻止公司内部人通过对公司的控制，以牺牲债权人利益为代价进而获取利润"[③]。其所规制的内部人"包括公司高级管理职员、董事、控制股东以及债务人的母公司"[④]，并且其范围在实践中有扩大的趋势，"包括任何一个控制公司的人"[⑤]，最终目的是使"内部债权人顺序延后于外部债权人"[⑥]鉴于此，本书认为可以将公平居次定义为：控制股东、董事、高级管理人员以及母公司等内部人员利用其控制关系对破产公司所持有的不正当债权，在破产程序中均应列后于公司其他债权人受偿，而不论其债权是否拥有别除权与优先权。当然这里需要明确的是，公平居次是以规制公司内部债权人不当债权顺序为目的的，但是

[①] Adam Feibelman. Equitable Subordination, Fraudulent Transfer, and Sovereign Debt, 70 Law and Contemporary Problems，175(2007).

[②] Adam Feibelman. Equitable Subordination, Fraudulent Transfer, and Sovereign Debt, 70Law and Contemporary Problems，175(2007).

[③] see e. g. , Pepper v. Litton, 308 U. S. 295, 312 (1939).

[④] Adam Feibelman. Equitable Subordination, Fraudulent Transfer, and Sovereign Debt, Law and Contemporary Problems，175(2007).

[⑤] Adam Feibelman. Equitable Subordination, Fraudulent Transfer, and Sovereign Debt, Law and Contemporary Problems，175(2007).

[⑥] Arthur Pinto, Douglas Branson, Understanding Corporate Law, Carolina Academic Pr, 2018，p56.

其范围不应绝对地局限于公司内部债权人,因为其他债权人也有可能利用其债权序位去损害后续债权人利益,例如,在美国,"法庭已经使那些通过欺诈性陈述引诱相关债权人向债务人提供借款的债权人债权主张居后"①。

(二)明晰公平居次原则的适用条件

对于公平居次原则的适用要件,美国《破产法》并未做出明确规定,但在司法实践中法院通过判例确立了其适用中的判断条件:第一,被居次的债权是否源自不公平行为;第二,是否有不当行为伤害了其他债权人利益或者对债权主张人产生了不合理的优势;第三,是否符合破产法的制度规定。② 实际上,只要满足了前两个条件,第三个条件自然满足。③ 第一个条件强调对公平居次原则的适用必须充分把握其使用的客观要求,即"公平",因为不同于自动居次,公平居次必须考虑债权人债权的取得及其对从属公司的不当控制,"因此,法庭一般根据以下事实适用该原则:管理不善、资本不足、欺诈、强夺,或者上述多种情形的混合"④。第二个条件则强调对其他债权人利益的损害以及债权人自己的优势,对此,法院一般有自由裁量权,"在实施自由裁量权时,法院一般考量以下因素:管理机会、破产程序的推迟、财产的历史考量以及广义的公平,即债权人不应通过法定程序损害另一个债权人的债权"⑤。因此,在对我国《破产法》进行修正时,应当对上述三个基本条件加以原则性规定,同时借鉴美国法院关于前两个条件的适用经验进行较为详细的规制。

三、构建实质合并制度:以强化对关联企业联合破产逃债的规制为中心

实质合并制度在于强化对关联企业破产行为的规制,防止债务人借助关联关系逃避债务,损害其他债权人债权的行为。"简单地说,实质合并制度就是将相关不同债务人实体的资产与债务整合成一个单一的债务人资

---

① see e. g. , L & M Realty Corp. v. Leo, 249 F. 2d 688 (4th Cir. 1957).

② Lauren Casparie, J. D. Candidate, Equitable Subordination- where is applies, what it does, and the Implications that result, 4John'S Bankr. Research Libr, 1439(2015).

③ see Luther v. United States, 225 F. 2d 495, 499 (10th Cir. 1955).

④ Adam Feibelman, Equitable Subordination, Fraudulent Transfer, And Sovereign Debt, 70Law And Contemporary Problems,171(2007).

⑤ In re Missionary Baptist Foundation , 712 F. 2d 206,212 (5th Cir. 1983).

产,进而以此资产偿还所有相关债权人的债权。"①它不同于公司法人人格否认制度,因为"公司法人人格否认制度只是允许从属公司债权人从母公司资产受偿,但是并不允许母公司债权人同时从从属公司债权人资产受偿。比较而言,实质合并原则把母公司与从属公司的所有资产放在一起,由所有的债权人按比例受偿"②。同时,它也不同于公平居次制度,因为"公平居次虽然使关联公司针对债务人的债权请求降级,但是却并不允许债权人直接向关联公司求偿"③。对实质合并制度的借鉴,应当重点关注以下两个方面。

(一)明确实质合并的概念

美国《破产法》并未对实质合并的概念做出直接的界定,不仅当前的破产法未对其做出界定,以前的破产法也未对其做出界定。④ "美国破产法庭一般直接根据对具体环境下公平与公正情形的判断决定是否进行合并。"⑤但是《破产法》第105条关于破产法院一般性权力的赋予即"发布任何必要或适当的命令、程序或判决,以执行本法的规定"⑥,可以作为其产生根源。以此为逻辑,其概念核心在于强调破产程序中关联公司资产与负债的整合,美国纽约市律师协会的结构性金融委员会和破产与公司重组委员会(The Committee on Structured Finance and the Committee)的界定颇具借鉴意义:在破产程序中将两个或两个以上具有关联关系企业的资产与负债加以整合,并用合并后的资产对上述所有企业的债权人进行统一集中清偿的法律规则。⑦ 上述概念强调两点:第一,该规则只是在破产程序中适用。第二,强调是对两个以上的关联企业的合并,"合并是用来整合债务

---

① Timothy E. Graulich, Substantive Consolidation——A Post-Modern Trend, 14American Bankruptcy Institute Law Review, 526(2006).

② Timothy E. Graulich, Substantive Consolidation——A Post-Modern Trend, 14 American Bankruptcy Institute Law Review, 528(2007).

③ Timothy E. Graulich, Substantive Consolidation——A Post-Modern Trend, 14American Bankruptcy Institute Law Review, 538(2007).

④ Timothy E. Graulich, Substantive Consolidation ——A Post-Modern Trend, 14 American Bankruptcy Institute Law Review, 526(2007).

⑤ John H. Farrar. Piercing the corporate veil in favor of creditors and pooling of groups ——a comparative study, 25Bond Law Review, 52(2013).

⑥ See John Farrar, Piercing the corporate veil in favour of creditors and pooling of groups — a comparative study, 25Bond Law Review,47(2013).

⑦ The Committee on Structured Finance and the Committee, Special Report on the Preparation of Substantive Consolidation Opinions, 64The Business Lawyer, 413-414(2009).

人同其附属公司与关联公司的资产与负债"①。从本质来看,附属公司也是属于关联公司的一种,因此,应当对关联关系给予适度的把握。

(二)明晰实质合并原则的适用条件

在美国,《破产法》本身并未对实质合并做出任何实质性规定,其法律渊源主要是依据案例,而不同地区、不同法院的适用标准存在较大差异,但是不同的标准也存在着一个明显的共性,即强调实质合并对债权人影响的严密的客观调查与分析。② 其中,美国第十一联邦巡回法院在"Eastgroup Properties v. Southern Motel Assoc."一案中,对哥伦比亚特区巡回法院关于"In re Auto-Train Corp., Inc."一案中确立审判因素进行了修正,确立了适用实质合并制度的基本原则与具体参考因素,对我们进行立法规制具有相当的借鉴性。③ 据此案例我们可以从以下两个方面加以规定:第一,明确该制度适用原则:一是被合并的实体之间存在实质同一性;二是合并对于保护债权人利益或减少债权人损害是必须的。第二,确立以下具体判断因素:一是任何损害第三方当事人利益的欺诈或者公司完全控制行为;二是公司程序的缺失;三是公司资本不足;四是出于个人目的而非公司利益的资产转移行为;五是关联公司中所有权与管理权的重叠;六是关联公司中交易的公平性;七是从属公司对主导公司债务的清偿或担保;八是关联公司资金的混合;九是关联公司资产与负债的无法分离。因此,在我国《破产法》对实质合并原则进行成文法规定时,应当注重对以上两个方面的规定,以此作为适用实质合并原则的标准。

四、建构专门性"破产欺诈转让行为"制度:以恢复公司清偿能力为中心

强化对"破产欺诈转让行为"的规制是当前我国《破产法》改革面临的一个重要问题,中国政法大学李曙光教授在谈到我国《破产法》改革时就曾明确指出,应当"扩大破产中恶劣破产欺诈行为的范围及确认其溯及力,从

---

① Gilbert J. Stephen, Substantive Consolidation in Bankruptcy: A Primer, 43 Vanderbilt Law Review, 215(1990).

② Daniel R. Culhane, Substantive Consolidation and Nondebtor Entities: The Fight Continues, http://www. jonesday. com/substantive-consolidation-and-nondebtor-entities-the-fight-continues-06-01-2011.

③ Eastgroup Properties v. Southern Motel Assoc., Ltd., 935 F. 2d 245 (11th Cir. 1991).

而更好地打击破产逃废债行为"①。而"恶劣破产欺诈行为"则主要是通过
"破产欺诈转让行为"发生的,这里的"破产欺诈转让行为"不包括隐匿与毁
坏破产财产等破产欺诈行为,特指债务人通过与交易相对人之间通过财产
转让行为而进行的欺诈行为。显然,专门性"破产欺诈转让行为"制度的建
构是规制"恶劣破产欺诈行为"的重要路径,对此,可以对美国《破产法》的
相关规定加以借鉴。美国《破产法》第548条专门规定了"欺诈转让"条
款②,对破产欺诈转让行为做了专门性规制,对保护公司债权人利益发挥
了重要作用。该规定对推进我国《破产法》专门性"破产欺诈转让行为"制
度的建构具有重要借鉴意义。

在美国,《破产法》对欺诈转让的规制与《统一欺诈转让法》的相关规定
是高度一致的,美国1984年《统一欺诈转让法》修正的一个重要原因就是
为了与1978年《破产法》关于欺诈转让的规定保持统一,对此,美国统一法
律委员会(the Conference of Commissioners on Uniform State Laws)有着
明确的说明:1978年《破产法》的改革使得其对欺诈转让行为的规制发生
了许多变化,这种变化极大地降低了《破产法》与《统一欺诈交易法》对欺诈
交易行为规制的一致性。③美国纽约大学法学院Michael L. Cook教授与
耶鲁大学法学院Richard E. Mendales教授甚至认为"美国《统一欺诈转让
法》1984年的修正主要源自美国《破产法》"④。这说明有必要对欺诈交易
行为进行协同性规制,这种协同规制有助于减少对欺诈交易行为规制的分
歧与疏漏,提升对欺诈交易行为规制的统一性与效率性。

鉴于以上分析,本书认为,在破产阶段对专门性"破产欺诈转让行为"
制度的建立,可以参照本章第二节即"公司经营阶段资本流转制度架构的
具体推进"中关于"构建专门反公司欺诈制度"的相关规定,这不仅有助于
对破产欺诈行为进行规制,而且有助于实现公司法与破产法在对欺诈转让
行为规制中的协同性,强化制度合力。具体而言,破产法中的专门性欺诈
转让行为规制应当重点对欺诈的意涵、类型认定以及债权人救济措施等相

① 李曙光:《论〈企业破产法〉与〈民法总则〉的契合》,《京师法律评论》2018年第1期,第10-11
页。
② 参见[美]大卫·G.爱波斯坦等:《美国破产法》,韩长印等译,中国政法大学出版社2003年版,
第368-389页。
③ 参见美国《统一欺诈转让法》前言,https://users.wfu.edu/palmitar/ICBCorporations-
Companion/Conexus/UniformActs/UFTA1984.pdf.
④ Michael L. Cook, Richard E. Mendales, The Uniform Fraudulent Transfer Act: An
Introductory Critique, 62American Bankruptcy Law Journal, 87(1988).

关内容做出规定。就欺诈的意涵而言,强调所有拖延、阻碍以及欺诈债权人的财产处置行为都构成欺诈,拓展破产法关于欺诈规制的边界。就破产欺诈类型而言,总体上从实际欺诈与推定欺诈两个路径进行宏观规制,然后再进一步进行列举性规定,例如隐匿、私分、无偿转让财产行为,提前清偿行为,不公平担保行为,个别清偿行为,非合理对价交易行为,不正当丧失抵押物赎回权行为,损坏财务账簿行为,等等。就债权人保护措施而言,赋予债权人对破产欺诈行为的撤销权,债权人可以通过行使撤销权使转让行为归于无效从而恢复财产,同时可以对债务人财产进行直接扣押或者向法院申请转让冻结。如果被转让的财产无法恢复,债权人可以对相关董事以及财产受让人提起民事赔偿诉讼,甚至可以主张惩罚性赔偿,进而最大限度地恢复破产公司的清偿能力,以更好地保护公司债权人利益。

这种围绕公司经营阶段以及破产阶段而对公司资本欺诈行为进行的协同性规制,有助于更好地保护债权人利益,增强公司法与破产法的衔接性,而这种协同性的不足正是制约对公司欺诈行为进行有效规制的一个长期性问题。肖建华教授就曾指出:"从企业法律制度和有关企业管理制度的角度看,破产法与公司法等企业制度存在着衔接上的漏洞和问题,为债务欺诈提供了可乘之机。"①

五、完善破产管理人信义义务及其民事责任制度:以规范破产管理人行为为中心

破产管理人在破产程序中处于受托人的地位,其行为直接关系到破产财产的保值与增值,关系到债权人利益的直接保护,因此强化对破产管理人的行为规范及其责任设置是各国破产法所规制的重点内容,例如"根据美国《破产法》第 7 条的规定,破产受托人应致力于对破产案件的卓越管理,并以最正直、勤勉和专业的态度执行所有职责"②。尽管我国 2006 年《破产法》引入了破产管理人制度,并对其行为进行相关规范,但是相对于破产管理人的重要地位及其职责的重要性,依然需要强化对破产管理人的行为约束。有学者指出:"通过刚性的制度规范对破产管理人的行为进行事后监督,构建破产管理人的民事责任制度,从而建立我国破产管理人权

---

① 肖建华、王淇:《破产清算制度的完善与债务欺诈之防范》,《法学杂志》2002 年第 4 期,第 30 页。

② Steven Rhodes, The Fiduciary and Institutional Obligations of a Chapter 7 Bankruptcy Trustee, 80American Bankruptcy Law Journal, 147 (2006).

力制衡机制非常必要。"①显然,信义义务制度是对破产管理人行为进行事后监督并追究其民事责任的一个重要路径。尽管我国《破产法》第二十七条明确规定了破产管理人的信义义务即要求管理人应当勤勉尽责、忠实执行职务,但是上述规定过于原则化,并不健全,因此仍需推进破产管理人的信义义务及其民事责任制度。对此,本书认为,对破产管理人的信义义务应当一方面完善其具体内容构成,另一方面强化其违反信义义务的法律责任。

(一)信义义务内容构成的推进

破产管理人信义义务构成应当遵循传统信义义务的内容构成:主要由忠实义务与注意义务两部分构成。我国《破产法》第二十七条已经原则性地对此进行了规定,当前的任务则是进一步推进其具体内容的建构。

1.忠实义务的推进

在美国《破产法》中,破产管理人被视为受托人,"破产受托人的忠实义务是为了防止其利用各种机会增进个人利益"②。美国密歇根州东区首席破产法官 Steven Rhodes 先生指出:"美国《破产法》对破产管理人忠实义务的规定体现于它的具体要求中,即破产管理人必须是无私的。"③Justice Jackson 法官则从忠实义务的视角对此做出解释:"公平原则不允许破产管理人做出任何损害委托人利益的行为。"④所以,破产管理人忠实义务的核心在于要求其与破产事务不存在利益相关性,能够保持独立、公正与无私,所以对忠实义务的具体推进可以注重从以下几个方面进行:第一,破产管理人不得与债务人进行自我交易的义务。对自我交易的禁止是破产管理人忠实义务制度建构的首要内容,因为"最明显的违反忠实义务的形式,也是破产法庭最容易矫正的形式,就是自我交易"⑤。在自我交易行为中,破产管理人代表债务人与自己交易,极易诱发机会主义行为,借机攫取债务人财产,损害对全体债权人的公平清偿。当然这种禁止不应是绝对的,在

---

① 陈雪萍:《英美破产受托人权力制衡机制及其借鉴》,《法商研究》2008 年第 5 期,第 131 页。

② Steven Rhodes，The Fiduciary and Institutional Obligations of a Chapter 7 Bankruptcy Trustee，80American Bankruptcy Law Journal，156(2006).

③ Steven Rhodes，The Fiduciary and Institutional Obligations of a Chapter 7 Bankruptcy Trustee，80American Bankruptcy Law Journal，161(2006).

④ Mosser，341 U. S. at 271.

⑤ Daniel B. Bogart，Liability of Directors of Chapter 11 Debtors in Possession：Don't Look Back—Something May Be Gaining on You，68American Bankruptcy Law Journal，188 (1994).2 (Spring 1994)：155-268.

一些特殊情形下如果能够提高债务人财产的处置效率,经过法院的授权,破产管理人是可以进行自我交易的,例如"法院可授权受托人担任破产人的律师或会计师,如果这种授权符合破产财产的最大利益"①。第二,破产管理人不得进行利益冲突交易的义务。"不同于自我交易,因为法庭对自我交易中的不忠实的受托人的行为比较容易进行处置,更复杂的是利益冲突交易。"②例如,破产管理人不能够与具有利益关系的人进行交易,包括破产管理人的近亲以及其他利益关系人,这些利益关系人都有可能导致破产管理人在交易中发生利益输送行为。第三,破产管理人不得进行其他不公平交易的行为。这一规定是一个兜底条款,旨在对破产管理人的忠实义务进行充分的约束,因为有些行为并不属于自我交易,也不属于利益冲突交易,但是依然可能会造成债权人或者社会公众的误解,因此仍然需要给予禁止,这体现着信托法的根本要求,例如破产管理人不得侵占破产财产上的商业机会等等。这一点在美国的判例法中有着充分的体现,例如,在"Grodel Manufacturing"③一案中,法庭否决了破产管理人向前任破产管理人出售破产人股份的行为,因为"前任破产受托人可能拥有非公开的机密信息,使他能够以低于市场价值的价格获取股票",并指出,"他的辞职并没有消除对这些信息的拥有,他不能通过断绝官方关系来净化自己的地位"。④

2.注意义务的推进

破产管理人的注意义务在于强调破产管理人对破产事务管理中的勤勉与谨慎,"一个破产或重组的受托人有义务采取必要的勤勉和谨慎的措施,如同通常情况下一个谨慎的人在类似情形下所采取的措施"⑤。具体而言,注意义务的具体推进可以注重从以下几个方面进行:第一,对破产财

① Steven Rhodes, The Fiduciary and Institutional Obligations of a Chapter 7 Bankruptcy Trustee, 80 American Bankruptcy Law Journal, 161 (2006).

② Daniel B. Bogart, Liability of Directors of Chapter 11 Debtors in Possession: Don't Look Back—Something May Be Gaining on You, 68 American Bankruptcy Law Journal, 191 (1994).

③ 33 B. R. 693 (Bankr. D. Conn. 1983).

④ Daniel B. Bogart, Liability of Directors of Chapter 11 Debtors in Possession: Don't Look Back—Something May Be Gaining on You, 68 American Bankruptcy Law Journal, 192 (1994).

⑤ Daniel B. Bogart, Liability of Directors of Chapter 11 Debtors in Possession: Don't Look Back—Something May Be Gaining on You, 68 American Bankruptcy Law Journal, 193 (1994).

产的谨慎接管与积极管理义务。破产管理人应在其选任后谨慎接管破产财产,对破产财产的各种具体情形进行认真的统计与掌握,避免对破产财产统计的疏漏;同时也要对破产财产进行积极的管理,防止破产财产的不合理价值贬损。第二,破产债权申报的严格审查义务。债权申报的数量会影响到债权人的受偿数量,因此应当对债权人申报的债权进行严格的审核,防止虚假的债权人申报,"反对那些毫无根据的、过度的或者不允许的债权人申报是破产受托人的重要义务"[①]。第三,破产财产的合理变价与分配义务。破产管理人为了更好地分配财产,可能需要对某些财产进行变价,例如固定资产或者公司持有的股份等等,此时,破产管理人要对相关财产的价格进行准确的评估以防止破产财产的价值被减损。同时,要对破产财产进行合理的分配,破产受托人应当公正无私地对待当事人,尤其是债权人,其核心就是对破产财产的分配要公平合理。第四,破产人合同履行与否的谨慎判断义务。破产管理人对破产人的交易合同是否继续履行应当持谨慎的态度,合同的履行必须有助于保护公司全体债权人的利益,否则不应继续履行。第五,破产信息披露义务。破产事务信息的披露对债权人保护而言十分重要,不仅关系到债权人在破产程序中的权利行使,而且关系到对破产管理人行为的监督,所以必须强化破产管理人的信息披露义务。为此,破产管理人不仅应根据相关利益当事人的要求提供破产财产及破产事务管理的信息,而且"还应进一步披露债权人名单、资产负债明细表、收入和支出明细表以及债务人各种财务事项的说明"[②]。第六,破产财产分配价值最大化义务。对破产财产的分配价值数额决定着债权人的受偿程度,破产管理人应当尽可能实现破产财产价值分配的最大化,"这一方面要求破产管理人实现破产财产价值的最大化,另一方面要求破产管理人实现破产管理成本的最小化"[③]。

(二)违反信义义务民事责任的强化

为了更好地约束破产管理人信义义务的履行,在对破产管理人信义义务做出上述拓补的同时,还应当强化对其民事责任的追究,通过适当的民

[①] Steven Rhodes, The Fiduciary and Institutional Obligations of a Chapter 7 Bankruptcy Trustee, 80American Bankruptcy Law Journal, 176(2006).

[②] David P. Primack, Confusion and Solution: Chapter 11 Bankruptcy Trustee's Standard of Care for Personal Liability, 43William and Mary Law Review, 1299 (2002).

[③] teven Rhodes, The Fiduciary and Institutional Obligations of a Chapter 7 Bankruptcy Trustee, 80American Bankruptcy Law Journal, 176(2006).

事责任对其义务履行进行必要的约束,如果其违反上述义务,则应当承担民事赔偿责任。有学者指出:"破产管理人对基本义务的违反,是承担民事责任的前提和依据,而承担这种责任的主要方式是民事赔偿。"①但是,要具体推进民事赔偿责任的强化,还需要明确两个关键问题:第一,如何判断破产管理人违反信义义务的具体标准? 第二,破产管理人究竟应当向谁承担赔偿责任? 对于第一个问题,应当适用过错标准,主要看破产管理人在其职务履行过程中是否存在过错,这也是域外各国所普遍确立的追责主观标准。本书认为,在具体个案当中对破产管理人主观过错的认定是一个非常复杂的事情,建议对过错标准的具体认定参照"经营判断规则"②。对此,部分域外学者也持有相同观点。美国破产法学者 David P. Primack 就指出:"经营判断规则将给予破产受托人足够的保护以避免对其公司业务管理的妨碍,同时该原则对信息披露以及合理谨慎的要求又能够使破产受托人充分地服务于破产财产。"③至于第二个问题,即破产管理人究竟应当向谁承担赔偿责任,"一般认为,破产管理人损害破产财产利益的行为,主要是损害了破产人和破产债权人的利益,所以,各国破产法一般赋予破产人和破产债权人可以向破产管理人提出承担民事赔偿责任的权利"④。但是,本书认为,在破产清算程序中应当将破产管理人信义义务的受益人界定为债权人,因为进入了破产清算程序就表明破产人已经是资不抵债,无法偿还债权人的债务,所以此时破产人的财产实际归属于债权人,因此破产管理人在破产清算程序中所侵害的利益主体实际上是债权人。正如美国破产法学者 David P. Primack 所言,"破产受托人只对破产财产的受益人承担信义义务,因此其应当在那些非受益人提起的诉讼当中享受司法豁免"⑤。

① 张艳丽:《破产管理人的法律责任》,《法学杂志》2008 年第 4 期,第 27 页。
② 美国 1984 年《公司法》第 8.30 节当中,具体强调了三方面内容:第一,主观是否为善意;第二,职责的履行是否符合一个通常情形下的谨慎之人在相似位置上、在相似情形下应有的谨慎;第三,行为人合理地相信其行为符合公司最佳利益。
③ David P. Primack, Confusion and Solution: Chapter 11 Bankruptcy Trustee's Standard of Care for Personal Liability, 43 William and Mary Law Review, 1320 (2002).
④ 张艳丽:《破产管理人的法律责任》,《法学杂志》2008 年第 4 期,第 28 页。
⑤ David P. Primack, Confusion and Solution: Chapter 11 Bankruptcy Trustee's Standard of Care for Personal Liability, 43 William and Mary Law Review, 1320 (2002).

六、完善破产欺诈刑事责任制度：以提升对董事等欺诈行为人的刑事威慑为中心

为了更好地遏制公司破产欺诈行为的产生，还需要强化对董事等相关人员的刑事责任规制，因为"刑事责任是最严厉的法律责任，它规定了严厉的刑事制裁措施，主要是一种惩罚责任"①。在对破产欺诈行为的法律规制中，强化刑事责任规制具有重要意义。美国乔治敦大学 William T. Vukowich 教授指出："因为民事责任规制对预防破产欺诈最多只能提供脆弱的激励，所以破产法中刑事责任规制的实施特别重要。即使公司本身不能因为欺诈而被监禁或者处以刑事罚款（因为其已经失去清偿能力），但是对公司各种欺诈行为应承担责任的内部人应当承受刑事责任处罚。"②因此，必须强化刑事责任威慑，在保持必要民事责任的基础上强化刑事责任威慑才能够给予欺诈性破产行为更加严格的规制。无论是美国还是日本，都强化了对破产阶段资本退出中资本欺诈行为的刑事责任规制，这对公司股东、董事等相关人员的破产欺诈行为形成了严重威慑，对公司债权人的公平受偿权形成了有力保护。

当前，我国只是在《刑法》第一百六十二条对破产刑事责任做了原则性的规定：首先，规定了隐匿、故意销毁会计凭证、会计账簿、财务会计报告罪③；其次，规定了虚假破产罪④。尽管两种罪行的规定对预防破产欺诈行为具有重要的作用，但是，当前刑事责任规定存在着许多问题，急需加以完善。这些问题主要体现在以下几个方面：第一，对"破产欺诈罪"罪名的规定并不突出，并没有对此进行直接规定，而是以"虚假破产罪"的形式进行规定，并且是与"妨害清算罪、隐匿、故意销毁会计凭证、会计账簿、财务会计报告罪"混合在一起，这在一定程度上削弱了对破产欺诈行为的威慑性。

① 刘彦辉：《民事责任与刑事责任功能之比较》，《求是学刊》2010 年第 2 期，第 87 页。

② William T. Vukowich, Civil Remedies in Bankruptcy for Corporate Fraud, 6merican Bankruptcy Institute Law Review, 441(1998).

③ 《刑法》第一百六十二条第一款：隐匿或者故意销毁依法应当保存的会计凭证、会计账簿、财务会计报告，情节严重的，处 5 年以下有期徒刑或者拘役，并处或者单处 2 万元以上 20 万元以下罚金。单位犯前款罪的，对单位判处罚金，并对其直接负责的主管人员和其他直接责任人员，依照前款的规定处罚。

④ 《刑法》第一百六十二条第二款：公司、企业通过隐匿财产、承担虚构的债务或者以其他方法转移、处分财产，实施虚假破产，严重损害债权人或者其他人利益的，对其直接负责的主管人员和其他直接责任人员，处 5 年以下有期徒刑或者拘役，并处或者单处 2 万元以上 20 万元以下罚金。

第二,刑事责任主体范围过于狭窄,只是规定公司、企业以及主要或者直接负责人员,但是并未规定第三人,"但在实践中毕竟存在第三人伙同破产债务人欺诈取得破产财产或者威胁、胁迫债务人或者其他行为而取得破产财产的情况存在"①。第三,刑事处罚强度不足。当前《刑法》第一百六十二条对虚假破产罪处罚标准为"处五年以下有期徒刑或者拘役,并处或者单处二万元以上二十万元以下罚金",也就是最高刑期为5年,最高罚金为20万元,这难以对破产欺诈行为形成威慑。

所以,本书建议为了更好地抑制破产欺诈犯罪行为,应当强化对公司董事以及破产管理人等相关人员破产欺诈行为的刑事威慑,为此有必要系统性地推进对破产欺诈犯罪的刑事规制,包括在刑法当中确立单独增设破产欺诈罪、扩展破产欺诈罪的责任主体、拓宽破产欺诈罪的类型化以及强化对破产欺诈罪的刑事处罚强度。第一,独立规定"破产欺诈罪",在当前《刑法》第三章"破坏社会主义市场经济秩序罪"增设"破产欺诈罪",并单独列为一节,从法律规制形式上突出其重要性,以增强对公司董事等破产欺诈行为主体的心理威慑。第二,扩展破产欺诈罪主体,将第三人纳入破产犯罪主体当中,而不应当局限于公司"主管人员和其他直接责任人员",因为许多欺诈性财产转移行为是在公司"主管人员和其他直接责任人员"与第三人恶意串通基础上而实现的,如果因此而最终导致债权人利益遭受重大损害,第三人也应承担刑事责任。例如,美国《破产法》对破产欺诈罪的主体做出了非常宽泛的规定:"任何人,只要其明知并以'欺诈手段'隐瞒财产,在破产案件中做出虚假宣誓或陈述,提出虚假的债权证明,接受或转让财产,销毁或扣留与破产案件有关的文件,或使用破产案件来使欺诈永续存在,都构成对该法第152条中刑事规制条款的违反。"②第三,拓宽破产欺诈犯罪的类型,完善破产欺诈犯罪的类型构成体系。这种系统性的规定有助于对各种欺诈行为的威慑,例如,美国《破产法》第152条对破产欺诈犯罪的类型做了比较系统性的规定,为此"该法规定了9个类型的破产欺

---

① 何伟波:《中日破产犯罪立法比较研究——以新、旧日本《破产法》为视角》,《福建教育学院学报》第1期,第39页。

② Tamara Ogier, Jack F. Williams, Bankruptcy Crimes and Bankruptcy Practice, 6American Bankruptcy Institute Law Review, 323(1998).

诈犯罪行为"①，"尽可能地包含了债务人或者其他任何人所有可能的以逃避破产法意图与效果为目的，进而阻碍破产财产在债权人之间公平分配的行为"②。因此，建议我国《破产法》也从不同欺诈犯罪类型着手对破产欺诈犯罪行为进行系统性规定，例如可以规定破产欺诈转让罪、破产管理人渎职罪、破产行贿罪、破产受贿罪、破产信息披露罪、违反说明与拒不提交破产资料罪以及过怠破产罪等。第四，强化破产欺诈罪的刑事处罚强度。破产欺诈行为主观恶意明显，如果法定刑期与罚金数额过低，其威慑性将大大降低，难以阻止公司控制者及第三人的欺诈行为动机，当前 5 年最高刑期与 20 万元最高罚金的规定显然难以有效阻止破产欺诈行为的产生，因此建议借鉴日本 2005 年《破产法》的规定，将刑期上限设置为 10 年，罚款数额增至 100 万元。

---

① 这 9 个类型包括：隐匿财产罪、虚假宣誓罪、虚假证明罪、虚假财产主张罪、接受财产罪、破产行贿罪、同谋转移财产罪、破坏破产资料罪以及拒不提供破产财产信息罪。see Tamara Ogier, Jack F. Williams, Bankruptcy Crimes and Bankruptcy Practice, 6American Bankruptcy Institute Law Review, 320-321(1998).

② United States v. Goodstein, 883 F. 2d 1362, 1369 (7th Cir. 1989).

参考文献

一、中文著作

[1] 阎愚:《冲突法理论的范式研究》,人民出版社 2019 年版。

[2] 邓正来:《中国法学向何处去:建构"中国法律理想图景"时代的论纲》,商务印书馆 2011 年版。

[3] 张文显:《法哲学范畴研究(修订版)》,中国政法大学出版社 2001 年版。

[4] 洪浩:《法律解释的中国范式——造法性司法解释研究》,北京大学出版社 2017 年版。

[5] 王宝峰:《未来中国哲学导论:范式与方法论》,西北大学出版社 2018 年版。

[6] 刘海龙:《21 世纪传播学系列教材·大众传播理论:范式与流派》,中国人民大学出版社 2008 年版。

[7] 冯玉军:《法经济学范式》,清华大学出版社 2009 年版。

[8] 魏宏森、曾国屏:《系统论——系统科学哲学》,清华大学出版社 1995 年版。

[9] 魏宏森:《系统论》,世界图书出版公司北京公司 2009 年版。

[10] 唐恢著:《系统学:社会系统科学发展的基础理论》,上海交通大学出版社 2013 年版。

[11] 陈禹、钟佳桂:《系统科学与方法概论》,中国人民大学出版社 2006 年版。

[12] 顾祝轩:《民法系统论思维:从法律系转向法律系统》,法律出版社 2012 年版。

[13] 李晓:《系统哲学:论系统的进化与控制》,经济管理出版社 2017 年版。

[14] 李喜先:《知识系统论》,科学出版社 2011 年版。

［15］毛建儒、李忱、王颖斌:《系统哲学的探索与研究》,中国社会科学出版社 2014 年版。

［16］张华夏:《系统哲学三大定律:乌杰《系统哲学》解析》,人民出版社 2015 年版。

［17］刘敏:《生成的逻辑——系统科学"整体论"思想研究》,中国社会科学出版社 2013 年版。

［18］苗东升:《系统科学精要》,中国人民大学出版社 2006 年版。

［19］江平:《新编公司法教程》,法律出版社 2003 年版。

［20］冯果:《现代公司资本制度比较研究》,武汉大学出版社 1999 年版。

［21］徐晓松:《公司资本监管与中国公司治理》,知识产权出版社 2006 年版。

［22］葛伟军:《公司资本制度和债权人保护的相关法律问题》,法律出版社 2007 年版。

［23］罗培新:《公司法的法律经济学研究》,北京大学出版社 2008 年版。

［24］范健:《公司法》,法律出版社 2015 年版。

［25］史际春:《企业和公司法》,中国人民大学出版社 2001 年版。

［26］赵旭东:《公司资本规制改革研究》,法律出版社 2004 年版。

［27］邹海林、陈洁:《公司资本制度的现代化》,社会科学文献出版社 2014 年版。

［28］李建伟:《公司资本制度的新发展》,中国政法大学出版社 2015 年版。

［29］朱锦清:《公司法前沿问题研究》,浙江大学出版社 2014 年版。

［30］赵旭东:《公司法学》,高等教育出版社 2006 年版。

［31］袁碧华:《我国公司资本规制改革研究》,中国政法大学出版社 2016 年版。

［32］王保树:《中国商法年刊》,法律出版社 2014 年版。

［33］王保树:《商法的改革与变动的经济法》,法律出版社 2003 年版。

［34］朱慈蕴:《公司法人格否认法理研究》,法律出版社 1998 年版。

［35］赵旭东:《企业与公司法纵论》,法律出版社 2003 年版。

［36］邓辉:《论公司法中的国家强制》,中国政法大学出版社 2004 年版。

［37］刘俊海:《现代公司法》,法律出版社 2012 年版。

［38］梁上上:《论股东表决权》,法律出版社 2005 年版。

［39］曹兴权:《公司法的现代化》,法律出版社 2007 年版。

［40］王军:《中国公司法》,高等教育出版社 2015 年版。

［41］邓峰:《代议制的公司:中国公司治理中的权力和责任》,北京大学出版社 2015 年版。

［42］王建文:《中国商法体系批判与建构》,法律出版社 2009 年版。

［43］范健、王建文:《商法基础理论专题研究》,高等教育出版社 2015 年版。

［44］朱锦清:《公司法学》,清华大学出版社 2017 年版。

［45］任先行:《商法原论》,知识产权出版社 2015 年版。

［46］法律出版社数字出版中心编:《股东处理公司财产的权责(公司资本纠纷)》,法律出版社 2015 年版。

［47］邵希娟:《公司资本投资决策方法与应用》,华南理工大学出版社 2012 年版。

［48］汤欣:《公司治理与资本市场法制(清华法学文丛)》,法律出版社 2015 年版。

［49］张峻极:《资本结构与公司行为》,中国财政经济出版社 2010 年版。

［50］韦玮、罗丽琼、程崇祯:《资本结构、行为金融分析与公司治理相关关系研究》,武汉大学出版社 2017 年版。

［51］霍晓萍:《机构投资者、公司治理与资本成本》,经济管理出版社 2015 年版。

［52］黄铭杰:《公司治理与资本市场法制之落实与革新》,清华大学出版社 2013 版。

［53］赵晶:《社会资本控制:公司治理的新范式》,经济管理出版社 2015 年版。

［54］吴晓求:《中国上市公司:资本结构与公司治理》,中国人民大学出版社 2003 年版。

［55］刘纪鹏:《资本金融学》,中信出版社 2012 年版。

［56］闫长乐:《公司治理》,人民邮电出版社 2016 年版。

［57］孙晓洁:《公司法原论:基础理论与法律规制》,中国检察出版社 2011 年版。

[58] 曾海般:《宏观经济因素与公司资本结构》,中国金融出版社 2011 年版。

[59] 中伦研究院:《资本运作:规则、风险与创新》,法律出版社 2018 年版。

[60] 张健:《产业政策、代理冲突与家族上市公司资本配置研究》,经济科学出版社 2018 年版。

[61] 仇京荣:《公司资本制度中股东与债权人利益平衡问题研究》,中信出版社 2008 年版。

二、中文译著

[1] [美]托马斯·库恩:《科学革命的结构》,金吾伦等译,北京大学出版社 2003 年版。

[2] [美]托马斯·库恩:《必要的张力》,范岱年、纪树立译,北京大学出版社 2004 年版。

[3] [美]约翰·霍根:科学的退出者(修订版),孙雍君,张武军译,清华大学出版社 1997 年版。

[4] [美]贝利:《现代社会研究方法》,许真译,上海人民出版社 1986 年版。

[5] [英]赫伯特·斯宾塞:《社会学研究》,张宏晖,胡江波译,华夏出版社 2001 年版。

[6] [英]哈瑞:《认知科学哲学导论》,魏屹东译,上海科技教育出版社 2006 年版。

[7] [英]蔡汀·沙达:《库恩与科学战》,金吾伦译,北京大学出版社 2005 年版。

[8] [美]布莱恩·Z.塔玛纳哈:《法律工具主义对法治的危害》,陈虎、杨洁译,北京大学 2016 年版。

[9] [日]野家启一:《库恩——范式》,毕小辉译,河北教育出版社 2002 年版。

[10] [德]卡尔·马克思、[德]弗里德里希·恩格斯:《马克思恩格斯全集》,中共中央马克思恩格斯列宁斯大林著作编译局译,人民出版社 2001 年版。

[11] [德]路德维希·费尔巴哈:《费尔巴哈哲学史著作选》,涂纪亮译,商务印书馆 1984 年版。

[12][德]G.克劳斯:《从哲学看控制论》,梁志学译,中国社会科学出版社 1981 年版。

[13][德]黑格尔:《自然哲学》,梁志学译,商务印书馆 1980 年版。

[14][美]欧文·拉兹洛:《系统哲学引论》,钱兆华等译,商务印书馆 1998 年版。

[15][美]E.拉兹洛:《用系统论的观点看世界》,闵家胤译,中国社会科学出版社 1985 年版。

[16][美]W.D.珀杜等:《西方社会学》,贾春增等译,河北人民出版社 1992 年版。

[17][美]冯·贝塔朗菲:《一般系统论》,秋同等译,社会科学文献出版社 1987 年版。

[18][加]A.拉波波特:《一般系统论》,钱兆华译,福建人民出版社 1994 年版。

[19][英]W.R.艾什比:《控制论导论》,张理京译,科学出版社 1965 年版。

[20][英]A.N.怀特海:《科学与近代世界》何钦译,商务印书馆 1959 年版。

[21][美]约翰·罗尔斯:《正义论》,何怀宏、何包钢、廖申白译,中国社会科学出版社 2009 年版。

[22][日]三浦武雄、浜冈尊:《现代系统工程学概论》,郑春瑞译,中国社会科学出版社 1983 年版。

[23][苏]B.П.库兹明:《马克思理论和方法论中的系统性原则》,王炳文、贾泽林译,生活·读书·新知三联书店 1980 年版。

[24][美]汉密尔顿:《美国公司法》,祁东祥等译,法律出版社 2008 年版。

[25][美]阿道夫·A.伯利、[美]加德纳·C,米恩斯:《现代公司与私有财产》,甘华鸣、罗锐韧、蔡如海译,商务印书馆 2005 年版。

[26][美]罗伯特·C.克拉克:《公司法则》,胡平、林长远、徐庆恒、陈亮译,工商出版社 1999 年版。

[27][美]弗兰克·伊斯特布鲁克、丹尼尔·费希尔:《公司法的经济结构》,罗培新、张建伟译,北京大学出版社 2005 年版。

[28][美]特拉登堡:《美国的公司化》,邵重、金莉译,中国对外翻译出版公司 1990 年版。

[29][美]大卫·D.弗里德曼:《经济学语境下的法律规则》,杨欣欣译,法律出版社 2004 年版。

[30][美]罗伯特·考特,托马斯·尤伦:《法和经济学》,张军等译,上海三联书店 1994 年版。

[31][美]罗曼诺:《公司法基础(第二版)》,罗培新译,北京大学出版社 2013 年版。

[32][美]克拉克曼:《公司法剖析》,刘俊海译,北京大学出版社 2007 年版。

[33][美]乔迪 S.克劳斯、史蒂文 D.沃特:《公司法和商法的法理基础》,北京大学出版社 2005 年版。

[34][美]玛格丽特·M.布莱尔:《所有权与控制:面向 21 世纪的公司治理探索》,张荣刚译,中国社会科学出版社 1999 年版。

[35][美]玛格丽特·M.布莱尔:《所有权与控制》,张荣刚译,中国社会科学出版社 1999 年版。

[36][美]R.I.麦金农:《经济发展中的货币与资本》,卢聪译,生活·读书·新知三联书店上海分店 1988 年版。

[37][加]布莱恩 R.柴芬斯:《公司法》,林华伟、魏旻译,法律出版社 2001 年版。

[38][英]戴维斯:《英国公司法精要》,樊云慧译,法律出版社 2007 年版。

[39][英]费尔摩里:《现代公司法之历史渊源》,虞政平译,法律出版社 2007 年版。

[40][英]奥格斯:《规制》,骆梅英译,中国人民大学出版社 2008 年版。

[41][意]卡洛·M.奇波拉:《欧洲经济史》,徐璇等译,商务印书馆 1988 年版。

[42][德]卡尔·马克思:《资本论》,郭大力、王亚楠译,上海三联书店 2009 年版。

[43][德]克里斯蒂娜·温德比西勒、格茨·怀克:《德国公司法》,殷盛译,法律出版社 2010 年版。

[44][德]托马斯·莱塞尔、吕迪格·法伊尔:《德国资合公司法》,法律出版社 2005 年版。

[45][德]杜景林:《德国股份法·德国有限责任公司法·德国公司改组法·德国参与决定法》,卢谌译,中国政法大学出版社 2000 年版。

［46］［韩］李哲松：《韩国公司法》，吴日焕译，中国政法大学出版社 2000 年版。

［47］［韩］李哲松：《韩国商法》，吴日焕译，中国政法大学出版社 1999 年版。

［48］［日］神田秀树：《公司法的理念》，朱大明译，法律出版社 2013 年版。

［49］［日］末永敏和：《现代日本公司法》，金洪玉译，人民法院出版社 2000 年版。

［50］［美］柯提斯·J.米尔霍普、［德］卡塔琳娜·皮斯托：《法律与资本主义》，北京大学出版社 2010 年版。

［51］［美］米尔顿·弗里德曼：《资本主义与自由》，张瑞玉译，商务印书馆 2004 年版。

三、中文论文

［1］刘剑文：《论领域法学：一种立足新兴交叉领域的法学研究范式》，载《政法论丛》2016 年第 5 期。

［2］季卫东：《风险社会与法学范式的转换》，载《交大法学》2011 年第 1 期。

［3］蔡守秋：《论法学研究范式的革新——以环境资源法学为视角》，载《法商研究》2003 年第 3 期。

［4］焦宝乾：《逻辑与修辞：一对法学研究范式的中西考察》，载《中国法学》2014 年第 6 期。

［5］冯静、何永哲、苑福秋：《20 世纪末中国公司法理论研究综述》，载《公司法律评论》2001 年第 2 期。

［6］左卫民：《一场新的范式革命？——解读中国法律实证研究》，载《清华法学》2017 年第 3 期。

［7］常绍舜：《从经典系统论到现代系统论》，载《系统科学学报》2011 年第 3 期。

［8］陆宇峰：《"自创生"系统论法学：一种理解现代法律的新思路》，载《政法论坛》2014 年第 4 期。

［9］陆宇峰：《系统论宪法学》，载《华东政法大学学报》2019 第 3 期。

［10］曲广娣：《论法律体系的概念及其构建的一般条件——综合系统论和分析法学视角》，载《中国政法大学学报》2015 年第 3 期。

［11］曲飞帆、杜骏飞:《复杂系统论:中国网络舆论研究的范式转向》,载《南京社会科学》2017 第 11 期。

［12］王明敏:《系统论视域中的基本权利研究述评——以中国法学研究方法论变迁为视角》,载《人权研究》2018 年第 1 期。

［13］赵旭东:《从资本信用到资产信用》,载《法学研究》2003 年第 5 期。

［14］陈甦:《资本信用与资产信用的学说分析及规范分野》,载《环球法律评论》2015 年第 1 期。

［15］冯果、段丙华:《公司法中的契约自由——以股权处分抑制条款为视角》,载《中国社会科学》2017 年第 3 期。

［16］赵万一:《资本三原则的功能更新与价值定位》,载《法学评论》2017 年第 1 期。

［17］蒋大兴:《"合同法"的局限:资本认缴制下的责任约束——股东私人出资承诺之公开履行》,载《现代法学》2015 年第 5 期。

［18］高圣平:《公司担保相关法律问题研究》,载《中国法学》2013 年第 2 期。

［19］高圣平:《公司法定代表人越权担保的效力》,载《人民法治》2015 年第 9 期。

［20］高圣平:《公司担保中相对人的审查义务——基于最高人民法院裁判的分析与展开》,载《政法论坛》,2017 年第 5 期。

［21］刘俊海:《公司法定代表人越权签署的担保合同效力规则的反思与重构》,载《中国法学》2020 年第 5 期。

［22］邹海林:《公司代表越权担保的制度逻辑解析——以公司法第 16 条第 1 款为中心》,载《法学研究》2019 年第 9 期。

［23］邹海林:《关于公司法修改的几点思考》,载《法律适用》2020 年第 1 期。

［24］钱玉林:《商法漏洞的特别法属性及其填补规则》,载《中国社会科学》2018 年第 12 期。

［25］钱玉林:《公司法总则的再生》,载《环球法律评论》2019 年第 7 期。

［26］钱玉林:《解除股权转让合同的司法克制与问题讨论》,载《法学杂志》2020 年第 6 期。

［27］叶林:《公司股东会决议无效的公司法解释》,载《法学研究》2020

年第 5 期。

[28] 雷兴虎、兰敬:《我国公司资本制度的模式选择》,载《商事法论集》2015 年第 2 期。

[29] 雷兴虎、薛波:《公司资本规制改革:现实评价与未来走向》,载《甘肃社会科学》2015 第 2 期。

[30] 范健:《资本泛滥时期的公司治理与金融监管》,载《法学杂志》2019 年第 2 期。

[31] 赵旭东:《资本规制改革与公司法的司法适用》,载《人民法院报》2014 年第 7 期。

[32] 刘凯湘、张其鉴:《公司资本制度在中国的立法变迁与问题应对》,载《河南财经政法大学学报》2014 第 5 期。

[33] 刘燕:《公司法资本规制改革的逻辑与路径——基于商业实践视角的观察》,载《法学研究》2014 年第 5 期。

[34] 罗培新:《论资本制度变革背景下股东出资法律制度之完善》,载《法学评论》2016 年第 4 期。

[35] 李建伟:《公司决议的外部效力研究——〈民法典〉第 85 条法教义学分析》,载《法学评论》2019 年第 7 期。

[36] 袁碧华:《"认"与"缴"二分视角下公司催缴出资制度研究》,载《中国法学》2019 年第 4 期。

[37] 傅穹:《敌意收购的法律立场》,《中国法学》2017 年第 6 期。

[38] 蒋大兴:《公司董事会的职权再造——基于"夹层代理"及现实主义的逻辑》,《现代法学》2020 年第 7 期。

[39] 郭雳:《论我国公司资本制度的最新发展——《最高人民法院关于适用〈中华人民共和国公司法〉若干问题的规定(三)》之解读》,载《法商研究》2012 年第 4 期。

[40] 黄辉:《公司资本规制改革的正当性:基于债权人保护功能的法经济学分析》,载《中国法学》2015 年第 6 期。

[41] 赵旭东:《资本真实与验资存废》,载《中国工商管理研究》2014 年第 7 期。

[42] 丁勇:《认缴制后公司法资本规则的革新》,载《法学研究》2018 年第 2 期。

[43] 李建伟:《竞业股东查阅会计账目的目的限制研究——〈公司法〉解释(四)》,载《北方法学》2020 年第 9 期。

[44] 葛伟军:《论股权捐赠的法律规制》,载《清华法学》2014 年第 3 期。

[45] 葛伟军:《欠缴出资股东间的催缴诉权:规范、争议与法理》,载《人民司法》2019 年第 10 期。

[46] 陈洁:《上市公司协议收购信息披露的逻辑与规范》,载《法学》2018 年第 3 期。

[47] 郑佳宁:《目标公司董事信义义务客观标准之建构》,载《东方法学》2017 年第 7 期。

[48] 王子航:《我国上市公司资本结构优化探讨》,载《中国商论》2019 年第 3 期。

[49] 黄辉:《公司资本规制改革的正当性:基于债权人保护功能的法经济学分析》,载《中国法学》2015 年第 6 期。

[50] 周游:《公司法上的两权分离之反思》,载《中国法学》2017 年第 4 期。

[51] 薛波:《改革开放 40 年我国公司资本制度立法的嬗变与启示》,载《人文杂志》2019 年第 3 期。

[52] 李建伟、罗锦荣:《有限公司股权登记的对抗效力研究》,载《法学家》2019 年第 7 期。

[53] 万国华、张崇胜:《法经济学作为公司法学研究范式之反思》,载《河北法学》2019 年第 6 期。

[54] 赵磊:《商事信用:商法的内在逻辑与体系化根本》,《中国法学》2018 年第 10 期。

[55] 顾敏康:《零资本制度下的资本维持原则》,载《人民司法》2015 年第 7 期。

[56] 张素华、李雅男:《论认缴资本制下债权人利益的保护》,载《江汉论坛》2017 年第 3 期。

四、外文著作

[1] Bayless Manning, James Hanks Jr, Legal Capital, West Academic, 2013.

[2] R. C Beuthin, Beuthin's basic company law, Butterworths Press, 1992.

[3] K Zweigert, H Kötz, An Introduction to Comparative Law,

Oxford University Press，1998.

［4］Robert R. Pennington，Pennington's Company Law，Oxford University Press，2001.

［5］EGG Furubotn，R Richter，Institutions andEconomic Theory，The University of Michigan Press，2005.

［6］Alan. Dignam，John • Lowry，Company law，Oxford University Press，2006.

［7］Franklin A. Gevurtz，Corporation Law，Federation Press，2010.

［8］Julie Cassidy，Corporations Law：Text and Essential Cases，Federation Press，2010.

［9］Tamar T Frankel，Fiduciary Law，Oxford University Press，2010.

［10］Roy Goode，Principles of Corporate Insolvency Law，Sweet & Maxwell，2011.

［11］Eilis Ferran，Principles of Corporate Finance Law，Oxford University Press，2014.

［12］Richard Freer，The Law of Corporations in a Nutshell，West Academic Press，2016.

［13］Howard Strickland Abbott，Francis M Springer，Corporation Law：A Comprehensive Treatise on Federal and State Legislation Relative to Private and Public Service Corporations and Interstate Commerce，Palala Press，2016.

［14］Derek. French，Mayson，French & Ryan on Company Law，Oxford University Press，2017.

［15］Carsten Gerner-Beuerle，Michael Schillig，Comparative Company Law，Oxford University Press，2019.

［16］Derek French，Blackstone's Statutes on Company Law 2020-2021，Oxford University Press，2020.

五、外文论文

［1］Henry W. Ballantine；George S. Hills，Corporate Capital and Restrictions upon Dividends under Modern Corporation Laws，23California Law Review，1935.

[2] Amylee Travis, The Requirement of Minimum Paid-In Capital, 1Texas Law and Legislation, 1947.

[3] Richard K. Cole, "Stockholder's Liability when a Corporation Illegally Reduces its Stated Capital in Order to Repurchase His Shares, 8Boston College Industrial and Commercial Law Review, 1967.

[4] Robert E. Dye, Inadequate Capitalization as a Basis for Shareholder Liability: The California Approach and a Recomendation, 45Southern California Law Review, 1972.

[5] Douglas G. Baird, Thomas H. Jackson, Corporate Reorganizations and the Treatment of Diverse Ownership Interests: A Comment on Adequate Protection of Secured Creditors in Bankruptcy, 51University of Chicago Law Review,1984.

[6] Massimo Miola, Legal capital and limited liability companies: The European perspective, 2 Euiropean Company and Financial Law Review, 2005.

[7] Andreas Hacker, The Future of European Creditor Protection and Capital Maintenance from a German Perspective, 13German Law Journal,2012.

[8] Etem Kaya, Saban Kayihan,The Minimum Capital Requirement under Turkish Law within the Context of EU Company Law, 32Banka ve Ticaret Hukuku Dergisi, 2016.

[9] Helen Anderson, Michelle Welsh, Ian Ramsay, Peter Gahan, The Evolution ofShareholder and Creditor Protection in Australia: An International Comparison, 61International and Comparative Law Quarterly, 2012.

[10] John Armour, Simon Deakin; Priya Lele; Mathias Siems, How Do Legal Rules Evolve -Evidence from a Cross-Country Comparison of Shareholder, Creditor, and Worker Protection, 57American Journal of Comparative Law, 2009.

[11] Bradely J. Sklar, W. Todd Carlisle, The Alabama Limited Liability Company Act, 45Alabama Law Review, 1993.

[12] Henry Hansmann, Reinier Kraakman,The Essential Role of Organizational Law, 110Yale Law Journal, 2000.

[13] Margaret M. Blair, Locking in Capital: What Corporate Law Achieved for Business Organizers in the Nineteenth, 51UCLA Law Review, 2003.

[14] LE Ribstein, Should History Lock in Lock- In?, 41 Tulsa Law Review, 2005.

[15] Katharina Pistor, Chenggang Xu, Incomplete Law: A Conceptual and Analytical Framework and its Application to the Evolution of Financial Market Regulation, 35New York University Journal of International Law and Politics, 2003.

[16] Easterbrook, Fischel, Close Corporation and Agency Costs, 38Stanford Law Review,1986.

[17] Aleta G. Estreicher, Beyond Agency Costs: Managing the Corporation for the Long Term, 45Rutgers Law Review, 1993.

[18] John Armour, Brian R. Cheffins, David A. Skeel Jr., Corporate Ownership Structure and the Evolution of Bankruptcy Law: Lessons from the United Kingdom, 55 Vanderbilt Law Review, 2002.

[19] Reza Dibadj, Reconceiving the Firm, 26Cardozo Law Review, 2005.

[20] Harwell Wells, The Rise of the Close Corporation and the Making of Corporation Law, 5Berkeley Business Law Journal, 2008.

[21] Walter Werner, Corporate Control, Corporate Power, 83Columbia Law Review,1983.

[22] I. A. Nazimov, A Restoration of Corporate Control, 2014Russian Juridical Journal, 2014.

[23] Richard L. Beatty, Corporate Control and the Corporate Asset Theory, 27Montana Law Review, 1966.

[24] Jonathan M. Landers, M. Natasha Labovitz, Third Circuit Clarifies and Tightens the Legal Standard for Substantive Consolidation, 122Banking Law Journal, 2005.

[25] William H. Widen, Corporate Form and Substantive Consolidation, 75George Washington Law Review, 2007.

[26] Seth D. Amera; Alan Kolod, Substantive Consolidation: Getting Back to Basics, 14American Bankruptcy Institute Law

Review, 2006.

[27] Asa S. Herzog, Joel B. Zweibel, The Equitable Subordination of Claims in Bankruptcy, 15Vanderbilt Law Review,1961.

[28] Adam Feibelman, Equitable Subordination, Fraudulent Transfer, and Sovereign Debt, 70Law and Contemporary Problems, 2007.

[29] Andrew DeNatale; Prudence B. Abram, The Doctrine of Equitable Subordination as Applied to Nonmanagement Creditors, 40Business Lawyer (ABA),1985.

[30] Joseph H. Gross; Amitay Aviram, The Fiduciary Duty of Shareholder, 19Tel Aviv University Law Review, 1995.

[31] Gregory Varallo, Jesse A. Finkelstein, Fiduciary Obligations of Directors of the Financially Troubled Company, 48 Bus. Law, 1992.

[32] Franklin A. Gevurtz, The Business Judgment Rule: Meaningless Verbiage or Misguided Notion?, 67California Law Review, 1994.

[33] Lawrence A. Cunningham, Commonalities and Prescriptions in the Vertical Dimension of Global Corporate Governance, 84 Cornell Law Review,1999.

[34] Robert Flannigan, The Fiduciary Obligation, 9Oxford Journal of Legal Studies,1989.

[35] Michael P. Dooley, Two Models of Corporate Governance, 47 BUS. LAW, 1992.

[36] John H. Langbein, The Contractarian Basis of the Law of Trusts, 105The Yale Law Journal,1995.

[37] Kent Greenfield, John E. Nilsson, Gradgrind's Education: Using Dickens and Aristotle to Understand (and Replace?) theBusiness Judgment Rule, 63 Brooklyn Law Review,1997.

[38] D. Gordon Smith, A Proposal to Eliminate Director Standards from the Model Business Corporation Act, 67 University of Cincinnati Law Review, 1999.

[39] Laura Lin, Shift ofFiduciay Duty upon Corporate Insolveny: Proper Scope of Directors' Duty to Creditors, 46Vanderbilt Law Review,

1993.

[40] Zelman Cowen, Company Directors: Their Powers, Duties and Responsibilities, 2University of Tasmania Law Review, 1967.

[41] Frank H. Easterbrook, Two Agency-Cost Explanations of Dividends,74American Economic Review,1984.

[42] David Wishart, Models and Theories of Directors' Duties to Creditors, 14 New Zealand Universities Law Review,1991.

[43] S. J. Liebowitz, Stephen E. Margolis, Path Dependence, Lock-In, and History, 11Journal of Law, Economics and Organization, 1995.

[44] Teemu Ruskola, Conceptualizing Corporations and Kinship: Comparative Law and Development Theory in a Chinese Perspective, 52 Stanford Law Review, 2000.

[45] Sarah Worthington, Corporate Governance: Remedying and Ratifying Directors' Breaches, 116 Law Quarterly Review, 2000.

[46] John Coffee, The Rise of Dispersed Ownership: The Role of Law in the Separation of Ownership and Control, 111Yale Law Journal, 2001.

[47] Ronald Gilson, Globalizing Corporate Governance: Convergence of Form or Function, 49 Am. J. CoMP. L. 329-57 (2001).

[48] A. Hargovan, Directors' Duties to Creditors in Australia after Spies v The Queen—Is the Development of an Independent Fiduciary Duty Dead or Alive?, 21Company and Securities Law Journal, 2003.

[49] J. McConvill, Directors' Duties towards Creditors in Australia after Spies v The Queen, 20 Company and Securities Law Journal, 2002.

[50] Roberta Romano, The Sarbanes-Oxley Act and the Making of Quack Corporate Governance, 114 Yale Law Journal,2005.

[51] Priya Lele, Mathias Siems, The Evolution of Labor Law: Calibrating and Comparing Regulatory Regimes, 146 International Labour Review, 2007.

[52] ChristineJolls etal, A Behavioral Approadi to Law and Ecomanics,50Stanford Law Review,1998.

[53] Andrew A Wood, The Decline of Unsecured Creditor and

Shareholder Recoveries in LargePublic Company Bankruptcies, 85American Bankruptcy Law Journal, 2011.

［54］A. Hargovan and J. Harris, For Whom the Bell Tolls: Directors' Duties to Creditors after Bell, 35 Sydney Law Review, 2013.

［55］K. M. Hayne, Directors' Duties and a Company's Creditors, 38Melbourne University Law Review, 2014.

［56］Scott R. Bowling, Substantive Consolidation and Parties' Incentives in Chapter 11Proceedings, 66New York University Annual Survey of American Law, 2010.

［57］William H. Widen, Corporate Form and Substantive Consolidation, 75 The George Washington Law Revie, 2007.

［58］Cf Douglas G. Baird, Substantive Consolidation Today, 47 Boston College Law Review, 2005.

［59］Juliet M. Moringiello, Mortgage Modification, Equitable Subordination, and the Honest but Unfortunate Creditor, 79 Fordham Law Review, 2011.

［60］R Marianne B. Culhane, Home Improvement? Home Mortgages and the Bankruptcy Reform Act of 1994, 29 Creighton Law Review, 1996.

［61］Barry D. Baysinger, Asghar Zardkoohi, Technology, Residual Claimants, and Corporate Control, 2Journal of Law, Economics & Organization, 1986.

［62］John D. Honsberger, Bankruptcy Fraud, 16 Chitty's Law Journal, 1968.

［63］Fidelis Oditah, Takeovers, Share Exchanges and the Meaning of Loss, 112 Law Quarterly Review, 1996.

［64］Bernard McCabe, The Desirability of a Share Buy-Back Power, 3 Bond Law Review,1991.

［65］Thomas K. Cheng, The Corporate Veil Doctrine Revisited: A Comparative Study of the English and the U. S. Corporate Veil Doctrines, 34Boston College International and Comparative Law Review,2011.

［66］David H. Barber, Piercing the Corporate Veil, 17 Willamette Law Review, 1980.

〔67〕Smadar Ottolenghi, From Peeping Behind the Corporate Veil to Ignoring It Completely, 53The Modern Law Review, 1990.

〔68〕David K. Millon, Piercing the Corporate Veil, Financial Responsibility, and the Limits of Limited Liability, 56 Emory Law Joural,2007.

〔69〕D. Gordon Smith, Contractually Adopted Fiduciary Duty, 2014 University of Illinois Law Review, 2014.

〔70〕Oliver Hart, An Economist's View of Fiduciary Duty, University of Toronto Law Journal, 1993.

〔71〕Tey Tsun Hang, Fiduciary Duty: A More Cautious Approach, 19Singapore Law Review,1998.

〔72〕William L. Scogland, Fiduciary Duty: What Does It Mean, 24Tort & Insurance Law Journal, 1988.

〔73〕William S. Forsberg, Asset Protection and the Limited Liability Company - Not the Pancea of Creditor Protection That You Might Think, 23Probate and Property (ABA), 2009.

〔74〕Richard A. Marchack, Adequate protection for the undersecured creditor under the bankruptcy code, 88 Commercial Law Journal, 1983.

〔75〕Chin Li Yoon, Wong Yong Kai, Deconstructing Share Par Value and Capital Maintenance: Reconstructing Creditor Protection, 22 Singapore Law Review, 2002.

〔76〕Samantha Renssen, Corporate Restructuring and Corporate Dissolution of Companies in Financial Distress: Ensuring Creditor Protection. A Comparison of the US, UK and Dutch Models, 26International Insolvency Review, 2017.

〔77〕Paolo Preda, Bankruptcy Law, Corporate Capital and Duties of Directors: New Perspectives of Italian Legal System, 7Insolvency and Restructuring International, 2013.

〔78〕Howard Sher, Piercing the Corporate Veil, 4Juta's Business Law, 1995.

〔79〕David H. Barber, Piercing the Corporate Veil, 17Willamette Law Review, 1981.

［80］Kenenth Weissberg, Marie-Caroline Moissinac, Piercing the Corporate Veil in France, 6International Financial Law Review, 1987.

［81］Cathy S. Krendt, James R. Krendl, Piercing the Corporate Veil: Focusing the Inquiry, 55Denver Law Journal, 1978.

［82］J. H. Farrar, Fraud, Fairness and Piercing the Corporate Veil, 16Canadian Business Law Journal, 1990.

［83］Christopher W. Peterson, Piercing the Corporate Veil by Tort Creditors, 13Journal of Business and Technology Law, 2017.

［84］Sibel Hacimahmutoglu, The Business Judgment Rule: The Businessman's Decision or the Business Judgment Rule, 30Banka ve Ticaret Hukuku Dergisi, 2014.

［85］R. Franklin Balotti, James J. Hanks Jr., Rejudging the Business Judgment Rule, 48Business Lawyer (ABA), 1992.

［86］Melanie Fitzsimons, Effective Corporate Governance, 4Law and Financial Markets Review, 2010.

［87］Laura Horn, Corporate Governance in Crisis: The Politics of EU Corporate Governance Regulation,18European Law Journal, 2012.

［88］Steven M. Haas, Toward a Controlling Shareholder Safe Harbor, 90 Virginia Law Review, 2004.

［89］Jens Dammann, The Controlling Shareholder's General Duty of Care: A Dogma that Should Be Abandoned, 2015University of Illinois Law Review, 2015.

［90］Michael L. Cook, Fraudulent Transfer Liability under the Bankruptcy Code, 17Houston Law Review, 1980.

［91］Kenneth J. Carl, Fraudulent Transfer Attacks on Guaranties in Bankruptcy, 60American Bankruptcy Law Journal, 1986.

［92］Marie T. Reilly, The Latent Efficiency of Fraudulent Transfer Law, 57Louisiana Law Review, 1996.

［93］Robert W. Buechner, A Powerful Use of a Revocable Trust - Eschewing a Fraudulent Transfer under the Ohio Uniform Fraudulent Transfer Act, 9Journal of Practical Estate Planning, 2007.

［94］Robert J. Stearn Jr., Proving Solvency: Defending Preference and Fraudulent Transfer Litigation, 62Business Lawyer (ABA), 2007.

［95］Peter A. Alces, Generic Fraud and the Uniform Fraudulent Transfer Act, 9Cardozo Law Review, 1987.

［96］Jack F. Williams, Revisiting the Proper Limits of Fraudulent Transfer Law, 8Bankruptcy Developments Journal, 1991.

［97］Jack F. Williams, Revisiting the Proper Limits of Fraudulent Transfer Law, 8Bankruptcy Developments Journal, 1991.

［98］Alessandro Romano, Luca Enriques, Jonathan R. Macey, Extended Shareholder Liability for Systematically Important Financial Institutions, 69American University Law Review, 2020.

［99］Lucas Bergkamp, Wan-Q Pak, Piercing the Corporate Veil: Shareholder Liability for Corporate Torts, Maastricht Journal of European and Comparative Law, 2001.

［100］Stephen Graw, Company Share Buy-Backs: The Taxation Problems, 6Australian Tax Forum, 1989.

后　记

书稿终于完成，如释重负。自2019年课题申请下来，我就一直处于紧张状态，担心书稿的质量，总是在忐忑不安中度日，唯恐辜负了课题组的信任。所以，随后近两年的时间，主要都是用于本书的写作，不停地查阅资料、阅读文献、总结梳理，如今顺利完成，并得到评审专家的指导与认可，内心轻松许多，更重要的是给予了自己信心与勇气。尽管书稿依然存在许多不足，但是课题的完成确实给了自己很大的鼓励。其实，本书构思始于2015年，自此便开始了书稿写作，照此算来，实际的写作时间大概断断续续历经5年之久，当然，最为集中的是2019年10月至2021年3月这段时间，几乎把所有能够利用的时间全部投入在了书稿的写作与修正之中，也熬了不少的夜，日益稀疏的头发可谓最好的见证者。但是，这些辛苦是绝对值得的。

回想起2011年初入中国政法大学，跟随恩师徐晓松教授从事公司法学习，至今整整10年时间。在这求学、工作的10年光景中，我一直关注着我国公司法的发展，特别是公司资本规制的变革，虽然本人才疏学浅，天资愚笨，但是在恩师的教诲与鼓励，以及各位前辈学者与各位师友的指导与关照下，我对公司资本规制的持续学习与探索还是坚持了下来。本书的出版既代表着我这10年来对公司资本规制学习的一个心得、一个基本认知，是对自己的一个总结、一个交代，也是向关心自己的各位前辈学者以及各位师友的一份研究汇报。

这份汇报注重公司资本规制方法论的研究，注重从方法论的视角为公司资本规制的完善提供一个具有高度说服力的推进路径，因为既往的公司资本规制研究成果对理论建构的分析相对较为薄弱，更多的是从具体制度建构的视角进行研究，所以，从方法论视角来推进更具现实意义。为此，本书运用了系统论范式这一研究理论，旨在将系统论上升到范式的高度，以系统方法为中心来指引公司资本规制研究与立法改革。不仅强调了公司设立阶段资本形成规制与经营阶段资本流转规制之间的密切关联，而且也高度强调了上述两个阶段的资本规制与破产阶段资本退出规制的紧密关联，将公司设立阶段资本形成规制、经营阶段资本流转规制与破产阶段资本退出规制看成一个系统，同时注重公司法内资本规制制度与公司法外资本规制制度的系统融合，从多维路径对公司资本规制的系统构成进行解析。特别强调各个阶段之间的公司资本规制不是截然分离的，而是紧密关联、相辅相成的，而且尤其注重破产阶段与经营阶段资本规制的交融性，高度重视公司资本规制由公司法走向公司法与破产法并重的改革方向，这是本书的重要思维点。

特别期待公司资本规制系统论范式这一研究方法论能够得到各位前辈学者及各位师友的认同、指导与批评。

最后，还要特别感谢各位尊敬的专家、学者以及各位师友的提携、指导与厚爱，对本课题研究过程中的大力支持、鼓励与鞭策，感谢全国哲学社会科学规划办公室和河北大学法学院的资助，感谢浙江大学出版社编辑团队的辛勤编校。

赵树文

2022 年 12 月 18 日于保定